博士论文
出版项目

U0107298

王阳明及其后学
悟道经验研究

The Mystical Experience of
Wang Yangming and His Disciples

单虹泽　　著

中国社会科学出版社

图书在版编目（CIP）数据

王阳明及其后学悟道经验研究／单虹泽著. —北京：中国社会科学出版社，
2023.4

ISBN 978 – 7 – 5227 – 1572 – 8

Ⅰ.①王… Ⅱ.①单… Ⅲ.①王守仁(1472 – 1528)—哲学思想—研究
Ⅳ.①B248.25

中国国家版本馆 CIP 数据核字（2023）第 066827 号

出 版 人	赵剑英
责任编辑	韩国茹
责任校对	张爱华
责任印制	张雪娇

出 版	中国社会科学出版社
社 址	北京鼓楼西大街甲 158 号
邮 编	100720
网 址	http://www.csspw.cn
发 行 部	010 – 84083685
门 市 部	010 – 84029450
经 销	新华书店及其他书店

印 刷	北京君升印刷有限公司
装 订	廊坊市广阳区广增装订厂
版 次	2023 年 4 月第 1 版
印 次	2023 年 4 月第 1 次印刷

开 本	710 × 1000 1/16
印 张	35
插 页	2
字 数	486 千字
定 价	198.00 元

凡购买中国社会科学出版社图书，如有质量问题请与本社营销中心联系调换
电话：010 – 84083683

出 版 说 明

为进一步加大对哲学社会科学领域青年人才扶持力度，促进优秀青年学者更快更好成长，国家社科基金 2019 年起设立博士论文出版项目，重点资助学术基础扎实、具有创新意识和发展潜力的青年学者。每年评选一次。2021 年经组织申报、专家评审、社会公示，评选出第三批博士论文项目。按照"统一标识、统一封面、统一版式、统一标准"的总体要求，现予出版，以飨读者。

全国哲学社会科学工作办公室

2022 年

自　序

　　这本书是由本人的博士论文修改而成的，原题为"阳明心学与神秘主义"，后在出版时更名为"王阳明及其后学悟道经验研究"。改革开放后，国内学界掀起一股研究宋明理学的热潮，直至今日仍是兴味不减。但是，对于宋明理学所容纳的神秘主义传统，包括宋明儒者的体道、悟道经验则由于各种因素的影响，往往置于不闻不问之列。所以，这个课题在宋明理学研究中是相对冷门的。数年前的我还是个年轻气盛的少年，这种冷僻的研究课题，反倒激起了我一探究竟的兴趣。此外，这个题目的选择，与我的博士论文导师吴学国教授也有很深的关系。吴老师是比较宗教学领域的专家，他鼓励我从更宏观的比较哲学的视域重新思考宋明理学中的一些问题。其实一开始，我不确定这个课题能否做成。我虽怀有"打破砂锅问到底"的志愿，但又怕打破"锅"后不过是一场空。不过吴老师鼓励我继续写下去，我便硬着头皮查阅、研读东西方神秘主义的相关文献，并尝试从《阳明全书》中寻觅零星线索。后来在博士论文的"致谢"中，我引录了熊十力先生的一首诗，其中有"后顾亦茫茫，嗟尔独自伤""噫予犹御风，伊芒我亦芒"等句。熊先生用这首诗表达了自己对道废学绝的伤感和对精神自由的向往，但它也能够反映我当时彷徨的心境。再后来，我打算将这篇"半生不熟"的博士论文出版，于是便有了这本书的问世。

　　我写作此书，主要希望能讲清楚两个问题。一是"阳明心学在何种意义上是神秘主义的"，二是"心学神秘主义在思想史上有何意义"。思考和研究这两个问题，我们应该考虑其中的复杂性。在过去，冯友兰和陈来两位先生的研究为我们奠定了基础。冯先生较早提出中国哲学存在着一条神秘主义的传统，又区分了"正的方法"和"负的方法"，后者就是神秘主义的方法。陈先生则认为，王阳明哲学与神秘主义之间有密切的关系。从这种关系可以确认，标榜"孟学"的宋明心学一系容纳了一个神秘主义传统。神秘体验不仅是这一系学者超凡入圣的基本工夫进路，而且为这一派的哲学提供了一个心理经验的基础。这些观点都对本书的写作产生了很大影响。在此基础上，本书又补充了一些内容。一是佛道二教的神秘主义对阳明心学的影响。心学与佛教、道教之间的关系构成了宋明理学史研究的重要课题，学界对此虽然已有不少相关研究，但还不够专门、系统和深入。心学神秘主义的出现，既有发源于儒家文化内部的神秘主义的影响，也有来自外部的佛道二教的神秘主义的影响。在中国历史上，佛道二教具有深厚的神秘主义传统，它们发展到"三教合一"趋势日渐强烈的中晚明时期，对心学形成了巨大影响。关于这一点，本人在写作博士论文的时候就给予了密切关注。我的博士论文用了很大篇幅讨论佛教尤其是禅宗神秘主义对阳明心学的渗透，而在这部书中我又补充了道教神秘主义与阳明心学的内在联系。二是心学神秘主义与其他文化传统中的神秘主义的比较。在本书写作的过程中，我翻阅了一些西方学者关于神秘主义的研究，发现他们关注的焦点大多是基督教和犹太教，也有少数人的研究涉及佛教和道教。几乎没有学者从横向的角度比较阳明心学与其他文化传统中的神秘主义的异同。由此，我提出了本体论和工夫论的神秘主义，并以此为视域，在本书的每一章中都将阳明心学的神秘主义同西方和印度思想中的神秘主义进行对比，以揭示其普遍性和特殊性。这种研究决定了本书的写作需要有更为开阔的视野，同时也使写作难度变得很高。三是着眼于人类精神发展的普遍性和必然性，呈现心学神秘主义的观念和实践的全部内容。我将阳明心学视为一个动态发展的思想系统，它的发展就是良知、精神自我展开的过程。精神的这一展开过程本质上是由自由推动的，神秘体验就是体验并呈现自由的本真存在。精神总是否定其直接、当前的存在，达到更内在、本质的存在。精神的这种发展是由一种超越、绝对的存在决定的。这种存在不能是现实性的，它只能是自由本体自身。所以自由决定精神发展的方向，并赋予精神发展的动力。这些内容充分反映在阳明心学的内在化进路之中。这一进路是由对外在事物的对象性认识转向对内在精神本质的证悟，使人的存在与发展相统一、道德法则与超道德境界相统一，从而建构一个消解主客对立的精神世界。这就是阳明心学的内在超越之路。本书要完成的一项重要工作，就是透过阳明心学的神秘主义，阐明自由本体在精神演进中的推动作用，揭示人类自由的真正价值。我经常和一些师长、朋友讨论本书的主题，他们给了我很多鼓励，不过也经常提醒我，对于宋明理学中的很多神秘主义的内容，过去的学者大多不是"不愿"讲清楚，而是"不能"讲清楚。他们担心这部书会曲解阳明和其他理学家的原意。我本人没有做工夫的经历，自知无法与古人共情，所以只能用现代学术研究的方法，将一些"神秘"的内容以"不神秘"的方式诠释出来。换句话说，我不愿将神秘主义讲得很"神秘"，而是希望能用有条理的系统论证使之"深切著明"。

　　本人自问研究所长在于文本分析与阐释，所以本书在史料方面下了很大的功夫。因为有搜集材料的坚实基础，所以我能够对王阳明生平中的一些神秘经验作出有说服力的考证。《传习录》里记载了很多王阳明与弟子、友人讨论工夫效验的实录，这些都成为本项研究的有力证据。除了《传习录》，我还搜集和利用了王阳明的诗文、年谱、书信以及弟子、友人的回忆笔记等原始资料。通过对史实进行考证，特别是对大量原始资料作出的考察辨析和深入解读，本书澄清了已有研究的许多曲解和误解之处，提供了深入、系统的分析说明。在此基础上，本书对阳明及其后学思想中的一些重要概念、范畴、理论作出了专门解读和重新诠释。我一直强调：结论应从材料中来。在平日指导学生的时候，"有一份材料讲一分话"几乎成为我的口头禅。我写作本书，确为"上穷碧落下黄泉"，搜寻了与本项研究相关的众多材料，对心学神秘主义的若干问题形成了自己的看法。我自知这些看法尚有诸多不当之处，不过还是希望它们能够有助于学术界的探讨。

在很长一段时间里，我都在思考陈寅恪先生为冯友兰先生《中国哲学史》下册所作《审查报告》中的一段话：

> 新儒家之产生，关于道教之方面，如新安之学说，其所受影响甚深且远，自来述之者，皆无惬意之作……盖道藏之秘籍，迄今无专治之人，而晋南北朝隋唐五代数百年间，道教变迁传衍之始末及其与儒佛二家互相关联之事实，尚有待于研究。此则吾国思想史上前修所遗之缺憾，更有俟于后贤之追补者也。

陈先生较早关注到中国历史上的三教互动现象，在他看来研究宋明理学不可忽视儒家与佛道二教的互相影响。学界现已普遍承认三教合流对宋明理学尤其是阳明心学的形成和发展具有重要的影响，并形成了一系列值得借鉴的研究成果。我的博士论文原计划是写三教互动视域下的心学神秘主义，但后来一直写到阳明平生学术与思想的变化，很多问题越讲越复杂，为避免读者陷入我设下的"迷魂阵"，以至不知道本书要说什么，我现将本书的可能的创新点列举如下，以便读者决定它是否值得一读。

第一，本书突破了阳明心学研究的既成框架，立足新的角度，使用新的方法梳理、分析史料。过去学者研究王阳明的思想，所论虽繁，但总不越出"心即理""知行合一""致良知"这几个命题。这几个命题当然是很重要的，但据笔者所见，很少有学者能够基于这些命题对阳明心学的神秘主义作出系统、深入的研究。本书在收集、把握阳明及其后学的思想史料的基础上，对心学神秘主义进行了合理的分析与恰当的评价。我将阐明的是，在阳明心学中，良知本体的发展最终指向神秘精神的形成。此外，本书还对阳明心学中的"有""无"之辨作出了新的诠释，以此理解和分析心学的神秘主义。

第二，本书采用比较哲学的方法，展开阳明心学与西方哲学、印度哲学、宗教学、社会学、心理学等有关理论的深度对话，揭示心学神秘主义在人类精神发展中的特殊价值。"神秘主义"这个说法来自西方，其概念体系、论证方式都是以西方宗教、哲学为背景的。神秘主义研究所涉及的神秘体验、合一感、自由感、主体、客体、理性、直觉、超理性等内容，都属于西方哲学的话语。我们以这样一套话语展开对阳明心学的论述，深化东西文明间的对话，一方面彰显了阳明心学中存在的人类精神的普遍内容，另一方面揭示了阳明心学在人类精神发展中的特殊价值。

第三，本书阐明了阳明心学的宗教性意蕴。阳明心学虽非严格意义上的宗教，但有着深刻的宗教性意蕴。从龙场悟道的奇特经历，到经宸濠之变后的洒落境界，都可以看到阳明对终极实在的不懈追求。阳明说："区区所论致知二字，乃是孔门正法眼藏，于此见得真的，直是建诸天地而不悖，质诸鬼神而无疑，考诸三王而不谬，百世以俟圣人而不惑"（《与杨仕鸣》，《王阳明全集》卷五）①，"近来信得'致良知'三字，真圣门正法眼藏。往年尚疑未尽，今自多事以来，只此良知无不具足。譬之操舟得舵，平澜浅濑，无不如意，虽遇颠风逆浪，舵柄在手，可免没溺之患矣"（《年谱二》，《全集》卷三十四）。在阳明心学的思想系统中，良知是一种精神信仰对象。良知虽然不同于其他宗教传统中的神明或超越物，但阳明及弟子们显然已经将其视为一种植根于精神生命的信仰实在。在本书中，我们将阐明心学神秘主义视域下的良知是一种超理性、超现实性的精神本体，也是一种与本己自由相关联的存在物，其蕴含的超越性与终极关怀体现出深刻的宗教性。

---

①　本书所引用的王阳明思想材料来自吴光、钱明、董平等学者编校的《王阳明全集》（上海古籍出版社 2011 年版）。后文引用此书时，简称"《全集》"。

第四，本书从神秘主义的角度揭示了阳明与王门后学之间的关联与差异。陈来先生在《有无之境》一书的附录中，列举并探讨了明儒的种种神秘经验。不过这样一种工作更多是对阳明及其后学之神秘经验的一般描述，尚未在更深层次考察阳明与王门后学之神秘主义的关联与差异。本书将从静坐、"无善无恶"、现成良知、"狂禅"等多个层面研究阳明的神秘主义观念对王门后学的影响以及二者的内在差异，这是以往的宋明理学研究所未到的。

如所周知，"发明本心""学为圣人"是贯穿阳明心学发展始终的一个思想主题。不过，对于阳明本人而言，追求成圣的过程不是一帆风顺的，而是始终面对"百死千难"，并在一系列矛盾运动中推进的。阳明的思想蕴含了"有"与"无"、"入世"与"出世"、"内在"与"超越"、"道问学"与"尊德性"等多重紧张。这些张力通过心体的重建而得到一定程度上的统一，最终实现"发明本心""学为圣人"的终极目标。阳明在其神秘经验中领悟到的，正是心体重建的方法和进路。以心体重建为目标，对上述内在紧张的解决构成了阳明心学的基本内容和逻辑结构。"有"与"无"等内在紧张及其互动贯穿于心学的神秘主义思想之中。通过心学神秘主义所揭示的这些理论内容，我们能够深入把握阳明心学的特质，并围绕"有""无"精神的融合开辟出全新的哲学思想范式。揭示这种思想创新机制及其演进规律，解读其所包含的多向度的丰富意蕴，构成了本书的价值和意义。总的来说，阳明心学包含了神秘的精神，是一个基本事实。只有在确认这一基本事实的前提下，才能更好地揭示明代心学思想的独特性，也才能更好地理解明代心学所包含的深远的精神旨趣。换句话讲，离开神秘主义的视域，一部完整的明代思想史就无从展开和深化，阳明心学中的一些重要问题及其解决路径就难以得到很好的澄清。我认为，阳明心学与神秘主义的关系是需要重新思考的问题。我更希望通过此项研究，揭示中国哲学的某些特点，使今人更深入、直观地了解中国文化。

今天海内外研读阳明心学的人有很多，每年国家课题、省部级课题也有很多关于阳明心学的立项，但这无碍于我们继续发掘其内在价值。我一直试图把阳明的思想说得更清楚些，但迄今为止，也一直没有得到满意的结果。所以，这本书只代表我个人目前对阳明心学的理解。这一理解不免夹杂了个人主观的诠释，这种情况在本人试图以现代语言重构阳明心学的思想系统时，可能尤为显著。我确信王阳明和他的弟子们尚有"未发之覆"，还有很多重要的话没有说完，所以我不得不帮他们做这项工作，把"未发之覆"发显出来。不过，这项工作大概有不少做得不对的地方，或许也有过度诠释的地方，这些都是这本书可能存在的缺点，我希望日后仍有进一步修正的机会。

　　是为序。

摘　　要

　　本书对王阳明及其后学的神秘主义思想及悟道经验给予了全面、深入的考察。古代巫史传统遗留下了"天人合一""直觉内省""万物一体"等观念，对儒家神秘主义形成了深远影响。孔子、孟子和董仲舒哲学中的神秘主义观念也为心学神秘主义提供了思想资源。宋明时期，儒家吸收和改造了禅宗本体论和修道论中的神秘主义。阳明心学既继承了传统儒学中的神秘主义，又在禅宗的影响下使儒家神秘主义达到了新的高度。

　　首先，阳明心学包含了一种本体论的神秘主义。阳明将良知领会为否定了一切经验存在的超绝实体，亦即神秘的精神。阳明心学既继承了传统儒学"心"的概念，又在佛教的影响下对本心作出新的理解和诠释。作为无善无恶的精神本体，良知不仅是全部伦理法则的本质内容，更是超越经验伦理的先验实在。相对于现实层面的"有"，良知呈现为否定全部现实经验的"无"，二者构成精神内在的辩证关系。良知的神秘性决定了它难以被日常语言诠解，只能通过譬喻的方式说明。阳明以光、镜和太虚三种喻体诠释本心，分别意谓心体的光明本性、感应明觉以及虚无性。

　　其次，阳明心学包含了一种工夫论的神秘主义。第一，修证的对象是神秘的本体。阳明心学的实践包含了一种持续内向化的直觉反思。在此过程中，良知不断地否定经验自我，最终将神秘精神作为终极真理。第二，修证的方法是神秘的直觉。良知的超理性特征决定了对它的认识只能诉诸某种直觉体验。"龙场悟道"后，阳明提出知行合一之旨，确定了工夫的内向化进路。阳明又提倡静坐工夫，藉此获得对心体的证悟。继而渐觉静坐所致喜静厌动之弊，乃专提"致良知"。阳明还提出通过养气来转化身心结构，体验自我与天地万物的浑然一体之感。第三，心学的教法是神秘的。受禅宗的影响，阳明在言教中屡发机锋、险语。然而，对于一个超理性的本心而言，任何伦理法则都是外在的，因而本心与伦理法则之间存在着某种张力。心学学者将本心置于全部现实存在之上，容易使人过于专注内心体验而疏略道德实践，导致"狂禅"的发生。

在中晚明时期，儒、释、道三教的互动与融合推动了心学神秘主义的发展。阳明等心学学者将良知作为精神信仰的对象，心学的宗教化进路由此展开。在王门后学那里，王龙溪、王心斋等现成派学者将良知理解为一种内在、无住的精神。聂双江、罗念庵等归寂派学者则认为，良知是虚寂的神秘原理，故而推崇归寂主静的工夫。他们的共同点在于把良知当作一种神秘的精神，并强调排除了全部理性思辨的直觉体悟。

关键词：王阳明；阳明后学；心学；悟道经验；神秘主义

Abstract

This book gives a comprehensive and depth study of the mysticism thought and enlightenment experience of WangYangming and his disciples. The ancient witchcraft tradition had hand down a lot of mystical ideas such as unity of heaven and man, intuition and self – examination, myriad things share one body and so on. These ideas had a profound influence on the development of Confucian mysticism. The concepts of mysticism in the philosophy of Confucius, Mencius and Dong Zhongshu also provided ideological resources for the mysticism of Mind Study. During the Song and Ming Dynasties, Confucianism absorbed and reformed the mysticism in the ontology and monasticism of Zen Buddhism. Yangming's Mind Study not only inherited the mysticism of traditional Confucianism, but also made the mysticism of Confucianism reach a new height under the influence of Zen Buddhism.

Firstly, Yangming's Mind Study contained a kind of ontological mysticism. Wang Yangming regarded Innate Knowledge as the transcendent entity which denies all the experience existence, that is, the mysterious spirit. Yang Ming's Mind Study not only inherited the concept of "mind" in traditional Confucianism, but also made a new understanding and interpretation under the influence of Buddhism. As a spiritual noumenon without good or evil, the Innate Knowledge is not only the essential content of all ethical laws, but also a transcendental reality beyond empirical ethics.

Relative to the existence of reality – level, the Innate Knowledge appears as nothingness that negates all realistic experience and rationality, both constitute the internal dialectical relationship of the spirit. The mystery of Innate Knowledge made it difficult for it to be explained by everyday language. It can only be explained through metaphor. Wang Yangming described the Innate Knowledge by three kinds of metaphors, which is sunshine, mirror, and the great void, and used to indicate the traits of light, interaction, and nihility of Innate Knowledge separately.

Secondly, Yangming's Mind Study also contained a kind of mysticism of practice theory. Firstly, the object of practice is the mysterious noumenon. The practice of Yangming's Mind Study involved a kind of intuitive refection movement. In this process, the Innate Knowledge constantly negated the experiential self and finally regards the mystical spirit as the ultimate truth. Secondly, the method of practice is the mystical intuitive reflection. The characteristics of the Innate Knowledge which beyond rationality and reality determined that the understanding of it could only resort to mysterious intuition. After the "Dragon Field enlightenment", Wang Yangming proposed the unity of knowledge and practice, and determined the inward approach of practice. Yangming also advocated the sitting meditation, which lead to realize the Innate Knowledge. Afterwards, Yangming discovered that the sitting meditation was easy to cause the fault of prefer the quiet rather than activities, so put forward the extension of Innate Knowledge. Yangming also proposed to transform the body and mind structure through keeping air, experience the feeling of one integrated mass. Thirdly, the teaching of Mind Study are mysticism. Mind Study was deeply influence Zen Buddhism, so Yangming always used the conundrum in the teaching. However, a super – rational mind contradicts the ethical law as the rational stipulation in essence. For it, all ethical principles and dogmas are external, so there have an internal tension between the Mind and realistic ethics. The mind scholars put the Innate Knowledge above all the real existence, which is easy to make people focus too much on inner experience and neglect moral practice, leading to the occurrence of "crazy zen".

In the middle and late Ming dynasties, the interaction and integration of Confucianism, Buddhism and Taoism promoted the development of mysticism in Mind Study. Yang Ming and other mind scholars took Innate Knowledge as the object of spiritual belief and thus began the path of the religionization of Mind Study. Among the disciples of Wang Yangming, Wang Longxi, Wang Xinzhai and other "ready – made" scholars treated the Innate Knowledge as a kind of inner and free spirit. While Nie Shuangjiang, Luo Nian'an and other "send to silence" scholars believed that the Innate Knowledge is the mysterious principle of empty silence, so they advocated the practice of keeping peace and silence to realize the noumenon. The two groups have something in common which is they regarded the Innate Knowledge as an existence that beyond reason and reality, and they also emphasized the intuition which excluded all the rational thinking and empirical verification.

Key Words: Wang Yangming; disciples of Yangming; Mind Study; mystical experience; mysticism

目　　录

Contents

绪　言

　　假如我们将人类精神视为一个不断发展中的、具有普遍意义的整体概念，就会发现在任何一个民族的文化传统中，都存在着精神的自我运动与更新。事实上，人类精神的发展就是一个辩证的历史过程。黑格尔在《历史哲学》一书中指出，世界历史作为自由意识的发展，从低到高、从发生到完成经历了四个阶段：东方世界、希腊世界、罗马世界、日耳曼世界。在黑格尔看来，世界精神起源于以朴素的自然意识为基础的东方世界，而最终完满、成熟于精神得以认识自身之自由的日耳曼世界。黑格尔对世界历史进程的这一概括性认识，奠基于他对精神概念在现实历史中的实现进程的更具体的认识。黑格尔对人类精神运动过程的划分有一定的合理性，他把握到了人类精神生命在不同发展阶段呈现为不同形态这一必然规律。但是，这种划分是否准确无误地反映出了人类精神发展的轨迹，以及是否能够普遍对应于任何一个民族精神的成长过程，仍是有待商榷的。譬如往昔治政治史者，多据马克思主义唯物史观的"封建社会"概念而断言中国两千年的帝制社会为"封建社会"，却未能认识到西方历史中所谓"封建制度"大概仅可对应于秦汉以前某一特殊阶段之政治格局，而不可判定汉魏以迄于清代为"封建社会"。①今日学人研究某思想，既应当关注各民族精神发展之共性，又应当

---

　　①　现代学术研究中通用的"封建"一词，是一百年前的日本学者从 Feudal System 翻译过来的。事实上，中国古代的官僚制度，和欧洲中古的 Feudal System 有很大差别。这个差别已经成为当下学者的基本共识。

把握本民族精神发展之殊性。论及中国历史上的儒学，我们虽然应该认识到其包含了精神发展的某种历程，却不必以黑格尔的立场强行划定。然昔日治儒学者，大多时候将儒学作为一个思想整体、"道统"来对待，而没有看到儒家内在精神的发展演变。欲真正获得对儒家哲学的确切理解，就不能执泥于个别观念，也不能浅浮于史籍文辞，而是要关注并探研其精神整体的发展历程，呈现观念、精神的全部内容。冯友兰先生在《新原人》一书中，以"自然境界""功利境界""道德境界""天地境界"之四重境界揭示了人生觉解的不同阶段，这种划分其实是以人类精神的普遍性为基础的。然而，境界多与个人修为的体验、感悟相关，主观性尤为明显。譬如某甲说自己达到了道德境界，但在某乙看来可能还停滞于功利境界，故此莫衷一是，殊难判定。因此，以境界论来探讨人类精神的发展有着很强的不确定性。个人修养境界的背后，应有一个更深刻、超越的精神为其支撑。

我们的目标是以一种严格意义上的精神哲学揭示人类精神的发展历程。在形而上学中，精神是宇宙中最为基础、本源的存在，亦为超越、绝对的存在。精神既非意识，亦非纯粹的主体，而是兼摄意识与对象、主体与客体，并且超越它们的本体。对这一主题的研究，即为精神哲学。精神哲学所阐明的对象是人的精神生命。因为精神是一个生命的整体，所以真正的精神哲学必须立足于精神整体的内在运动机制来阐明。精神哲学虽然有时着眼于具体的思想观念，并致力于对不同文化背景下的观念作出相应的比较研究，但必须以确认一种普遍的人类精神为前提条件。只有确认了人类精神的普遍性，并以之为基础，才可以合理地解释不同传统、文化的共同性和特点。作为一种生命存在，精神具有如下四个特点：

一，精神是一种超现实的实体，其本质是自由。精神是一个自在自为的存在，不为自然因果链条所拘缚。人类精神生命的本质是自由。易言之，自由是一切精神生命的绝对根源和普遍本质。

二，精神的内在现实是观念。观念构成了不同的文化传统。不同文化传统以及同一传统的不同发展阶段，都会形成不同的观念结构。精神的需要是多样的，而且是历史地变化的，所以被它决定的观念也必然随历史发展而更替。这说明观念史以精神的发展史为基础。精神所决定和展现的观念是相对的、有限的，它们在不同的文化传统中呈现为不同的内容，且在历史演化中迁流不息，在本质上不能摆脱传统的局限性，不具有跨文化的普遍性。与之相对，精神则是超越传统以及全部文化观念的普遍原理。

三，精神通过反思确认自身的绝对性和无限性。精神的存在形式就是对自身的反思和超越，这要求精神否定自然现实的外在性、直接性，确立自我的内在、超越存在为生命的真理。精神的反思包括以下三个方面：（1）客观反思。此即精神对普遍存在和客观世界的反思。（2）主观反思。此即精神以此在之自我为对象的反思。（3）绝对反思。此即精神反思到客观反思与主观反思的同一性。反思是精神面向自身的持续内向化运动。在这一运动中，精神不断超越外在、表象的概念，形成更内在、本质的概念，使精神无限地内向化、绝对化。这一反思运动不是被特定概念所规定，反而是它构成并决定所有概念，因此反思的精神是超概念、超理性的存在。

四，精神是发展、进化的，这一过程体现在精神对现实存在、观念的绝对否定。精神的本质是自由，它就是要打破自身此在的枷锁，开辟精神生命应有的无限空间。这一否定是绝对、无限的。一方面，经验自我总是有限的，在生活世界中被种种观念、传统、习俗、制度所塑造，后者的内容对于自我完全是被给予的、无法自由选择的，因而精神反思到自身是被限定的。这些现实存在被精神所决定，又反过来成为精神发展的阻碍。另一方面，精神作为绝对的存在，不会满足于本真自我在现实中的这种有限的、被规定的状态，而总是企图不断打破种种限制性因素，使自我朝着精神决定的理想状态迈进。所以精神的自我否定不是单纯的破坏，而是为了完成生命的更新，在这一过程中，精神确立了自由的绝对价值并促使自身守护自由的本真存在。总之，精神哲学的终极目的就是为各种文化观念寻找本体论的基础，进而阐明自由推动精神演进的内在逻辑。

人类真正的历史就是精神在自由的推动下自我否定、自我推动、自我展开的历史。这一历史的进程只能以人类的精神本体为依据。人类的精神本体就是自由。自由必然实现为一个普遍、必然的运动过程，在此过程中它通过观念的发展呈现自身的样态。真正的哲学研究，不应只停留于对个别观念的考察，而是要探究观念的整体，后者表现为精神在一个更深刻、超越的层次上的展开。观念整体的展开过程体现了精神的自由，所以它的发展就是自由的实现。可以说，哲学研究的最终价值就是促使精神更全面地领会自身，并让人透过种种观念看到精神在历史和现实中的展开，由此呈现自由推动现实精神展开的内在逻辑。因此，研究古代思想的终极目的，不是要在故纸堆中求索、考证出零星知识以自娱，而是要将现实精神的内容从古代经典中重新呈现出来，实现对精神更清晰、充分的理解。更进一步讲，这种研究是要使人们领会到自由的意义与价值。这是因为精神自我理解的终点就是反思到自我的究竟本质是自由，而且历史和现实中的一切思想、观念都是在自由的推动下形成的，它们实质上都是自由的产物。从现实层面看，这一目标是使人获得尊严与自由，而其应该成为包括哲学在内的所有人文科学的理想。要达成这一目标，关键就是要唤醒人对于自由、良知的绝对性和无限性的领会。具体到哲学研究，就在于阐明良知是人类精神的终极本体和推动观念、思想发展的绝对力量，同时也是超越全部现实存在的根本原理。

阳明心学的研究对于达成这一目标有着特殊的意义。这是因为，阳明心学将绝对的本心、良知作为宇宙的真理和人的全部意义。阳明心学的发展实质上就是良知概念自我演进的过程。良知就是本原的精神，也就是自由本体。我们之所以称良知为自由，是因为它在一定程度上打破了概念的绝对化，形成了对于自由自身的直接意识。这样的一种直接意识是纯粹意识（pure consciousness），也是神秘意识。在阳明心学中，我们能够看到良知概念的发展历程：它不断否定当下直接的现实存在，并在自我更新的运动中使自身成为更内在的、本真的存在。心学发展到最高阶段，精神最终领悟到良知是超越现实的绝对的精神本体，它与理性不处于同一层面，而是处在一个更深沉的层面并规定着理性。阳明心学对本体的这种规定，属于一种本真的精神觉悟。只有在这一层面，我们对本体的神秘性的理解才是究竟的、超越的。神秘性的本质是超理性、超现实性。心学神秘主义的全部意义，就是立足于本体的超理性存在，揭示人的终极意义和本质，使自由呈现为一切精神生命的绝对根源和超越传统的先验基础。所以，本书以阳明心学为研究对象，阐明良知的先验结构，直观地展现精神的发展轨迹，最终使自由的本质及其运动形式得到充分呈现。

阳明心学是儒家哲学发展至成熟阶段的重要思想成果，也是儒家文化精神的一个高峰。据此，本书将儒家精神划分为自然精神、伦理精神与神秘精神三个阶段，并重点围绕神秘精神的相关概念展开探讨。精神在其自身的发展中，逐渐否定自然、现实的绝对性，确立存在的究竟真理为超理性的神秘本体。这本体是一种神秘的光明原理，为语言、思维所未到，因而是超越一切存在的精神本质。阳明心学的无思无虑、无善无恶的良知就是这样一种精神本体。关于以上内容，本书将在儒家哲学的历史与逻辑的展开中给予详细说明。

人类早期的哲学普遍体现了一种自然精神。从字源上讲，"自然"指的是最原始、直接、朴素的现实性。这种现实性被古人赋予了本质或本源的内涵。柯林武德（R. G. Collingwood）曾对此作出考察："在现代欧洲语言中，'自然'一词总的说来是更经常地在集合（collective）的意义上用于自然事物的总和或汇集。当然，这不是这个词常用于现代语言的唯一意义。还有另一个意义，我们认为是它的原义，严格地说是它的固有含义，即它指的不是一个集合（collection）而是一种原则（principle）——就这个词的固有含义，是……本源（source）。""在我们［拥有的］希腊文献的更早期文本中，φυσιs 总是带有被我们认为是英语单词'Nature'之原始含义的含义。"① 由于精神反思的欠缺，古人往往把外在的、现实的自然物作为存在的绝对真理，而未能对更内在的、更本质性的存在作出自觉省思。这种自然精神的最大特点是注重现实，崇尚自然，未能在本体论层面超越最直接的、朴素的自然，领会到超绝的精神本体的更深层意义。早期的自然思维普遍呈现于各民族的文化传统之中，尽管这些文化形态最终发展到了极为深刻、高明的阶段，但它们最初都是从最朴素的自然意识出发的。参研世界各民族的早期文献，可知先哲大多试图以某种统一、绝对的概念来把握现象世界中纷繁复杂的经验存在，但由于他们尚未在本体论层面领会超越、独立的精神概念，也未能通过精神反思意识到自我的内在独立性，所以从自然经验中抽象出的统一、绝对的概念仍属于自然、现实的东西，而世界的本质仍被理解为一种自然的普遍性。比如泰勒斯以水为万物之始基，阿那克西米尼将气视为事物的第一原则，赫拉克利特以宇宙之根本基质为永恒的活火。这类思想表明，自然精神没有将内在自我作为独立、自为的存在，而是将后者消融于宇宙的生生洪流之中。

在早期中国的思想中，人们对主体的理解也是从自然出发的。有学者认为，自然思维主宰着中国传统中的自我理解，"中国人的自然概念甚至比西方人的更'自然'，因为它还没有达到西方（甚至印度）自然思维所具有的实体性、客观性概念"，"自然被认为是第一性的，是唯一真实的存在，一切都在自然中生生灭灭，人和万物都属于它。在这里精神完全停留在自然之中，不可能超越其直接外在性而反思自身"。② 这方面最典型的例子就是"天人合一"观念。早期儒家强调的"天人合一"观念，就是将自然经验中的感性、表

---

① ［英］柯林武德：《自然的观念》，吴国盛等译，商务印书馆2018年版，第55页。

② 吴学国：《内外之辨：略论中国哲学的自我概念》，《哲学研究》2004年第9期。

象的东西视为真实、唯一的实在，并以人与这一实在的统一作为最高的生命理想。

　　然而，中国思想并未沉湎于外在的自然现实。精神的发展包含了对当前、直接存在的否定，进而反思到一种更具普遍意义的精神概念。"仁"的提出标志着儒学的内在化转型和道德主体性的初步形成，所谓"仁者人也"（《中庸》第20章）。不过，从精神发展的一般规律看，这一阶段的儒学尚未发展出一种具有反思性和超越性的精神实体，"仁"的观念也没有达到本体论的高度。① 尽管在《中庸》《孟子》《易传》以及一些先秦时期的出土文献中，能够看到形上思维逐渐形成，然而这种形上学未能突出"心""性""自我"等概念的实体性、独立性。毋庸讳言，这一时期的儒家思想更多将终极实在、真理等同于自然中的感性、表象事物，而没有意识到精神实体才是超越一切经验表象的本体。要而言之，宋代以前儒家思想的重心在宇宙论与人性论上，而非在本体论上。

　　晚周诸子之后，汉儒重于解经训诂，晋人偏于清谈悟玄，他们既没有确立一种否定自然意识的超绝实体，也没有形成对个体内在意识结构的反思。盖两汉之际，经师儒生穷经皓首，不致精思，又好言谶纬神怪，然犹能通经致用，明征人伦，不失宗风。晋人虽尚老庄，然不废经术，正所谓"南人约简，得其英华；北学深芜，穷

----

　　① 在西周时期，"仁"的本义是氏族血缘层面上的"爱亲"，如"爱亲之谓人"（《国语·晋语一》）。孔子将这种"爱亲"的观念普遍化，使之具有"爱人"的内涵，由此"仁"从反映氏族血缘内部亲亲关系的地域性美德上升为普遍的公共性美德。孟子言性善，以"恻隐之心"论"仁"，此"仁"仍是道德情感层面上的。从战国晚期以迄两汉，"仁"的意义被进一步扩大，《易传》将"仁"与天地生生之德相联系，以"元"喻"仁"，这时的"仁"不仅仅是善的根源或道德情感，更成为宇宙之根源、始基和生命的动因。《礼记》将"仁"定义为"己之性德"，引向内在的性体，并把各种宗教性仪式作为"仁"的表现形式，以求天道性命相贯通。不过，这里的"仁"仍未能成为一种具有超越性和反思性的精神本体。我们看到，尽管宋以前"仁"的概念大多停留在感性经验的自然层次，但其一直在通向超越面的进路之中。关于"仁"这一概念的发展史，参见陈来《仁学本体论》，生活·读书·新知三联书店2014年版，第101—121页；张岱年《中国哲学大纲》，商务印书馆2015年版，第396—412页。

其枝叶"（《北史·儒林传序》）。魏晋六朝之后，士人或浸淫浮文靡辞，或徒尚悟玄论虚，以致五胡肇乱，生民荼毒。此时梵藏高僧大德入华传法者，不胜其数。佛门弟子宏发悲愿，践履高洁，为罹乱的中土带来一种新的精神气象。当时所谓名士者，不悟真谛，不见自心，一味簸弄文字，颓废放纵，转成戏论。李唐一朝，文人气魄虽宏大，然才思气力多用于诗赋，少有独创卓绝之思想。晚唐衰乱，藩镇割据，遂使士人道德沦丧，儒门淡泊，其祸延及五代。真正使儒学焕发出新生命与新气象的是宋明理学。周、张、二程诸子始发其源，崇尚义理之学，于道德形上学方面多有发明。无论将儒学之内在演进划分为"三期""四期"抑或更多类型，学界普遍承认，宋明儒学为唐以来思想之复兴。在宋明儒者看来，他们为学之方向或理趣，乃在接续与重建"道统"，重新宣说孔孟之学。不过，宋明新儒学与传统儒学的巨大差异也是有目共睹的。

王国维先生曾言："天水一朝，人智之活动与文化之多方面，前之汉唐，后之元明，皆所不逮也。"[①] 盖儒学发展至有宋一期，风气为之一变，其发明最多，进步亦最著。两宋鸿儒巨子频出，前有范仲淹、胡安定、欧阳修，后有周濂溪、大小程、张横渠、邵康节、朱元晦、陆象山诸家，蔚为一代儒宗。宋以来的学术变迁，概要为三：一为儒、释、道三家之合流；二为心性学的兴起；三为道统的重建。今且分别论之。

首先，宋儒初立说时，有见于士人沉溺浮屠讲论，皆欲解脱利己，遁入虚空，既无进退大节之廉耻，亦无承担危亡之道义，故力辟外来之佛教。此外，解空论玄的风气始于魏晋六朝，理学家在批判玄学的同时，也往往将矛头对准老庄思想。自此，宋明儒者多判佛老为"异端"。及至明代，儒生对抗佛老之态度仍未尽移。从价值观上看，佛氏以经验世界为无明幻生之障累，必待断灭、舍离世间

---

① 王国维：《宋代之金石学》，载谢维扬、房鑫亮主编《王国维全集》（第十四卷），浙江教育出版社、广东教育出版社 2010 年版，第 315 页。

法以成就自我，老庄昌言自然无为之说，竞归逍遥自适之境趣。宋明儒者断不如是，必讲明义理，立功建制，以求人文化成之功。宋明儒者斥佛老为"异端"者，仅在此处，而对二氏之形上思想，多有自觉吸收。他们的力辟佛老，也主要在事功实践层面，而在形上学层面，则每与佛道相契。① 陈寅恪先生也指出，佛道思想对中国本土文化观念构成了深远影响，自有其高明所在："二千年来华夏民族所受儒家学说之影响，最深最巨者，实在制度法律公私生活之方面，而关于学说思想之方面，或转有不如佛道二教者。"② 比如宋明儒者提倡的静坐，在工夫修证上就与佛道二教有很多相似之处。另外，明代儒者对"虚""无"的体证中，也可以看出佛道思想的影响。

其次，宋明儒者逐渐否定了汉唐的注疏传统，而更看重个体的精神磨炼（spiritual exercises）以及心灵与终极实在的契合。汉唐之际，儒家学者之用力处皆在注释经典，可谓"信而好古"精神的延续。宋初，胡瑗、孙复等人皆轻视汉儒章句之学，后世儒者更多专注于宇宙论、心性论等方面。这一分别就是学界公认的"汉宋之别"。汉、宋二学以为学之方相对，故宋明理学亦可简称"宋学"。宋学既兴，儒家才有了真正意义上的精神哲学。至此，宋明儒者为学之用力处，不再是章句训诂，而是身心性情的涵养。宋代理学所谓之涵养，主于格致，伊洛学脉讲明格致之学者，殆不下数十人，其中以紫阳之学为著。朱子论及格致，偏重在外物上用功，因著《大学》之"格物补传"云："是以《大学》始教，必使学者即凡天下之物，莫不因其已知之理而益穷之，以求至乎其极。至于用力之久，而一旦豁然贯通焉，则众物之表里精粗无不到，而吾心之全体大用无不明矣。此谓物格，此谓知之至也。"朱子认为草木山河皆有定理，故主张深研客观事物的发展规律，使"物理"与"吾心"相

----

① 侯外庐、邱汉生、张岂之主编：《宋明理学史》（下卷），人民出版社 1987 年版，第 261—263 页。

② 陈寅恪：《冯友兰中国哲学史下册审查报告》，载《金明馆丛稿二编》，上海古籍出版社 1980 年版，第 251 页。

贯通："格物所以致知。于这一物上穷得一分之理，即我之知亦知得一分，于物之理穷二分，即我之知亦知得二分；于物之理穷得愈多，则我之知愈广。其实只是一理，'才明彼，便明此'。"（《朱子语类》卷十八）除了切近朴实的格致之功，宋学尚有一种重视直觉的体验工夫。如道南学派之体验未发，象山之发明本心，慈湖之以易征己，都是神秘主义的内容。

最后，宋学以复兴孔孟思想为主，自许其为千余年间已断绝之"道统"的延续。然而，宋儒之志业又不止为追述往者，更围绕"仁""理""性""心"等范畴建构了一种全新的形上学。相比晚周、汉唐之学，这一时期的儒学在本体论方面有了很大的发展。比如"道"这一概念，在先秦诸子那里，或指正反相转之变易规律，或指宇宙本原之自然状态，或指价值理性之根本来源。宋明儒者所谓"天道"，则多指本体论意义上的、创生性的万物共依之始基，并主张即物穷理以体认大道之原。再如陆象山论"心"，其自谓传续孟子之学，然精神实较孟子远矣。象山云："万物森然于方寸之间，满心而发，充塞宇宙，无非此理。"（《语录上》，《陆九渊集》卷三十四）这里的"心"已经和宇宙的普遍精神直接联系起来，而孟子尚未语及此也。

朱子尝赞濂溪之《通书》曰："至论所以入德之方、经世之具，又皆亲切简要，不为空言。顾其宏纲大用，既非秦汉以来诸儒所及，而其条理之密，意味之深，又非今世学者所能骤而窥也。"（《周子通书后记》，《朱文公文集》卷八十一）此言虽特表《通书》之美，然亦可由之窥及宋学之规模也。宋学既"条理之密，意味之深"，兼有上述三变，实不可忽略佛道思想在其发展中的影响。实际上，一种文化精神发生突变或转进，大多是在外来文化渗入之时。这种渗入并非简单的加成，而是本土文化在吸收外来文化的同时逐渐否定某些既有的观念因素，进而形成一种新的文化精神。譬如水之染墨，被染之水即与此前形态相异，此不惟由于墨之渗入，亦在于染墨之水因墨之势力而否定自身之前态。对于宋明理学而言，无论是本体论思维的形成，还是内向性反思的深入，都和大乘佛学尤其是如来

藏佛学的影响有着莫大的关系。① 比如程朱学派的理气论即沿袭华严
"理彻于事""理事圆融"等说,而象山以"本心"为宇宙发生之根
本原理,则是明显受到了如来藏佛学将真心作为万法根源的影响。②
所以,这种转变不啻为一种基于传统儒学自身的创造性转化。

　　从北宋道学初兴,到中晚明心学走向成熟,其发展进路可分为
三个阶段。第一阶段以濂溪、横渠的宇宙论为代表,其主要思想大
致围绕"太极""天""气"等观念而展开。在此阶段中,儒者将更
多的兴趣放在对宇宙万象发生的描述上,并由此展开宇宙本体与诸
现象之关系的讨论,而主体性却没有得到明确的肯定。因此,这一
阶段的思想缺乏本质的超越和内在的反省。第二阶段以"性""理"
"仁"为主要观念,而以二程、朱子、南轩的思想为著。在这一阶段
的哲学中,儒者开始重视讨论主体间的伦理关系以及通过工夫修养
所达到的精神境界。第三阶段的主要观念是"心""良知""虚"
"无"等,从象山、慈湖、白沙、阳明到王门后学的思想都可作为这
一阶段的代表。这些学者的思想明确将主体规定为一种绝对精神、
本质,即存在真理与纯粹精神的同一,至此儒家的主体性哲学乃发
展到最高阶段。在前两个阶段中,自然精神和伦理精神占据着十分
重要的地位,大多数儒者未能认识到"心"的超越性和反思性,所
以没有形成以"心"为精神本体的观念。从工夫论上讲,尽管宋代
理学家的修养工夫同样包含了某种内向性的精神磨炼,但是这些工
夫及相关论说还有很多不完备的地方。严格地说,直至阳明心学兴
起,儒学才真正在精神哲学层面建立起一种以精神的超越性和反思
性为基本特征的绝对唯心论。神秘精神的确立,意味着"心"的概

---

　　① 吴学国:《佛教唯识思想与儒家心学本体论》,《北京社会科学》2002 年第
2 期。

　　② 张君劢也指出,佛教在一定意义上改变了中国文化的精神气质,使唐以后的
思想文化迥异于昔,其最重要的体现就是"心之本体"与心学的出现。张君劢说:
"在西汉初期,中国人的心步入停滞状态,一直到佛教传入中国以后,才开始主动地发
挥作用。"参见张君劢《新儒家思想史》,中国人民大学出版社 2006 年版,第 32 页。

念已成熟完备。朱子严判"心"与"理"的区分，以"心"为认知主体或道德主体，但其始终受到"理"的规定约束，故未能建立一种真正意义上的心学本体论。①　象山虽然肯定了"宇宙便是吾心，吾心即是宇宙"（《年谱》，《陆九渊集》卷三十六），将世界的存在解释为精神性的，却更多关注"本心"如何通过"立乎其大""收拾精神"等手段符合天理，而非将其作为万事万物所从出的存在，因此在一定程度上讲，象山所谓之"心"仍未脱离外在现实之桎梏。阳明心学的兴起，标志着儒学对心体的领悟进入到一个新阶段。黄宗羲曾对明代学术作出高度评价："尝谓有明文章、事功，皆不及前代，独于理学，前代之所不及也。牛毛茧丝，无不辨析，正能发先儒之所未发。"（《明儒学案·发凡》）这是说，尽管明代在文章、事功等领域未及前代之盛，但以阳明心学为代表的明代思想在心性辨析方面的周密、详尽，则为前人所不及。阳明心学是一种真正意义上的精神哲学，它揭示了精神生命的超越性与反思性。所谓超越性就是精神否定自然的直接性，确立真实自我、良知为一个自在自为的超验实体。所谓反思性就是精神否定自然的外在性，确立内在的心识、良知为存在真理。所以，阳明心学以本心、良知为存在的真理或本体，是一种绝对反思，其实现了精神的内在超越。

　　从自然思维到超越思维的转化，是人类精神发展的一般规律，有着内在的必然性。人类的思想史包含了精神在自由的推动下自我否定、自我推动、自我展开的不同历史阶段。在任何一个民族的文

---

　　①　尽管朱子也提到过"心，主宰之谓也"（《朱子语类》卷五），但这里的"主宰"更多表现在身心关系中，以"心"作为五官、百骸的主导者，即意识、知觉活动主体。如朱子云："人之一身，知觉运用，莫非心之所为，则心者，固所以主于身，而无动静语默之间者也。"（《答张钦夫》，《朱文公文集》卷三十二）可见，这里的"心"的功能，主要是知觉思维与支配形躯。陈来也指出，虽然朱熹的"心"有主宰、统率之义，但不能视为心学意义上的宇宙本体，"朱熹只是综合了以前许多哲学家在这方面的思想，即心与万事的关系……这些思想并没有什么特别的神秘意义，从这里断定朱熹有以心为宇宙本体的思想是没有根据的"。参见陈来《朱子哲学研究》，华东师范大学出版社 2000 年版，第 216—217 页。

化传统中，都可以找到这样的精神发展轨迹。比如在古希腊哲学中，就体现了自然精神向超越精神的过渡。早期的哲学家将世界的流变归因于某种自然基质或自然元素。这一时期的哲学，逐渐脱离了巫术、神话的范畴，开始通过对自然的领会来证明现实世界的发展规律。后来的希腊哲学表现出一种对现象世界与实体世界的区分，将超越自然、时空和因果性的永恒原理当作现实存在的基础。如巴门尼德认为，宇宙中存在着一个永恒、真实、不变的存在者，它不同于感觉向我们呈现出的经验事物。再后来的西方哲学传统，从柏拉图以至叔本华都区分了作为世界存在之本质的实体界与基于前者而存在的幻灭的现象界。怀特海称之为"自然的两分"（bifurcation of nature），也就是以一种超验实体否定自然存在的形上学区分。任何一个民族的思想观念总是随精神的持续运动而发展，即从自然、外在的经验领域进入到超越的、内在的实体世界，而儒家思想概莫能外。然而，必须指出，儒家文化精神的三个阶段并非各自独立、互不兼容，而更多体现为后一阶段对前一阶段的精神内容的"扬弃"，前一阶段的精神内容往往转为一股暗流潜存于新的精神内容之中。比如明代学术的重心在于心体的重建，心学汲取了佛、道的思想资源，将"心之本体"规定为一种超理性的纯粹意识。这种超理性本体就是神秘的精神。精神的超越由此上升为一种超理性的、神秘的超越。但是，这种精神并没有像在佛、道的文化系统中那样彻底舍弃伦理内容，而是在一定程度上保留并展现了儒家的伦理本位。再如阳明及王门后学多以"道"论"心"，"道"这一概念虽较之秦汉时期有所变化，但实际上仍存有某些自然精神的因素。质言之，从精神发展的历史来看，儒家的神秘精神贯穿于心学传统之中，后者体现出明显的神秘主义特征。

神秘主义是儒家思想史上的一个重要问题。关于这个问题，已经有学者给予了相当多的关注。首次对宋明儒学中的神秘主义给予正面阐述的是冯友兰的《中国哲学中之神秘主义》（1927年）一文。这篇文章明确把"万物一体"当作神秘主义的最高境界，并认为这一境界是个人修养的最高成就。① 另外，冯先生还在《中国哲学简史》（1948 年）一书的末章"中国哲学在现代世界"中，进一步阐发了自己对神秘主义的理解，定义了哲学的"负的方法"。所谓"负的方法"，就是与作为概念分析的"正的方法"相对的神秘体验（mystical experience）。冯先生表示，"一个完全的形上学系统，应当始于正的方法，而终于负的方法。如果它不终于负的方法，它就不能达到哲学的最后顶点……神秘主义不是清晰思想的对立面，更不在清晰思想之下。无宁说它在清晰思想之外。它不是反对理性的；它是超越理性的"②。冯先生以"超越理性"来定义神秘主义，与本书的宗旨一致。因此，冯先生的研究，可谓开中国哲学的神秘主义研究之先河。③ "超越理性"不是反理性，后者是不信任甚至毁谤人

---

① 冯友兰：《中国哲学中之神秘主义》，载《三松堂全集》（第 11 卷），河南人民出版社 2001 年版，第 120 页。

② 冯友兰：《中国哲学简史》，涂又光译，北京大学出版社 1985 年版，第 394 页。

③ 实际上，早在 1920 年夏，冯友兰就写了《柏格森的哲学方法》一文，介绍并评论了柏格森的直觉主义哲学。在这篇文章中，冯先生将柏格森的直觉归纳为一种"与物合一而终于不可说"的神秘经验，但在当时既未使用"神秘主义"一词，也未对神秘主义给予特别注意。冯先生在 1924 年出版的《一种人生观》一书的附录《天人损益序言》和 1931 年出版的《中国哲学史》上卷中，则深入讨论了神秘经验。冯先生说："凡所谓直觉、顿悟、神秘经验等，虽有甚高的价值，但不必以之混入哲学方法之内。无论科学、哲学，皆系写出或说出之道理，皆必以严刻的理智态度表出之。凡著书立说之人，无不如此。故佛家之最高境界，虽'不可说，不可说'，而有待于证悟，然其'不可说，不可说'者，非是哲学；其以严刻的理智态度说出之道理，方是所谓佛家哲学也。故谓以直觉为方法，吾人可得到一种神秘的经验则可，谓以直觉为方法，吾人可得到一种哲学则不可……故吾人虽承认直觉等之价值，而不承认其为哲学方法。"可见，冯先生在当时虽承认直觉和神秘经验有很高的价值，但不承认它们是哲学方法。对他而言，哲学是一种求"真"的理智方法，而神秘经验是一种明"善"的特殊途径。这种理解和后来的《中国哲学简史》把神秘经验规定为"负的方法"的态度截然不同。陈来指出，冯先生对神秘主义的了解包括三个层次，即"体验"的神秘主义、"境界"的神秘主义和"方法"的神秘主义。我们可以认为，冯先生对神秘主义的理解有一个逐渐深入的过程，在不同阶段中包含了不同的面向。参见冯友兰《中国哲学史》（上册），中华书局 1961 年版，第 4—5 页；陈来《论冯友兰哲学中的神秘主义》，《中国文化》1991 年第 1 期。

的理性能力。超理性是说存在着一种神秘的精神或本体，这本体是完全超越或排除了理性、概念的无差别、无关联的"一"，若以一般名相、思维衡定该本体，则终不相应，所以它在原则上就不能被理性所认识，必须通过一番特别的修养工夫，始能呈现本体自性，证入超绝之境。① 理性就是对差别、关联的把握，因而神秘经验必然是超理性的。而后，张岱年在《中国哲学大纲》（1937 年）中，也指出中国哲学"重了悟而不重论证"的特点，并认为"中国哲学只重生活上的实证，或内心之神秘的冥证，而不注重逻辑的论证"②。在讨论象山、阳明等人的思想时，张先生特别指出，较之理学，"心学则最注意于神秘体验。象山、白沙、阳明、甘泉，都以与天地万物为一体的神秘境界为生活之圆满。心学家，因特别专意于修养，更常达到另一种境界，即觉得此心光明洞彻，澄莹中立"③。侯外庐主编的《中国思想通史》（第四卷下）（1960 年）在讨论象山哲学的时候，特别注意到其中的直觉主义。侯先生认为，陆象山诉诸本心直觉的简易工夫，实际上就是禅宗的直觉主义方法，亦即为一种"神秘的幻觉"。在该书"王阳明的唯心主义思想"一章中，侯先生也把王阳明的哲学归纳为一种"可以不依赖历史实际和社会实际，不依靠理性活动，便能证明先验知识的神秘的直觉主义"④。陈来在《有无之境——王阳明哲学的精神》（1991 年）一书中，从境界论的角

---

① 熊十力先生曾以"图摹之喻"讨论理智及生化之真宰，此喻甚妙。依熊氏，大化之本原如人间山水，以理性思维把握此本原，犹如画师摹写山水，虽有相似之处，但所摹画之山水究竟不是真实的山水，"若知智思辨之功止于图摹，则哲学当归于证量，万不容疑"，"吾学归本证量，乃中土历圣相传心髓也"。"证量"即超越理性的直觉反思。熊先生又称，理性尽管不能直契本体，但它仍是相当重要的，"图摹究不可废。人生囿于实际生活，渐迷其本来，即从全整的生化大流中坠退而物化，至于与全整体分离，尚赖有理智之光与思辨之路以攀缘本来全整体的理则，而趣向于真实，此其可贵也"。参见熊十力《十力语要》，上海书店出版社 2007 年版，第 258—259 页。

② 张岱年：《中国哲学大纲》，第 29 页。

③ 张岱年：《中国哲学大纲》，第 541 页。

④ 侯外庐主编：《中国思想通史》（第四卷下），人民出版社 1960 年版，第 686—687、897 页。

度将神秘主义判定为一种超道德的境界，"这个超道德的境界或是宗教境界（如终极关怀与实在），或是宗教性的境界（天地境界）"①。这种超道德的境界与人的生存自由有着密切的关联。在《有无之境》的附录中，陈先生以一篇题为《心学传统中的神秘主义问题》的专文讨论了宋明儒学中的各种神秘经验，并得出一个重要结论，即"以孟学标榜的宋明心学的发展，容纳了一个神秘主义传统"②。徐梵澄在《陆王学述——一系精神哲学》（1994 年）一书中首次以精神哲学的方法研究陆王心学的神秘主义，并提出当代心学研究的目标应该是"双摄近代哲学与宗教原理而重建中国的精神哲学"③。杨儒宾在翻译史泰司（W. T. Stace）的专著 *Mysticism and Philosophy* 的时候，用"冥契"而不用"神秘"一词来翻译 mysticism。④ 杨先生在《新儒家与冥契主义》（1994 年）、《理学家与悟——从冥契主义的观点探讨》（2002 年）以及《悟与理学的动静难题》（2012 年）等文章中，也试图表明宋明新儒家那种"承体起用""即用显体"的"圆即模型"超越了史泰司的内向/外向二元划分，也超越了由外向内一路升进的纯宗教式的单向思考。陈复在其研究中，也以"冥契主义"取代了旧称"神秘主义"，并认为冥契主义具有面对生命的神圣时刻的幽微性与印证性。⑤ 在《阳明子的冥契主义》一文中，陈先生考察了王阳明家族与道教的关系，围绕阳明的生平经历对其人生中的冥契经验作出了考察，并在结论中指出：阳明直至五十岁

---

①　陈来：《有无之境——王阳明哲学的精神》，人民出版社 1991 年版，第 275 页。
②　陈来：《有无之境——王阳明哲学的精神》，第 412 页。
③　徐梵澄：《陆王学述——一系精神哲学》，上海远东出版社 1994 年版，第 21 页。
④　按照杨儒宾的看法，仅从译法来讲，"冥契主义"之名较之"神秘主义"更胜，然究其实质，二者所涉为同一宗教现象，并无歧异。参见［英］史泰司《冥契主义与哲学》，杨儒宾译，台北：正中书局 1998 年版，第 3—5 页；杨儒宾《孟子与冥契主义》，载《儒学与廿一世纪——纪念孔子诞辰二千五百四十五周年暨国际儒学讨论会会议文集》，华夏出版社 1995 年版，第 1199 页。
⑤　陈复：《由冥契主义的角度简论孔子的思想》，载韩星主编《国学论衡》（第五辑），人民日报出版社 2009 年版，第 5 页。

后才悟得"致良知"，当为冥契经验的突破，这使他的思想与象山的"心即理"说产生歧异。① 彭国翔通过对王龙溪思想的研究，也发现在整个儒学传统中，以中晚明阳明学中的神秘体验现象最为丰富和突出。② 此外，朱晓鹏与吴学国等学者从思想史的层面分别论述了道教与印度吠檀多思想对心学神秘主义的影响。吴学国教授尤其指出，阳明将良知当作一种排除了自我的理性和生命的无形式、无差别、无思维的本体存在，这就是一种神秘主义，这种神秘性来源于印度吠檀多影响下的如来藏佛学的渗透。③ 可见，自民国以来，众多学者已经或多或少地关注到儒学乃至心学传统中的神秘主义，并且将它视为一个极其重要的学术问题。④

　　对于宋明儒学的研究来说，这显然是一个非常有意义的发现。不过，以往学者大多只是认同儒学发展至心学阶段，在修养工夫或精神境界上表现出神秘主义的特征，而未能在更深的层次上讨论心学神秘主义及相关问题。比如，究竟应该如何界定神秘主义？心学神秘主义与佛道二教的神秘主义有何异同？为何心学学者在求道过程中，都会自觉或不自觉地产生一些神秘的悟道经验？这种神秘经验的基础是什么？宋明儒学尤其是明代心学能否从本质上被认定为

---

　　① 陈复：《阳明子的冥契主义》，载张新民主编《阳明学刊》（第四辑），四川出版集团、巴蜀书社 2009 年版，第 91 页。

　　② 彭国翔：《良知学的展开：王龙溪与中晚明的阳明学》，生活·读书·新知三联书店 2015 年版，第 513 页。

　　③ 吴学国：《奥义书思想研究》（第二卷），人民出版社 2017 年版，第 876—877 页。

　　④ 近年来，也有一些学者认为，阳明的悟道经验虽然表现出了强烈的生命实践品质，但其学说既不是所谓的"神秘主义"，也非纯粹的理性主义，而是隶属中国哲学体证的形而上学传统，因此"'神秘主义'一词附加于阳明学乃至整个心学，应属误读"。参见刘青衢《论王阳明悟道的三重体证——兼辨"神秘主义"论》，《安徽大学学报》（哲学社会科学版）2022 年第 1 期。这种说法有其合理性。不过，既然将阳明的为学进路归属于"体证"的直觉主义传统，便相当于承认其不同于以逻辑思辨为特征的理性主义传统，所以无论从本体、工夫还是从境界上看，阳明心学都包含了一种神秘主义。在一定意义上讲，直觉主义和神秘主义是可以相互替换的概念。

一种神秘主义？这些问题都需要我们在前人研究的基础上，进一步给予认真的思考。

　　"神秘主义"（mysticism）一语，源自希腊语动词 myein，其本义为"闭上眼睛""默观"等，主要指修行者通过静观、沉思等宗教修习、体验以获得较高层次的内心觉悟。神秘主义存在于人类的各种文化形式中，对社会、人生形成了或深或浅的影响。西方社会具有宗教信仰的传统，西方学界的宗教研究也有着坚实的基础，所以一些学者很早就开始了对东西方神秘主义的研究。19 世纪中叶，印度教、佛教以及部分中国文化传入欧洲，刺激了欧洲人的文化自尊，使得重新发掘基督教神秘主义传统的研究在学术界繁兴。后来，亚洲、非洲、美洲等地的原始土著文化与神秘主义也逐渐引起欧洲学界的广泛注意。比如麦克斯·缪勒（Friedrich Max Müller）的 *Introduction to the Science of Religion Four Lectures*（1870 年）、弗雷泽（J. G. Frazer）的 *The Golden Bough*（1890 年）都是这一时期的成果。这些思想家比较重视通过语言、文字、神话、巫术、图腾崇拜等古代现象与原始文献来研究神秘主义，但对神秘主义在宗教学、哲学、心理学上的解释力度显得有些不足。20 世纪之后，西方学界开始反思启蒙运动以来的成果，并展开对理性主义、科学主义的怀疑和批判，于是神秘主义、新浪漫主义等思想成为影响欧美学界的一股新潮流。这一时期的学者大多从宗教学、心理学、现象学这几个视角对神秘主义进行研究。在宗教学的研究视域下，神秘主义一般被定义为人类在有限的时空内对无限的大全的追求与体验。例如昂德希尔（Evelyn Underhill）在其著作 *Mysticism*（1922 年）中就将神秘主义视为"追求不能从逻辑上推导出的、纯粹理性所不能把握的、感觉不能感知的、但又是不证自明的终极实在的一门科学"①。奥托（Rudolf Otto）在 *The Idea of the Holy*（1917 年）中强调神秘主义生发于个体对未知力量的恐惧，这种恐惧感后来发展为一种希图

---

① 　Evelyn Underhill, *Mysticism*, London：Methuen & Co. , 1922, p. 29.

与未知力量结合的愿望。心理学方面的成果主要以詹姆士（William James）的 *The Varieties of Religious Experience*（1902 年）、柳巴（James H. Leuba）的 *The Psychology of Religious Mysticism*（1912 年）以及弗洛伊德（Sigmund Freud）、荣格（C. G. Jung）、马斯洛（A. H. Maslow）等人的研究为代表。他们普遍深入研究了神秘体验者的心理状态，其中柳巴与弗洛伊德的研究都涉及神秘体验与性欲的关系，而马斯洛的研究则强调了神秘体验或"高峰体验"与审美活动的密切联系。埃利亚德（Mircea Eliade）从现象学的角度研究了宗教神秘主义，他认为神秘主义发展的历史就是人类精神的历史，就是人类对自身生存意义理解的历史。20 世纪 80 年代之后，从脑神经科学及病理学的视角对神秘主义的研究也陆续取得了一些成果。如汉德特（Edward M. Hundert）的 *Philosophy，Psychiatry and Neuroscience：Three Approaches to the Mind，a Synthetic Analysis of Human Experience*（1990 年）就是一部从病理学与精神科学研究神秘主义的优秀成果，这表明神秘主义研究已不限于对各种心理体验的考察，而向着更广阔的论域发展。①

　　学界对东方神秘主义的系统性研究始于荣格从比较宗教学的视角分析中国道教、藏传佛教以及《周易》的神秘主义。而后，弗洛姆（Erich Fromm）在 *Zen Buddhism and Psychoanalysis*（1970 年）一书中将精神分析与禅宗结合起来，探究了"无意识""无念""自性"等宗教心理学问题。史华慈（Benjamin I. Schwartz）在 *The World of Thought in Ancient China*（1985 年）的"道家之道"（The Way of Taoism）一章中，对老庄思想中的神秘主义进行了探讨，并把它们规定为中国语境而非印度或基督教语境中的神秘主义。② 金克

---

　　①　更多关于 20 世纪以来神秘主义研究的文献综述，可参见王六二《近现代神秘主义研究状况》，《世界宗教研究》2001 年第 3 期；何宝申《神秘主义的哲学问题与方法：批判与反思》，《世界哲学》2016 年第 3 期。

　　②　Benjamin I. Schwartz, *The World of Thought in Ancient China*, London：The Belknap Press of Harvard University Press，1985，p. 188.

木在《〈蛙氏奥义书〉的神秘主义试析》（1981 年）一文中，列举了学界普遍承认的三套神秘主义体系：一是欧洲中世纪的，二是从波斯一直到印度的苏菲派（Sufi）的，三是比这两套思想体系更早的《蛙氏奥义书》和侨罗波陀的。金先生认为，除此之外还可以加上印度教、佛教的密宗、《老子》的"玄之又玄，众妙之门"、《中庸》的"无声无臭至矣"以及《孟子》的"浩然之气"，这些神秘主义的哲学理论，"至今还缺乏系统的整理和科学的分析"。[①] 张荣明的著作《从老庄哲学至晚清方术——中国神秘主义研究》（2006年）第一次全方位地研究了道家、儒家以及晚清相术、气功等方术，具有较大的学术价值，但其仅仅总结了中国思想史上一些与神秘主义相关的现象，未能揭示出其中蕴含的形上的神秘精神。可以看到，这些研究成果已经对中国古代思想中的神秘主义给予了足够多的重视，它们为本书的写作提供了很多值得参考的思想资源。

以往的神秘主义研究，大多着眼于古代神话、宗教、巫术与超自然现象等方面，宗教学、人类学、心理学等领域的研究成果较多，而少有学者从思想史或精神哲学的角度研究神秘主义。过去研究的主要难度在于，"神秘主义"是一个难以界定的模糊概念，东西方学者往往各执己说，并根据自己的研究需要提出自己的操作性定义。根据英奇（W. R. Inge）的研究，截至 19 世纪末，"神秘主义"的定义至少已经有了三十余项。[②] 因此，"神秘主义"这个概念自身陷入了神秘性，没有一个确切的本质性定义。精神哲学对于我们正确理解神秘主义及相关观念，有着极大的帮助。人类的精神史呈现出观念演化的进程，而我们必须透过此进程看到精神的内在演进。对于神秘主义而言，如果仅仅外在地将其视为巫术、神话与超自然现象，就无法深刻、客观地看到其内在精神的特殊价值。我们必须将神秘主义作为人类精神发展过程中的重要一环来对待。在基督教、

---

①　金克木：《〈蛙氏奥义书〉的神秘主义试析》，《哲学研究》1981 年第 6 期。

②　W. R. Inge, *Mysticism in Religion*, London：Rider & Company, 1969, p. 31.

印度教、回教、佛教、道教乃至宋明儒学中出现的神秘主义，往往占据这些思想的核心地位，所以"没有神秘主义的'宗教'，本质上不是宗教"①。这说明神秘主义在各民族的文化传统中是普遍存在的。我们将这些宗教、文化中的神秘主义视为人类对超理性、超现实的终极实在的领悟，并以此获得创造性信念来改造人生的理论和实践。通过对自然经验、现实的否定，本体被领会为一个排除了全部思维、理性的纯粹澄明，其本质是神秘的。这个本体无法通过感觉、概念和推理来把握，而只能依靠神秘的证悟、直觉等路径。在这一路径中，精神对概念、理性以及诸多感官知觉都实现了内在的超越，使心灵变得空虚澄澈并达到高度专注，进而呈现出超绝本体。

我们认为，阳明心学包含了这样一种神秘主义。阳明心学是继程朱道学之后儒学发展的又一高峰，主要表现为精神的绝对反思与内在超越的统一。阳明早年出入佛老，而后历经种种磨难，最终返本儒学，并在思想上作出了新的贡献。中晚明时期，心学流传范围之广，服膺人数之众，堪与宋以来的程朱之学相媲美，且大有与后者分庭抗礼之势："原夫明初诸儒，皆朱子门人之支流余裔，师承有自，矩矱秩然……学术之分，则自陈献章、王守仁始。宗献章者曰江门之学，孤行独诣，其传不远。宗守仁者曰姚江之学，别立宗旨，显与朱子背驰，门徒遍天下，流传逾百年，其教大行，其弊滋甚。嘉、隆而后，笃信程、朱，不迁异说者，无复几人矣。"（《儒林传序》，《明史》卷二八二）晚明高僧蕅益智旭曾谓："予每谓明朝功业士，远不及汉、唐、宋，理学则大过之。阳明一人，直续孔颜心脉。"（《西方合论序》，《灵峰宗论》卷六十四）全祖望也指出，明代学术之转型，概出于阳明心学之肇兴："当明之初，宗朱者盖十八，宗陆者盖十二，弓冶相传，各守其说，而门户不甚张也。敬轩出而有薛学，康斋出，传之敬斋而有胡学，是许仲平以后之一盛也。白沙出而有陈学，阳明出而有王学，是陈静明、赵宝峰以后之一盛

① 吕大吉：《宗教学通论》，中国社会科学出版社1989年版，第222页。

也。未几王学不胫而走，不特薛、胡二家为其所折，而陈学亦被掩。波靡至海门，王学之靡已甚。"（《陆桴亭先生传》，《鲒埼亭集》卷二十八）通过这些言论，可以看到阳明心学之于儒学的重要性及其在中晚明时期的巨大影响力。阳明明确将良知作为一种超越经验的、理性的自在自为的精神实体，并通过直觉反思意识到其为一切存在的本质性基础。作为一个超越理性的纯粹灵明，良知至虚而含万有，至静以宰万动，以虚运实，实不碍虚。这种思想所表现出的精神的反思性与超越性，为前代儒者所未到。阳明殁后，心学分衍为数派，而以浙中、江右、泰州诸家为著。① 后因门人弟子对良知本体之体贴不同，使得心学朝着不同面向发展，而对良知的内涵和外延的规定愈为宽泛。从阳明本人到王门后学，尽管形成了诸多关于世界与人的存在的真实面貌的论述，它们在不同的思想语境中展现出多重内涵，"但在指涉何谓世界真实这一问题时，皆表现出消除对立的整体性世界观，即对象世界与关乎对象世界的意识是合一的，不存在主客、内外、有无等分别"②。对于阳明学而言，将世界领会为一种整体性存在无疑意味着终极本体及其实现方式是神秘的。心学神秘主义的直觉反思实践，直接展现了精神不断否定较为外在的、肤浅的

---

① 关于王门后学的分派问题，学界迄今仍然众说纷纭，难以达成统一意见。笔者在这里主要借鉴了黄宗羲在《明儒学案》中的讲法，即按地域划分为浙中王门、江右王门、楚中王门、南中王门、北方王门与粤闽王门六支，以及两个不冠以"王门"的泰州学案和止修学案。20 世纪 90 年代以来，一众学者还提出了"黔中王门"的说法。他们认为，自正德时阳明于黔中发明心学之旨与修建书院讲学开始，历嘉靖至万历，王门嫡传或私淑弟子往来黔中不绝，讲学不辍，由是培育了陈文学、汤伯、李渭、孙应鳌等大儒。这些人都从书院讲学中领悟王学之旨，后多从事传播王学学术和书院讲学活动，在黔中地区产生了不同程度的影响。应该说，黔中王门事实上是存在的。阳明于贬谪之际，构筑龙冈书院，训诲诸夷子弟，后又应贵州提学副使席书之请，主讲贵阳文明书院，席书"身率贵阳诸生，以所事师礼事之"（《年谱一》，《全集》卷三十三）。关于黔中王门的更多思想内容，可参见谭佛佑《黔中王门主要思想及书院活动述略》，《贵州文史丛刊》1991 年第 4 期。

② 罗高强：《神秘主义视域下的阳明学研究》，《贵阳学院学报》（社会科学版）2019 年第 4 期。

自我观念，确立更为内在的、本质的自我观念的进程。从神秘主义的视域来研究阳明心学，不是为了剪裁阳明心学，而是为了把后者内在的神秘性揭示出来，并作出更深入的理解与诠释。

近些年来，很多学者开始投身于阳明学的研究，也出版了大量优秀的研究成果。① 这说明心学思想有着划时代的意义。追求良知、自由应该是人类任何一个时代的共同主题，因此对阳明心学的研究不会过时，对良知的省思也有着永恒的价值。本书立足于神秘主义的视域对阳明心学进行研究，无论是从学理上更好地理解明代的学术传统，还是从现实上更好地守护人类良知的独立、自由，都有着深刻的意义。具体地讲，本书的研究意义包括如下六个方面：

第一，有利于丰富、完善阳明心学的研究内容，展现阳明心学作为一种精神哲学的独特价值。在过去的阳明学研究中，国内学者大多将研究重心放在梳理阳明心学的基本义理上，对"心即理""知行合一""致良知"及种种修养工夫给予了必要的关注。海外学者则在研究王阳明及其后学思想的同时，侧重以西方哲学会通心学思想，其中比较流行的是现象学、解释学的视域和方法，而这种研究思路也逐渐对国内学界造成了影响。不过，这些研究较少关注和讨论阳明心学中的神秘主义。② 因此，本书能够在一定程度上丰富阳明学研究的内容，对于展现阳明学作为一种精神哲学的独特价值，具有一定的理论意义。

第二，有利于重新审视阳明心学与佛道二教的关系，对明代心学在中国哲学史上的定位作出新的判断。彭国翔指出："自陈献章而王阳明以降，真正对儒家思想有所开展并在社会上产生广

---

① 关于 1949 年以后阳明学研究成果的状况与进展，可参见陈来《中国宋明儒学研究的方法、视点和趋向》，《浙江学刊》2001 年第 3 期；文碧方《建国六十年来大陆的陆王心学研究》，《现代哲学》2010 年第 2 期。

② 这其中有多方面的因素，比如有学者认为阳明学的核心是理性主义，不是神秘主义；有学者则认为，尽管中晚明儒家大多拥有神秘体验的经历，但现代学术研究对于道德主体性与道德形而上学的讨论，不必以各种形式的神秘体验为基础。

泛影响的，基本上都是对佛道二教采取批判兼融会而非简单否定的态度。"① 诚如斯言，在明代学者中，除曹月川、胡居仁、王廷相等人严守"道统"而坚决排斥佛道，大部分人都在明里暗里地吸纳佛道二教的思想，而佛道二教对儒学产生深远影响并改变后者的精神气质也就成为某种必然趋势。兹就佛教而论，中国佛学的主流是真心如来藏思想，天台、华严以及禅宗都以前者的真如缘起论为理论基础建构自身的哲学体系。② 真心如来藏佛学的主要立场，就是将恒常、清净、不二的最高原理规定为超越一切经验、自然存在的真如本心。从某种程度上讲，阳明心学正是吸纳了这个灵知不昧、清净澄澈的真心概念以及与之相关的反思型修道论，才形成了独具特色的本体论与工夫论。此外，道家与道教文化也对阳明学的神秘主义形成了深远影响，这些从王阳明的生平经历及教法中都可以找到依据。本书立足于神秘主义的视域，对阳明心学与佛道二教的关系进行了深入阐释，这一研究进路有利于重新审视心学在何种意义上受到了佛道二教的影响，同时也可以重新定义心学在中国哲学史上的地位。

　　第三，有利于丰富古代神秘主义、神秘体验的研究内容与研究方法，探究人类精神发展的一般规律。以往的研究者多从宗教、神话、巫术以及一些超自然现象来研究神秘主义。这些研究的背景普遍建立在西方宗教信仰的基础上，因此多数研究成果与修道者对上帝的切己体验密切相关。比如琼斯（Rufus Jones）对神秘主义的定义就是："把注意力集中在对上帝的直接感知上的一种体验，是对神圣存在的直接的、亲密的意识。"③ 帕林德尔（Geoffrey Parrinder）也认为，神秘主义的中心定义是"信仰通过出神的沉思而与神性相结

---

① 彭国翔：《良知学的展开：王龙溪与中晚明的阳明学》，第 226 页。

② 方立天：《佛教哲学》，长春出版社 2006 年版，第 151 页。

③ Rufus M. Jones, *Studies in Mystical Religion*, London：Macmillan & Co. Ltd.，1929，p. 15.

合的可能性"①。随着近代心理分析学派的兴起，也有部分学者运用心理学的方法归纳神秘主义的特征。比如詹姆士就是从心理体验出发，总结了神秘主义的四个特征：超言说性（Ineffability）、知悟性（Noetic quality）、暂现性（Transiency）和被动性（Passivity）。② 虽然阳明"龙场悟道"的生命体验很符合这四个特征，但是这种心理分析的方法仍然无法在本体论层面准确把握心学的良知概念。几乎所有的宗教神秘主义都试图去追求一种超越的、绝对的精神本体，后者在不同的民族文化中表现为不同的形态，如"上帝""大梵""道"，等等。这样一个本体在心学那里就是良知。心学不是一种严格意义上的宗教，也不同于西方发展得相当成熟的心理学，我们很难用宗教神秘主义或心理分析方法来研究它的概念结构。不过，有一个基本的立场是确定的：心学包含了一种超理性的神秘精神。这样一种精神无疑在世界各民族文化中都能找到，比如普罗提诺的"太一"概念，印度奥义书哲学的"至上梵"，等等。从精神哲学的角度切入阳明心学，不仅能准确把握后者的实质，更能弥补其他研究方法的不足。因此，我们的这种研究，有利于在宗教研究与心理分析的基础上丰富神秘主义的研究内容，透过各民族精神发展的共性找到其内在的一般规律。

第四，有利于从比较宗教学的视域加强儒学与其他地域文化的对话，开拓学界的研究视野。当今时代的文化和宗教是多元的，这意味着不同文明存在着相互间的包容和认同，而通过文明间的对话可以增进对彼此的了解，弥补自身内在的不足。如果不能对不同民族的文化作出理性而深入的比较研究，我们势必很难客观地理解异己的文明，也很难真正认清自身的传统。实际上，儒学的发展亦非一个自我封闭的过程。比如，我们在前面谈到，心学的形成和发展

①　［英］杰弗里·帕林德尔：《世界宗教中的神秘主义》，舒晓炜、徐钧尧译，今日中国出版社 1992 年版，第 12 页。

②　［美］威廉·詹姆士：《宗教经验之种种——人性之研究》，唐钺译，商务印书馆 2004 年版，第 377—378 页。

离不开如来藏佛学的影响，而目前有学者研究表明，这种影响甚至可以追溯到印度吠檀多哲学那里，所以阳明心学本质上是一种"儒学化的吠檀多思想"①。心学就是在自觉吸收外来文化的基础上认识到自身的局限性，进而否定之前的精神以获得新的生命形态。这是精神生命自身发育的过程。阳明心学的形成和发展离不开如来藏佛学直接或间接的渗透，而这无疑体现了华夏精神对印度精神的吸收。西方哲学虽然没有直接与阳明学展开对话，但是通过比较可以发现，阳明学对良知的规定和西方很多哲学思想都有相似之处。由此，可以看到人类精神文明发展的共性。因此，本书并非仅仅在儒家内部讨论心学，而是站在一个更高的位置，从精神发展的普遍意义看待东西方精神发展的进程，这对于拓展学界的研究视野是很有意义的。

第五，有利于阐明自由在推动人类精神发展过程中的重要作用，引导人不断提升自身的精神品质，领会自由作为绝对真理的终极价值。柏拉图在《斐德若篇》中指出真知是一种回忆，"回忆到灵魂随神周游，凭高俯视我们凡人所认为真实存在的东西，举头望见永恒本体境界那时候所见到的一切"②。哲学不仅是回忆哲学史上的一般内容，更是回忆古人所回忆的问题本身。就本书而言，这项研究不仅是对阳明心学的回忆，更是对超绝的精神本体的回忆。这本体就是自我的精神本质，即自由。全部人类精神的发展进程是由自由对现实存在的超越而展开的，自由构成了精神的内在本质，推动精神的生命演进。任何一种文明发展的背后，都有自由精神的推动。对于心学而言，良知是人的自我本质，即自由本身。从良知的无规定性、无差别性到晚明的"狂禅"现象，都可以看到心学特有的一种自由精神。本书不仅要揭示心学所蕴含的自由精神，更要让人认识到自由的意义和价值，并引导人不断提升自身的精神品质。这样

---

① 吴学国、秦琰：《从印度吠檀多到中国阳明心学》，《学术月刊》2007 年第 2 期。

② ［古希腊］柏拉图：《柏拉图文艺对话集》，朱光潜译，人民文学出版社 1963 年版，第 124—125 页。

的一种学说可称为自由本体论或良知本体论。冯友兰曾有"照着讲"与"接着讲"的区分，他认为"新理学"就是"'接著'宋明以来底理学讲底，而不是'照著'宋明以来底理学讲底"①。我们的研究是一种对传统心学的"接着讲"，所以这项工作就是从明代心学思想中析出自由的概念，并给予详尽的阐发。

第六，有利于推动第三期儒学在世界范围内的内在转型，为世界文明对话提供丰富的人文资源。各民族的思想资源都致力于促进文明本土化向全球化的内在转型，而儒学亦不例外。尽管列文森（Joseph R. Levenson）认为儒教（或儒学）在现代的命运注定要"博物馆"化②，且无论朱子学还是阳明学的工夫论都对现代人的生活方式影响甚微，但是我们还是要看到，宋明儒学尤其是阳明学在全球范围内持久的影响力。在过去的几十年里，无论港台新儒家、海外新儒家还是欧美汉学家，都在一定程度上受到了阳明学的启发，这表明后者在构建现代精神传统中的重要作用。在文化传播的意义上讲，阳明学是中西哲学交流对话的一个重要媒介，藉此可以更好地了解和把握中西文化的人文精神传统，建立一个开放包容、和谐共生的世界文明新秩序。阳明学在海外的传播与研究，虽然只是异域文化交流的一部分，但这充分表明中西思想的会通与融合仍是当今时代的发展趋势。正如彭国翔所言，"第三期儒学的开展如果不只具备时间推移的意义，而更多地意味着从东亚走向世界的空间性拓展的话，其原动力依然可以说来自于阳明学的传统"③。本书正是在前人研究的基础上进一步发掘阳明学的智慧，进而使儒学在世界文明对话的背景下展现出新的生命力与创造力。

本书将要阐明的是，阳明心学在自身的发展中表现出明显的神

①　冯友兰：《新理学》，载《三松堂全集》（第4卷），河南人民出版社2001年版，第4页。

②　［美］列文森：《儒教中国及其现代命运》，郑大华等译，中国社会科学出版社2000年版，第337—338页。

③　彭国翔：《良知学的展开：王龙溪与中晚明的阳明学》，第4—5页。

秘主义特征，其主要包含如下两个方面：（1）将本心、自我作为一种否定一切自然、现存甚至概念与理性的超越实体，这个实体就是恒常、无形式、无差别的纯粹澄明。（2）通过直觉反思的工夫否定外在现实对本心的约束和遮蔽，最终呈现心体的光明与自由。从阳明到王门后学的心学思想，都反映了上述特征。毋庸讳言，当前学界对心学神秘主义的研究大多仍是零散的、片段式的，甚有种种断章取义之说，因此有必要对其进行整合性的、全面的、系统的研究。本书以客观、翔实的史料为基础，采用新的研究方法，对阳明及王门后学思想中的神秘主义进行较为系统、全面的研究，以期彰明心学思想之精神特质。我们这种研究的目的就在于，通过探索、思考、分析、评价阳明心学的神秘主义，比较心学与其他文化传统中的神秘主义的异同，重新审视阳明心学的本体论和工夫论，从而在新的研究视角、研究方法的指导下，不断丰富、拓展阳明学研究的范围和内容。

第 一 章

概念释义与相关问题

在充分展开对明代心学学者之悟道经验的讨论前，我们有必要重新回顾一下儒家传统乃至整个中国思想传统的定位问题。至少在清末之前，无论是官方还是民间，对儒家的定位都不会是"哲学"的。盖"哲学"一语，本自西方，经日本译介始传入中国。明治维新时期，日人西周初将"philosophy"一词译为"哲学"，本意正是为了"别于东洲之儒学"[①]。在当时日本学者的眼中，西式"哲学"与中国传统的儒学有着本质性的区别。作为专业学科的"中国哲学"概念的生成与发展，是同"中国哲学史"的研究与写作齐头并进的。从胡适的《中国哲学史大纲》到冯友兰的两卷本《中国哲学史》，再到劳思光的《新编中国哲学史》，无一不是在西方哲学的视域和范式下书写的，这就使"中国哲学"的研究先天地带有了西方哲学的烙印。正如王国维所言："若夫西洋哲学之于中国哲学，其关系亦与诸子哲学之于儒教哲学等。今即不论西洋哲学自己之价值，而欲完全知此土之哲学，势不可不研究彼土之哲学。异日发明光大我国之学术者，必在兼通世界学术之人，而不在一孔之陋儒，固可决也。"[②] 依此可见，在最早接触"哲学"的那些中国学者眼中，研究

---

① ［日］高坂史郎：《儒学から哲学へ》，载藤田正道、卞崇道、高坂史郎编《東ァジァと哲学》，东京：中西屋出版公司 2003 年版，第 210 页。

② 王国维：《奏定经学科大学文学科大学章程书后》，载谢维扬、房鑫亮主编《王国维全集》（第十四卷），第 36 页。

中国哲学必须要以西方哲学的研究方法、范式为尺矱。后来，熊十力反思民国四十余年之中国哲学研究，一针见血地指出了"旧瓶装新酒"之说的疏漏，"民国近四十年，谈哲学者只知有西洋而不知有中国，学者或自况于旧瓶新酒。然瓶固此方之旧，酒非今时自造之新，正恐犹是他方旧沙砾耳"①。由此看来，在很长一段时间里，中国哲学就像一个任人打扮的小姑娘，被人们用西方进口来的"脂粉"涂抹装扮。更有甚者，人们抽取"小姑娘"的血液，检验其生命中是否有西方哲学的基因，"我们丧失了对未受西方影响的中国哲学的本来面貌的把握，甚至陷入因此而引发的某种失语之中"②。

　　西方哲学的主流是以理性主义为基础的智性哲学。西方哲学自肇始之际，便被定义为"爱智"之学。所爱之"智"即为智慧，其内核则为理性。人之为人的最本质的规定就是理性。在理性的指引下，西方哲学将人视为"认识的动物"，并强调培养人的知性能力。自古以来，西方哲学即呈现为一种知性形态，力求通过建构系统、辨析概念来建立一整套知识系统和理论体系，藉此使人更理性地认识这个世界。远自古希腊时期，先哲对德性和善的探讨便是建立在理性的基础之上。比如苏格拉底认为"知识就是最高的善"，亚里士多德甚至指出理性就是神，是永恒的最善的存在，也是人们致力于达到的至善状态，"凡能受致理知对象之怎是者，才得成其为理性。于思想活动之顷间亦正思想持获其所想对象之顷间。是以思想'理性'所涵若云容受神明，毋宁谓禀持神明，故默想'神思'为惟一胜业，其为乐与为善，达到了最高境界"③。可以看到，西方哲学传统的形成与发展，皆以理性为其形上学基础。古希腊的本体论思想，

---

①　熊十力：《论六经》，载《熊十力全集》（第五卷），湖北教育出版社 2001 年版，第 764 页。

②　乔清举：《中国哲学研究反思：超越"以西释中"》，《中国社会科学》2014 年第 11 期。

③　［古希腊］亚里士多德：《形而上学》，吴寿彭译，商务印书馆 1959 年版，第248 页。

正是将理性的认识能力作为论证的前提和依据，而近代以来的认识论转向即为前者发展之必然结果。近代认识论将人类理性的认识限度作为讨论的重心，呈现出思辨性、演绎性等特征。

理性主义在发展的过程中，因潜藏和暴露出的危险而受到了反理性主义思潮的冲击。在后者看来，理性主义的过度发展，导致了人类思维朝着机械性、一致性的方向发展：理性以单一的尺度裁定人类心灵，使世界成为一个封闭的系统。反理性哲学试图跳出理性主义划定的界限，重新确定世界、人性、实在的意义。对于近代的反理性主义者而言，他们的兴趣表现为从普遍转向具体，从理智转向意志，从逻辑转向直觉，从理论转向实践，从上帝转向人类。① 近代哲学中，康德对人类理性的批判最为用力。康德认为，理性总是试图超越自身的范围，构想超感官之域的事物，一旦其进入到超感官的界域内，就会不自觉地混淆单纯思想与知觉对象，产生"二律背反"。这表明理性是有限度的，人所感知到的经验现实，并不是现实本身，而只是一个表象（phenomena），依存于人所具有的特殊的认识能力。真正的现实由物自体（noumena）构成，然其并不为人所掌握。不过，康德对形而上学的检讨仍是不彻底的。比如他认为人的先天认识形式是普遍必然的，这就保证了科学知识的普遍必然性，使科学知识得以可能。这就是所谓"人为自然立法"："理性必须一手执其原则（惟有依照其原则，协调一致的显象才能被视为规律），另一手执它按照其原则设想出来的实验走向自然，虽然是为了受教于自然，但却不是以一个学生的身份让自己背诵老师希望的一切，而是以一个受任命的法官的身份迫使证人们回答自己向他们提出的问题。"② 康德之后的一些哲学家逐渐公然举起对抗理性主义传统的大旗。浪漫主义与存在主义是当时冲击理性主义最为激烈的两股思

---

① ［美］弗兰克·梯利：《西方哲学史》，贾辰阳、解本远译，光明日报出版社2014年版，第529页。

② ［德］康德：《纯粹理性批判》，李秋零译注，中国人民大学出版社2011年版，第13页。

潮。比如谢林将"绝对"理解为有限与无限、精神与自然、主体与客体的统一，作为最完满的精神，对它的领会必须依赖于神秘直觉。再如克尔凯郭尔将上帝视为"绝对的他者"，自我的超越以个体与上帝的融合为基础，这就使自我与上帝建立了永恒的关系。然而，尽管非理性主义思潮在对抗理性主义的过程中产生了深远的影响，理性主义却并未因此丧失其主导地位。海德格尔曾经指出，非理性主义在很大程度上是理性主义自身发展出的一个反题，通过前者的批判与对抗，后者反而得到更充分的发展："非理性主义只是理性主义之明显的弱点与完全的失败，因而自身就是一个这样的理性主义。非理性主义是从理性主义逃出的一条出路，这条出路却不引向自由，而只更多地缠结到理性主义中去了，因为此时唤醒了一种意见，认为理性主义只消通过说不就被克服了，其实它现在只是更危险了，因为它被掩盖而更不受干扰地唱它的戏了。"① 因此，西方哲学在发展过程中，虽然出现了浪漫主义、意志主义、存在主义、宗教神秘主义等思潮对理性主义的冲击，但以理性主义为中心的认识论传统实为西方哲学自始至终未尝变易之主流。

儒家哲学在根本上即迥异于上述西方哲学之理论特征。"五四"以来，受西方思想的刺激，很多学者试图按照西方理性主义哲学的理论范式来"重构"儒家哲学。牟宗三、唐君毅等现代新儒家学者，便是希望借助康德、黑格尔的哲学实现中国哲学的现代性转化。这样的一种研究方法，无疑有助于中西哲学的融通，使中国传统的思想资源完成自身的创造性转化与创新性发展，并发掘出一些契合于时代特征的新问题。不过，就目前学界对"五四"以来学术方法的检讨看，过分强调中国古代经典与思想中的理性成分，容易片面地将中国哲学尤其是儒家哲学泛化为一种类似西方认识论的学科，而难以全面揭示其内在的价值意义。儒家哲学固然有理性的、知识性

---

① ［德］海德格尔：《形而上学导论》，熊伟、王庆节译，商务印书馆 1996 年版，第 178—179 页。

的一面，我们在研究中也可将其作为以知识谱系为导向的学科。然而，儒家哲学不仅是知识系统，也是价值系统，甚至是一个信仰系统。儒学有理性的一面，也有非理性甚至超理性的一面。蒙培元也在相近意义上指出，虽然儒家多言"理""性理"，但究其根本，乃不同于西方的理性主义传统："儒家的德性之学是理性主义的，不是非理性主义的，但在他们的学说中，所谓理性不是西方式的理智能力，而是指人之所以为人的性理，这性理又是以情感为内容的，因此，它是一种'具体理性'而非'形式理性'、'抽象理性'，是'情理'而不是纯粹的理智、智性。"① 按照这样的定位，儒家传统与西方哲学传统有很大的差别，不可一概而论。从本质上讲，儒学甚至很难称得上是一种"哲学"。我们所谓的"儒家哲学"，仍是用西方哲学的滤镜去透视中国传统经典、文献所形成的学科体系。尽管如此，在中国哲学学科已经发展百年有余的今天，我们还是需要抱着"将错就错"的态度来研究儒家哲学。这是因为，一旦抛弃掉那些西学解释范式，儒家哲学研究就很容易丧失学科意义上的合法性。② 重新厘定儒学的阐释限度，准确把握儒学在人类精神发展中的历史价值，是中国哲学研究的当务之急。

如果一定要借助"理性"或"非理性"这样的概念来衡定儒家传统，不妨说，儒学的主流既非西方知识论意义上的理性主义，亦非以宗教信仰为支撑的非理性主义，而是超理性的直觉主义。这种直觉主义就是神秘主义。直觉主义指的是超越理性、概念的概括和论证，凭借内心的神秘体验洞察、领悟世界本质的态度。直觉（Vernunft）被当作一种最高的认识能力，甚至是"更高等级的形而

---

① 蒙培元：《情感与理性》，中国社会科学出版社 2002 年版，第 21—22 页。
② 关于 21 世纪初兴起的中国哲学合法性的讨论，以及"以西释中"的应用范围与内在限度，可参见宋志明《"中国哲学合法性"解疑》，《中国哲学史》2013 年第 4 期；彭永捷《关于中国哲学史学科合法性危机问题的再思考》，《学术月刊》2018 年第 2 期。

上学知识的源头"①。这种神秘的直觉不同于理性站在事物之外，以纯粹客观的视角分析事物，而是进入到世界本质之中，以自身与万物为一，这表明它在实践论的意义上超越了主客二分的结构。东西方的文化传统都包含了一种超越理性的直觉反思。古希腊哲学将直觉视为面向存在本质的生命沉思。比如毕达哥拉斯学派认为，思想是高于感官的，而直觉是高于观察的。后来的普罗提诺将直觉等同于一种反思，它必须从最外在的物质表象开始（因为它们是对人的意识直接显现的），必须剥除这些现象的遮蔽，洞察超现实的本质或本体。② 这表明直觉以世界之本原为认识对象，该本原是超验的、绝对的。因此直觉没有理智的性质，也没有抽象思想的性质，而是有着高于理智的性质。到了晚近的柏格森那里，同样认为理性认知不能给予人们真正的知识，只有通过体验事物本身运动的精神状态和洞察终极实在的非概念性认识，才能真正把握绝对知识。柏格森的哲学对人的生命本质给予了必要的重视，其通过将自我置于绵延之中，超越了理智对本原的障蔽。由此可知，西方哲学对直觉主义多有关注。直觉主义的哲学家一致认为：作为本原的纯粹自我和绝对本体，唯有通过超理性的神秘直觉方可证得。不过，正如我们在上文指出的那样，西方哲学的主流始终是以概念、思辨为主导的理性主义传统，尽管出现了非理性主义对理性主义的反动，但很少有人将沉思、体验、直觉等精神磨炼作为哲学研究的内容。因此，在很大程度上讲，西方哲学中的直觉反思是理性主义哲学的附庸。然而在中国哲学尤其是在儒家思想传统那里，直觉体认的工夫是极为重要的，它直接关联着个体实现精神超越的"内圣"实践。杜维明将这一进路归结为"体知"（embodiment knowledge）。作为一种体之于身心经验的精神磨炼，"体知"在切己性、自明性等方面超越了理性

---

① ［美］弗兰克·梯利：《西方哲学史》，第534页。
② ［古罗马］普罗提诺：《九章集》（下册），石敏敏译，中国社会科学出版社2009年版，第882页。

思辨的认知模式。① 至少在宋明理学占据统治地位的数百年间，儒者之间的学术交流大多围绕着"实有诸己"的神秘经验而展开，而"身心之学"相对于"口耳之学"的重要性更是不言而喻。

　　唐宋之后，儒家在秉承孟学传统的基础上，对佛老的心性之学有所吸收，使自身"内圣"的一面更为显著。"内圣"意味着个体通过持续、主动的精神磨炼，使自我的内在价值充分呈现出来。到了明代，随着阳明心学逐渐兴盛，儒者更是将"身心之学"视为成圣的根本途辙，而对训诂、辞章之学弃若敝屣。在这一历史时期，儒者对神秘直觉的重视程度，要远远超过对知识理性的诉求。其主要表现，可大致分为三个方面：（1）以"本心"为存在之真理。从吴与弼、陈白沙开始，明代学者逐渐将宋代道学所推崇的"理"内向化，使主体禀具之"本心"成为天理呈现的根据。到了阳明那里，良知被当作宇宙万物的灵根、世界的终极真理，以及一切存有的绝对基础和精神生命。这一观念乃是对象山心学的继承和开拓。象山心学以"心即理"观念为纲，以内向直觉为修证之枢要，彻上彻下，简易直截，为明代心学所沿袭。故有明一期之学术，特别重视"本心"之开显，以江门心学肇其源，而姚江心学导其流。②（2）自由精神的发展。心学的一大特征，就是将本心作为超现实的精神，反思到自我的本质就是自由，一切思想、观念皆在自由的推动下形成。明代心学展现出一种自由主义的风气，自由在心学话语里就是良知。③ 良知的本质就是超越全部现实的、内在的自由。阳明心学对良

---

　　① 杜维明：《论儒家的"体知"——德性之知的涵义》，载郭齐勇、郑文龙编《杜维明文集》（第五卷），武汉出版社 2002 年版，第 352 页。

　　② 学者普遍认为明代心学以白沙之学为开端，至阳明而极盛，这一观念最早可追溯到王龙溪的描述："我朝理学开端是白沙，至先师而大明。"（《浙中王门学案二》，《明儒学案》卷十二）

　　③ 清末民初的学者刘师培也提到了良知与自由的内在关联，并进一步指出由良知推出民权的可能性："盖自由权秉于天，良知亦秉于天；自由无所凭借，良知亦无所凭借。则谓良知即自由权可也。阳明著书虽未发明民权之理，然即良知之说推之，可得平等、自由之精理。"参见刘师培《中国民约精义》，岳麓书社 2013 年版，第65 页。

知之普遍性、必然性的承认使明儒的个体意识得到了显著提升。儒者专注于内心冥证之际，自觉使"本心"成为全部现实存在的根源。个体觉悟到自我本质的超越性，便意识到"本心"与伦理、习俗、规范、制度等现实事物存在着某种紧张。阳明及王门后学在实践上大多面对着这样的困境：个体越专注内心的彻悟，越强调心性的自由，反而越疏离现实的伦理规范。这就是良知的超现实性的体现。（3）对工夫效验的重视。宋明儒者，尤其是陆王一系的学者，常教人"收拾精神""自作主宰""发明良知"，强调个体通过一系列修养工夫挺立"本心"，获得精神超脱之经验，因此常被指摘为"禅学"。阳明及其门下弟子，特别看重直觉反思所产生的效验，如徐爱谓：

> 予始学于先生，惟循迹而行。久而大疑且骇，然不敢遽非，必反而思之。思之稍通，复验之身心，既乃恍若有见，已而大悟，不知手之舞、足之蹈之，曰："此道体也，此心也，此学也。"（《浙中王门学案一》，《明儒学案》卷十一）

"恍若有见"即为"本心"之当下呈现，更伴随有巨大的兴奋感、愉悦感，因而是一种神秘经验。关于这类经验的记载，多见于明儒的论著、书信之中。这说明明儒善于通过系统的工夫涵养心性，藉此验证日常所学。然而对工夫效验的高度重视，往往导致他们对经验知识、伦理规范的忽视。综合这三点来看，较之理性思辨与知识考据，明代心学学者更看重超理性的直觉证悟："发明本心"的意义要远远大于"册子上钻研""名物上考索""形迹上比拟"的意义，而良知学的发展与个体意识的深化无疑也在一定程度上确认了自由的意义。儒家思想传统始终存在着一明一暗两条线索，明线是以道德理性为核心的社群伦理，暗线是超伦理、超现实的神秘主义。从观念史的演进看，儒家的问题意识是以伦理精神为基础的，而个人的工夫修习似乎只能作为构建伦理秩序的辅助。但是无可否认的是，中国哲学的形上学体系是依靠伦理主义与神秘主义共同构建的，而统合二者的思想资源正是唐宋以后的心性论。所以从根本上讲，这两条线索始终是齐头并进的，我们可以称之为中国哲学史上的理性主义传统与神秘主义传统。在中晚明时期，神秘主义在与理性主义的角力中显然占据了上风，知识理性甚至道德理性并没有在明儒的思想系统中发挥出它们的功用。①

　　从上面的论述中，可以看到，包括儒家哲学在内的中国哲学传统与西方哲学传统存在着巨大的差异性。自古至今，西方哲学在思想体系的系统性与完整性、概念的清晰性与可分析性、论证的逻辑性与严密性等方面均展现出明显的理性主义特质。这些特质是儒家哲学不具备的。道德理性虽然也是儒家思想传统中的一条明线，但它从根本上迥异于西方那种以认知理性为核心的思想模式，更经常被以直觉体证为工夫特征的神秘主义所压制。我们曾说过，在"哲学"（Philosophy 或 die Philosophia）一词传入中国以及"中国哲学""儒家哲学"等学科建立之前，很难讲古代儒者会在多大程度上认为儒学是一种"哲学"。如果我们将儒学视为西方哲学意义上的学问，并采用后者的研究范式来发掘儒学的义理，那么研究的着力点显然应该在理性主义方面。但是，从现实情况看，儒家思想传统却不是那么"理性"的，反而表现出力行胜于言辩，体道和合天人，默识求证心通的种种特征。尤其到了心性论、工夫论兴盛发展的宋明时期，儒者往往忽视经典学习，转而通过个人的操持涵养、默坐澄心来获得某些神秘经验。陈来先生甚至称心学为一种"体验的形上学"，用以说明心学侧重体验而不重思辨的思想特质。② 对于中晚明

---

　　① 　关于宋明儒学（尤其是明代心学一系）对知识理性的漠视而产生种种"反智识"现象的相关论述，可参见余英时《从宋明儒学的发展论清代思想史——宋明儒学中智识主义的传统》，载《中国思想传统的现代诠释》，江苏人民出版社 2003 年版，第134—156 页。

　　② 　陈来：《有无之境——王阳明哲学的精神》，第 413 页。

时期的心学学者而言，一方面，"自我"不是一个纯粹的概念，而是始终被经验到的实在；另一方面，个人的"内在经验"是主体间交往的真实依据，他们反复讨论、辩难的核心问题大多围绕各种神秘体验而展开，"在他寻求自我实现的过程中，他从未曾有过要专门为形而上学或伦理学本身建立一般理论的需要……相反，他却着重培养既是自觉的途径又是与他人真实沟通的方法这种内在的经验"①。此外，神秘体验的程度往往因人而异，所取得的效验亦各不相同。比如王龙溪、钱绪山虽亲炙阳明最久，但他们的思想观念犹有较大分歧，亦与师说为异。王门后学之分化，亦多肇源于此。对此，后文将详细说明，在兹不赘。今人研究阳明心学，缺乏古人之工夫亲证，以是言之尤难。因此，如何通过现代学术的研究方法阐发心学传统中的神秘主义，就成为本书亟须解决的重要问题。

　　本书的重心在于对心学学者的悟道经验作出现象学的描述，并说明这种特殊经验与哲学学理之间的关系。悟道经验即一般所谓神秘经验或冥契经验，也就是超越感觉与理智领域的无法言说的纯粹经验。这就需要从神秘主义的角度，对阳明心学中可能蕴含的神秘经验的本质和结构，给予一种事实性的描述。这样的一种面向神秘经验的阐释，始终与存在真理相关联，因而这种现象学阐释也是一种存在论阐释。探讨心学中的神秘精神本质上是对主体的存在状态之检视。本书力图以精神哲学作为视域和方法，揭示阳明心学发展的历史进程，最终以此为基础，阐明精神本有的自由推动思想、观念展开的普遍逻辑。然而在作出这种阐释之前，仍须解决几个基础性的问题。首先，什么是神秘主义？为何中国思想传统会出现神秘主义这条线索，乃至逐渐成为儒家关注的重心？其次，"心学"的出现意味着什么？为何明代心学的发展使悟道经验获得了"成圣"之路上的重要地位？复次，透过神秘主义来看，儒家传统

---

① 杜维明：《内在经验：宋明儒学思想中的创造性基础》，载郭齐勇、郑文龙编《杜维明文集》（第四卷），第100页。

包含了人文性与宗教性两个方面，那么二者的关系是如何的？最后，明代出现大量心学学者诉诸神秘经验以"体道"的情况，为什么他们乐此不疲地采纳这种特殊的修道路径？这与明代士人群体对个性解放的倡导又有着怎样的内在关联？以下，我们将对这几个基础性的问题作出阐明。

一　"神秘主义"释义

"神秘主义"（mysticism）一语，本自希腊语动词 myein，其基本含义为"闭上眼睛""默观"等，主要指修行者通过一系列修习、体验等宗教实践获得较高层次的解悟。据《牛津词典》，在西方，"神秘"一词最早出现于 1545 年，主要指的是"未被人的思维认识过，或是人的思维不能理解的；超出了理智或一般知识认识的范围"。几乎在一个世纪之后的 1633 年，这个词又获得了一个补充的意义，即"那些古代与中世纪的著名学科，通常认为包括有对神秘不可知本质的诸种力量的认识与利用（如巫术、炼金术、占星术、通神学等）"[①]。神秘主义的本质就是超越感性知觉与理性认知，具有超理性、超现实性的特征。[②] "mysticism"的汉译"神秘"一词也充分展现了它的哲学意蕴。在古代汉语中，"神"最初意谓"生出万物之天、天神"，《说文》："神，天神，引出万物者也。"盖因天神浩渺玄远，妙用无际，故引申为奥妙不测之义，如"阴阳不测之谓神"（《易·系辞上》），"立之本原而知通于神"（《庄子·天地》）。"秘"的原义为"隐微甚深"，"秘，密也"（《集韵·至

[①] ［美］米尔希·埃利亚德：《神秘主义、巫术与文化风尚》，宋立道、鲁奇译，光明日报出版社 1990 年版，第 62 页。

[②] 所谓超理性，乃是指超越理性所能达到的认知范围，而以更高层次的认识能力（如直观、默识等）把握真理，这与西方文化传统中的反理性主义有着根本的差异。超理性不是彻底否定理性，而是超越一般的概念性认知，以心灵之直觉能力洞察真理。须知，后世与理性思辨有关之"理论"（theory）一词，正是出自新柏拉图主义所强调的神秘的静观、冥想（theorin）。

韵》)。而后又有"精微"之义，如"窥天文之秘奥"(《文选·闲居赋》)。所以，"神秘"多被用来描述超越感性与理性认知的超验实体，与"mysticism"之义颇为一致。①

在西方文化传统中，神秘主义往往指主体通过超理性的直观、沉思等灵修实践而获得与超越者冥合的神秘经验。所谓神秘经验，主要表现为偶然出现的或通过一定宗教修习而获得的一种突发的、直接的心理感受。这种经验的获得，有被动与主动之分，前者指的是在日常生活中突如其来的神秘体验，在此过程中主体并未做出任何希求或努力；后者指人主动地通过祷告、秘仪甚至酒精、药品等外因而获得的神秘体验。② 詹姆士在其《宗教经验之种种》一书中，列举了众多被动得来的神秘经验的案例，而通过宗教实践主动获得神秘经验的案例甚微。实际上，主动型的神秘经验也常常是偶发的，直观、默想、沉思等主动实践与神秘体验的获得不存在直接必然性。不过，古代的修士们坚信，依靠某种"秘传之术"可以获得人神合一的经验。因此，很多民族的文化传统中都有"秘传"的历史现象。这种秘传经验构成了神秘学的内核。神秘学不同于对诸神和远古英雄的各种事迹之记载和转述的神话传统，而是指宗教教会内少数精

---

① 对于"mysticism"一词，学界有着不同的译法。如傅佩荣在翻译美国学者杜普瑞(Louis Dupre)的《人的宗教向度》(*The Other Dimension*：*A Search for the Meaning of Religious Attitudes*)一书的时候，将此词译作"密契"。谢扶雅也曾提出"神秘"之译法不妥，应译为"神契"，表示自我与非我的契合。杨儒宾将哲学家史泰司(Walter Terence Stace)的 *Mysticism and Philosophy* 一书译作《冥契主义与哲学》，即以"冥契"译"mysticism"。在这里，笔者不拟对这些译法的优劣作出评价，因为每种译法与译者的研究领域存在着内在的相关性。尽管"神秘"包含不确切、未知甚至无知的意味，且在理性主义者看来有着虚玄怪异的贬义色彩，但是"神秘"已经十分接近"mysticism"的哲学内涵，故笔者因循旧译，未采用"密契""冥契"等译名。

② 杜普瑞将这种以被动方式得来的神秘经验称为"自然神秘主义"，以区分于主动型的"宗教神秘主义"。在他看来，"自然神秘主义"指的是在自然状态下，自我意识超越于常态所限，被动地与一个超越实在相结合。在此状态下，主客之间的二元对立被克服了，自我与他者融入到一个更大的整体里，而自我亦得到更新，精神最终获得整体的和谐感。参见［美］杜普瑞《人的宗教向度》，傅佩荣译，台北：立绪出版公司2006年版，第531—532页。

英才有资格参加的精神仪式，"本质上是一种内传的、隐秘的东西"①。大致说来，神秘主义主要包含了以下几个层面的意蕴：（1）相信世界上存在着隐秘的超自然力量或超越者（即神明）；（2）通过巫术、默祷、持咒、瑜伽、禅定等宗教修习或酒精、麻醉剂、性爱等外因诱导获得短暂的迷狂状态；（3）从感觉经验直接转向内心，在迷狂、狂喜等心理状态中使自我与某种最高原理结合；（4）在神秘的状态下，获得超越语言、法则、伦理的自由感，甚至超越自我意识，证成精神的无限性和超越性。

詹姆士曾列出神秘经验的四种特性。一是超言说性。在经历过神秘体验的人看来，这种经验是"只可意会，不可言传"的。神秘者只能亲身经验神秘状态，而无法通过概念化的表述将其分享给他人。因此，神秘经验的获得，通常是私密的，而不待言说。中国哲学有重体悟不重论辩的传统，其悟道、证真、尽性、明心，都是一种私人经验，未可尽之言诠。如庄子曰："语之所贵者意也，意有所随。意之所随者，不可以言传也。"（《庄子·天道》）这种"言不传意"的理念对魏晋时期"得意忘言""言不尽意"等思想形成了深远的影响，故言意之辨，盛极一时。佛法西来，至唐宋间禅宗尤盛，其根本宗旨乃在"第一义不可说"，不立文字，直指人心，欲证佛果，须亲身实践，"如人饮水，冷暖自知"（《景德传灯录》卷四）。阳明心学在工夫论层面也体现了这一特征。有弟子请求阳明讲述工夫效验，阳明对曰："哑子吃苦瓜，与你说不得。你要知此苦，还须你自吃。"（《传习录》上，《全集》卷一）此以自食苦瓜比喻对良知的亲证。人必须亲自吃过苦瓜，方知其苦；余人未食，难知苦瓜之味。就此而言，获得神秘经验之状态又近乎感性知觉，惟亲身体验者方知其味，然又不足为外人道也。二是知悟性。获得神秘经验之状态，乃是对理性无法探求的终极真理的深入洞见。这种洞见，就是对超绝本体的根本觉悟。个体所觉悟到的，乃是不同于理性认知

---

① 先刚：《谢林论"神秘学"》，《云南大学学报》（社会科学版）2014 年第 3 期。

所得的特殊知识。因而，这种神秘状态虽不为言语所转，却不同于耳目感官带来的普通快感与生理层面的本能冲动，而是个体存在与终极真理的深度结合，代表了精神的最高发展路向。三是暂现性。神秘经验大多是忽然出现的，且很难维持长久。一般说来，体验者从音乐、诗句、自然景象中获得的神秘经验仅仅能够维持几分钟，而真正的宗教经验也不过存留一两个小时而已。如宋明儒者体道之际，常饰以"忽觉""恍若"之辞。故神秘经验之获得，其来也忽至，其去也瞬时。尽管如此，体验者大多在短暂的时间内能够分辨神秘经验与日常经验的区别，若再度获得此经验，则较容易认出和接受。四是被动性。当神秘经验来临之际，体验者多有"身不由己"之感。当此之际，自我的原初意志似乎被某种能量中止，而瞬间转化为一种更高形态的自我意志。此即为精神被动地得到升华的过程。如前所述，尽管修习者也会通过各种主动修持以追求获得神秘经验，但这些经验往往是偶然出现且不可控的。詹姆士对神秘经验之特性的概括，为后世东西方神秘主义的研究奠定了基础。①

　　詹姆士之后，很多学者尝试对他的学说进行补充和修正。拉斯基（Marghanita Lasky）在调查了大量自称有神秘体验的人之后，提出了"入迷"（Ecstasy）的超验性特征："入迷……是由这样一系列的特征决定的，包括喜悦感、瞬时感、意外感、稀有感、宝贵感以及似乎常常是来自一种超自然源泉的非凡感。"② 这种"非凡感"指的是修道者在精神提升中伴随而来的自信和自足，因此个体在神秘经验中能够获得一种超越意识。杜普瑞（Louis Dupre）特别看重个体在神秘经验中与神相结合的"合一感"。他站在基督教传统的立场上，强调全部宗教生活的根本原理即在于个体与超越者的冥合。在他看来，信徒如果没有与神合一的冲动，宗教就会沦为呆板的仪轨

---

　　① ［美］威廉·詹姆士：《宗教经验之种种——人性之研究》，第377—378 页。

　　② Marghanita Lasky, *Ecstasy: A Study of Some Secular and Religious Experiences*, London: The Cresset Press, 1961, p. 5.

主义或枯燥的道德主义。这种冥合的动力就在人们真诚的祈祷中，所以每个人都应当通过祈祷走向与整体、大全的合一。[①] 日本学者铃木大拙通过对禅宗的深入研究，认为神秘经验总共存在八种特质，分别为：（1）不可授受且无关乎理性；（2）直觉朗现；（3）权威感；（4）正面性人格；（5）超越感；（6）非个性化基调；（7）升华感；（8）瞬时性。[②] 铃木大拙还指出，相较于基督教神秘主义，禅宗更侧重修道者的内省过程以及修行达成的人格圆熟之境。事实上，杜普瑞和铃木大拙对神秘经验特质的归纳恰恰反映了东西方神秘主义的不同特质。卡茨（Steven T. Katz）也看到，东西方宗教传统的神秘体验各有不同，"基督教神秘主义者通常说他们的体验是'与上帝合一'（Union with God）。印度教的神秘主义者则认为他们的体验是个体与婆罗门或最高本体的合一"，"佛教的神秘主义并不谈论上帝、婆罗门或一个最普遍的终极自我，佛教徒对神秘体验的解释根本不包括一个最高存在的概念"。[③] 史泰司据此将神秘经验分为两大类，即外向型神秘体验（extrovertive mystical experiences）和内向型神秘体验（introvertive mystical experiences）。前者指的是主体感受到自我与宇宙万物浑然为一，具体表现为人超越有限自我并与外在的大全或神合一的奇妙经验；后者反映出一种消泯主客对立的纯粹意识，即以无差别的自我意识涵摄宇宙的一切存在，超越时空、物我、内外的差别。[④] 外向型神秘体验以基督教、伊斯兰教传统的神秘主义为代表，内向型神秘体验则以印度教、佛教、道教与儒家的神秘主义为代表。

---

① ［美］杜普瑞：《人的宗教向度》，第 532 页。

② W. T. Stace, *Mysticism and Philosophy*, London：Macmillan & Co. Ltd., 1961, p. 44.

③ Steven. T. Katz, *Mysticism and Philosophical Analysis*, New York：Oxford University Press, 1978, p. 29.

④ W. T. Stace, *Mysticism and Philosophy*, London：Macmillan & Co. Ltd., 1961, p. 131.

　　综合上述学者的归纳，神秘经验的特征大致包括如下几个方面。第一，神秘经验大多被看作"不可思议"或"不落言诠"的，具有对概念、逻各斯的超越性。第二，绝大多数的神秘经验都具有一种持续内向化的倾向。修道者试图通过从外部世界返回内心，在冥想、沉思、直观中实现自我超越。第三，神秘经验大都包含一种强烈的合一感，即经验主体打破主客界限，使自我消融于宇宙万物之中。第四，很多神秘经验是超越时空范畴的，当神秘状态来临之际，日常经验中的时空感会消失，代之以强烈的超现实性。第五，神秘经验常伴有一种无法描述的愉悦感，其不同于感官刺激带来的快乐，本质上是超感性的。从以上几种特征中，能够看到，神秘主义的根本特征就是超理性和超现实性。

　　尽管神秘经验很难通过体验者的言语准确地传达给他人，但研究神秘主义的学者普遍认为，最高的神秘本体和修道路径，都可以进行客观的研究。事实上，绝大多数的研究者都未曾经历过神秘状态，但这并不妨碍他们采用严谨、客观的学术方法来研究。比如金克木先生在研究《蛙氏奥义书》的神秘主义时，就指出了后者的可分析性特征："应当说，神秘主义并不神秘，完全可供客观分析的。尤其是现代对人类社会和语言的研究突飞猛进的情况下，对于神秘主义应当能够作出比较以前不同的具体分析。"① 我们对某些神秘经验进行研究，虽或未必亲身体验、感受它们，但却完全可以通过历史文献进行描述和归纳。冯友兰曾准确地概括形而上学正负方法之可说与不可说的辩证关系："形上学的正底方法，从讲形上学讲起，到结尾亦承认形上学可以说是不能讲。形上学的负底方法，从形上学不能讲讲起，到结尾也讲了一点形上学。"② "正底方法"指的是理性的概念推演，"负底方法"指的是超理性的直觉体验。合此二

---

　　① 　金克木：《〈蛙氏奥义书〉的神秘主义试析》，《哲学研究》1981 年第 6 期。
　　② 　冯友兰：《新理学在哲学中之地位及其方法》，载《三松堂学术文集》，北京大学出版社 1984 年版，第 531—532 页。

端，方能呈现形上学之全部意蕴。以逻辑演绎的方法研究形而上学，至超验、幽远之本原处，则非特殊之体悟、直觉不能尽之。然而，探万有之归因，究本体之悬属，岂能止于个人之明心见性？必待以日常语言将此私人经验转出，使其成为可供研究的客观对象，才能真正使神秘主义获得某种明证性。

儒学虽然具有一定程度上的宗教性，却不是严格意义上的宗教，因而儒家的神秘主义有着某种特殊性。基督教、印度教、佛教、道教中的某些非理性因素，在儒家思想传统中并不显著。较之一些宗教通过祈祷、持咒、巫术等修道实践来获得神秘经验，儒家更强调通过精神性的自我修养来达到"天人合一""万物一体""至诚前知"的境界。儒家从一开始就非常重视个人的精神磨炼，这一进路主要表现为从早期的体认天道、随顺自然向后期的反思本心、良知的发展。儒家的神秘主义体现在它的身心性命之学。在这个意义上讲，儒家关注的重心不是人如何走出自我来拥抱上帝，而是个体的身心修养和自我超越。① 阳明心学便体现出这样一种思想特质。心学神秘主义比较符合史泰司所谓"内向型"的特征。它的核心观念在于，通过直觉反思而领悟到自我的本体或依据就是一种否定了全部经验表象并超越理性的绝对原理。这种神秘主义将"为己之学"的主体性发挥到了极致，展现出以个体的创造性转化为终极关怀的特殊意蕴。

总的来讲，心学神秘主义包含了本体论和工夫论两个方面。本体论的神秘主义表明，人类的最高本体是一种超越理性、不可思议、无差别的神秘原理，它与理性不处于同一层面，而是在一个更深沉的层面规定着理性，因而它不能被理性认识。工夫论的神秘主义表明，最高的神秘本体无法通过经验认识与理性思辨来把

① 杜维明为展现儒家介于哲学与宗教之间而又同时包含二者的特征，曾造"religiophilosophy"一词以界定儒学。参见 Tu Wei-ming, *Humanity and Self-Cultivation*, Boston: Cheng and Tsui Company, 1998, p. 78。

握，而只能通过直觉反思的方法。直觉反思不同于一般意义上的感觉和思辨，而是通过直觉体认的工夫路径揭示出自我的内在本质，因而是神秘的。本书立足于阳明心学本体论和工夫论的神秘主义，试图阐明良知就是超越理性与现实性的神秘本体，而对该本体的领会只能通过直觉反思的工夫。我们希望通过这样一种诠释方法，更好地把握阳明心学的思想整体，并在一些重要问题上进行新的探索。

二　"心学"发微

"心学"一语，首出明儒陈剩夫所作之《心学图》。陈氏绘作二图，一曰《天地圣人之图》，一曰《君子法天之图》，二者合称《心学图》。然此二图以易道贯穿始终，杂之以主一无适、居敬收敛之教，虽称"心学"，却本于程朱之道，实与象山、阳明心学无甚关联。正德十年，阳明作《谨斋说》云："君子之学，心学也。心，性也；性，天也。圣人之心纯乎天理，故无事于学。下是，则心有不存而汨其性，丧其天矣，故必学以存其心。学以存其心者，何求哉？求诸其心而已矣。"所谓"心学"，乃特指与"理学"（尤其是程朱一系）相对，以"本心"为存在之本原，并强调发明、存养此心的学说。心学未必全盘否定理学，甚至有很多思想仍是建立在理学的话语基础上，二者在很大程度上只是工夫修养或"入门下手处"的差别。正是由于心学与理学在"入门下手处"的不同，也就是在工夫路径、方法的选择上的不同，才引发和形成了两种学说对一系列基本范畴的不同理解、不同处理，而这种不同理解、不同处理又反过来规定了工夫路径、方法的选择。

中国思想对"心"的讨论，由来已久。先秦时期的儒家学者，已经注意到了"心"的作用。他们将感官之心抽象为一种觉性，其包含多重内涵，或为以情感为核心的道德直觉，或为应事接物中的认识能力。孟子认为人心是道德的根源，首唱"四心"之说，而尤以"恻隐之心"为先。"恻隐之心"实际上就是一种道德情感或道德直觉。朱子曰："恻，伤之切也。隐，痛之深也。此即所谓不忍人之心也。"（《孟子集注》卷三）孟子的思路，即在于以一种"不忍人"之同情心证明人性本善，此为"以心善言性善"①。然此心极易随物而转、窒蔽于欲，故孟子又强调"寡欲""不动心"，劝勉生民护持此心。欲望多自耳目感官而起，孟子以后者为"小体"，而必以"大体"即"本心"官之。荀子将"心"视为知识得以成立的根据，一切认识活动皆赖此心。荀子说："人何以知道？曰：心。心何以知？曰：虚壹而静。"（《荀子·解蔽》）唯虚故能藏，可知"心"能最大程度地容纳经验知识。壹者专一之义，这是强调人在认识活动中应主于一物，不可同时认识多个对象。最后，唯有使"心"处于沉静的状态，才能真正将对象认识清楚。孟荀二子分别代表了先秦儒者理解心的两个面向，孟子偏重道德情感，荀子偏重认知理性。② 是以孟荀二子之说，开情理之两面，为后儒论心之渊薮；虽荀学在秦汉之后渐泯，但其揭示了认识能力的广度、深度与限度，相较近世之心灵哲学，盖无愧色。两汉时期，学者对心的认识大多仍不出孟荀二学，而未能建立起一种以心为核心概念的精神本体论。

佛教传至中土，始将儒家学者对心的理解提升到一个新的层次。盖中国佛学的主流，是以心性一如和真心缘起为思想特征的如来藏佛学。③ 如来藏佛学的主要内容，就是认为众生本具纯净无染的如来藏心，而此心即是真如法性，世间万法皆赖此心之缘起。在传

---

① 徐复观：《中国人性论史·先秦篇》，九州出版社 2013 年版，第 155—157 页。

② 须知，这里所谓的"理性"不是西方理性主义传统意义上的。荀子的认识论，并非依循逻辑演绎的进路，而同样展现出以直觉为主要方式的认知特征，只不过较之孟子重情的思想倾向，荀子更侧重"征知""正名"（详见《荀子·正名》），反映了其思想学说的理性主义一面。

③ 印顺：《如来藏之研究》，载《印顺法师佛学著作全集》（第十八卷），中华书局 2009 年版，第 3 页。

世的佛典中，最能完整展现这种如来藏思想的是《大乘起信论》和《楞伽经》。中国禅宗在理论上就以这两部经典为基础。中国禅宗最早出自南北朝时期的楞伽师，从开始弘扬达摩学说的慧可、僧璨，到后来的道信、弘忍，都以《楞伽》《起信》做实践的引证。六祖慧能虽改讲《金刚般若经》，但《坛经》强调的"从自心顿见真如本性"，仍是在《楞伽》《起信》的思想范围之内。① 六祖之后，禅宗分为五派，虽教法有异，但其根本法门，仍未越出"心性一如""即心即佛"之范围。所谓"即心即佛"，是指佛性不在本心之外，故修心即为修持佛法。如马祖道一谓："汝今各信心是佛，此心即是佛心。"（《祖堂集·马祖传》）"即心即佛"表现出一种以"本心"为精神本体的特征，这与中国传统对心的理解大为不同。

　　在佛教的影响下，宋明儒学对心的理解发生了一个很大的转变。他们所讨论的关于心的问题，虽然来自孟子，但这些问题的深度和广度已经超越了孟子思想本身。程朱理学对心的理解主要包含两个方面。一是从作用上讲，以心为知觉。如朱子说："心者，人之知觉主于身而应事物者也。"（《大禹谟传》，《朱文公文集》卷六十五）二是从本质上讲，以心为道德理性与道德情感的统一体。如朱子说："性是未动，情是已动，心包得已动未动。盖心之未动则为性，已动则为情，所谓'心统性情'也。"（《朱子语类》卷五）此外，朱子在心的知觉活动中还发现了其生化流行的特质，是为一种生命性："验之于日用之间，则凡感之而通，触之而觉，盖有浑然全体应物而不穷者。是乃天命流行、生生不已之机，虽一日之间万起万灭，而其寂然之本体则未尝不寂然也。"（《与张钦夫》，《朱文公文集》卷三十）"通天下只是一个天机活物，流行发用，无间容息。"（《答张敬夫》，《朱文公文集》卷三十二）程朱理学论"心"，多取其形下、活动的一面，而不以其为宇宙的终极本体和绝对精神。朱子虽承认

---

① 吕澂：《中国佛学源流略讲》，中华书局 1979 年版，第 369—370 页。

心具有生生不已之德，但仍将其作为由气构成的形下存在，"心者，气之精爽"（《朱子语类》卷五）。在儒家思想传统中，直至心学形成，"心"才被提升至本体论的层面。这一过程是道学发展与禅学渗透共同作用的结果。学界一般以象山之学为心学之肇端，盖因其明确将性、理及宇宙万物作为此心之存有。象山一方面继承了孟学作为道德主体的"本心"概念，另一方面吸收了如来藏自性清净心的概念。至此，儒家的"心"始被提升至本体论的层面。① 象山说："天之所以与我者，即此心也。人皆有是心，心皆具是理，心即理也。"（《与李宰》二，《陆九渊集》卷十一）又说："只是一个心，某之心，吾友之心，上而千百载圣贤之心，下而千百载复有一圣贤，其心亦只如此。心之体甚大，若能尽我之心，便与天同。"（《语录下》，《陆九渊集》卷三十五）在象山这里，"心"具有了先验性和普遍性的特征，它既是伦理的主体，也是宇宙存在的本体。总的来说，"心"字涵义极广，宋儒论心虽不尽相同，然皆提倡身心性命之学，以此分析人生，变化气质。

王阳明为宋明心学之集大成者，此为世所公认。阳明继承并进一步发挥了象山的思想，将"本心"作为万事万物的主宰，他说："心外无物，心外无事，心外无理，心外无义，心外无善。"（《与王纯甫二》，《全集》卷四）本心、良知是宇宙的绝对本体，一切存有皆从此本体中发展出来。良知主于人之一身，其既为人之所以得生之理，亦为天地生生不息之体，并为圣凡所同具。"本心"虽为人所固有，然绝大多数人终其一生，不得发见。依阳明，这

---

① 程明道虽有"只心便是天"的说法（《河南程氏遗书》卷二上），程伊川也认为心与天、理、性等概念同出而异名："自理言之谓之天，自禀受言之谓之性，自存诸人言之谓之心。"（《河南程氏遗书》卷二十二上）但他们只承认人心本来具有天理，即强调心与理的蕴含关系，而非直接将存在真理与纯粹精神相等同，因而他们的学说不是真正意义上的精神本体论。比如伊川认为，心非至善之本体，须持敬以正之："人心不能不交感万物，亦难为使之不思虑。若欲免此，唯是心有主。如何为主？敬而已矣。"（《河南程氏遗书》卷十五）

是因为"本心"为形躯所间隔。心虽生而固有，形躯亦不能无，然有形躯必有耳目口腹之欲，若从此欲而不加限制，则我固我、人固人而物固物，遂致天地众生相隔塞，"间于有我之私，隔于物欲之蔽，大者以小，通者以塞，人各有心，至有视其父子兄弟如仇雠者"（《传习录》中，《全集》卷二）。若能以一段修养工夫使此心脱离感官私欲，还心以本来面目，则良知自当通达万物而了无间隔。是故阳明又以致良知的工夫提撕本心。"致"者，谓扫尽遮染良知之私欲，发显良知之昭明也。良知备万理，具众德，廓然而大公，物来而顺应，然一有私欲之蔽，则陷入小己而不自知。若能切实致良知，则可复其良知之无滞碍、无染污、无对待之本性。合此良知之教与致良知之工夫，始真正成立具有超越性和反思性的儒家精神哲学。李二曲盛赞阳明心学的开创之功，谓其"一言之下，令人洞彻本面，愚夫愚妇，咸可循之以入道，此万世功也"（《体用全学》，《二曲集》卷七）。自阳明之后，明代学风始为之一转，儒者更重视立足本心的实践，故曰心学为明代学术之主流。

阳明心学在中国思想史上脱颖而出，有其历史的必然性。这种必然性可以从塑造阳明心学理论形态的一些外缘来考察，具体可分为经济、政治、宗教三个方面。

首先，明代商品经济的高度发展使自我意识得到了显著的提升，专注本心、自我的思想与中晚明重视个体性的时代氛围相契合。中国古代社会为士农工商之四民结构，商人一直居于社会底层。自两汉以降，"重农抑商"的政策就一直使商人群体备受轻视和排挤，不仅儒士耻言利益，即便是商贩本人也经常嘱咐后代致心举业、远离商业。到了16世纪，这一情况开始有所改变。明中叶以后，江南地区的商品经济开始高度发展，白银货币体系的形成促进了农产品和手工产品商品化程度的提高，这使得大量农民脱离土地，投身于商业和手工业之中。随着生产方式的转型，商人阶层逐渐兴起和发展壮大，其地位较之往昔亦有所提高。在当时，很多儒家学者重新审视和评价了商人群体的社会价值，而阳明就是其中之一。这一点从阳明为商人方麟撰写的墓表即可看出：

> 古者四民异业而同道，其尽心焉，一也。士以修治，农以具养，工以利器，商以通货，各就其资之所近，力之所及者而业焉，以求尽其心。其归要在于有益于生人之道，则一而已。士农以其尽心于修治具养者，而利器通货，犹其士与农也。工商以其尽心于利器通货者，而修治具养，犹其工与商也。故曰：四民异业而同道。（《节庵方公墓表》，《全集》卷二十五）

在阳明看来，天下行业无贵贱之别，四民平等，各尽其心。这一观念的本体论基础就是承认士农工商同具至善之良知。这个说法显然能够博得下层民众的好感，为心学向民间推广提供了理论保障。阳明还说："夫圣人之学，心学也。学以求尽其心而已。"（《重修山阴县学记》，《全集》卷七）商人若能"尽心"于自己的事业，则其身份与儒士相当。从思想史上看，这种肯定商人社会价值的态度贯穿于整个明代的学风之中。余英时更是指出，16世纪以来的士商互动逐渐成为一股新的社会潮流，儒家的观念或多或少对经商方式发生了某些规定的作用。[①] 心学的一些思想观念为提升商人阶层的社会地位提供了某种理论辩护，反过来讲，商人群体在乡曲间巷的活动也有利于心学的广泛传播。阳明学与个人自我实现的问题息息相关，而其所关照的对象兼含士人与庶民，甚至直接指向后者。清儒焦循尝以"君子之学"与"小人之学"分判朱子学与阳明学，并视"良知"为启发、引导庶民之核心观念："余谓紫阳之学，所以教天下之君子；阳明之学，所以教天下之小人……良知者，良心之谓也。虽

---

① 余英时：《儒家伦理与商人精神》，广西师范大学出版社2004年版，第201页。

愚不肖，不能读书之人，有以感发之无不动者。"（《良知论》，《雕菰集》卷八）焦循在这里点出了阳明学的平民主义色彩，同时也暗示了个人化的良知启发社会大众之可能。应该说，阳明学与朱子学在受众方面的差异即在于后者具有明显的智识主义特质，而前者则展现出一种简易直截的思想倾向，最为草莽白丁所歆慕。总之，道学发展至阳明心学，愈发趋于世俗化，甚至成为庶民阶层能够完全接受的思想。纵观整个明代，不但学术围绕着"良知"而展开，社会生活更是以"良知"为基础。"良知"的发现是一个具有文明史意义的事件：心学之肇兴顺应了中国文明的历史转型，展现了大变局之下的时代精神。①

其次，明代儒者的一些政治活动主要通过启发下层民众的方式来开展，而这一实践进路的理论基础就是阳明心学。余英时在《宋明理学与政治文化》一书中区分了"得君行道"与"觉民行道"两种实现士人政治理想的实践方式。按照他的理解，宋代理学与明代心学在政治文化上所表现出的区别之一，是宋代学者较为注重"得君行道"，而明代心学兴起后，学者多转向"觉民行道"。这一转向始于阳明的"龙场悟道"，其自认依靠"得君"已难以推行个人的政治理念，遂以"觉民"为"行道"之前提："他（引按：即阳明）的意思显然是要通过唤醒每一个人的'良知'的方式，来达成'治天下'的目的。这可以说是儒家政治观念上一个划时代的转变，我们不妨称之为'觉民行道'，与两千年来'得君行道'的方向恰恰相反。他的眼光不再投向上面的皇帝和朝廷，而是转注于下面的社会和平民。"② 依照这种说法，"觉民行道"是王学在政治实践上的特点。盖两宋时期，儒者有着极强的政治主体意识，而其政治理念亦多能经由皇权而得到落实。到了明代，"得君行道"却再无可能得

———————————

① 张志强：《"良知"的发现是具有文明史意义的事件——"晚明"时代、中国的"近代"与阳明学的文化理想》，《文化纵横》2017 年第 4 期。

② 余英时：《宋明理学与政治文化》，广西师范大学出版社 2006 年版，第 38 页。

到实现。① 《明史·儒林传序》："明太祖起布衣，定天下，当干戈抢攘之时，所至征召耆儒，讲论道德，修明治术，兴起教化，焕乎成一代之宏规。"明太祖性猜忌，其征伐天下之际，仅将"耆儒"作为"修明治术"之工具，既登大宝，更是对士人阶层抱有很深的敌视态度。太祖虽深知燮理天下不能离开儒士的支持，但绝不承认"士"为政治主体，也不可能接受儒家学说对君权的约束，更绝无可能与士人同心协力推行理想中的"大道"。从废除丞相职权，到建立"廷杖"刑制，皆为明代皇权凌驾士人之深刻表现。所以自太祖开国以来，明代君主多有轻视士人之举，士人亦难同君主推心置腹，君臣离心离德，关系较之宋时更趋紧张，"上积疑其臣而蓄以奴隶，下积畏其君而视同秦越"（《子刘子学言》卷一）。万斯同称嘉靖一朝戾气满盈："至大礼仪定，天子视旧臣元老真如寇仇。于是诏书每下，必怀忿戾，戾气填胸，怨言溢口。而新进好事之徒，复以乖戾之性佐之，君臣上下，莫非乖戾之气。"（《书杨文忠传后》，《石园文集》卷五）宫廷政治生态之严峻，让士人彻底失去了推行个人政治理念的空间：

　　　　古之为士者，以登仕为荣，以罢职为辱。今之为士者，以

---

　　① 《宋史·忠义传序》有言："士大夫忠义之气，至于五季，变化殆尽。宋之初兴，范质、王溥，犹有余憾，况其他哉！艺祖首褒韩通，次表卫融，足示意向。厥后西北疆场之臣，勇于死敌，往往无惧。真、仁之世，田锡、王禹偁、范仲淹、欧阳修、唐介诸贤，以真言谠论倡于朝，于是中外缙绅知以名节相高，廉耻相尚，尽去五季之陋矣。故靖康之变，志士投袂，起而勤王，临难不屈，所在有之。及宋之亡，忠节相望，班班可书，匡直辅翼之功，盖非一日之积也。"据此，陈寅恪指出："欧阳永叔少学韩昌黎之文，晚撰五代史记，作义儿冯道诸传，贬斥势利，尊崇气节，遂一匡五代之浇漓，返之淳正。故天水一朝之文化，竟为我民族遗留之瑰宝。孰谓空文于治道学术无裨益耶？"余英时也说："宋代不但是'士'最能自由舒展的时代，而且也是儒家的理想和价值在历史上发挥了实际影响的时代。"事实上，从范仲淹等宋初儒者开始，就有了"以天下为己任""接续道统"以及重建一个合理的人间秩序的人文理想。这一理想是建立在相对宽松的政治环境中的，遂至明代消磨殆尽。参见陈寅恪《赠蒋秉南序》，载《寒柳堂集》，上海古籍出版社 1980 年版，第 162 页；余英时《朱熹的历史世界：宋代士大夫政治文化的研究》（上），生活·读书·新知三联书店 2004 年版，第290 页。

涸迹无闻为福，以受玷不录为幸，以屯田工役为必获之罪，以鞭笞捶楚为寻常之辱。其始也，朝廷取天下之士，网罗掊摭，务无余逸，有司敦迫上道，如捕重囚。比到京师，而除官多以貌选。所学或非其所用，所用或非其所学。洎乎居官，一有差跌，苟免诛戮，则必在屯田工役之科。（《明史·刑法志二》）

据史料所载，明代诸多名臣都有过被"廷杖"凌辱或流放边陲之地的经历，在朝稍有不慎，便有性命之虞。职是之故，很多儒者自觉放弃了"得君行道"的政治理想。尽管参与编撰三部理学《大全》的胡广等儒臣盛赞明成祖"进退之际，恩礼俱至，儒道光荣多矣"（《明太宗实录》卷五十七），但绝大多数士人仍对庙堂政治心存芥蒂。吴与弼被征至京，坚不受官而归，人问其故，曰："欲保性命而已。"（《崇仁学案一》，《明儒学案》卷一）这说明一些儒者已经开始有了疏离政治事功的自觉，而后胡居仁、陈献章等人绝意科第，切断个人与权力世界的关联，也可视为对当时士人窘境的抗争。实际上，阳明早年非但不拒斥事功，反而对个人承担政治使命充满真诚的信念。然而，在经历流放龙场的事件之后，阳明开始认清当时的政治形势。龙场之后，阳明上书乞休之辞甚多，这反映了他对宫廷政治的自觉疏离，"在上封事之前，由于程、朱的影响，他多少还抱有'内圣外王'或'得君行道'的意识，到龙场以后，这个意识已彻底破碎了"①。对于阳明与其他士人来说，既然政治理念无法通过上层权力来实现，那么将"行道"路径转向下层民众就成为一种实践上的必然。在这一转向中，"良知"概念成为衔接士人群体与一般民众的枢纽："缘此两字，人人所自有，故虽至愚下品，一提便省觉。若致其极，虽圣人天地不能无憾，故说此两字，穷劫不能尽。"（《寄邹谦之》，《全集》卷六）良知之说，虽得之于阳明的个人体悟，但阳明仍重视对民众的教化，"惟以开导人心为本"（《年

① 余英时：《宋明理学与政治文化》，第27页。

谱一》，《全集》卷三十三）。这就是"觉民行道"的实践进路。①
阳明之后，泰州学派发展了"觉民行道"的理念，将心学推广到商
贾农工的群体之中。泰州学派的奠基者王心斋出身灶户之家，与下
层民众亲密，又特重民间讲学，遂成为推动"觉民行道"最有力的
社会活动家。再如泰州学者韩贞，本为陶匠出身，然而他并不在意
身份的卑微，志愿将心学传入民间：

> 以化俗为任，随机指点，农工商贾，从之游者千余。秋成
> 农隙，则聚徒谈学，一村既毕，又之一村，前歌后答，弦诵之
> 声洋洋然也。（《泰州学案一》，《明儒学案》卷三十二）

儒家与一般民间宗教不同，自孔孟以来始终未能在下层民众中
打开一条出路。历代儒士或孜孜科举而沉浮宦海，或隐逸山林而独
善其身，这使得儒家文化呈现出精英主义的特点。儒家文化精英既
与一般民众脱节，化民成俗的任务就更多地由民间宗教来承担。以
化民成俗为己任，并志愿将儒家文化传播到下层民众中间的儒者，
属实不多。王阳明与泰州学派在推动儒家精英文化向平民文化的转
化方面，无疑起到了至关重要的作用。阳明与泰州学派都在很大程
度上肯定了个人的价值与作用，这一点成为引导、启发民众的理论
前提。泰州学派在良知论的基础上又提出"现成良知"之说。心斋
次子王东崖论"良知"云："才提起一个学字，却似便要起几层意
思，不知原无一物，原自现成，顺明觉自然之应而已。"（《泰州学

---

① 丁为祥认为，阳明的致良知教形成后，不仅良知本身具有强烈的个体性，而
且由良知所观照、统摄与支撑的世界也同样是一个个体的世界。这种个体性必然能够
引出"觉民行道"的实践进路："既然道德理性已经完全落实到个体主体的层面，而
个体又已经彻底绝望于'得君行道'的传统政治，那么本来以主体性著称的心性之学
在'完全撇开君主与朝廷'之后，也就只能'转而单向地诉诸社会大众'了。所以
说，从所谓'自觉觉他'到'觉民行道'，也就成为明代心学的主要选择了。"参见丁
为祥《从"得君行道"到"觉民行道"——阳明"良知学"对道德理性的落实与推
进》，《学术月刊》2017 年第 5 期。

案一》，《明儒学案》卷三十二）"明觉自然"就是良知，其现成自在，当下呈现，非由后天思虑学习而得。这表明人不仅先天地具有道德本体，还本然地具备对道德本体的自觉意识。在现成良知的作用下，人所从事的各种活动也相应地既具有自主性，亦内含正当性。① 质言之，无论圣人、学者，还是一般民众，都具有自觉的道德意识，而个体行为在这种道德意识的引导下也获得了内在的主导性质和正当的实践意义。总的来说，阳明心学打破了儒家文化精英与社会大众之间的隔阂，它的通俗化、简易化特征完全符合引导、启发底层民众的时代需求，而"觉民行道"的实践进路也同时展现在社会领域的不同方面。

最后，佛道二教的影响，也在一定程度上促成了心学的产生。且以佛教为例。儒学虽自佛教传入之始就有辟佛之论，但实际上前者对后者的吸收和融合也是持续不断的。佛教也"入乡随俗"，它在传入中国后不仅努力克服自身与本土文化的矛盾，而且不断地"援儒入佛"。很多僧人不遗余力地论证儒佛在根本上的一致性，一些佛教宗派甚至走上了"儒化"的道路。佛教的"儒化"让很多士人开始对佛教萌生好感，促进了儒学对佛教的吸收融合。柳宗元就说过："浮屠诚有不可斥者，往往与《易》、《论语》合……不与孔子异道……吾之所取者，与《易》、《论语》合。"（《送僧浩初序》，《柳宗元集》卷二十五）从理论形态上看，儒学之所长在于伦理规范的建构，佛教之所长在于对世界及人生意义的深刻揭示，而传统儒学挑战佛教的最大弱势就是缺乏形而上学或精神哲学。有论者指出，从先秦到隋唐，儒学所欠缺的，"是真正实现对儒家伦理最高的形上之理论升华，使其能够抗衡、回应佛老的涵盖一切的'佛性'、'道'等形上的理论观念的挑战，真正从佛、老思想、特别是佛学的笼罩下独立出来"②。入宋以后，很多理学家一方面站在儒家正统的

———————

① 杨国荣：《以事行道——基于泰州学派的考察》，《文史哲》2021 年第 6 期。

② 崔大华：《儒学引论》，人民出版社 2006 年版，第 422 页。

立场上贬斥佛道，特别是攻击、反对佛学，另一方面又从佛道那里汲取了大量思想资源来丰富、发展传统儒学，故当时儒者多有"出入佛老"的人生经历。理学家对儒学的复兴就是在吸收融合佛道思想的基础上实现的，而实现三教的合一也是这一时期大多数儒者尝试完成的工作。宋明新儒学在自己的思想体系中融合了大量佛道学说，特别是佛教的思想内容。二程兄弟曾经盛赞释氏之学"尽极乎高深"（《河南程氏遗书》卷十五）。朱子也对佛教的理论深度多有赞语，认为"佛氏最有精微动得人处"（《朱子语类》卷二十四），"今之不为禅学者，只是未曾到那深处；才到那深处，定走入禅去也"（《朱子语类》卷十八）。陈寅恪先生也指出："佛教大有功于儒学，宋儒若程朱，皆深通佛教者……自得佛教之裨助，而中国之学问立时增长元气，别开生面。"[①] 至明代，中国佛教各宗派中，惟禅宗与净土犹盛。对明代心学形成较大影响的主要是禅宗。禅宗的核心内容是倡导心性一如、真如缘起、明心见性的真心如来藏思想。六祖慧能开创禅宗心性论之规模，强调"万法尽在自心"，要求"从自心中顿见真如本性"（《坛经·般若品》），将众生本来具足的自性清净心视为宇宙万法的精神本体。后来的五家禅因循此说，在本体论上主张心性一如，在实践论上强调反观自心。这种论证宇宙本体与主体心性相一致的学说，是陆王心学的理论来源之一。阳明心学与禅宗在理论形态上有诸多相近之处。从本体论上讲，良知概念与禅宗自性清净的真如法体在本质上并无差别。慧能多将"本心"描述为无滞无住、清净寂寥的本体："心如虚空，名之为大……心量广大，遍周法界。用即了了分明，应用便知一切。一切即一，一即一切，去来自由，心体无滞，即是般若。"（《坛经·般若品》）这与阳明对良知的论说是十分相似的。依阳明，心体、良知是清净澄澈、无欠无余、无滞无碍、空虚寂寥的绝对本体，即一种平等、无差别的纯粹灵明。因此，王阳明的内在实在（心体）概念与佛教的心性

[①]　吴学昭：《吴宓与陈寅恪》，清华大学出版社 1997 年版，第 10—11 页。

概念在超道德的层面完全一致。① 从工夫论上讲，阳明强调"发明本心"，依靠内向性的彻悟来认识世界整体，这与禅宗"一念愚即般若绝，一念智则般若生""若识自性，一悟即至佛地"的顿悟法别无二致。此外，阳明自存本心、遣除私欲的工夫进路，与禅宗"时时勤拂拭，勿使惹尘埃""无障无碍，外于一切善恶世界"的修道精神也是完全契合的。能够看到，在禅宗的影响下，阳明心学在其理论内部形成了一种真正的精神超越和自我反思。明儒陈清澜揭示了阳明心学与禅宗的理论亲缘性："阳明一生讲学，只是尊信达摩、慧能，只是欲合三教为一，无他伎俩。"（《学蔀通辨》续编卷下四）这种揭示点明了心学本体论与工夫论的形成离不开对禅宗思想的袭取。当时很多佛教人士也承认，儒家和佛教在心学方面有着很强的互通性。晚明的紫柏真可大师表示："儒也，释也，老也，皆名焉而已，非实也。实也者，心也；心也者，所以能儒能佛能老者也……已发未发，缘生无生，有名无名，同欤？不同欤？知此，乃可与言三家一道也。而有不同者，名也，非心也。"（《长松茹退》，《紫柏尊者全集》卷九）在真可看来，三教会通是通过"心"来实现的。从思想史上看，儒家心学之兴起可以说是来自禅宗的外部刺激，而心学的最终形成也在一定意义上挽救了日渐式微的晚明佛教。

王阳明生活的时代，是明代社会发生巨变的时代。王阳明的思想学说，也是回应时代问题的必然产物。除了上述三种外缘之外，心学的形成还离不开阳明个人对"心"的体证，而其较之三种外缘更为根本。心学就是面向主体心性的学问，个人体验心性的深度决定了心学发展的高度。徐复观认为，"心"的主要特点就是它的作用凭由工夫而见，这些工夫产生的结果就是形成一种超理性的内在经验。② 这

---

① Hao Chang, "Confucian Cosmological Myth and Neo-Confucian Transcendence", in *Cosmology*, *Ontology*, *and Human Efficacy*, edited by R. Smith and D. W. Kwor, Honolulu：University of Hawaii press, 1993, p. 122.

② 徐复观：《中国思想史论集》，九州出版社 2014 年版，第 301 页。

种内在经验是心学神秘主义的核心内容。然而，了悟"本心"并不是一件容易的事情。阳明自己也讲过获得这种神秘经验的艰辛："某于此良知说，从百死千难中得来，不得已与人一口说尽。只恐学者得之容易，把作一种光景玩弄，不实落用功，负此知耳。"（《年谱二》，《全集》卷三十四）因此，对良知的领会，离不开以反观自心、心性本觉为基础的神秘经验。阳明之后，很多心学学者缺乏"百死千难"的经历，故常把良知当作一种"光景"，以致对良知的理解、论说多有偏失。

阳明心学认为，良知具有明觉感应的功能，这种功能将自我与天地万物衔接起来，最终实现"万物一体"。所谓"明觉"，是一种超越感性知觉与理性思辨的直觉能力。孟子说："天之生此民也，使先知觉后知，使先觉觉后觉也。"（《孟子·万章上》）朱子注曰："觉，谓悟其理之所以然。""觉"本质上是一种悟性，与理性之"知"相对。龚自珍也将圣人的认识能力划分为"知"与"觉"，"知，就事而言也；觉，就心而言也"（《辩知觉》，《龚自珍全集》卷一），"圣人神悟，不恃文献而知千载以上之事，此之谓圣不可知，此之谓先觉"（《语录》，《龚自珍全集》卷八）。可见，超越理性、概念而"圣不可知"的神悟能力就是"觉"。"觉"也是良知特有的性质，阳明称之为"昭明灵觉"。通过明觉感应，物我之间形成互动感通的关系，因此作为存在本体的良知贯通于物我内外。梁漱溟讨论人物之感通，亦曾注意到良知在这方面的作用："阳明咏良知诗云'无声无臭独知时，此是乾坤万有基'。乾坤万有基者，意谓宇宙本体。宇宙本体浑一无对。人身是有对性的，妙在其剔透玲珑的头脑通向乎无对，而寂默无为的自觉便像是其透出的光线。一即一切，一切即一，宇宙本体即此便是……人身虽有限，人心实无限际。"① 熊十力也表示："就明觉的本体言，吾人与宇宙无内外可分故。此明觉凭吾人之官能而发现，

---

① 梁漱溟：《人心与人生》，上海人民出版社 2018 年版，第 171 页。

以感通乎天地万物；天地万物待此明觉而始显现，足征此明觉为一切形物之主宰。所以说，明觉即是吾心与万物之本体，非可舍吾心而别寻造物主也。"① 良知沟通主客而超越主客，是为一种超绝的神秘精神。围绕这种精神而展开的心学充满了神秘主义意蕴，这一点从王阳明到王门后学的思想中皆可窥得。

三　宗教性与人文性的儒家传统

在西方文化传统中，尽管哲学与宗教的关系并不是截然对立的，但是二者之间仍表现出某种内在的张力。中世纪的经院哲学服务于基督教的教义，而后者也间接促进了西方形而上学的发展。古代哲学多与宗教相融，哲学家亦多为教士出身。古代哲学的进步，从根本上都离不开某种洞察或直观。然而对于这种洞察或直观如何获得，古代哲学一般缺少方法论的说明。洞察或直观通常是灵感式的、偶然的，而非可以必然再现的，尽管它提供了许多深刻的洞见，但终究因其缺乏充分的明证性，不能保证结论的真理性，所以不是严格的哲学方法。易言之，这类洞察或直观尽管可能达到了某种深刻的真理，但它在古代哲学中不具有方法论的明证性。一种哲学洞察如果既不可必然地再现，又未能被有效地论证，那么它的结论必定是独断的。近代以来，随着理性主义哲学渐居主流，哲学的"去魅化"也愈为明显，这使得宗教与哲学之间再难维持一种暧昧关系而必须保证各自的独立话语。由此，西方近代哲学形成了理性主义与非理性主义的冲突和对立。

与上述西方哲学传统不同，儒家学说始终难以严格地根据西方近代以来的学科划分标准判定为一门"宗教"或"哲学"。儒学似乎同时具备了哲学或宗教的因素或成分，却不能简单地界定为这两个范畴中的任意一种。彭国翔也指出，就儒家传统的性质来看，如果以西方近代以来居于主流的理性主义哲学观为标准，单纯的"哲

---

① 　熊十力：《十力语要》，第 153 页。

学"概念实不足以涵盖它的完整内涵。① 在一定意义上讲，儒家的宗教性比它的哲学性更为突出。冯友兰在撰写中国哲学史时，指出了使用"中国哲学"概念的困难："吾人本亦可以中国所谓义理之学为主体，而作中国义理之学史。并可就西洋历史上各种学问中，将其可以义理之学名之者，选出而叙述之，以成一西洋义理之学史。就原则上言，此本无不可之处。不过就事实言，则近代学问，起于西洋，科学其尤著者。若指中国或西洋历史上各种学问之某部分，而谓为义理之学，则其在近代学问中之地位，与其与各种近代学问之关系，未易知也。若指而谓为哲学，则无此困难。"② 这些话虽然讲的是"中国哲学"概念的困难，亦可通"儒家哲学"概念而言。但若以西方宗教的"religion"来附会儒学，亦为不妥。"religion"一语，乃是晚近以来宗教家对基督教（Christianity）的特称，在广义上又可涵盖犹太教、伊斯兰教等诸多西亚一神论宗教。这些宗教虽形态各异，但一般都有如下三项特征：（1）以超越、全能、外在的人格神作为信仰对象，而立教根基在于有限者对此超越者的回应；（2）设置专门的组织机构以及在此机构中从事专项工作的神职人员；（3）用一部具有绝对权威性、神圣性的经典来宣扬与解释信仰。从这三项特征来看，儒家很难被定义为一种"religion"意义上的宗教。晚清时期，康有为欲变儒学为"孔教"，以孔子为大教主，推行信仰崇拜。康有为对宗教的理解是十分外在的，甚至于沦为某种臆想，章太炎批评道："康党诸大贤，以长素为教皇，又目为南海圣人，谓不及十年，当有符命，其人目光炯炯如岩下电，此病狂语，不值一笑。"③ 在今日看来，康有为与康党弟子不仅未能深入领会西方宗教的精神，恐怕更没有认清儒家文化传统的本质。

---

① 彭国翔：《儒家传统：宗教与人文主义之间》，北京大学出版社 2007 年版，第 9 页。

② 冯友兰：《中国哲学史》（上册），第 7—8 页。

③ 转引自丁文江、赵丰田《梁启超年谱长编》，上海人民出版社 1983 年版，第 82 页。

克实而论，如果从广义的角度定义"宗教"或"哲学"，那么儒学既可以称得上是一种宗教，也可以称得上是一种哲学，更是兼具宗教性与人文性的精神传统。蒂里希（Paul Tillich）曾将宗教的核心内容定义为"终极关怀"（ultimate concern）。在其看来，只要一种精神传统具有对人类精神生活的深层关切，就可以称为宗教："在人类精神生活所有机能的深层，宗教都可以找到自己的家园。宗教是人类精神生活所有机能的基础，它居于人类精神整体中的深层……宗教精神指向人类精神生活中终极的、无限的、无条件的一面。宗教，就这个词的最广泛和最根本的意义而言，是指一种终极关怀。"① 除了"终极关怀"，真正的宗教还应该包括两方面的内容。第一，宗教的精神是超越的。这种精神是超现实的真理。一切宗教的本质就在于守护这超越的真理并使人获得自由。正因为真理是超越的，所以对它的掌握不同于一般知识，而是需要经过一番艰苦的精神磨炼。第二，宗教包括一种超越的自我理解或自我反思。这种反思是真正的精神反思，与日常世俗的自我理解有很大不同甚至冲突。在反思的过程中，人们需要逐步否定习惯的自我观念，认识到一种非凡的内在真理。这种反思领悟到，自我的本体或根据是一种否定了全部经验表象，也超越理性的绝对原理。反思不能通过理智领悟这本体，而只能通过一种神秘的直觉。所以这种超理性的反思就是一种直觉的反思。东西方最高级的宗教中都存在着这样一套直觉反思的实践方法。一种宗教是否有教主、教堂、圣经是次要的，最主要的是要有对于真理的信仰以及发现、守护真理的实践。从这种更广的宗教定义上讲，儒学或许可以被视为一种宗教。牟宗三也认为，如果将儒学当作一种宗教，那么它的作用主要表现在：（1）尽日常生活轨道的责任；（2）启发人的精神的向上之机，指导精神生活的途径。② 因此，我们

---

① ［德］蒂里希：《文化神学》，载何光沪选编《蒂里希选集》（上），上海三联书店 1999 年版，第 382 页。

② 牟宗三：《中国哲学的特质》，吉林出版集团有限责任公司 2010 年版，第 101—104 页。

称儒学具有宗教性，并不是承认它具有人格神的信仰，也不是试图将孔子、朱子或王阳明定为教主，而是看到儒学自古以来就融哲理与现实生活为一体，并通过"天人合一"的方式实现个体的内在超越。这种内在超越与西亚宗教对于人格神的外在超越截然不同。儒家传统没有至上神的概念，也无需安立至上神的概念，它要解决的是"如何体认天道"与"如何实现自我"的问题。从这里可以看出，儒家传统兼具宗教性与人文性，是即宗教即哲学的。然而，近百年来的儒学研究，往往围绕它的人文性而展开，故论点大多聚焦于认知理性、伦理规范、政治实践等领域。这种对儒家的人文性的重视，难免疏离了其宗教性内涵。

我们采用神秘主义的视域研究儒家文化传统，必须兼顾人文性与宗教性之两面，并以二者互为参证。儒家的神秘主义彰显了人文性与宗教性的双重特征。这一点与西方学术传统有所不同。在西方，神秘主义或神秘学的研究，不仅长期被哲学和科学拒斥，甚至很难与宗教学研究相容。这一现象的形成，大致有两方面原因。第一，现代学术界对神秘主义的概念存在着误解甚至偏见，他们认为无法通过科学实证而获得明证性的精神现象不值得用严谨的学术研究态度来对待。第二，神秘主义涉及的领域非常广，人们很难运用某一特定学科的研究方法来清晰呈现它的本质。兼具宗教性与人文性的儒家文化不存在西方近代以来所展现的那种尖锐张力，所以它的神秘主义可以通过宗教学与哲学的研究范式予以阐明。

阳明心学的神秘主义同样展现了宗教性与人文性的内在统一。神秘主义的核心是神秘精神的本真呈现。这种神秘的精神，是一切存在的绝对本体，为思维、语言所未到，所以也是一种纯粹意识。但是纯粹的"空性""本无"难以推动精神的自我发展，它必须依赖于现实存在、观念而展开，因而神秘本体又需要通过现实的秩序、规范展现自己。阳明心学中"无善无恶"的良知就属于这种神秘的精神。良知本质上是一种超理性的本体，它打破了理性的绝对化，但同时也是宇宙万有的创造根源和伦理基础。据此，我们将良知超越理性的冲动和现实呈现的能力理解为宗教性与人文性的统一。前者展现了超越现实、朝向无限的宗教精神，后者展现了构建伦理秩序的人文精神，这两种精神辩证地统一于心学神秘主义的内在结构之中。

四　明代思想史上一些问题的决疑与检讨

自北宋兴起的理学，至南宋朱子集其大成。然朱子晚年横遭政治迫害，前后延续十年，史称"庆元党禁"。朱子晚年自述道："熹今岁益衰，足弱不能自随，两胁气痛，攻注下体，结聚成块，皆前所未有，精神筋力大非前日之比。加以亲旧凋零，如蔡季通、吕子约皆死贬所，令人痛心。益无生意，决不能复支久矣。"（《答李季章》，《朱文公文集》卷三十八）朱子去世之后，程朱理学才逐渐摘掉了"伪学"的帽子。宋宁宗嘉定二年，朝廷赐朱子谥为"文"。宋理宗宝庆三年，复赠朱子为太师，追封信国公，改徽国公。至元仁宗时期，程朱的经传、集注被列为科考程式，成为官学。此后，朱学被尊为官方意识形态，而《四书章句集注》也成为科举考试的必读书目，这极大地激发了士人通过研习朱学来博取功名的进取意识。明初因循元制，从朝廷到士大夫都受到朱学的影响。永乐皇帝敕谕群儒编修《五经大全》《四书大全》《性理大全》三部书，使程朱思想系统化，"有发明经义者取之，悖于经旨者去之"（《皇朝文献通考·经义考·四书》）。这三部理学《大全》基本上是朱学文献的集成，其内容大致不出朱子学的范围，或为朱子本人的注疏、著作，或为朱子门人和后学所撰的著作。自是而后，程朱理学大行于世，士人阶层亦对其笃信不移。《明史·儒林传》云："原夫明初诸儒，皆朱子门人之支流余裔，师承有自，矩矱秩然。曹端、胡居仁笃践履，谨绳墨，守儒先之正传，无敢改错。"直至明中期，经典解释的话语权仍掌握在朱子学学者的手中，而笃信朱学者甚众，"所谓此亦一述朱，彼亦一述朱耳"（《姚江学案》，《明儒学案》卷十）。

明初学人对朱学的笃信态度主要体现在两个方面。一是摹古守旧。这是说当时的学者徒守记诵，不思发明。秉持这种态度的学者认为，朱子注疏的四书已经涵盖了全部圣学知识，无需创造新说："《大学》、《中庸》章句，《论语》、《孟子》集注，发圣人之精蕴可谓无余，羽翼圣传，其功于是为大善。学者惟当潜心体玩，笃志力行而已，何暇于多言？"（《绍闻编序》，《方麓集》卷二）他们将朱子对古经的注疏奉为圭臬，丧失了学术创造力和独立的精神人格。当时的曹月川、薛敬轩等大儒，也不过是陈陈相因，谨守朱子门户。二是惑于常行。当时还有一些学者，他们不一定从内心深处真正服膺朱学，而只是为了迎合庙堂所好。对他们来说，诵读、研习朱子著作仅仅是为了获取世俗权力，故纷纷如海上逐臭之夫，皓首功名，相继不绝，乃至"幼而读之，老而不知一言为可用者"（《崇正学辟异说疏》，《高子遗书》卷七）。这些人虽能熟诵章句而及第登科，但内心早已被各种教条束缚住，也就谈不上发展朱子的思想了。可见，由元至明，经过两百余年的因袭墨守，朱学的流弊已经十分显著。在成为官方意识形态后，朱学成为一种僵化的规范、教条，也逐渐沦为举业文章的附庸。葛兆光指出，这种空洞的道德律令和单调的章句注疏对个体构成了严重束缚："当这些看上去绝对高尚的道理由于过于高尚，而只能成为官方训诫的教条、社会约束的严厉规则和考试中的记忆和背诵内容时，它更可能窒息人们在公共生活中的活泼想象和自由思索。"[1] 在朱子学掌握绝对话语权的局面下，程朱理学的义理内涵难免有所变质，明初学术亦因此而丧失活力。

从历史上看，一旦某种学说被确定为意识形态并因此使社会、学风趋于僵化，必有另一种学说异军突起，以暗流涌动的形式与前者抗衡。明代心学是对日趋僵化的明代朱子学的一种反动和修正。正如陈来先生所言："王守仁的思想在整体上是对朱熹哲学的一个反动，他倡导的心学复兴运动不仅继承了宋代陆九渊心学的方向，而且针对着明中期政治极度腐败、程朱学逐渐僵化的现实，具有时代

---

① 葛兆光：《中国思想史》（下），复旦大学出版社 2013 年版，第 269 页。

的意义。"① 阳明心学的拨乱反正又包含多个面向，如自然主义的兴起、反智识现象的频出、以"本心"统合三教，以及对神秘经验的重视。

首先，"自然"成为明代心学的重要观念。陈白沙尤其强调"学宗自然"，然其所谓"自然"主要指自得、洒落之境，尚未以自然规定本体。到了阳明那里，则明确将良知视为自然之本体，即本然至善的存在，这使得心学的个体性意义更为突出。② 这种由自然奠定的个体性意义通向人的精神自由。在道家哲学中，自然与自由的含义有交叉和重叠，从自然能够推出自由的概念，"从摆脱强制、从非本真退出而回归本真、使事物能够自己、自己塑造自己、自己实现自己、保持各自的可能性等意义上说，自然有自由的含义"③。阳明心学同样体现了这一进路。良知具有本来如是、不由外铄的意味，它意味着人的自我规定和突破外在因素的制约。邓晓芒也说："自然的本质在其真正的展开中将表明它其实是自由。人的精神和自由意志体现了自然本身最内在、最深刻的本质属性。自然的其他属性，如广延性、时空性、运动及其量度，都是自然向人生成的外在形式，都只有在趋向于人、服务于人、成为人这一绝对目的的手段时，才具有本质的意义。自由意志一旦超越于自然（包括人的情欲等）之上成为绝对的能动性，它便只可能受自己的制约，即成为'自律'，因为自由意志只有在受到自己制约时，它才仍然能保持自己为自由的，因为它虽然是被制约者，但同时又还是绝对的制约者。在这个意义上，才能说凡是自然的，都是自由的，只有自由的，才是真正

① 陈来：《宋明理学》，第 298 页。
② 陈畅将阳明心学中的"自然"观念划分为三种相互蕴含又稍有分别的含义：一是无为（自在，毫无掩饰造作的纯真），二是自发的趋势（自动、不容已），三是规律（秩序、必然如此）。这种划分对于理解阳明的自然思想有一定的启发意义。参见陈畅《阳明学自然思想及其开展——从王阳明到刘宗周》，载赵平略、陆永胜主编《王学研究》（第六辑），社会科学文献出版社 2017 年版，第 69 页。
③ 陈霞：《试论自然与自由》，载赵广明主编《宗教与哲学》（第七辑），社会科学文献出版社 2017 年版，第 190 页。

自然的。"① 自然与自由都意指良知自然而然、真实无伪、自我圆成的存在状态，也就是突破外在强迫、摆脱内心束缚的本真状态。

其次，反智识现象频出。明代主体性哲学的不断发展，使大多数儒者重新重视个人的内在价值，这固然有助于解放长期以来被意识形态化的理论教条约束的人性，但在很大程度上又走向了另一个极端，即过度强调心灵的超越意义，反而忽视乃至鄙视经典、文献中的经验知识。明代以来，心学学者的反智识倾向尤为突出，他们强调历史文献的合法性需要通过良知来证成，如果经典中的知识与个人内心的理念不合，那么这些知识很可能是没有什么意义的"糟粕"。② 对于六经与良知的关系，阳明提出"'六经'者非他，吾心之常道也"（《稽山书院尊经阁记》，《全集》卷七），因而古代经典应服务于良知的实践，"凡看经书，要在致吾之良知"（《答季明德》，《全集》卷六）。王心斋在金陵与太学诸生论六经要旨时也说："夫六经者，吾心之注脚也，心即道，道明则经不必用，经明则传复何益，经传印证吾心而已矣。"（《年谱》，《王心斋先生遗集》卷三）至此，由陆象山提出的"六经注我"的理念经过阳明的发挥，成为心学学者拒斥经传注疏与朱学文献的主要论据。

再次，中晚明之后，三教融合的倾向愈发明显，这种融合不是简单地比附，而是以本心、良知为中心，统合三教的思想观念。从阳明到后来的王龙溪、聂双江、李卓吾，都认同儒学与佛老的根本宗旨是"修心""正心""明心"。这个"心"不是别的什么东西，正是良知。所以这种主体性哲学的兴盛，既发展了传统儒学，也使儒学与佛老的界限逐渐模糊化。至于宋代理学家的那种严辟佛老的言辞，在心学学者的语录中已经很难见到了。以良知之学融会三教，成为当时较为流行的说法，甚至佛门中人亦多借用心学思想来讲法

---

① 邓晓芒：《关于道家哲学改造的临时纲要》，《哲学动态》1995 年第 4 期。

② 单虹泽：《论明代心学中的反智识现象——从自然意识出发》，《福建论坛》（人文社会科学版）2019 年第 4 期。

论道，如陶望龄所言："今之学佛者，皆因良知二字诱之也。"（《辛丑入都寄君奭弟书》，《歇庵集》卷十六）

　　最后，在心学的影响下，中晚明儒者提出了大量关于修身的工夫论，而这些理论实际上又是以获得某些神秘经验为旨归。心学学者普遍承认神秘经验的合理性。虽然一些学者在书信中斥责他人的修养工夫为"簸弄光景""近禅"，但他们自己又会在工夫中追求一种神秘境界。正如前面提到的，儒学自身容纳了一个神秘主义传统，这一路向在明代心学兴起后表现得更为明显。

　　实际上，以上所讨论的几个方面都指向心学神秘精神的形成。这个神秘的精神就是良知。良知包括了自然的内容，但它不是一个封闭、固化的本体，而是始终处于朝向无限的运动之中。当良知意识到自身的超越性与绝对性，它就具有了一种突破自然、现实的力量，也就是自由。神秘精神本质上是一种自由的精神。神秘精神在自身的发展中不断否定观念、规范和一切现存的束缚，同时呈现内在的纯粹自我。真正的精神自由，既是超越传统的，也是超越现实的。所以，自由是存在、精神的绝对本体，也是一个超现实的神秘原理。这种超理性和超现实性，正是心学神秘主义的根本特征。反智识的现象展现了心学神秘主义的非理性特征。从根本上讲，心学体现了一种反思性的思维，它确立心识、精神为存在真理，通过面向"本心"的直觉反思，挺立了个体人格的独立性，使精神获得最高的价值和尊严。在这一过程中，对"本心"的直觉体验是"第一义"的，而学习经典获得经验知识是"第二义"的。相较之下，后者只能作为前者的验证。三教的互动与融合也是形成心学神秘主义的重要因素。佛道二教（尤其是佛教）为传统儒学带来了一种超越的精神，宋明理学就是在这种精神的推动下形成和发展的。但是阳明以前的很多学者对这一精神的汲取是不自觉的，阳明则能够自觉将"心"作为全部存在的根源和本体，这表明精神实现了对本己超越性的确认。从本体论上讲，心学的良知与如来藏佛学的自性清净心是同一层面的内容。作为一种超绝存在，自性清净心实现了对全

部现实存在的空无化，以及对理性和现实性的超越。相对于现实的
"有"，"本心"呈现为绝对的"无"，因而是一种"本无"的精神。
如来藏心通过对空性的领会，认识到自身就是一种超越现实的否定
性力量——它既是对全部现存的否定，也是对超绝实体的否定，因
而是无住、无得的自由精神。这种精神放弃了对一切现实事物的执
取，也放弃了对事物价值、意义的追求，将自己空悬于虚无浩渺之
境。阳明心学通过对佛教思想的吸收，强化了精神的反思性和超越
性，将"本心"规定为一种超越主客、能所、动静、善恶的纯粹意
识。这样一种无内容的清净心必然是神秘的。冯友兰认为，这种宇
宙论与本体论意义上的真心概念，是印度文化对中国哲学的贡献。①
总之，明代心学学者对佛道二教的开放态度，使他们毫不避讳汲取
佛道思想为己所用，这在某种程度上促成了心学神秘主义的形成。

综上所述，明代心学的出现有着特殊的历史意义。首先，它对
主体性的高扬以及对辞章、考据的疏离，直接对宋元以来的程朱道
学甚至经传注疏传统构成了挑战。其次，三教融合趋势的加强，使
心学神秘主义得到了高度发展。儒者开始重视获得神秘体验的工夫
进路，而这离不开对佛道思想的深层理解。最后，对于一个超理性
的心灵而言，任何伦理法则、规范都是外在的，都对自由精神有所
阻碍。自由在本质上的无限性，决定了它不可能满足于伦理法则、
概念带来的任何形式的有限性，所以它必然要打破此在的局限，冲
破现实的网罗，使自身朝着普遍、无限之域前进。由此，精神得以
恢复其自由的本真性。良知的出现，在观念层面推动了旧的宗法秩
序的瓦解。中晚明时期的"狂禅"流弊，更凸显出很多儒者漠视、
疏离伦理规范，反而将一个超理性的本心、灵明作为道德制高点，
最终造成社会道德沦丧局面的发生。

阳明心学在批判道学方面有着极大的贡献，这主要体现在重新
规定了"心"的意义，并通过良知的自由精神对日趋僵化的理学伦

---

① 冯友兰：《中国哲学简史》，第 294 页。

理教条展开持续的冲击。然而这种专注"本心"的心学神秘主义也出现了疏略伦理法则的困境，以致明清之际的一些学者认为心学之弊甚于程朱理学。盖明初学术，大体因袭宋学而少有变化，至阳明心学大兴，风气始为之一转。致良知教本诸《孟子》《大学》之义，阳明融会佛老而扩充之，范围三教，打破壁垒，使传统儒学得到更新。阳明之后，王门后学掺和己见，玄举妙张，狂肆任侠，良知之旨颠倒错综，而伦常亦有所覆。明世之陷不可收拾之局，虽未必尽责阳明，然究心学之旨，亦无可逃乎其责也。

　　正如詹姆士所言，在任何民族的文化传统中，私人宗教经验之根底和中心都在于神秘的意识状态。① 阳明心学亦不例外。阳明与后来的王门学者都把良知视为超理性的神秘精神和绝对的纯粹自我。心学学者在个人的工夫体验中实现了对神秘精神的领会。在此过程中，精神彻底否定自然的现实性，领会到存在的本质是一个超理性、超现实性的神秘原理。这种精神的领会，不是逻辑思辨的结果，而是通过使个体的意识活动进入到一种直觉状态，最大程度地获得内心的高度沉静或自足感，并把这种内心体验作为提升精神境界的必要途径。本书各章所论，即围绕儒家思想传统中的神秘主义而展开，并以阳明心学一派为重点研究对象，揭示其内在的神秘主义向度，以期对明代思想研究有所推进。

---

　　① ［美］威廉·詹姆士：《宗教经验之种种——人性之研究》，第 376 页。

第 二 章

中国思想史上的神秘主义传统

引　言

中国两千余年思想的发展并不是单调、贫乏的平面展开，而是一个思想在精神的推动下不断否定、不断上升的过程。阳明心学中的神秘主义也不是偶然出现的，而是精神自我创造和自我发展的必然结果。正如论者所言："神秘主义既不限于宋明理学也不限于儒家哲学，毋宁说它是中国哲学的一个特点。"[①] 在深入探讨阳明心学的神秘主义之前，有必要先对中国思想史中的神秘主义传统作出简要回顾。我们将在本章中表明，从殷周之际至宋明时期，儒家的很多思想已经包含了神秘主义的观念，尽管超理性、超现实的神秘精神仍是隐而未发的，但思想史上的这些观念无疑成为引发心学神秘主义的重要思想资源。

首先，我们要对古代宗教中的神秘主义作出说明，并阐明上古时期出现的早期神秘主义观念。儒家起源于巫史传统。古代的巫者掌握着对越"上帝"的至高权力，他们在沟通人神的活动中发挥着中介作用。"儒"出于"巫"，儒者的身份是神圣的，他们所从事的

---

① 郑开：《中国古代哲学中的神秘主义》，《中国社会科学报》2018 年 3 月 27 日。

活动也是神圣的。此所谓神圣，乃是对超越者而言，若对一般人而言，则可以说是神秘的。神者，妙也，言巫术之非凡；秘者，微也，言巫术之幽奥。春秋中后期的儒家学者推动了巫术的祛魅化进程，然而他们抛弃的只是原始巫术活动中的复杂仪式，却最大程度地保留并发展了由前者衍生的种种思想观念。这些观念主要包括天人合一、直觉内省与万物一体。其一，天人合一发端于早期巫术传统中的"民神合一"或"民神杂糅"，本质上是人的主体精神与自然精神的同一。在上古思想逐渐理性化的过程中，"天"的人格性不断被弱化，个体对超越者的信仰与祈求最终也被理解为通过入世实践把握自然经验与自然规律。其二，直觉内省也是上古巫术积淀下来的神秘主义观念。先民认识到，对超越者的认识不能诉诸理性的概念思维。超越者不可方物、不可思议的特征决定了对它的认识必须通过直觉冥证的神秘体验。其三，万物一体也是早期的神秘主义观念，其旨在说明人与万物构成宇宙中的整体性存在。在万物一体的架构内，自我不是孤立的存在，而是始终与天地万物进行互动与转化的存在。儒家认为人既然与自然万物为一体，就必须达到万物一体的精神境界。这要求个体不仅要把他人看成与自己一体的存在，还要把天地万物都看成与自己一体的存在，都与自己休戚相关。人与他者的感通也是万物一体的重要表现，从原始的"接触巫术"到感应思维的形成展现了神秘意识的观念化进程。通过对这三个观念的阐明，可以看到，早期儒家思想中已经出现了神秘主义观念。不过，在此阶段，精神呈现为朴素的自然形态，其执着于自然的经验意识，还没有形成精神的反思和超越。

其次，我们要详细阐明先秦两汉之际儒家的神秘主义思想，分析这些思想在何种意义上影响了心学神秘主义的形成。在这一部分中，我们择取了孔子、孟子、董仲舒等人物的思想为代表。这些人的思想反映了早期儒家神秘主义的不同面向。孔子继承了古代思想中的天命观，并强调通过默识的修道方法体证天的超越性。孟子则注重对内在自我的体认，由此自觉把握天道，达到"上下与天地同流"的超越境界。董仲舒的思想突出了"天人相与之际"的感应问题。这种天人感应的观念来自早期思想中的"天人合一"与"物我相感"，强调个体与超越者之间的感应互通。能够看到，先秦两汉时期的儒家思想在本体论、认识论和修养论方面已经具备了神秘主义的特征。然而，在这一阶段，儒家未能自觉扬弃自然思维并进一步发展为反思和超越思维。因此在这里，精神未能超越自然与现实，发展出以自身为根据的自由本体。总的来说，秦汉时期的儒家虽然否定了原始巫术将情绪、意欲作为最高力量的思维方式，却未能将自我视为一种超理性、超现实的精神本体，因此这一阶段的神秘经验属于自然省思，而非直觉省思。①

　　最后，宋明儒者所倡导的身心体验之学也反映了神秘主义的特征。我们将分别从宋代理学、宋代心学和明代心学三个方面加以说明。在宋代理学中，从二程到李延平、朱子，都非常重视体验工夫。理学家大都接触过佛道思想，而后者修道的神秘经验多为理学家所熟知。尽管理学家经常指摘佛道二教，以及一些与僧道交往密切的学者，但他们又尝试通过某些精神修炼来体认终极实在，这一点显然来自佛道的影响。宋明心学中的神秘主义表现得更为明显。心学学者将"本心"视为一种无内容、无差别的纯粹自我，并以"心体呈露"的心理状态作为工夫修习的目标。宋代心学的神秘主义以象山为开端，慈湖为传续。他们以宇宙之心与个体之心为统一的精神本体，倡导"易简"工夫，力求自证"本心"而不循章句。作为宋明心学之集大成者，王阳明继承了孟子至象山一路的心学传统，同时杂糅佛道思想，实现了对传统儒学的创造性转化。阳明将良知规定为绝对超越的神秘精神，并强调对它的认识只能通过持续内向化的直觉体悟。王门后学中的很多儒者沿袭阳明学说，并在此基础上

---

　　①　自然省思与直觉省思的区别在于，在前者那里，精神以最直接的现实存在为发展的起点，它只能意识到现存的、自然的、物质的存在，并将它们领会为全部存在和唯一的真理。直觉省思则包含了对自然意识的否定，它扬弃了存在的自然的、物质的外壳，实现了对现实的虚无化，并深入内在自我之中，所以是一种超现实的反思。

另行发明，其思想表现出明显的神秘主义特征。可以说，直到阳明心学兴起，个体之心才真正成为宇宙的灵明和主宰，获得了内在的超越性。从宋代理学到阳明心学，直觉反思的工夫进路逐渐成熟，这体现在精神成为全部伦理法则的根源，并在自身的运动中实现对伦理法则的突破。这样一个绝对的、超越的本体，是否定全部经验表象与概念的"本无"，所以是一种神秘的精神。

第一节　古代宗教中的神秘主义

20 世纪初，中西学术交锋日益频繁，当时的国内学界大量吸收了海外学者的哲学研究成果。对于学术界而言，如何通过整合传统思想资源来建构符合中国学术特征的"中国哲学史"学科就成为当时的急务。这个任务的困难在于，既要吸收西方哲学的分析方法对传统思想进行现代诠释，又要避免陷入用西方哲学比附中国传统文化的误区。留美归来的冯友兰较早将中国传统思想转化为系统化的形而上学。冯先生在其新理学体系中，提出了"正的方法"与"负的方法"。他说："真正底形上学的方法有两种：一种是形式主义底方法，一种是直觉主义底方法。形式主义底方法以形式主义讲形上学，直觉主义底方法讲形上学不能讲。讲形上学不能讲，亦是一种讲形上学底方法。"① 这里的"形式主义底方法"指的是逻辑分析的方法，也就是所谓"正的方法"。与此相对，"负的方法"指的是不依赖概念分析而诉诸直觉体证的神秘主义方法。冯先生认为，通过"正的方法"，就能获得较为清晰的哲学观念："哲学乃自纯思之观点，对于经验，作理智底分析，总括，及解释，而又以名言说出之者。这就是就哲学的方法及研究哲学底出发点，以说哲学。"② "正

---

① 冯友兰：《三松堂学术文集》，北京大学出版社 1984 年版，第 512 页。

② 冯友兰：《冯友兰学术论著自选集》，北京师范大学出版社 1992 年版，第 364 页。

的方法"的一大特征，就是能够"以名言说出"，而"负的方法"是不可说的。冯先生说："直觉主义底方法，从讲形上学不能讲讲起，所以其方法可谓负底方法。"① "讲形上学不能讲"即昭示了形而上学的某些性质是无法通过分析和归纳说出的。对于形而上学，"不能说它是什么，只能说它不是什么。这就是负的方法的精髓"②。冯先生还经常将"负的方法"比喻为中国画中"烘云托月"的创作手法。画家的本意为画月，却只在纸上画一大片墨云，于所画云彩中留有一圆的空白，此即是月。所以画家所画之月在他未画之处，而"负的方法"所讲出的真理也正在其未讲之处："用直觉主义讲形上学者，可以说是讲其所不讲。但讲其所不讲亦是讲。此讲是形上学。犹之乎以'烘云托月'的方法画月者，可以说是画其所不画。"③ "负的方法"的使用，是由形而上学研究对象的特殊性质决定的。冯先生指出，世界上的认识对象可以区分为三类："有只可感觉，不可思议者。有不可感觉，只可思议者。有不可感觉，亦不可思议者。"④ 其中，只可感觉而不可思议者，是经验世界中的具体事物；不可感觉而只可思议者，是抽象的"理"或共相；不可感觉亦不可思议者，是形上的精神本体。形而上学最终是要以精神本体作为自己的对象，而这样一种本体是不可思议的。如此一来，"哲学自己给自己制造了麻烦。它硬是要思议不可思议的东西，要言说不可言说的东西"⑤。"负的方法"正是解决这一"麻烦"的方法。运用"负的方法"讲形而上学，"不说不可言说的东西是什么，而只说它不是什么。这就是佛学中所说的'想入非非'。'非非'，就是不是

① 冯友兰：《三松堂学术文集》，第 512 页。
② 冯友兰：《中国哲学与世界未来哲学》，《哲学研究》1987 年第 6 期。
③ 冯友兰：《三松堂学术文集》，第 512 页。
④ 冯友兰：《新知言》，载《三松堂全集》（第 5 卷），河南人民出版社 2001 年版，第 230 页。
⑤ 冯友兰：《三松堂自序》，载《三松堂全集》（第 1 卷），第 231 页。

什么（非）而又不是不是什么（非非）"①。承认不可思议者的存在，即认识到了理智的局限性。对于精神本体的领会，必然是超越经验和理智的："从逻辑上说不可感者，超越经验；既不可感又不可思者，超越理智。"② 对于超越的本体，不能用逻辑分析等理智的方法直接探求之，而必须寻求其他的途径和方法来"表显"它。在这个意义上，冯先生又说："正底方法是从正面讲形上学，负底方法是从侧面讲形上学。"③ 从正面讲形而上学，是用逻辑分析直接揭示它所具有的种种规定性；从侧面讲形而上学，则只能采取一种曲折的方式引导人们体悟它的某种不能直接用语言概念表达的内涵和境界。就哲学境界而言，从超越经验到超越理智乃是一个前进、发展和上升的过程。采用"正的方法"自然能够得到形上学中的清晰思想，后者是一个哲学系统必备的品格，它表现为理智功能的充分发挥和语言概念的合理运用。但是，一个伟大而深刻的形上学系统所要达到的境界绝不止于此。冯先生说："哲学上一切伟大的形上学系统，无论它在方法论上是正的还是负的，无一不把自己戴上'神秘主义'的大帽子。负的方法在实质上是神秘主义的方法。"④ 就总体特征而言，"正的方法"与"负的方法"体现了中西哲学不同的传统。西方哲学长于分析，"正的方法"占支配地位；中国哲学崇尚直觉，"负的方法"得到了充分发展。作为一种形而上学的最后顶点，"负的方法"构成了一切完整的形上学系统的最重要部分，"所谓'负的方法'是体验人生意境的正道，也是东方哲学的神髓"⑤。

综上所述，冯友兰所谓"负的方法"包含了不可思议的神秘性，其为东西方神秘主义的核心内容。在儒家那里，神秘主义的核心是

① 冯友兰：《三松堂自序》，载《三松堂全集》（第1卷），第231页。
② 冯友兰：《中国哲学简史》，第388页。
③ 冯友兰：《三松堂学术文集》，第512页。
④ 冯友兰：《中国哲学简史》，第393—394页。
⑤ 郭齐勇：《形式抽象的哲学与人生意义的哲学——论冯友兰哲学及其方法论的内在张力》，《中州学刊》1998年第3期。

以自我觉悟为基本特征的直觉、体认，为一种直觉反思的神秘体验。通过直觉反思所得到的内容是直觉之知，其不同于一般的经验知识。这种直觉之知近似禅宗的"悟"，"普通所谓知识之知，有能知所知的分别，有人与境的对立。悟无能悟所悟的分别，无人与境的对立"①。这种"悟"使人超越个体的有限性，达到自我与天地万物合一的精神境界。在此境界中，人自觉到自我与宇宙之间既无隔阂，亦无界限，甚至说自我即大全，大全即自我。冯先生认为，这既是中国古代哲人追求的天人合一之境，也是现代人共同追求的人生理想。

冯友兰以"负的方法"概括中国传统思想中不能被概念、逻辑直接阐明的部分，且将其概说为一种神秘主义，无疑具有重要的理论意义。通过对禅宗、道家以及宋明理学的研究，冯先生指出，儒释道哲学皆以神秘境界为最高的精神境界，并以获得某种神秘经验为个人修养之最高成就。这一见解是确切而深刻的。不过，冯先生虽然揭示了儒家思想中的神秘主义，却未能进一步对其理论来源进行探究。后来的学者论及儒家的神秘主义，也仅仅将"神秘主义"作为一个现成术语使用，然而大多对其思想源头所知不深，以致轻易放过。所以，本节将首先追溯儒家学说之始源，再进一步讨论儒家思想中神秘主义观念的形成和影响。

孔子晚年的时候，曾表明儒者的身份与巫史传统相关。他说："赞而不达于数，则其为之巫；数而不达于德，则其为之史……吾与史巫同涂而殊归者也。"（《马王堆帛书·要》）后世学者对此做出了大量研究，基本印证了孔子的说法。② 关于儒者与巫史身份的关系，兹不赘述。笔者将要阐明的是，儒家神秘主义的观念起源于古代巫

---

① 冯友兰：《新知言》，载《三松堂全集》（第 5 卷），第 228 页。

② 关于儒家文化与巫史传统关系的研究，可参阅陈来《古代宗教与伦理：儒家思想的根源》，生活·读书·新知三联书店 1996 年版；杨向奎：《中国古代社会与古代思想研究》，上海人民出版社 1962 年版；李泽厚：《说巫史传统》，载《己卯五说》，生活·读书·新知三联书店 2005 年版。

者的神秘仪式。在古代巫术的理性化进程中，神秘的巫仪逐渐退出历史舞台，而一些神秘意识却凝结为文化观念被儒家传承下来。

在上古时代，各民族的原始文明皆以巫文化为主导形态，巫术则为巫文化的现实应用。儒家文化亦源于巫文化，最早的儒者就是氏族部落中掌管鬼神祭祀之职的巫者。在当时，巫的地位非常高，他们聆听、传达、发布和执行神的旨意，所以被视为神的化身。很多研究表明，古代的"圣王"就是巫，也是最大的巫。古代氏族、部族的君、王既是最高的宗教领袖，也是最高的政治领袖，同时还是氏族中的道德楷模，集中了宗教、政治、伦理的权能。① 考古发现，在良渚文化中，象征最高王权的"钺"与象征最高神权的"琮"同时放在一个人的墓里。这说明，墓主人或许是某氏族部落的酋长，掌握了最高的王权和神权。

在那个时候，这样的一个巫王，经常用跳舞的方式来沟通神明。在早期甲骨文中，"巫"与"舞"字通假，巫者就是用仪式化的舞蹈通神、降神之人。陈梦家指出，古代"巫""舞"二字音、形、义皆同："舞巫既同出一形，故古音亦相同，义亦相合，金文舞无一字，《说文》舞无巫三字分隶三部，其于卜辞则一也。"② 古人大多认为，世间一切事物皆为神明所左右，世人行事难免有咎，所以要定期向神明献礼、祭祀，请示神意。这种通神、降神的活动常以舞蹈的形式表现出来。如《尚书·益稷》："予击石拊石，百兽率舞。"《吕氏春秋·仲夏纪·古乐》："昔葛天氏之乐，三人操牛尾，投足以歌八阕。""帝尧立，乃命质为乐。质乃效山林溪谷之音以歌，乃以麋骆置缶而鼓之，乃拊石击石，以象上帝玉磬之音，以致舞百兽。""儒"在字源上也与"舞"相关。章太炎说："儒之名盖出于需。需者，云上于天，而儒亦知天文，识旱潦……明灵星舞子，吁嗟以求雨者谓之儒，故曾皙之狂而志舞雩，原宪之狷而服华冠，皆

---

① 李泽厚：《由巫到礼 释礼归仁》，人民文学出版社 2022 年版，第 103 页。
② 陈梦家：《商代的神话与巫术》，《燕京学报》1936 年第 20 期。

以忿世为巫，辟易放志于鬼道。"① 儒的原始身份也是巫，他们负责主持或参与祈雨的舞蹈活动。古代文献中记载了很多大巫师率群巫跳舞求雨的事，如《周礼·春官·司巫》："司巫掌群巫之政令，若国大旱，则帅巫而舞雩。"这表明当时的巫者要通过歌舞活动来沟通天人，视降雨为上天所降之福祉，而巫者即为后世儒者之原型。

实际上，古代专职化巫者的形成也非一蹴而就，而是经历了一个曲折的过程。据《国语》所载，在帝颛顼时代，神巫是由专人供职的，他们负责聆听神意、祈神降福，普通人则从事与事神无关的行业，井然有序地各司其职：

> 古者民神不杂。民之精爽不携贰者，而又能齐肃衷正，其智能上下比义，其圣能光远宣朗，其明能光照之，其聪能听彻之，如是则神明降之，在男曰觋，在女曰巫。是使制神之处位次主，而为之牲器时服，而后使先圣之后之有光烈，而能知山川之号、高祖之主、宗庙之事、昭穆之世、齐敬之勤、礼节之宜、威仪之则、容貌之崇、忠信之质、禋洁之服，而敬恭神明者，以为之祝。使名姓之后，能知四时之生，牺牲之物……坛场之所、上下之神祇、氏姓之所出，而心率旧典者为之宗。于是乎有天地神民类物之官，是谓五官，各司其序，不相乱也。民是以能有忠信，神是以能有明德。（《国语·楚语下》）

在这一阶段，一般的"民"与"神"是分离的，巫者是沟通二者的中介。后来，这种局面逐渐被打破了。氏族部落间的征伐、吞并经常导致神职人员流离失所，这些人不再在权力中心担任沟通"民"与"神"的中介，转而游走民间，给一些部族带来了神性的声音。时间既久，人人便自为神巫，认为自己掌握了通神、祭神的权力，"民神杂糅，不可方物。夫人作享，家为巫史"，乃至"民神

---

① 章太炎：《国故论衡》，商务印书馆 2010 年版，第 149—150 页。

同位"，使神灵"无有严威"。颛顼帝有见于此，"乃命南正重司天以属神，命火正黎司地以属民，使复旧常，无相侵渎"，这项举措称为"绝地天通"（《国语·楚语下》）。所谓"绝地天通"，指的是将沟通人神的职权专门化，取消一般民众和天上神灵之间往来的权力，并将这一权力交还给专职的巫者。陈来先生将这段历史概况为三个阶段："在中国原始宗教的第一阶段上，已有专职事神的人员，而一般人则从事其他社会职业，不参与事神的活动，这叫做民神不杂，民神异业。在原始宗教的第二阶段上，人人祭祀，家家作巫，任意通天，这叫做民神杂糅、民神同位。其结果是祭品匮乏，人民不再得到福佑。在第三阶段上，绝地天通，恢复民神不杂的秩序。"① 综上所述，在华夏文明的早期阶段，巫史文化居于主流的地位，巫发挥着沟通神明的重要作用。《易》云"仰以观于天文，俯以察于地理，是故知幽明之故"，讲的就是这类人的工作。这些人仰观俯察，通过对经验世界中各种现象的归纳，钩玄提要，总结出一套关于此世与彼岸的知识。

不过，中国古代的巫者，兴趣似不在经验知识方面，而更关心自然经验背后的存在本质。巫术属于一种自然宗教。自然宗教指的是人们将那些有能力掌控万物命运和决定人事成败的东西视为神，而其本质上是自然存在。古人又将这样一种自然存在称为"天"或"帝"，以之作为超越自然经验的最高存在。人间秩序和道德价值皆归源于"帝"或"天"，如《诗·大雅·皇矣》："不识不知，顺帝之则。"《诗·大雅·烝民》："天生烝民，有物有则。"盖上古之际，民智初开，对于存在的认知大多缺乏理性自觉，人们面对诸多经验表象，往往藉由想象、直观等方法来获得对"天""帝"等存在本质的领悟。这种认知方法多由巫者从巫术活动的经验中总结而得，所以先天地带有神秘主义的特征。所以，巫不仅表示一种身份，也

表示一种现象或一种观念，它本身就是神秘的。

至春秋之际，仪式化的巫术逐渐失去了原有的地位，但是古代巫术中的神秘主义观念却被有选择地继承下来。去巫化同时也是一种祛魅化，具体表现在不再将"天""帝"等自然存在视为人格性的超越者，而是将其视为普遍性的天道、天命。黑格尔认为，各民族的精神发展都经历了从巫术向自然宗教过渡的环节："宗教本质上包含客观性环节，这意味着有一精神的威力对个体和特殊的经验意识显现为一普遍物。"[①] 在春秋时期的自然宗教中，原始巫术中的神秘仪式凝结为一些神秘主义观念。巫术活动中的人神合一被转化为观念形态上的个人生命（小我）与宇宙生命（大我）的一致性。这种自然宗教将直接、现存的存在经验当作绝对、本质，它的主体是人的直接意识。在此阶段，精神尚未实现对自然经验、现实的否定，因而属于自然的精神。

我们认为，早期中国哲学的认识论基本可以归结为神秘主义的直觉省思。通过上面的分析可以看到，中国思想传统中的神秘主义与古代的巫史传统有着密切的联系。作为古代巫文化之余烬，一些神秘主义观念对后世的哲学思考有着深远的影响。在这一节中，我们将分别讨论天人合一、直觉内省以及万物一体三个神秘主义观念，以及它们在何种意义上影响了后世的儒家思想。

一　天人合一

司马迁撰写《史记》，将创作旨趣总结为"究天人之际"。所谓"天人之际"，指的是超越世界与经验世界的关系问题。此处的疑问在于，《史记》一书是围绕诸多"帝王将相"而展开的纪传体通史，其写作重心明显是为人物作传，为何司马迁在"人"及"人事"之

① Hegel, *Lectures on the Philosophy of Religion*, Vol. I, Translated by E. B. Speris and J. Burden Sanderson, London: Kegan Paul, Trench, Trübner & Co., Ltd., 1895, p. 298.

外还要强调"天"的向度？事实上，自商周以降，古代的巫史传统所包含的人与超越者的相通性始终若隐若现地影响着中国文化传统。巫术时代之后，人与超越者的沟通便从巫者与神的对话抽象为"天""人"之间的互动。所以司马迁所谓"究天人之际"，乃是当时文化语境中的一种具有普遍意义的说法。在当时，论"人"必及"天"，人的精神生命并非仅仅属于此岸的经验世界，更在"天"的层面呈现自身的超越意义。历史地看，"天人之际"说有着承上启下的意义：上承于商周"通神""事神"的巫史传统，下开出中国宗教、历史、哲学的"天人合一"传统。

　　"天人合一"之说，出自张载《正蒙·乾称》，然其作为一种表达天人关系的特殊思想，却成熟甚早。至少在春秋战国时期，"天人合一"就已经成为儒道等学派所阐发的宇宙论的核心理念之一。[①]从儒家的"四书"、《易传》到道家的《老子》《庄子》，无不以天人和合为其思想旨归。在现代学术研究的范式下，"天人合一"观念是理解早期儒道思想的重要内容，同时也作为实现传统文化现代性转化的重要思想资源之一而被重新理解和阐释。早在 1943 年，金岳霖即撰文将"天人合一"概括为中国哲学的一个主要特征。金岳霖认为，中国哲学史上的政治与伦理、个人与社会、内圣与外王等问题无不基于"天人合一"之论。[②]虽然这篇文章未能在国内引起太大反响，但不可不说金先生准确抓住了中国思想传统的基本特征。现代新儒学宗师熊十力也将"天人合一"视为宇宙人生的根本问题，他从"体用不二"观念出发，将"天人合一"解读为一个本体论的命题。熊十力指出，近代西方哲学有着割裂宇宙人生之弊，"其谈宇宙，实是要给物理世界以一个说明，而其为说却不从反己体认得来，终本其析物之知，以构画而成一套理论"[③]。这种思想使宇宙与人生

---

① 景海峰：《"天人合一"观念的三种诠释模式》，《哲学研究》2014 年第 9 期。

② Yueh-lin Chin, "Chinese Philosophy", *Social Sciences in China*, Vol. 1, No. 1 (March, 1980), pp. 83–93.

③ 熊十力：《新唯识论》（删定本），载《熊十力全集》（第六卷），第 301 页。

分离为二，宇宙成为脱离于价值世界的纯粹客体，人生则失去了和宇宙本体的联系，变得没有意义。基于此，熊十力尝试以体用论贯通天人，重新为宇宙与人生奠定价值基础，"《新论》直将本体论、宇宙论、人生论融成一片，此是老夫苦心处，亦是不失吾先圣哲精神处"①。后来，钱穆先生以96岁高龄，口述完成了人生中的最后一篇文章，他提出"天人合一"论是"整个中国传统文化思想之归宿处"，并表明这个见解是自己一生的"澈悟"②。这篇文章发表后，旋即引起国内外学界的热烈反响，学者围绕"天人合一"命题的复杂性质与现实意义展开了激烈的争论。立足原典考辨"天人合一"观念的源流当然不成问题，而一旦试图将其与现实生活关联，则大多研究成果将"天人合一"理解为人与自然相和谐。这种理解过分夸大了"天人合一"观念的现实意义，使这一观念完全服务于生态学或生态哲学研究，减损了其内在的超越价值。对此，杜维明即指出，"天人合一"论"不仅是人和自然的结合，还应该有超越的一面"③。

　　杜赞奇（Prasenjit Duara）认为："天的超越性——在中国社会里从未缺席过；它在中国历史上扮演了一个极为重要的角色。"④"天人合一"观念中的"天"最早出自人格性的"帝"或"上帝"。在商代的甲骨卜辞中，已经出现了"帝"字。"帝"者，"蒂"也。"蒂"为花之初态，引申为万物之始，于是商人就以"帝"字尊称始祖。在神人合一的时代，始祖神也是至上神，其既为民族之始祖，也是众神之主，故"帝"又被称为"上帝"。到了商朝后期，不但始祖，凡是已故的先王都被尊称为"帝"，所以"上帝"实际上是已故先王的一个抽象概念。"帝"或"上帝"具有浓厚的宗教色彩，其为某一氏族的至上神。李申说："'上帝'概念的出现，表明人们

---

①　熊十力：《摧惑显宗记》，载《熊十力全集》（第五卷），第539页。

②　钱穆：《中国文化对人类未来可有的贡献》，《中国文化》1991年第1期。

③　杜维明：《二十一世纪的儒学》，中华书局2014年版，第59页。

④　杜赞奇：《中国世俗主义的历史起源及特点》，《开放时代》2011年第6期。

已经把理想化了的君主和现实中的君主区别开来。"① 在殷商时代，面对这个超越的至上神，先民逐渐产生了一种敬怖心理。当时生产力水平低下，人们将洪水、干旱、地震等自然灾害视为"上帝"的惩戒，卜辞中有"帝隹癸其雨""帝其降堇"等记录。天会不会下雨，收成的好坏，饥馑发生与否，皆取决于"上帝"的安排，人事的祸福、吉凶、成败也由"上帝"定夺。"上帝"作为最高的主宰，其权威是绝对的、至上的。人们必须"恪谨天命""奉若天道"而行事，否则就会遭到"上帝"的惩罚。陈梦家说："殷人的上帝或帝，是掌管自然天象的主宰……上帝之令风雨、降祸福是以天象示其恩威。"② 在这种敬怖心理的作用下，殷人事必问卜。殷人言必称天命，如其陈述夏人罪状曰："有夏多罪，天命殛之"，"夏氏有罪，予畏上帝，不敢不正"。（《商书·汤誓》）孔子言"三畏"，以"畏天命"为首，可以说是殷人敬怖心理的延续。西周建立后，人们对"上帝"的信仰有所保留，从周初到两汉时期仍可看到殷商遗留的宗教意识。《诗经》中随处可见殷周之际的"上帝"信仰，如"文王在上，於昭于天；文王陟降，在帝左右"（《诗·大雅·文王之什》）。直至两汉时期，这种人格神的观念仍然存在，如贾谊说："故天之诛伐，不可为广虚幽间，攸远无人，虽重袭石中而居，其必知之乎……故曰：天之处高，其听卑，其收芒，其视察。"（《新书·耳痹》）这里的"天"是主宰之天，也就是具有强大权柄、意志之"帝"。汉人虽多言"天"而少言"帝"，然"帝"之称谓并未因此而消失，王充就说过"上帝，公神也"（《论衡·死伪》）。可知，从周初到汉代的一千余年间，虽"上帝"信仰不似旧时之盛，然这种人格神的观念仍有存留。

"上帝"信仰虽至两汉时代犹存，但事实上这种信仰已呈渐衰之势。原始社会时期，"天命"主要以"吉凶""历年"为主，与农业

---

① 李申：《儒学与儒教》，四川大学出版社 2005 年版，第 53 页。
② 陈梦家：《殷墟卜辞综述》，中华书局 1988 年版，第 580 页。

活动相关——作物之丰欠决之于"天"，所以"天"是一种有意志的最高主宰。至春秋时期，神权意识逐渐淡化，人们的虔敬之心不比以前，出现"疑天"现象。如《左传·昭公十八年》载，郑国星占家裨灶预言将发生火灾，人们劝子产依照裨灶的话，用玉器禳祭以避免火灾，子产答曰："天道远，人道迩。非所及也，何以知之?""疑天"思潮的本质是"疑神"。这一时期，周人很少再将"天"当作有意志的神明，而是把它当作德性之原。王国维也说："殷周之兴亡，乃有德与无德之兴亡，故克殷之后，尤兢兢以德治为务。"① 周克商后，华夏文化精神即由对"上帝"、神明的崇敬、畏惧转为对人本身的重视。这就是中国文化的理性化进程，"它的价值理性的建立过程，是与对天神信仰的逐渐淡化和对人间性的文化和价值的关注增长联系在一起的"②。"疑天"不是彻底否定天的意义，而是通过淡化、消解"天"的宗教意义来树立"天"的道德意义。从春秋战国直至清末民初的思想，都体现出对"天"的重视，而经验世界中的人事问题，也往往围绕作为道德性命之原的"天"来讨论。这种"天"的观念脱胎于早期的"帝""神"，所以它的超越性得以保留。唐君毅将"天"视为一种形上的精神实在："吾人谓中国儒者之天或天地，至少在《孟子》、《中庸》、《易传》作者之心中，乃一具形上之精神生命性之绝对实在。由是可知中国人之祀天地，或祀天，与天地君亲师神位中之有天地，亦不能谓之只祀一块然之物质天地，或只有生命之自然；而实含视之为一精神实在之意。唯先哲因恒对物质、生命、精神三者，不加截然区别，故人恒易不知觉间以天或天地唯指感觉界之自然。实则中国后儒亦多以天或天地，直指形上之精神实在。"③ 可以说，"疑天"思潮兴起后，"天"的人格性被严重削弱，它很少再被等同为有情绪、有意志的"上帝"，而更多被规

---

① 王国维：《观堂集林》第 2 册，中华书局 1984 年版，第 453 页。
② 陈来：《古代宗教与伦理：儒家思想的根源》，第 10 页。
③ 唐君毅：《中国文化之精神价值》，台北：正中书局 1953 年版，第 454—455 页。

定为自然存在和伦理法则的根据。

　　"天人合一"观念的历史转向表现为由"神巫沟通"向"天人合德"的过渡。如上所述,"绝地天通"规定了祭祀神明的巫者必须是专职化的,这一规定取消了一般民众祭天事神的可能。巫者们坚信,通过一些巫术活动,他们不仅能领悟神明的意图,甚至能获得神明赐予的神性或神力。直至战国时期,一些思想家的学说中仍带有"神巫沟通"的痕迹。比如墨子说:"祭祀上帝鬼神,而求祈福于天。"(《墨子·天志上》)庄子也说:"纯素之道,唯神是守;守而勿失,与神为一……能体纯素,谓之真人。"(《庄子·刻意》)"与神为一"正是"神巫沟通"的一种观念化表达。不过,尽管在墨子、庄子等人的思想中还能看到早期宗教"神巫沟通"的残迹,这种宗教性观念却已不是春秋之后思想的主流。这一时期思想的主流是"天人合一"。[①] 余英时将西周至秦汉时期的"天人合一"说分为三个阶段:西周至春秋战国之际,为第一阶段;战国诸子的思想是对"天人合一的突破时代",为第二阶段;战国晚期到秦汉时代,是"天人合一的预设发挥其最高最大的效用的时代",为第三阶段。[②] 这三个阶段"天人合一"观念的表现虽有不同,但它们的一个基本共识,就是承认天道与人道在本体层面的统一性,以及个体经由道德实践而遥契天道的可能性。"天人合一"之"天"不再是那个接受巫者献祭的"帝",而是具有创造性、普遍性的生生不已的"天道"。这样的一种转变,可以视为"天人合德"对"绝地天通"的超越。

　　从思想史上看,"天人合一"观念包括两个方面,一是人道与天

　　[①]　张汝伦认为,"绝地天通"对于中国传统天人关系的思想有着奠基性意义,"绝地天通的神话通过天人分途,不但确立了天的绝对超越者的地位,同时也强调了人对于自身事务的绝对责任"。参见张汝伦《绝地天通与天人合一》,《河北学刊》2019年第6期。

　　[②]　余英时:《中国文化史通释》,生活·读书·新知三联书店2012年版,第158—162页。

道在自然上的统一，二是人道与天道在道德上的统一。就"天人合一"的自然意涵而言，《易传》表现得较为突出。在《易传》中，天德主要体现在以下两个方面：（1）生生不息。《易传》认为自然界是一个生生不息的过程。"天地之大德曰生"（《易·系辞下》），生是"天道"的德性。这是说，天地的根本性质是生命性。《系辞上》曰："是故《易》有太极，是生两仪，两仪生四象，四象生八卦，八卦定吉凶，吉凶生大业。"自然万物的衍化离不开"生"，无穷的创造才是"天"或天地的根本德性，正是在这一德性的作用下，万物乃至人类才得以生育繁衍。（2）健动不已。《系辞下》曰："夫乾，天下之至健也，德行恒易以知险。"在生生之德的推动下，"天"具有"健动不已"的品格。"天行健""刚健中正"都是对"天"的健动本性的描述。总之，"天"虽然具有"生""健"等能动作用，但它与作为人格神的"帝"并不相同。在天人关系上，《易传》主张"天生人成"。人为天地所生，所以人具有和天地一样的本性，即"乾道变化，各正性命，保合太和，乃利贞"。"天"的"生"与"健"等本性有着明显的价值倾向，它们是最高的善，使万物得以"保合太和""品物咸亨"。与此相应，得之于天的人性也是至善的。《系辞上》曰："一阴一阳之谓道。继之者善也，成之者性也。"这表明人在阴阳运行的过程中获得自己的本性，或者说人性源自以阴阳五行之气为实体的天道。对此，徐复观先生解释道："'继之者善也'的'继之'的'之'字，我以为指的是由上文一阴一阳的变化而来的生生不息。一阴一阳的结果便是生育万物，所以继之而起的，便是生生不息的作用。一阴一阳的变化，与生生不息，照理论说，是同时的，也可以说是一件事。但为了表示创生的顺序，所以用有时间性的'继'字。此生生不息的继续，用另一语言表达，即所谓'显诸仁'，即天地仁德的显露。既是仁德的显德，便自然是'善'的，所以便说'继之者善也'。"① 天道的生命意义在于"生

---

①　徐复观：《中国人性论史·先秦篇》，第 187 页。

生"，而其目的在于实现最大的善。善是属于德性的。天与人各司其职，但目的都是实现善：天地生成人和万物，人则"继善成性"，参与辅助天地完成其生命意义。所以，《易传》的宇宙论为天人关系在自然层面的统一性奠定了重要的理论基础。基于人与自然的本体统一性，谈论天道不能离开人道，反之亦然。除《易传》外，另一个系统揭示"天人合一"观念的文本是《中庸》。相比于《易传》以创生化育的逻辑讨论天道与人道的合一，《中庸》从人的道德实践入手，提出人的道德本性源自天性，人性先天地具有"天"或"天命"的规定性。《中庸》的"诚明"观念最能体现"天人合德"的思想旨趣。《中庸》云："自诚明，谓之性；自明诚，谓之教。诚则明矣，明则诚矣。""诚明"是"天"将德性赋予人；"明诚"是人通过道德践履而上契天道。前者是"天命之谓性"，后者是"修道之谓教"。张载认为诚明两进是对"天人合一"的实现："儒者则因明致诚，因诚致明，故天人合一，致学而可以成圣。"（《正蒙·乾称》）在"天人合德"的架构内，经验世界中的个体能够实现自身与天道的互动与转化，达到超越的精神境界。总的来说，《易传》从自然层面揭示了天道对人道的生化作用，《中庸》则直探德性之源，确立了人的主体性地位和价值，二者互为表里，说明天和人是贯通、一体的。自此之后，"天人合一"成为中国古代天人关系论的普遍原则。人与天、地并称"三才"，通过"参天地、赞化育"，人参与到天地的运作之中，并在此过程中实现自身与万物的价值。

马克斯·韦伯在讨论中国古代的宗教意识时，特别指出作为自然法则的非人格性的"天"与人事活动存在着密切联系。他说："中国的宗教意识把用以制服鬼神的巫术性宗教仪式和为农耕民族制定的历法结合起来，并赋予它们以同等的地位和神圣不可侵犯的性质。换言之，它把自然法则和仪式法则合二为一，融于道的统一性中，把超时间的和不容变更的东西提高到宗教上至高权力的地位。作为终极的、至高无上的道，不再是一个超世俗的创世主，而是一种超神的、非人格的、始终可与自己同一的、时间上永恒的存在，这种存在同时是永恒的秩序的超时间的表现。非人格的天威，并不向人类'说话。'它是通过地上的统治方式、自然与习俗的稳固秩序——也是宇宙秩序的一部分——以及所有发生于人身上的变故（世界各地皆然）来启示人类的。"①"天人合一"观念的形成标志着人领会到自我意识与自然法则的统一性。个体不再受到"上帝"威权的震慑，反而更主动地在道德实践中呈现天的本性和价值。如果说在"绝地天通"的时代，天人之间尚有一种隐性的张力，那么随着"天人合一"观念的兴起，天道与人道之间的一切隔阂都被打破了，甚至说天道的终极意义一定要通过人事活动来揭示和实现。

　　"天人合一"是古代巫术发展为自然宗教而形成的神秘主义观念。"天人合一"的本义是人与天道相遥契，后来又引申为多重义涵，比如人与自然的和谐统一，以及主体与客体的绝对统一。②"天人合一"观念的神秘主义内涵包含两个方面：（1）个体领会到自身与天道在本然层面是统一的，并主动参与到宇宙生命的创造与转化之中。殷周之际的民众对"上帝"犹存敬怖之心，随着西周之后"天人合一"观念的形成，人们对"上帝"的恐惧感日渐消除，反而更主动地寻求与天道相契合。（2）个体与天道的合一，不是基于理性的认识活动，而是依靠从内心生发的道德直觉。这种道德直觉是"不虑而知""不学而能"的，在其作用下，个体将内心的道德意识看作天赋的东西，一切道德实践也合乎天道的规定性。质言之，人与天道相遥契的状态不是概念、理性能够阐明的，它是非理性或超理性的，儒家认为只有达到圣人境界的人才能对此有所了悟。

　　从某种程度上讲，"天人合一"观念本质上属于精神在自然省思

---

　　①　［德］马克斯·韦伯：《儒教与道教》，洪天富译，江苏人民出版社 2003 年版，第 31 页。

　　②　有学者指出，中国传统哲学的天人关系包含三种不同层次的意义："一是指神（意志之天或主宰之天）和人的关系，二是指自然和人的关系，三是指客观规律和人的主观能动性的关系。"参见葛荣晋《中国哲学范畴通论》，首都师范大学出版社 2001 年版，第 636 页。

阶段的产物，这是因为此时精神尚未实现对自然、现实的反思和超越。在这一阶段，尽管精神超越了将感性意欲作为本质、绝对的巫术、神话意识，但它仍然将自身安置在自然之中，没有将自然视作与人截然不同的他者，所以未能实现精神对自然意识的超越。"天"实际上是从人格化的"帝"中抽象出来的自然实体，它作为一种自然的普遍性被领会为宇宙的本质或绝对。"天人合一"观念的形成，意味着人将自身的生存论根据、道德伦理的来源都视为"天"这种自然实体。"天人合一"观念是自然精神的外化。自然精神没有实现真正的超越，没有意识到精神与自然的矛盾，也未能领悟心灵是否定了全部自然、现实的超验实体，所以自我的独立性尚未确立，而自由意志也隐匿在人与自然同一的朴素状态之中。

　　"天人合一"观念对中国文化精神产生了深远的影响，中国两千余年的伦理、艺术、宗教都反映了这种自然意识。余英时指出："互相对照的两个世界——超越世界与现实世界——在中国哲学论述中有时也以其他的语言化妆出现，而不必实际使用'天'、'人'的字样。但是如果作深一层的检视，我们便会发现，这些不同的说法最后仍然可以归系于天人两极的基本范畴。"① 张世英也认为，就最宽泛的意义来说，"天人合一"代表了一种思想类型，强调主客体的互融性："西方哲学史上占统治地位的旧传统是'主客二分'式，中国传统哲学的主导思想是'天人合一'式。"② 中国传统文化中的一些范畴、命题虽有时披着繁复的外衣，但究其本质，皆为"天人合一"观念之变相或衍化。这种主客浑沦、宇宙人生相合的天人观，可以说是与西方哲学最大的不同。尽管历史上偶有天人相分的思想出现，但"天人合一"观念才是中国思想的主流。总的来说，"天人合一"观念是神秘的，它虽然没有充分展开为后世儒家神秘主义

① 余英时：《论天人之际：中国古代思想起源试探》，台北：联经出版事业股份有限公司 2014 年版，第 73 页。
② 张世英：《天人之际：中西哲学的困惑与选择》，人民出版社 1995 年版，第 5 页。

的全部内容，但已经为儒家追求人与宇宙相和谐之神秘经验提供了历史的前导。

二　直觉内省

"内圣"语出《庄子》，其谓"内圣外王之道，暗而不明，郁而不发，天下之人各为其所欲焉以自为方"（《庄子·天下》）。庄子的"内圣外王之道"并非纯粹作为一种人生境界，而是作为一种政治理想提出来的，其目的是希望圣王在政治实践中推行自然无为之道。儒学借用道家的"内圣外王"一语，将其改造为一种理想人格的范式。自此之后，学者多用"内圣外王"概说儒家的人生理想。"内圣"指修身养德，"外王"指经世致用，二者构成了辩证统一的关系。"外王"无关本节宏旨，兹不赘述。本节所讨论的"内圣"，特指一种内向型的成德工夫，即通过某种精神磨炼挺立道德的主体性。徐复观认为，"内圣"的工夫，指的是以自身为对象，尤其是以自身内在的精神为对象，通过对内在精神加以处理、操运，最终使潜伏着的生命根源、道德根源得到呈现。[1] 我们将要阐明的是，儒家的"内圣"包含了一种神秘经验，其之所以是神秘的，是因为儒家的修养工夫以内在精神为对象，通过涵养、磨炼，使精神达到超越主客对待的高明之境，这就是道德自我本于"内"而超乎内外的工夫进路。

儒家"内圣"的工夫，可以远溯到古代的巫术活动之中。在这些巫术活动中，除了名目繁多的礼器与仪式，巫者在通神、降神仪式中的心理状态也是极为重要的。这种心理状态通常表现为非理性、无意识的战栗与迷狂。前面提到，巫者的一项工作是通过跳舞来求雨。他们在主观方面，带有很大的激情、情绪，所以跳舞的时候多有迷狂、沉醉的心理状态。巫者往往反观自心，并通过肢体语言将这些心理状态展现出来，最大程度地打动参与观看巫术仪式的人。

---

[1]　徐复观：《中国人性论史·先秦篇》，第 420 页。

对于专职化的巫者而言，这些心理状态的出现不是偶然的，而是神明启示的结果。在展示巫术的过程中，巫者主动地依靠某些动作、言语甚至意识转换，祈求"上帝"的降临。"上帝"亦非如一客观事物降临到经验世界而为普通人所觉知，其正是通过巫者的主动祈愿而呈现于种种非理性的心理状态之中。这个时候，主客、内外、身心打并为一、浑然一体，因此这种对心理状态的省察和调控本质上属于一种神秘经验。

西周以降，随着周公将传统的巫术活动转化为人世间一整套的宗教—政治—伦理体系，巫者的种种通神、降神的心理状态不再被重视，但反观内省的传统被保留了下来。在这一时期，人们关注的重心已经从外在的、不可知的天命转向内在的道德本性。这一进路即为周初忧患意识的生成。忧患意识是一种道德意识，具体表现为"几""敬""慎独"等观念，如"几者，动之微，吉之先见者也"（《易·系辞下》），"相在尔室，尚不愧于屋漏"（《诗·大雅·抑》）。我们以"敬"为例加以说明。"敬"即主体对超越者的敬畏，它源于原始巫术中那种战栗的心理状态，在春秋时期的文献中主要表示个体对道德性命的反省和警觉。如《诗经·商颂·长发》："圣敬日跻。"《诗经·大雅·文王》："穆穆文王，於缉熙敬止。"《易经·坤·文言》："君子敬以直内，义以方外。"《论语·宪问》："修己以敬。""敬"包含了个人的道德反思，在此反思过程中人的主体性得以挺立。通过主动的精神磨炼，个体生发出与超越者冥合的内在力量，随之出现人神浑然一体的感受与经验。

这种通过直觉内省而遥契天道的进路，既是人文主义的，又是神秘主义的。称其为人文主义的，是因为通过直觉内省，人能够在内心建立道德价值的根基，由此发展出伦理经验，将天之德内化为人之德。称其为神秘主义的，是因为在此过程中，个体始终追求与超越者的遥契。这种遥契要求个体实现对有限的、现实的"小我"的否定，从而达到一种超现实的"大我"境界。需要注意的是，这种"人神合一"与基督教神秘主义有很大的不同。基督教的神秘主

义，虽然同样强调否定"小我"走向"大我"，但它最终指向的是
对人格神的绝对追求，其主体性已近乎全面消解。儒家的工夫旨趣
并非指向上帝，而是指向人本身。儒家的直觉工夫，虽然可能产生
一种"人神合一"的神秘经验，但绝不因个体与超越者冥合而全然
否定自我，反而更强调道德生命达到圆满状态的自足感。应该说，
儒家的神秘主义是一种以自我超越为中心的神秘主义。儒家的"内
圣"工夫是一种神秘体验，它不以逻辑思辨为核心，而单纯地诉诸
直觉证悟。

　　从思维方式看，中国古代哲学的一大特色就在于它不甚重视逻
辑推理，所以中国传统思想历来缺乏明确性和实证性。儒家思想的
思维方式具有模糊性、整体性等特点。这种思维方式就是直觉的思
维方式。直觉思维是在与逻辑思维相对立的意义上被使用的。直觉
思维的一个特点就是主体从神秘经验的体认出发，不经过完整的逻
辑推导而得出结论。儒家关注的重心是自我价值的实现和自我意义
的寻找。在儒家看来，关于自我价值与自我意义的问题，不是一个
纯粹客观的认知性的问题，而是一个基于神秘经验的直觉内省的问
题。所以，在实现自我价值、寻找自我意义的过程中，儒家从未有
过依靠逻辑系统证成其思想体系的需要。直觉内省所寻求的目标不
是经验知识的积累，而是精神境界的提升。冯友兰说过："按照中国
哲学的传统，它的任务不是增加关于实际的积极的知识，而是提高
人的精神境界。"[1]　关于人的精神境界，冯友兰进一步解释说："人
对于宇宙人生底觉解的程度，可有不同。因此，宇宙人生，对于人
底意义，亦有不同。人对于宇宙人生在某种程度上所有底觉解，因
此，宇宙人生对于人所有底某种不同底意义，即构成人所有底某种
境界。"[2]　境界指的是人对宇宙人生的意义的觉悟和了解。人的境界
各有高低，取决于人对宇宙人生意义觉悟和了解的程度。儒家所重

---

① 　冯友兰：《中国哲学简史》，第 389 页。

② 　冯友兰：《新原人》，载《三松堂全集》（第 4 卷），第 496 页。

视的是道德境界与超道德的境界。道德境界是说人凭借德性修养的工夫而对宇宙人生意义有所觉悟和了解。超道德的境界是说人觉悟和了解到自己不仅是社会的一员，还是宇宙的一员，甚至能够与宇宙的"大全"同一，这意味着主体获得了高于道德价值的价值。从道德的境界到超道德的境界，是一个自我否定、更新、进步的过程。从精神哲学的角度看，这也是伦理精神发展为神秘精神的过程。儒家认为，一个人达到道德境界，便可以称为"君子"——这已经十分不易，而到了超道德境界，便足以谓之"圣人"了。从理论上说，"人皆可以为尧舜"（《孟子·告子下》），"涂之人皆可以为禹"（《荀子·性恶》），但实际上无论是道德境界还是超道德境界都不是人轻易就能达到的。

　　通过直觉内省提高精神境界的工夫进路，对后世儒家的神秘主义产生了深远的影响。首先，直觉内省的工夫是内向型的，其根本目的在于自我意识的觉悟，也就是个体在神秘经验中领会到自身的存在价值和内在本质。宋明儒学的神秘主义，大多沿着这种内向型工夫进路而发展。比如程颐说："凡学之道，正其心，养其性而已。中正而诚，则圣矣。君子之学，必先明诸心，知所养，然后力行以求至，所谓自明而诚也。故学必尽其心。尽其心，则知其性，知其性，反而诚之，圣人也。"（《颜子所好何学论》，《河南程氏文集》卷八）其次，直觉内省的工夫所依托的是一种"悟入"的方法，其本质是超理性的。儒家认为，对宇宙、自我的领会必须建立在一种直觉体悟的基础上。这种工夫进路后来受到佛教（尤其是禅宗一系）的刺激而得到深化，成为宋明儒学工夫论的核心宗旨。

　　尽管直觉内省的工夫包含了某些神秘主义的理念，但是在这里，对自我概念的领会仍是极为朴素的。这是因为：第一，直觉内省的自我在很大程度上只是道德实践的主体，而不是本体论意义上的主体，即与自然形成本质区别的意识实体，所以它的存在不具有独立性；第二，自我虽形成了道德的主体意识，但没有形成对道德意识的意识，即对自我意识本身的反思。① 一个完整的精神概念，应该是不局限于任何现存、直接的存在，它应该不断否定自身的有限性，从而达到更为本质和内在的存在。至少在理学兴起之前，儒家的自我概念都未能通过更深入的自我反思而实现对天道、自然的超越，所以这一时期的儒家思想普遍认为自我的内在价值得之于天，而未能突破自然的外在性并将主体领会为真正的精神本体。质言之，这种直觉内省在很大程度上仍属于自然省思，它所反思的内在自我也属于自然的精神。

此外，历代儒者都承认"内圣"与"外王"的统一性，这要求他们既要将"内圣"境界作为终极的价值理想，又要从这样一种价值理想出发，成就一番事业，由"内圣"而"外王"。他们认为，具有最高道德的圣人应该为王，而且圣人最宜为王，所以从"内圣"开出"外王"是一条必要的道路。熊十力尝言："君子尊其身，而内外交修。格致诚正，内修之目也。齐治平，外修之目也。家国天下，皆吾一身。故齐治平，皆修身之事。小人不知其身之大无外也，则私其七尺以为身，而内外交修之功，皆其所废而弗讲。圣者亡，人道熄矣。"② 余英时也说："从个体的立场说，每一个儒家士大夫都必须具备基本的'内圣'修养，但从群体的观点说，他们共同的最后目标则是要建立一个合理的人间秩序。"③ 儒家思想的本质就是要从"内圣"推出"外王"。然而纵观中国历史，"内圣"的境界从未推出过"外王"的事业。孔子虽臻乎"内圣"之境，但他始终未能用自己的道德理想改变世道人心。孟子境界甚高，且"后车数十乘，从者数百人，以传食于诸侯"（《孟子·滕文公下》），但其亦未能真正以"仁心"推行"仁政"。此中原因甚多，但最根本的原因在于"内圣"是一种道德境界和价值理想，而"外王"的事功规模

---

① 吴学国：《内外之辨：略论中国哲学的自我概念》，《哲学研究》2004 年第 9 期。

② 熊十力：《读经示要》，上海古籍出版社 2019 年版，第 96 页。

③ 余英时：《朱熹的历史世界：宋代士大夫政治文化的研究》（下），生活·读书·新知三联书店 2004 年版，第 456 页。

则不是由道德力量决定的。我们只能说道德是推行"外王"事功的一个重要因素，但绝非是决定性的因素。甚至可以说，"内圣"与"外王"二者是矛盾或排斥的。这是因为，"内圣"境界的实现大多数时候是以牺牲"外王"为前提的。作为最高境界的"内圣"必须是非功利的，一切以功利为目的的境界不可能是最高的境界，而且功利境界也绝不符合儒家的精神。然而"外王"事功纯粹是功利性的，要取得一定的功绩，就必须以效率为第一原则。按照冯友兰的四重境界说，"内圣"属于道德境界或天地境界，"外王"属于功利境界。道德境界与天地境界是对功利境界的超越，所以要从"内圣"开出"外王"，就相当于使更高的境界与低一些的境界相适应。然而达到天地境界的人，已经无心于政治事功，如孔子说："'孝乎惟孝，友于兄弟，施于有政。'是亦为政，奚其为为政？"（《论语·为政》）"内圣"所追求的是精神的绝对超越，其目标是使自身达到超现实的境界，所以一个不断否定、超越现实的精神绝无可能将自己安置于现实政治的架构内。这种通过直觉内省以求致"内圣"的工夫贯穿于儒学发展始终，最后在阳明心学那里达到高潮，形成"致良知"的工夫形态。关于阳明心学工夫论的神秘主义，我们认为可以在观念史的层面追溯到殷周之际的巫术传统那里。

三 万物一体

自我与他者的关系问题，始终是中西哲学争论的焦点。学界多以"二元论"与"一元论"辨中西之别，强调西方哲学传统严判主客、物我之对立，而中国哲学传统则强调打通物我、人己、内外。这种概括有一定的准确性，然失之笼统。为什么两种哲学传统会呈现出上述差别？在中国哲学那里，所谓"万物一体""心物一如"等观念的源头是什么？这些观念究竟是理性主义的，还是神秘主义的？这些问题有待于进一步的考察。在这里，我们将深入讨论中国思想源头的感应思维，并指出这种思维方式对后世"万物一体"观念的影响及其理论意义。

　　与"天人合一""直觉内省"等观念一样，"万物一体"观念也可以追溯到古代的巫史传统。"万物一体"观念形成于古代的感应思维，而后者正是源于交感巫术。关于感应思维与巫术的关系，弗雷泽（James George Frazer）做过细致的研究。通过对古代巫术的分析，弗雷泽认为巫术中的思想原则可归结为两个：第一个是"同类相生"或"果必同因"；第二个是"物体一经互相接触，在中断实体接触后还会继续远距离的互相作用"，被称为"接触律"或"触染律"，古代的感应思维正发源于此。弗雷泽指出，从第二个原则出发，只要某物曾被一个人接触过，不论该物是否为这个人身体的一部分，都能够对其产生相应的影响。这种基于"接触律"或"触染律"的巫术叫作"接触巫术"，因为其中包含人与物的感应，故又称"交感巫术"。①　可以看到，早在上古时期，人们就在巫术中发现了人与物之间的感应。中国古代的很多神话都反映了这种感应思维。比如商人之祖契与周人之祖后稷皆为感应而生，前者之母简狄吞玄鸟之卵，后者之母姜嫄履巨人足印。这一类"感孕神话"在古代文献中可谓俯拾皆是。然而在这一阶段，先民更多关注人神之间的感应，尚不具备对普通事物相感之自觉。逮"疑天"思潮兴起，神格下降，遂使人们重新审视经验世界诸现象之成因。他们发现人与人、人与物、物与物之间存在相互感通的现象，而这类现象的形成无关乎"上帝"，乃是基于人、物之间某种隐秘的内在联系。对这类现象的认识包含了先民的宗教体验，在后世的理性化进程中，这一体验被抽象为"万物一体"观念。"万物一体"观念的形成，把传统的人神感应、天人感应思维收纳其中，这种对宇宙同一感的领会奠定了后世儒学"万物一体"观念的基础。

　　物我相感是"万物一体"观念的核心内涵。有学者将中国早期的感应思维区分为四种模式："受感反应式""施感响应式""交感

---

　　①　［英］弗雷泽：《金枝》，徐育新等译，中国民间文艺出版社1987年版，第19页。

相合式"以及"类感相召式"。① 这种划分有一定的道理。古人通过对经验世界的观察，发现事物之间可以凭借声音或气体相感，故云"同声相应，同气相求"（《易·乾·文言》）。有"感"必有"应"，由"应"可知"感"，《管子·心术上》："感而后应，非所设也。"感应就是物与物、物与我之间的相互联系、相互作用。孔颖达对"感应"概念做出过详细的解释："'则各从其类者'，言天地之间，共相感应，各从其气类……其造化之性，陶甄之器，非唯同类相感，亦有异类相感者。若磁石引针，琥珀拾芥，蚕吐丝而商弦绝，铜山崩而洛钟应，其类烦多，难一一言也。皆冥理自然，不知其所以然也。感者动也，应者报也，皆先者为感，后者为应。"（《周易正义》卷一）感应即事物间的相互作用。后来，先哲将这种感应的内在动因概括为"知觉"，而那些声音和气体不过是这种知觉作用的载体。对此，徐梵澄有过精彩的论述。在他看来，有一种知觉性弥漫于宇宙人生之间，它的表现便是生命力，"知觉性是体，生命力的活动便是其用，体不离用，用不离体，此即宋儒之所谓'体一'。而各个人皆是此同一知觉性的中心点，各个人彼此不同，此即宋儒之所谓'分殊'。在人人皆有此共通之知觉性，共通的生命力，此之谓'气'。气有同，则共鸣，乃相感"②。生物体中实有强大的生命力，它自内而外发出，当人与其他人或生物处于同一场域时，彼我之生命力摩荡激发，形成相感相通的势能。在一些宗教画中，耶稣、佛陀头顶的光圈、火轮，便是对这种生命力的形象描绘。人与自然生物先天地禀有这种知觉力，而人又可以在宗教修习中增强之，使自身在普通感觉之外获得更敏锐的知觉。古人认为，正是因为人的知觉相比其他生物更加敏锐，而且能够通过后天修炼得到进一步增强，所以人在天地之中最为尊贵。如《尚书·泰誓上》云："惟天地万

---

① 李巍：《早期中国的感应思维——四种模式及其理性诉求》，《哲学研究》2017年第11期。

② 徐梵澄：《陆王学述——一系精神哲学》，第86—87页。

物父母，惟人万物之灵。"《礼记·礼运》也说："人者，天地之心也。"《孝经·圣治章》也说："天地之性人为贵。"这些都表明天地所生的万物之中，人是最尊贵的。人能够主动地运用这种知觉力，感知自身与天地万物的关联，使物我之间得到内在的统一。如此，人就打破了蔽于私见的局限性，与万物真正构成了整体性的存在。

从"万物一体"观念，可以看出中西哲学思维的歧异性。西方的理性主义哲学讨论物我关系，侧重强调"对象性关系"。西方哲学传统一般认为，人与自然是两分的甚至是对立的，人能够发挥主体性、能动性、创造性，通过实践活动使自然符合生产、生活的需要。人的最终目的，是要将自己从自然中分离出来，成为自然的对象，甚至成为自然的主宰。西方主流哲学在处理人与万物的关系上大多秉持这种对象性的观念，而非理性哲学却表现出与中国思想的相近之处。一些非理性主义学者认为，当主体以观察者或使用者的身份来对待某物时，后者必然与主体形成某种隔阂；而当主体让"发自本心的意志和慈悲情怀主宰自己"，对某物进行凝神观照，就能达到物我不分的状态，主体与客体就会进入一个整体性的生命结构之中。① 詹姆士也指出："在神秘状态内，我们与绝对成为一体，并且又做到知道我们的这种合一。这个是永存的并胜利的神秘传统，几乎全不受地域或宗教的差别所改变。在印度教，在新柏拉图主义，在苏菲主义，在基督教神秘主义，在惠特曼主义，都是同一调子的再现。"② 可见，在任何一个民族的神秘主义传统中，都有关于"一体感"的经验和论说。不过，与中国哲学所讲的"万物一体"不同，西方非理性哲学所揭示的"一体感"以对上帝的观解、默祷为基础，而且它们从来都不是学术传统的主流。与此相对，以物我感应为基础的"万物一体"之说，则在中国哲学史上具有重要的地位。

---

① ［德］马丁·布伯：《我与你》，陈维纲译，生活·读书·新知三联书店1986年版，第22页。

② ［美］威廉·詹姆士：《宗教经验之种种——人性之研究》，第408页。

总之，"万物一体"观念是神秘的，其本质上是非理性或超理性的。如上所述，自我与他者之间通过知觉的力量而形成一个整体，这种思维方式异于西方哲学传统中的对象性思维。消解了物我之间的对象性，意味着必须通过一种超越理性的认知方式来领会物我的同源、同体结构。在儒家那里，直觉内省正是体认"万物一体"的工夫路径。《易》云："天地感而万物化生，圣人感人心而天下和平：观其所感，而天地万物之情可见矣。"（《易·咸·彖》）古人仰观俯察，通神明之德，类万物之情，明造化之感通，识宇宙之圆融，上冥合天地而达于圣境，下随顺人间而切中伦常。"万物一体"观念对后世儒家神秘主义的展开，有着至关重要的作用。对此，后文将详述之，兹不赘言。

雅斯贝斯曾使用"轴心突破"（axial breakthrough）一语概括公元前第一个千纪（the first millennium B. C.）各民族哲人思维层次的大幅提升。他这样写道：

> 哲学家首次出现了。人敢于依靠个人自身。中国的隐士和云游哲人，印度的苦行者，希腊的哲学家和以色列的先知，尽管其信仰、思想内容和内在气质迥然不同，但都统统属于哲学家之列。人证明自己有能力，从精神上将自己和整个宇宙进行对比。他在自身内部发现了将他提高到自身和世界之上的本原。①

雅斯贝斯认为，包括希腊、以色列、印度、中国在内的多个地区都在同一时间实现了"轴心突破"，而突破后的精神取向在这些文明的发展中都起到了长时间的引导作用。"轴心突破"意味着人的重

---

① ［德］雅斯贝斯：《历史的起源与目标》，魏楚雄、俞新天译，华夏出版社1989 年版，第10 页。

新发现：个体认识到自身的能力，并把自我视为同宇宙万物相衔接的一极。在对比了东西方各民族的"轴心突破"表现之后，雅斯贝斯指出："这些信念和教义虽然途径不同，但有一点是共同的，即人能够仅仅独自一人踩出这些途径，他通过在存在整体内不断地意识到自己而超越自己。"① 通过分析"天人合一""直觉内省""万物一体"等哲学观念，可以看到，至少在春秋中叶之前，中国古代思想已经将人如何在宇宙间确立自己的意义作为核心议题，而这一点更充分地展现在儒家思想之中。专就古代儒家的表现而言，我们似乎可以将它的"轴心突破"概括为在人文化进程之中扬弃了巫史传统的外在形式，并凝练为抽象的、有意义的哲学观念。正如陈来所言："人文实践的理性化，并不企图消解一切神圣性，礼乐文化在理性化的脱巫的同时，珍视地保留着神圣性与神圣感，使人对神圣性的需要在文明、教养、礼仪中仍得到体现。"② 我们认为，人文化进程中的儒家有所保留地汲取了古代巫史传统中的神秘主义观念，并将其进一步发挥和创造。从"人神合一"到"天人合一"，从"人神相感"到"物我感通"，都能看到先哲的精神领会不断深入。质言之，早期中国思想中的神秘主义是不断发展、深化的。

然而必须看到，从古代巫术传统中转出的这些观念仍属于一种自然的精神。这是因为，尽管在这一阶段人的价值得到重新发现，却未能使自我突破自然、现实的桎梏。在对上面三个观念的分析中，我们仅仅看到个体对天道的遥契，却没有看到精神对自然意识的突破。在这一阶段，先哲虽然认识到人是认识和实践的主体，但还没有将主体等同于否定了全部自然的、现实的超验实体，同时自我的绝对性也尚未被领会，所以这里的主体还只是自然伦理的主体。不过，精神在其历史中并非滞于单一的形态，它通过不断反思自身，否定自然的绝对性，使自身朝着更内在、超越的方向发展，最终将

---

① ［德］雅斯贝斯：《历史的起源与目标》，第 10 页。
② 陈来：《古代宗教与伦理：儒家思想的根源》，第 12 页。

自我领会为精神生命的绝对本体。

我们对三个神秘主义观念的探讨是一种准备性的工作，这是为了说明阳明心学的神秘主义不是无源之水、无本之木。中国古代的巫史传统遗留下一些神秘主义观念，它们对后世儒家神秘主义的发展形成了深远的影响。在下一节中，我们将以孔子、孟子、董仲舒为例，介绍春秋至两汉时期儒家的神秘主义思想，并简析它们对心学神秘主义的形成如何构成了影响。

第二节　先秦两汉儒家思想中的神秘主义

晚周五百余年间，可谓是中国历史上的一个思想自由的时代。如上所述，"绝地天通"的传统相当于巫者垄断了与上天沟通的权力，因此春秋以前仅有少数掌权者拥有知识。这些知识被称为王官之学。所谓"王官之学"，是指王室官方所掌控和应用的思想学说，亦即《庄子·天下》所谓"古之道术"。[①] 王官之学的主要内容包括：（1）道德教育。《周礼·春官·大司乐》："以乐德教国子：中、和、祗、庸、孝、友。"（2）才艺教育。《周礼·地官·大司徒》："颁职事十有二于邦国、都鄙。使以登万民：一曰稼穑，二曰树艺，三曰作材，四曰阜藩，五曰饬材，六曰通财，七曰化材，八曰敛材，九曰生材，十曰学艺，十有一曰世事，十有二曰服事。"《周礼·地官·保氏》："保氏掌谏王恶，而养国子以道，乃教之六艺：一曰五礼，二曰六乐，三曰五射，四曰五驭，五曰六书，六曰九数。"（3）容止教育。《周礼·地官·保氏》："（保氏）乃教之六仪：一曰祭祀之容，二曰宾客之容，三曰朝廷之容，四曰丧纪之容，五曰军旅之容，六曰车马之容。"（4）诗歌教育。《周礼·春官·大师》："教六诗：曰风，曰赋，曰比，曰兴，曰雅，曰颂。"（5）卜筮教

①　董恩林：《从王官之学到经学儒学》，《孔子研究》2012 年第 6 期。

育。《周礼·春官·大卜》："掌三易之法：一曰连山，二曰归藏，三曰周易，其经卦皆八，其别皆六十有四。"（6）历史教育。《周礼·春官·大史》："大史掌建邦之六典，以逆邦国之治；掌法，以逆官府之治；掌则，以逆都鄙之治。"《周礼·春官·小史》："小史掌邦国之志，奠系世，辨昭穆。"（7）礼乐教育。《周礼·地官·大司徒》："以五礼防万民之伪而教之中，以六乐防万民之情而教之和。"《礼记·文王世子》："凡三王教世子，必以礼乐。乐，所以修内也；礼，所以修外也。"可见，三代的王官之学以《诗》、《书》、礼、乐为核心，更以礼乐为教化之本，故称"天下资礼乐焉"（《礼记·明堂位》）。而后，官学下移，一些被王室官方垄断的知识流入民间。尤其在"疑天"思潮兴起后，专职化巫者的地位再一次受到威胁：一些权位低微的人开始相信，不依靠巫者的通神、降神活动也能在经验世界中获得知识。基于这一信念而获得的知识被称为"百家之学"。称其为"百家"，是因为这些权位低微的人此前在朝堂的职权殊异，而他们学习知识的侧重点也往往因此而异。所以《汉书·艺文志·诸子略》说"儒家者流，盖出于司徒之官"，"道家者流，盖出于史官"，"墨家者流，盖出于清庙之守"，等等。这一时期，各派学术争鸣朝野，而各种新思想、新观念层出不穷。春秋中晚期之后，学在官府的局面被彻底打破，随着私学兴起，王官之学被诸子学取代，遂成百家争鸣、处士横议之局面。

就儒家而言，其身份也源自古代的巫者，而后发展为掌握古代礼乐知识之人。《说文》："儒，柔也。术士之称。""术"犹"艺"也。"艺"即巫者所掌握的技艺，后世统称"六艺"。可知，儒者的身份源自古代巫者。故"儒"之名，本为古代巫者中掌握知识才艺者之通称，后来逐渐专门化，特指孔子创立的学派及学说。《孔子家语·本姓解》载孔子"论百家之遗记，考正其义，祖述尧舜，宪章文武，删《诗》述《书》，定《礼》理《乐》，制作《春秋》，赞明《易》道，垂训后嗣，以为法式"。《淮南子·要略》云："孔子修成、康之道，述周公之训，以教七十子，使服其衣冠，修其篇籍，故儒者之学生焉。"孔子所开创的儒家学说，源自西周的正统学术思想，更可上溯到古代的巫史传统。所以春秋战国时期的儒家学派来自古代的巫者，而上节所论述的各种神秘主义观念也不可避免地影响到先秦儒家的思想。这一影响，又以思孟学派一系为著。李景林指出，思孟学派中有一种神秘主义的特征，这个特征表现在子思、孟子等学者混淆了天人的区别性，因此受到了重视"天人之分"的荀子的批评。①《荀子·非十二篇》云："甚僻违而无类，幽隐而无说，闭约而无解。案饰其辞而祇敬之曰：此真先君子之言也。子思唱之，孟轲和之。世俗之沟犹瞀儒，嚾嚾然不知其所非也，遂受而传之，以为仲尼子游为兹厚于后世。是则子思孟轲之罪也。""僻违""幽隐""闭约"等说，正是准确地概括了思孟学派的神秘主义特征，而将其思想归宗于"先君子"（按：即孔子），可知子思、孟子等人的神秘主义思想能够追溯到孔子那里。

两汉的儒家学术以经典注释为尚，较先秦儒学而言，于思想创造方面大为逊色。汉初当秦火劫余，儒师以经术取士，章句训诂皆赖口授。经师大多抱残守缺，严守师法、家法之别，故于旧说无敢改错，难有思想之新创。西汉儒学，唯董仲舒的学说堪为可观。董仲舒所做的是一个整合性的工作，他将儒家、道家、法家、墨家、五行家诸学派的思想统合为一个整体。董仲舒虽提出"诸不在六艺之科、孔子之术者，皆绝其道，勿使并进"（《汉书·董仲舒传》），实已将诸子学说纳入儒家思想体系之中。儒家源自巫史传统，原本就有一种神秘主义的思想，而诸子学说的纳入使儒学的内容更为驳杂，这直接导致两汉学术多显诡谲怪诞之态，遂有谶纬之大行。《四库全书总目提要》云："按儒者多称谶纬，其实谶自谶，纬自纬，非一类也。谶者，诡为隐语，欲决吉凶；《史记·秦本纪》称卢生奏录图书之语是其始也。纬者，经之支流，衍及旁义。《史记·自序》引

---

① 李景林：《论孟子的道统与学统意识》，《湖南大学学报》（社会科学版）2019年第2期。

《易》：'失之毫厘，差以千里'；《汉书·盖宽饶传》引《易》：'五帝官天下，三王家天下'；注者均以为《易》纬之文是也。盖秦汉以来，去圣日远，儒者推阐论说，各自成书，与经原不相比附……私相撰述，渐杂以术数之言，既不知作者为谁，因附会以神其说。迨弥传弥失，又益以妖妄之辞，遂与谶合而为一。"此为谶、纬相合之过程。谶纬本于各学派的神秘主义观念，更附会经书之语，杂以术数之说，乃成之。两汉时期，这类神秘主义的学说多为政权服务，以宗教神学论证权力的合法性，如董仲舒以"三统""三正"之说演绎王道之历史规律，故谶纬之说仅风行汉季，至东汉覆灭旋即失势。

本节之主旨，乃在探讨先秦两汉儒家的神秘主义思想，旁及儒家学说与诸子学说的关联。自春秋至两汉之儒家思想，广大悉备，本节囿于篇幅，恐难尽之，故仅以孔子、孟子、董仲舒这几位有代表性的先哲为例，简要勾勒这一时期儒家的神秘主义思想。我们将阐明的是，孔子的默识体认、孟子的反身而诚以及董仲舒的天人感应观是对巫史传统之神秘主义的继承和发展，这些观念同样构成了心学神秘主义的历史先导。

一 孔子的默识体认

在世界诸多宗教传统中，都存在着一种疏离名言文字并以隐秘的方式指示人心的教法。如耶稣以稗子、芥菜种譬喻天国（《马太福音》13：24－50）；佛陀世尊拈花示众，迦叶会心微笑，谓之"微妙法门，不立文字，教外别传"（《五灯会元》卷一）。道家也强调"道"与言说之间的张力，如老子讲"道可道，非常道"（《老子》第1章），庄子说"大道不称，大辩不言"（《庄子·齐物论》）。孔子虽自称"二三子以我为隐乎？吾无隐乎尔"（《论语·述而》），认为自己对弟子坦白无隐，但是其教法实际存在着一条"不言"的隐秘路径。刘宝楠指出："夫子以身教，不专以言教，故弟子疑有所隐也。"（《论语正义》卷八）我们将表明，孔子对于"性与天道"的认识本质上是一种默识体证，同样带有鲜明的神秘主义色彩。

黑格尔知道孔子在中国文化中的地位，也知道孔子所创立的儒家在中国社会的地位，他说："孔子才是中国人的主要的哲学家。"① 不过，在黑格尔看来，孔子所讲的知识不过是一些常识道德，"在他那里思辨的哲学是一点也没有的——只是一些善良的、老练的、道德的教训，从里面我们不能获得什么特殊的东西"②。黑格尔说孔子的哲学疏于思辨，这是成立的，"把孔子排除在严格意义的哲学家之外，依据他的严格意义的哲学观这也是可以的"③。但是，不能独断而片面地认为孔子的学说缺乏形上之思。实际上，孔子虽然没有通过逻辑分析或概念思辨建构其道德的形上学，却通过更为隐秘的默识教法凸显道德法则的超验之维。

孔子不仅关注到超验真理的终极意义，而且始终通过不言之教进行揭示。子贡云："夫子之文章，可得而闻也；夫子之言性与天道，不可得而闻也。"（《论语·公冶长》）朱子注曰："言夫子之文章，日见乎外，固学者所共闻；至于性与天道，则夫子罕言之，而学者有不得闻者。""文章"属于经验知识，孔子尚可采用日常语言向弟子传授；"性与天道"属于超验的真理，孔子难以通过日常语言来表达，故子贡有不可得闻之语。在这里，"性"不能理解为人性，而应当理解为一种超越的本质、原理，或人与宇宙大全相遥契之内在依据。"天道"出自巫史文化中的"上帝""天"等概念，至孔子时代，"天道"仍有很强的宗教性，因而是超越的存在。牟宗三也指出，孔子的"性"与"天道"有神秘主义的特点："天命天道是超越的存有，其为神秘而奥密（不说复杂），自不待言。纵使性字所代表者是比较内在而落实的存有，邵尧夫所谓'性者道之形体'，亦仍

---

① ［德］黑格尔：《哲学史讲演录》（第一卷），贺麟、王太庆译，商务印书馆1959 年版，第 132 页。

② ［德］黑格尔：《哲学史讲演录》（第一卷），第 119 页。

③ 卿文光：《论黑格尔的中国文化观》，社会科学文献出版社 2005 年版，第 345 页。

然是神秘而奥密（在此亦不说复杂）。此是属于康德所谓'物自体'者。"① 牟先生说"性"与"天道"属于康德之"物自体"，有些夸张，不过点出其"神秘而奥密"的特征，则是深刻的洞见。"性与天道"不待言教，必须通过一种默识工夫来体认，"孔子是由践仁以知天，在践仁中或'肫肫其仁'中知之，默识之，契接之，或崇敬之"②。由此可知，"性与天道"所涉及的是神秘主义的问题。

有学者认为，孔子的教法是理性主义和人文主义的，与神秘体验无关。比如芬格莱特（H. Fingarette）指出："孔子恰恰在本质上是反对神秘的（antimagical），因而，《论语》也绝少神性的气息。"③从《论语》的原文看，这一说法似乎也可以找到依据，比如"子不语怪、力、乱、神"（《论语·述而》），"未知生，焉知死"（《论语·先进》）。孔子似乎不愿回答关于命运、生死、宇宙这些经验知识之外的问题。这给后世学者造成了两种直接的印象：（1）社会政治问题是孔子关注的重心。安乐哲（Roger T. Ames）就认为："孔子重点关心的是社会政治问题，因此他在这一领域发挥了自己最富创见性的洞识……他的贡献不是阐明一个新的宇宙论，毋宁是把一套既存的预述运用到他特定的社会和政治环境中。"④（2）在本体论方面，道家思想较之儒家更为突出。事实上，孔子在论语中亦屡言"命"，如"五十而知天命"（《论语·为政》），"不知命，无以为君子也"（《论语·尧曰》），同时又时常赋予"天"以人格性，表现出一种敬怖心态，所以不可轻言孔子忽视了对超验领域的关注。综上所述，虽然《论语》及其他早期儒家文献中并没有直接记载孔子使

---

① 牟宗三：《心体与性体》（上），吉林出版集团有限责任公司 2013 年版，第189 页。

② 牟宗三：《心体与性体》（上），第 21 页。

③ ［美］赫伯特·芬格莱特：《孔子：即凡而圣》，彭国翔、张华译，江苏人民出版社 2002 年版，第 2 页。

④ ［美］郝大维、安乐哲：《透过孔子而思》，何金俐译，北京大学出版社 2005 年版，第 245—246 页。

用咒语或其他神秘力量，但孔子作为殷文化的传承者，其思想中不可避免地带有神秘主义的色彩，以及对超验领域（如"性与天道"）的体认。①

在形上学中，同"性与天道"相联系的是超名言之域，它所指的是"当描述、指称被视为名言指物的主要乃至惟一功能或方式时，无法直接描述或指称的领域"②。"性与天道"就属于无法直接用日常语言描述的超名言之域的内容。维特根斯坦表示，名言难以把握形上之域，"确实有不能讲述的东西。这是自己表明出来的；这就是神秘的东西"，"真正说来哲学的正确方法如此：除了能说的东西以外，不说什么事情，也就是除了自然科学的命题，即与哲学没有关系的东西之外，不说什么事情；于是当某人想说某种形而上学的东西时，总是向他指明，在他的命题中他并没有赋予某些记号以意义"。③ 所以经验对象与形上之域的对象当区别看待，日常语言指向的是经验对象，而无法表诠超名言之域的存在。当孔子尝试向弟子阐明"性与天道"的相关知识时，他发现这种形上之域的东西不同于一般的经验内容，难以用日常语言来把握和阐明，因此只能采取"默而识之"的隐秘教法进行教授。

在经验之域，语言与实在构成了本源性的联系，这主要表现为主体能够对认识对象进行概念辨析，更充分、全面地把握对象的内涵。然而，语言的局限性也往往随着概念的运用而暴露出来。那就是，语言只能以概念的形式把握事物的一个侧面，而事物的整体性在表诠的过程中不免有所遮蔽。由此观之，语言只能在经验领域敞

---

① 孔子既为宋国殷人后裔，又成长在鲁地。殷人重视鬼神上帝之祀，自不必说，鲁人其实也有祭祀上帝的传统。孔子生长学成于祭祀文化氛围较为浓厚的鲁国，必然深受其影响。关于鲁国的祭祀文化，《礼记·礼器》有云："鲁人将有事于上帝，必先有事于頖宫。"

② 杨国荣：《存在之维——后形而上学时代的形上学》，人民出版社2005年版，第159—160页。

③ ［奥］维特根斯坦：《逻辑哲学论》，郭英译，商务印书馆1962年版，第97页。

开一个片面的视角（这个视角当然可以提供确切的知识），却不能先天地把握事物的整体。当我们试图以整体性思维去认识某事物时，便已经脱离了日常语言的应用维度。儒家哲学追求的便是一种整体性思维，而不是部分的、有限的知识。所以儒家哲学不是分析的，而是力图以一种统一的形式打通人和自然、主体和客体、心理和物理。这种整体性思维不追求对象性质的确定性和主客边界的确定性，所以它自然而然地摆脱了分析性思维必然带有的限制。孔子采用的"默识"教法，超越了概念辨析的局限性，消解了对象性的认识结构，通过一种神秘直觉悟入道体，使主体与超验之域的精神内容相统一。《论语·阳货》载："子曰：'予欲无言。'子贡曰：'子如不言，则小子何述焉？'子曰：'天何言哉？四时行焉，百物生焉，天何言哉？'"孔子欲行"无言"之教，子贡不解，孔子即以"天何言哉"释之。① 朱子注此章云："圣人一动一静，莫非妙道精义之发，亦天而已，岂待言而显哉。"这是说，孔子以天道喻人道，天生万物尚且不言，人亦惟有超越名相、概念，才能领悟形上之域的存在，"正因为超越语言，万物及人并非被创造者，于是才可能天人同体，人事与天道才同一"②。在孔子看来，天道"不言"是最好的表达方式，"四时兴""百物生"都在一种静默的场域中完成，圣人也应效法天道，"不用理性（理知、理解）去解说神的存在，而是将某种理解例如对宇宙的存在及其规律性（'四时行焉'等）的领悟沉入情感中，造成某种心理的信仰情态"③。

　　孔子所强调的这种"默识"，其实也来自巫术的神秘主义。巫术

---

　　① 另有一说，此章之"天"字为郑玄据《古论》校改，而《鲁论》本作"夫"，即发语词。若本字为"夫"，则孔子的话就无甚神秘性了，"他想不说话，理由不是自比为用支配地道循环来显示神圣意志的'天'，而是强调身教重于言教，只消自己行为合乎自然法则，便可收到教育效果"。参见朱维铮《〈论语〉结集脞说》，《孔子研究》1986 年第 1 期。我们解释此章，仍以其字为"天"，也仍以孔子的立场为神秘主义。

　　② 李泽厚：《论语今读》，安徽文艺出版社 1998 年版，第 413 页。

　　③ 李泽厚：《论语今读》，第 99 页。

固然有歌舞活动的一面，但也有静默不动的环节。"静默不动"不是一般意义上的无所作为，而是通过出神、凝思的精神修习来实现对于"性"或"天道"的更真实的理解。这种"默识"的对象既指向神明或"天"，也指向人心，这是因为在此过程中一切对象性的认识已经被消除，主客、天人形成了内在的统一性。"默识"本身包含了对天、地、人、神的敬意，是礼的一种体现。徐梵澄在其著作中，对古礼的静穆、庄严进行了还原：

> 让我们来想象这样一幅场景吧：在中国的大地上，一个寒冬的黎明前，宽大的庭院内燃起一堆篝火，四处燃着明亮的火把，成排的蜡烛和灯台照亮祭坛，并投向了黑暗中的一切。由贵重金石制成并绘满几何图案的祭器，犹显神秘。被宰杀献祭的各种动物，连同食物和醇酒陈列于前。不同等级的贵族和官员，身着华丽的深色礼服，或沉默伫立，或深深鞠躬，连同地面都装饰得十分斑驳。主祭高声引领整个仪式过程，反复诵读颂词，不断咏唱赞歌，器乐间隔奏起，舞蹈的男童身着制服，手持礼兵器。天子祭拜在上帝之侧的祖先，祭祀仪式延续若干时辰，在平静和谐的氛围中，依次抬出所有祭器……中华民族之魂确乎是在这一刻以其完备的荣耀之感和壮美之姿呈现而出，古代人民以此而文化，以此而转入人之神性境界。这亦即是周代礼制的真义。①

从外在表现上看，礼是繁复的，但其内在精神应为朴素的、纯一的。礼是"文"与"质"的统一。轴心突破的结果，就是将"天命""天道""礼"等观念收摄到个人的内心之中，并获得了新的意义。"默识"是为了体证存在的超验真理，也是为了确证个体精神的超越意义。所以"默识"原本是巫术活动的一种表现，也是礼的体

---

① 徐梵澄：《孔学古微》，李文彬译，孙波校，华东师范大学出版社 2015 年版，第 97—98 页。

现，到了孔子的时代，尽管巫术的仪典尽数消亡，但"默识"的精神实质却被保存下来，并用以完成教化之事。

从思想史上看，这种"默识"之教对宋明儒学的精神气质形成了深远的影响。首先，宋明儒者强调"慎言"，提防一些不当言辞对德性的干扰，这和孔子所谓"巧言令色，鲜矣仁""巧言乱德"的态度是一致的。如张载说："戏谑直是大无益，出于无敬心。戏谑不已，不惟害事，志亦为气所流。不戏谑亦是持气之一端。"（《经学理窟·学大原上》）程颐也认为，言语的审慎或轻率是心性涵养优劣的表现，"心定者其言重以舒，不定者其言轻以疾"（《河南程氏外书》卷十一），因此主张"慎言语以养其德"（《程氏易传·颐传》）、"须是养乎中，自然言语顺理"（《河南程氏遗书》卷十八）。其次，宋明儒者以离言绝相的"体验未发"与静坐等工夫进路体证天道，这与"默识"之教也是一脉相承的。宋明儒者将"为学之方"区分为"口耳之学"与"身心之学"。"口耳之学"以外在的认知和言说为特征，多用来进行概念的辨析和经验现象的描述。"身心之学"则强调通过身心方面的自觉践履来达到对形上本体的体认与把握。王阳明对"口耳之学"与"身心之学"作出分疏："世之讲学者有二：有讲之以身心者；有讲之以口耳者。讲之以口耳，揣摸测度，求之影响者也；讲之以身心，行著习察，实有诸己者也。"（《传习录》中，《全集》卷二）又说："吾契但着实就身心上体履，当下便自知得。今却只从言语文义上窥测，所以牵制支离，转说转糊涂。"（《答友人问》，《全集》卷六）"讲之以口耳"就会让人"只从言语文义上窥测"，导致迷误支离；"讲之以身心"则要求"着实就身心上体履"，做到"实有诸己"。在这里，阳明充分肯定了"身心之学"相对于"口耳之学"的优先地位。承认了这种优先性，就要求学者避免通过见闻言说等外在途径去窥测本体，而应该着实以真实的体验、实际的践履达到对本体的把握。① 对"身心之

---

① 朱晓鹏：《论王阳明的"身心之学"》，《哲学研究》2013 年第 1 期。

学"的重视，虽然在心学那里更为明显，却通达于理学与心学之间。在宋代理学中，如罗从彦、李延平的"体验未发"工夫也属于一种"身心之学"。这种工夫从本质上讲是直觉主义的，其要求学者超越文字概念，以高度的精神自觉完成对世界和自我的原初性的切身理解。在静坐工夫方面，宋明儒学也展现了超名言、超概念的特征。以往学界多认为，宋明儒者所倡导的静坐工夫沿袭佛老，但实际上佛老的静坐及有关"静"的观念只是影响之一端，另一端则为孔门默识体认的精神。明代心学思潮兴起后，学者普遍忽视或轻视经验知识的学习，而更多关注内心的证悟，为追求个人的神秘体验而"忘言忘境"，遂成"狂禅"之弊。直到启祯年间，中国近三百年学术的主潮才"厌倦主观的冥想而倾向于客观的考察"①。总的来说，儒家对天道的体认是一种整体性直观，作为一种宗教性的心理体验，它不同于诉诸名言的一般的宗教宣讲。从孔子到晚明心学，无不承认超验、绝对的本体非言语所能道尽，而只能通过超名言的悟解、直观来体认。奥托（Rudolf Otto）指出，宗教的神秘基础与背景"只能被诱导、被激发与被唤醒。单靠词语或外在符号是很难做到这一点的，相反，我们必须求助于所有其他情绪、感受得以传达的那种方式，求助于能洞悉他人心灵的那种想象性同情力"②。能够看到，孔子的教法本质上属于一种神秘体证，带有鲜明的宗教性，他的思想中虽然缺乏体系化的思辨的形上学，但不能否定其中蕴含了超理性、超概念的形上之思。即便苛刻如黑格尔，也肯定孔子的道德哲学具有某种形式上的纯粹性，他不得不承认"孔子的著作被欧洲人熟悉后，其优点甚至得到了熟悉基督教道德的人士的高度赞扬"③。

---

① 梁启超：《中国近三百年学术史》，东方出版社 2004 年版，第 1 页。

② ［德］鲁道夫·奥托：《论"神圣"》，成穷、周邦宪译，四川人民出版社 1995 年版，第 70 页。

③ Hegel, *Introduction：Reason in History*, Translated by H. B. NISBET, Cam-bridge：Cambridge University Press, 1975, p. 144.

二　孟子的反身而诚

关于孟子的神秘主义思想，学界已不乏研究。最典型的当属冯友兰在两卷本《中国哲学史》中的讨论。冯先生认为，《孟子》中的"万物皆备于我""上下与天地同流"等语，颇具神秘主义色彩。此外，冯先生还比较了以孟子为代表的儒家神秘主义与以庄子为代表的道家神秘主义的区别：

> 中国哲学中，孟子派之儒家，及庄子派之道家，皆以神秘境界为最高境界，以神秘经验为个人修养之最高成就。但两家之所用以达此最高境界、最高目的之方法不同。道家所用之方法，乃以纯粹经验忘我；儒家所用之方法，乃以"爱之事业"（叔本华所用名词）去私。无我无私，而个人乃与宇宙合一。如孟子哲学果有神秘主义在内，则万物皆备于我，即我与万物本为一体也。我与万物本为一体，而乃以有隔阂之故，我与万物，似乎分离，此即不"诚"。若"反身而诚"，回复与万物为一体之境界，则"乐莫大焉"。①

首先，冯先生承认孟子一派为儒家神秘主义之代表，与道家一并构成中国思想史上神秘主义之两翼。其次，冯先生指出孟子的神秘主义之宗旨乃在去除"小我"、私我，最终实现人与宇宙、天道的合一。最后，冯先生提出"反身而诚"的工夫对于达到神秘境界的重要性。在后来撰写的《中国哲学简史》中，冯友兰还阐发了"浩然之气"在孟子思想中的特殊意义："若要更好地了解这种神秘主义，就得看一看孟子对于'浩然之气'的讨论，在其中，孟子描述了自己的精神修养发展过程。"② 按照这种看法，孟子的神秘主义不

---

① 冯友兰：《中国哲学史》（上册），第 165 页。
② 冯友兰：《中国哲学简史》，第 94 页。

仅是存在论和境界论意义上的，也是工夫论意义上的。"反身而诚"
即为实现神秘境界的一项重要工夫。另外，从境界论上讲，冯先生
认为孟子追求的神秘境界就是"天地境界"中的"同天"之境。①
他说："在天地境界中底人的最高底造诣是，不但觉解其是大全的一
部分，而并且自同于大全……一个人自同于大全，则'我'与'非
我'的分别，对于他即不存在……儒家说：'万物皆备于我。'大全
是万物之全体，'我'自同于大全，故'万物皆备于我'。此等境
界，我们谓之为同天。"② "在同天境界中底人，自同于大全。大全
是不可思议底，亦不可为了解的对象。在同天境界中底人所有底经
验，普通谓之神秘经验。"③ 同天境界就是神秘主义的最高境界。因
此，孟子所重视的，就是取消物我、主客之间的分别，使自我融通
于宇宙间的存在，达到"同天"之境。

　　冯友兰对孟子神秘主义思想的很多看法是准确的，至今仍有较
强的启示意义。在这里，我们将进一步讨论孟子思想在何种意义上
是"神秘"的，这种神秘主义的理论根基是什么，最后对孟子的神
秘主义与道家的神秘主义进行比较考察。

　　荀子曾将曾子、有子、子思、孟子置于同一思想序列中进行批
评，认为他们的思想是一种直觉内省的神秘主义：

　　　　曾子曰："是其庭可以搏鼠，恶能与我歌矣！"空石之中有
　　人焉，其名曰觙，其为人也，善射以好思。耳目之欲接则败其
　　思，蚊虻之声闻则挫其精，是以辟耳目之欲，而远蚊虻之声，

---

　　① "天地境界"是"四境界"说中的最高境界，它认为个体存在应当融合于
"不可说底，亦是不可思议、不可了解底"大全。天地境界本身亦包含四个阶段，分别
为知天、事天、乐天和同天。人能自觉到自己是宇宙大全的一部分，即为知天；知天
之人能将自己的事业视作对宇宙应尽的义务，即为事天；事天之人能在实践中获得一
种超道德的愉悦感，即为乐天；乐天之人能彻底消解自己与宇宙的隔阂而同于大全，
即为同天。参见冯友兰《新原人》，载《三松堂全集》（第 4 卷），第 561—570 页。
　　② 冯友兰：《新原人》，载《三松堂全集》（第 4 卷），第 569 页。
　　③ 冯友兰：《新原人》，载《三松堂全集》（第 4 卷），第 468 页。

闲居静思则通。思仁若是，可谓微乎？孟子恶败而出妻，可谓能自强矣；有子恶卧而焠掌，可谓能自忍矣，未及好也。辟耳目之欲，可谓能自强矣，未及思也。蚊虻之声闻则挫其精，可谓危矣，未可谓微也。夫微者，至人也。至人也，何强，何忍，何危？（《荀子·解蔽》）

这段话中出现的"皈"，郭沫若认为就是"伋"，即子思（孔伋）。① 在荀子看来，从曾子到子思、孟子，这一系学者在心性论和工夫论方面有着相近的致思取向，比如重视直觉、寡欲、慎言。荀子与思孟学派的学者气象大为不同，其强调"知"或"智"，认为"君子必辩"（《荀子·非相》）；孟子虽多辩，却澄清其"好辩"实为"不得已也"（《孟子·滕文公下》）。所以，荀子的思想是偏于理性主义的，其所批评的思孟学派则特重超名言、超概念，故为一种神秘主义。孟子的神秘主义主要来自"反身而诚"的精神实践。"诚"这个概念源自《中庸》。《中庸》云："诚者，天之道也；诚之者，人之道也。""诚"就是天道的最高的善。这种最高的善，"不仅是一种精神状态，而且还是一种能动的力量，它始终在转化事物和完成事物，使自然和人在流行过程中一致起来"②。孟子对"诚"的讨论，无论是表述方式还是思想内涵都与《中庸》相近，他说：

诚者，天之道也；思诚者，人之道也。至诚而不动者，未之有也；不诚，未有能动者也。（《孟子·离娄上》）

朱子注曰："诚者，理之在我者皆实而无伪，天道之本然也；思诚者，欲此理之在我者皆实而无伪，人道之当然也。"（《孟子集注》

---

① 郭沫若：《十批判书》，科学出版社 1959 年版，第 146 页。

② Wing-Tsit Chan, *A Source Book in Chinese Philosophy*, Princeton：Princeton University Press, 1963, p. 96.

卷七）在孟子看来，"诚"是天的根本法则。"诚"的本义是"真""实"，它既表示"天"的原初状态，也指向人的本真状态。"诚"是一种宇宙本体，这本体不是与人对立的，而是内在于人道之中。所以"诚"是天人合一的根据和基础。孟子认为，唯有通过"思诚"，才能恢复人的本真状态，进而实现人与天道的合一。"思诚"不是指对"天"的理性思考，而是指自我通过本己反思切实感受到自身与天道的同一性。"思诚"意味着自我实现，当人达到"至诚"之境的时候，就能够与"天"形成内在的互动。"诚"的中心内容是"善"，"思诚"的中心内容也就是"明乎善"。孟子说："不明乎善，不诚其身矣。"（《孟子·离娄上》）一方面，人是有限的存在者，就其血肉之躯而言和自然界中的其他生物并无区别；另一方面，人又可以努力超越自身，完成对宇宙普遍原理的体认，这个从自在走向自为、从有限走向无限的过程是能够实现的。因此，在"诚"的本体论规定下，天人之间不是对立的，而是在互动、交融中实现彼此的内在价值。

孟子说："万物皆备于我矣。反身而诚，乐莫大焉。"（《孟子·尽心上》）"反身而诚"就是对内在自我的直觉体认，并且在确证自我的同时领会"天"的绝对意志。这是一条由自我实现而遥契天道的进路。孟子将这一进路概括为"尽其心者，知其性也。知其性，则知天矣。存其心，养其性，所以事天也"（《孟子·尽心上》）。"知天""事天"虽然是最后的目的，但从天人的统一性来看，"知天""事天"即为"知己""事己"。天与人本就是统一的整体，只要能"尽心""思诚"，天人之间就消除阻隔，打成一片。换句话说，人只要发挥、扩充先验的道德心，就可以认识自己的本性，进而体认天道与人道的统一性，所以"尽心"也就是"思诚"。这种内向省思的实践进路，来自周初巫术人文化过程中"直觉内省"的工夫传统。孔子虽强调体仁、践仁，但尚未确认这种内向型的反思。孟子最早提出直觉内省的神秘主义。孟子讲"反身而诚"，就是将实践的焦点从各种外在活动收摄到内在自我之中，使本己的"诚"呈现出来。所以"反身而诚"本质上是一种超越概念与理性认识的直觉反思。孟子说："梓匠轮舆能与人规矩，不能使人巧。"（《孟子·尽心下》）朱子引尹氏注曰："规矩，法度可告者也。巧则在其人，虽大匠亦未如之何也已。盖下学可以言传，上达必由心悟。"（《孟子集注》卷十四）"下学"即一般的经验知识，它们可以通过名言知解而获得；"上达"则关乎"性"与"天道"之事，它们不由言传而得，而必然要依靠以直觉反思为特征的"心悟"。刘殿爵解释道："如此一来，孟子就打破了天人之间的隔阂，以及天命与人性之间的藩篱。从人心出发，可以经由一秘道而上通于天，所属于天者亦非外在于人，反而变成属于人的最真实的本性了。"① "反身而诚"使"天命"与"人性"合而为一，而自我亦在此转化过程中实现精神的绝对超越："夫君子所过者化，所存者神，上下与天地同流。"（《孟子·尽心上》）总之，孟子所希求的终极境界，建立在"反身而诚"的工夫上，其"十字打开，更无隐遁"（《语录上》，《陆九渊集》卷三十四），明确开出了一条直觉反思的实践进路。

孟子所描述的"上下与天地同流"的纯粹经验，其实正是神秘主义承认和追求的"一体感"。获得"一体感"的前提，就是要克服感性与理性的一般认识。人生于天地之间，作为感性的存在，首先必然与客体形成一种以经验认识为基础的对象性关系。康德也认为，关于生活世界的知识是开始于经验的："我们的一切知识都以经验开始，这是无可置疑的；因为认识能力受到激发而行动，如果这不是由于对象激动我们的感官，一方面由自己造成表象，另一方面使我们的知性行动运作起来，对这些表象加以比较，把它们联结起来或者分离开来，并这样把感性印象的原始材料加工成叫做经验的对象的知识，那又是由于什么呢？因此在时间上，我们没有任何知

---

① D. C. Lau, trans., "*Introduction*" *to Mencius*, Harmondsworth: Penguin, 1970, p. 28.

识先行于经验，一切知识都是从经验开始。"① 这就是说，客体刺激主体而形成种种表象，它们作为感官经验为知识的形成奠定基础。在得到这些经验知识后，人借助理性的力量对它们进行分类、整合，并使之获得明证性。人对世界的认识，都需要经过从感性出发进而上升到理性的过程。神秘主义的认识论则不同于此。神秘主义是超越感性和理性的，它追求的是一种超理性的直观。试举一例以说明之。我们对于实际的红花的认识，是从认识何为"红"与何为"花"开始的。人为孺子之时，对于世界尚无太多理性认识，只有一些琐碎繁杂的印象充盈脑中。孺子初见红花，既不知后者相对其他事物的特殊意义，更不知以"红花"名之。逮其稍长，每见红旗、红砖、红车等事物，遂凭借知性从此杂多表象中归纳、提取出"红色"的印象，又听闻、习见旁人、书籍皆以"红"之概念名之，乃获取了关于"红色"的一般知识。其人再见红花时，则知后者之样态包含"红"之属性，应以"红"名之。更因其人通过闻见学习，知"花"不同于树叶、草茎等物，故能以"红"配合"花"来定名"红花"及类似物种，并获得相关知识。人的理性有分辨能力，既知何者为"红"，便能将其与紫、白、黄、蓝等颜色相区分，更知无论红之程度为何，皆名为"红"；既知何者为"花"，便能将其与叶、根、茎等部位相区分，更知无论大小，但具花之形质者，皆名为"花"。其人既熟稔有关"红花"的知识，再见红花时便知其不同于红叶、白花，更知无论其红之程度如何，皆可名为"红花"。以上以"红花"为例，说明人获取经验知识的过程。然而我们对于"红花"的知识，仍是建立在感官经验的基础上，而难以突破感性及理性，来领悟"红花"之本质。"红花"之本质包含"红"之本质、"花"之本质，所以我们虽然能够获得关于"红花"的一般知识，无待思索便知其样态、性状，却难以突破其样态、性状领悟"红花"之"本来面目"。冯友兰也认为，人们固然能凭借形象思维，认识事物

① ［德］康德：《纯粹理性批判》，第28页。

在经验层面的表象，却很难认识事物的概念或共相，"一说到'红'的概念或共相，就觉得有一个什么红的东西，完全是红的，没有一点杂色，认为所谓红的概念就是如此，以为这就是理论思维。其实这不是理论思维，而是形象思维。'红'的概念或共相，并不是什么红的东西。就这个意义说，它并不红"①。按照这个说法，"红花"的本质不一定"红"，它也未必确然是"花"。康德则指出，凭借人所具有的特殊的认识能力，我们认识的只是作为表象的事物，至于表象背后的"物自体"，我们只能承认其存在，却无法真正掌握它。要认识"物自体"或红花的"本来面目"，不能依靠理性能力，而必须运用超越理性的直觉的能力。康德认为，人类没有"智的直觉"（intellectual intuition），不可能认识"物自体"，人类认识的只能是表象和观念。但是我们要承认人有此直觉能力，否则人对"红花"就只有客观的知解，而没有价值的融会，如此便不能再说本体论的天人合一或万物一体。牟宗三与康德不同，他在中国哲学的立场上肯定人有"智的直觉"，由此化解现象与"物自体"的张力："'现象与物自身'之分别依待于主体，在中国这两端所依待的主体都在我这里。依靠这一主体就是现象，依靠那一主体就是物自身，清清楚楚两端都有表象，同时都从正面讲，都是充分地被证成了的。康德则不然，这一端所依待的主体在人，另一端所依待的主体在上帝，此等于把主体错开。"② 若承认人有此直觉能力，即相当于承认人能够领悟"红花"的本质，甚至可以说人与"红花"在本质上为一体（即主客交融、能所俱泯之境）。上举"红花"之例，我们尚可知其表象与本体存在着超越的区分（transcendental distinction），其表象易明，本质难明，然如举佛教的"空"，我们无从察其表象，既说不清什么是"空"，也难以讲明如何体"空"。高僧大德讲"空"，也不说"空"为何物，只说"空"非某某，或者"空"如某某。

---

① 冯友兰：《中国哲学史新编》（上卷），人民出版社 2001 年版，第 24 页。
② 牟宗三：《中西哲学之会通十四讲》，上海古籍出版社 2008 年版，第 175 页。

"空"不是"无"或"非存在"，其超越了有与无、存在与非存在之二元对立，所以是宇宙人生最高的真理。《心经》云"色不异空，空不异色"，即说明"空"不是"无"，它仍与"色"相关，但又超越了一切"色"、一切现存，有着超现实性的内涵。"空"有而不有，空而不空，妙有非有，真空非空，故为妙有真空。《金刚经》说："若以色见我，以音声求我，是人行邪道，不能见如来。"对"空"的领悟不能通过感性认识，而必须以"实相般若"证悟空性，把握宇宙人生的真谛。总的来说，直觉反思是可能的，也是必要的。这种直觉就是对世界的本质领会。在直觉的作用下，天地万物不再对主体表现为对象性的客体，而被领会为主体的一部分，由此打破主客、物我之间的隔阂，形成自我与万物获得浑然一体的切身感受。孟子所谓"万物皆备于我"，就是对这种"一体感"的描述。按照孟子的说法，这种"一体感"的形成，乃是基于恻隐之心生发的道德关怀，通过道德主体的扩充，最终形成超道德的神秘经验。

在孟子哲学中，除了以直觉内省确立物我同源，气在沟通自我与天地万物的作用上也是不容忽视的。古代中国人认为，宇宙是一个连续的、有机的整体，任何事物都在自己的生命过程中与其他事物发生作用。杜维明将这一机制称为"存有的连续性"（the Continuity of Being）。[1] 气是联结万物的一种基质，"天地万物是由气连接维系在一起的统一整体，气与气，气与物，物与物之间存在着普遍的相互作用"[2]。作为宇宙最基本的质料，气渗透到万物内部，将物质世界联结成一个整体，使宇宙成为一个动态的能量场域。以气为中介，天地万物普遍地相互联系、相互作用。孟子说："其为气也，至大至刚，以直养而无害，则塞于天地之间。"（《孟子·公孙丑上》）

---

① 杜维明：《存有的连续性：中国人的自然观》，载玛丽·艾维琳·塔克尔、约翰·白诗朗主编《儒学与生态》，彭国翔、张容南译，江苏教育出版社2008年版，第97页。

② 程宜山：《中国古代元气学说》，湖北人民出版社1986年版，第165页。

通过"养气"，人能够涵养身心，挺立本真的自我，并自觉参与到天地万物的实现与转化之中。正如塔克尔（Mary Evelyn Tucker）所说："通过既滋养我们自身的'气'，更培养对于我们与这种能量在性质上的关系的自觉，我们就可以充分参与到宇宙的这种动态的、转化性的过程之中。"[①] 因此，"养气"也是"尽心""知性"的一种助力，其同样是个体达到神秘境界所不可或缺的工夫。

相比于老庄的神秘主义，孟子的神秘主义包含了一种道德性，更体现了从道德境界发展为超道德境界的必然性。道家的神秘主义标榜自我与万物的无差别性，即"道通为一"。史华兹（Benjamin I. Schwartz）指出，道家神秘主义的特质在于承认"道"的无规定性，它是一种非存在（无），但又是一切实在的基础，"'无'是一种与任何一种能被命名的、确定而有限的实体、关系和过程都无法对应的实在。然而它显然是'真实的'，并且是一切有限实在的根源"[②]。老子将"道"描述为"先天地生，寂兮寥兮，独立不改，周行而不殆"（《老子》第 25 章），又称其"视而不见名曰夷，听之不闻名曰希，搏之不得名曰微……是谓无状之状，无物之象"（《老子》第 14 章）。这是将"道"作为宇宙的一种无对待、无差别的本然状态。庄子也将"道"视为一种无形式的"混沌素朴"，"素朴而天下莫能与之争美"（《庄子·天道》）。所以，道家追求的是一种泯除差别、对立的"无"，这要求个体摆脱感官的束缚并消解理性的全部规定，使自我绝对地虚无化。在此过程中，人的内心升起一种"离形去知，同于大通"的神秘经验，并产生消解一切现实性和必然性之后的愉悦感。从这一点来看，老庄道家和孟子一样，也将"上下与天地同流"视为人的最高精神境界，他们都追求自我与天地万物相融合的自足感、自由感。然而，较之老庄神秘主义走向绝对的"虚"

---

① ［美］塔克尔：《气的哲学：一种生态宇宙论》，载玛丽·艾维琳·塔克尔、约翰·白诗朗主编《儒学与生态》，第 165 页。

② ［美］史华兹：《古代中国的思想世界》，程钢译，江苏人民出版社 2008 年版，第 267 页。

"无"，孟子在道德方面是有所坚守的，他并未走向彻底的超越，没有否定道德的意义。"反身而诚"所指向的终极境界虽呈现为一种同于天地的神秘状态，但孟子仍特别强调道德人格的挺立，并未彻底否定现实道德的价值。比如孟子论"大丈夫"的人格气象，以其为"居天下之广居，立天下之正位，行天下之大道"（《孟子·滕文公下》），这显然是一种道德人格。因此，孟子所追求的境界兼有道德与超道德的两面。孟子虽对社会、政治有所关切，却又领会到自我是宇宙的一部分，"圣人有最高底觉解，而其所行之事，则即是日常底事。此所谓'极高明而道中庸'"①。但是，从精神哲学上讲，一个神秘的精神就应该是否定全部现实存在的超绝原理，是绝对的自由，而这样的一种精神不仅无法在现实中建立绝对普遍的道德法则，更要时刻突破道德的规定性。伦理的精神能够发展为神秘的精神，道德境界也能够过渡到超道德境界，但是精神一旦实现了自身的超越，就不必也不可能兼顾道德法则的安立。神秘精神的基础必定是一种超越理性、概念的原理。孟子确认了精神对理性和现实性的超越，领悟到"上下与天地同流"的超绝境界，却又试图从"四端"的道德情感出发建立一种普遍的道德法则，这就使精神难以完成对自身的绝对超越，它对现实性的否定就不可能是彻底的。所以孟子哲学距离真正的神秘精神的实现，如雾里看花，终隔一层。这种张力在后来的阳明心学那里同样有所体现，后文将详述之。

三　汉代的天人感应

汉代是我国历史上的一个重要发展阶段，这一时期的思想有着不可替代的意义。徐复观说："两汉思想，对先秦思想而言，实系学术上的巨大演变。不仅千余年来，政治社会的格局，皆由两汉所奠定。所以严格地说，不了解两汉，便不能彻底了解近代。即就学术思想而言，以经学史学为中心，再加以文学作辅翼，亦无不由两汉

---

① 冯友兰：《新原人》，载《三松堂全集》（第 4 卷），第 507 页。

树立其骨干，后人承其绪余，而略有发展。一般人视为与汉学相对立的宋明理学，也承继了汉儒所完成的阴阳五行的宇宙观、人生观；而对天人性命的追求，实亦顺承汉儒所追求的方向。"① 汉代的学术风气，基本上可以视作神秘主义的。秦火之后，先秦儒家文化的活力丧失殆尽，汉初耆儒仅以传承、绍述古经为任。至文景之际，邹衍的阴阳五行之说大行于世，一些儒者便吸纳阴阳家之言融会己说。② 冯友兰说："当时阴阳家之空气，弥漫于一般人之思想中。'天道'人事，互相影响；西汉人深信此理。故汉儒多言灾异。君主亦多遇灾而惧。"③ 张岱年也说："儒家与阴阳家之混合，是西汉思想的特色，当时人都好谈灾异，好谈天人感应。"④ 灾异感应是汉代神秘主义的基调。这种思想，乃是承续周初天人、物我相感的观念而来。汉人对宇宙与人生的理解，基本围绕天人感应、灾异谴告的观念而展开。⑤ 西汉大儒陆贾的思想受到《春秋》《易传》中的神秘主义的影响，成为汉代宣扬感应、灾异说的先驱。陆贾认为，《春

---

① 徐复观：《两汉思想史》（第二卷），华东师范大学出版社 2001 年版，自序第 1 页。

② 《史记·孟子荀卿列传》曰："邹衍睹有国者益淫侈不能尚德，若《大雅》整之于身、施及黎庶矣，乃深观阴阳消息而作怪迂之变，《终始》《大圣》之篇十余万言。其语闳大不经，必先验小物，推而大之，至于无垠。先序今以上至黄帝，学者所共术，大并世盛衰，因载其机祥度制，推而远之，至天地未生，窈冥不可考而原也。先列中国名山大川通谷禽兽水土所殖、物类所珍。因而推之，及海外人之所不能睹。称引天地剖判以来，五德转移，治各有宜，而符应若兹。"邹衍以阴阳五行思想作"怪迂之变"和"五德终始"思想，其目的是警示、规劝统治者尚德亲民。阴阳五行的思想于秦汉之际影响甚著，包括《吕氏春秋》、《淮南子》、董仲舒以及谶纬图书之学，都在不同程度上受其影响。

③ 冯友兰：《中国哲学史》（下册），第 498 页。

④ 张岱年：《中国哲学大纲》，第 38 页。

⑤ 夏曾佑说："春秋以前，鬼神术数之外无他学"，"然春秋之时，人事进化，駸駸有一日千里之势，鬼神术数之学，遂不足以牢笼一切。春秋之末，明哲之士，渐多不信鬼神术数者"。参见夏曾佑《中国古代史》，河北教育出版社 2000 年版，第 77 页。至于为何春秋时期的哲人避谈鬼神术数，至西汉初年反而兴起迷信鬼神术数之风，乃至"不问苍生问鬼神"，值得进一步研究。

秋》对地震、日食、月蚀、星变等灾异的记载细致且准确，其目的就是让人们根据物候之变来调整政道之失。《易·系辞上》曰："天垂象，见吉凶，圣人象之；河出图，洛出书，圣人则之。"在陆贾看来，这句话的意思是以自然神异推明人事得失，"言御占图历之变，下衰风化之失，以匡盛衰，纪物定世，后无不可行之政，无不可治之民"（《新语·明诚》）。他还说："恶政生于恶气，恶气生灾异。螟虫之类，随气而生；虹蜺之属，因政而见。治道失于下，则天文变于上；恶政流于民，则螟虫生于野。贤君智则知随变而改，缘类而试思之，于□□□变。"（《新语·明诚》）陆贾的这种感应说和灾异说对汉代神秘主义的形成与发展产生了重要的影响。先秦的儒家学说也有神秘主义的思想，但多以隐晦的方式说出，汉人则较为直接，他们将阴阳五行学说与自然哲学、政治哲学、历史哲学结合到一起，形成了一种以天人感应为核心观念的神秘主义。我们将以董仲舒与谶纬之学为例，略论汉代思想中的神秘主义。

　　西汉初期，君臣大多崇尚黄老之学，奉"清静无为，与民休息"为政术之旨。窦太后尤好黄老，"故诸博士具官待问，未有进者"（《史记·儒林列传》）。武帝即位，其时虽有赵绾、王臧等儒臣，亦不敢大兴儒术。窦太后去世后，儒学才逐渐抬头。武帝策问，董仲舒、公孙弘等人对策。董仲舒劝谏武帝兴学校、修礼仪，推明儒术。董仲舒在"天人三策"中，向武帝提出独尊儒术的建议："《春秋》大一统者，天地之常经，古今之通谊也。今师异道，人异论，百家殊方，指意不同，是以上亡以持一统；法制数变，下不知所守。臣愚以为诸不在六艺之科孔子之术者，皆绝其道，勿使并进。"（《汉书·董仲舒传》）董仲舒虽提议独尊儒术，其所谓"儒术"却较先秦儒学为远。董仲舒为今文经学大师。今文经学家善于阐发经典中的"微言大义"，喜言灾异感应，强调奉天法古，更有诸多"索隐行怪"的穿凿之说。董仲舒本于春秋公羊学，杂糅汉初黄老与五行诸说，以成一家之言。李泽厚这样评价董仲舒的学术贡献：

　　董仲舒的贡献就在于，他最明确地把儒家的基本理论（孔孟讲的仁义等等）与战国以来风行不衰的阴阳家的五行宇宙论具体地配置安排起来，从而使儒家的伦常政治纲领有了一个系统论的宇宙图式作为基石，使《易传》、《中庸》以来儒家所向往的"人与天地参"的世界观得到了具体的落实，完成了自《吕氏春秋·十二纪》起始的、以儒为主融合各家以建构体系的时代要求。①

　　以"天人感应"为理论基础，董仲舒发明了一种"谴告"说。在其看来，君主如有过失，天就以旱涝、地震、日食等自然异象警示之；如不知改变，则将降下更大的灾祸以惩罚之——"国家将有失道之败，而天乃先出灾害，以谴告之。不知自省，又出灾异，以警惧之。尚不知变，而伤败乃至。"（《汉书·董仲舒传》）

　　"天人感应"之说，并非董仲舒之首创，而是来自古代巫史传统的神秘主义。如前所述，"轴心突破"之后，巫文化中的神秘主义并未随巫术的衰落而消失，反而以观念的力量渗透到春秋至秦汉时代的思想之中。在巫术时代，人们相信上天、神明会根据人的行为善恶作出相应的反应。人做的善事多，"上帝"就会喜悦，示以凤凰、灵芝、甘露等祥瑞；人做的恶事多，"上帝"就会震怒，示以日食、月蚀、冰雹、地震等灾异。西周之后，"帝"的使用逐渐减少，而多以"天"代之。《尚书》中的《金縢》篇对我们理解早期中国思想中的"天人感应"颇具启发意义。时值武王崩殂之际，成王年幼，周公摄政掌权。周公将祷辞封于金縢之匮，其曰："惟尔元孙某，遘厉虐疾。若尔三王，是有丕子之责于天，以旦代某之身……乃命于帝庭，敷佑四方。用能定尔子孙于下地，四方之民，罔不祗畏。"周公有以自己的生命换得武王生还之意。后来，管叔、蔡叔以流言诬周公，周公征之，而成王甚疑，不迎周公回朝。这年秋天，天空出现种种异象，雷电大风狂作，庄稼全部倒伏，树木也被连根拔起。

---

① 李泽厚：《中国古代思想史论》，人民出版社1985年版，第145—146页。

成王惊恐，乃启金縢之匮，得见周公代死之辞，哭曰："昔公勤劳王家，惟予冲人弗及知。今天动威，以彰周公之德。"于是成王至郊外亲迎周公，大风竟反向回吹，庄稼也成熟了。从这篇文献中可以看到，一方面，周人对超越者的称谓已经由"帝"转变为"天"。这里的"天"虽然不是人格神，却具有主观意志，其既为"无声无臭"的超越存在，又与世俗世界有着密切联系；另一方面，这里出现了"王道"与"天道"的感通，为后世"天人感应"观念之雏形。在孔子那里，我们同样可以看到天人之间的感应，如"天之未丧斯文也，匡人其如予何"（《论语·子罕》），"知我者其天乎"（《论语·宪问》）。唐君毅也认为，在孔子那里，天的神秘性在无尽之发育流行以及与人的感通处昭显，"故此天，永只在其由隐而显，由微而彰之一历程中，而亦恒内在于其所生之人物之中；亦容吾人之由对此天所生之人物之感通，以与天相感通"①。从以上论述可知，董仲舒的感应论渊源有自，从《尚书》以至孔子思想中都能够看到这种神秘主义的观念。

董仲舒所讲的"天"具有很强的宗教性，即便不是至上神，也近乎"主宰之天"。这样的一个"天"，具有意志和情感，能够赏善罚恶。"天"是宇宙的最高主宰，"天者，百神之大君也"（《春秋繁露·郊语》）。"天"的意志和情感构成了"天人感应"观念的前提。"天人感应"的另一个前提是"天副人数"。"天副人数"说的是"天人同类"，"以类合之，天人一也"（《春秋繁露·阴阳义》）。"天"为人之所从出，人的一切自然属性都可以在"天"那里找到根据：

> 为生不能为人，为人者天也。人之人本于天，天亦人之曾祖父也。此人之所以乃上类天也。人之形体，化天数而成；人

---

①　唐君毅：《中国哲学原论·原道篇》（上册），中国社会科学出版社 2006 年版，第 42 页。

之血气，化天志而仁；人之德行，化天理而义。人之好恶，化
天之暖清；人之喜怒，化天之寒暑；人之受命，化天之四时。
人生有喜怒哀乐之答，春秋冬夏之类也。（《春秋繁露·为人
者天》）

在现代观念看来，这种类比显然毫无科学根据可言，然而董仲
舒却不断强调人与天在生命结构上的相似性。这是因为，董仲舒之
前的一些思想家论述天人关系，总是为天与人之间留下一段距离。
这段距离产生的原因，就是人的形体、情绪是有缺陷的，这使得人
只能部分地契合"纯亦不已"的天德。董仲舒从形体与情绪方面论
天人关系，就是要"把人说成与天是完全一致，这便把天与人的距
离去掉了"①。正因为天与人的距离被消除了，所以二者能够在现实
中感通无碍。

"气"也是董仲舒哲学中的一个重要范畴。董仲舒认为，"天"
主宰万物的作用就是通过阴阳和五行之气而表现出来的，"天地之
气，合而为一，分为阴阳，判为四时，列为五行"（《春秋繁露·五
行相生》）。阴阳、四时、五行都是气，它们体现着"天"的绝对意
志，所以从属于"天"。在此基础上，董仲舒认为"天人感通"就
是通过阴阳之气来实现的："天有阴阳，人亦有阴阳。天地之阴气
起，而人之阴气应之而起，人之阴气起，而天地之阴气亦宜应之而
起……非独阴阳之气可以类进退也，虽不祥祸福所从生，亦由是也。
无非已先起之，而物以类应之而动者也。"（《春秋繁露·同类相
动》）这种说法其实就是交感巫术的一种观念化表述。从这种观念出
发，董仲舒又引申出万物之间的相通相感：

百物去其所与异，而从其所与同，故气同则会，声比则应，
其验皦然也。试调琴瑟而错之，鼓其宫则他宫应之，鼓其商而

———————————

① 徐复观：《两汉思想史》（第二卷），第 244 页。

他商应之，五音比而自鸣，非有神，其数然也。美事召美类，恶事召恶类，类之相应而起也。如马鸣则马应之，牛鸣则牛应之。帝王之将兴也，其美祥亦先见；其将亡也，妖孽亦先见。物固以类相召也。（《春秋繁露·同类相动》）

关于万物相感之原理，我们在上一节中已经作出讨论，兹不赘述。总的来说，董仲舒的"天人感应"学说对西汉之后的思想产生了深远影响，使汉代学术整体上弥漫着一股神秘主义的气息。两汉儒者，无论宗奉今文经学还是古文经学，对董仲舒的人格和思想都是十分推崇的。刘向、刘歆父子称董仲舒"有王佐之材，虽伊吕亡以加，筦晏之属，伯者之佐，殆不及也"，"遭汉承秦灭学之后，《六经》离析，下帷发愤，潜心大业，令后学者有所统壹，为群儒首"（《汉书·董仲舒传》）。王充也认为董仲舒"雩祭应天""土龙致雨"等说法虽多怪诞，却有其合理性："孔子生周，始其本；仲舒在汉，终其末……孔子终论，定于仲舒之言，其修雩治龙，必将有义，未可怪也。"（《论衡·案书》）

纵观整个汉代，"天人感应"的神秘主义占据着思想界的统治地位。在《淮南子》那里，也可以见到类似的感应思维：

物类相动，本标相应，故阳燧见日则燃而为火；方诸见月则津而为水。虎啸而谷风至，龙举而景云属，麒麟斗而日月食，鲸鱼死而彗星出，蚕珥丝而商弦绝，贲星坠而勃海决。人主之情，上通于天。故诛暴则多飘风，枉法令则多虫螟，杀不辜则国赤地，令不收则多淫雨。（《淮南子·天文训》）

《淮南子》的这种"天人感应"思想同样属于神秘主义的范畴，政令之失导致自然的灾异变怪成为当时的一种流行观念。除此之外，《史记·天官书》关于天文的论述也包含了"天人感应"的思想：

汉之兴，五星聚于东井。平城之围，月晕参、毕七重。诸吕作乱，日蚀，昼晦。吴楚七国叛逆，彗星数丈，天狗过梁野；及兵起，遂伏尸流血其下。元光、元狩，蚩尤之旗再见，长则半天。其后京师师四出，诛夷狄者数十年，而伐胡尤甚。越之亡，荧惑守斗；朝鲜之拔，星茀于河戍；兵征大宛，星茀招摇：此其荦荦大者。若至委曲小变，不可胜道。由是观之，未有不先形见而应随之者也。

《汉书·五行志上》也说：

田猎不宿，饮食不享，出入不节，夺民农时，及有奸谋，则木不曲直……弃法律，逐功臣，杀太子，以妾为妻，则火不炎上……治宫室，饰台榭，内淫乱，犯亲戚，侮父兄，则稼穑不成……好战攻，轻百姓，饰城廓，侵边境，则金不从革……简宗庙，不祷祠，废祭祀，逆天时，则水不润下。

这是通过"天人感应"说，将各种自然异变与人事之失一一对应起来。《汉书·五行志中之上》载：

昭帝时，昌邑王贺闻人声曰"熊"，视而见大熊。左右莫见，以问郎中令龚遂，遂曰："熊，山野之兽，而来入宫室，王独见之，此天戒大王，恐宫室将空，危亡象也。"贺不改寤，后卒失国。

景帝三年二月，邯郸狗与彘交。悖乱之气，近犬豕之祸也。是时赵王遂悖乱，与吴、楚谋为逆，遣使匈奴求助兵，卒伏其辜。犬，兵革失众之占；豕，北方匈奴之象。逆言失听，交于异类，以生害也。

《汉书·五行志中之下》载：

惠帝二年，天雨血于宜阳，一顷所，刘向以为赤眚也。时又冬雷，桃李华，常奥之罚也。是时政舒缓，诸吕用事，谗口妄行，杀三皇子，建立非嗣，及不当立之王，退王陵、赵尧、周昌。吕太后崩，大臣共诛灭诸吕，僵尸流血。

在汉代，这一类天灾与人祸相关联的历史记载有很多，形成了以阴阳灾异、感生神话、人神交通为基本形态的神异叙事。汉代人还将帝后与日月相配。他们认为，皇帝为太阳的化身，其行有不当就会出现日食："日者，众阳之宗，人君之表，至尊之象。君德衰微，阴道盛强，侵蔽阳明，则日蚀应之。"（《汉书·孔光传》）又可以根据日食发生的不同时间，判定圣聪为何人所蔽："君不修道，则日失其度，晻昧亡光。各有云为。其于东方作，日初出时，阴云邪气起者，法为牵于女谒，有所畏难；日出后，为近臣乱政；日中，为大臣欺诬；日且入，为妻妾役使所营。"（《汉书·李寻传》）汉代人又以月象后妃之德，"月者，众阴之长，销息见伏，百里为品，千里立表，万里连纪，妃后大臣诸侯之象也"（《汉书·李寻传》），若后妃有失德之举，则现月蚀之象，"妇顺不修，阴事不得，适见于天，月为之食"（《礼记·昏义》）。在汉代人看来，天人之间的感应是准确无误的，自然灾异的发生不是偶然的，其必然包含着对人君的警示："天所以有灾变何？所以谴告人君，觉悟其行，欲令悔过修德，深思虑也。《援神契》曰：'行有点缺，气逆干天，情感变出，以戒人也。'"（《白虎通·灾变》）谷永指出，皇天降下灾异谴告君主之失，与父诫子相似："皇天所以谴告人君过失，犹严父之明诫。畏惧敬改，则祸销福降；忽然简易，则咎罚不除。"（《汉书·谷永传》）。

在众多灾异中，日蚀和星变是皇天对人君的最严重警告。汉代的皇帝，如果在位期间遇到日蚀发生，都要战战兢兢，下诏罪己，并采取轻徭薄赋等一系列惠民措施。比如文帝即位的第二年，天空出现了两次日食，文帝诏曰：

朕闻之，天生蒸民，为之置君以养治之。人主不德，布政不均，则天示之以灾，以诫不治。乃十一月晦，日有食之，适见于天，灾孰大焉！朕获保宗庙，以微眇之身托于兆民君王之上，天下治乱，在朕一人，唯二三执政犹吾股肱也。朕下不能理育群生，上以累三光之明，其不德大矣！令至，其悉思朕之过失，及知见思之所不及，匄以告朕。及举贤良方正能直言极谏者，以匡朕之不逮。因各饬其任职，务省繇费以便民。朕既不能远德，故憪然念外人之有非，是以设备未息。今纵不能罢边屯戍，而又饬兵厚卫，其罢卫将军军。太仆见马遗财足，余皆以给传置。（《史记·孝文本纪》）

在这封诏书中，可以看到文帝对"天人感应"说的坚信。除日食外，星变也是让皇帝心生畏惧的灾象。古人将灾星分为孛、彗、长三类，《资治通鉴·汉纪六》胡注引文颖曰："大法，彗、孛星多为除旧布新，长星多为兵革事。"《孝经内记》亦云："彗出北斗，兵大起。彗在三台，臣害君。彗在太微，君害臣。彗在天狱，诸侯作乱。所指其处大恶。彗在日旁，子欲杀父。"（《史记·秦始皇本纪》正义引）孛星为恶气所生，灾更甚于彗星。《汉书·五行志下之下》："北斗，人君象；孛星，乱臣类，篡杀之表也。"《晋书·天文志中》："二曰孛星，彗之属也。偏指曰彗，芒气四出曰孛……晏子曰：'君若不改，孛星将出，彗星何惧乎！'由是言之，灾甚于彗。"汉代人认为，太白经天，也是灾祸降临之兆。太白者，金星也。《汉书·天文志》："太白经天，天下革，民更王，是为乱纪，人民流亡。"所谓"经天"，孟康注曰："谓出东入西，出西入东也。太白，阴星，出东当伏东，出西当伏西，过午则经天。"刘向《五纪论》曰："太白少阴，弱不得专行，故以巳、未为界，不得经天而行，经天则昼见，其占为兵丧，为不臣，为更王，强国弱，小国强。"（《资治通鉴》卷一九一胡注引）"天人感应"说虽多荒诞，然在制约君权方面颇见成效。面对皇天示警的灾异，君主通常召集官员直谏其失，下诏罪己，停止劳民伤财的工程，颁行宽恤之政，在生活上避正殿，减常膳，撤乐舞，以求上天宽恕己过。《后汉书·钟离意传》："永平三年夏旱，而大起北宫，意诣阙免冠上疏曰：'伏见陛下以天时小旱，忧念元元，降避正殿，躬自克责，而比日密云，遂无大润，岂政有未得应天心者邪？'"因此，畏天修善是汉代君主的重要品德。

与灾谴相对的，便是祥瑞，此亦为汉代人深信不已。两汉记载的最早的祥瑞就是高祖斩蛇起义："高祖被酒，夜径泽中，令一人行前。行前者还报曰：'前有大蛇当径，愿还。'高祖醉，曰：'壮士行，何畏！'乃前，拔剑斩蛇。蛇分为两，道开。"（《汉书·高帝纪上》）其后的惠帝、吕后和文景时代很少再见到关于祥瑞的记载，直到武帝和宣帝时期，祥瑞才再次成为史笔常书的对象。《汉书·武帝纪》："元狩元年冬十月，行幸雍，祠五畤。获白麟，作《白麟之歌》。""（元鼎四年）六月，得宝鼎后土祠旁。秋，马生渥洼水中。作《宝鼎》、《天马之歌》。"此外，《汉书》还记载武帝时期屡现蛟龙、天马等神兽，宝鼎、灵芝等神物，凡此种种，不一而足。宣帝在位时期，也多见祥瑞，关于它们的记载在数量上甚至超越了武帝时期。《汉书·宣帝纪》："（本始元年）五月，凤皇集胶东、千乘。""（地节元年）夏四月，凤皇集鲁郡，群鸟从之。"元康元年春三月，"甘露降未央宫"。元康三年，"神爵数集泰山"。宣帝时代，关于这些祥瑞的记载甚多。神爵元年，宣帝为所获祥瑞下诏曰：

> 朕承宗庙，战战栗栗，惟万事统，未烛厥理。乃元康四年嘉谷玄稷降于郡国，神爵仍集，金芝九茎产于函德殿铜池中，九真献奇兽，南郡获白虎威凤为宝。朕之不明，震于珍物，饬躬斋精，祈为百姓。东济大河，天气清静，神鱼舞河。幸万岁宫，神爵翔集。朕之不德，惧不能任。（《汉书·宣帝纪》）

　　宣帝时期是各种思想交流碰撞最为激烈的时期。儒家、法家、道家、五行方术都出现在国家思想的层面，这一时期的政策体现出"外儒内法，杂以五行"的特点。汉代人普遍认为祥瑞和政事是对应的。《白虎通·封禅》："天下太平，符瑞所以来至者，以为王者承天统理，调和阴阳，阴阳和，万物序，体气充塞，故符瑞并臻，皆应德而至。德至天，则斗极明，日月光，甘露降。德至地，则嘉禾生，蓂荚起，柜鬯出，太平感。德至文表，则景星见，五纬顺轨。德至草木，则朱草生，木连理。德至鸟兽，则凤凰翔，鸾鸟舞，麒麟臻，白虎到，狐九尾，白雉降，白鹿见，白乌下。德至山陵，则景云出，芝实茂，陵出黑丹，阜出萐莆，山出器车，泽出神鼎。德至渊泉，则黄龙见，醴泉涌，河出龙图，洛出龟书，江出大贝，海出明珠。德至八方，则祥风至，佳气时喜，钟律调，音度施，四夷化，越裳贡。"汉代皇帝颇喜祥瑞，他们用祥瑞增加自己的政治资本，满足虚荣心理。上有所好，下必甚焉，近臣官僚亦纷纷进献祥瑞，以求幸进。总之，两汉的感应论充满了神秘主义的气息，当时的学者无不受其浸染，即便是王充这样"疾虚妄"的思想家，也说过"凡人禀贵命于天，必有吉验见于地"（《论衡·吉验》）。

　　天人感应的思想还推动了谶纬的流行，而谶纬之学的泛滥又使感应论更为盛行。"谶"与"纬"常被联系在一起，称为"谶纬"。然而从时间和内容来看，二者是不同的。从形成时间看，"谶"出现于战国之时，"纬"形成于西汉中后期。从内容上看，"谶"与"纬"也不相同。《说文》："谶，验也。"《释名》："谶，纤也。其义纤微而有效验也。"《说文》又言："经，织从丝也"，"纬，织衡丝也。"段玉裁注曰："'织衡丝'者，对上文'织从丝'为言，故言丝以见缕。经在轴，纬在杼。《木部》曰：'杼，机之持纬者也。'引申为凡交会之称。汉人左右六经之书谓之秘纬。"可见，"谶是一种预测吉凶的、神秘应验性的预言，纬则是对经书的一种推演性的解释"①。谶纬的内容纷繁杂多，不仅包括对古经的训释，更充斥着大量对天文历法、神鬼精怪与典章仪节的解说。谶纬的理论基础，无非自汉初即得以流行的阴阳五行与天人感应诸说。谶纬受今文经学影响颇著。皮锡瑞说："汉有一种天人之学，而齐学尤盛。《伏传》五行，《齐诗》五际，《公羊春秋》多言灾异，皆齐学也。《易》有象数占验，《礼》有明堂阴阳，不尽齐学，而其旨略同。"② 这是说，西汉今文经学盛行，其中包括《尚书》的五行思想、《齐诗》的"四始五际"思想、《春秋公羊传》的灾异思想、易学的象数思想以及《礼记》的明堂阴阳思想，这些思想后来多为谶纬吸收。从东汉开始，谶纬大行于世，并成为用来论证政权合法性的工具，"天人感应之思想由灾异革命腐化而为谶纬符命，其事殆在哀平之际"③。《后汉书·儒林传》："昔王莽、更始之际，天下散乱，礼乐纷崩，典文残落……四方学士多怀协图书，遁逃林薮。"这一时期虽经术不明，谶纬图书之学却应运而起，各方政治势力大力扶持谶纬。光武帝倡导儒学，"宣布图谶于天下"，自奉《赤伏符》以受命："刘秀发兵捕不道，四夷云集龙斗野，四七之际火为主。"（《后汉书·光武帝纪》）李贤注："四七，二十八也，自高祖至光武初起，合二百二十八年，即四七之际也；汉火德，故火为主也。"这是说光武帝刘秀继承了汉代的火德正统。至此，谶纬成为国家意识形态。

---

① 任蜜林：《纬书的思想世界》，中国社会科学出版社 2022 年版，第 14 页。此外，也有学者认为"谶"和"纬"本来就是一种东西。陈槃是顾颉刚的弟子，他在谶纬资料和思想研究方面都有开拓性的贡献。陈槃指出，"谶"和"纬"异名而同实："谶纬之称，不一而足。统而言之则曰'谶纬'。'谶'出在先，'纬'实后起，'谶'书之别名也。""所谓谶也，符也，录也，图也，书也，候也，纬也，汉人通用，互文，未始以为嫌也。盖从其验言之则曰'谶'，从其征信言之则曰'符'，从所谓《河图》文字之颜色言之则曰'绿'。从其有图有字言之则曰'图'，曰'书'，从候望星气与灾祥之征候言之则曰'候'，从其托《经》言之则曰'纬'。同实异名，何拘之有？"这一说法在学界有较大影响。参见陈槃《谶纬释名》，《中央研究院历史语言研究所集刊》1944 年第 11 本。

② 皮锡瑞：《经学历史》，中华书局 1959 年版，第 106 页。

③ 萧公权：《中国政治思想史》（上册），商务印书馆 2011 年版，第 306 页。

光武之后，明、章二帝尤好谶纬，遂使图谶之学风靡天下。《后汉书·张衡列传》："初，光武善谶，及显宗、肃宗因祖述焉。自中兴之后，儒者争学图谶，兼复附以妖言。"在皇帝的支持下，图谶的势力盛极一时，一些善于阿谀逢迎的经学家将其融入今文经学和古文经学之中。由此，谶纬逐渐从政治性的预言转变为"以纬证经"的学术方法。当时很多儒者兼治经纬，并以谶纬辅助解经，比如经学家姜肱"博通《五经》，兼明星纬，士之远来就学者三千余人"（《后汉书·姜肱列传》），景鸾"少随师学经，涉七州之地。能理《齐诗》、《施氏易》，兼受《河》《洛》图纬"（《后汉书·景鸾列传》），苏竟"善图纬，能通百家之言"（《后汉书·苏竟杨厚列传》），樊英"少受业三辅，习《京氏易》，兼明《五经》。又善风角星算，《河》《洛》七纬，推步灾异"（《后汉书·方术列传上》）。

东汉中期以后，符谶之风愈为严重，马融、郑玄等通儒亦涵其学。在一些时候，纬书的地位甚至居于经书之上。刘师培曾对两汉谶纬之学的兴起作出回顾：

> 自汉武表章六经，罢黜百家，托通经致用之名，在下者视为利禄之途，在上者视为挟持之具。降及王莽，饰奸文过，引经文以济己私……周、秦以还，图箓遗文，渐与儒、道二家相杂。入道家者为符箓，入儒家者为谶纬。董、刘大儒，竞言灾异，实为谶纬之滥觞。哀、平之间，谶学日炽。而王莽、公孙述之徒，亦称引符命，惑世诬民。及光武以符箓受命，而用人、行政，悉惟谶纬之是从。由是以谶纬为秘经，颁为功令。稍加贬斥，即伏非圣无法之诛。故一二陋儒，援饰经文，杂糅谶纬，献媚工谀。虽何、郑之伦，且沉溺其中而莫反。是则东汉之学术，乃纬学盛昌之时代也。[①]

---

① 刘师培：《国学发微：外五种》，万仕国点校，广陵书社2015年版，第15—16页。

　　顾颉刚则认为，谶纬的意义大致可归结为三项：其一，对西汉二百年中的术数思想所作的一次系统整理；其二，发挥王莽、刘歆等人所倡导的新古史和新祀典的学说，使后者愈发有证有据；其三，将所有的学术思想和神话都归纳到《六经》的旗帜之下，使孔子成为儒教教主，《六经》成为儒教的天书，而皇帝权位的合法性即可依此建立。① 任蜜林指出，不能将纬书简单定性为"封建神学""低级迷信"，而是要看到其思想上的合理性及其对儒家思想推进的努力，"应把其归到儒家思想范围之内来看待，只不过属于儒家中神秘主义一派"②。汉代的政治思想可以视为一种神学政治论，天人感应的学说看似是对人与宇宙之存有关系的讨论，而其落脚点往往在于对君主统治合法性的辩护。谶纬的泛滥流行，则使这一理论趋向更为明显。

四　反思与评价先秦两汉的神秘主义思想

　　本节简要梳理了自先秦以至两汉时期儒家神秘主义之概况。可以看到，孔子、孟子及汉代儒学的神秘主义各不相同。孔子默识践仁以上契天道，重在领悟离言去知的神秘经验；孟子反身思诚以明证心性，重在通过内向直觉体证物我同源；董仲舒及两汉谶纬之学重在宣导天人感通，并将这种感应论与政治哲学关联起来。他们的思想是对上古时代至周初神秘主义观念的继承和发展。以往的研究者对孟子和两汉的神秘主义有一定的研究，而对孔子学说的定位多模棱两可。孔子的思想固然有理性的一面，比如他用一种介于神与不神之间的"天"取代了从前巫文化的"帝"，使"天"的神秘性有所削弱，"以天为不明，以鬼为不神"（《墨子·公孟》）。但是孔子又明确提出，人（尤其是君子）能够通过践仁以遥契天道，这显然是神秘主义的。正如学者所言："孔子如果能拿仁的默契而知天道

---

① 顾颉刚：《汉代学术史略》，人民出版社 2008 年版，第 92 页。
② 任蜜林：《纬书的思想世界》，第 1 页。

与天命，则孔子的生命就会与天的生命相契，互相感通，天知孔子，孔子同样知天，这就是超越理性的灵知性，或称做静观（contemplation）。"① 此处所谓人对天的"静观"，类似于西方文化传统中个体面向上帝的沉思。孔子的思想是对早期殷周文化中神秘主义的继承和发展。余英时看到，孔子揭开了"内向超越"的序幕，孟子承之并使其得到全面展开。公元前 4 世纪，即孟子、庄子的时代，出现了一个相当普遍的新信仰：在整个宇宙或曰"天地万物"的背后，存在一个超越的精神领域，各派皆名之曰"道"。以"道"为主轴的"天"是对巫文化的"天"的超越。这一划时代的轴心突破带来了两个重要的发展：其一，哲学家或思想家承认依靠个人力量、乞援于一己之"心"就能够与"天"相通，而不必假借巫者等外在媒介；其二，"道"虽上源于天，但"不远人"（《中庸》第 13 章），且"无所不在"（《庄子·知北游》），因此"道"又下通人"心"而"止"于内心之中。如此一来，求道者唯有先回向自己的内心，然后才能由"道"的接引而上通于"天"。② 依此观之，孟子及两汉思想中的一些神秘主义观念，实际上也是受孔子学说的影响而形成的。

反思与超越作为精神自由的两个向度，最早是相互分离的，因此精神的绝对自由还没有得到确认。孟子对于世界的整体性理解是通过"反身而诚"实现的。"反身而诚"是通过个体的直觉内省来达到"天人合一"。钱穆认为，"天人合一"的一种重要体现就是以自我为中心的天人同构，这也就是孟子所谓"万物皆备于我"："天地中有万物，万物中有人类，人类中有我。由我而言，我不啻为人类之中心，人类不啻为天地万物之中心。而我之与人群与物与天，则寻本而言，浑然一体，既非相对，亦非绝对……天地虽大，中心

---

① 陈复：《由冥契主义的角度简论孔子的思想》，载韩星主编《国学论衡》（第五辑），第 9 页。

② 余英时：《论天人之际：中国古代思想起源试探》，第 60—61 页。

在我。"① 能够看到，尽管在这一阶段主体形成了对心性的反思，但这种反思仍是不彻底的，这导致精神未能完成对自然的绝对超越。无论是孔孟还是汉代诸儒，他们都将最高存在领会为外在的、自然的东西，而自我也往往依附于自然的存在，这一点从孟子"尽心"以求"知天"，汉儒以天数比附人事皆可见得。此外，孟子虽被后世尊为"亚圣"，但这一地位的确立其实是宋以后的事情。② 所以，孟子的神秘主义思想在宋以前并未受到特别重视，未能在儒学史上产生普遍的影响。

劳思光认为，在孔孟儒学那里，尚有对心性之超越义的关注，汉代儒学的重心就已经不在构建心性论的形上学方面，而在发挥天人感应的宇宙论方面了。据此，劳先生对两汉儒学提出了批评：

> 战国以来，古文化传统早有交流混合之势。秦汉之际，古学既渐失传，思想之混乱尤甚。南方道家之形上旨趣、燕齐五行迂怪之说，甚至苗蛮神话、原始信仰等等，皆渗入儒学。以致两汉期间，支配儒生思想者，非孔孟心性之义，而为混合各种玄虚荒诞因素之宇宙论。等而下之，更有谶纬妖言流行一时。观董仲舒之倡"天人相应"，盛谈符瑞灾异，以及夏侯氏据《尚书·洪范》以作预言，可知其大略矣。
>
> 思想混杂之结果，使中国哲学思想退入"宇宙论中心之哲学"之幼稚阶段。另一面"伪作"丛出，又益使先秦思想真义不传。汉代初期，以书简流传绝少，汉廷乃征求遗书。因之，遂有造伪书以上献之恶劣风气。其中影响最大者，乃取某种文件资料，伪托为圣哲之著作。如《尔雅》托于周公，《易·十翼》托于孔子，《礼记》中《大学》一篇托于曾子，《中庸》一篇托于子思，皆其最著者也。此类文件所伪托之作者，皆儒家

---

① 钱穆：《中国思想史》，九州出版社 2012 年版，第 5 页。
② 徐洪兴：《唐宋间的孟子升格运动》，《中国社会科学》1993 年第 5 期。

最具权威地位之圣贤人物，于是俗儒乐道其书，学者亦尊信成习。其影响直至唐宋而不改。而孔孟心性之义，成德之学，反为此一套伪作文件所掩。此中国哲学史一大关目，固不仅为中期之大事也。①

在劳先生看来，汉代儒学出了三个大问题。一是将一些春秋战国时期的儒学之外的学说杂糅到传统儒学之中，使儒家文化精神产生变化；二是这一时期"伪作"频出，俗儒得幸；三是构建了一套"混合各种玄虚荒诞因素之宇宙论"，不仅传统儒家的心性论没有能够得到应有的发展，更淹没了原有的心性之义、成德之学。其中，第三点是最为致命的：

> 入汉，则说经诸儒生，多受阴阳家之影响。董仲舒所倡天人相应之说，实此一普遍风气之特殊表现，并非董氏之独创。天人相应之说既兴，价值根源遂归于一"天"。德性标准不在于自觉内部，而寄于天道，以人合天，乃为有德。于是，儒学被改塑为一"宇宙论中心之哲学"。心性之精义不传，而宇宙论之观念，悉属幼稚无稽之猜想。儒学有此一变，没落之势不可救矣。此中尤严重者，为此诸人立说之依托问题。曩之反孔孟者，不假孔孟之言，墨翟非儒，即讥孔丘；荀卿言性恶，即攻孟子。今汉儒则不然，明以阴阳五行之宇宙论观念为据，而故意以此解《春秋》，解《书经》，不谓此乃自己之所见，而必谓此乃儒学经典之本意。②

劳思光以"心性之义"判定儒家之"真""伪"，虽有极大的主

---

① 劳思光：《新编中国哲学史》（二卷），广西师范大学出版社 2005 年版，第 3 页。

② 劳思光：《新编中国哲学史》（二卷），第 15 页。

观成分，但汉儒重"天"而不重"心"，未能发展出一套以心性为核心内容的本体论与工夫论，亦为不争的事实。所以说，在这一阶段，儒家还没有明确将自我、本心等同于绝对的精神自由。这使得秦汉时期儒家的神秘主义仍是外在的、朴素的，精神的超越与反思未能得到统一。

不过，正如本书反复强调的那样，精神的自我发展是一个不断超越自身并生成新的内容的过程。自由是精神内在的终极本体，也是推动精神提升和发展的根本力量。自由推动了自然精神的自我深化，使后者发展为伦理精神和神秘精神。伦理精神对自我的领会是道德意义上的，它所追求的是道德的境界。而在神秘精神那里，自我被领会为一种超越理性与现实性的绝对自由，它所追求的是自我的无限性。在下一节中，我们将重点考察宋明儒学中的神秘主义，并阐明伦理精神与神秘精神的内在联系。我们将表明，从宋代理学到明代心学，儒学对精神的领会有着显著的变化，神秘精神最终在阳明心学那里呈现为良知本体的形式。

第三节　宋明儒学中的神秘主义

神秘主义的相关问题，无不基于精神的自我运动而展开。精神关乎个体的心性。在心性论中，本体的精神内容及其工夫路径构成了神秘主义的题中之意。无论是"心"还是"性"，都是唐宋之后儒学所讨论的重要话题。从这一点上讲，唐宋以前的儒家对于心性的领会多为不自觉的。尽管从殷周之际到秦汉时期已经有了神秘主义的某些观念，但心性论的神秘主义并未形成，而先秦儒家和两汉儒家也未能在其学说中突出心性的超越性，这就导致精神的自主性无从展开。唐宋之后的儒家，则更自觉地在心性层面寻求一种神秘经验。他们普遍认为，个人通过心性修养能够达到绝对超越的精神境界。

宋明儒者对心性问题的重视，离不开佛教传入中土后产生的异质性影响。如果说汉代的神秘主义是杂糅了阴阳术数之学和儒学而形成的，那么宋明的神秘主义则是"援佛入儒"的必然结果。魏晋南北朝时期，儒家学说凋敝，江南江北皆以佛教为盛。南北朝时，译经事业达到了前所未有的盛况，名士谈玄论道多以佛理为底色。自此葱岭以东，佛法日兴，士庶多从浮屠之教。唐中期后，禅学大行，高士尽出禅门。禅宗最早出自南北朝时的楞伽师，在修证上依止《楞伽》《起信》等经典，自六祖慧能才改而讲授《金刚经》。自是以后，禅宗强调"万法尽在自心"，要求"从自心顿见真如本性"。禅宗昌言心性，尤重证悟，以不立文字、直指本心为宗旨，这无疑给当时的儒家带来了巨大刺激。唐宋以来，很多儒生虽在书信、札记、文章中力辟禅学，实则早已不存门户之见，反而自觉将佛道思想大量引入儒学体系。这种"援佛入儒"的风气约略始于中唐儒学，但其深层的发展则在宋明理学那里。从历史上看，东汉覆灭后，谶纬之学很快就失去了它在思想界的统治地位。至隋唐之际，儒学也囿于考据注疏，少有新见，长期陷于一种萎靡困顿的状态。因此，儒学要想重新获得思想界的话语权，就必须完善自身的理论体系。在这一时期，佛学得到了高度发展，其本体论与工夫论较之儒学更为成熟。一些儒者有见于此，便尝试汲取佛学之精华以补儒学之阙失，从而建构新的思想系统。无论是程朱理学，还是陆王心学，它们的共同目标都是重建道统、宣扬儒学，而这些理学家又几乎都有过"出入佛老"的人生经历。《文献通考·经籍考》引二程弟子陈瓘语云：

　　了翁陈氏曰：佛法之要，不在文字，而亦不离于文字。文字不必多读，只《金刚经》一卷足矣。世之贤士大夫，无营于世而致力于此经者，昔尝陋之，今知其亦不痴也。此经要处，只九个字"阿耨多罗三藐三菩提"。梵语九字，华言一字，一"觉"字耳。《中庸》"诚"字即此字也。

　　陈瓘之言，代表了两宋理学家对待佛教的一种开放态度。这些理学家不仅公开表达对佛教的敬仰，甚至觉得交游高僧是一种提升格调的生活方式。比如被学者称作横浦先生的张九成，就与杨岐派高僧大慧宗杲私交甚好。《宋史·张九成传》："径山僧宗杲善谈禅理，从游者众，九成时往来其间。"张九成认为佛学襄助理学甚深，所以对前者抱有一种感激之情："佛氏一法，阴有以助吾教甚深，特未可遽薄之。"（《横浦学案》，《宋元学案》卷四十）应该说，宋代士大夫将好言佛理和交游名僧当成了一种风尚。除张九成外，如新学党魁王安石、大学士苏轼、诗人陈师道等，都对佛教尤其禅宗抱有浓厚兴趣。元祐时期，吕公著掌握大权，废王安石之说，并下令应举考生不得以佛理立论："主司不得出题老、庄书，举子不得以申、韩、佛书为学，经义参用古今诸儒说，毋得专取王氏。"（《宋史·吕公著传》）尽管如此，吕公著仍是表面辟佛，私好禅学。徐度《却扫编》卷上载："吕申公素喜释氏之学，及为相，务简静，罕与士大夫接。惟能谈禅者，多得从容。于是好进之徒往往幅巾道袍，日游禅寺，随僧斋粥，谈说理情，觊以自售，时人谓之'禅钻'云。"朱子也说："某尝说佛老也自有快活得人处，是那里？只缘他打并得心下净洁。所以本朝如李文靖、王文正、杨文公、刘元城、吕申公都是恁么地人，也都去学他。"（《朱子语类》卷八十四）可见吕公著亦为当时一好禅之士。两宋的一些僧人，也会采用一些手段拉拢思想相对开明的儒者。这些僧人指出，儒佛的价值观不仅不是冲突的，更是基本一致的。比如宋初天台宗大师孤山智圆指出，佛教亦有迁善化民之功，此与儒学相近："夫佛释者，言异而理贯，莫不化民，俾迁善远恶也。儒者饰身之教，故谓之外典也。释者修心之教，故谓之内典也。惟身与心，则内外别矣。蚩蚩生民，岂越于身心哉？非吾二教，何以化之乎？嘻！儒乎，释乎，其共为表里乎？"（《中庸子传》，《闲居编》卷十九）与二程同时的高僧契嵩也认为，佛教同样肯定君臣父子之伦，着意于天下国家之事："佛之道岂一人之私为乎？抑亦有意于天下国家矣！何尝不存其君臣父子邪？

岂妨人所生养之道邪？但其所出不自吏而张之，亦其化之理隐而难见，故世不得而尽信。"（《原教》，《镡津文集》卷一）"迁善远恶""有意于天下国家"是唐宋儒学复兴的核心问题，这些问题既被佛教人士提出，便对士大夫认可、关注佛学起到了推波助澜的作用。一些儒者看到僧众亦汲汲于服务国家、教化民众，便逐渐打消了内心的疑虑，以更开放的胸襟接纳佛教。在慈悲救度的现实关怀方面，佛教反而引发了儒者的反思，后者往往认为士人群体不如僧人精进。释惠洪撰《冷斋夜话》卷十"圣人多生儒佛中"条载王安石与朱世英的对话："（王安石）又曰：'吾止以雪峰一句语做宰相。'世英曰：'愿闻雪峰之语。'公曰：'这老子尝为众生做什么？'"南宋史学家李心传则愤怒地对儒者提出批评，认为后者在勤勉与奉公方面远逊于僧众：

> 今伟之营是刹也，一钱之施，弗敢私有，铢积寸系，迄于成就，世俗之士当知所愧，而又奚议哉？昔国一师为崔赵公言："出家是大丈夫事，非将相之所能为。"李文公问药山戒定慧之说，药山云："欲保任此事，须高高山顶立，深深海底行，闺阁中物舍不得，便为渗漏。"今之士大夫，考其所为，渗漏多矣，故名虽将相实不能为大丈夫，此浮屠氏所以下视而高胜之也。（《宋南林报国寺碑》，《吴兴金石录》卷十一）

在一些儒者看来，佛教的世界观有着强大的吸引力，"佛教教义中那些被现代学者有时概括为'寂灭'和'彼岸'的内容，能够激发并维持此岸的实践动力。这种世界观指导下的实践，远离了传统士大夫受到的宿命论和权力斗争的折磨，显然高明得多"①。至于心学学者，与禅学的交通则更为明显。无论是陆象山将天理收归人心，

① ［美］何复平：《宋代文人的精神生活：960—1279》，叶树勋、单虹泽译，江苏人民出版社 2021 年版，第 266 页。

还是王阳明以良知本体"生天生地""成鬼成帝",皆非传统儒学的观念,却可在禅学中觅其渊源。禅宗深受如来藏佛学的影响,有"真心缘起"之说,神秀《观心论》云:"心者,万法之根本也。一切诸法,唯心所生,若能了心,则万法俱备。犹如大树所有枝条及诸花果,皆悉依根而始生,及伐树去根而必死。"这可以说是陆王心学以心为宇宙本根、始基之说的蓝本。至于他们所谓"自作主宰""发明本心""致良知"的工夫进路,则完全是禅宗顿悟说的翻版。朱子直言象山言论"全是禅学,但变其名号耳"(《答吕子约》,《朱文公文集》卷四十七);王船山说阳明学纯为"阳儒阴释,诬圣之邪说"(《张子正蒙注·序论》),亦非无据。在这种儒佛融合的背景下,禅宗的神秘主义对儒学产生了极大影响。禅宗的神秘主义观念主要包括:(1)绝对自我为清净、寂静、超越思维与理性的本体;(2)对自我的认识不能凭借理性与概念思维,而要通过反观觉照、明心见性的直觉反思。在儒家与佛教互动、交融的过程中,禅宗本体论和工夫论的神秘主义逐渐被儒学吸收和改造,最终形成宋明理学的神秘主义。

具体而言,理学与心学的神秘主义仍有较大区别。尽管理学已经具有了一种内向反思的精神自觉,但"心""理"始终分判为二,且"心"受"理"的规定,无法展开为一种真正超越的心本体学说。所以,尽管宋代理学的神秘主义也追求心的证悟,但始终无法立足"本心"实现精神的绝对自由。宋代理学的主体性基础是伦理精神,它将精神的超越视为道德的合目的性,必使此心合乎天理,而无一毫人欲之杂,"学者须是革尽人欲,复尽天理,方始是学"(《朱子语类》卷十三)。心学的神秘主义则达到了精神的最高阶段,后者体现为超理性、超现实的神秘精神。神秘精神实现了对外在自然、现实的绝对否定,将其内在本质设定为超绝的真理。这样的一种自我否定与实现,就是精神的反思与超越。从哲学史上看,阳明心学兴起后,儒家逐渐意识到"本心"是唯一自在自为的实体和绝对真理。唯"本心"能够否定外在的权威和奴役,而使自身成为世界的主宰。基于这一立场，良知成为全部思想与活动的价值和目的，而自我的尊严亦由此挺立。神秘精神包含了对本体自由的领会，后者标志着自我对自然、经验的绝对否定，从而使自身达到一种超理性、超现实的超绝境界。这样的一种神秘境界，几乎成为心学学者在工夫效验上的普遍追求。

一　宋代理学的神秘体验

按照传统意义上的理解，唐宋以后的儒学是倾向"内圣"一面的。所谓"内圣"，即为个体立足于内在自我，通过道德实践契入圣贤之境，成就德性完满之人格。唐宋之后的儒家深受佛教的影响，特别重视对内在心性的省察与涵养。宋明理学所倡导的"内圣"即形成于这一背景。"内圣"表现为个体对超越自我的追求。这种境界的达到，需要经过漫长的工夫修炼，而在这一过程中经常伴有神秘经验的出现。宋代理学在思想和实践上体现出一种神秘主义的特征。这些理学家将神秘体验作为超凡入圣的基本路径，并极力追求超越经验自我的神秘境界。

在宋代理学中，最具神秘主义特色的思想流派是道南学派。从师承上讲，这一派以明道为发端，继而传之龟山、豫章、延平直至朱子。相比宋代理学的其他学派，道南一系尤重内向体验的工夫。事实上，这一派的工夫进路，亦可追溯到濂溪那里。濂溪的思想学说经常表现出一种重冥契而不依文句、重自得而轻忽外缘的特征，朱子称其"不繇师传，默契道体"（《江州重建濂溪先生书堂记》，《朱文公文集》卷七十八）。从濂溪辨析"动静"的话语中，也能够看到神秘主义的理念，其云："动而无静，静而无动，物也。动而无动，静而无静，神也。动而无动，静而无静，非不动不静也。物则不通，神妙万物。"（《通书·动静》）真正高明的境界是动中有静，静中有动，即动即静，即静即动，这是一种非对象性的神秘主义。不过，濂溪的兴趣乃在依阴阳动静变化而成立一种宇宙生成论，而不是从本己心性出发构建本体论的形上学。① 明道年十五始受学于濂溪，后出入佛老，最终归本儒门，"闻汝南周茂叔论道，遂厌科举之业，慨然有求道之志。未知其要，泛滥于诸家，出入于老、释者几十年，返求诸《六经》而后得之"（《明道先生行状》，《河南程氏文集》卷十一）。可知，明道学说中的主静内省工夫应该是来自濂溪与佛道思想。明道对仁的体贴尤为深入，他说：

> 学者须先识仁。仁者，浑然与物同体。义、礼、知、信皆仁也。识得此理，以诚敬存之而已，不须防检，不须穷索。若心懈则有防，心苟不懈，何防之有？理有未得，故须穷索。存久自明，安待穷索？此道与物无对，大不足以名之，天地之用皆我之用。孟子言"万物皆备于我"，须反身而诚，乃为大乐。（《河南程氏遗书》卷二上）

所谓"浑然同体"，即为一种消解了主客分别的神秘状态。在此状态中，自我与宇宙万物融合为一，这种境界"不仅仅是一种理性境界，而包含有神秘体验在其中"②。"存久自明"是一种直觉内省的工夫。若此种工夫熟透，则一切外在的"穷索"之功尽是枉费精神。在这一点上，明道和伊川有明显的不同，后者虽亦肯定直觉、静观之功，"每见人静坐，便叹其善学"（《河南程氏外书》卷十

---

① 劳思光先生曾辨析儒家哲学的宇宙论与形上学的差异："形上学之主要肯定必落在一超经验之'实有'（Reality）上，建立此肯定后，对于经验世界之特殊内容，可解释可不解释。即有解释，亦只是其'形上实有'观念之展开。此'实有'本身之建立并不以解释经验世界为必要条件。而宇宙论之主要肯定，则落在经验世界之根源及变化规律上，此种根源及规律虽亦可视为'实有'，但非超经验之'实有'。其建立根据每与经验世界之特殊内容息息相关。故宇宙论之形态，依哲学史观点说，较形上学形态为幼稚。"就宋明理学史而言，濂溪与横渠的学说，宇宙论的成分居多，至二程之后，儒家乃逐渐建立起心性论的形上学系统。参见劳思光《新编中国哲学史》（三卷上），广西师范大学出版社2005年版，第37页。

② 陈来：《有无之境——王阳明哲学的精神》，第406页。

二），但毕竟还是侧重理性的知解，故迥异于明道的直觉主义工夫。①

明道之后，杨龟山承其学，至罗豫章、李延平而兴盛。《宋元学案》称"明道喜龟山，伊川喜上蔡，盖其气象相似也"（《龟山学案》，《宋元学案》卷二十五），可知龟山直承明道学脉。龟山提倡"体验未发"的工夫，尤其强调"学者当于喜怒哀乐未发之际，以心体之，则中之义自见"（《龟山学案》，《宋元学案》卷二十五）。相较濂溪与明道，龟山开创的道南学派更重直觉体验。所谓"体验未发"，就是通过某种直觉反思实现对中庸"未发"之旨的领会。这一进路被称为"龟山门下相传指诀"（《答何叔京二》，《朱文公文集》卷四十），亦称"道南指诀"。明儒聂双江盛赞此工夫进路："龟山为程门高弟，而其所传，不过令人于静中以体夫喜怒哀乐未发之中。此是顶门上针，往圣之绝学也。"（《答唐荆川太史二首》，《双江集》卷八）至龟山高足罗豫章及再传弟子李延平时，道南学派气候已成，"体验未发"的工夫得到了更多发扬。延平问学于豫章，二人终日静坐，体验"未发气象"。延平述曰："某曩时从罗先生学问，终日相对静坐，只说文字，未尝及一杂语。先生极好静坐，某时未有知，退入室中，亦只静坐而已。先生令静中看喜怒哀乐未发之谓中，未发时作何气象。此意不唯于进学有力，兼亦是养心之要。"（《延平答问》庚辰五月八日书）延平继承豫章之说，也将静坐作为体验"未发气象"的重要门径，"讲诵之余，危坐终日，以验夫喜怒哀乐未发之前气象为如何，而求所谓中者。若是者盖久之，而知天下之大本真有在乎是也"（《延平先生李公行状》，《朱文公文集》卷九十七）。可以看到，尽管濂溪说过人应当做到"中正仁义而主静"，但他尚未明确以静坐为入圣之功，至豫章、延平则直接将静坐当作把握"天下之大本"的实践宗旨。对此，陈来先生指出：

① 许珠武：《明觉与思维——论二程认识路线的分殊》，《中州学刊》2001年第5期。

"道南宗旨在本质上看是直觉主义的，并包涵着神秘主义。这种神秘主义在儒学中的建立，显然是来自禅宗和道教的影响。理学家多从禅宗修习，从道教养生，自然注意到这种心理体验。"①

由上可见，道南学者继承了濂溪、明道以来重视直觉体验的工夫路向，而与伊川一系的格物工夫扞格不入。这种"体验未发"的工夫，可以视为一种以长时间的静坐为基础，以人与天地万物感通、融合为效验的神秘体验。陈来评价道：

> 所谓体验未发……都是要求体验者超越一切思维和情感，最大程度地平静思想和情绪，使个体的意识活动转而成为一种直觉状态，在这种高度沉静的修养中，把注意力集中在内心，去感受无思无情无欲无念的纯粹心灵状态，成功的体验者常常会突发地获得一种与外部世界融为一体的浑然感受，或者纯粹意识的光明呈现。②

这就是说，道南学者的"体验未发"之功乃是由"静"出发，进而获得超越动静的纯粹意识，最终达到自我与万物相融为一的精神状态。关于"静"的观念，唐宋以前的儒者讨论较少，自佛教传入始有发明，但以正统自居的儒者往往有所避讳。在这些儒者看来，讨论"静"的观念就不免需要练习静坐，而静坐又容易使人喜静厌动，其结果或使人"耽于禅悦"，或产生外人伦、遗事物的弊病。面对这一问题，伊川提出以"敬"代"静"的说法："才说静，便入于释氏之说也。不用静字，只用敬字。才说着静字，便是忘也。"（《河南程氏遗书》卷十八）尽管如此，伊川见人静坐，仍然叹其"善学"，可见他并未全然否定静坐的意义，而是试图在居敬和静坐之间寻找一条出路。清儒李塨也指出，伊川所谓"主敬"，实际上仍

---

① 陈来：《有无之境——王阳明哲学的精神》，第405页。
② 陈来：《有无之境——王阳明哲学的精神》，第405页。

是"主静"："宋儒讲'主敬'，皆'主静'也。主一无适，乃'静'之训，非'敬'之训也。"（《颜氏学记》卷五）因此，宋儒的修养工夫，在实质上吸收了佛道修养论的诸多内容，他们所警惕或反对的，只是耽于静坐而疏略人伦的现象，而并未否定静坐自身的价值。朱子也说："明道教人静坐，李先生亦教人静坐。盖精神不定，则道理无凑泊处"，"须是静坐，方能收敛"。（《朱子语类》卷十二）可见，即便是主张"避虚求实"的朱子，也未尝否认这种静坐工夫的实效——尽管作为延平弟子的他并未将师门传承的未发静养之功发扬开来。

由静坐工夫伴随而来的，通常是一种人与外部世界融合为一体的神秘经验。上文说过，这种物我浑然同体的观念，实自古代巫史传统发展而来。孟子所谓"万物皆备于我"直至汉代的感应学说也是原始感通思维的某种延续。唐宋之前论物我一体，大多停留于观念层面，未能征之实功。孟子虽有"养气"之说，但在具体操作方法上却语焉不详。佛法东来，昌言"同体大悲"，进一步丰富了中国传统的物我一体观念，形成"万物一体"学说。宋儒论"万物一体"，大多围绕两个方面展开：一是物我相通之情感，二是物我相存之关系。从情感相通的角度讨论万物一体的学者甚多。横渠说过"民吾同胞，物吾与也"（《正蒙·乾称》），在工夫上则强调"大其心以体天下之物"（《正蒙·大心》），开宋儒以仁爱言万物一体之先河。这种论调影响甚远，至朱子犹言"天地万物本吾一体，吾之心正，则天地之心亦正矣"（《中庸章句》），"天地万物与我一体，固所以无不爱"（《答胡广仲》，《朱文公文集》卷四十二）。不过，从情感关系而展开的万物一体说未必是神秘主义的。比如某人见动物伤残而悯恤之，自觉自己与该动物都是生命共同体中的存在，这可以说是伦理的"一体"，而不能说是神秘的"一体"。从物我相存之关系出发，强调主体凭借某种工夫达到物我相通、相摄之境界，则必然是神秘的。这种观念，以明道"浑然一体"之说为端绪，至道南学派肇兴而昌明。明道云："仁者，以天地万物为一体，莫非己也。认得为己，何所不至？若不有诸己，自不与己相干。"（《河南程氏遗书》卷二上）在明道看来，宇宙间的一切生命都与自我同体。这种物我合一的规定不仅是本然的，也是应然的。明道强调通过"识仁"来实现物我的一体无间，使人积极承担对于天地万物的责任。在境界方面，明道最欣赏"鸢飞鱼跃"的自由之乐，他说：

> "鸢飞戾天，鱼跃于渊，言其上下察也。"此一段子思吃紧为人处，与"必有事焉而勿正心"之意同，活泼泼地。会得时，活泼泼地；不会得时，只是弄精神。（《河南程氏遗书》卷三）

这里所说的"乐"超越了物我的对立，体现为天地万物浑然一体的、活泼自如的闲适之乐。这是天地之大美，也是人与万物各安其位、各遂其性的自由。到了豫章及延平那里，这一倾向表现得更为明显，他们强调通过静坐涵养心性，这种工夫正是实现自我与外部世界相融合的入手处。

不过，必须指出的是，尽管道南学派的思想表现出明显的神秘主义色彩，但其并非宋代理学的主流。在以伊川—朱子为代表的理性主义一派兴起后，道南学派的主静工夫便失去了发展的势头。朱子虽早年师事延平，后来却背离了"体验未发"的工夫路径，反而更强调"格物致知"的外向工夫，这就使道学完成了理性主义的转向。在《大学章句》中，朱子有一段著名的论述：

> 盖人心之灵莫不有知，而天下之物莫不有理；惟于理有未穷，故其知有不尽也。是以《大学》始教，必使学者即凡天下之物，莫不因其已知之理而益穷之，以求至乎其极。至于用力之久，而一旦豁然贯通焉，则众物之表里精粗无不到，而吾心之全体大用无不明矣。

所谓"一旦豁然贯通""吾心之全体大用无不明"，就是指主体获得对于天理的终极领会。这其实也是一种神秘主义的表达。不过，朱子虽承认这种彻悟的可能，却在具体的工夫修习上偏离了道南学派的主静、体验之功。较之明道至延平以来的内向体认，朱子提倡的是格物致知的成圣进路。在他看来，人心有归纳、概括的能力，能够准确把握外部世界的经验知识，唯有通过经验知识的积累，才能实现对世界的整体性把握。这一积累经验知识的过程，就是"格物穷理"。朱子尝言："格物致知是《大学》第一义，修己治人之道无不从此而出。"（《答宋深之》，《朱文公文集》卷五十八）清代四库馆臣指出，朱子之学"大旨主于格物穷理"（《四库全书总目提要·〈近思录〉提要》）。"格物穷理"主张向外认识事物，通过持续性地努力探求，实现内心的"全体大用"。"格物"的方法，就是先于切己处着力，然后逐渐外推，"格物，须是从切己处理会去，待自家者已定叠，然后渐渐推去，这便是能格物"（《朱子语类》卷十五）。初看起来，这也是一种体察自家心性的方法。但是在朱子理学中，"理"与"心"不是一个层面的事物。所穷之"理"，始终是外在于"心"的形上存在，对"理"的把握有赖于经验知识的积累，"致知，是自我而言；格物，是就物而言。若不格物，何缘得知"（《朱子语类》卷十五）。因此，朱子的工夫进路与精神境界终究不如道南一系学人高明圆熟，这也是朱学最为后世心学学者诟病之处。

　　总的来说，宋代理学的神秘主义，主要体现在道南学者的思想与实践中，而它们最终被程朱的理性主义学说所掩盖。冯友兰认为，明道是陆王心学之先驱，伊川是朱子理学之先驱："涵养须用敬，明道亦如此说。但明道须先'识得此理'，然后以诚敬存之。此即后来心学一派所说'先立乎其大者'者也。伊川则一方面用敬涵养，勿使非僻之心生，一方面今日格一物，明日格一物，以求'脱然自有贯通处'。"[①] 可见明道、伊川二人修养方法之不同：明道一系学人力主体验、存养，伊川门下侧重格物、致知。比较而言，明道和道

---

　　① 冯友兰：《中国哲学史》（下册），第 894 页。

南学派的工夫进路更具神秘主义色彩。程朱学人并非不重视对圣人境界的追求，只不过入手处较之道南学人更为理性、平实。道南学者所重视的直觉主义，后来被心学学者接续和发扬，遂与程朱学派形成分庭抗礼之格局。

二　宋代心学的神秘体验

本书所谓"宋代心学"，乃特指陆象山及其门人的思想学说。象山力主"尊德性""发明本心"，虽谓其学"因读《孟子》而自得之"，我们还是能从他的思想中窥得一些濂溪、明道、道南学者以及禅学的影子。在某种意义上讲，象山的学说近似于南宗禅与道南学说的混合体。① 然而，从相关文献中，我们又能清楚地看到，象山对本体与工夫的把握，其实比道南学人高明许多，所以他的"读书自得"之说有一定的合理性。

史载象山儿时就表现出好学善思的个性，"生三四岁，问其父天地何所穷际，父笑而不答。遂深思，至忘寝食"（《宋史·儒林

---

① 《宋元学案》就认为，象山的思想是继程明道、谢良佐之后，经由王苹、张九成、林季仲发展而来。这个说法在《宋元学案》中出现了三次。其一，《象山学案》表在"陆九渊"名下注："庸斋、梭山、复斋弟。艾轩讲友。上蔡、震泽、横浦、林竹轩续传。"这是说象山之学可以由林季仲、张九成、王苹、谢良佐追溯至程明道。其二，《震泽学案》全祖望案语曰："洛学之……入吴也以王信伯。信伯极为龟山所许，而晦翁最贬之，其后阳明又最称之。予读信伯集，颇启象山之萌芽。其贬之者以此，其称之者亦以此。象山之学，本无所承，东发以为遥出于上蔡，予以为兼出于信伯。盖程门已有此一种矣。"黄震认为象山之学"遥出于上蔡"，全氏则以其"兼出于信伯"，综此两面则确认"程门已有此一种"。这也是对象山心学与明道之学内在联系的肯定。其三，全祖望在《艾轩学案》中说："愚读艾轩之书，似兼有得于王信伯，盖陆氏亦尝从信伯游也。且艾轩宗旨，本于和靖者反少，而本于信伯者反多，实先槐堂之三陆而起。"这条补充了林艾轩与陆象山的关系。从象山对二程的态度来说，确为亲明道而远伊川。如《年谱》载象山卯角时，闻人诵伊川语，即曰"伊川之言，奚为与孔孟之言不类"。《语录上》说："二程见周茂叔后，吟风弄月而归，有'吾与点也'之意。后来明道此意却存，伊川已失此意。"《语录上》又载象山语云："元晦似伊川，钦夫似明道。伊川蔽锢深，明道却通疏。"（《陆九渊集》卷三十四）这些都表明象山心学与明道的思想更为接近。

传》）。从学不久，象山感到伊川学说与自己的气质多有不合。他说：
"闻人诵伊川语，自觉若伤我者。"（《宋史·儒林传》）十三岁时，
象山对"天地何所穷际"的问题有所领悟："忽大省曰：'元来无穷。
人与天地万物，皆在无穷之中者也。'乃援笔书曰：'宇宙内事乃己分
内事，己分内事乃宇宙内事。'又曰：'宇宙便是吾心，吾心即是宇
宙。'……又曰：'宇宙不曾限隔人，人自限隔宇宙。'"（《年谱》，
《陆九渊集》卷三十六）象山的"大省"，表明他领悟到自己的心和
宇宙本体是超越时空界限的同一存在。对"心"的重新发现，是象
山的卓越贡献。朱子这样评价象山学："陆子静之学，只管说一个心
本来是好底物事……若识得一个心了，万法流出，更都无许多事。"
（《朱子语类》卷一二四）这表明象山学是一门关于"心"的学问。
我们将象山的心学思想称为神秘主义，是因为象山将"本心"作为
最高的精神存在，并以直觉反思为工夫要旨。

　　"本心"是象山思想中的核心概念，"发明本心"则是其学问宗
旨和工夫进路。"本心"有时也被称为"吾心""此心"。"本心"
观念来源于孟子"此之谓失其本心"的说法。在孟子思想中，"本
心"不仅是"赤子之心""仁义之心"，也是一种先验的道德直觉，
但它还不是精神本体。孟子之后，虽硕儒频出，但没有人将"心"
作为形上的超绝本体，也没有人将个体之心和宇宙的心等同起来。
到了象山这里，个体的心才真正成为"心之本体"，获得了形上的规
定。这样的一个"心"和"理"相统一，并先验地构成了人的精神
本质。

　　象山的"心即理"说奠定了南宋心学的本体论基础。"心即理"
之"心"是"本心"或"心之本体"，而不是一般意义上的知觉之
心或认识之心。象山虽言其学得自《孟子》，却没有简单地回归孟
学，而是采用了"本心"这个范畴并将其与作为宇宙根本法则的
"天理"相结合。"心即理"既是本体论的说法，也是人性论的说
法。从本体论上看，"宇宙便是吾心"，充盈天地、化生万物之最高
本体不是别的，而正是人生而禀有的"本心"；从人性论上看，"吾

心即是宇宙",个体之心与宇宙之理是同一的,所以"本心"是最高的善和先验的道德本质。通过"心即理"的观念,象山实现了本体论和人性论的贯通。"本心"是先验的、普遍的精神存在,其超越时空、物质和一般意识。象山说:"千万世之前,有圣人出焉,同此心同此理也。千万世之后,有圣人出焉,同此心同此理也。东南西北海有圣人出焉,同此心同此理也。"(《杂著》,《陆九渊集》卷二十二)又说:"千古圣贤若同堂同席,必无尽合之理。然此心此理,万世一揆也。"(《语录上》,《陆九渊集》卷三十四)这是说圣贤同心。此"心"不仅超越时间之限("千万世"前后),而且超越空间之隔("东南西北海")。在象山看来,历代贤哲虽然立场未必尽同,观念也各不相同,但他们所讲的话背后的根本道理是一致的,这是由"本心"决定的。象山还说:"此心此理,我固有之,所谓万物皆备于我,昔之圣贤先得我心之所同然者耳。"(《与侄孙濬》,《陆九渊集》卷一)这就不仅是说圣贤同心了,更能够引申为圣庶同心。这个见解在当时是振聋发聩的,有着突破性的意义。尽管《孟子》中有"舜何人也,予何人也,有为者亦若是"之类的话,却没有讲普通民众在本然层面与圣贤同"心",后来的儒者也没有对"心"的普遍性意义作出太多说明,而象山的说法确立了民众的主体性地位,赋予了后者在社会实践方面的自主权。①"圣人先得我心之所同然"的话,虽出自孟子之口,但在他那里,一般民众尚须努力扩充"四端之心",才能达到尧舜的境界;而在象山这里,通过"心同理同"的本体论规定,直接就将凡庶之心与圣人之心等同了。这表明象山虽然借鉴了孟子哲学中的观念、理念,却又有自己独到的发挥,在本体论上证成了"人皆可以为尧舜"的合理性。除了对《孟子》作出新的阐释,象山对《论语》也有自己的理解。比如他说:

---

① 单虹泽:《陆象山的"主民"思想及其对晚明"觉民行道"的开启》,《学术探索》2020 年第 3 期。

　　《论语》中多有无头柄的说话，如"知及之，仁不能守之"之类，不知所及、所守者何事；如"学而时习之"，不知时习者何事。非学有本领，未易读也。苟学有本领，则知之所及者，及此也；仁之所守者，守此也；时习之，习此也。说者说此，乐者乐此，如高屋之上建瓴水矣。学苟知本，《六经》皆我注脚。（《语录上》，《陆九渊集》卷三十四）

　　这里的"此"就是"此心""本心"。象山认为，一切工夫皆要围绕此心而展开，《论语》中所讲的道德实践都以涵养、完善此心为目的。此外，如果能"知本"，即领悟作为宇宙本原的"吾心"，那么经典所蕴含的经验知识就能够融会贯通。从本末关系上看，"吾心"为本，经验知识为末，后者为前者服务。所以，象山认为真正的学问不是博览群书或著书立说，而是推明、领会精神生命的大本大原。象山一生不事著书，有弟子问其故，象山答曰："六经注我，我注六经。"（《语录上》，《陆九渊集》卷三十四）先言"六经注我"，再言"我注六经"，就是强调在注释经典前首先要"发明本心"，若以未明之心注解经典，则所作注释不免有误。①

　　基于"心即理"的观念，象山认为学者的修养工夫应以"发明本心"为要。"发明本心"是向内体认的工夫，而非向外的求索。依象山之见，孟子的"存心""求放心"等说法都是"发明本心"之功，"人孰无心，道不外索，患在戕贼之耳，放失之耳。古人教人，不过存心、养心、求放心。此心之良，人所固有，人惟不知保养而反戕贼放失之耳"（《与舒西美》，《陆九渊集》卷五）。"发明本心"就是保任、安顿人所固有的"心之本体"，无需在"本心"

---

　　① 何俊也指出，象山的经学注疏形式就是"六经注我，我注六经"，其固有先后之序。"六经注我"是象山由经学转出为心学，其宗旨与使命是在形式上将经典文句化作自己的语言，把握语言所表征的活动呈现出的基本道理。"我注六经"是象山将心学安顿于经学，其原则是对六经的阐释不落于文字，而坚守本心发明。参见何俊《陆象山的"六经注我"与"我注六经"》，《中国哲学史》2021年第5期。

之外另做工夫，所以它是"易简"的。据此，象山认为朱子的向外用功是多余的，有"支离"之弊。鹅湖之会时，象山赋诗曰"易简工夫终久大，支离事业竟浮沉"，已点出朱学"支离"的特点。"支"是说未能直接在"本心"上做工夫，从内歧出至外在领域；"离"是说"格物穷理"与"发明本心"仍有隔阂，即便能穷究纷繁复杂的天下万物之理，也未必能用此"理"解决"本心"的问题。象山弟子朱亨道记载朱陆之辩甚详，其云：

> 鹅湖之会，论及教人。元晦之意，欲令人泛观博览，而后归之约。二陆之意，欲先发明人之本心，而后使之博览。朱以陆之教人为太简，陆以朱之教人为支离，此颇不合。先生更欲与元晦辩，以为尧舜之前何书可读？复斋止之。(《年谱》，《陆九渊集》卷三十六)

"易简"与"支离"的对立，反映了"发明本心"与"格物穷理"的歧异性。所以象山的工夫论，实大不同于朱子与朱门后学。

象山认为，强调"发明本心"，是因为"本心"虽无不善，然在现实生活中又多为私欲、意见所蔽。象山说："愚不肖者之蔽在于物欲，贤者智者之蔽在于意见，高下污洁虽不同，其为蔽理溺心而不得其正，则一也。"（《与邓文范》，《陆九渊集》卷一）又说："理只在眼前，只是被人自蔽了。"(《语录下》，《陆九渊集》卷三十五）人之思恶、行恶，大多是因为"蔽其本心"。只要去除其"蔽"，"本心"之至善就会显现出来。关于去除"本心"之"蔽"的方法，象山列举多样，概括地讲无非剥落、格物与静坐三种工夫。

剥落就是剥除物欲，恢复"本心"的清明。象山说："人心有病，须是剥落。剥落得一番，即一番清明，后随起来，又剥落，又清明。须是剥落得净尽方是。"（《语录下》，《陆九渊集》卷三十五）"剥落"其实就是对物欲、意见、成见的否定。人在这种工夫修习中，需要在观念领域否定肉体生命带来的习气、欲求、情绪，以及经验理智带来的意见，最终确立直觉的超验自我，领会个体意志与纯粹精神的绝对同一。所以"剥落"是自反之功，唯有去除物欲、情绪、习气等障蔽，才能真正做到"发明本心"。

同程朱一样，象山也讲"格物"，但其内涵与程朱理学相比有所不同。象山解释"格"说："格，至也，与穷字、究字同义，皆研磨考索，以求其至耳。"（《格矫斋说》，《陆九渊集》卷二十）朱子对"格"的训释亦为"格，至也"（《大学章句》）。关于"格物"，朱陆之别不在于"格"，而在于"物"。《语录下》载象山与伯敏论"格物"之旨：

> 先生云："致知在格物。格物是下手处。"伯敏云："如何样格物？"先生云："研究物理。"伯敏云："天下万物不胜其繁，如何尽研究得？"先生云："万物皆备于我，只要明理。"（《语录下》，《陆九渊集》卷三十五）

象山所谓"格物"，自不同于程朱所言推究外物之理、求取经验知识，"若知物价之低昂，与夫辨物之美恶真伪，则吾不可不谓之能。然吾之所谓做工夫，非此之谓也"（《语录上》，《陆九渊集》卷三十四）。象山所谓"格物"，实为"格心"，也就是反求诸心，与外在的经验知识无甚关联。朱子讲"格物"，既要穷究"物"之"所以然"，又要推明"物"之"所当然"，其本质上是一个从"所以然"发展到"所当然"，再由"所当然"贯通"所以然"的过程。象山认为这一进路是有问题的，因为朱子领悟"物"之"所当然"的重要途径是广纳博采客观知识，这需要人不断地读书求知，遂有舍本逐末、务外遗内之弊。按照象山的认识，这当然属于"外求"的"支离"之功，所以这样的"格物"意义不大。象山还说："且如'弟子入则孝，出则弟'。是分明说与你入便孝、出便弟，何须得《传》《注》。学者疲精神于此，是以担子越重。至某这里，只是与他减担，只此便是格物。"（《语录下》，《陆九渊集》卷三十五）象山还说，"格物"就是"格（此）心"，这是本，而探求经验知识为末："格物者，格此者也。伏羲仰象俯法，亦先于此尽力焉耳。不然，所谓格物，末而已矣。"（《语录下》，《陆九渊集》卷三十五）质言之，如果不能先"发明本心"，而从穷究物理入手，那就是舍本逐末了。

静坐也是"发明本心"的重要方法。不同于程朱学者对静坐工夫的保留态度，象山经常鼓励门人静坐反观自心。朱子指责陆学"不读书，不求义理，只静坐澄心"（《朱子语类》卷五十二）。陈淳说象山教人"不读书，不穷理，只终日默坐澄心"（《北溪学案》，《宋元学案》卷六十八）。叶适也说："有陆子静后出，号称径要简捷，诸生或立语已感动悟入矣。以故越人为其学尤众，雨并笠，夜续灯……皆澄坐内观。"（《胡崇礼墓志铭》，《水心文集》卷十九）象山曾对弟子詹阜民称"学者能常闭目亦佳"，后者从其言，"无事则安坐瞑目，用力操存，夜以继日"，如此半月，"忽觉此心已复澄莹中立"（《语录下》，《陆九渊集》卷三十五）。此心"澄莹中立"，表明詹阜民用此法修养心性而获得某种神秘体验，使精神境界得到了提升，故象山判之"此理已显也"。人在平心静气、瞑目内观之时，可以察识、滤除私心杂念，呈露本真自我。这种工夫确有"近禅"之处，故多为朱门学者所指摘。比较而言，程朱一派对待静坐多有提防，象山则相对开明，将静坐作为接引弟子的手段之一。

道南一系的学者虽然强调"体验未发"，但较少讨论工夫效验，到了象山及其门人那里，则发表了诸多关于悟道经验的言论。象山高弟杨慈湖曾通过"拱坐达旦"来体认"本心"，并云"此心无体，清明无际，本与天地同范围，无内外，发育无疆界"（《慈湖学案》，《宋元学案》卷七十四）。在静坐中，慈湖获得了自我与天地万物浑然同体的神秘经验：

> 某之行年二十有八也，居大学之理斋。时首秋，入夜，斋仆以灯至，某坐于床，思先大夫尝有训曰"时复反观"，某方反观，

忽觉空洞无内外，无际畔，三才、万物、万化、万事、幽明、有
无通为一体，略无缝罅。（《炳讲师求训》，《慈湖遗书》卷十八）

慈湖更作《己易》云："《易》者，己也，非有他也。以《易》
为书，不以《易》为己，不可也。以《易》为天地之变化，不以
《易》为己之变化，不可也。天地，我之天地；变化，我之变化，非
他物也。""吾性澄然清明而非物，吾性洞然无际而非量，天者，吾
性中之象，地者，吾性中之形，故曰'在天成象，在地成形'，皆我
之所为也。"（《慈湖遗书》卷七）从这些表述可以看出，慈湖将
"本心"视为宇宙的根本原理和精神本体。这种洞见显然不是从书本
中得到的，而是来自慈湖本人的静坐经验。

象山及其门下弟子之所以能够领悟"本心"的超越性，就在于
他们通过直觉反思，确认了"本心"与宇宙本体的先验同构性，同
时领悟到一种否定了全部经验表象，也超越了理性的绝对原理，它
是自我的本体或根据。在东西方的宗教文化中，我们都能看到这种
超理性的直觉反思。比如伪狄奥尼索斯、圣十字若望等基督教神秘
主义者以非概念性的直观领会上帝的神性，印度的婆罗门也强调通
过冥想、沉思领悟自我与大梵的合一。在直觉反思中，人破除欲求、
情绪、理智等经验外壳，领悟到本真自我的超越性，并直观到自我
和宇宙大全的同一性。一些成熟的灵修者能够通过主动的精神磨炼，
揭示自我的先验结构，使之作为一种观念的形式呈现于主体意识之
中。这要求修习者对本己的精神进行深入反思，层层破除外在和内
在的经验表象，最终证悟到自我是宇宙的本体和存在的根基。象山
曾说："义理之在人心，实天之所与，而不可泯灭焉者也。彼其受蔽
于物而至于悖理违义，盖亦弗思焉耳。诚能反而思之，则是非取舍
盖有隐然而动，判然而明，决然而无疑者矣。"（《拾遗》，《陆九渊
集》卷三十二）"反而思之"指的就是直觉反思的神秘体验。

象山及其门人认为，"本心"不能通过概念、名相而推出，却可
以通过直觉内省证得。对精神本体的证会，包含了对自然经验的否

定，这表明精神反思到自身是超现实的绝对真理。对于象山来说，"本心"就是这样一种超越的精神本体，而"发明本心"或呈现"心之本体"就成为心学最重要的实践内容。时人质疑象山只会在"本心"上用功，后者深以为然："近有议吾者云：'除了先立乎其大者一句，全无伎俩。'吾闻之曰：'诚然。'"（《语录上》，《陆九渊集》卷三十四）象山又说："收拾精神，自作主宰，万物皆备于我，有何欠阙？"（《语录下》，《陆九渊集》卷三十五）一个人如果收拾精神并使之焕然呈现，则必能领会到"本心"是万事万物之主宰，而此心的发用流行自然就达到"极高明而道中庸"的境界。

　　总之，象山的修养工夫，皆是教人反求诸心或澄心内观，此与禅法相似，也确实给当时和后来的学者留下了"近禅"的印象。禅学强调对人本有的纯意识之心进行磨炼，以契入真空妙有之境，而这个过程是超越名相、文字的。如圭峰宗密《中华传心地禅门师资承袭图》云："达磨西来，唯传心法，故自云：'我法以心传心，不立文字。'此心是一切众生清净本觉，亦名佛性，或云灵觉……欲求佛道，须悟此心，故历代祖宗唯传此也。"镜清道怤问雪峰禅师："只如古德，岂不是以心传心？"雪峰答曰："兼不立文字语句。"（《五灯会元》卷七）象山之教，如禅宗般简易直截，常利用日常生活情境启发弟子。如詹阜民记曰："某方侍坐，先生遽起，某亦起。先生曰：'还用安排否？'"（《语录下》，《陆九渊集》卷三十五）再如《象山年谱》载杨慈湖问"本心"事：

　　　　四明杨敬仲时主富阳簿，摄事临安府中，始承教于先生。及反富阳，三月二十一日，先生过之，问："如何是本心？"先生曰："恻隐，仁之端也；羞恶，义之端也；辞让，礼之端也；是非，智之端也。此即是本心。"对曰："简儿时已晓得，毕竟如何是本心？"凡数问，先生终不易其说，敬仲亦未省。偶有鬻扇者讼至于庭，敬仲断其曲直讫，又问如初。先生曰："闻适来断扇讼，是者知其为是，非者知其为非，此即敬仲本心。"敬仲忽大觉，始北面纳弟子礼。故敬仲每云："简发本心之问，先生举是日扇讼是非答，简忽省此心之无始末，忽省此心之无所不通。"先生尝语人曰："敬仲可谓一日千里。"（《年谱》，《陆九渊集》卷三十六）

这种随机指点的教法如禅宗之机锋棒喝，使人当下彻悟"本心"。不过，象山又在很多时候指责佛教徒舍离尘世、遗却伦常：

彼既为人，亦安能尽弃吾儒之仁义？彼虽出家，亦上报四恩。日用之间，此理之根诸心而不可泯灭者，彼固或存之也。然其为教，非欲存此而起也，故其存不存，不足为深造其道者轻重。若吾儒则曰："人之所以异于禽兽者几希，庶民去之，君子存之。"释氏之所怜悯者，为未出轮回，生死相续，谓之生死海里浮沉。若吾儒中圣贤，岂皆只在他生死海里浮沉也？彼之所怜悯者，吾之圣贤无有也。然其教不为欲免此而起，故其说不主此也。故释氏之所怜悯者，吾儒之圣贤无之；吾儒之所病者，释氏之圣贤则有之。（《与王顺伯》，《陆九渊集》卷二）

可见，象山对禅学的吸收，主要是在本体论与神秘经验方面，而对于禅宗的悟真遗事、耽空守寂、出离世间等方面，是持批评态度的。朱子尝诋陆学为禅，他这样说："陆子静之学，自是胸中无奈许多禅何。看是甚文字，不过假借以说其胸中所见者耳。据其所见，本不须圣人文字得。他却须要以圣人文字说者，此正如贩盐者，上面须得数片鲞鱼遮盖，方过得关津，不被人捉了耳。"（《朱子语类》卷一二四）从象山批评佛教的立场看，朱子此语或存偏见。象山虽多借用禅学的思想成果，但其思想旨趣乃在建构一套儒家心性之学。象山所关注的，是人心的超越，这一论域并不为佛教所专属。然而问题在于，象山对"本心"的领会，是以"发明本心""直指人心"为前提的，这势必导致一种超理性的真心对伦理法则的否定。所以象山心学在伦理实践方面，最终形成了某种内在困境：当象山及其门人不断追求"本心"的超越和所谓"澄莹中立""电光石火"的神秘经验时，对现实的伦理规范也就愈为疏离。象山论及"规矩"（伦理法则），便从己意说之：

> 临川一学者初见，问曰："每日如何观书？"学者曰："守规矩。"欢然问曰："如何守规矩？"学者曰："伊川《易传》，胡氏《春秋》，上蔡《论语》，范氏《唐鉴》。"忽呵之曰："陋说！"良久复问曰："何者为规？"又顷问曰："何者为矩？"学者但唯唯。次日复来，方对学者诵"乾知太始，坤作成物，乾以易知，坤以简能"一章。毕，乃言曰："乾《文言》云：'大哉乾元'，坤《文言》云：'至哉坤元。'圣人赞《易》，却只是个'简易'字道了。"遍目学者曰："又却不是道难知也！"又曰："道在迩而求诸远，事在易而求诸难。"顾学者曰："这方唤作规矩。公昨日道甚规矩。"（《语录上》，《陆九渊集》卷三十四）

象山所谓"规矩"为超上义，自不同于一般世俗之规矩法度。据此，朱子批评象山及其门人偏离正道，误己误人：

> 子静旧年也不如此，后来弄得直恁地差异！如今都教坏了后生，个个不肯去读书，一味颠蹶没理会处，可惜！可惜！（《朱子语类》卷一〇四）

"不肯去读书"固无"支离"之病，但一味追求"简易直截"难免生出师心自用、好高骛远之弊，乃至疏略伦理实践，以凡俗为高明。朱子又讲：

> 陆子静之学，看他千般万般病，只在不知有气禀之杂，把

许多粗恶底气都把做心之妙理，合当恁地自然做将去……其徒
都是这样，才说得几句，便无大无小，无父无兄，只我胸中流
出底是天理，全不着得些工夫。（《朱子语类》卷一二四）

面对朱子的批评，象山不以为意，坚持己见并严斥朱学"虽多
而伪"：

> 涓涓之流，积成江河。泉源方动，虽只有涓涓之微，去江
> 河尚远，却有成江河之理。若能混混，不舍昼夜，如今虽未盈
> 科，将来自盈科……然学者不能自信，见夫标末之盛者便自慌
> 忙，舍其涓涓而趋之，却自坏了。曾不知我之涓涓虽微却是真，
> 彼之标末虽多却是伪，恰似担水来相似，其涸可立而待也。
> （《语录上》，《陆九渊集》卷三十四）

作为回应，象山从三个方面批评了朱学之弊。第一，在"无极"
"太极"之辩的问题上，象山指责朱子耽于老氏"有生于无"之说，
偏离了儒家思想传统。第二，象山认为"理"应为"实理"，故"存
心""求放心""发明本心"就是"穷理"，由此指责朱子以"支离"
工夫求取"虚理"，脱离"实事""实行"，"自为支离之说以自萦
缠"（《与曾宅之》，《陆九渊集》卷一）。第三，象山认为朱子割裂心与
理、内与外，不能真正反求诸心，而一味在言辞智巧上揣摩，最后造
成"文貌日胜，事实湮于意见，典训芜于辨说，揣量模写之工，依仿
假借之似"（《与曾宅之》，《陆九渊集》卷一）。黄宗羲则认为，朱陆
之间只是为学方法有异，朱子主"道问学"，象山主"尊德性"，二者
在义理层面上其实是一致的：

> 先生之学，以尊德性为宗，谓"先立乎其大，而后天之所
> 以与我者，不为小者所夺。夫苟本体不明，而徒致功于外索，是
> 无源之水也"。同时紫阳之学，则以道问学为主，谓"格物穷理，

乃吾人入圣之阶梯。夫苟信心自是，而惟从事于覃思，是师心之
用也"。两家之意见既不同……于是宗朱者诋陆为狂禅，宗陆者
以朱为俗学，两家之学各成门户，几如冰炭矣……考二先生之生
平自治，先生之尊德性，何尝不加功于学古笃行，紫阳之道问
学，何尝不致力于反身修德，特以示学者之入门各有先后，曰
"此其所以异耳"……二先生同植纲常，同扶名教，同宗孔、孟。
即使意见终于不合，亦不过仁者见仁，知者见知，所谓"学焉而
得其性之所近"。(《象山学案》，《宋元学案》卷五十八)

黄宗羲的说法，出自他对"鹅湖之会"这则公案的认识。在
"鹅湖之会"上，朱子与象山争论的核心确实是为学方法问题，然而
不能因此就将二人的思想歧异一笔抹杀。对象山来说，"本心"是宇
宙中最根本的存在，"古之人自其身达之家国天下而无愧焉者，不失
其本心而已"(《敬斋记》，《陆九渊集》卷十九)。但是对于朱子来
说，心非本体，不可直接以"心"同"理"，以"人心"同"道
心"，而圣庶亦难同心。正是出于对"心"的不同领会，才导致了
朱陆二人为学方法之异，所以"在方法之争的背后，理学与心学确
实在哲学宇宙观上存在着分歧"，而这也正是"朱陆之争在理学史上
表现出长久生命力的原因"。[1]

象山及其门人在实践层面暴露出的问题，至明代心学兴起之后，
表现得更为显著。象山心学神秘主义的"得"与"失"都在明代心
学的神秘主义那里得到无限的放大。我们将看到，明代心学进一步
深化了象山以"本心"为绝对精神的本体论思想，同时也使朱子所
谓"无大无小，无父无兄"之弊演变为"狂禅"。

三　明代心学的神秘体验

宋光宗绍熙三年十二月，陆象山逝世，朱子闻讣，"率门人往寺

中哭之。既罢，良久，曰：'可惜死了告子。'"（《朱子语类》卷一二四）象山死后，门弟子再难与朱子门人分庭抗礼。① 到了元代之后，象山心学一度失语，其影响仅限于浙东地区，"朱文公之学行于天下，而不行于四明。陆象山之学行于四明，而不行于天下"（《送家自昭晋孙自庵慈湖山长序》，《桐江续集》卷三十一）。相较而言，自南宋以来，朱子学即获得官方的高度认可，而学者对其尤为笃信，"科举考试是统治者笼络读书人的重要手段，朱学对科举持修正态度，陆学却持反对态度，最高统治者自然更愿意接受朱学"②。明初学者薛瑄说："《四书集注》、《章句》、《或问》，皆朱子萃群贤之言议，而折衷以义理之权衡，至广至大，至精至密，发挥先圣贤之心，殆无余蕴。学者但当依朱子，精思熟读，循序渐进。"（《读书录》卷一）士人对朱学的笃信不疑，一方面使当时的学术界缺乏新思想的提出；另一方面也使朱学自身逐渐丧失生命力，"天理"慢慢变成一种约束人心的伦理教条。③ 易言之，作为外在的绝对命令的"天理"主宰、制约着主体的思想和行为，成为与主体相对立的超验性权威，这使得朱学沦为虚伪、僵化的正统官学。道南学派及象山心

---

① 象山心学衰微的一个重要标志，就是弟子数量逐代减少。据统计，陆门可考的弟子，第一代47人，第二代42人，第三代10人，第四代仅1人。相应的朱门弟子分别为第一代438人，第二代93人，第三代76人，第四代48人。相比之下，虽然朱门弟子也呈逐代减少之势，但到了三传弟子那里，陆学显然不如朱学。庆元党禁解禁之后，朱学与陆学"虽然同样得益于政治的助力而发展，但由于各自此前学术资源与此后学术努力的不同，朱学盛而陆学衰。"参见何俊《庆元党禁的性质与晚宋儒学的派系整合》，《中国史研究》2004年第1期。

② 刘建立：《南宋后期的陆学》，《孔子研究》2012年第2期。

③ 程明道曾说："吾学虽有所受，天理二字却是自家体贴出来。"（《河南程氏外书》卷十二）明道尤重体验之功，伊川和朱子亦未尝完全否定静坐。他们对"天理"的领会，是建立在个人的修证经验上的。通过一系列的体验工夫而得到的"天理"不能被执定，具有无限开显之可能，"命之曰易，便有理。若安排定，则更有甚理"（《河南程氏遗书》卷二上）。所以"天理"无定在而无不在，宇宙万物的流行变易皆具此理。到了朱子后学那里，"天理"的这种非对象性便逐渐弱化了。他们多将"天理"解释为一种客观、必然的人伦规定，这使得元明以来的理学（相对心学而言）在精神体验与境界修养方面有所不足。

学标榜的那种体验工夫，在明初趋于僵化的朱学话语之下，并未被当时的学者重视起来。

至明代中叶，随着商品经济的发展、社会危机的加剧、纲常秩序的崩坏以及多元思想的融合，"天理"对人的思想和行为的制约、禁锢开始失效，正统理学也受到了越来越多的抵制和挑战。陈白沙的学说就是在这样一种思想背景下出现的。黄宗羲认为，白沙之学在当时的思想界有突破矩矱之功：

> 先生之学，以虚为基本，以静为门户，以四方上下、往古来今穿纽凑合为匡郭，以日用、常行、分殊为功用，以勿忘、勿助之间为体认之则，以未尝致力而应用不遗为实得。远之则为曾点，近之则为尧夫，此可无疑者也。故有明儒者，不失其矩矱者亦多有之，而作圣之功，至先生而始明，至文成而始大。（《白沙学案上》，《明儒学案》卷五）

较之墨守朱学的明初诸儒，白沙更重视对"虚""静"等意境的体认。那种"远之则为曾点，近之则为尧夫"的境界，自是远承濂溪、明道一路下来，与庄敬整肃的程朱气象判然有别。类似于道南学派，白沙也主张通过静坐来证悟道体。白沙认为学贵"自得"。"自得"是一种特殊的神秘经验。《年谱》载：

> （白沙）自临川归，足不至城市。朱英时为参议，造庐求见，率避不见。闭户读书，益穷古今典籍。彻夜不寝，少困则以水沃其足。久之乃叹曰："夫学贵自得也。自得之，然后博之以载籍。"遂筑台，名曰春阳，静坐其中，足不出阃者数年。（《陈献章集》附录二）

白沙早年从学吴康斋，后者是严格意义上的程朱学者，故白沙"激励奋发之功多得之康斋"，重视闭门读书。而后，乃逐渐领悟到

"学贵自得"，于是由博返约，静坐春阳台数年，强调"为学须从静中坐养出个端倪来"［《与贺克恭黄门（其二）》，《陈献章集》卷二］。通过静养端倪，白沙获得了某种神秘体验：

> 久之，然后见吾此心之体，隐然呈露，常若有物，日用间种种应酬，随吾所欲，如马之御衔勒也；体认物理，稽诸圣训，各有头绪来历，如水之有源委也。（《白沙学案上》，《明儒学案》卷五）

心体"隐然呈露，常若有物"即为纯粹意识的乍然呈现。"种种应酬，随吾所欲"，譬如象山所谓收拾精神，自作主宰之际，宇宙万变万化皆为"本心"之发用流行。故白沙学说之特色，乃在以静坐求自得，通过"本心"的寂感变化来体认天理。《明儒学案》评价说："先生（引按：即白沙）学宗自然，而要归于自得。自得故资深逢源，与鸢鱼同一活泼，而还以握造化之枢机，可谓独开门户，超然不凡。"（《明儒学案·师说》）"自得"意谓"心体呈露"等神秘经验是由个体自身的工夫践履体贴而得，非由外事外物影响而得。白沙的"自得"观念包含三重含义：一是从师承关系和学术渊源上讲，白沙有师（即吴康斋）而未承其学；二是从当时的社会环境和学术环境上讲，白沙不趋风随众、人云亦云，而是逆反潮流、自处边缘，以独立的精神从事学术工作；三是说"自得"本为儒家"内圣"之学的一种境界，宋明儒所谓"寻孔颜乐处"即关此意。这是一种道德自我的心境调适，是充满乐观主义精神的生命情怀。① 其中，第三个层面是最重要的。"自得"的传统，非为白沙首创，明道早有诗云"万物静观皆自得，四时佳兴与人同"［《秋日偶成（其二）》，《河南程氏文集》卷三］，道南学派的"体验未发"亦含此意。可见白沙的学说颇受明道、道南一系神秘主义的影响。白沙弟

---

① 景海峰：《中国哲学的现代诠释》，人民出版社 2004 年版，第 142 页。

子张东所叙其学云：

> 自见聘君归后，静坐一室，虽家人罕见其面，数年未之有得。于是迅扫夙习，或浩歌长林，或孤啸绝岛，或弄艇投竿于溪涯海曲，捐耳目，去心智，久之然后有得焉，盖主静而见大矣。由斯致力，迟迟至二十余年之久，乃大悟广大高明不离日用，一真万事，本自圆成，不假人力，无动静，无内外，大小精粗，一以贯之。（《白沙学案上》，《明儒学案》卷五）

白沙的为学方法经过几次转变：从奋发读书到静坐体认，最后不耽于静，于日用常行、弦歌游历之间达到超越内外动静之境，而皆归于"自得"。白沙说："天地我立，万化我出，而宇宙在我矣。得此霸柄入手，更有何事？往古来今，四方上下，都一齐穿纽，一齐收拾，随时随处，无不是这个充塞。"[《与林郡博（其七）》，《陈献章集》卷二]这与象山"发明本心""自作主宰"的精神是一致的。白沙又称："君子一心，万理完具。事物虽多，莫非在我。"（《论前辈言铢视轩冕尘视金玉》，《陈献章集》卷一）白沙领悟到了此心的超越性，尤为可观，只不过他尚未如后来的阳明那样直接将"心""我"作为精神本体，修养工夫也未如后者那般精熟。

白沙之后，王阳明的思想学说也体现出很多神秘主义特征。阳明心学被称为"中晚明儒学神秘主义传统中的主力军"[①]。阳明非常看重静坐，且有修炼导引术之经历，甚至能前知来事。在记载阳明青少年时代的史料中，几乎到处都能看到神秘主义与浪漫主义的描述。[②] 阳明似无明确的师承，唯一可以确定的是，他曾在弘治二年携

---

① 朱晓鹏：《儒道融合视域中的阳明心学建构》，商务印书馆 2019 年版，第236 页。

② 有关阳明的具有神秘主义色彩的事件有很多，比如出生时的"神人送子"之事，五岁经神僧指点才开口说话之事，以及十一岁时在京师遇道士预言其将来必有大成、圣果圆熟之事。

新婚夫人诸氏拜访娄一斋，后者"语宋儒格物之学，谓'圣人必可学而至'"，阳明"遂深契之"（《年谱一》，《全集》卷三十三）。冈田武彦据此认为，阳明拜谒一斋时，已经对心学的重要性有所认识，所以"把一斋作为中介，就能追溯阳明与象山心学之间的基本联系"①。虽然一斋向阳明传授的是"格物之学"，但必须看到，一斋的人生经历也多有神秘主义色彩。一斋曾做精细的工夫，以致"静久而明"，并准确预言了一次灾祸和自己将死的事实（《崇仁学案二》，《明儒学案》卷二）。可以说，一斋的神秘经历和阳明修炼导引术而预知访者行程一事如出一辙。② 有论者认为："王阳明从娄一斋身上受到的影响，就远不是仅仅在宋儒格物之学方面，一斋所表现出来的个性气质及神秘主义倾向无疑也会对青年王阳明产生巨大的震撼和强大的吸引力。"③ 阳明筑室修习之时，或许偶然间获得了

---

① ［日］冈田武彦：《王阳明与明末儒学》，吴光、钱明等译，重庆出版社 2016年版，第 36 页。

② 据《年谱》记载，弘治十五年时，阳明告病返乡，筑室阳明洞中，修习导引术，"久之，遂先知。一日坐洞中，友人王思舆等四人来访，方出五云门，先生即命仆迎之，且历语其来迹。仆遇诸途，与语良合。众惊异，以为得道"。另一次阳明展示"前知"神通是在正德二年，据董谷记载："正德初，先师阳明习静于阳明洞。洞在南镇深山中，先生门人朱白浦、蔡我斋等数辈，自城往访焉。道遇先生家童，问以何往，对曰：'老爹知列位相公将至，故遣我归取酒肴耳。'众异之。既至，问：'先生何以知某等之将至也？'先生曰：'诸君在途，某人敲冰洗手，某人刻竹纪诗。'皆如目击，众益大骇。盖无事则定，定则明，故能心通，岂他术哉！"（《董汉阳碧里后集·杂存》）我们可以将这种"前知"能力理解为阳明的悟道经验。盖"前知"一语，出自《中庸》"至诚之道，可以前知"（第二十四章）。朱子注曰："惟诚之至极，而无一毫私伪留于心目之间者，乃能有以察其几焉。"（《中庸章句》）朱子之言，包含了以工夫克尽私欲而呈露本心之义。阳明也对"至诚前知"有过说明："诚是实理，只是一个良知。实理之妙用流行就是神，其萌动处就是几，诚、神、几曰圣人。圣人不贵前知。祸福之来，虽圣人有所不免。圣人只是知几，遇变而通耳。良知无前后，只知得见在的几，便是一了百了。若有个'前知'的心，就是私心，就有趋避利害的意。邵子必于前知，终是利害心未尽处。"（《传习录》下，《全集》卷三）依阳明，"前知"神通是可以通过修炼而获得的，不过对于圣人而言，不必执于"前知"而趋利避害，否则终是夹有一层私意，所以他对邵雍"必于前知"之说提出批评。

③ 朱晓鹏：《王阳明与道家道教》，中国人民大学出版社 2009 年版，第 34 页。

"前知"的神通，但阳明旋即悟得"此簸弄精神，非道也"（《年谱一》，《全集》卷三十三）。这表明阳明不满足于这种较低层次的预知技巧，而志在领悟更高层次的超越精神。

王龙溪曾记述阳明的修习经历如下：

> 始究心于老佛之学，缘洞天精庐，日夕勤修，炼习伏藏，洞悉机要，其于彼家所谓见性抱一之旨，非惟通其义，盖已得其髓矣。自谓尝于静中，内照形躯如水晶宫，忘己忘物、忘天忘地，与空虚同体，光耀神奇，恍惚变幻，似欲言而忘其所以言，乃真境象也。（《滁阳会语》，《王龙溪先生全集》卷二）

龙溪的描述用语颇为"神秘"，并揭示了阳明在工夫修习中得到的各种神秘经验。比如在静中"内照形躯如水晶宫"，指的就是道教的收视返听、内观形躯。道教认为，当道法修炼到一定程度时，人就可以反视五脏六腑，以及身体的经络穴位，甚至可以利用这种内观来开发人体的潜能。据考证，阳明在弘治九年会试落第后，从太学卒业，归居余姚，路经南都时曾向一位尹真人问道学仙，修习"真空炼形法"①。尹真人本名尹从龙，为南都朝天宫的著名道士，早年在京师传道修仙，"实际上，阳明居住在京师时也完全有可能听到和见到过尹真人。阳明住在长安西街，北京朝天宫也在长安西街，阳明是完全可以遇到尹真人的"②。《年谱》也详载了阳明在成化十八年进京师，游长安街偶遇相士之事。这位相士惊异地对阳明说："吾为尔相，后须忆吾言：须拂领，其时入圣境；须至上丹台，其时结圣胎；须至下丹田，其时圣果圆。"（《年谱一》，《全集》卷三十三）这其实说的是通过结胎果圆而成圣的内丹修炼方法。"须拂领，

———————

① 束景南：《阳明大传："心"的救赎之路》（上卷），复旦大学出版社 2020 年版，第 95—97 页。

② 束景南：《阳明大传："心"的救赎之路》（上卷），第 95 页。

其时入圣境"，是说人修炼到成年，开始进入圣境；"须至上丹台，其时结圣胎"，是说人修炼到中年，进入结成圣胎的境界；"须至下丹田，其时圣果圆"，是说人修炼到老年，进入圣果圆熟的境界。束景南认为，这个京中相士很可能就是尹真人，他向阳明所说的是由凡而圣的内丹修炼法，其《性命圭旨》一书专门讲了这种结胎果圆的修炼方法。①《性命圭旨·邪正说》详论结胎果圆成圣的九转修炼大法："其一曰涵养本原，救护命宝；其二曰安神祖窍，翕聚先天；其三曰蛰藏气穴，众妙归根；其四曰天人合发，采药归壶；其五曰乾坤交媾，去矿留金；其六曰灵丹入鼎，长养圣胎；其七曰婴儿现形，出离苦海；其八曰移神内院，端拱冥心；其九曰本体虚空，超出三界。于中更有炼形、结胎、火候等诸心法。"这里的"婴儿现形"就是指神炁凝结大丹，丹胎圆熟，修炼成圣。这就是尹真人对阳明说的"须至下丹田，其时圣果圆"。尹真人对阳明说"后须忆吾言"，即有引导阳明学道之意。后来，阳明到了"须拂领"的年纪，便去往南都朝天宫向尹真人问道。明儒彭辂尝述阳明从尹真人修道事：

> 尹山人者……成化间游南都，发累岁忘栉，而自不团结，南都人呼为"尹蓬头"云……王文成公守仁试礼闱落第，卒业南雍，走从尹游。共寝处百余日。尹喜曰："尔大聪明，第本贵介公子，筋骨脆，难学我。我所以入道者，危苦坚耐，世人总不堪也。尔无长生分，其竟以勋业显哉！"文成怅然惋之。（《尹山人传》，《冲溪先生集》卷十八）

阳明向尹真人学习的是"真空炼形法"，"阳明在南都问得了真空炼形法后，即回余姚进行修炼，并很快找到了阳明洞作为修炼的场所"，"结胎果圆成圣的内丹修炼有六种心法，而以'真空炼形

---

① 束景南：《阳明大传："心"的救赎之路》（上卷），第 96 页。

法’为最上乘的法门”。①《性命圭旨·炼形》云：

> 炼形之法，总有六门：其一曰玉液炼形，其二曰金液炼形，其三曰太阴炼形，其四曰太阳炼形，其五曰内观炼形；若此者，总非虚无大道，终不能与太虚同体；惟此一诀乃曰真空炼形，虽曰有作，其实无为；虽曰炼形，其实炼神，是修外而兼修内也。依法炼之百日，则七魄亡形，三尸绝迹，六贼潜藏，而十魔远遁矣。炼之千日，则四大一身，俨如水晶塔子，表里玲珑，内外洞彻，心华灿然，灵光显现。灵光者，慧光也。故曰：灵光生处觉花开。盖慧觉花开，非炼形入微，与道冥一者，不能有此。

又云：

> 《清静经》曰：“内观其心，心无其心；外观其形，形无其形。”形无其形者，身空也；心无其心者，心空也。心空无碍，则神愈炼而愈灵；身空无碍，则形愈炼而愈清。直炼到形与神而相涵，身与心而为一，方才是形神俱妙，与道合真者也。

“真空炼形法”可以使人修炼到形神俱泯，内外莹澈，身心皆空，通体光明，与虚空同体。通过比较这两段文献与上引龙溪记述阳明的修炼经历，可以看到二者的相通处，足证阳明的修道工夫深受道教影响。阳明所谓形体如“水晶宫”，就是尹真人说的“水晶塔子”；阳明所谓“与虚空同体”，就是尹真人说的“与太虚同体”；阳明所谓“忘己忘物”“忘天忘地”，就是尹真人说的“七魄亡形”“形无其形”“心无其心”；阳明所谓“恍惚变幻”的“真境象”，就是尹真人说的“形神俱妙”“与道合真”。应该说，道教的“真空

---

① 束景南：《阳明大传：“心”的救赎之路》（上卷），第97页。

炼形法"在三个方面直接对阳明的思想产生了影响。第一，"真空炼形法"是一种内观修炼，其核心内容是"观心""照心""炼心""修心""复心"，即通过修炼复归心体。北宋时期，道教就已经有了以心为本体，强调观心、复心的学说。张伯端在《青华秘文》中说："当以目内视时，思想集中，元气充沛，返观内照，心平躁释。"元明时期的道教沿袭此法，使内丹心性学说得到了更深入的发展。《性命圭旨·九鼎炼心说》："炼丹也者，炼去阴霾之物，以复其心之本体……故五帝三王君也，而以君道而日炼其心；伊、傅、周、召相也，而以相道而日炼其心；孔、曾、思、孟师也，而以师道而日炼其心。无时而不心在于道，无时而不以道而炼其心。此乃古先大圣大贤为学之要法，百炼炼心炼性之明训也。"阳明亦多言"炼心"，只不过他更强调在事上"磨炼"此心，这是他与道教学说之不同处。第二，"真空炼形法"以静坐为入手处，强调静观内照。尹真人说："坐不必趺跏，当如常坐。虽与常人同，而能持孔门心法，则与常人异也。所谓孔门心法者，只要存心在真去处是也。"（《性命圭旨·坐禅图》）阳明诗云"静悟天机入窈冥"（《睡起写怀》，《全集》卷十九），更有静坐修道的亲身经历。由"静坐"而"内观"，再到"静入窈冥"，是阳明从尹真人学习的修炼心法。第三，"真空炼形法"的修炼以"知"为心体，故可以实现前知、先知。尹真人认为，当心处于空寂虚灵、不为物转的状态时，就能获得类似"他心通"的神通：

　　《禅源集》云："言心者是心之名，言知者是心之体。"菏泽云："心体能知，知即是心。"……由空虚寂灵而知者，先知也；由空虚寂灵而觉者，先觉也；不虑而觉者，谓之正觉；不思而知者，谓之真知。

　　神通变化，出入自如，洞鉴十方众生，知他心内隐微之事。他虽意念未起，了了先知；他虽意念未萌，了了先觉，此是他心通也。

　　子思曰："心之精神之谓圣。" 故心定而能慧，心寂而能感，心静而能知，心空而能灵，心诚而能明，心虚而能觉。四祖道信曰："一切神通作用，皆是自心感现。"（《性命圭旨·移神内院端拱冥心》）

　　阳明在阳明洞中修行"导引术"而前知得道，便是修炼"真空炼形法"得到的成就。从上面的引证可以看出，尹真人可能是明代道教的一位心学宗师，他的三个心学思想都对阳明后来的思想发展起到了潜移默化的作用。① 柳存仁也指出：

　　前知之事，近代人研究之者固以之属于 parapsychology 之范围，然在东方哲学及宗教之范畴内言之，则惟释道二氏能言此事，儒门虽言至诚可以前知，不过有此一说，传统之圣贤学问，殊不论及此类之修养也。阳明因导引而亲此境，其所历纯系道教之修持经验，不言可喻。阳明因半生病肺，卒年五十七，而此时已三十一（俱旧历），大半生时间未尝离道教书籍。《年谱》颇言阳明之入道，即由求养生之道而起，其言自不无部分之理由。然若仅据此一端以论阳明之学问、行谊，则似未免漠视其家庭之世德背景及其个人对道教探究之积极的活动。二者实对阳明之思想，亦有若干贡献也。②

　　可见，心学神秘主义的形成，在观念层面固然有传统儒学的影响，但在工夫修证方面，则离不开佛道修持经验的渗透，所以它在本质上是三教融合互摄的结果。

　　从阳明筑室阳明洞天到后来的"龙场悟道"，再到人生最后阶段

---

　　① 束景南：《阳明大传："心"的救赎之路》（上卷），第102—104页。
　　② 柳存仁：《王阳明与道教》，载《和风堂文集》（中册），上海古籍出版社1991年版，第856页。

的"天泉证道",都能看到阳明对超越精神的追求是一以贯之的。通过切实做工夫,阳明最终领会到个体与超越实在的直接联系,确证这种超越性的终极实在就是良知。作为超越的精神,良知具有相互关联的多个面向。良知既是道德实践的先天根据,又是宇宙万物的创造根源,还是个体信仰的终极实在。作为有限性与无限性、内在与超越、动与静、有与无的统一,良知是神秘的精神,所以对它的领会必然时常伴随神秘经验的发生。

阳明的一些弟子和再传弟子都将良知诠释为一种超越的精神,他们似乎并不在乎他人的偏见或诋毁,直言不讳地将个人的神秘经验记载下来。阳明高足王龙溪持"四无"之说,他以良知为"无",将良知领会为一种"本无"的精神,并强调对良知的悟入需要通过静坐调息之功。楚中学者蒋道林因体弱多病而修习静坐,虽初意在卫生健体,却偶得神秘经验:"一日,忽觉洞然宇宙,浑属一身,乃信明道'廓然大公无内外'是如此,'自身与万物平等看'是如此。"(《楚中王门学案》,《明儒学案》卷二十八)泰州学者颜山农的工夫也有明显的神秘主义倾向,他实行七日闭关静坐法,并称其为"七日来复"。兹录其修炼方法如下:

> 凡有志者,欲求此设武功,或二日夜,或三日夜,必须择扫楼居一所,摊铺联榻,然后督置愿坐几人,各就榻上正坐,无纵偏倚,任我指点:收拾各人身子,以绢缚两目,昼夜不开;绵塞两耳,不纵外听;紧闭唇齿,不出一言;擎拳两手,不动一指;跏趺两足,不纵伸缩;直耸肩背,不肆惰慢;垂头若寻,回光内照。如此各各自加严束,此之谓闭关。
>
> 夫然后又从而引发各各内照之功,将鼻中吸收满口阳气,津液漱噀,咽吞直送,下灌丹田,自运旋滚几转,即又吸噀津液,如样吞灌,百千轮转不停,二日三日,不自已已……各各如此,忍捱咽吞,不能堪用,方许告知,解此缠缚,倒身鼾睡,任意自醒,或至沉睡,竟日夜尤好。

醒后不许开口言笑，任意长卧七日，听我时到各人耳边密语安置，曰：各人此时此段精神，正叫清明在躬，形爽气顺，皆尔连日苦辛中得来，即是道体黜聪，脱胎换骨景象。须自辗转，一意内顾深用，滋味精神，默识天性，造次不违不乱，必尽七日之静卧，无思无虑，如不识，如不知，如三月之运用，不忍轻自散涣。如此安恬周保，七日后方许起身，梳洗衣冠，礼拜天地、皇上、父母、孔孟、师尊之生育传教，直犹再造此生。（《引发九条之旨》，《颜钧集》卷五）

　　山农之学，虽多被学者称为偏离王学正宗，但黄宗羲仍然给予了很高的评价："（山农）其学以人心妙万物而不测者也。性如明珠，原无尘染，有何睹闻？着何戒惧？平时只是率性所行，纯任自然，便谓之道。及时有放逸，然后戒慎恐惧以修之。"（《泰州学案一》，《明儒学案》卷三十二）可见，山农之学亦以"发明本心"为旨。这些王门学者通过真切的工夫修炼，最终体认到良知是一种超越的神秘精神。良知具有光明、灵觉之性，亦有变化不测之妙，故谓之神；又因其精微莫测而不可思议，故谓之秘。统而言之，即"神秘"也。总的来说，明代心学学者在体认良知的过程中，时常获得各种各样的神秘经验，他们认为这是修炼有得的表现。

　　我们可以从两个方面阐发中晚明心学学者的"证道"经验。一是良知与自由的关系。良知作为超绝本体，从根本上讲是一种自由的存在。良知超越一切理性和现实性，因而呈现为绝对独立的精神。阳明诗云："无声无臭独知时，此是乾坤万有基。"（《咏良知四首示诸生》其四，《全集》卷二十）良知深入并返回到自身之中，以内在的精神本质为根据，实现了对外在、自然事物的超越并成为后者的本体论基础。很多心学学者正是通过工夫修证，意识到良知的超越性。良知既是一切伦理法则的依据，又在自身的发展中否定前者，进而呈现为空寂虚灵、清净澄澈的"本无"。"本无"是超越了一切现实存在的绝对本体，所以它是本体的自由。心学学者在静坐等工夫实践中，时常获得这样一种自由感：自我成为宇宙的中心和主宰，一切尘劳、物欲皆从心上剥落殆净。本心光洁如月，孤悬于世界之上，任何的法则、习俗、传统在这样一个心的面前都不再有意义。受王学影响，明代士人多有狂肆洒脱之风，"以'玄学'为思想基础的魏晋名士风度，事实上已经成为明代士大夫效仿的样本。他们不但崇尚魏晋士人的生活样式，而且在对这种生活样式的文字描摹上，同样具有'晋人风味'"①。这种观念的解放与生活样式的立异，不是偶然出现的，而是有一个超绝的"心"即自由的精神为其指引。二是明代儒学的宗教化转向。这种宗教化转向的形成，其实和当时学者对神秘经验的倚重密切相关。余英时也指出，晚明的儒学转向包含了宗教化的途径，"只有把宗教运动也当作社会变动的一个组成部分，然后将颜山农的宗教化运动放在这一更广阔的视野之中，晚明儒学转向的历史意义才能获得比较完整的理解"②。中晚明时期，儒释道三教的互动与融会达到了中国思想史上的顶峰。较之宋儒，明代心学学者对佛道思想表现出更为开放的态度，他们吸收了佛道二教的神秘主义思想，使心学呈现出某种宗教化的样态。由此可见，中国古代的神秘主义传统在明代儒学那里得到了更深入的继承和发展，明儒对心性涵养的注重以及对高明境界的追求决定了这一时期的神秘主义发展得最为充分，具有极为典型的意义。

四　宋明神秘主义学说再省思

在本书的导论部分，我们简要介绍了史泰司对外向型神秘体验与内向型神秘体验的区分。外向型神秘体验指的是将有限的自我融合于天地万物之中，最终实现个体与宇宙、大全为一。内向型神秘体验则以自我的精神构造为中心，领会到宇宙中的主客界限及全部

① 陈宝良：《明代士大夫的精神世界》，北京师范大学出版社 2017 年版，第 95 页。

② 余英时：《现代儒学的回顾与展望》，生活·读书·新知三联书店 2004 年版，第 252 页。

现实差别的消解。以此观之，从明道、道南学派至象山、阳明、王门后学，实为神秘主义不断内向化发展的过程，也是精神的反思性与超越性不断统一的过程。

在对宇宙最高本体的规定上，宋明理学将传统儒学的"天"演变为"理"和"心"。在二程为理学奠定规模之前，周濂溪的思想还带有汉代宇宙论的痕迹。濂溪以《太极图说》推本太极、五行生生之理，为天地万物的生化找到了形上根据。朱子这样评价濂溪的贡献：

> 盖自邹孟氏没而圣人之道不传，世俗所谓儒者之学，内则局于章句文词之习，外则杂于老子释氏之言。而其所以修己治人者，逐一出于私智人为之凿，浅陋乖离，莫适主流，使其君之德不得比于三代之隆，民之俗不得跻于三代之盛，若是者，盖已千有余年于今矣。濂溪周公先生奋乎百世之下，乃始深探圣贤之奥，疏观造化之原，而独心得之。立象著书，阐发幽秘。词义虽约，而天生性命之微，修己治人之要，莫不毕举。（《袁州州学三先生祠记》，《朱文公文集》卷七十八）

濂溪所要解决的问题，就是如何以天道为形上根据，为人道寻求合理性、正当性。他用"太极"沟通了超验世界与经验世界。然而，"太极"这一概念毕竟是外在的，它固然可以作为世界生化流行之本源，但是却难以决定人伦规范并确立一种行之有效的工夫论。程朱理学将"天""太极""道"皆训为"理"。在理学家看来，"天下只有一个理，既明此理，夫复何障"（《河南程氏遗书》卷十八），"事事都有个极至之理"（《朱子语类》卷十五）。程朱以"理"为万事万物的存在基础，在修养工夫上又偏重"格物穷理"和"道问学"的路子。这不是说程朱否定向内用功的意义，不重"尊德性"，而是说没有像象山那样始终强调"尊德性"对"道问学"的优先性。未能协调好"尊德性"与"道问子"的关系，难免使为学进路有所支离。对此，朱子本人也有一定的反思，他说：

> 大抵子思以来，教人之法惟以尊德性、道问学两事为用力
> 之要。今子静所说，专是尊德性之事。而熹平日所论，却是问
> 学上多了。所以为彼学者多持守可观，而看得义理全不子细，
> 又别说一种杜撰道理遮盖，不肯放下。而熹自觉虽于义理上不
> 敢乱说，却于紧要为己为人上多不得力，今当反身用力，去短
> 集长，庶几不堕一边耳。（《答项平父》，《朱文公文集》卷四）

在"反身用力"方面，程朱理学始终不及陆王心学，这是因为
理学不以"心"为本体，仅以其为改造的对象，心学则将主宰之
"理"直训为"心"。在中国思想史上，心学的出现是一次大事件，
标志着国人真正领悟到个体之"心""知"与宇宙普遍之"理"的
统一性。陆象山说："心之所为，犹之能生之物得黄钟大吕之气，能
养之至于必达，使瓦石有所不能压，重屋有所不能蔽。"（《敬斋
记》，《陆九渊集》卷十九）阳明则多言"物理不外于吾心，外吾心
而求物理，无物理矣"（《传习录》中，《全集》卷二），"无心外之
理，无心外之物"（《传习录》上，《全集》卷一）。总的来说，儒学
本体论思想的历史演进体现为形上本体从"天"到"理"再到
"心"，从这里也可以看到哲学思维方式的变化，即精神不断内向化
的发展。在思辨结构上，儒学本体论也体现了自"有"入"无"的
发展趋势，即从感性具体的物质形式发展为空虚寂寥的精神形式。
在这一演进过程中，儒学一方面表现出对形下的物质世界的绝对超
越，另一方面也表现出对形上的精神世界的强烈关注和穷索。所以
在心学那里，精神真正实现了超越性与反思性的绝对统一。精神只
有立足于自由本体之实然的反思性和超越性，才会意识到其在现实
层面之应然的绝对性和无限性。

宋代理学中的神秘主义，多提倡通过静坐达到与物同体之境。
陆王心学（尤其是阳明及其后学）则更主张挺立"本心"以获得无

内外、无对待之感受。尽管如此，明道与道南学派的工夫进路和史泰司所谓的外向型神秘体验犹有较大差别。这是因为，外向型神秘体验重在个人对上帝（或其他外在超越者）的情感投射，而明道等理学家从未预设一外在的超越者。明道及道南学者主张通过静坐、直观等神秘体验达到对世界本质的把握，主要表现在个体突破“小我”的局限，而与天地万物浑然相融。这一工夫进路显然不同于基督徒通过禁欲、独身，以及进一步的斋戒、圣洁、施舍，实现自我与上帝的相拥。另外，陆王心学虽立足于内在的精神本体，却并不执着于这一本体，他们强调通过持续向内做工夫，超越主客、物我、内外、动静，达到人与天地万物为一体的境界。

　　人类精神是不断发展、演进的，这充分反映在观念的变化之中。观念史本身就是精神史的反映。在各民族的思想资源中，我们都能够看到精神不断否定外在表象并回归内在本质的内向化运动。儒家思想也不例外。传统儒学的自然精神在持续内向化的发展中，逐渐演变为伦理的精神。程朱学者将理作为一切伦理规范的根基，但是这样的一个“理”与“心”是分离的，这表明精神的内向化运动尚未完成。直至陆王心学那里，学者才领会到“本心”作为一种终极真理和超越本体，是精神最内在的根源。阳明及其后学最终认识到，本心、良知不仅规定着现实存在和伦理规范，更推动自身超越现实与理性，将存在的绝对真理推入虚无、虚空的领域。这种精神的虚无化是良知卸掉现实重负的表现。在这里，良知真正成为自由的本体。作为存在的超绝本体，良知不是理性或意识作用的对象，它在本质上是超理性、超现实的，故为神秘的精神。所以，精神最初以自然为自身的本质，而在其发展过程中不断否定自身、建构自身，最终克服了外在现存对自身的束缚和压迫，使自我成为绝对自由的存在。

　　我们在前面的分析中指出，理学内部既有神秘主义的内容，也有理性主义的内容。如何很好地协调二者的关系，是一个问题。吴震也关注到了这一点，他说：“在宋明儒学的研究领域中，如何看待儒学的宗教性问题，是与如何审视这一时代不少儒者所拥有的'神秘体验'等问题密切相关的"，"事实上，英文世界中的 mysticism，特别是在欧洲中世纪的神学传统中有特殊表现的神秘主义以及神秘经验、神秘体验等问题，如何与具有理性精神这一前近代之特征的儒学传统进行比照研究，这本身就是一个颇具挑战性的课题"。① 吴震的问题意识主要集中于中世纪基督教的神秘主义传统与宋明儒学的理性主义传统的横向比较。实际上，我们还可以将这个问题延伸到宋明理学内部，考察心学神秘主义在前近代的理论意义。阳明心学中的良知概念，既是伦理规范的价值基础，又作为神秘的精神将存在推入虚无之域。因此，良知兼含理性精神与超理性精神，或者说兼含"有"与"无"的精神。这两种精神有着内在的张力。关于这一内在张力，我们将在下一章中给予更详尽的说明。

本章结语

　　在本章中，我们对中国思想史上的神秘主义传统作出了一番梳理。尽管本书的研究重心是阳明心学中的神秘精神，我们还是花费了相当多的笔墨追溯了儒家神秘主义的源流。我们沿着历史的长河，将儒家的神秘主义传统追溯到殷周之际，并沿着秦汉宋明一路分析下来。可以看到，阳明学者对神秘经验的重视，并不是这一历史阶段的特定产物，而是对儒家神秘主义传统的继承与发展。

　　我们的研究，是沿着观念史与精神史两条路向（二者其实是统一的）进行的。在观念史的研究中，我们分析了不同历史时期的神秘主义观念。这些观念以不同的形态展现在殷周以来的思想传统之中。每一个时代的观念都不是现成的，不是来自思想家的突发奇想，而是来自传统的积淀。在这一点上，我们无法否认阳明心学同任何

---

　　① 吴震：《泰州学派研究》，中国人民大学出版社 2009 年版，第 268 页。

一个时代的思想学说之间的内在联系。精神史的研究，是为了澄清每一种观念背后的精神本质。这一工作对于理解阳明心学的形成与发展是至关重要的。毋庸置疑，儒家思想不是静态化的，它在自身的历史演进中实现了理论学说的发展与更新，最终形成了我们今天看到的儒学史。推动儒学发展并在现实层面构成历史传统的内在力量是自由。自由是推动历史发展的根本动力，也是历史所要揭示的真理。精神在历史中的运动，不是漫无目的的，它以自身的绝对超越为终极目的，推动自身展开内向化的运动。在这一运动中，精神不断否定既成的观念，同时在更高的层面建构新的观念。这就是精神的自我更新运动。精神通过这种"否定—建构"运动，实现了对自我的反思与超越，最终使自身呈现为超绝的本体。

儒家的精神内容包含了自然的精神、伦理的精神与神秘的精神三种形态，这三种精神支撑起儒学史的整体结构。早期儒家以"帝"或"天"作为宇宙秩序的基础和道德价值的根源，如"天生烝民，有物有则"（《诗·大雅·烝民》）。巫者在祭祀活动中通过神秘直觉遥契神明或天道，以期获得某种超越的启示。这一经验构成了儒家"天道性命相贯通"等理论的基础。孔孟儒学以"仁"为内在的道德意识，然而这一道德意识的根源仍在"天"那里。这表明意识或主体性尚未独立于自然经验，其本质上属于自然的精神。在这里，独立于自然现实的精神实体是隐匿的，它需要突破现实的规定来呈现自身。随后，精神推动自身超越原有的自然意识和观念，逐渐实现本体的内在化转向。到了理学高度发展的两宋时期，伦理的精神占据了主导地位。在这一阶段，主体的精神反思相较前代更为显著。这种反思否定了外在的自然经验对道德意识的规定性，并将内在自我作为道德法则的根据。不过，至少在阳明心学出现之前，精神还处在"有"的阶段，未能意识到"无"的超越性与绝对性。直到阳明提出良知学说，才真正让精神呈现出"有""无"相与的辩证关系，并以"无"为精神发展的终极趋向。在阳明心学中，良知既是本然至善的道德意识，又是一种超越伦理经验的否定性力量，它基于理性的道德法则，最终将自身发展为超理性、超道德的存在。在本章的分析中，可以看到，尽管在阳明心学出现之前，神秘主义的相关观念已经成型，但是这些观念在很大程度上不是由内在的神秘精神所主导的。到了阳明心学那里，才真正将良知作为神秘的精神和自由的本体。中晚明心学的神秘主义就是围绕神秘的精神而展开的，在工夫层面体现为对良知之内在本质的本真觉悟。

总的来说，精神在其发展中不断深化并返回自身。在自然精神那里，关于自我与本体的观念大都是朴素的，这是因为其往往将外在的经验事物上升为普遍性真理，忽略了精神内在结构的展开。直到阳明心学兴起，才真正确立起一种以精神的超越性和反思性为特征的本体论。这种本体论以良知为神秘的精神。在精神的推动下，良知最终实现了对一切外在经验构成的自然现实的否定，因而对超理性本体的追求和体认就是心学在实践层面的特征。

应该说，良知的出现规定了心学神秘主义的发展路向。通过对一般观念、法则、传统的反思与超越，良知逐渐否定了一切自然经验、伦理规范对其内在存在的支配，将自我领会为绝对的真理和自由。因此，对良知概念的分析，有助于我们更好地理解心学神秘主义的特质。在下一章中，我们将深入阐明心学本体论的神秘主义，揭示"心"作为神秘精神的根本意蕴。

第 三 章

心学本体论的神秘主义

引 言

  东方宗教与哲学中的神秘主义一般包括本体论与工夫论两个方面，印度教、佛教、道教、心学概不外是。[①] 在本章中，我们先讨论心学本体论的神秘主义。一种超绝的本体之所以是神秘的，是因为这本体与理性不处在同一层面，它原则上不能被理性所认识。我们将这样的一个本体视为超越理性的存在。当精神发展到最高阶段，就会认识到最高本体不可能为任何理性法则与现实存在所规定，它不是理性与现实性的对立面，而是处在一个更深沉的层面规定着理性和现实性。因此，神秘性的本质是超理性和超现实性。一个超越理性和现实性的存在，在本体论上构成了全部现实存在的绝对根源，它不仅是精神自我运动的本质和基础，更是精神推动自身无限迈进

---

  ① 西方哲学与宗教中的神秘主义，基本上属于一种认识论的神秘主义。这种神秘主义将本体当作一种理性的存在体，但后者超越了人的感官、理性，因而不能被人直接认识。从早期基督教神学对上帝本质的不可知性的强调，到康德的物自体观念，都是这种神秘论的直接体现。东方哲学与宗教中的神秘主义则不仅是认识论的，而且是本体论的。在这里，本体之所以不能被人类理性认识，不仅是因为人类理性的局限，更是因为这本体是完全排除了理性的、无差别的"一"。

的最终目标。这样一种精神的先天普遍本质即是本体的自由。自由的精神也就是本体论的神秘主义的核心内容。只有在这一层面，对本体神秘性的领悟才是究竟的。

所谓本体论的神秘主义，一般来说指的是将一个超理性、超现实的绝对原理作为存在之本体，并围绕该本体而展开的神秘主义。各民族文化传统中的神秘主义，实际上都包含了将一种超理性精神作为终极本体的思想。比如奥义书哲学以大梵为超越"有""无"的虚空，禅宗将超绝、无住的真心看作否定了一切思维念虑的神秘本体。这种本体论的神秘主义将一种否定了全部经验表象，并超越理性的绝对原理作为存在的本体或根据。这种神秘的本体，归根结底是精神世界的超理性本原或终极实在，它超越、圆满而真实，所以是全部精神生命的根源。

这样的一种神秘精神，是自为的存在，因而它在本体论上否定了全部经验表象。本体的神秘性决定了它不能被一般概念界定，也不能被经验思维把握。作为超绝的形上本体，它的内在本质不以时空、因果性与经验事物为转移。这种本体既是存在的本原和一切生命的绝对本质，又是超越理性、现实性的虚无与澄明，因此在精神层面表现为"有"与"无"的统一。然而它虽为"有"与"无"的统一，却始终包含了自"有"入"无"的内在动力，以此推动自身的发展。所以神秘的精神以"无"为发展目标，它要克服对"有"的贪执，使自身进入虚无，最终成为虚无。这一点我们在很多宗教文化传统中都能看到。比如大乘佛教的"性空如幻"思想就是将现实世界彻底虚无化，把超现实的"空性"作为存在之究竟真理。新柏拉图主义明确"太一"是超理性、超现实的根本原理。基督教的否定神学也彻底否定了现实世界的价值，认为上帝的本质是纯粹的虚无。所以本体论的神秘主义的核心内容就是将绝对存在领会为一个超现实的虚无或虚空。这种精神的"虚无"与"实有"并不是截然对立的，而是在更高的层面规定、实现了"实有"。任何一种宗教的本体论的神秘主义，都存在"有"与"无"的内在张力。具体到本章中，我们将看到阳明心学中的良知就是这样一种神秘的精神。良知既是天地万物和道德法则的根基，同时也是清净离染、无滞无住的本体。在这个意义上，我们说良知无定在而无不在，无知而无不知。

宋明儒学的一个重要特质，就是重视心性的内涵和作用。学者普遍认为，理学家对心性问题的阐发，在深度与广度上都超乎前代。贾朴在为《明儒学案》所作的跋中说道：

> 孔、孟之学，自秦、汉以来，穿凿支离，汩没于章句训诂之间，赖有大儒辈出，求之于心性之际，而证其所为独得者，在宋则有周、程、张、朱五君子，在明则有敬轩、康斋、白沙、姚江诸儒。冥搜静悟，宗旨炯然，其间虽不无异同之见，而其求至于圣道则一也。

较之秦汉儒者，宋明儒者更注重从内在层面反思人的存在意义，后者要求通过涵养心性展开"成圣"的进路。相较理学（尤其是程朱一系），心学更侧重对心性的证悟。这种证悟是神秘性的。正如张岱年所言："理学颇注重知识，心学则专注重内心的修养。理学不注意神秘经验，心学则最注意于神秘经验。象山、白沙、阳明、甘泉，都以与天地万物为一体的神秘境界为生活之圆满。"[①] 对于心学学者来说，一个外在的天理或太极如果不能和人的生活世界发生关联，那么就不是最重要的存在。真正与生存之域密切相关的存在，是人的心。如何在"本心"上做工夫，使自我通达圣域，成为贯穿心学发展始终的核心问题。心学家对神秘经验的注重，也是为了解决这一问题。这些人不仅感受到了神秘经验带来的短暂愉悦，更对各种经验背后的精神本体作出了深沉的反思。通过这种精神反思，心学家尝试解决人存在的意义是什么、人与万物的关系是什么、人何以

---

① 张岱年：《中国哲学大纲》，第 541 页。

成圣等问题。在阳明及其后学看来，良知的呈现不仅意味着道德主体的挺立，更意味着人突破自身的有限性，使精神境界具有无限丰富的可能性。总的来说，心学本体论的神秘主义将良知领会为超越一切现实存在的无差别的纯粹灵明，它不能通过理性来认识，所以是神秘的。透过"心"的概念史，我们能够看到，精神在自由的推动下不断否定自然的现实性，实现了自身的内在化和超越化。通过这种舍"有"入"无"的运动，良知最终呈现为神秘的精神。我们将从以下三个方面阐明心学本体论的神秘主义。

　　首先，我们将梳理"心"这个概念在中国思想史上的演进过程，并探究其何以能够从一种道德情感或道德理性的范畴发展为普遍性的精神本体。在这一部分，我们要对"心"在不同历史语境下的观念形态作出分疏。这就要求我们重新回顾"心"的概念史，其中包括先秦至两汉时期的"心"的内涵，中国佛学的心性思想，以及宋明儒者对"心"这个概念的创造性转化。作为中国思想史上的重要概念，儒家"心"的内涵不是一成不变的，而是始终处在一个不断内在化、超越化的过程之中。先秦至两汉时期的"心"多指情感、知性或意志，而不是一个形上的精神本体。佛教给华夏文化带来了一种作为存在之本体的"真心"概念。中国佛教，无论是天台、华严还是禅宗，都把"本心"当作宇宙的精神本体和神秘原理。这种精神概念在唐宋时期逐渐渗透到儒学传统之中，使儒家思想中的"心"得到了本质的深化。宋明理学中的本体论的神秘主义，其实是在佛教"真心"概念的影响下形成的。

　　其次，"心"的概念发展到阳明那里，才真正被视为一种超绝的精神实体。阳明的重要贡献在于将"心"从一般的知觉主体和道德主体提升为超理性、超现实的精神本体。这样的一个"心"是超道德的存在，因而是神秘的精神。阳明将"心"称为良知。"良"表示至善、最高和纯粹。良知的超越性体现在它始终处在一个不断发展并超越自身的过程之中。良知是"有"与"无"两种精神的统一体。不过在良知的生命运动中，它不断否定作为现实存在的"有"，而将纯粹、超越的"无"当作精神的本质内容。这种舍"有"入"无"的精神运动体现了良知的超现实性，其为心学本体论的神秘主义的基本内涵。

最后，作为精神本体的良知难以被日常语言表述，而往往通过譬喻的方式来说明。譬喻虽然未必能够精准、全面地把握良知的精神结构，却能形象地反映出良知的不同特质。在这里，我们选择了光喻、镜喻和太虚之喻来展现良知的特征。光喻表明良知是一种照亮存在的澄明之光。阳明经常将良知比作日光，虽云翳蔽之，其本性未减分毫，由此说明良知的先验性。镜喻表明良知是一种昭明灵觉的存在。良知通过本己反思实现物我的通感，这与明镜照见外物而自身不留妍媸的特征尤为相近。太虚之喻则体现良知的虚无性。良知本质上是无滞无碍、空虚寂寥、清净澄澈的灵明，因而是一种"无知而无不知"的纯粹意识。通过这三种譬喻，我们能够深入地把握到良知的本体论内涵。

第一节 "心"的概念及其发展过程

"心"是中国思想史上一个极为重要的概念。早在甲骨文与金文中，已经可以见到"心"字的雏形。早期的"心"指的是人体器官，即心脏。在后世思想的发展中，"心"的概念内涵实现了多向度的衍化。从先秦到两汉时期，"心"尚未作为一种超越的精神实体，在此阶段儒家哲学也并未以"心"为基础建立真正意义上的精神本体论。这一阶段的"心"是情感意义上的，未能实现自身对自然、现实性的否定，因而它在本质上属于自然的精神。

至佛教传入中土，儒家对"心"的认识得到了进一步的深化。宋明儒者对心性的细致辨析，明显受到了佛教的影响。根据《宋元学案》《明儒学案》等文献的记载，宋明时期的很多儒者都有出入佛老的经历，即便他们后来在思想立场上返本儒宗，也难以抹除佛道思想在其学说中留下的印记。尤其在很多心学学者那里，他们对"本心"的界定与佛教几乎没有实质上的区别。这些学者对神秘体验的重视，多少也受到了佛教"重了悟不重知解""言语道断，心行处灭"等观念的影响。我们在上一章中指出，以儒家思想为主体的华夏文化本来就对直觉体验、内心冥证有着极大的重视，而佛教的传入乃使此项特质更为彰显。

至此，"心"成为理学的核心范畴，而对心性的体证则成为宋明学者"成圣"进路上的重要工夫。蒙培元先生指出，宋明理学发展了"心"的三种含义：一是道德之心，即人的情感心理升华而形成的道德意识；二是理智之心，主要指认识事物的能力；三是虚灵明觉之心，指的是虚而明的本体状态或精神境界，是超理性的本体范畴。①单从理论上看，前两种含义在佛教传入中土之前即已成形，儒家思想受惠于佛教之最根本方面，乃是"心"的第三种含义，即将"心"上升为一种超理性的精神本体。在阳明心学中，"心"最终被领会为一种超绝、神秘的精神。透过"心"的不断内在化和超越化的发展过程，我们可以看到精神对现实存在的超越和对内在自我的反思。

一　佛教入华前儒家之"心"的概念

在中国思想史上，"心"的最初含义是人体的器官，即脏器之心。《说文》："心，人心，土臧也。在身之中。"其后，古人乃发觉人之喜怒哀乐等情绪皆与此心相关，如悲苦则心胸烦闷，怿悦则心胸畅达，所以开始用此心表示人的情感、情欲、情绪。如《诗》云"青青子衿，悠悠我心"（《郑风·子衿》），"知我者，谓我心忧"（《王风·黍离》）。孔子亦云："七十而从心所欲不逾矩。"（《论语·为政》）可知在这一阶段，"心"多与"欲"相关，孔子谓"不逾矩"即指自然情感之发显当在一定限度之内。孔子言"心"较

---

①　蒙培元：《理学范畴系统》，人民出版社 1989 年版，第 195 页。

少，可见"心"在春秋时期尚未成为儒家思想中的重要范畴。

战国中后期，思想界兴起了一股心学思潮。在这一阶段，最注重论"心"的儒家学者，当属孟荀二子。孟子与荀子分别揭示了"心"的不同方面。孟子说："耳目之官不思，而蔽于物，物交物，则引之而已矣。心之官则思，思则得之，不思则不能得也。"（《孟子·告子上》）可见，孟子承认"心"有"思"的能力，以此区别于不能"思"的耳目口鼻等感官。另外，孟子还认为"心"为"天之所与我者"（《孟子·告子上》），以"天"为"心"之发源。孟子所谓"尽心"乃是为了"知天"，所以"心"未能从自然经验中脱离而成为一独立的精神本体，其本质上仍是自然的存在。尽管如此，孟子的学说相较前代已有较大突破，这在于他将"心"从自然情感上升为一种道德情感。如其言：

> 恻隐之心，人皆有之；羞恶之心，人皆有之；恭敬之心，人皆有之；是非之心，人皆有之。恻隐之心，仁也；羞恶之心，义也；恭敬之心，礼也；是非之心，智也。仁义礼智，非由外铄我也，我固有之也。（《孟子·告子上》）

恻隐、羞恶等"四心"是道德情感意义上的，而非本体论意义上的。孟子以此"四心"为普遍性的道德情感或道德直觉。"非由外铄""我固有之"说明孟子将这样一种先验的道德情感和伦理规范结合在一起，使各种伦理规范内在化为情感的功能。不惟如此，孟子还从"心"中找到了仁义礼智的端绪，提出"四端"之说："无恻隐之心，非人也；无羞恶之心，非人也；无辞让之心，非人也；无是非之心，非人也。恻隐之心，仁之端也；羞恶之心，义之端也；辞让之心，礼之端也；是非之心，智之端也。"（《孟子·公孙丑上》）孟子认为，这些善端是人所固有的，是先验的存在，"人之有是四端也，犹其有四体也"（《孟子·公孙丑上》）。孟子又说："人之所不学而能者，其良能也；所不虑而知者，其良知也。"（《孟子·尽心上》）朱子注云："良者，本然之善也。"这些善端是人心的本然状态。"端"是能够发展的，"知皆扩而充之矣"（《孟子·公孙丑上》），当它从本然状态发展为现实状态时，就不再说"恻隐之心"为"仁之端"，而直接以其为"仁"。朱子也用"扩充"解释人心由本然状态发展为现实状态的必然性："前篇言是四者为仁义礼智之端，而此不言端者，彼欲其扩而充之，此直因用以著其本体，故言有不同耳。"（《孟子集注》卷十一）孟子称这样一个本然至善的"心"为"本心"，后来象山继承了这一说法，并融入了自己对"心"的理解。

人心本然皆善，但世上多有恶行，孟子认为这是人心偏离其本然状态的结果。孟子将人心的这种偏失称作"丧心""失心"和"放心"。孟子说："非独贤者有是心也，人皆有之，贤者能勿丧耳。"（《孟子·告子上》）又说："此之谓失其本心。"（《孟子·告子上》）又说："人有鸡犬放，则知求之；有放心，而不知求。"（《孟子·告子上》）这些话的表达方式虽不同，但意思是一样的，都表示对心的本然状态的偏失或背离。

关于"丧心""失心""放心"的原因，孟子是用自然生命与道德生命的辩证关系来解释的。孟子说："体有贵贱，有小大。无以小害大，无以贱害贵。养其小者为小人，养其大者为大人。"（《孟子·告子上》）朱子注云："贱而小者，口腹也；贵而大者，心志也。"（《孟子集注》卷十一）孟子将"体"一分为二，"小体"指的是以生理欲望为主的自然生命，"大体"指的是以道德情感为主的道德生命。"大体"也就是"心"。孟子认为，追求感官欲望满足的人是小人，注重扩充本心、涵养德性的人是君子。孟子又说："乃若其情，则可以为善矣，乃所谓善也。"（《孟子·告子上》）赵岐解云："若，顺也。性与情相为表里，性善胜情，情则从之。《孝经》云'此哀戚之情'，情从性也。能顺此情，使之善者，真所谓善也。若随人而强作善者，非善者之善也。若为不善者，非所受天才之罪，物动之故也。"（《孟子注疏》卷十一上）性为情之里，情为性之表，情既从性，故能顺此情，即为顺善。顺善，故能行善。小人不识此理，不知顺善，惟以物欲桎梏其心，故"以小害大""以贱害贵"，终致本心之失。易言之，生理欲望可以导致人心背离其本然状态。所以孟子只说"人皆可以为尧、舜""乃若其情，则可以为善"，没有说人天生为尧舜，"孟子只说可以为善，还得要我们自肯有为"①。如果不能顺善而为，那么不仅本然的"仁之端"无法发育成完满的"仁"，就连那一点的"端"也会丧失殆尽。对于君子来说，一定要让自然生命听命于道德生命，并且时刻对引发感官欲望的外物保持清醒的警觉。

除了感官欲望，孟子还注意到外部环境对"心"的影响。他说："富岁，弟子多赖；凶岁，弟子多暴，非天之降才尔殊也，其所以陷溺其心者然也。"（《孟子·告子上》）这里的"陷溺其心"，与上文所谓"丧心""失心""放心"说的是一回事。孟子还说："居移气，养移体，大哉居乎！"（《孟子·尽心上》）朱子注云："言人之居处，所系甚大。"（《孟子集注》卷十三）这是说，外部环境能够改变人的气质、性格、观念、心态。蒙培元也说："孟子不仅肯定了外部环境对于人性的作用，而且具体说明了这种作用有积极和消极、有益和有害两方面。从积极的方面说，好的环境能促进人性的健康成长和发展，可说是人性发展的促进因素；从消极的方面说，不好的环境能阻止甚至破坏人性的健康成长和发展，可说是人性发展的破坏因素。"② 所以，在生理欲望之外，生活环境也能使人心背离其本然状态。

关于物质欲望和外部环境如何导致人心之偏失，孟子也有说明。他以"牛山之木"这个比喻来解释人心的偏失：

① 钱穆：《中国思想史》，第35页。

② 蒙培元：《蒙培元讲孔子 蒙培元讲孟子》，载黄玉顺、杨永明、任文利主编《蒙培元全集》（第十五卷），四川人民出版社2021年版，第231页。

牛山之木尝美矣，以其郊于大国也，斧斤伐之，可以为美乎？是其日夜之所息，雨露之所润，非无萌蘖之生焉，牛羊又从而牧之，是以若彼濯濯也。人见其濯濯也，以为未尝有材焉，此岂山之性也哉？虽存乎人者，岂无仁义之心哉？其所以放其良心者，亦犹斧斤之于木也，旦旦而伐之，可以为美乎？其日夜之所息，平旦之气，其好恶与人相近也者几希，则其旦昼之所为，有梏亡之矣。梏之反覆，则其夜气不足以存；夜气不足以存，则其违禽兽不远矣。人见其禽兽也，而以为未尝有才焉者，是岂人之情也哉？故苟得其养，无物不长；苟失其养，无物不消。（《孟子·告子上》）

这里的"仁义之心"就是"良心""本心"。人之所以丧失他的善良之心，一方面是由于不注意涵养它，另一方面是由于长期以来对它的破坏。这就如同不注意滋养树木，反而天天砍伐树木，树林便自然而然地遭到破坏一样。如此，善心就逐渐发生偏失。善心如不能得到保任，便和禽兽相距不远了。孟子还认为，人心虽有背离其本然状态的危险，但通过一番努力，是可以复归的。这种心的复归过程，孟子谓为"求放心"。关于"求放心"的方法，孟子列举了两种，分别为"思"与"学"。

"思"有两层含义。第一层含义是思虑，它是认知意义上的。在这个意义上，孟子说："禹、稷、颜回同道。禹思天下有溺者，由己溺之也；稷思天下有饥者，由己饥之也，是以如是其急也。禹、稷、颜子易地则皆然。"（《孟子·离娄下》）这个"思"是对外的，表示对他人生存处境的念虑。由这样一种念虑，可以引发对他者的共情。第二层含义是反思，它是面对本心、善端的内在省思。孟子所谓"心之官则思，思则得之，不思则不得也"（《孟子·告子上》），"人人有贵于己者，弗思耳"（《孟子·告子上》），就是在这个意义上讲的。"思则得之"与"有贵于己"的东西就是"本心"或"善端"，它通过"思"而展现自身。孟子还将"思"称为"自反"。孟子说：

"有人于此，其待我以横逆，则君子必自反也：我必不仁也，必无礼也，此物奚宜至哉？其自反而仁矣，自反而有礼矣，其横逆由是也，君子必自反也：我必不忠。自反而忠矣，其横逆由是也，君子曰：'此亦妄人也已矣。如此则与禽兽奚择哉？于禽兽又何难焉？'"（《孟子·离娄下》）这里的"自反"，就是对于"本心""善端"的反省，同时亦有复归本心之义。所以，"思"是一种道德自觉，它可以引发自我与他人之间的共情，也能够呈露人的"本心"，其为"求放心"的一条重要路径。

除"思"之外，"学"在孟子的思想体系中也是极为重要的。孟子论"学"之语甚多，如"乃所愿，则学孔子也"（《孟子·公孙丑上》），"陈良，楚产也，悦周公、仲尼之道，北学于中国"（《孟子·滕文公上》）。"学"周公、孔子包含效仿其道德人格之意，而在效仿之后必然要使此人格精神融入自我的道德品质之中，使自身有所提升。所以，"学"就是"觉"，即自我觉悟。孟子所谓"学"的最终目的不是积累经验知识，而是觉悟自身的道德人格，"学问之道无他，求其放心而已矣"（《孟子·告子上》）。借用《中庸》的话说，在孟子这里"尊德性"与"道问学"是一体的，二者相互促进、相互完善。

背离、偏失本然状态之"心"固然能够通过"思"与"学"等途径来复原，但更重要的是存养、保任此心。人之所以出现"丧心""失心""放心"的情况，就是因为没有很好地存养、保任"本心"。在此意义上，孟子以"存心""养性"贯通"事天"的道路。至于"存心"的方法，孟子也有揭示："君子所以异于人者，以其存心也。君子以仁存心，以礼存心。仁者爱人，有礼者敬人。爱人者人恒爱之，敬人者人恒敬之。"（《孟子·离娄下》）"恻隐之心""辞让之心"等"心"的本然状态是"仁""礼"的端绪，一个人的品德能够符合"仁""礼"，他自然就能够保存其"心"。这就是说，"仁""礼"与作为其端绪的"本心"实际上是相辅相成的。"本心"精微，不易把握，而"仁""礼"是普遍性的道德范畴，能够通过具体实践来把握，所以孟子强调用它们来保存"本心"。"存心"之外，孟子复言"养心"，故曰"养其小者为小人，养其大者为大人"（《孟子·告子上》）。这里的"大者"即前文所言"大体"，也就是"本心"。关于"养心"，孟子从积极与消极两个方面进行了解释。从积极的一面看，"养心"就是培养"理""义"。孟子说："口之于味也，有同耆焉；耳之于声也，有同听焉；目之于色也，有同美焉。至于心，独无所同然乎？心之所同然者何也？谓理也，义也。圣人先得我心之同然耳。故理义之悦我心，犹刍豢之悦我口。"（《孟子·告子上》）"心之所同然者"就是"理""义"。朱子《集注》引程子注曰："理义之悦我心，犹刍豢之悦我口，此语亲切有味。须实体察得理义之悦心，真犹刍豢之悦口，始得。"（《孟子集注》卷十一）因此，用"理""义"涵养"本心"，就像用美食滋养口腹。这一进路其实和"以仁存心""以礼存心"是一致的。从消极的一面看，"养心"必须做到"寡欲"。孟子说："养心莫善于寡欲。其为人也寡欲，虽有不存焉者，寡矣；其为人也多欲，虽有存焉者，寡矣。"（《孟子·尽心下》）这里的"存"即"存心"之"存"，有保存、存养之义。唯"寡欲"能存养"本心"，"多欲"则心神外驰，不能使"本心"得到充分的存养。

在存养、保任"本心"的问题上，孟子还提出养"浩然之气"的说法。冯友兰认为，孟子的气论是神秘主义的，"孟子所谓浩然之气，即个人在最高境界中之精神状态"①。养气是为了存养此心。"心"与"气"之间是相辅相成的关系，"不得于心，勿求于气"（《孟子·公孙丑上》）。此外，孟子认为人在夜间或平旦之际才能感受到"气"的存在，所以这种"气"又称为"夜气"或"平旦之气"。人在夜间或平旦之际，不与世俗社会相接，比较容易做到"自反"，所以这一时刻最宜存养、保任此心。"气"的特点是"至大至刚"，故"以直养而无害"（《孟子·公孙丑上》）。养气同时也是扩

---

① 冯友兰：《中国哲学史》（上册），第 166 页。

充"善端"的过程。养气到一定阶段，"善端"就发育为仁义礼智等德性。至此境界，人就能达到"大丈夫"的人格高度："居天下之广居，立天下之正位，行天下之大道。得志与民由之，不得志独行其道。富贵不能淫，贫贱不能移，威武不能屈。此之谓大丈夫。"（《孟子·滕文公下》）

较之孟子，荀子更明确地以"心"为"身"之主宰，并解释了"心"的认识维度。孟子虽以"心"为"大体"，耳目感官为"小体"，但尚未奠定"心"的主宰地位。荀子则以"心"为耳目口鼻之主宰：

> 形具而神生，好恶、喜怒、哀乐臧焉，夫是之谓天情。耳目口鼻形能，各有接而不相能也，夫是之谓天官。心居中虚以治五官，夫是之谓天君。（《荀子·天论》）

荀子在此以政治意义上的"君""官"譬喻"心"与耳目感官之关系。在他看来，这些耳目感官只具有感觉能力，而没有认知能力。"心"如君主，能够主宰、统摄五官。荀子又说：

> 心者，形之君也，而神明之主也，出令而无所受令。自禁也，自使也，自夺也，自取也，自行也，自止也。故口可劫而使墨云，形可劫而使诎申，心不可劫而使易意，是之则受，非之则辞。故曰：心容其择也。（《荀子·解蔽》）

"心"不为"形"所役，它是自作主宰的。"心容其择"表明"心"具有选择的能力，包含了一种自由意志。荀子还认为，"心"能够消除认识的片面性，"心"的这一作用被称为"解蔽"。荀子说："凡人之患，蔽于一曲，而暗于大理。"（《荀子·解蔽》）"蔽"是蒙蔽，"一曲"是局部，"暗于大理"是不能认识事物的本质。在此基础上，荀子指出只有"心"能客观、如实地认识事物的本质：

> 人何以知道？曰：心。心何以知？曰：虚壹而静。心未尝
> 不藏也，然而有所谓虚；心未尝不满也，然而有所谓一；心未
> 尝不动也，然而有所谓静。人生而有知，知而有志。志也者，
> 藏也，然而有所谓虚，不以所已藏害所将受谓之虚。心生而有
> 知，知而有异，异也者，同时兼知之。同时兼知之，两也，然
> 而有所谓一，不以夫一害此一谓之壹。心，卧则梦，偷则自行，
> 使之则谋。故心未尝不动也，然而有所谓静，不以梦剧乱知谓
> 之静。（《荀子·解蔽》）

在这里，荀子讨论了心在动静不同状态下的作用。"虚"指的是
对内心已有记忆的容受；"一"指的是注意力的专注；"静"指的是
内心平静而不被外境扰乱。心有所动，则梦境、幻想、思虑等自然
生起，此时需要通过"虚壹而静"的修养方法使内心恢复宁静平和。
此外，依荀子，"心"还有"化性起伪"的功用：

> 性之好、恶、喜、怒、哀、乐谓之情。情然而心为之择谓
> 之虑。心虑而能为之动谓之伪。虑积焉、能习焉而后成谓之伪。
> （《荀子·正名》）

荀子认为，"性"的改变在于"心"的作用，礼义之成由于
"心为之择"。

综上所述，孟荀二子论"心"，有很大的不同。孟子侧重"心"
的情感直觉一面，而荀子更重视"心"的理性认知功能。总的来说，
先秦儒家对"心"的理解包括欲望、感情、思虑、意志等多个面向，
但没有将"心"作为形上的精神本体。

较之先秦儒家，汉人论"心"少见新意，大体上未出孟、荀二
子之轨范。董仲舒谓"身以心为本"（《春秋繁露·通国身》），"心
有哀乐喜怒……心有计虑"（《春秋繁露·人副天数》）。在这里，董
仲舒以"心"为兼具情感与理性的"身"之主宰，这其实是延续了

荀子的说法。扬雄则更多地看到了"心"灵感神妙的一面，其云：

> 或问"神"。曰："心。""请问之。"曰："潜天而天，潜地
> 而地。天地，神明而不测者也。心之潜也，犹将测之，况于人
> 乎？况于事伦乎？""敢问潜心于圣。"曰："昔乎，仲尼潜心于
> 文王矣，达之；颜渊亦潜心于仲尼矣，未达一间耳。神在所潜
> 而已矣。"天神天明，照知四方。天精天粹，万物作类。人心其
> 神矣夫？操则存，舍则亡。能常操而存者，其惟圣人乎？圣人
> 存神索至，成天下之大顺，致天下之大利，和同天人之际，使
> 之无间也。(《法言·问神》)

在扬雄看来，"心"是神妙莫测的存在，圣人之心能够协同天
地，化育四方。扬雄的一些说法，已经十分接近后世宋明儒者以
"心"为虚灵明觉的理解，只不过在这里，"心"仍是一种自然的存
在，未能实现对自身的反思与超越。

我们可以清楚地看到，秦汉时期的儒家更多将"心"视为情感、
意志、知觉、欲望的集合体，而没有把它当作超越、绝对的精神本
体。孟子、荀子等人虽然认识到"心"是一种认识主体和实践主体，
也认识到"心"相对于其他感官的主宰地位，但他们对"心"的规
定仍是经验的，尚未将其作为一个独立自为的存在、实体。这种理
解本质上属于自然思维，它表现在自我依附于外在的经验现实，并
被后者规定。比如孟子讲"尽心"的最终意义在于"知天"，而且
"心"与身体、情感、"气"都没有分离开来，这说明"心"或内在
自我的绝对性与独立性尚未被领会。易言之，这一阶段的"心"尚
未成为自由的本体。这一局面直到佛教传入中国后才渐有改观，在
佛教带来的超越精神和反思精神的渗透下，传统儒学逐渐实现了自
身的转型，领悟到"本心"是宇宙的绝对本体和根本原理。

二　吠檀多—禅宗之真心本体论

张岱年先生说过，先秦时期尚未形成一切唯心的宇宙本体论，直至"佛教东来，挟其万有唯识之说而俱至，乃正式种下主观唯心论的种子"①。我们已经看到，秦汉时期的儒家对"心"的理解总体来说还是经验的，他们未能领悟到"心"作为形上本体的超越性。这一情况直到佛教入华后才发生了显著改变。在佛教与儒学两种文化相互磨合的过程中，佛教以"本心"为超验本体的思维逐渐渗透到儒家文化中，使后者对"心"的领会实现了内向化和超越化的转变。需要指出的是，尽管佛教自东汉末年即传入中土，后在魏晋南北朝时期得到弘兴，但真正对华夏思维产生巨大影响的其实是隋唐以来的禅宗。从理论形态上看，禅宗与汉魏两晋南北朝时期盛行于中国的佛教宗派有很大的区别，过去有人称其为"教外别传"，认为禅宗是"中国化"的印度宗教。但正如学者所言，这种"教外别传"的禅宗反倒容易被当时的士大夫所接受，"禅宗的主张是打破一切范围拘束，连佛教两字的范围也打破了，因此反倒容易和教外的人接近。当时禅宗的人才既多，理想又高，方法也很精妙，因此在社会上的势力非常之大，学士大夫们也都受了他们的感化，后来宋明理学的创造与禅宗很有关系"②。张祥龙先生也认为："禅宗对宋明心学的影响在所有佛教派别中可能是最大的，以至于宋明道学家互相批评时往往都以'禅'为批评对方的标签。"③尽管魏晋南北朝时期的很多儒者也喜谈佛理，但他们对佛学的理解尚未如后来的宋明儒者那般通透，所以这一时期儒家的"心"亦为经验性的。唐宋之后，儒家对"心"的认识才有突破，这不能不说是禅宗的独特贡献。

---

① 张岱年：《中国哲学大纲》，第 142 页。
② 常乃惪：《中国思想小史》，上海古籍出版社 2009 年版，第 63 页。
③ 张祥龙：《儒家心学及其意识依据》，商务印书馆 2019 年版，第 105 页。

　　佛教对中国文化的最大贡献，在于其为后者带来了"真心"的概念。"真心"就是存在的绝对本体，这种观念为中国佛教各宗派所继承。比如天台宗的"一念三千"，就认为三千世间在一念自心中显现，此心包摄万法，圆满具足。华严宗在本体论层面强调真如与心性的绝对同一，认为一切法的根源、本体就是众生本具的如来藏心。禅宗更是把一种超绝、无住的真心当作宇宙的精神本体。实际上，这些宗派对"心"的认识都来自如来藏佛教的"真心"概念，而后者能够追溯到印度吠檀多（Vedānta）思想那里，"在中国主要的佛教宗派，究其渊源，都沾濡了如来藏，尤其是《起信》、《楞伽》的真心如来藏观念；其中华严和禅宗，乃以此作为其理论的基础。于是通过《起信》等的如来藏佛教的中介，中国佛学就与奥义书—吠檀多思想具有了本质的亲缘性"①。在佛教各宗派中，禅宗最具神秘主义色彩，它的本体论与修道论的神秘主义，对阳明心学的神秘主义产生了深远影响。我们将要阐明的是，通过如来藏佛教的中介，吠檀多的本体论的神秘主义对禅宗形成了较大影响，并间接推动了阳明心学的发生。

　　吠檀多又名奥义书（Upaniṣad），它的思想主要表现为精神在自我反思的过程中对"心性一如"的实现。"心性一如"就是存在真理与纯粹精神的同一。吠檀多思想具有明显的神秘主义特征，它将存在的本原领会为一种无差别、"非有非无"、不可思议的神秘原理。这种无差别的神秘原理可以从三个层面进行理解。一是自然的层面。早期的奥义书往往将作为存在本原的无差别的"一"理解为一种混沌黑暗的原始物质。二是反思的层面。无差别性被理解为作为存在本质的纯粹意识的均匀性、单一性。三是超越的层面。无差别性被理解为作为超验实体的清净意识对所有自然表象、思想、观念的排

---

　　① 吴学国：《奥义书思想研究》（第五卷），人民出版社 2017 年版，第 2122—2123 页。

除。① 到了超越的层面，自我、本心才真正被领会为超理性、超现实的神秘精神。比如《大林间奥义书》将自我视为一种超越主客、能所、心境之对立的纯粹意识，它趋于无限，并与作为超越精神实体的"大梵"相统一："太初，此世界唯大梵也。彼唯知其自我：'我为大梵！'——故彼化为大全。"② "我为大梵"表达的是"梵我一如"的观念，也就是"梵"（Brahman）和"神我"（Ātman）的合一。"梵"是世间万物的基础，"神我"是内在自我的基础，二者是一致的。"神我"不是日常经验中的一般的"我"，而是原初自我。吠檀多将这样一个自我称为"心"。《唱赞奥义书》直接以"心"说"梵"："是涵括一切业，一切欲，一切香，一切味，涵括万事万物而无言，静然以定者，是吾内心之性灵者，大梵是也。而吾身蜕之后，将归于彼焉。"③ 所以这个"心"，"说到根本处，就是大梵。我们的身死以后，心还回到这个大梵。心与梵从根本上是一致的、同一的"④。"梵我一如"这个观念本质上是神秘的，它意味着自我进入一种无差别的、不可思议的、极度平静的并伴有愉悦感的体验状态。吠檀多哲学还提出一种幻化论（Māyā-vidyā）。吠檀多认为，现象世界为大神因陀罗（Indra）以幻力所造，一切经验表象皆为虚妄的幻象，其称"摩耶"（Māyā）。《白净识者奥义书》中说："自性即摩耶。当知摩耶主，即是大自在。其分为万有，遍漫此世界。"⑤ 这种幻化论将现实存在彻底否定，使绝对真理成为空洞化、虚无化的超绝存在，即"本无"或"空性"。在这里，最高的精神本体以一种无生命的寂灭为归宿，其本质上是一种无差别、不可思议的原理："所谓此大梵者，此即凡人身外之空。而此身外之空者，即此身内之空。而此身内之空者，即此心内之空。——是圆满者，是无转

---

① 吴学国：《奥义书思想研究》（第一卷），第 10 页。

② 徐梵澄译：《五十奥义书》，中国社会科学出版社 2007 年版，第 368 页。

③ 徐梵澄译：《五十奥义书》，第 96 页。

④ 张祥龙：《儒家心学及其意识依据》，第 25 页。

⑤ 徐梵澄译：《五十奥义书》，第 277 页。

变者。"① 这种否定性的活动，是一种超绝的否定。这种观念将本体看作清净寂寥的虚空，具有超越时空、自然和概念、精神现象的特征，归根结底是一种超理性本原或终极实在。通过对现实存在的超绝否定，神秘的精神得以呈现自身，使超越思维领会到一切现实存在的虚无性或空洞性。

佛教与印度教虽为不同形态的宗教，但它们诞生于同一片文化土壤，二者有着密切的理论联系。大多数印度思想史家认为，佛教的世界观、价值观以及认识论在很大程度上源于奥义书思想，"在佛教与奥义书一致的思想中，（1）凡与婆罗门传统一致者，即可肯定是来源于奥义书的；（2）其余的思想则有两种可能，或来自同化了异端的奥义书思想，或同化了奥义书的异端思想"②。我们认为，禅宗虽然经常被视为一种"中国化"了的印度佛教，但它的理论根源其实是印度吠檀多思想，后者通过如来藏佛教的中介将"心性一如""真心缘起"等思想观念渗入禅宗那里。

如来藏佛教被称为"中国佛学的主流"③。所谓"如来藏"，指的是在一切众生之烦恼身中所隐藏的自性清净的如来法身，即真如本心。真如即本体之名。在印度，随着吠檀多思想的发展，"心性一如"观念逐渐影响到当时的佛教。佛教论"心"的术语主要有三个：（1）心：citta，集起；（2）意：manas，思量；（3）识：Vijñāna，了别。这三个术语在早期佛教中是可以替换的，它们都有"自我"的意思。部派佛教对"心"的讨论主要集中在心性染净的问题上，由此衍生出早期大乘佛教经典中出现的自性清净心、菩提心等概念。后来如来藏系的经典得到流行，又产生了如来藏心这样的概念。在吠檀多的持续影响下，如来藏心合并了自性清净心、菩提心等概念的内涵。自此，"心"（citta）作为精神活动的主体，被

---

① 徐梵澄译：《五十奥义书》，第 93 页。

② 吴学国：《奥义书与佛教的发生》，《宗教学研究》2013 年第 1 期。

③ 印顺：《如来藏之研究》，《印顺法师佛学著作全集》（第十八卷），中华书局2009 年版，第 3 页。

赋予最高的真实性，它是无漏智慧所证的宇宙万法的普遍真理。① 同吠檀多一样，佛教根据"心性一如"的观念，也把无住无得、湛然常静的真如本心视为超越而普遍的绝对存在。根据"心性一如"的观念，这"本心"就是"性"。如来藏佛教的自性清净心观念，就是来自吠檀多思想中的空论。空性是自性清净心的本来面目，展现了心体本有的纯净无染的状态。如来藏佛教将自性清净心作为一切众生内在的虚空本体和佛性。如《宝性论》写道："如空遍一切，而空无分别，自性无垢心，亦遍无分别。如虚空遍至，体细尘不染，佛性遍众生，诸烦恼不染。如一切世间，依虚空生灭，依于无漏界，有诸根生灭。"《大乘起信论》则阐发了心体从"本觉"到"不觉"再到"始觉"的过程：

> 一切心识之相，皆是无明。无明之相，不离觉性，非可坏，非不可坏。如大海水，因风波动，水相风相不相舍离。而水非动性，若风止灭，动相则灭，湿性不坏故。如是众生自性清净心，因无明风动，心与无明俱无形相，不相舍离。
>
> 是心从本已来，自性清净而有无明，为无明所染，有其染心，虽有染心，而常恒不变，是故此义唯佛能知。所谓心性常无念故，名为不变。以不达一法界故，心不相应，忽然念起，名为无明。

《起信》论"心"，以真如、生灭二相述之，"一切法都依止于如来藏自性清净心，就表示由如来藏自性清净心可以开出二门，一是生灭门，指的是生死流转的现象，有生有灭，刹那变化，所谓

---

① Whalen Lai, "The Meaning of 'Mind-Only' (Wei-hsin): An Analysis of a Sinitic Mahayana Phenomenon", *Philosophy East and West*, Vol. 27, No. 1 (Jan., 1977), pp. 66–68.

'诸行无常、诸法无我'；另一则是真如门，即开出清净法界门"①。如来藏佛教的根本义旨，就是通过一番修养工夫呈现自性清净心。

这种如来藏思想，后来成为以禅宗为代表的汉地佛教的理论基础。② 吠檀多思想正是通过如来藏佛学的中介渗透到禅宗，使后者继承并发展了吠檀多本体论的神秘主义。属于如来藏系统的东亚佛教，包括中国禅宗在内，其实是在佛教名义下传入的吠檀多思想。③

禅宗以真心为超绝、自由的精神本体和万法的本质、根源。这一观念和如来藏佛教的"心性一如"是一致的。比如《坛经·付嘱品》说："自性能含万法，名含藏识。若起思量，即是转识。生六识，出六门，见六尘。如是一十八界，皆从自性起用。"《大乘开心显性顿悟真宗论》也说："心是道，心是理，则是心外无理，理外无心，心能平等，名之为理；理照能明，名之为心。"在禅宗看来，真如法界内在于真心，后者为万法所从出，所以真心是最高的实在。这种以自性、真如本心为世间万法之本原的思想，与吠檀多、如来藏佛教是一脉相承的。

此外，中国禅宗以般若学为理论基础，强调对真俗二边的双遮双遣。禅宗不仅否定经验世界的现实存在，更否定超验本体，使精神达到无住无执之境。学界普遍认为，大乘般若学为禅宗思想源头之一。④ 实际上，般若学对空性的领会，同样可以追溯到吠檀多思想那里。我们在前面指出，吠檀多思想通过否定现实世界和超验实体，呈现出一种清净无染、寂静不动的纯粹明觉。这种纯粹明觉其实就是神秘的精神，它包含了对理性与现实性的绝对否定。般若学继承并发展了吠檀多的思想观念，明确将本体作为一种解脱、无碍、不

---

① 牟宗三：《中国哲学十九讲》，吉林出版集团有限责任公司 2010 年版，第 252 页。

② 中国佛教各宗派，包括天台宗、华严宗、禅宗等，讲到心性问题，大都采用了《楞伽》《起信》的心性一如说与心性本觉说。

③ S. V. Ketkar, *Hinduism*, Delhi: Caxton Publications, 1998, p. 57.

④ 印顺：《中国禅宗史》，中华书局 2010 年版，第 113 页。

坏、无差别、离垢清净的神秘本原。这表明般若学领悟到实相为自性清净心和空性，因而是超绝、究竟的自由本体。所以，般若思想继承和发展了吠檀多本体论的神秘主义，而禅宗本体论的神秘主义，正是对上述理论的继承。僧璨大师在《信心铭》中将真如本体说成"圆通太虚，无欠无余"。慧能也视一切经验事物为虚妄幻象，并以真心为超绝无住的神秘本原。《坛经·般若品》说："心量广大，犹如虚空，无有边畔，亦无方圆大小，亦非青黄赤白，亦无上下长短，亦无嗔无喜，无是无非，无善无恶，无有头尾。诸佛刹土，尽同虚空。世人妙性本空，无有一法可得。自性真空，亦复如是。"《坛经·机缘品》也说："心如虚空，亦无虚空之量。"这些言论都表明，中国禅宗与吠檀多、般若学的观念一脉相承，即强调通过否定全部现实存在，领悟到自性本体是无滞无碍、超绝无住的神秘精神。

　　禅宗的修养工夫，以观心、守心为主，主要表现为一种面向本心的直觉、内证。直觉、内证的工夫超越名言文字，本质上是神秘的。换句话说，这些工夫不能在语言层面对本体实现对象化的阐明，而只能通过"悟入"的方式来完成。所以这种直觉、内证属于工夫论的神秘主义。我们认为，这种修养工夫及其神秘主义特质同样可以追溯到吠檀多那里。早期印度宗教主要奉行苦行与瑜伽实践。这种苦行与瑜伽实践来自印度北部山区的半野蛮民族，它们伴随着湿婆崇拜被引入婆罗门教。[①] 在《黎俱吠陀》中，对林栖、披发的修行者，即牟尼（Muni）和仙圣（Yati）的崇拜，以及对于苦行创世的设想，都表明苦行实践在当时已经非常盛行。苦行的宗旨是通过饥饿、自残以及吸食麻醉品等手段，达到一种狂喜的心理体验。这种体验一般不包含精神修炼与沉思，既无追求真理的热忱，也缺乏理论思考的兴趣。奥义书是婆罗门的林栖、苦行阶段实践的产物。在奥义书时期的宗教实践中，外在的祭祀、苦行逐渐被扬弃，取而

---

① A. E. Gough，*The Philosophy of the Upaniṣads and Ancient Indian Metaphysics*，Kegan Paul，London，1891，p. 18.

代之的是观想、沉思，后者属于对自我的超越的、内在的领会。① 吠檀多提出了一种明心见性、超然神悟的工夫进路。如《白净识者奥义书》说："如镜蒙埃尘，拂拭生光辉。有身见灵性，得一忧自违。"② 这里"镜"喻真心，"埃尘"喻世俗尘染，故修行之枢要便是观想、领悟到真心的空净本性，并通过一系列精神实践去除杂染，呈现心体之澄明。在吠檀多哲学看来，真心为人所俱有，虽偶有被私欲、妄念遮蔽的时候，但其未因私欲、妄念之蔽而增减分毫。修行者若能澄心静虑，则种种欲念迷妄自然扫净，心体即豁然呈现，不起分别，不住内外，通达自性常明、万理齐彰之境。辨喜在《王瑜伽》中也指出，人心有一种超理性、超意识的高级存在状态，当本心达到那个高级状态时，就能获得超经验的知识，"由是真理射出它的全部光辉，并且我们自己知道（因为三摩地潜在于我们人人内）我们的真吾、自由、不死、万能，脱离有限界，以及它的善恶之对待，而与阿德门（即宇宙之灵）（Atman or Universal Soul）为一体"③。辨喜所言，就是通过直觉反思悟入超越理性的灵知，由此达到"梵我一如"的神秘状态。中国禅宗吸收了吠檀多的这种观念，同样认为神秘的形上本体不可思议，必须通过直觉反思等修行实践来把握。如慧能说：

> 如是诸法，在自性中，如天常清，日月常明，为浮云盖覆，上明下暗。忽遇风吹云散，上下俱明，万象皆现。世人性常浮游，如彼天云。善知识，智如日，慧如月。智慧常明，于外著境，被自念浮云盖覆自性，不得明朗。若遇善知识，闻真正法，自除迷妄，内外明彻，于自性中，万法皆现。见性之人，亦复如是。（《坛经·忏悔品》）

---

① 吴学国：《奥义书思想研究》（第一卷），第59页。
② 徐梵澄译：《五十奥义书》，第266页。
③ ［美］威廉·詹姆士：《宗教经验之种种——人性之研究》，第392页。

宗密也说：

> 我等多劫未遇真宗，不解近自原身……今得至教原文，方
> 觉本来是佛。故须行依佛行，心契佛心，返本还源，解除凡习，
> 损之又损，以至无为，自然应用恒沙，名之为佛。（《原人论》）

可见，无论是吠檀多思想还是深受其影响的中国禅宗，都将一种清净、寂静的真心作为存在本原，并以内观觉照、明心见性的神秘直觉作为体认真心的实践方法。总的来说，禅宗的义旨即为挺立真心，且以直觉反思进入真空妙有之理境。这种"真心"是超越理性和现实性的纯粹意识。以此意识观照世界，则物我之间呈现出某种非对象性的关系。禅宗对"心"的这种领会，与秦汉以来中国本土思想对"心"的理解有着很大的差异。在禅宗那里，中国思想首次将"心"作为一种超越的、绝对的精神本体。

自佛教入华以来，儒家与佛教的关系便展现出多元化的样态。一方面，儒者们试图坚守阵地，将佛教（包括深受其影响的道教）判为"异端"，与其划清界限，甚至借助政治力量公然打击僧众；另一方面，很多儒者徘徊在儒佛的边界上，或以儒学话语阐发佛理，或直接吸收佛教思想来改造儒学，实现后者在精神层面的转化。正如欧阳修所言："佛法为中国患千余岁，世之卓然不惑而有力者，莫不欲去之。已尝去矣，而复大集，攻之暂破而愈坚，扑之未灭而愈炽，遂至于无可奈何。"（《本论上》，《居士集》卷十七）自隋唐以来，中国社会虽时有辟佛之举，然而佛教的传播势头并不因此而削弱。至宋代，很多儒者的辟佛仅仅体现在生活实践方面，在思想层面则对佛教持相对开放的态度。要之，佛学影响宋学最为持久和深入，无佛学即无宋学。周予同也指出，传统儒学留意于修齐治平之道，疲精于礼乐刑政之术，虽间有仁义中和之谈，但少有对于道德原理的追问。宋代理学进而讨究原理，求垂教之本原于心性，求心性之本原于宇宙。所以传统儒学的特色为实践的、情意的、社会的、

伦理的，而理学的特色为玄想的、理智的、个人的、哲学的，二者殊不相同。理学之所以异于传统儒学，完全是受佛学的刺激影响。佛教的形而上学尤为玄妙，非传统儒学所能企及，所以儒家不能不在本体论、形上学方面借助佛学的思想资源。宋明理学家或仅因佛而释儒，或直援佛以入儒，其对于佛学之取舍多寡不同，而受佛学的刺激影响则无二致。儒学与佛学的混合，始于鸠摩罗什广译经典，慧远创始莲社。晋唐名士多通内典，与名僧交好，后者亦援儒解佛。宋代禅宗独盛，临济、沩仰、云门、法眼、曹洞、杨岐、黄龙，五家七宗，枝分派别。理学诸儒与禅门高僧皆有十分密切的关系。[1] 陈寅恪也认为，宋儒大多为深通佛教者，"既喜其义理之高明详尽，足以救中国之缺失，而又忧其用夷变夏也。乃求得两全之法，避其名而居其实，取其珠而还其椟。采佛理之精粹，以之注解四书五经，名为阐明古学，实则吸收异教，声言尊孔辟佛，实则佛之义理，已浸渍濡染，与儒教之宗传，合而为一。此先儒爱国济世之苦心，至可尊敬而曲谅之者也"[2]。从历史上看，很多宋明儒者早年都有出入佛老的经历，这使他们在构建儒学思想体系的时候自觉或不自觉地融入了佛道思想。

宋明儒者对"心"的诠释体现了佛教的刺激和影响。我们以王阳明的心学为例来说明这种影响。黄宗羲介绍阳明早年从学经历云："先生之学，始泛滥于词章，继而遍读考亭之书，循序格物，顾物理吾心终判为二，无所得入。于是出入于佛、老者久之。"（《姚江学案》，《明儒学案》卷十）可知阳明和其他宋明儒者一样，也受到过佛道思想的浸染。阳明对良知本体的领会，不是来自传统儒学，而是受到了禅宗心性论的影响——甚至可以通过如来藏佛教追溯到印

---

① 周予同：《朱熹》，载朱维铮编《周予同经学史论著选集》，上海人民出版社1996年版，第114—115页。

② 吴宓著，吴学昭整理：《吴宓日记》（第2册），生活·读书·新知三联书店1998年版，第102页。

度吠檀多哲学那里。① 关于异质文化间的精神改造，有论者指出："人类历史上，必须借助外力才能突破精神桎梏的情况不止一端，欧洲中世纪思想就要借鉴儒学的天人合一才能突破神道一元观念的笼罩。同样，很少抽象思维的唐宋诸儒，如果没有佛道二教流行之下性理之学盛行的时代风尚影响，将内典外书相互比附，大概也很难跳出思想局限，形成深究义理的思维方式。"② 佛教传入中土之前，儒家缺乏从精神本体层面对"心"的深入思考。儒家直到阳明心学，才真正意识到实践主体自身应当是全部伦理法则的根源，亦即为超伦理、超现实的精神本体。至此，良知被当作否定了全部经验表象与全部理性的"本无"，即神秘的精神。这种将"本心"等同于"本无"的观念在先儒那里是未曾有过的。所以在阳明那里，精神实现了绝对反思与内在超越的统一，使自身进入与禅宗乃至吠檀多一致的思辨反思领域。这表明阳明心学的思辨反思根本不可能从传统儒学直接蕴出，而只能袭自佛学（主要是禅宗思想）乃至更早的印度文化传统。张祥龙也指出："历史上有一个很悠久的心学传统，她的最大、最久远的源头或渊薮不在我们中国，而是在印度。"③ 通过下面这则材料，我们也能看到阳明心学与禅宗心性论的理论亲缘性：

> 心之本体，无起无不起，虽妄念之发，而良知未尝不在，但人不知存，则有时而或放耳。虽昏塞之极，而良知未尝不明，但人不知察，则有时而或蔽耳。虽有时而或放，其体实未尝不在也，存之而已耳；虽有时而或蔽，其体实未尝不明也，察之而已耳。若谓良知亦有起处，则是有时而不在也，非其本体之谓矣。（《传习录》中，《全集》卷二）

---

① 吴学国、秦琰：《从印度吠檀多到中国阳明心学》，《学术月刊》2007 年第2 期。

② 桑兵：《理学与经学的关联及分别》，《史学月刊》2020 年第 5 期。

③ 张祥龙：《儒家心学及其意识依据》，第 2 页。

　　阳明认为，良知是人固有的精神本体，虽时为妄念遮蔽，而实无一刻不明。这同《起信》、禅宗所强调的本体清净、心性本觉等说法别无二致。

　　总的来说，阳明心学与禅宗本体论的神秘主义，在很大程度上都是源自印度吠檀多哲学。吠檀多哲学认为，宇宙的主宰就是一个超理性的绝对主体，它同时也是一种无限的精神本体和绝对无差别的自我意识。这种本体论的神秘主义与大乘如来藏佛学相互渗透和融合，形成"心性一如""心性本觉""真心缘起""反本还原"等思想观念。这些思想观念通过《起信》《楞伽》等经典传入中国，对天台、华严、禅宗等汉地佛教形成了深远的影响。其中，禅宗对阳明心学的影响最为深著。阳明心学继承并发展了吠檀多—禅宗的"心"的观念，使"本心""良知"等概念迥异于传统儒学意义上的道德主体或认知主体，是为一种具有反思性和超越性的神秘精神。质言之，阳明心学以良知为超绝精神的真心本体论，正是源自印度吠檀多哲学影响下的禅宗思想。

　　日本学者沟口雄三曾将中国思想中"心"的特质归纳为三点：一是环宇宙性，二是虚灵、活泼性，三是本体论的性质。① "心"的环宇宙性包含了三个方面：（1）万物生意的发用、发显；（2）通过发用而结合为一的共生、交感；（3）使此共生、交感得以结合为一的自然条理性。简言之，环宇宙性的心即为一种自然的"生生"之心。如朱子云："天地以此心普及万物，人得之遂为人之心，物得之遂为物之心，草木禽兽接着遂为草木禽兽之心，只是一个天地之心尔。"（《朱子语类》卷一）虚灵、活泼性指的是将人心视为气之灵、气之精，虚灵、神明为体，活泼、不测为用。如黄百家论横渠"大心"说："心处身中，才方寸耳，而能弥六合而无外者，由其虚窍为

────────

① ［日］沟口雄三：《中国的思维世界》，刁榴、牟坚等译，生活·读书·新知三联书店 2014 年版，第 174 页。

气之橐龠而最灵也。盖盈天地间惟此於穆乾知，其气流行不已，其凝聚者在人身，而身之气又朝宗于心，故此人人各具之一心，实具天地万物之全气。"（《横渠学案上》，《宋元学案》卷十七）此是以气之虚灵、感应论"心"，通过"心"的活动，主体与客体实现了一种内在的感通。"心"被视为一种至灵之气、天地之气，故先天地具有虚灵、活泼的特点。本体论的"心"则是宇宙的最高实体和道德法则的根源。在宋明理学的发展中，儒者对"本心""心体""心之本体"的论说日趋繁复。在陆王心学那里，"心"虽然同时包含了环宇宙性、虚灵、活泼等方面，但更偏向于本体论的方面。

我们认为，沟口氏对中国的"心"的概括更多是从宋明以后的儒学来讲的。他似乎忽略了先秦儒学中的道德情感的"心"与认知理性的"心"。按照沟口氏的划分，唐宋之前的"心"似乎也应该归为环宇宙性的那个层面，是一种自然的精神。

在本节中，我们不仅追溯了"心"的原始含义，还揭示了印度吠檀多与禅宗思想对儒家"心"之观念的影响。通过如来藏佛教的中介，禅宗继承了吠檀多哲学"心"的反思性和超越性。禅宗把清净、无住的真心当作存在的绝对真理，并主张通过反观自心的修道方式来证悟。在佛教的长期渗透下，中国的本土文化被注入了一种反思性思维，而"心"的概念也经历了某种内向性转化。我们这种研究的意义在于，通过梳理中国思想史上"心"之观念的流变，最终看到这种观念的变化背后是精神的持续运动和更新。应该说，从早期的情欲之"心"到"心之本体"的发展，体现了精神在自身的推动下不断突破原有的形态，而趋向更为超越的形态。

第二节　良知作为神秘的本体

马克斯·韦伯曾说，在古代的中国，"个人自由的任何领域都未得到自然法的认可。在中国的语言里，甚至没有'自由'这个字眼"①。韦伯的看法代表了19世纪欧洲思想界对中国的普遍认识。从黑格尔开始，很多西方思想家都对中国社会失去了好感。他们认为，在中国只有皇帝享有自由的权利，而臣民之间的地位是不平等的，平民并没有真正的自由。在这里，我们有必要对韦伯的观点作出回应，并进一步阐明自由的精神实际上存在于阳明的良知概念之中。良知就是自由的本体，它是绝对和无限，而且必然要求在现实存在中实现自身的绝对性和无限性。

"自由"一语，出自日本学者对英文"liberty"的汉译，随后渗透到中国的思想界。西方的"自由"概念，旨在说明个人权利在公共社会中的合理性与合法性，藉此界定个人与群体之间的权利与义务。晚清之际，严复将穆勒（John Stuart Mill）的著作 On Liberty 译为《群己权界论》，殊为得当，而另一译名"论自由"流传更广。盖国人深受老庄及魏晋诸说影响，多视"自由"为自我不受约束、管辖，超越一切外在规定。清末学者汪康年说："吾国人常谈辄曰随便，曰不拘，曰彼此没讲究，寻其意盖导源于老庄，而加入以释氏平等之意，其结果则蹈入无规矩、无界限……近西人又有自由之说，于是闻者不考西人自由之语何自而来，自由之界限以何为起讫，而人人皆有自由二字存乎胸中，一如得臻此境，则吾人幸福乃至不可思议。"（《论吾国人之心理》，《汪穰卿遗著》卷六）近代以来，国人对自由的理解，多数时候未能从群己关系出发，而多将自由视为个体心灵的超越与行动的从心所欲。

本书所论心学之自由，乃特指良知作为能动、超绝之本体所呈现的自由精神。良知不是现存的死物，而是不断自我否定、自我更新的精神。在自我否定、自我更新的过程中，良知朝向自身实现本己的反思和超越，最终领会到自身是超越理性和经验的纯粹意识。这一运动的推力亦为自由，所以精神的运动是一个由自由推动并最终复归自由

① ［德］马克斯·韦伯：《儒教与道教》，第156页。

的过程。通过自我否定与自我更新，良知由自然精神、伦理精神逐渐发展为神秘精神。神秘的精神也就是自由的精神。我们将良知规定为自由本体，正在于它不是由伦理法则和理性概念规定的，相反是全部伦理法则的规定者，因而是超现实的存在。从本体论上讲，良知与自由具有内在的统一性：本体是自由的本体，自由是本体的自由。

这样的一种自由本体是普遍、必然的超绝存在。阳明尝言愚夫愚妇也有良知，这相当于肯定了一切个体都有实现自身内在自由的能力。盖良知作为本体，不仅是世间一切存在的创造性根源，也是人类精神全部内容的本质和基础。良知就是生命意志，而它的展开与实现就是生命意志不断超越自身的过程。在阳明看来，个人生存的价值与意义即在于"致良知"，所以对良知的内向体认构成了自我超越的基础。这种内向体认也是对良知的直觉反思。通过直觉反思，良知不断否定自然经验的对象并将自身领会为内在的、普遍的原理。这个直觉反思的过程，就是良知将自身确立为世界的绝对目的与本质的过程。

历史地看，中晚明个人主义的盛行与良知学说的发展密切相关，这也正是从近代性的视域理解阳明心学的重心所在。在 16 世纪的中国，良知的观念深入士大夫和民众的内心之中，成为修身、成圣的思想基础，这也使个人主义的社会氛围得到空前的高涨。① 阳明心学作为中国"近代"哲学开端的意义就在于，阳明开示了一条"体无"以"用有"的自我实现之路，"由'无'所开显的孤绝化的虚

---

① 明儒王一庵赞颂其师王心斋云："自古士农工商业虽不同，然人人皆可共学。孔门弟子三千，而身通六艺者才七十二，其余则皆无知鄙夫耳。至秦灭学，汉兴，惟记诵古人遗经者，起为经师，更相授受，于是指此学独为经生文士之业，而千古圣人与人人共明共成之学，遂泯没而不传矣。天生我师，崛起海滨，慨然独悟，直超孔、孟，直指人心，然后愚夫俗子，不识一字之人，皆知自性自灵，自完自足，不暇闻见，不烦口耳，而二千年不传之消息，一朝复明。先师之功，可谓天高而地厚矣。"（《泰州学案一》，《明儒学案》卷三十二）从阳明到心斋，乃至众多心学学者，都承认人有实现"自性"的能力。这样一种"自性自灵""自完自足"的精神，即超越的自由精神，只不过明儒尚未以"自由"一词命名而已。

无个体，实际上是可以包容整个世界的，虚无的个体可以在充实起自我的同时充实起整个世界，有限的个体能够在真实地承担起自己责任的同时承担起世界的责任"①。所以，良知是推动精神发展的根本性力量，而对它的体认和实践则是自由的实现过程。

我们在上一节中指出，良知与吠檀多及禅宗的真心有着理论的亲缘性。阳明心学的神秘主义吸收了禅宗的直觉反思，并以人的真实自我作为超绝的精神本体。这个精神本体就是良知。良知既是宇宙万有创造和发展的根源，又是全部现实存在及伦理的基础，它在本质上是超越理性和现实性的，因而是神秘的精神。良知是无住无得、无滞无碍的存在，所以又是自由的精神。在精神哲学中，自由的精神是精神发展的最高形态。心学本体论的神秘主义对这种精神予以了观念论的阐明。首先，"心即理"的观念确立了"心之本体"的主体性原则，将外在定理、法则收摄一心之中。作为有限与无限、内在与超越、能知与所知的统一，心体炯然无系，无定在而无所不在。在阳明看来，心体虽有染污之时，然若能一念自反，不断克治己私，遂能使此心上达无限、超越之境。其次，阳明将良知理解为一种"无善无恶"的本体，这表明心学领会到自我的本质是超越一切现实存在的神秘精神。这种本体与现实的区分，是一种严格意义上的存在论区分，体现了主体对现实存在的虚无化。自由的精神就是一种"本无"，而面向"本心"的直觉活动是精神的超绝反思，它要实现的是对现实精神的虚无化。正因为本体实现了对现实性的绝对否定，所以它是一种本真的自由，即无住、寂然的神秘精神。

一　"心即理"的神秘主义内涵

"心即理"的另一种表达形式是"心外无理"。以往学界大多将"理"解释为道德原理，认为"心即理"说意味着"至善作为道德

---

①　张志强：《"良知"的发现是具有文明史意义的事件——"晚明"时代、中国的"近代"与阳明学的文化理想》，《文化纵横》2017年第4期。

原理不可能存在于外部事物，道德法则是纯粹内在的，事物的道德秩序只是来自行动者赋予它的道德法则"①。实际上，我们还可以将该命题解读为一种本体论的神秘主义。阳明说："心即理也。学者，学此心也；求者，求此心也。"（《传习录》中，《全集》卷二）又说："夫心之本体，即天理也。天理之昭明灵觉，所谓良知也。"（《答舒国用》，《全集》卷五）阳明关注的重心就在于这个本体之"心"。从本体论的神秘主义讨论"心即理"，应该从精神哲学的视域出发，将良知领会为一个持续发展、更新的精神本体。我们将看到，良知既是全部伦理法则的内在根据，又在其自身发展中超越伦理法则，展现为一种超理性、超现实的神秘精神。

宋明理学在禅宗的持续渗透下实现了自身的创造性转化，这体现在理学家明确将"心"理解为一种道德主体。他们的这种理解，较之秦汉儒学是一种很大的进步。在上一节中，我们简要谈到了印度心性思想对阳明心学的影响，在这里我们则要回顾一下阳明之前的宋明儒者对"心"的理解，由此阐明"心即理"说的特殊意义。在北宋儒者中，首次对"心"进行明确定义的是横渠，他说："合性与知觉，有心之名。"（《正蒙·太和》）又说："心统性情者也。"（《性理拾遗》第8条）在横渠看来，"性"是本体存在，"心"是知觉、情感，前者通过后者起作用。可见，在横渠这里，"性"与"心"仍是二物。横渠的这些说法，实开宋儒论心之规模。

程朱理学论心更为详尽。伊川说："心一也，有指体而言者，有指用而言者，惟观其所见如何耳。"（《与吕大临论中书》，《河南程氏文集》卷九）这是借佛教的体用论来讨论心性的问题。伊川以"心"之体为"性"，"心"之用为"情"，并将"心""性""情"三者统一起来。这里的"心"，其实是一种知觉主体和道德主体的统一体：

---

① 陈来：《宋明理学》，北京大学出版社 2020 年版，第 300 页。

> 问："人之形体有限量，心有限量否？"曰："论心之形，则安得无限量？"又问："心之妙用有限量否？"曰："自是人有限量。以有限之形，有限之气，苟不通之以道，安得无限量？孟子曰：'尽其心，知其性。'心即性也。在天为命，在人为性，论其所主为心，其实只是一个道。苟能通之以道，又岂有限量？天下更无性外之物。若云有限量，除是性外有物始得。"（《河南程氏遗书》卷十八）

伊川以"心"为有限量之物，然若能通之以"道"，则是无限的存在。由此观之，伊川虽言"心即性"，并以"心"兼体用，但这个"心"仍是有限的存在，不是超越、绝对的精神本体。

伊川之后，朱子论心更为周密。朱子从横渠那里继承了"心统性情"的说法，但他更明确强调心的主宰作用："心，主宰之谓也。动静皆主宰，非是静时无所用，及至动时方有主宰也。言主宰，则混然体统自在其中。心统摄性情，非儱侗与性情为一物而不分别也。"（《朱子语类》卷五）"心"虽有主宰之功，朱子仍以之为与感性情欲相关的"气之精爽"，"心比性，则微有迹；比气，则自然又灵"（《朱子语类》卷五）。因此，"心"是杂善恶而混的，唯"性"是"心"所得于天之理，"心以性为体，心将性做馅子模样。盖心之所以具是理者，以有性故也"（《朱子语类》卷五）。在朱子那里，"心""理"分判为二，且"心"受"理"的规定约束，无法展开为一种真正超越的心本体学说。总之，无论是"性"还是"理"，对人心而言都意味着一种先验的本质结构，人心则是有欠缺的，所以朱子将性理作为人心的轨范。这样一来，"理"对于"心"就有了一种认识论的意义。朱子将这种认识进路称为"即物穷理"，必使人心能于认识对象上识得此"理"，而后"心"才能合于"理"："上而无极、太极，下而至于一草、一木、一昆虫之微，亦各有理。一书不读，则阙了一书道理；一事不穷，则阙了一事道理；一物不格，则阙了一物道理。

须着逐一件与他理会过。"（《朱子语类》卷十五）因此，朱子的工夫有向外的一面。朱子反对只通过反身自省来"穷理"的工夫进路："格物须是到处求。'博学之，审问之，慎思之，明辨之'，皆格物之谓也。若只求诸己，亦恐有见错处，不可执一。"（《朱子语类》卷十八）然而，这种"即物穷理"的工夫极易导致学者"务外遗内"，很多朱门后学不遗余力地格致外物，反而在"发明本心"方面有所不足。据此，阳明对朱子的"格物"说提出批评："朱子所谓'格物'云者，在即物而穷其理也。即物穷理，是就事事物物上求其所谓定理者也。是以吾心而求理于事事物物之中，析心与理而为二矣。"（《传习录》中，《全集》卷二）这个批评可以说切中了朱子"格物"说的要害。

真正使"心"与"理"在本体层面达到统一的，是与朱子同时的陆象山。象山所谓"心"，乃是道德主体与宇宙本体的统一体。他主张"先立乎其大"，即立足"本心"体验自我与宇宙大全的同一性。象山认为，"理"不外在于吾心，体验"本心"就是"穷理"，所以像朱子那样观照草木鸟兽昆虫之"理"是不必要的。象山之后的心学学者，多重视神秘直觉。这一点和程朱学派的教法大为不同。

阳明的"心即理"说是对象山心学的进一步发展。象山说过："吾于践履未能纯一。"（《年谱》，《陆九渊集》卷三十六）这是说，象山自觉认识到了其在工夫层面的未精纯处。这种欠精纯的工夫的形成，其实根源于象山心学体系的内在张力。这一内在张力具体体现在两个方面。一是象山在"独归之于人"的"心本体"之外，又提出"复归之于天"的"天本体"；二是象山既主张"先立乎其大""反身而诚"，又不反对"即物穷理""格物致知"。这种矛盾和不彻底性，表明象山未能将道德本体完全建诸人的心灵世界。[①] 这就致使象山心学的修养工夫多有粗疏之处，不够谨严，所以陆门后学"不

---

① 赵士林：《从陆九渊到王守仁——论"心学"的彻底确立》，《孔子研究》1989 年第 4 期。

是落于平庸，就是陷入禅窠"①。

直到阳明心学出现，才真正将象山的心学思想修补完整。阳明完善了作为主观精神的"心"，把它当作一切为学工夫的本体论基础。"心"在阳明那里正式成为"心之本体"。所谓"心之本体"，亦即"良知"，它同时也是"性""道""天""天理""知觉""灵明""虚无"，即最高的精神本体。阳明说：

> 心之本体即是天理，天理只是一个，更有何可思虑得？天理原自寂然不动，原自感而遂通，学者用功虽千思万虑，只是要复他本来体用而已。（《传习录》中，《全集》卷二）

阳明又说：

> 心者，天地万物之主也。心即天，言心则天地万物皆举之矣。（《答季明德》，《全集》卷六）

又说：

> 所谓汝心，亦不专是那一团血肉。若是那一团血肉，如今已死的人，那一团血肉还在，缘何不能视听言动？所谓汝心，却是那能视听言动的，这个便是性，便是天理。（《传习录》上，《全集》卷一）

诸如此类的话还有很多，此处不再一一列举。可以看到，阳明论"心"，乃是以"本体"说"主体"，将人心规定为一种宇宙的终极原理。较之先儒以"心"为单纯的道德主体或认知主体，阳明的

---

① 侯外庐、邱汉生、张岂之主编：《宋明理学史》（上卷），人民出版社 1984 年版，第 606 页。

这种认识显然是儒家思想在精神层面的深化。

首先，"心之本体"是创生万有的宇宙本体，为万事万物所从出。阳明称良知为造化的"精灵"，"虚灵不昧，众理具而万事出。心外无理，心外无事"（《传习录》上，《全集》卷一），"良知是造化的精灵。这些精灵，生天生地，成鬼成帝，皆从此出，真是与物无对"（《传习录》下，《全集》卷二）。人的全部生存意义，就在于挺立内在自我并与天地万物同体，使人的道德主体性展现于天地万物的创生和化育之中。这其实也是《中庸》"成己"与"成物"相统一的道理。

其次，"心之本体"是道德原则的基础和天理的自然显现。阳明说："心之本体则性也。性无不善，则心之本体本无不正也。"（《大学问》，《全集》卷二十六）这表明阳明将程朱理学中的公理、定理收摄到内在自我之中。作为道德的最高标准，"心"为自我立法。阳明的"良知"说，在人心中确立了一种具有普遍性的价值判断机制，"所以他更注重个人的道德情感及其对是非善恶的判断，这样，公有的'天理'在他的心学中显然是被淡化了"①。朱子那里有善有恶的"意""情"等概念也被纳入"本心"之中，在"心即理"的架构内成为合乎理性的存在。

最后，"心之本体"还是纯粹的澄明，也就是超越理性、无思无虑的神秘精神。阳明将一种超越思维念虑的"真心"作为绝对本体。这种观念具体表现为：（1）将良知作为无善无恶、无滞无碍、无声无臭的纯粹虚空。良知被领会为清净纯粹的超绝精神，是一种无内容的虚灵明觉。阳明说"无善无恶心之体"，其实是对于一个理性的、有内容的"心"的更高超越。黄宗羲对阳明的晚年境界评价甚高："居越以后，所操益熟，所得益化，时时知是知非，时时无是无非，开口即得本心，更无假借凑泊，如赤日当空而万象毕照。"（《姚江学案》，《明儒学案》卷十）这表明良知是超理性和超道德性

---

① 刘宗贤：《陆王心学研究》，山东人民出版社1997年版，第399页。

的最高存在。（2）将良知作为无思维的存在和纯粹意识："无知无不知，本体原是如此。"（《传习录》下，《全集》卷三）作为自由本体，良知不仅超越现实道德的设定，更超越了思维、意识，是一种无思、无虑、无念的纯粹明觉，即超越一切经验性、规定性的纯知。

我们将"心之本体"的前两种意涵看作"有"的精神，将第三种意涵看作"无"的精神，就能看到良知概念的发展包含了自"有"入"无"的精神运动过程。"无"是对"有"的否定和超越，精神自"有"入"无"就是从有限性通往无限性。这一运动过程同样展现了良知从自然精神、伦理精神向神秘精神的过渡。当良知呈现为"无"的精神，它就是非对象性和无规定性的存在。良知不是关于某种现实对象的知识，而是自由对自身存在的感受；良知也超越了经验世界的规定性，成为一种无主客、无内外、无动静的超绝本体。所以阳明讲："本体原无内外。"（《传习录》下，《全集》卷三）又说："心之本体原自不动"，"心不可以动静为体用。动静，时也。即体而言，用在体，即用而言，体在用：是谓'体用一源'"。（《传习录》上，《全集》卷一）就这个方面来说，阳明对"心之本体"的理解较之象山确实更为"纯一"。

前人研究阳明心学，对"心之本体"所呈现的神秘精神一面探讨较少，甚或多有误读之处。有学者将阳明关于"心之本体"的说法分为四类：一是心的至善无恶的形上设定。"心之本体"即"性"，性即理，乃天赋之善。这种善不同于时时生起的善念恶念，而是有善无恶的至善；二是心的无善无恶的形下状态，即心的本来面目，本来体段，即所喻"太虚"意；三是对于心之诸性质的描述，如"乐"是"心之本体"，"定"是心之本体，"恒照"是心之本体，等等；四是从认识论上讲，将心视为白板之类的存在，心无体，而以对外界的反映为其体，譬如眼耳等感官以对外部声色的反映为其体。① 这一概括基本准确，值得商榷之处在于将"无善无恶"作

---

① 张学智：《明代哲学史》，中国人民大学出版社 2012 年版，第 119—120 页。

为"心之本体"的形下状态。之所以有这样的认识，是因为这种说法将阳明心学中的"无"作为手段，"有"作为目的，进而认为"无"服务于"有"，于是工夫进路就展现为自"无"入"有"。这种看法实际上削弱了作为"本无"的心体的内在价值。实际上，精神的自我运动应该是一个自"有"入"无"的过程，"无"是对理性和现实性的否定，是精神所达到的超越境界。所以在良知的精神结构中，"有"是"无"的前提和条件，"无"是"有"的最终目标。

还有一些学者认为，阳明心学的内在缺失就在于将良知提升为一个超乎人物乃至天地以上的本体，一切存有皆从良知的发用中流出，这使良知成为一个绝对超越、与物无对的存在。比如钱穆说："其实阳明立教，若只言知行合一，只言致良知，只言存天理去人欲，只言事上磨炼，只言诚意一关，只在粗处指点人，只不失其在龙场驿一悟时光景，亦自见精神，自足振发人。且莫向深处钻。夫子之性与天道不可得闻，正见孔子之卓尔不可企及。但阳明由良知而转论到心体，像是深入细到，毛病转从这里冒出。"① 依钱先生之见，阳明仅在良知磨炼处言涵养心性即可，不必进一步申说"心之本体"的超越性，否则就会形成阳明及其后学的理论弊病。这一说法其实也是有问题的。作为最高的精神本体，良知始终处在自我运动、自我更新的过程之中，所以神秘精神之自我呈现乃是良知发展的内在必然。良知必然是有超越性的，而且通过这种超越才使自身不断得到发展。作为神秘精神的良知乃是其自我发展的最高阶段。耿宁根据良知的精神运动过程，区分了三个良知概念。这三个概念分别为"本原能力""本原意识、良心"和"始终完善的良知本体"；或者简要概括为心理—素质概念、道德—批判概念以及宗教—

① 钱穆：《中国学术思想史论丛》（七），生活·读书·新知三联书店 2009 年版，第 92 页。

神性概念。① 在耿宁看来，良知经历了一个自我否定、发展、更新的过程，而第三个良知概念也被判定为超越经验和现实性的。这与本书的宗旨颇为接近。不过，本书更进一步看到了良知作为神秘本体的一面，阐发了心学的神秘经验与精神本体的关系。

按照"心即理"的规定，心学从本质上讲就是一种"反己之学"。通过"心即理"的命题，可知虚灵明觉之"心"为人所固有，只因个体在日常生活之中常逐于外，遂于此虚明本体昏聩不识，不知涵养本原，故反己之学废矣。反己之学就是对内在主体的直觉反思。通过持续不断的直觉反思，个体可以领悟到神秘精神在否定全部经验表象、理性、概念意义上的终极价值。反己之学通向的是人的自由。阳明始终强调在心体上做工夫，即"反在自心上体当"（《传习录》上，《全集》卷一）。在自我省察、自我否定、自我更新的过程中，精神逐渐扬弃经验自我，最终将一种超理性的神秘精神作为终极真理。可以看出，较之宋代理学通过"仁""理"等范畴建构的道德形上学，阳明心学有着更超越的一面。阳明以"无善无恶"、空虚寂寥的绝对精神超越道德自我，获得神秘明觉的进路，这是此前的儒者没有讲过的东西。阳明心学的意义就在于，"既高扬了道德的主体性，通过'心外无理'、'致极良知'、'仁者与物同体'，把儒学固有的'有'之境界推至至极，又从儒家的立场出发，充分吸收佛道的生存智慧，把有我之境与无我之境结合起来，以他自己的生命体验，完成了儒学自北宋以来既坚持入世的价值理性，又吸收佛道精神境界与精神修养的努力"②。良知既在现实道德之"有"的层面上发显，又契入"无"的超越境界之中，不滞于一般的善恶概念。因此，良知既是未发之中，亦是已发之和，它是即有即无、即动即静、即体即用、即寂即感的存在。

---

　　① ［瑞士］耿宁：《人生第一等事：王阳明及其后学论"致良知"》，倪良康译，商务印书馆 2014 年版，第 273 页。

　　② 陈来：《有无之境——王阳明哲学的精神》，第 8 页。

刘蕺山推崇阳明为"明道而后，未见其比"（《明儒学案·师说》）。在宋明理学史上，二程和阳明是最具创造力的学者。二程拈出"天理"二字，将其与心性、体用等范畴联系起来，从而建构起一套宏大的理学体系，影响后世数百年。阳明提出良知说，也对后世影响至深。我们认为，阳明"心即理"说的贡献主要体现在以下三个方面。

第一，确立了圣凡平等的观念。从孔子到朱子，"圣人"都是遥不可及的人格存在。颜回曾经赞叹孔子"仰之弥高，钻之弥坚，瞻之在前，忽焉在后"（《论语·子罕》）。这说明"圣人"是崇高的，也是平凡人难以达到的境界。程朱虽然肯定了"圣人可学而至"，但他们还是把"圣人"视为外在于己、高高在上的偶像，"天理"也成为外在规范性的道德教条。而在阳明的思想体系中，"圣人"不再是高高在上的偶像，"天理"也被等同为"本心"。阳明讲"心之良知是谓圣"（《书魏师孟卷》，《全集》卷八），又说"圣人之学，只是一诚而已"（《传习录》下，《全集》卷三），最后导出"人胸中各有个圣人"乃至"满街都是圣人"，"个个人心有仲尼"。《传习录》中记载了这样一段对话：

> 在虔，与于中、谦之同侍。先生曰："人胸中各有个圣人，只自信不及，都自埋倒了。"因顾于中曰："尔胸中原是圣人。"于中起不敢当。先生曰："此是尔自家有的，如何要推？"于中又曰："不敢。"先生曰："众人皆有之，况在于中，却何故谦起来？谦亦不得。"于中乃笑受。（《传习录》下，《全集》卷三）

这种"圣凡平等"的观念对于解放心中的束缚、确立人格的平等无疑有着积极意义。

第二，克服了朱子末流"务外遗内"的弊病。前面指出，朱子的"格物"说很容易使学者偏于向外求知，疏于对"本心"的体证。与阳明同时代的很多朱子学者使这一问题更明显地暴露出来。阳明认为,他们将外在事物之"理"视作"天理"的显现,本身就是本末倒置的做法。"心即理"的提出,使学者将关注的焦点由经验知识收回到人心之中。黄宗羲这样评价阳明的补偏救弊之功:

> 先生悯宋儒之后学者,以知识为知,谓"人心之所有者不过明觉,而理为天地万物之所公共,故必穷尽天地万物之理,然后吾心之明觉与之浑合而无间"。说是无内外,其实全靠外来闻见以填补其灵明者也。先生以圣人之学,心学也。心即理也,故于致知格物之训,不得不言"致吾心良知之天理于事事物物,则事事物物皆得其理"。夫以知识为知,则轻浮而不实,故必以力行为工夫。良知感应神速,无有等待,本心之明即知,不欺本心之明即行也,不得不言"知行合一"。(《姚江学案》,《明儒学案》卷十)

阳明及其后学不再以"知识"为"知",而以"良知"为"知",这在一定程度上纠正了朱学末流耽于闻见、不悟本心的弊病。

第三,建构了以良知为神秘精神的心学本体论。张岱年认为,阳明心学是中国哲学史上主观唯心论的宇宙论成熟的标志。象山虽然说过"宇宙便是吾心,吾心即是宇宙"之类的话,但他没有宇宙的存在依靠个人心知的意思。阳明则明确指出个人的心知决定一切存在,离心则无存在,"一切皆在心中,无心便无一切;个人的心知没有了,其宇宙亦即消逝。在阳明,颇有承认人人各有其各自的宇宙之倾向,他常是从知识的能所关系立论"①。张先生以主观唯心论至阳明而成熟,自无疑义,至于他从知识的能所关系解读阳明的"心之本体",则有待商榷。作为即超越即内在的精神本体,良知是

① 张岱年:《中国哲学大纲》,第150页。

不依止于对象性的能所关系的。正是在这个意义上，良知是神秘的，是绝对自由的。正如蔡仁厚所言："动时本体内在，天理流行，只是一个良知明觉之感应，只是一个'何思何虑'；静时本体超越，性体渊穆，便是乾乾惕厉，'对越在天'。而良知本体即寂即感，实无分于动静。"① 蔡先生的说法，实际上也是将良知当作神秘的精神来看待的。总的来说，在心学本体论的神秘主义中，作为存在本体的良知被领会为一种超理性的神秘原理，它是一个持续发展、更新的精神本体，也是有无、动静、体用、寂感、能所之统一。这种神秘主义，是真正的精神觉悟。

二　"无善无恶"的良知与神秘精神

尽管中国古代没有直接使用"自由"概念来指称人的自主性，但正如狄百瑞（William Theodore de Bary）所指出的，从宋代开始，"自任""自得"等观念逐渐成为宋明新儒学的个人主义信念，"这一切都是新儒学传统中自由思想的主要课题。阳明将这些课题继续发扬光大"②。其实，阳明也没有通过"致良知"阐发出西方近代意义上的"自由"理念，我们仅仅能够在作为个体精神本质的良知概念中窥得一点自由的影子。然而这一点零星碎影，恰恰是现代学者研究阳明心学之近代性特征的关键。我们多次表明，存在的究竟本质就是本体的自由。精神本体不断推动自身展开反思和超越的运动。在此运动中，精神从自然思维过渡到伦理思维，最终进入神秘的直觉反思层面。这一过程表现为精神不断否定外在的、直接的经验现实乃至理性、概念，使自身趋于无限和自由。在阳明心学中，良知的发展反映了精神自"有"入"无"的运动过程。作为神秘的精神，良知超越了包括理性、概念、法则在内的一切现实存在，最终

---

① 蔡仁厚：《王阳明哲学》，九州出版社 2013 年版，第 132 页。
② ［美］狄百瑞：《中国的自由传统》，李弘祺译，香港：中文大学出版社 1983 年版，第 104 页。

被领会为排除了全部思维念虑的纯粹意识，后者就是自由的精神。自由既是精神运动的根本动力，也是精神运动的目的和本质。良知作为自由的精神主要体现在以下几个方面：（1）主体将自身作为存在的目的，消除外在的束缚或强迫；（2）主体认识到自身是普遍性的存在，超越了存在的个别、相对、有限之维；（3）主体认识到自身是开放性的存在，精神始终对本真的无限性保持开放；（4）通过精神的超越与反思，主体领悟到精神对理性、现实性的扬弃，并将自身作为一种超验的存在真理。以下，我们将从精神哲学的角度阐明阳明"无善无恶"说，揭示这一学说的神秘性。

我们将某种存在规定为形上本体，正是由于它在存在论与认识论层面都实现了自身对感性经验的超越。这种超越性意味着它不断超越外在的经验事物乃至一切绝对的实存。精神欲实现自身之超绝自由，不仅要否定自然经验的现实性，更要否定伦理法则的规范性，如此方能跻于无执、无住之境。阳明论良知本体"无善无恶"之前，已有宋儒胡五峰谓"性无定体"，其义颇为相近。五峰尝言："形而在上者谓之性，形而在下者谓之物。性有大体，人尽之矣。一人之性，万物备之矣。论其体，则浑沦乎天地，博浃于万物，虽圣人，无得而名焉；论其生，则散而万殊，善恶吉凶百行俱载，不可掩遏。论至于是，则知物有定性，而性无定体矣。"（《释疑孟·辨》）朱子认为五峰以"无定体"言"性"，"即性无善恶之意"（《胡子知言疑义》，《朱文公文集》卷七十三），在其看来"胡氏之病，在于说性无善恶"（《朱子语类》卷一〇一）。实际上，朱子本人论"性"也常有类似的话，如其云"性无定形，不可言"（《朱子语类》卷五十九）。"性"即"太极"，是形上的本体存在，因而是不可说的。朱子对五峰的诟病在于，按照"理一分殊"的架构，如果作为终极实在的"性"是疏离善恶而"无定体"的，那么先天的人性也必然潜藏着内在的危险。易言之，尽管朱子自觉意识到纯粹至善的本体不能通过语言来阐明，但他绝不会承认性体是"无定体"的存在，否则相当于抽离掉了性体的道德内容。无论是"性不可说"还是

"性无定体"，实际上都是本体论的论述而非人性论的论述。① 从人性论看，朱子固然承认人性皆善，而五峰亦未尝否定"人性本善"这一宋学的主流观点。不过，从本体论看，五峰则似乎较朱子更进一步，他意识到了作为形上本体的"性"是超越善恶意念的存在，而朱子似乎未能放弃"性"在本体层面的价值规定。

五峰的这一立场在阳明那里表现得更为突出。盖五峰虽以"无定体"言性，但尚未将"性"与"本心"相衔接。阳明则以"心""性"为一，更直言"本心"是超越善恶的"无"。阳明说："性之本体原是无善无恶的，发用上也原是可以为善，可以为不善的。"（《传习录》下，《全集》卷三）对此，佐藤一斋释云："性之本体，无善无恶者，指形而上而言。至于善恶可言，则已落于形而下。故无善无恶者，即所谓至善，而与物无对，是其本体也。"② 阳明将本体规定为超善恶的形上存在，故"无定体""与物无对"之"性"即是"本心"。所以阳明说："心之本体原无一物，一向着意去好善恶恶，便又多了这分意思，便不是廓然大公。《书》所谓'无有作好作恶'，方是本体。"（《传习录》上，《全集》卷一）良知是超验的存在，当它生发有善有恶的意念时，便极易被成见、思虑蒙蔽。良知要保持自身的超越性，就需要不断否定经验现实，将自身规定为自足、独立、绝对的精神存在。

嘉靖六年九月，阳明受命往征广西思恩、田州的少数民族起义。临行前，阳明在越中的天泉桥与弟子王龙溪、钱绪山论学，集中讨论了"四句教"的问题，史称"天泉证道"。在这次论学中，钱、王二子分别对阳明的"无善无恶是心之体，有善有恶是意之动，知善知恶是良知，为善去恶是格物"四句教作出了不同的阐发。龙溪认为，如果说心体无善无恶，那么意、知、物都应该无善无恶。这是龙溪的"四无"之论。绪山则认为，心体原是无善无恶，但因此

---

①　吴震：《阳明后学研究》，上海人民出版社 2016 年版，第 64 页。

②　陈荣捷：《王阳明传习录详注集评》，台北：学生书局 1983 年版，第 353 页。

心习染既久，不能不做复原本体的工夫。面对这样的分歧，阳明将两种观点调和、统一起来，令两位弟子都不要放弃对本体的彻悟与切实的工夫。阳明对他们说道：

> 二君之见正好相资为用，不可各执一边。我这里接人原有此二种：利根之人，直从本源上悟入。人心本体原是明莹无滞的，原是个未发之中。利根之人一悟本体，即是功夫，人己内外，一齐俱透了。其次不免有习心在，本体受蔽，故且教在意念上实落为善去恶。功夫熟后，渣滓去得尽时，本体亦明尽了。汝中之见，是我这里接利根人的；德洪之见，是我这里为其次立法的。二君相取为用，则中人上下皆可引入于道。若各执一边，眼前便有失人，便于道体各有未尽。（《传习录》下，《全集》卷三）

他又说：

> 已后与朋友讲学，切不可失了我的宗旨：无善无恶是心之体，有善有恶是意之动，知善知恶的是良知，为善去恶是格物，只依我这话头随人指点，自没病痛。此原是彻上彻下功夫。利根之人，世亦难遇，本体功夫，一悟尽透。此颜子、明道所不敢承当，岂可轻易望人！人有习心，不教他在良知上实用为善去恶功夫，只去悬空想个本体，一切事为俱不着实，不过养成一个虚寂。（《传习录》下，《全集》卷三）

这一番话，看似是对钱、王二子争辩的调停，认为绪山之说适宜接引钝根之人，龙溪之说适宜接引利根之人，二者需“相取为用”。但从精神境界上讲，龙溪之说更为究竟，绪山之说是退而求其次的。按照自“有”入“无”的精神演进逻辑，绪山之说是为龙溪之说作铺垫的。易言之，阳明所谓“一悟本体，即是功夫，人己内外，一齐俱透"是精神发展的最终目标，而"在意念上实落为善去恶"是通达这一目标的手段。

龙溪也认识到了这一点，他认为"一无三有"的说法只是一种立教之权法，而非究竟话头：

> 夫子立教随时，谓之权法，未可执定。体用显微只是一机，心意知物只是一事，若悟得心是无善无恶之心，意即是无善无恶之意，知即是无善无恶之知，物即是无善无恶之物。盖无心之心则藏密，无意之意则应圆，无知之知则体寂，无物之物则用神。天命之性，粹然至善，神感神应，其机自不容已，无善可名。恶固本无，善亦不可得而有也。是谓无善无恶。若有善有恶，则意动于物，非自然之流行，著于有矣。自性流行者，动而无动，著于有者，动而动也。意是心之所发，若是有善有恶之意，则知与物一齐皆有，心亦不可谓之无矣。（《天泉证道记》，《王龙溪先生全集》卷一）

按照龙溪的说法，阳明既已将"本心"视为"无善无恶"的存在，则心体所发之"意"与相应的"知""物"皆应是"无"。在这里，"无心之心"与"无意之意""无知之知""无物之物"是彻上彻下的统一关系。阳明在"四句教"中以"三有"称"意""知""物"只是权法，未可执定。龙溪是追随阳明最久的弟子，对后者的思想自然最清楚不过。因此，龙溪所谓"定法"必然在阳明思想中有其根据，绝非凭空捏造。如果将以"无"为本的精神超越视为"定法"，龙溪的话是有一定道理的，"阳明晚年在'天泉证道'之际提出的'无善无恶心之体'，绝不是偶发之语，而是其内在的基本理路之必然"[1]。

关于"无善无恶心之体"这句话，学界历来意见纷纭。第一种

---

[1]　吴震：《阳明后学研究》，第67页。

看法是将"无善无恶"解释为"至善无恶"。从存在的本然状态上讲，天地万物皆为实理之流行，而此实理即为无善恶分别相的"至善"，"无善无恶"是对这种无对待的"至善"的另一种称谓："在其本然上，心体就是一理的流行。从其无经验的善恶之分来说，可以说它是无善无恶的；但从其是一实理流行来说，它又是绝对的有，是为至善，无善无恶与至善无恶在这里实是同义语，而非别有一超越伦理或否定伦理的无善无恶。"① 这种看法认为，"至善"之性体无法以经验性的善恶意见来评判，故名之曰"无善无恶"。②

　　第二种看法认为，"无善无恶"指的是心体未发之状态。就心学之体用关系而言，"未发"是体，"已发"是用，"喜怒哀乐之未发，则是指其本体而言，性也"（《答汪石潭内翰》，《全集》卷四）。本体未发之际，思虑未萌，呈现的是无涉善恶的本然状态，所以是"无善无恶"的。《阳明先生遗言录》载：

　　　　问："先生尝云'心无善恶者也'，如何解止至善又谓'是心之本体'。"先生曰："心之本体未发时，何尝见有善恶？但言心之本体原是善的。良知不外喜怒哀乐，犹天道不外元亨利

① 陈多旭：《教化与工夫——工夫论视域中的阳明心学系统》，巴蜀书社 2010 年版，第 157 页。

② 值得注意的是，在阳明弟子邹东廓的记载中，钱绪山不认为心体是"无善无恶"的，而恰恰是"至善无恶"的。这种"四有"说与王龙溪的讲法截然对立（参见《青原赠处》，《邹东廓文集》卷三）。黄宗羲据东廓所录云："此与龙溪《天泉证道记》同一事，而言之不同如此。蕺山先师尝疑阳明天泉之言与平时不同。平时每言'至善是心之本体'。又曰'至善只是尽乎天理之极，而无一毫人欲之私'。又曰'良知即天理'。《录》中言天理二字，不一而足，有时说'无善无恶者理之静'，亦未尝径说'无善无恶是心体'。今观先生所记，而四有之论，仍是以至善无恶为心，即四有四句亦是绪山之言，非阳明立以为教法也。"（《江右王门学案一》，《明儒学案》卷十六）中晚明以来，固然有很多儒者对阳明的"无善无恶"说提出批评，但也有一些人试图为阳明辩解，认为此说非为阳明本人所发。如刘蕺山、黄宗羲等人皆认为"无善无恶"说应为龙溪、绪山的误记。但是，正如我们在黄宗羲的这段话中看到的，他们的这种回护在很大程度上仍是泥于字句，未能从精神上领会阳明对"无"的体认，所以不仅是徒劳的，而且也是缺乏依据的。

贞。至善是良知本体，犹贞是天之本体。除却喜怒哀乐，何以见良知？除了元亨利贞，何以见天道？"①

依阳明，善恶只能就心体之发用上讲，未发的状态即是"无善无恶"的，"'良知本体本自宁静'与'无善无恶心之体'的思想是一致的"②。不过，阳明曾说："身之主宰便是心，心之所发便是意。"（《传习录》上，《全集》卷一）故心体萌发后，便已不是"心"，而属于"有善有恶"之"意"。阳明又说："目无体，以万物之色为体；耳无体，以万物之声为体；鼻无体，以万物之臭为体；口无体，以万物之味为体；心无体，以天地万物感应之是非为体。"（《传习录》下，《全集》卷三）"心"与万物相感相应，必为已发状态，而"意"作用于经验之域，故为以"意"显"心"之进路。

第三种看法认为，"无善无恶"指的是心体在已发之后不着于好恶知见，强调"心"本来具有的无滞性，所以是一种"无"的境界。"无善无恶"讨论的问题无关乎伦理善恶，"它所讨论的是一个与社会道德伦理不同面向（dimension）的问题，指心本来具有纯粹的无执著性，指心的这种对任何东西都不执着的本然状态是人实现理想的自在境界的内在根据"③。

第四种看法认为，"无善无恶"说的对象不是心，而是意念。比如黄宗羲说：

> 其实无善无恶者，无善念恶念耳，非谓性无善无恶也。下句意之有善有恶，亦是有善念有恶念耳，两句只完得动静二字。他日语薛侃曰："无善无恶者理之静，有善有恶者气之动。"即此两句也。所谓知善知恶者，非意动于善恶，从而分别之为知，

---

① 转引自陈来《中国近世思想史研究》，商务印书馆 2003 年版，第 624 页。
② 陈来：《有无之境——王阳明哲学的精神》，第 303 页。
③ 陈来：《有无之境——王阳明哲学的精神》，第 212 页。

知亦只是诚意中之好恶，好必于善，恶必于恶，孰是孰非而不容已者，虚灵不昧之性体也。为善去恶，只是率性而行，自然无善恶之夹杂。先生所谓"致吾心之良知于事事物物也"四句，本是无病，学者错会文致。（《姚江学案》，《明儒学案》卷十）

这番话完全从工夫上解释"无善无恶"，认为致良知的道德实践不应夹杂善恶之念，而必循于天理自然。

以上几种说法，都有一定的道理，不过也都没有从本质上把握到"无善无恶"的内涵。阳明说"心之本体"是"无善无恶"的，正是确认良知是超理性、超道德的存在，也就是神秘的精神。首先，若以"至善无恶"诠释"无善无恶"，则该本体仍是与"恶"相对之"善"，即有对待的伦理层面的"善"，此非阳明立教本义。其次，"未发之心"固然是无善无恶的，而"已发之心"也应该是无善无恶的。若以已发未发评判心体之善恶，则将此"心"割裂为二，更有混"心"入"意"之失。再次，以"心"之无滞境界为"无善无恶"，自无疑义，但"无"的境界为工夫所得，此番工夫进路之前提更应为"无"之本体。况且在心学思想系统中，本体、工夫、境界是一贯的，不可只言境界之"无"而忽视本体之"无"。最后，强调工夫不着善恶固然是不错的，但更应看到"心之本体"的廓然寂照，即"良知本体原来无有"（《年谱三》，《全集》卷三十五）。因此，所谓"无善无恶"，实际上指的是良知的虚无性或超现实性。这种虚无性或超现实性是良知的本质规定性，"'无'所指向的是'性之原'——本体论领域的问题，同时也是一种境界说（无待境界或无极境界）"①。应该说，阳明的后期思想从任何层面上讲都指向对"无"的追求。阳明尝论"虚无"之旨：

良知之虚，便是天之太虚；良知之无，便是太虚之无形。

①　吴震：《阳明后学研究》，第124页。

日、月、风、雷、山、川、民、物，凡有貌象形色，皆在太虚无形中发用流行，未尝作得天的障碍。圣人只是顺其良知之发用，天地万物，俱在我良知的发用流行中，何尝又有一物超于良知之外，能作得障碍？（《传习录》下，《全集》卷三）

可知，良知就是超理性、超现实的虚无本体，因而是一种"本无"的精神。这种对"本心"的虚无化乃是心学吸收佛教思想（尤其是禅学）的必然结果。禅宗发展至六祖，明确将一种"无住"的精神领会为超越现实的存在，并将其作为禅门要旨。这种"无住"之"无"与现实存在的有无之"无"不同，乃是本体层面的"无"，因而是一种"本无"。慧能大师说："我此法门，从上以来，先立无念为宗，无相为体，无住为本。无相者，于相而离相。无念者，于念而无念。无住者，人之本性。于世间善恶好丑，乃至冤之与亲，言语触刺欺争之时，并将为空，不思酬害。念念之中，不思前境。若前念今念后念，念念相续不断，名为系缚。于诸法上，念念不住，即无缚也。此是以无住为本。"（《坛经·定慧品》）马祖道一也说："自性本来具足，但于善恶事上不滞，唤作修道人……前念、后念、中念，念念不相待，念念寂灭，唤作海印三昧。"（《古尊宿语录》卷一）无住、无念的"空性"是最高的精神本体，它不执着于任何现实存在，因而达到了自由的境界。"空性"也就是"本无"，它是本体绝对的自由。精神自"有"入"无"的运动，就是为了实现本体的自由。后来的心学学者多沿袭禅宗以"虚""无"言"心"一路。顾亭林引陈清澜评朱陆异同之论曰："朱子有朱子之定论，象山有象山之定论，不可强同。专务虚静，完养精神，此象山之定论也。主敬涵养，以立其本；读书穷理，以致其知；身体力行，以践其实，三者交修并尽，此朱子之定论也。"（《朱子晚年定论》，《日知录》卷十八）亭林将象山学判为"虚静"之学，认为王学末流的空疏浅薄直承象山而来，相比之下，朱子的学说显然是一种"实学"。在阳明心学那里，"心之本体"最终走向"无化"，成为无住、无念的纯粹意识。良知既是道德法则的基础，又是超道德的绝对精神，而它自身的精神运动展现出从前者向后者的不断推进。通过精神的反思和超越，良知不断否定现实意识，并将自由的本质确定为存在的绝对真理。阳明早年论心，侧重其道德层面，而晚年所言"无善无恶""无滞无碍"之良知，实为一超道德本体。这是心学思想自"有"入"无"之转变。阳明弟子王龙溪悟得其师晚年宗旨，以良知为"虚灵之体""本虚本寂"，并认为"良知原是无中生有，无知而无不知；致良知工夫原为未悟者设，为有欲者设"（《滁阳会语》，《王龙溪先生全集》卷二）。据此，牟宗三指出："自陆象山倡言心学起，直至王阳明之言'无善无恶心之体'，乃至王龙溪之言'四无'，皆不免接触'无心为道'之理境，即自主观工夫上言'无'之理境。"① 嵇文甫也认为："'四无'之说，虽由龙溪自己证悟出来，但与阳明本旨实相贯通，所以阳明亦甚称许之。王学本包含一种自然主义，本不拘泥迹象。直往直来，任天而动。善恶双泯，尧桀两忘。'四无'之说，实为其应有的结论。"②

　　综上所述，"无善无恶"之"心"即为"本无"的精神，它就是自由的本体。牟宗三将这种本体称为"自由的无限心"。牟先生说："自由的无限心既是道德的实体，由此开道德界，又是形而上的实体，由此开存在界。存在界的存在即是'物之在其自己'之存在，因为自由的无限心无执无著故。'物之在其自己'之概念是一个有价值意味的概念，不是一个事实之概念；它亦就是物之本来面目，物之实相。"③ 通过"自由的无限心"，即可开出超绝之存在界，成立本体界的存有论，亦即"无执的存有论"。所谓"无执"，即自由本体对现实性的超越。良知唯有作为"无"，才能成为一切"有"的本体论基础。阳明曾说，心学的为学要旨在于"无中生有的工夫"

---

① 牟宗三：《才性与玄理》，广西师范大学出版社 2006 年版，第 2 页。
② 嵇文甫：《晚明思想史论》，中华书局 2017 年版，第 22 页。
③ 牟宗三：《现象与物自身》，吉林出版集团有限责任公司 2010 年版，第 5 页。

（《传习录》上，《全集》卷一），可知一切现实存有的整体性意义应奠基于"本无"的精神之上。自由是主体面对经验现实的开放性，以及对于一切枷锁、束缚的抗争。中晚明的良知学兴起后，个体意识有了显著的深化。西方近代政治的自由是由自然法和天赋人权等概念支撑起来的，而后者更为重要。天赋人权意味着个体在人格上是绝对平等的，因而个体具有先验的自由。阳明虽未以良知开出西方政治学意义上的平等、自由等理念，但良知作为一种自由的本体，同样蕴含了人格平等的向度。历史地看，泰州学者对人格平等之旨多有发挥，他们在讲学过程中，多与农工商贾各阶层人士相交，更有"以学干政"的政治举措。① 孟森也认为，阳明学形成了晚明注重"清议"的士风："一时学风，可见人知向道，求为正人君子者多，而英挺不欲自卑之士大夫，即不必尽及诸儒之门，亦皆思以名节自见。故阉宦贵戚，混浊于朝，趋附者固自有人；论劾蒙祸，濒死而不悔者，在当时实极盛，即被祸至死，时论以为荣，不似后来清代士大夫，以帝王之是非为是非，帝以为罪人，无人敢道其非罪。故清议二字，独存于明代。"② 当然，中晚明士人的独立自尊、蔑视权威的精神气质，是由非常复杂的因素交织形成的，但良知与自由的内在关联是不容忽视的。

阳明心学的形成与发展，推动了晚明学术之变，影响尤为深远。钱穆说："阳明以不世出之天资，演畅此愚夫愚妇与知与能的真理，其自身之道德、功业、文章均已冠绝当代，卓立千古……其学风淹被之广，渐渍之深，在宋明学者中，乃莫与伦比，流风所被，倾动朝野，势不可挡。"③ 阳明心学自明中期兴起后，虽未取得官方认可，却以不可一世之雄姿扭转了朱学独尊的局面，对于发明本心、

① 单虹泽：《以友辅仁：论儒家的友伦与政治传统》，《理论与现代化》2018年第6期。
② 孟森：《明清史讲义》（上册），中华书局1981年版，第176页。
③ 钱穆：《略论王学流变》，载《钱宾四先生全集》（第21册），台北：联经出版事业股份有限公司1998年版，第199页。

解放人性有着卓著的贡献。儒家发展到阳明，始真正将"心"领会为一种超理性、超现实性的先验实在。阳明多以"太虚""无""虚灵"论"心"，这些都是先儒未曾说过或不敢直言的。首先，我们能够看到佛教对阳明心学的影响。阳明用"无知之知"形容良知，以后者为超越理性和思维的纯粹意识，这一点与如来藏佛教和禅宗对"真心"的理解并无二致。其次，阳明对良知的认识经历了一个从"有"到"无"的变化。良知不仅是全部伦理法则的本质内容，更在其发展中成为超越伦理法则的神秘精神。这种神秘的精神就是自由本体。伦理、道德属于精神的现实领域，而自由本体则是一个排除了全部理性、现实的纯粹澄明。作为自由本体的良知是超越理性、概念的精神本质，因而是神秘的。阳明及其后学都强调对良知的直觉，以期获得一种深度证悟。在此过程中，心灵变得专注，而一些神秘经验亦多有得。然而，正是因为这样一种自由本体是超现实的，所以实践主体在专注心性修养的同时，往往忽略了具体的道德实践，自由与现实之间的张力由此彰显。关于这一点，我们将在下一章给予详细说明。

三　良知自"有"入"无"的精神运动

人类的全部文化观念都是精神运动的结果。作为存在的本质，精神始终在扬弃自然的、外在的内容，并在自身的推动下无限接近绝对的自由。这一过程是由精神的反思和超越来实现的。通过反思和超越的活动，精神逐渐否定了外在自然对"本心"的遮蔽，领会到人的心灵才是存在的绝对真理和本质，同时也是超越自然经验的实体。这种本真的觉悟构成了自由精神实现自身的基本条件。

阳明心学真正意识到良知是超越理性与现实性的绝对精神。心学学者在体认良知的过程中，反思到后者是一种"无善无恶""寂寥无为""清净一味"的超绝本体。这一过程展开为精神自"有"入"无"的辩证运动。"有"指的是现实存有，包括伦理法则、政治制度乃至理性思辨，与之相对的"无"则表示对自然经验、纲常

名教等现实内容的绝对超越。作为本体的"无"既是精神运动的推
动力量，又是精神实现自身的最终目标。阳明曾将良知称为"本来
面目"，以其为即内在即超越的精神本质。他说："'不思善不思恶
时认本来面目'，此佛氏为未识本来面目者设此方便。'本来面目'
即吾圣门所谓'良知'。今既认得良知明白，即已不消如此说矣。
'随物而格'是'致知'之功，即佛氏之'常惺惺'，亦是常存他本
来面目耳。体段工夫，大略相似。"（《传习录》中，《全集》卷二）
盖"本来面目"一语，出自禅宗经典。慧能在大庾岭用此话头开示
弟子惠明："不思善，不思恶，正与么时，那个是明上座本来面目。"
（《坛经·行由品》）"本来面目"指的是超越善恶的本然性存在。无
论是阳明的良知，还是禅宗的真心，都表现出对现实性的否定和超
越。在他们看来，精神应该是无执、无住的，通过"致良知"或
"常惺惺"的工夫可以达到自由的境界。尽管大多数宋明儒者都曾浸
染佛道学说，但唯有阳明及其后学能够以更开放的心态体认"无"
的精神。阳明晚年提出良知"无善无恶"之说，成为宋明理学中的
一大公案，由之衍生出的"本体""工夫"之辩、"有""无"之辩
覆盖了整个晚明思潮。当今学者从不同角度对"无善无恶心之体"
这句话作出解读，他们或立足境界论探讨无执之境，或立足工夫论
探讨"体无"之功。这些观点都有一定的道理，不过若要更深入把
握心学的超越性，则需将"无善无恶"之"心"理解为超理性、超
现实性的神秘精神。作为"本无"的精神和超绝的存在，良知决定
了本体对自由的开放性。

良知本体的神秘性，指的是精神的无规定性。对存在的规定意
味着将它作为经验性的实存，而经验之域的存在必然是可言说的、
对象性的。良知具有与之相对的精神品格。"无"在根本上是超越规
定性的，所以良知是真正的"无"，即"本无"。良知在本质上是超
绝名相的存在，因而是绝对的自由。良知不断超越自身并使其迈向
永恒、自由之境地，这必然要否定现实并领会到本体的无限性。这
要求精神超越理性、概念、意识及种种限制性因素。理性、概念等

现实存在本来为精神的自由所推动和塑造，不过一旦它们成为绝对、限定性的存在，就在很大程度上制约了精神运动的进程。因此，精神必须将自身领会为一种超现实的本体，不断实现自身对现实性的否定，推动自"有"入"无"的精神运动。

良知的超现实性决定了其与日常语言之间的疏离。名言、概念往往局限于现实事物的某一方面，此为世间之常识。对于一朵红色的花，我们根据它的颜色而谓之"红"，亦根据其形质而谓之"花"，故"红花"一名，不过综合形色以状之耳。然而"红花"之本体则不为感官经验所把握，亦不能以"红""花"等概念尽其体性。"红花"之本体如此，"心"之本体亦然。若执泥于诸概念，则难免失去对心体的整体把握。作为超绝的精神本体，心体势必与超名言之域相关联，这意味着对它的把握超越了理性的言说、分析、思辨。这一过程往往和直觉、体认相关，而无关乎文辞解析，故阳明说："吾契但着实就身心上体履，当下便自知得。今却只从言语文义上窥测，所以牵制支离，转说转糊涂。"（《答友人问》，《全集》卷六）然而，个人的体道经验若未经转述，并得到他人认证，则必拘于一曲之内，难辨真妄。我们经常能够在明代士人的札记、书信中看到他们与同道交流个人的神秘经验。但是，很多时候他们并不是直言不讳地描述个人经验，而是采用类似禅宗"参话头"的方式，以"转语"曲折地呈现本体的超越性。"譬喻"就是其中较为多见的一种"转语"。阳明也多用譬喻描述心体。譬喻的结构可以分为本体和喻体，后者是对前者所具特征的形象化修饰。在心学的话语体系中，喻体虽未必能够展现心体的整体性质，但因其不同于一般的概念界定，故能在某种意义上保证精神世界的完整性。在下一节中，我们将看到阳明分别以"光""镜"和"太虚"三种譬喻论"心"，而心体的特质即在这种特殊的言说方式中得到展现。

第三节　阳明心学中"心"的几种譬喻

古代各民族的思想普遍包含了对语言与存在关系的反思和揭示。从老子所谓"道可道，非常道"，到禅宗以"不立文字"法门体证实相，再到新柏拉图主义将"太一"领会为一种超理性的神秘本原，可以看到，古代思想在本体论层面有着超越日常语言的共同趋向。应该说，古代的宇宙论和形上学更多地将本体规定为超越名言之域的东西，而难免对以名言概念把握世界的进路有所忽视。

进入现代，西方的一些思想家开始对语言的功用有了新的认识。他们试图通过语言来把握存在。海德格尔认为，语言是存在的家，存在之域通过"说"而敞开："由于语言首度命名存在者，这种命名才把存在者带向词语而显现出来。这一命名（Nennen）指派（ernennen）存在者，使之源于其存在而达于其存在。这样一种道说（Sagen）乃澄明之筹划，它宣告出存在者作为什么东西进入敞开领域。"[1] 存在藉由语言而敞开，先在地蕴含了语言对人之存在形式的把握。此外，世界与人的关联，在很大程度上也是通过语言来搭建的。主体面对现象，经由理解和认知，进而向他人表达，并在表达中持续理解与认知。这是思维与语言共同作用的过程。在分析哲学那里，更展现出对传统形上学之超验本体的拒斥，转而将语言作为存在之本体。这些学者认为，存在的问题即为言说的问题，于是本体论相应地被解构为语义分析。上述现象被称为西方现代哲学的语言学转向。这些学者试图以言说弥补传统形上学疏略名言之弊，不过这些学说又过多强调语言的解构和分析作用，在某种意义上遗忘了超验之域对于存在与存在者的意义。

---

[1]　［德］海德格尔：《艺术作品的本源》，孙周兴译，载孙周兴选编《海德格尔选集》（上），上海三联书店 1996 年版，第 294 页。

作为存在的绝对本体，"心"在本质上是超名言的。心学的宗旨不在于以"说"来把握存在，而在于领悟心体的无限性和超越性。也就是说，对心体的体认构成了心学最重要的实践内容。阳明始终强调心体的超言说性，所以对心体的把握势必依赖于主体的直觉活动。对名言及概念辨析的忽视，使心学的神秘主义特质尤为显著。正如学者所言，"悬置讨论和对话，则易于导致过分强化自我的内省和体验，并使道德意识趋于神秘化"，"对'说'的消解，确乎使王阳明在本体与境界的规定上都未能完全摆脱玄秘之维"。① 心学的工夫本质上是内向的直觉体验，而这一进路直接导致了心学学者对名言的忽视。

宋明儒者之间的一个共同话题即为"何以成圣"。逻辑地看，既然对"本心"的认识需要凭藉内向体验来完成，那么如何向他人表诠私人的工夫效验即成为一个值得深思的问题。事实上，无论是向他者介绍自己的工夫效验，还是将某些神秘经验书之于册，心学学者在很多时候都采用了隐喻的方式。将日常语言无法表诠的本体以譬喻的方式说明，用佛教的话说，是一种"方便法门"。阳明使用"光""镜"和"太虚"三种喻体来说明"本心"，分别意谓心体的光明本性、感应明觉与"本无"的特质。

一　光喻

人类精神普遍表现出一种趋光的冲动，其为人自觉生起的对光明或发光之体（如太阳、火焰等）的强烈渴望。无论是古希腊文化、恒河文化，还是中土文化，都曾以光明借喻真理、精神等。比如基督教将上帝作为一种生命之光，"我是世界的光。跟从我的，就不在黑暗里走，必要得着生命的光"（《约翰福音》8：12）。上帝是无形相者，又是最高的善，故西人常以光喻之，将其与黑暗、邪恶相对。

---

① 杨国荣：《心学之思：王阳明哲学的阐释》，中国人民大学出版社 2009 年版，第 168 页。

印度教也把光作为"神我"或"梵"的映现，如《光明点奥义书》说："光明一点在，无上静虑任。是宇宙'自我'，端居藏内心。"①印度文化将这种神秘光明领会为渗透在宇宙万物之中、具有主体意识的"自我"，亦即作为存在之绝对本体的"大梵"。禅宗也以"灯""光"比喻智慧，如慧能说："定慧犹如何等，犹如灯光。有灯即光，无灯即暗。灯是光之体，光是灯之用。名虽有二，体本同一。"（《坛经·定慧品》）道家和道教也常以"天光""葆光"言说道体。这些说法表明，古人认识到神圣的光明不同于自然界的光，而应该是一种本体、精神。古人缺乏专有的概念术语，只能用"光明"这样的形象概念表达对这一本体、精神的深刻体悟。可见，人类对光明的追求、崇拜是一种普遍的精神冲动，表现了跨文化的普遍性。

在古希腊哲学中，光明或其来源——太阳有着特殊的意义。柏拉图认为，最高的理念就像是能放出最大光明的太阳，是最真实的存在。为了说明普通人只能认识个别事物，而未能认识最高理念，柏拉图将人比作被绑在洞穴里的囚犯：他们只能看到墙壁上的影像，而不能看到形成这些影像的根本因素，即太阳。唯有从洞穴中走出，才能见到太阳，这种从黑暗走向光明的譬喻说明人具有认识最高理念的能力。②希腊文的"无蔽"（aletheia）与澄明、照亮相关，意谓光照亮被隐蔽的真理。真理就是光明之本体，它能够照彻黑暗并使自身呈现为"无蔽"的状态。这一过程就是对真理的"解蔽"。后来的基督教思想家继承了柏拉图的说法，并赋予这种光明本源一种神秘性。在这些学者看来，上帝是遍照存在的神圣之光："它照亮了一切能接受它的光的东西，但又永远不会失去它完全的光。它把光芒撒向所有可见的世界；如果有什么东西不能接受光，那么错误并不在遍布

---

① 徐梵澄译：《五十奥义书》，第 623 页。

② ［古希腊］柏拉图：《理想国》，郭斌和、张竹明译，商务印书馆 1986 年版，272—274 页。

之光的什么弱点或缺陷之中，而在无法分有光的东西的不适应性之中。"① 上帝及其自身的运动皆在神圣之光中得到澄明——祂被规定为超越一切理性和现实性的"本无"。人们对光明的渴望展现了精神否定自然现实，并将自身的内在本质作为存在的绝对真理。因此，对光明的追求、崇拜象征着纯粹精神的反思和超越。

王阳明与柏拉图、基督教神秘主义者类似，也将"心之本体"比喻为遍照之光。盖以"光""日""灯"等物喻"心"，虽非出自阳明原创，然其在表诠心体之明觉方面犹具独特意义。在阳明之前，禅宗多以光譬喻心性。如《坛经·忏悔品》云："如是诸法在自性中，如天常清，日月常明，为浮云盖覆，上明下暗。忽遇风吹云散，上下俱明，万象皆现。""日月"喻自性本体，"浮云"喻私欲妄念，云翳或有遮蔽日月之时，然而日月的光明体性并不因此遮蔽而消损分毫，只是未能完全显现而已。真心有时亦被妄念遮蔽，然工夫所至，扫净妄念，则本体自然发见，如明光遍照而万象俱现。宋明理学论及心性，亦多沿用此喻。如阳明说："此道之在人心，皎如白日，虽阴晴晦明千态万状，而白日之光未尝增减变动。"（《与戚秀夫》，《全集》卷六）又说："毁谤自外来的，虽圣人如何免得？人只贵于自修，若自己实实落落是个圣贤，纵然人都毁他，也说他不着。却若浮云掩日，如何损得日的光明？"（《传习录》下，《全集》卷三）阳明以浮云蔽日之喻言说心体，与禅宗的说法基本相同。阳明还认为，"心之本体"譬如日光，其为最大的善，只须扫净恶念即可呈现此善，而无需另存善念。黄勉叔问："心无恶念时，此心空空荡荡的，不知亦须存个善念否？"阳明答复道："既去恶念，便是善念，便复心之本体矣。譬如日光，被云来遮蔽，云去，光已复矣。若善恶既去，又要存个善念，即是日光之中添燃一灯。"（《传习录》下，《全集》卷三）阳明还有许多将良知比作"日""白日""日

① ［古希腊］（托名）狄奥尼修斯：《神秘神学》，包利民译，生活·读书·新知三联书店 1998 年版，第 26 页。

光"的话，如"若良知一提醒时，即如白日一出，而魍魉自消矣"
（《与黄宗贤》，《全集》卷六），"圣人之知，如青天白日；贤人如浮
云天日；愚人如阴霾天日"（《传习录》下，《全集》卷三），"要认
得良知明白，比如日光亦不可指著方所，一隙通明，皆是日光所在，
虽云雾四塞，太虚中色象可辨，亦是日光不灭处"，"无知无不知，
本体原是如此，譬如日未尝有心照物，而物自无不照，无照无不照，
原是日的本体，良知本不知，今却要有知，本无不知，今却疑有不
知，只是信不及耳"（《传习录》下，《全集》卷三）。如同日光下能
辨黑白，良知也能照察事物之是非。就知识内容而言，它是"无
知"；就认识能力而言，它却是"无不知"。经验知识的内容总是有
限的，但作为最高认识能力的良知却是无限的。阳明以"日光"喻
"心"的说法，其实在很大程度上受到了禅宗的影响，这种譬喻旨在
说明心体完满自足的特质。

阳明以"光"喻"心"，除了藉此说明心体的完满性格外，更
试图彰显它的无规定性。这种无规定性表明心体是神秘的精神。《年
谱》记载了嘉靖六年阳明与徐波石的一番对话：

> 先生发舟广信，沿途诸生徐樾、张士贤、桂轼等请见，先
> 生俱谢以兵事未暇，许回途相见。徐樾自贵溪追至余干，先生
> 令登舟。樾方自白鹿洞打坐，有禅定意。先生目而得之，令举
> 似。曰："不是。"已而稍变前语。又曰："不是。"已而更端。
> 先生曰："近之矣。此体岂有方所，譬之此烛，光无不在，不可
> 以烛上为光。"因指舟中曰："此亦是光，此亦是光。"直指出
> 舟外水面曰："此亦是光。"樾领谢而别。（《年谱三》，《全集》
> 卷三十五）

依阳明，心体如光，无方所、无定在，是无规定性的精神本体。
光无处不在，烛上之光与舟外水面之光别无二致，依此说心体，可
知心体也是无规定性的绝对原理。称心体是神秘的，正在于它超越

了现实存在的绝对性。

事实上，以"光"喻"心"亦非心学学者的专属说法，朱子也常举此喻，只不过阳明使这一譬喻更为完备。朱子说过："人之一心，本自光明。常提撕他起，莫为物欲所蔽，便将这个做本领，然后去格物、致知。如《大学》中条目，便是材料。圣人教人，将许多材料来修治平此心，令常常光明耳……易理会底，便理会得；难理会底，思量久之也理会得。若难理会底便理会不得，是此心尚昏未明，便用提醒他。"（《朱子语类》卷十五）在这里，朱子谈到了人心"本自光明"以及物欲遮蔽本心的可能，故为学大要在于遣除物欲。朱子之工夫旨趣，虽在遣除内心私欲而使心常光明，却是向外格致之功，"须是推来推去，要见尽十分，方是格物"（《朱子语类》卷十五）。反观阳明心学之工夫，则在于使此心复明如初，故所照之对象仍为此心。易言之，阳明以光、灯等物为体，以照为用，而光之呈现即彻照，照之活动即显体，体与用是统一的关系。黄勉叔问："近来用功，亦颇觉妄念不生。但腔子里黑窣窣的，不知如何打得光明。"阳明答之曰："初下手用功，如何腔子里便得光明？譬如奔流浊水，才贮在缸里，初然虽定，也只是昏浊的。须俟澄定既久，自然渣滓尽去，复得清来。汝只要在良知上用功。良知存久，黑窣窣自能光明矣。"（《传习录》下，《全集》卷三）阳明认为，工夫只需在心体上做，此心既已呈现，则人己内外当即豁然贯通。可见，朱、王虽皆以"光"喻"心"，但朱子强调以心照物，阳明则旨在以心观心。以心照物，说明"心"不能对自己呈现，缺乏反思的维度；以心观心，则说明"心"不仅能照亮对象，而且能如实地呈现自身。

阳明对心体的譬喻和描述，与基督教神秘主义对"神"的譬喻和描述颇为相似：二者都把最高的精神本体领会为一种纯粹、明亮的"无知之知"或"纯知"。库萨的尼古拉（Nicholas of Cusa）以人对光的感知来说明人认识上帝的过程：

当我们的眼睛试图观看那就是你面容的阳光时，它却发现阳光最初是隐匿在群星、颜色以及一切分有它的光的东西之中。当它试图毫无遮掩地直观阳光时，就超越了一切可见的光，因为，所有这样的光都不及它所寻求的那种光。但是，由于它力图观看一种它不能观看的光，它也知道，只要它看到某种东西，那就不是它所寻觅的东西。因此，它必须超越一切可见的光。但是，谁需要超越一切光，就必然会遇到某种没有任何可见的光、因而对于眼睛来说也就是幽冥的东西。当他处在那种迷茫的幽冥之中时，当他在此之后知道自己处于迷茫状态时，他也就知道自己接近了太阳的面容。因为，眼睛中的迷茫正是出自太阳的耀眼光芒。他知道的这种迷茫越严重，他也就越是真实地在迷茫中接近了不可见的光。①

这段话表明，上帝是超越世间一切光的最大的光，甚至是不可见的、不可知的光。人在认识上帝的过程中，逐渐表现出迷茫和无知，而在这个时候他却愈发接近了"出自太阳的耀眼光芒"，亦即接近了对上帝的认识。阳明以"光"喻"心"，亦具此义。良知是一切存有的绝对本体，对它的认识只能通过一种内向性的神秘直觉，故为一切言语、思维所不到。人果能反身自照，则可自觉此心是超越一切现实存在的纯粹澄明和神秘原理。对此，唐君毅先生评论道："如修道者，专用停止其心，使之不动之工夫者，惟恐其明之陷于物，而不肯用其明以通物；或自惜其明，而欲积聚其明，握持此明，则为绝自然之感通之事。此中，由自惜其明，而积聚之明，握持之明，则成为纯粹之逆明。此逆明亦是一种自明。然此自明，唯是以灵光反照灵光，于此构成一片光景。"② 所谓"以灵光反照灵光"，

---

① ［德］尼古拉·库萨：《论隐秘的上帝》，李秋零译，生活·读书·新知三联书店1996年版，第71页。

② 唐君毅：《中国哲学原论·原教篇》，中国社会科学出版社2005年版，第432页。

就是以心观心，或良知之反观自照，这是一种直觉体验的工夫。明代儒者在体道过程中，时常通过静坐而获得一种"灵光自照"的神秘经验。如聂双江在狱中静坐，良久"心体呈露"，视觉范围内出现一个光影，"狱中闲久静极，忽见此心真体，光明莹澈，万物皆备"（《江右王门学案三》，《明儒学案》卷十八）。再如高攀龙常习静坐，一日乘舟过汀州，"一念缠绵，斩然断绝。忽如百斤担子，顿尔落地。又如电光一闪，透体通明，遂与大化融合无际，更无天人内外之隔。至此见六合皆心，腔子是其区宇，方寸亦其本位，神而明之，总无方所可言也"（《东林学案一》，《明儒学案》卷五十八）。"六合皆心"与上述阳明以舟内、舟外普照之"光"喻"心"的说法基本一致，而"电光一闪，透体通明"则指心体泯除一切差别的神秘状态。值得注意的是，高攀龙虽然不认为"成圣"完全依靠静坐，但他还是承认"静坐之法，唤醒此心，卓然常明，志无所适而已"，并称此法为"静中见性之法"（《东林学案一》，《明儒学案》卷五十八）。

在阳明那里，良知就是存在之光明。世间一切存在物既有其内在本质，又要有一种光明将其照亮，它才能呈现出自己的样态。那内在于人心之中的、将事物和世界揭示出来的光明原理，就是良知。所以良知能"照"，即展现一切在世界之中的存在。反过来讲，被人知觉、经验到的任何事物，都是良知呈现出来的内容。需要注意的是，此"心"不仅能照亮外物，也能照亮自身。《传习录》下卷记载的"南镇观花"公案，足以说明这一点：

> 先生游南镇，一友指岩中花树问曰："天下无心外之物，如此花树，在深山中自开自落，于我心亦何相关？"先生曰："你未看此花时，此花与汝心同归于寂。你来看此花时，则此花颜色一时明白起来。便知此花不在你的心外。"（《全集》卷三）

历来学界对此则公案解释甚详，兹不赘述。我们要说明的是，这则公案同样说明"心"能"照物",亦能"自照"。人未看花之时,此心尚未对花起能照之作用,花亦未成为所照之对象,故心与花皆归于寂。人看此花之时,心自然形成对花的明照,遂形成对"此花颜色"的知觉,而花的"一时明白"全部呈现于意识之中。在此过程中,心通过花的"一时明白"领悟到这种"明白"来自心的照明作用,即意向活动,且只能对发动意向活动的本己之心显现。如此,心便与花同时"明白",形成互照互现的意识结构。花虽不能照心,但心通过花而自照。所以花由心显,心自花现,心外无花,花外无心,能照与所照一时消泯。可见,心体兼有"照物"与"自照"两种能力。

从上引公案也能看到,追求、崇拜光明的趋光冲动其实是一种精神的自我反思。外物与心体的呈现皆以"光"的明照为条件。"心"既是能照,也是所照。通过"心"的自照、反思,精神获得了对自身更本质的认识,所以这一活动既是对生存世界的敞开,也是对本真自我的敞开。"心"的原初性在自我照明的过程中得到了本质呈现。对光明的追求、崇拜意味着精神不再将现实存在当作最高价值,而是用精神的内在本质代替它,以之为全部生命活动的最终目的。这里展现出从自然思维到超越思维的发展,也是精神从自然、物质的存在返回其自身本质的运动。

二　镜喻

中国古代思想多有镜喻之例。早在庄子那里,就开始用明镜喻"心",如"水静犹明,而况精神!圣人之心静乎!天地之鉴也,万物之镜也"(《庄子·天道》),"至人之用心若镜,不将不迎,应而不藏,故能胜物而不伤"(《庄子·应帝王》)。庄子将"圣人之心""至人之心"比作天地万物的镜子,认为人若能涵养虚静,则此心当如明镜般映照内外。不过,这里的"心"不是精神本体,而更多指一种随顺天道的自然意识。后来的禅宗也有类似的思想,如圆悟克勤说:"尔等诸人,各有一面古镜,森罗万象,长短方圆,一一于中显现。"（《碧岩录》卷三）儒家传统文献中并无以"镜"喻"心"的记载，在佛道的影响下，宋明儒者开始使用这种譬喻。朱子尝道：

> 人之心湛然虚明，以为一身之主者，固其本体。而喜、怒、忧、惧随感而应者，亦其用之所不能无者也。然必知至意诚，无所私系，然后物之未感，则此心之体寂然不动，如鉴之空、如衡之平；物之既感，则其妍媸高下随物以应，皆因彼之自尔而我无所与。此心之体用所以常得其正，而能为一身之主也。（《答黄子耕七》，《朱文公文集》卷五十一）

所谓"妍媸高下 随物以应"，就是说"心"如明镜，外物如同镜子所映照的对象，二者是随感随应的关系。盖中国古代之感应思维，发源已久，至宋明理学兴起，每以"心"与外物的交感为重要论题。宋儒多言"寂然不动，感而遂通"，就是说此心未发之时，物我常冥，寂然不动；此心已发之后，内外交摄，即感而通。朱子又有"磨镜"之说，将遮蔽"本心"的私欲妄念比作镜上的昏翳瑕垢，而通过修养工夫就可以逐渐磨去这些私欲妄念，使"本心"清明如初，"致知乃本心之知。如一面镜子，本全体通明，只被昏翳了，而今逐旋磨去，使四边皆照见，其明无所不到"（《朱子语类》卷十五）。这一说法与上文所举"浮云蔽日"之喻颇为接近。实际上，朱子的磨镜之喻与阳明以"镜"喻"心"的一些说法十分接近，二者之不同，在于朱子所喻之"心"只有"虚灵"或"知觉"的作用，而没有本体的意义。

阳明以"镜"喻"心"是在本体论的层面讲的。阳明高弟徐爱云："心犹镜也。圣人心如明镜。常人心如昏镜。近世格物之说，如以镜照物，照上用功，不知镜尚昏在，何能照？先生之格物，如磨镜而使之明，磨上用功，明了后亦未尝废照。"（《传习录》上，《全集》卷一）陈荣捷案此条云："传习录只此一条为门人之言。然其畅述阳明思想，无可疑问。阳明以圣人之心比明镜……徐爱以明镜与格物相连，似是新义。然谓照物不在照上用功，而在磨镜上用功，即阳明格物之不在格外物而在格心之意耳。"① 阳明以"镜"喻"心"，实以明镜对外物的感应能力类比"心"之能力，而感应之本体正是此"心"。所以照物之功不在"照"而在"镜"，格物之对象不在"物"而在"心"，这是朱子与阳明的一大差别。阳明诗云："千圣本无心外诀，六经须拂镜中尘。"（《夜坐》，《全集》卷二十）这同样可以说明阳明"心外无物""心外无事"之旨。一切道德规范、经验知识尽是"本心"呈现，譬如照映之象，虽于镜中妍媸毕显，而镜体自身无所得失，"至理匪外得，譬犹镜本明，外尘荡瑕垢，镜体自寂然"（《郑伯兴谢病还鹿门雪夜过别赋赠三首（其一）》，《全集》卷二十）。因此，阳明将外界事物的变化和道德行为的发生归结为"本心"的自我呈现，使作为实践主体的良知成为本体性的存在。

阳明又通过镜喻区别了"照心"和"妄心"，以"本心"为无照无妄之寂静本体。阳明说：

> "照心非动"者，以其发于本体明觉之自然，而未尝有所动也。有所动即妄矣。"妄心亦照"者，以其本体明觉之自然者，未尝不在于其中，但有所动耳。无所动即照矣。无妄无照，非以妄为照，以照为妄也。照心为照，妄心为妄，是犹有妄有照也。有妄有照则犹贰也，贰则息矣。无妄无照则不贰，不贰则不息矣。（《传习录》中，《全集》卷二）

在此，阳明强调"心"的作用发于"本体明觉之自然"。"无所动"是"心"之自然活动，而非着意使此"心"发生活动，否则一动则为"妄心"。譬如明镜照物，乃是镜体自然显现物之影像，而非着意使后者映入镜中。易言之，"照心"乃超越动静而常定，不做分

---

① 陈荣捷：《王阳明传习录详注集评》，第94页。

别取舍，"妄心"则有分别执着。"照心"与"妄心"实为一心，其差别只在于对待外境的处理方式。在相近的意义上，朱子也说："心犹镜也，但无尘垢之蔽，则本体自明，物来能照。"（《答王子合》，《朱文公文集》卷四十九）这种论说方式与般若学及禅宗尤为相近。僧肇《般若无知论》云：

> 是以圣人虚其心而实其照，终日知而未尝知也。故能默耀韬光，虚心玄鉴，闭智塞聪，而独觉冥冥者矣。然则智有穷幽之鉴，而无知焉；神有应会之用，而无虑焉。神无虑，故能独王于世表；智无知，故能玄照于事外。智虽事外，未始无事；神虽世表，终日域中。所以俯仰顺化，应接无穷，无幽不察，而无照功。斯则无知之所知，圣神之所会也……欲言其有，无状无名；欲言其无，圣以之灵。圣以之灵，故虚不失照；无状无名，故照不失虚。照不失虚，故混而不渝；虚不失照，故动以接粗。是以圣智之用，未始暂废；求之形相，未暂可得。

僧肇以明镜喻"圣人之心"，言其体自虚而不废照。般若无知而自虚，故能应照于外，若心有执取，则必有成见在先，难照全体大用之明也。《般若无知论》在结尾处又说："内有独鉴之明，外有万法之实。万法虽实，然非照不得。内外相与，以成其照功，此则圣所不能同，用也。内虽照而无知，外虽实而无相，内外寂然，相与俱无。此则圣所不能异，寂也。"可知般若学之旨趣，乃在虚心而实照，心无知故能照，事无相故能实，是以内外寂然，能所俱泯。禅宗亦具此说，如《坛经·行由品》云：

> 菩提本无树，明镜亦非台。本来无一物，何处惹尘埃！

明镜非台之旨，即云"心"不著"相"，佛性本净，然净相亦不应著。经云：

若言看心，心原是妄。知心如幻，故无所看也。若言看净，人性本净。由妄念故，盖覆真如。但无妄想，性自清净。起心看净，却生净妄。妄无处所，看者是妄。净无形相，却立净相，言是工夫。作此见者，障自本性，却被净缚。（《坛经·坐禅品》）

慧能所谓"生净妄""被净缚"与阳明"照心非动"、无动即照的见解可谓如出一辙。马祖道一也认为，心如明镜，于外境不加分别取舍：

一切法皆是心法，一切名皆是心名。万法皆从心生，心为万法之根本……心，生灭义。心，真如义。心，真如者。譬如明镜照像，镜喻于心，像喻诸法。若心取法即涉外因缘，即是生灭义。不取诸法，即是真如义。（《景德传灯录》卷二十八）

心为万法之根本，其如明镜映照万象。心若不随万象流转，就是"真如"；心若执取万象而起分别，就是"生灭"。人应该让心如明镜般映照万物而不起分别执着，此即"无住"。盖"无住生心"之说，本为般若学本旨，后为禅宗所沿袭，进而影响到阳明心学。如阳明论心体之"无住"，极似禅语："圣人致知之功至诚无息，其良知之体皦如明镜，略无纤翳。妍媸之来，随物见形，而明镜曾无留染，所谓'情顺万物而无情'也。'无所住而生其心'，佛氏曾有是言，未为非也。明镜之应物，妍者妍，媸者媸，一照而皆真，即是生其心处。妍者妍，媸者媸，一过而不留，即是无所住处。"（《传习录》中，《全集》卷二）有人请教阳明"天理何以谓之中"，阳明答曰"无所偏倚"，而人格气象应是"如明镜然，全体莹彻，略无纤尘染着"（《传习录》上，《全集》卷一）。良知若如明镜般"全体莹彻"，自然能遍照外物而无所住。

依阳明，心体平滑如镜，是为无知之知。所谓"无知之知"，指的是遣除掉自我意识之后所呈现的自性本体。这本体平时被观念、成见、物欲所遮蔽，后者如镜上纤尘，一经擦拭，真性自显。惟其"心"无所成见，故能以虚明之体感应外物，此实为通过纯粹意识来感应外境，使后者在心中如实映现。在阳明心学中，心如明镜常被用来表达心体"常觉常照"的作用。镜体与照用是合一的，心体及其发用亦然，"是故良知常觉常照。常觉常照，则如明镜之悬，而物之来者自不能遁其妍媸矣"（《传习录》中，《全集》卷二）。阳明多以"实理流行"和"至诚发见"说明感应之实质，"这便使'感应'超出了人的意识活动范围，而变成一种神秘的，不可捉摸的道德实体的运动了"①。盖"流行""至诚"等语最早见于《中庸》，其云道体流行，譬如鸢飞鱼跃，而感应之机无所不在。至阳明始以镜喻说明感应，以神感神应皆由此"心"，将本体论与感应论联系起来，使儒家的感应论获得了本体论的基础。

　　阳明既从心体说感应，则主观意味更为明显，而神秘经验亦往往有得。阳明早年修习导引术，遂知来访者之行迹，应是此心感应所得，真实不虚。徐梵澄论此神秘经验云："倘内心到了非常平静时，耳、目之境不相接触，心思不动而自主，有如苍空或同温层之明净，倘有外来的心思或情命的形成出现，乃如一层烟云浮起，自然在这背景上显出，内心成此观照，得其知识，有如明镜照见一物之相，此乃所谓静则生明。"② 心体极静之时，是为一无念虑之纯粹意识，而诸般感应之机当体呈现，灵明自显，主体即获得一种不可言喻之神秘经验，"自精神哲学观点说之，是人自寻常知觉性进到了上一层知觉性，寻常心思进入高等心思，偶尔透入了光明心思，于是照见许多或体验到许多境界，为从来所未有"③。

　　阳明以"镜"喻"心"之说，自提出伊始便遭致诸多批评。清

　　① 刘宗贤：《陆王心学研究》，第349页。
　　② 徐梵澄：《陆王学述——一系精神哲学》，第88页。
　　③ 徐梵澄：《陆王学述——一系精神哲学》，第158页。

儒梁章钜认为，以"镜"喻"心"的说法近乎佛理，转使此"心"生意全无："佛书最善譬喻，然以明镜譬心性便不是。镜能物来毕照，又能随物成形，然其中空空一无所有，其质冷冰冰，全无生意。心之体岂如此？惟程子心如谷种之喻最妙。盖谷种内根枝叶花实无所不全，而其中一点生理则仁也。心属火，仁属木，是滚热发生，与金之寒冷迥乎不同。佛家以镜喻心性，宜其断绝身累，齐向空灭矣。"（《退庵随笔》卷十八）梁氏认为，明道的谷种之喻远胜阳明的镜喻，盖因前者发显"心"之生意，而后者顿陷感应之空，与佛家相类。钱穆也对阳明镜喻之说有所质疑，认为这一说法偏"应"而废"感"，"盖心如明镜之喻，本出老佛。儒家传统精神则决不然。当知感应二字，应为容而感为主，此心不仅能应，亦复主感"，"若阳明说，见父自然知孝，见兄自然知弟，便若随感而应，则心中无孝弟，孝弟转在父兄一边，此将不见吾性之健德。设若父殁兄亡，岂此心孝弟便永归寂灭乎。又若父兄离别，岂此心孝弟便纤尘不留乎"。[①] 钱先生在此将阳明所论之"心"作为一种道德根据，欲使仁爱孝悌主于"心"而容于"情"，却没有看到阳明所论"纤尘不留"之"心"是一种超道德、超现实的精神本体，若"心"主于感，则落入阳明所谓"有所动即妄"也。故梁、钱之批评虽有一定道理，却未能切入阳明心学之要害处。

依梁、钱之见，阳明以"心"为"镜"，似已废置必要之修养工夫。其实此喻自有一番工夫所在，阳明也重视"磨镜"的实践活动：

> 圣人之心如明镜，纤翳自无所容，自不消磨刮。若常人之心，如斑垢驳蚀之镜，须痛刮磨一番，尽去驳蚀，然后纤尘即见，才拂便去，亦不消费力。到此已是识得仁体矣。若驳蚀未去，其间固自有一点明处，尘埃之落，固亦见得，才拂便去；

① 钱穆：《中国学术思想史论丛》（七），第146页。

至于堆积于驳蚀之上，终弗之能见也。此学利困勉之所由异，幸勿以为难而疑之也。凡人情好易而恶难，其间亦自有私意气习缠蔽，在识破后，自然不见其难矣。古之人至有出万死而乐为之者，亦见得耳。（《年谱一》，《全集》卷三十三）

由此可知，阳明并未因为心体有明觉感应的能力而废置工夫。此番磨镜之功，譬喻人在心上着实用功来对治私欲习气。从神秘主义的角度看，心体是一种超道德的纯粹灵明，往往被经验现实的念头或习气障蔽，然本体终不坏灭，需以特殊的修养工夫呈现体性。阳明"磨镜"之说，彰显了心学的反思性，其旨虽或来自禅学，然亦持有提撕警觉之功，可知阳明为学之基本立场仍在儒门。此外，还需看到，阳明以明镜喻心，既言心能照物，亦言心能自照。心体有感应知觉之能力，能做反观自心的"磨镜"工夫，同时也因为心体常做直觉反思的工夫，故使心体的感应知觉能力更为突出。心之本体与工夫本就是合一的，心体自身具备这种特质，工夫不必外求。在朱子的时代，也有不少学者提出"自识己心""心能自照"的说法。朱子认为这种"以心识心"是佛教的观念，故撰《观心说》一文驳斥此说：

或问：佛者有观心之说，然乎？曰：夫心者，人之所以主乎身者也，一而不二者也，为主而不为客者也，命物而不命于物者也。故以心观物，则物之理得。今复有物以反观乎心，则是此心之外复有一心而能管乎此心也。然则所谓心者，为一耶，为二耶？为主耶，为客耶？为命物者耶，为命于物者耶？此亦不待校而审其言之谬矣。（《观心说》，《朱文公文集》卷六十七）

朱子以为佛教之观心是别立一心以观此心，故使心为二，于理不通。依朱子，心实无自观、自识之能力，学者必须通过心的认识能力来格物穷理，才能解决心受气禀物欲蒙蔽的问题。朱子说：

> 尽心如明镜，无些子蔽翳。只看镜子若有些少照不见处，便是本身有些尘污。如今人做事，有些子鹘突窒碍，便只是自家见不尽。此心本来虚灵，万理具备，事事物物皆所当知。今人多是气质偏了，又为物欲所蔽，故昏而不能尽知，圣贤所以贵于穷理。（《朱子语类》卷六十）

心体如受气禀物欲蒙蔽而不能明，则须穷理以去除此蔽，如去除尘垢以复镜体之明，如此才可避免"以心识心"的困境。朱子与阳明的差异，源于朱子以心为虚灵知觉之体，而不承认它是道德价值的根源，阳明则以心为超越有无、寂感、动静、内外的本体存在，常觉常照、体用不二，故只需反身内省即可复原心体的明觉。

三　太虚之喻

明儒管东溟认为，阳明所传承的是濂溪的"无"观念。较之理学诸儒，阳明确实好言"无"。对于阳明而言，良知本体不仅是"有"，即一种最高的道德原理，更是一种"本无"。这种"本无"的精神被阳明喻为"太虚"。阳明对钱绪山说："有只是你自有，良知本体原来无有，本体只是太虚。太虚之中，日月星辰，风雨露雷，阴霾饐气，何物不有？而又何一物得为太虚之障？人心本体亦复如是。"（《年谱三》，《全集》卷三十五）阳明又在给南元善的信中说："太虚之中，何物不有？而无一物能为太虚之障碍。盖吾良知之体，本自聪明睿知，本自宽裕温柔，本自发强刚毅，本自齐庄中正、文理密察，本自溥博渊泉而时出之，本无富贵之可慕，本无贫贱之可忧，本无得丧之可欣戚、爱憎之可取舍。"（《答南元善》，《全集》卷六）可知阳明以"太虚"喻"心之本体"，重在揭示心体的"虚无"本性：心体如虚空般广大，可容纳一切经验事物，然后者不足为心体之障。太虚之喻与镜喻多有相似之处，不过镜喻重在表现心体之感应功能，太虚之喻则揭示了心体虚无的特点。

太虚之喻表明心体是超现实性的精神本体。在阳明心学的语境中，"太虚"即"无"。"无"是中国思想史上的一个重要范畴，向为道家学者所重。老子首唱"有无之辨"，其云"天地万物生于有，有生于无"（《老子》第 40 章），似有以"无"为宇宙本根之倾向。盖老子论"无"，多称"无名""无欲"，究其宗旨乃在以"无"否定一切存在的现实性（尤其是仁、义等道德），故其论"无"多以"有"为对。庄子所论之"无"则展现出一个明显的非对象性向度（non-objectionable dimension），他在《齐物论》中讲："有始也者，有未始有始也者，有未始有夫未始有始也者。有有也者，有无也者，有未始有无也者，有未始有夫未始有无也者。"可见，庄子不仅否定了"有"，也否定了"无"，这种双重否定凸显出"道"的非对象性特征。但庄子之失，在于以"无"言"道"的同时，又将"道"描述为一个有自性的本体性存在："夫道，有情有信，无为无形；可传而不可受，可得而不可见；自本自根，未有天地，自古以固存；神鬼神帝，生天生地；在太极之上而不为高，在六极之下而不为深，先天地生而不为久，长于上古而不为老。"（《庄子·大宗师》）魏晋时期的玄学家对老庄的误读即在于此。如王弼说："天下之物，皆以有为生。有之所始，以无为本。将欲全有，必反于无也。"（《老子注》第 40 章）所谓"以无为本"，就是将"无"作为对象性的形上本体。这一时期的"尚无"之论大多仿此。有意思的是，魏晋南北朝时期佛教对"无"的认识，却更符合庄学本义。依佛教，本体实无自性，不可被当作一般存在物来认识和表述。如般若中观强调一种"双非双遣"的认识方法，龙树菩萨"八不偈"云"不生亦不灭，不常亦不断；不一亦不异，不来亦不出"（《中论·观因缘品第一》），《金刚经》也说"如来所说法皆不可取、不可说，非法非非法。所以者何？一切圣贤皆以无为法，而有差别"（《无得无说分第七》）。这种"非 a 且非非 a"的思维正是非对象性的，这是般若思想的一个重要特征。在如来藏思想中，"虚空""虚无"也被视为众生的内在本质，"如空遍一切，而空无差别，自性无垢心，亦遍无分别。如虚空遍至，体细尘不染，佛性遍众生，诸烦恼不染。如一切世间，依虚空生灭，依于无漏界，有诸根生灭"（《究竟一乘宝性论》卷一）。这种"虚空"就是自性清净心，所以中国思想以"无"论"心"的传统其实来自如来藏佛教。禅宗亦对此有所发明，如慧能大师言："世界虚空，能含万物色像、日月星宿、山河大地、泉源溪涧、草木丛林、恶人善人、恶法善法、天堂地狱、一切大海、须弥诸山，总在空中。世人性空，亦复如是。"（《坛经·般若品》）慧能的这些言论与上引阳明太虚之喻颇为相似，由此可以看出禅宗对心学的影响：二者都将精神本体领会为一种纯粹的空性，后者表现为对现实性的绝对超越。所谓绝对的超越，并不是单纯地否定现实存在，而是要将"虚无"或"否定性"自身也否定掉，使精神呈现为一种"本无"。杨仕鸣尝与阳明书曰："此学如立在空中，四面皆无倚靠，万事不容染着，色色信他本来，不容一毫增减。若涉些安排，着些意思，便不是合一功夫。"（《与杨仕鸣》，《全集》卷五）这些话虽非出自阳明之口，但阳明亦称"虽言句时有未莹，亦是仕鸣见得处"，足见阳明认同此心"四面皆无倚靠"之说。心学本体论的神秘主义的基础，即在于承认良知是不断发展、运动并趋于自由的精神本体，而神秘精神是其自我发展的终极形态。良知是一种超现实性的存在。全部现实存在皆被概念、理性所规定，后者是既定的传统。这就意味着，如果现实存在就是绝对，就是良知的全部意义，那么良知、精神永远不可能超越它的传统及概念、理性，精神的发展在逻辑上就是不可能的。然而精神在其自身的历史演进中，总是不断突破、超越它的传统，不断打破既定的观念并构成新的观念。这证明良知是一种超绝的自由本体。自由是精神的生命和究竟本质。在自由和现实的关系中，自由超越现实并规定着现实。现实存在是自由的全部展开和实现。因此自由是良知的本质，它必然要在精神的发展中否定现实性，并将精神推入存在的虚无之域。这种意义上的自由，称为本体的自由。

我们可以把海德格尔关于"无"的思想与阳明的"太虚之喻"进行比较，藉此揭示后者的特殊意义。海德格尔与阳明对"无"的理解有着很大的相似性。海德格尔认为，存在在整体上就是一种非对象性的"无"。存在自身不可言说、不可把捉，不同于一切存在者和客体对象，且是对存在者整体的否定，"无是否定的本源，而不是相反"①。所以这种"无"乃是一种"本无"。"本无"不是不存在，而正是存在的真理和时间性，是存在自身的本质性运动，因此它是比一切存在者更真实的"在"和自由的本质，"如若没有无之源始的可敞开状态，就没有自身存在（Selbstsein），就没有自由（Freiheit）"②。"本无"与自由源始地统一于对现实存在的否定之中。通过这种否定，此在能够整体性地领会存在之为存在的意义。有论者指出："无乃是一种可能性，是世界的可能性，也是自由的可能性；无敞开于自由之中，且仅仅敞开于自由之中，并通过自由而成为世界存在（Sein）的可能性，正是在无的本源性可能性中，Da-sein 之人把存在者引向其存在。这是一种先验的可能性。"③ 所以，存在的本质是自由。自由就是以"本无"为本体论基础的神秘精神。自由始终以"无"的精神克服本体对现实性的执着，推动精神否定理性与现实性，并实现对神秘精神的领会。阳明以"太虚"喻"心"亦含此义。通过将"本心"领会为一种"虚无"，阳明心学实现了自身的创造性转化，将良知从道德原理发展为超理性的神秘精神。神秘精神超越道德法则和一切伦理经验。阳明之后，王龙溪也将良知作为超道德、超理性的虚寂之体："虚寂者心之本体，良知知是知非，原只无是无非。无即虚寂之谓

---

① ［德］海德格尔：《路标》，孙周兴译，商务印书馆 2000 年版，第 135 页。
② ［德］海德格尔：《路标》，第 133 页。
③ 赵广明：《论"无"的先验性》，《哲学研究》2016 年第 11 期。

也。"（《别曾见台漫语摘略》，《王龙溪先生全集》卷十六）可以看到，海德格尔和阳明都倾向于将存在的终极真理理解为一种"本无"的精神。二者之不同，在于阳明心学中作为超理性精神的"本无"是从道德理性发展而来的，而海德格尔较少论及"本无"与现实伦理的关系。

阳明虽然多以"太虚"论良知之"虚无"，但他只将良知理解为一种否定现实性的"本无"，并未彻底否定良知自身。这种观念与佛教的"无我"说尤为相近。佛教有"我执"之说，谓人身为五蕴之和合，而万法亦为因缘所生，人、法俱为无常，故称人无我、法无我。佛教言"无我"，是要否定人对于自我之执念，而非断灭本体。日本学者中村元也指出，"与许多把无我说当作某种虚无论的学者以为的不同，佛教并不否定自我本身"，"（佛教）论无我的最终目的，旨在消除我执（自私的欲望）"。① 阳明对学者说："心体上着不得一念留滞，就如眼着不得些子尘沙。些子能得几多？满眼便昏天黑地了。"又说："这一念不但是私念，便好的念头，亦着不得些子。如眼中放些金玉屑，眼亦开不得了。"（《传习录》下，《全集》卷三）良知是纯粹的灵明，容不得一点恶念或善念，而这些后天生起的念头也不能损害良知分毫。由此可知，阳明未尝否定心体的实在性，而是要否定后天的观念、思虑以及伦理法则对"本心"的遮蔽和束缚。

四 譬喻之于阳明心学的意义

阳明尝言："凡言意所不能达，多假于譬喻。以意逆志，是为得之。"（《与顾惟贤》，《全集》卷二十七）可见阳明善用譬喻来说明名言难诠的存在。盖"以意逆志"之说，出自《孟子》。朱子《集注》曰："言说诗之法，不可以一字而害一句之义，不可以一句而害

---

① Hajime Nakamura, *India Buddhism*, Delhi: Motilal Banarsidass, 1987, pp. 63 – 64.

设辞之志，当以己意迎取作者之志，乃可得之。"（《孟子集注》卷九）这是说，诠释文本不可执泥于章句而误解作者原意，当以阅读文本的感受推测原意。这种面对文本的个人感受即在言辞之外。在阳明看来，良知不可以被理性认识，也难以通过概念来界定。学者对良知的领会只能通过某种神秘体验而达成。然而关于私人经验的交流仍需诉诸口耳，这就需要借助譬喻。譬喻不同于概念的直接定义，其种种喻体虽然未能揭示良知的整体品格，却也能形象地呈现良知的部分特征。钱绪山追忆阳明言教，谓后者常出"险语"："师在越时，同门有用功恳切而泥于旧见，郁而不化者，时出一险语以激之，如水投石，于烈焰之中，一击尽碎，纤滓不留，亦千古一大快也。"（《答论年谱书》，《全集》卷三十七）这些"险语"，如同禅僧启悟他人所用的"机锋"，看似与所论内容无甚关系，然多能打破种种习见、成见，直指心性。阳明的言教之所以有这般"水寒火热""见之若粗而探之愈精"的效果，最为关键的，乃是因为有那些生动形象的"譬喻"／"隐喻"。① 伽达默尔曾发掘西方思想中"譬喻"的起源，他认为："譬喻产生于神学的需要，在宗教传说中——因而最初是在荷马那里——是为了摈除有害的东西，并认识其背后的有利的真理。凡在更合适表现婉言表述和间接表述的地方，譬喻在修辞学的应用中就获得了一个相应的功能。"② 所以，譬喻处于可说与不可说的边界，能够有效地规避言辞对真理、存在的遮蔽，并将真理、存在映射到一个易于领会的区域。阳明所用的譬喻正达到了这一效果：它们揭示了日常语言所不能揭示的意蕴，将良知的品格展现于种种具象之中。

这些譬喻也契合于阳明心学一以贯之的体验工夫。如上所述，阳明心学的工夫进路包含了一种内向型的神秘体验。在很大程度上

---

① 鲍永玲：《"种子"与"灵光"：王阳明心学喻象体系通论》，上海书店出版社2012年版，第7页。

② ［德］伽达默尔：《真理与方法》，洪汉鼎译，上海译文出版社1999年版，第93—94页。

讲，我们几乎无法用精确的语词概括良知的本质。在很多时候，我们仅仅能介绍良知的各种特性，却很难说清良知究竟是什么。即便是阳明本人，也常常以"虚灵""灵明"等话语描述良知——但这些语词仅仅是描述性的，而非解释性的。因此，阳明后学强调通过私人化的神秘体验无限地接近良知本体。在他们看来，天下古今之人的良知无有不同，所以自己对良知的体证也有普遍性的意义。这种"将心比心"的工夫进路导致王门后学的话语越发模糊化，以至"说玄说妙，几同射覆"。事实上，选择种种譬喻表诠心体，自然无法穷尽后者的全部内涵，而围绕心体所展开的私密体验又进一步解构了心学的话语体系。以譬喻论说良知本体，无疑是阳明心学之殊胜处，但各种紧张亦隐含其中，至于王学末流屡发种种玄妙诡谲之语，就更加不足为奇了。

本章结语

　　精神在其展开的过程中不断推动自身走向自由。精神的本质即在无限迈向自由的过程中得到体现。自由是精神生命的根本意义。良知本体是一个兼摄"有""无"而自"有"入"无"的神秘精神。良知作为绝对、独立的精神本体，以道德理性为基础，最终在自我反思的运动中成为超道德的存在。神秘的精神本体即为一个超理性、超道德性的纯粹自我。这样的一个纯粹自我，比较接近费希特的"绝对自我"。在费希特看来，唯有将自身从自然的经验现实中解放出来的人，才具有自我决定的动力，才能够领悟到自由与无限。费希特说：

　　　　人不是感官世界的产物，他的存在目的不能在此世界中达到。他是什么及他应为之努力的目标是什么，这是必须弄清楚的。他的天职超越时间和空间，以及一切属于感觉的东西。因为他的天职是崇高的，所以他必须将其思想提升到感觉局限性之上。他必须成就它。其存在在这里找到家园，其思想找到依处。唯一为人所值得求的、其精神力量在其中得到表现的真实人类思想形态，就是他将自己提升到这些局限性之上，在这里一切属于感觉的存在皆消失于虚无，成为仅仅是那唯一自为存在的无限者在有限的人类眼中的一个影像。唯天真、虔诚、单纯的心灵最能知道你……你自身如何，何为你的本性，我永远无从得知、无法揣摸。即使经历千万次精神的生命，我对你的理解也将同我现在在这尘俗存在中一样的少。凡我所思想者，必由于这思想而成为有限的。这思想纵使无限地提升，也不可能升到无限之中。在人的观念中总有不完善和局限：我怎能用这观念表现你，而避免这些不完善和局限？当我心对尘俗之物关闭，当我不再牵挂任何变灭无恒的东西，世界将以一种更光辉的形象呈现在我眼前。充塞空间的僵死而沉重的物质将消失。代替它的是从一切生命的源头，从你，无限的唯一者的生命流出的永恒生命、能量和行动之河的奔涌流淌，伴随着强大波涛的激昂音乐，因为一切生命都是你的生命，唯虔诚的目光能达到真美之境。从前将我心与此世界联结且由其隐密的指引使我跟随其运动的系缚已经永远断开。于是我进入自由、寂静、不动的境界，我成为自身的世界。我不再通过情感，而只以精神的眼光看外在的东西并与之关联。并且这眼光也已得到净化，通过丑陋和假相看到真与美，如同在平静的水面，物体更清晰地呈现。我的精神已永离烦恼、恐惧、不定、疑惑和焦虑。我的心灵也永离忧伤、悔恨和欲望。①

绝对自我作为自由、寂静、不动的精神本体，是超越思维、理

---

① Fichte, *The Popular Works of Johann Gottlieb Fichte*, Bristol：Thoemmes Press，1999，p. 368.

性和现实性的真实存在，因而是一种神秘精神。对神秘精神的认识是超概念的，需要通过直观来证悟，藉此脱离烦恼、恐惧、疑惑和焦虑，最终获得自由和解脱。在这样的直观下，自我领悟到精神的现实活动并返回自身。可见，无论是阳明还是费希特，都将一种神秘的绝对自我作为精神发展的终极实体。

　　人类精神在自身的发展运动中，不断打破形上实体的封闭性，将内在自我作为超越、绝对的本体。首先，这种内在自我被确立为全部自然和经验存在的基础，因而是存在的绝对真理。在阳明心学那里，"本心"是意识与对象的共同基础。心体统摄、改造着外在存在，而外在存在亦随心而转，二者呈现出即体即用、浑融无碍之关系。其次，精神的持续发展又使自身否定先验实在的理性，并将存在的绝对真理领会为一种超理性和超现实的神秘原理。这种精神本体是一种神秘的光明原理，展现了心体的纯粹澄明，同时又将存在的现实性推入虚无之境。在这一过程中，良知逐渐实现了自身的无化，成为一种空虚寂静的"本无"。"本无"者，以自身之精神自"有"入"无"，而未尝以"有"为碍，故曰"无知而无不知"。良知无住无得、无思无为、寂然寥寥，故曰"无知"；又因其涵摄诸善、感应万物、肇化群有，故曰"无不知"。可见，精神的发展总是将自身推向自由。通过反思和超越的活动，精神不断否定现实存在，从而实现本己的绝对自由。"本无"的精神就是内在、本质的自由。

　　事实上，对本体虚无性的领会存在于很多民族的精神传统之中。早期基督教认为，世界的本质即"虚空"或"无"，"虚空的虚空，凡事都是虚空"（《传道书》1：2）。又因为世界是上帝精神之本质呈现，所以基督徒也把上帝等同于纯粹的虚无。在他们看来，上帝无法用概念来命名为"什么"，如《出埃及记》载"我是自有永有的"。这表明上帝不是经验世界内的一般事物，而是超越理性与现实性的无规定性的"虚无"。这种观念一直影响到晚近的西方思想界。法国的神秘主义者薇依（Simone Weil）指出，上帝的本质就是"虚无"，"当上帝变成像财富对于守财奴那样意味深长时，要不断告诫自己，上帝并不存在"①。上帝为"本无"的精神，故不可执其为"有"。西方的神秘主义者在体认上帝的过程中，常倡导"无我"的直觉方法，即通过冥想、持定、祷告否定个体之"小我"而融于神性之"大我"，最终悟得上帝与自我同在。如狄奥尼修斯言："通过'不知'而获得关于上帝的最神圣的知识，是在远远超出心智之上的一种统一之中得到的，这时心智从万物移开，甚至从自身移开，与炫目的光芒合而为一，被无法把握的渊深智慧所照亮。"② 除基督教传统之外，大乘佛教也指出诸法实相是"空性"或"本无"。在其看来，"本无"的精神既非有亦非无，既是非非有亦是非非无。通过双遮双遣的否定性运动，大乘佛教领悟到"本无"的精神既超越经验现象，又超越了一般的否定性力量，因而是无住无得、无滞无碍的绝对自由。综而论之，作为超越一切经验现实的自由本体，"本无"既是精神运动的根本推力，又是这一运动的终极目标。"本无"与一切现存的本质相脱离，因而是绝对的自由。唯有通过对"本无"的不懈追求，精神才能始终保持突破现实规定的品格，实现自身的内在超越。

海德格尔曾提出所谓"存在论区分"，认为虚无先于一切存在，所以是一种本源性的实在。海德格尔区分了"存在"与"存在者"的差别：前者是全部经验实存的"完全的他者"，即"存在自身"，后者是现实性的经验存在。"存在自身"不可思议，相对于经验世界的"有"，它就是"无"。这个"无"又是一切经验存在之本源，"这种虚无不是纯粹的存在的缺席，而是一种原始的实在"③。作为"存在者"的一切经验现实皆从虚无产生，所以后者是一切经验现实的基础，同时又是彻底否定现实性的"本无"，即超绝的自由精神。

---

① ［法］薇依：《重负与神恩》，顾嘉琛、杜小真译，中国人民大学出版社 2003年版，第 15 页。

② ［古希腊］（托名）狄奥尼修斯：《神秘神学》，第 63 页。

③ ［美］弗兰克·梯利：《西方哲学史》，第 540 页。

在海德格尔对本体超绝性的规定中，存在的真正本质不是任何现实性的事物，而恰恰是超越现实性的虚无。在阳明心学那里，也可以看到对本体虚无性的追求。良知唯有在精神的生命运动中将现实存在虚无化，并把存在本体置于"无"的领域，才能真正获得精神的绝对自由。如阳明说："（乡愿之心）忠信廉洁所以媚君子也，同流合污所以媚小人也，其心已破坏矣，故不可与入尧舜之道。狂者志存古人，一切纷嚣俗染不足以累其心，真有凤凰千仞之意，一克念，即圣人矣。"（《传习录拾遗》，《全集》卷三十二）"凤凰千仞"表明主体通过"克念"的内在反思彻底脱离凡俗之束缚，这种本体的超现实性使精神契入神秘的超绝之域。

最后我们要指出的是，在人的认知活动中，概念、范畴、语言在衔接主客体方面起着重要的作用。然而，当人们试图把握世界的整体性的时候，概念、语言却成为一种隔绝人与世界本质的障碍。这是因为，人的理性是有限的，而人与世界的本质却是无限的，若强以概念、范畴来把握形上之域的存在，便是庄子所谓"以有涯随无涯"了。与这样一种认知进路相对，一些从事宗教修习的人总是能够以某种先验的直觉能力超越理性的疆界，进入本体之域。实际上，很多常人也具有这样的直觉能力，只是尚未形成精神自觉而已。这些人领悟到形上本体的某些特质，并获得不可思议的特殊感受，这时他们的心灵似乎经历了一番更新。本心或良知作为一种神秘的澄明、觉性，为思维、语言所不到，而仅能凭藉直觉来证悟。至于阳明所举"光""镜""太虚"等喻，也是方便说法，切不可在文字章句之间宛转自足。学者欲证悟此心，需要切实做工夫，自反其心，循序渐进，方能趋于明通之境地。

第 四 章

心学工夫论的神秘主义

引　言

　　修养工夫是宋明儒者独特的实践经验，而工夫论也是中国哲学中的一个重要论域。工夫论所探讨的核心内容，就是个人在工夫修习过程中获得的身心经验。中国古代哲学缺乏系统的逻辑论证与知识架构，而更注重"内圣"之道，"故所讲修养之方法，即所谓'为学之方'，极为详尽"①。在中国哲学中，儒释道三家皆看重工夫，其中又数儒家的工夫与工夫论独具特色。儒家的工夫以"成圣"为指向，而工夫论就是对这一套"成圣"工夫的理论总结。儒家的"内圣"与"外王"是统一的，前者要求成就德性，后者要求成就事功，二者皆重实践。不过"外王"侧重客观的社会实践、政治实践，其重心不在挺立道德主体性，也不在超越道德性而上达更高明的境界。所以工夫虽与一般所谓实践相关，有时也用"工夫实践"名之，却不同于以社会政治为指向的客观实践。儒者平常所谓"工夫"，乃多就"内圣"或"成德"一面展开讨论。此外，儒者言"工夫"，必联系"本体"而论。论"本体"不论"工夫"，则本体

---

① 冯友兰：《中国哲学史》（上册），第 11 页。

成为空洞抽象之存在，是为"执体废用"；论"工夫"不论"本体"，则工夫成为游骑无归之活动，是为"表用遗体"。按照宋明儒者的说法，本体与工夫的统一可以区分为两种形式。一是"由本体开工夫"，即由本体呈现而开显出工夫进路；二是"以工夫证本体"，即在工夫实践中呈现与体证本体。本体与工夫二者实为相即不离的关系，故宋明儒者多言"即本体即工夫，即工夫即本体""即体即用，即用即体"以及"承体起用，即用见体"。本体多为潜隐自存的状态，需要通过工夫呈现出来。因此，不对工夫论进行深入研究，就难以整体性地理解儒家哲学的精神。

儒家工夫论的源头可以追溯到原始巫术那里。巫者在斋戒的过程中，往往将自己安置在一个特殊的封闭空间，通过转化自己的身心，使精神能量往深往内潜化。在儒家去巫化的过程中，原始巫术的斋戒模式逐渐被心性论的修养模式取代。先秦儒家最早将工夫落实于心性修养之中。孔子讲居处之"恭"、执事之"敬"、与人之"忠"，曾子讲"吾日三省吾身"，孟子讲"养吾浩然之气"，《大学》讲"格致诚正"，《中庸》讲"慎独"，《易传》讲"敬以直内，义以方外"，这些言论都是工夫论意义上的。10 世纪后，在佛教与道教的综合影响下，儒者更多以"心""性""理""气"等范畴讨论工夫的展开形式。① 然而，宋明之际的工夫论虽无关乎巫术宗教，却不可忽视其包含的宗教性因素。宋明诸儒之毕生用力处，大多在于通过潜心修养以实现心灵的超越，使个体之"小我"与宇宙之"大我"相合为一。在此过程中，儒者有时获得一种超然颖悟的神秘经验。余英时指出，宋明新儒家所强调的证悟就是一种宗教体验，"如果我们细察新儒家重建道统的根据，便不难发现他们在最关键的地方是假途于超理性的证悟，而不是哲学论证"②。

自民国以来，学者对儒家工夫论的研究，粗略地可以分为以下

---

① 杨儒宾：《恍惚的伦理：儒家观想工夫论之源》，《中国文化》2016 年第 1 期。
② 余英时：《钱穆与新儒家》，《中国文化》1992 年第 1 期。

几类：（1）从生存论或本体论的相关问题入手，论述工夫对本体的涵养；（2）基于西方认识论的范式，将工夫理解为一种特殊的求知方法；（3）从个体修养的境界上去会意，将工夫解读为达到某种心灵境界的途径；（4）在政治哲学或社会学的意义上，视工夫为古代士人群体的一种特殊文化现象。尽管这些对工夫或工夫论的解读有着很强的合理性，但仍缺乏对工夫论的整体性把握。在此基础上，我们有必要立足于精神哲学，对儒家的工夫及其效验重新进行一番检讨。由前文可知，精神通过反思与超越的活动不断否定外在自然的现实性，使自然的精神逐渐发展为伦理的精神和神秘的精神。在此过程中，精神不断内向化发展并使自身成为绝对的本体以及一切存在的本质、真理。儒家修养工夫之旨趣即在涵养此精神，使其不断突破自身的习气与外在的遮覆，从而实现精神的内在超越。从程朱理学到阳明心学的历史进程，是一个精神自我发展的过程，而修养工夫在此过程中也得到了完善和丰富。阳明认识到，"本心"是真正的精神本体，也是一切存在和现实生活的最高意义。可以说，心学学者的为学宗旨，不过是涵养此心而已。

　　阳明心学的工夫论本质上是神秘主义的。神秘主义既是阳明心学的逻辑的归宿，也是其历史的归宿。首先，精神在观念的历史运动中构成自身，并且从否定最朴素、最直接的自然观念开始，逐渐实现自我的深化和提升，确立更内在、更本质的自我，最终领悟到自我是一种神秘的本体。这一过程就是精神的自我反思运动。这种反思的实践不能通过理智来完成，而只能借助一种神秘的直觉。通过这种神秘的直觉，精神不断否定自然的现实性，并将自身内在、超越的存在确立为真理、本体。这个超越的本体就是自由，也就是神秘的精神。自由超越理性和全部现实存在，只把现实性当作自我实现的中介。自由的超绝本质就是存在的绝对真理，也就是"无"。在直觉反思的过程中，精神的自我深化和提升展现为自"有"入"无"的辩证运动。在阳明心学中，良知概念的发展反映了上述理论特征。良知固然有其现实性的一面，但更是超现实的存在。良知的现实基础是伦理法则，它强调的是对外在伦理规范的服从（如阳明提出"致良知"是"温凊定省"的伦理实践）。然而良知既为一超绝本体，必然能够推动精神不断否定自然意识进而上升至超越的层面。通过精神的反思运动，自我脱离自然、现实的阶段，并进一步推动自身进入神秘精神的阶段。阳明晚年多以"无善无恶""无思无虑"描述良知，表明他将良知理解为一种神秘的精神。可以看到，正是通过不懈的直觉反思，精神才得以揭示出自身内在的存在本质，使心学对良知的领会不断深化。所以，神秘主义是心学工夫论的逻辑的归宿。其次，阳明早年服膺朱学，亦尝切实做格致之功。然而，从正德三年的"龙场悟道"开始，阳明逐渐认识到学者真正用力处应在此"心"，自此阳明倡知行合一之旨，渐与朱学分道扬镳。这种转变，一方面得力于阳明本人在"百死千难"中的生命体验，另一方面也离不开佛教（尤其是禅宗）对他的影响。"龙场悟道"之后，阳明强调"成圣"的进路在于反观自心、澄明心性，而不必拘泥于理智思辨与名言知解。所以，神秘主义是心学工夫论的历史的归宿。

心学工夫论的神秘主义包含了三个方面。第一，工夫的对象是神秘的本体。心学学者认为，工夫实践的对象是超理性的神秘精神，也就是良知。第二，工夫实践的方法是神秘的直觉反思。在阳明心学中，对良知的认识不能通过概念，而只能诉诸内向化的神秘直觉和生命的感受经验。在直觉反思的实践过程中，心体逐渐克私去蔽，断灭杂染，最终认识到"本心"的超越性。第三，伴有神秘色彩的工夫教学方式。阳明心学受禅宗影响，故教法深具禅风。阳明指点弟子之际，屡出机锋、险语，直指心性，而这一点在王门后学的教法中更是展露无遗。

在具体的工夫修习上，阳明始倡静坐，使学者于静中体认"本心"之澄澈，继而渐觉静坐之非，乃专提"致良知"对治默坐澄心之弊。阳明还强调通过养气来促进内在精神的转化，最终使自身体验到人与天地万物为一体。质言之，阳明心学的工夫就是通过内向性的精神反思，获得一种神秘经验，进而认识到"本心"是一切存有的根基和绝对原理。

第一节　从龙场悟道到知行合一

正德元年，阳明上疏弹劾把持朝政的宦官刘瑾，事败而受廷杖四十，并下诏狱。① 阳明诗云"兀坐经旬成木石，忽惊岁暮还思乡。高檐白日不到地，深夜黠鼠时登床"（《岁暮》，《全集》卷十九），"思家有泪仍多病，报主无能合远投。留得升平双眼在，且应蓑笠卧沧洲"（《天涯》，《全集》卷十九），足见当时处境之艰辛与心绪之失落。同年十二月，阳明谪赴贵阳龙场驿，开始了一段充满艰辛而多难的旅程。彼时彼刻，阳明认真反思了自己的人生，并准备孤独地面对颠沛流离的岁月和随时可能到来的死亡。在《吊屈平赋》中，阳明写道："日西夕兮沉湘流，楚山嵯峨兮无冬秋。累不见兮涕泗，世愈隘兮孰知我忧！"阳明哀悼屈原的死亡，对其英雄末路的悲愤感同身受。在流放的道路上，他的内心生活被牵引至三个方向：一种牵引力是强烈的恐惧和信念，既惧怕自己在途中垮掉，又相信自己能够经受即将来临的死亡威胁而活下来；一种牵引力是他对当时的政治现实充满怒火，却又同样强烈地相信他就是儒学真理的信使；

---

① 按照冈田武彦先生的说法，明代的宦官之祸是逐渐形成的。明太祖朱元璋即位后，吸取前朝宦官祸乱朝政的教训，大幅度缩减宦官数量，并且严格控制他们的权力。这一时期的宦官大多从事杂役工作，不参与任何政治活动。但是到明成祖在位时，宦官的地位有所提升。成祖和建文帝在争夺皇位的过程中，曾有宦官将宫中内情透露给成祖。由此，成祖对宦官加以厚待，并放宽了对他们的限制。以此为契机，宦官群体不断壮大自己的势力。后来，宦官不仅涉足政务和军务，还被皇帝派到各地担任钦差大臣，甚至有些人被皇帝派到国外担任外交使节。宦官的专横跋扈始于明英宗时期。当时的宦官金英和王振出任要职，他们祸乱朝纲，肆意妄为。在明宪宗时，宦官汪直也是极端专横。明孝宗时，未出现宦官专权的情况。但是明武宗即位后，宦官刘瑾开始操纵朝纲，为所欲为。参见［日］冈田武彦《王阳明大传：知行合一的心学智慧》（上卷），杨田、冯莹莹等译，钱明审校，重庆出版社2018年版，第241—242页。

还有一种牵引力是他深感自己同当时的各个权力集团格格不入，却又同样深切地感受到自己与亲人、朋友、门生不可分割地连成一体。① 在这种内心纠结、彷徨不定的境遇中，阳明必然会对内在的自我世界有着更深沉的体会，这些人生遭遇为后来的"大悟"和新学说的建立奠定了基础。

对于阳明平生的学思之变，学界一般有"五溺"和"三变"之说。"五溺"之说见于湛甘泉为阳明所作的墓志铭，其云："（阳明）初溺于任侠之习；再溺于骑射之习；三溺于辞章之习；四溺于神仙之习；五溺于佛氏之习。正德丙寅，始归正于圣贤之学。会甘泉子于京师，语人曰：'守仁从宦三十年，未见此人。'甘泉子语人亦曰：'若水泛观于四方，未见此人。'遂相与定交讲学，一宗程氏'仁者浑然与天地万物同体'之指。"（《阳明先生墓志铭》，《全集》卷三十八）按照甘泉的说法，阳明早年经历了对任侠、骑射、辞章和佛道的沉溺，最终返本儒宗。"三变"说可分为"前三变"与"后三变"，皆出于阳明弟子钱绪山。在这里，我们仅讨论"前三变"。绪山述阳明"前三变"云："少之时，驰骋于辞章；已而出入二氏；继乃居夷处困，豁然有得于圣人之旨：是三变而至道也。"（《刻文录叙说》，《全集》卷四十一）由此可见，甘泉与绪山的说法存在着差异。甘泉认为阳明经五溺而于正德元年（1506）在京师遇到自己，方才"一变至道"；绪山则认为阳明直到正德三年（1508）在"龙场悟道"后才经"三变而至道"。实际上，二说看似有异，却都是准确无误的。正德元年，阳明在京师与甘泉结识之时，确已有志于儒学，这是对其早年与塾师所言以读书学圣贤为"人生第一等事"和娄一斋语"圣人必可学而至"志向的继承。那么，何以阳明早年有志于儒学的理想抱负竟要在自己34岁时才实现呢？我们认为，阳明归本圣学之前的泛滥

① 杜维明：《青年王阳明 1472—1509：行动中的儒家思想》，朱志方译，生活·读书·新知三联书店 2013 年版，第 131 页。

诸家与两件事有关。一是著名的庭前格竹。弘治五年（1492），阳明侍奉其父龙山公于京师，有志于宋儒格物之学，"遍求考亭遗书读之。一日思先儒谓'众物必有表里精粗，一草一木，皆涵至理'，官署中多竹，即取竹格之；沉思其理不得，遂遇疾。先生自委圣贤有分，乃随世就辞章之学"（《年谱一》，《全集》卷三十三）。此时阳明 21 岁，其兴趣在占据主流思想地位的程朱道学。格竹失败后，阳明对自身之资质生疑，认为自己很难成为圣贤，遂转向辞章之学。二是由读书而觉心、理分齐。弘治十一年（1498），阳明认识到辞章技艺不能通至于道，内心惶恐不安，一日读朱子上宋光宗疏曰"居敬持志，为读书之本，循序致精，为读书之法"，"乃悔前日探讨虽博，而未尝循序以致精，宜无所得；又循其序，思得渐渍洽浃，然物理吾心终若判而为二也。沉郁既久，旧疾复作，益委圣贤有分。偶闻道士谈养生，遂有遗世入山之意"（《年谱一》，《全集》卷三十三）。在这件事之后，阳明表现出与格竹失败同样的态度，认定"圣贤有分"，遂从道教养生之说。弘治十五年（1502），阳明告病归越，筑室阳明洞修习导引之术，渐获前知之能。众人皆认为阳明已得道，但他本人说"此簸弄精神，非道也"，复摒弃仙、释之学。从这些经历能够看到，阳明并未因为"格竹"与"遍求考亭遗书读之"等事的失败就否定了儒学的价值。实际上，儒学仍是阳明用力的大方向，只不过阳明因为一些挫折暂时转向了其他兴趣。正德元年，阳明开始认识到朱学的弊端，但尚未找到应对朱学的突破口，甘泉可能以白沙"自得"之说启发阳明，二子遂有定交京师之举。其后经过"龙场悟道"，阳明开始和程朱格物之学分道扬镳。陈来先生综合甘泉、绪山二人的说法，重新整理了阳明早年的学思流变：

　　先生早岁举业，溺志词章；既而从事宋儒循序格物之学，顾物理吾心终判为二，若无所入；因求之老释，出入久之，恍若有会于心；后觉二氏之说终不可付之日用，于是归本于濂洛身心之学，尤契于甘泉所谓自得之旨；然终未能释疑于向物求理之说，谪居龙场，再经忧患、澄默之余，始大悟圣门格致之旨，学问大旨自此立矣。①

这是说，阳明浸染朱学良久，未能突破即物穷理之说，至"龙场悟道"乃深悟格致之旨，心学遂自此而立。

"龙场悟道"之后，阳明提出知行合一之说。正德三年春，阳明费尽周折到达龙场。据《年谱》所载，龙场地处贵阳西北万山丛棘之中，毒蛇猛兽横行，且当地的土著居民讲着完全不同的语言，阳明无法同他们交流。当地土人世代居于洞穴之中，故阳明初至，居无定所，只能亲自动手搭建茅屋。在恶劣的生活条件下，阳明开始思考人生的终极意义。他自问道："圣人处此，更有何道?"经过对生命的深沉反思，阳明获得了大悟并认识到自我完善的真正资源不在经典章句里面，而正是在自己的本性之中。我们今天很难确定这样一种大悟是阳明主动修习而获得的结果，还是一种偶然收获的意外经验，但可以确定的是，经过这番证悟，阳明对个体存在的价值有了新的认识。从正德四年开始，阳明以"知行合一"之旨启悟他人，这种学说的提倡与"龙场悟道"的经验密切相关。阳明反复向席元山讲述"知行合一"的道理，最终使后者领悟到朱陆之争的问题只需诉诸内在自我即可获得明证，而这一点深契于"龙场悟道"的精神旨趣。从工夫论上讲，"知行合一"在于以行统知、化知于行，要求学者能够切实在本体上用功。因此，"知行合一"涉及本体与工夫的关系问题，而这一问题又引申出身心体验和经验知识、理性思辨的内在张力。我们将看到，阳明立足于自我实现的亲身经验，建构了一种迥异于程朱格物穷理的工夫论，将北宋以来的本体工夫之辨融入主体性的内在视域之中。

---

① 陈来：《有无之境——王阳明哲学的精神》，第 325 页。

一　龙场悟道

无论是对于阳明个人思想与精神的发展，还是对于中国思想史的演进而言，"龙场悟道"都称得上是一个划时代的事件。正如岛田虔次所言，"阳明在龙场的这番苦斗，才能够被称之为明学探究人的最鲜明的象征"①。"龙场悟道"标志着阳明对宋代道学观念与工夫的全面突破。事实上，自娄一斋点拨"圣人必可学而至"之后，阳明就一直试图从程朱理学的思想观念中寻求"成圣"的动力。阳明坚信持久地学习朱子的格物穷理之学即可成为圣人，而这一学习过程的要义又在于循序读书、切实格物。然而，"格竹"与"遍求考亭遗书读之"的失败使阳明对朱学和"成圣"的信念产生了怀疑。"龙场悟道"后，阳明始悟前非，重新开辟了"成圣"的工夫进路。他在《朱子晚年定论序》中说：

> 守仁蚤岁业举，溺志辞章之习，既乃稍知从事正学，而苦于众说之纷挠疲痫，茫无可入。因求诸老、释，欣然有会于心，以为圣人之学在此矣。然于孔子之教间相出入，而措之日用，往往阙漏无归。依违往返，且信且疑。其后谪官龙场，居夷处困，动心忍性之余，恍若有悟。体验探求，再更寒暑，证诸《六经》、《四子》，沛然若决江河而放之海也。（《全集》卷七）

可以看到，经过"龙场悟道"之后，阳明不仅坚定地归本儒学，更创造性地发现了儒学的真正意义在于使人实现自己的本性。

关于"龙场悟道"的因缘经过，前文已用白描的手法粗略讲述，而后世学者对这件事的评价也多有不同。我们需要进一步讨论的是，阳明在"恍若有悟"的个人经验中可能悟到了什么？这种证悟能否

---

① ［日］岛田虔次：《中国近代思维的挫折》，甘万萍译，江苏人民出版社 2008年版，第 14 页。

称得上是神秘主义的？他所领悟到的内容在整个心学体系中有着怎样的意义？

根据阳明本人的描述，"龙场悟道"是一个充满神异气息的事件。《年谱》写道："忽中夜大悟格物致知之旨，寤寐中若有人语之者，不觉呼跃，从者皆惊。"（《全集》卷三十三）"寤寐中若有人语"这个现象近乎某种神秘的天启。实际上，人在精神恍惚之际，常会聆听到某种心灵内的声音，并得到灵感上的启发。这种现象虽似幻听，无甚依据，思想史上却记录了很多类似的公案。比如圣奥古斯丁经历的"花园奇迹"，以及慧能闻客诵读《金刚经》心即开悟。① 冯梦龙曾经以文学手法重现了"龙场悟道"的情境：阳明于正德三年贬谪龙场，深思格致之理而不得，某日忽梦自己拜谒孟子。在梦中，孟子向阳明讲述了良知之教："孟夫子下阶迎之，先生鞠躬请教。孟夫子为讲良知一章，千言万语，指证亲切。梦中不觉叫呼，仆从伴睡者俱惊醒。自是胸中始豁然大悟，叹曰：'圣贤左右逢源，只取用此良知二字。所谓格物，格此者也。所谓致知，致此者也。不思而得，得甚么？不勉而中，中甚么？总不出此良知而已。'"② 冯梦龙将启发阳明的那个"人"说成孟子，虽有文学艺术加工的成分，但也不是毫无根据的。因为"龙场悟道"之后，阳明的确开始以孟子式的反身内省批判宋儒的向外之功。在正德十五年所作的《象山文集序》中，阳明对晚周诸子的为学方法提出批评：

> 当时之弊，固已有外求之者，故子贡致疑于多学而识，而以博施济众为仁。夫子告之以一贯，而教以能近取譬，盖使之

---

① 也有学者指出，龙场大悟发生前，阳明显然有一思想活动（思及"格物致知之旨"），而恍惚之中与人对话（"若有人语之者"）或许是促成阳明证悟的关键。这表明阳明之悟得自其梦中的思想活动，即同他人论道，故与禅宗的闻声悟道有较大差别。参见陈立胜《王阳明龙场悟道新诠》，《中山大学学报》（社会科学版）2014 年第 4 期。

② 转引自（明）墨憨斋编《王阳明出身靖乱录》（卷上），台北：广文书局 1968 年版，第 24 页。

求诸其心也。迫于孟氏之时，墨子之言仁至于摩顶放踵，而告子之徒又有"仁内义外"之说，心学大坏。孟子辟义外之说，而曰："仁，人心也。学问之道无他，求其放心而已矣。"（《全集》卷七）

在阳明看来，象山心学源自孟子思想，而自己的学说是对孟子学和象山学的传承与发展。

孟子学与象山心学最突出的特征即在于将人的内在本性作为成圣的基础。阳明在"龙场悟道"后提出的心学思想，正是对孟子与象山之学的进一步深化。同样在《象山文集序》中，阳明阐发了"心"的意义以及古圣贤对"心学"的传承："尧、舜、禹之相授受曰：'人心惟危，道心惟微，惟精惟一，允执厥中。'此心学之源也。中也者，道心之谓也；道心精一之谓仁，所谓中也。孔孟之学，惟务求仁，盖精一之传也。"阳明认为，每个人都有超越的"本心"，而心学的工夫要旨即为尽心、观心、守心。这是对"龙场悟道"经验的总结，也是对孔孟"成圣"之学的新解。我们有理由认为，阳明在龙场所悟得的内容，就是"心之本体"的超越性以及体悟此心的内向性工夫。元代以来，绝大多数的朱学学者都未能看到"心"的超越性，他们即使没有将"心"作为合于气质之杂的形下存在，也不会以其为最高的精神本体。阳明在龙场的艰苦生活中，面对陌生的环境和人际关系，更加重视个人内在的精神生活。这一点从阳明制作一石棺，日夜端居其中以求"静一"便能看出。石棺能够很好地隔绝耳目与外部世界的接触，有助于澄思静虑、明心见性。通过自我的生命净化，阳明看到，"心之本体"不仅超越了一切得失、荣辱、利害等世俗价值，更超越了人的痛苦、生死，"学问功夫，于一切声利嗜好俱能脱落殆尽，尚有一种生死念头毫发挂带，便于全体有未融释处。人于生死念头，本从生身命根上带来，故不易去。若于此处见得破，透得过，此心全体方是流行无碍，方是尽性至命之学"（《传习录》下，《全集》卷三）。在当时的心境下，阳明勘破了包括生死念头在内的一切利害思虑，并扫净各种知解、意见对此"心"的障蔽，使"本心"之全体大用豁然呈现。

阳明将这样一种体验描述为对人的自性的肯定。阳明说："始知圣人之道，吾性自足，向之求理于事物者误也。"（《年谱一》，《全集》卷三十三）所谓"吾性自足"，指的是人的先天本性本自完满。按照这样的认识，与其向外部世界探索人的价值，不如发掘人本来具足的内在价值。作为至善本体的"心"虽内在于人，却是超越主客二元对立的。主客二元的分别，基于认识论的架构，以主体为能知，客体为所知。良知本体具足至善，兼泯能所，独立于主客架构之外，故一悟本体即实现人与宇宙万有之合一。又因本心、自性纯然至善，故为本源性、基础性的存在，一切典籍文章、礼制伦常、圣贤言语无不基于此心。龙场大悟后，阳明以经籍验诸此心，而"莫不吻合"，故阳明愈发相信天下万物、万事、万理出自"本心"。在阳明看来，"成圣"的关键在于体悟此心，而非一味地读经、解经。据此，阳明批判了当时流行于世的辞章考据之学：

> 世之学者，不知求《六经》之实于吾心，而徒考索于影响之间，牵制于文义之末，硁硁然以为是《六经》矣。是犹富家之子孙不务守视享用其产业库藏之实积，日遗忘散失，至于窭人丐夫，而犹嚣嚣然指其记籍曰："斯吾产业库藏之积也"，何以异于是！（《稽山书院尊经阁记》，《全集》卷七）

在阳明看来，六经不过是"吾心之记籍"，这与象山所谓"六经注我"的态度基本一致。可知"龙场悟道"后，阳明一改此前循序读书的为学方法，认为明心比读经更重要。阳明又说："人心天理浑然，圣贤笔之书，如写真传神，不过示人以形状大略，使之因此讨求其真耳；其精神意气，言笑动止，固有所不能传也。后世著述，是又将圣人所画，摹仿誊写，而妄自分析加增，以逞其技，其失真愈远矣。"（《传习录》上，《全集》卷一）这番话颇似庄子的"糟粕”论。庄子在《天道》篇中指出，圣人之道是不由言传的，所以流传下来的书籍、文句，不过是"古人之糟粕"。真正的大道只可意会，不可言传，故"知者不言，言者不知"。阳明同样认为，若以传世之文字章句为道，则不免陷于"第二义"。陈来指出："按照心学的内在逻辑，价值的权威根源于作为道德主体的良知，从而经典的权威必然在一定程度上被减低和削弱，个体的理性必然在一定程度上凌驾于经典与历史传统之上。"① 实际上，按照阳明等心学学者的理解，不惟经典与历史传统，任何外在权威都需要经过"本心"的检验才能确证其合法性：

　　夫君子之论学，要在得之于心。众皆以为是，苟求之心而未会焉，未敢以为是也；众皆以为非，苟求之心而有契焉，未敢以为非也。(《答徐成之》,《全集》卷二十一)

又说：

　　夫学贵得之心，求之于心而非也，虽其言之出于孔子，不敢以为是也，而况其未及孔子者乎？求之于心而是也，虽其言之出于庸常，不敢以为非也，而况其出于孔子者乎!"(《传习录》中,《全集》卷二)

　　阳明以"本心"为一切价值与存在的基础，甚至孔孟诸圣的话语也要经过"本心"的验证。这在当时实在称得上是振聋发聩的话语，给了唯朱学是尊的明代学术以重重一击。阳明的这种观念正是从龙场之悟得来的。大悟后的阳明逐渐认识到，自己过去对程朱格物工夫的修习是无甚必要的。冈田武彦指出："'龙场悟道'无非是

---

　　①　陈来：《有无之境——王阳明哲学的精神》，第 287 页。

对'心即理'说的体悟。"① 诚如斯言，阳明后来所讲的"心即理"以及围绕心体而展开的工夫皆可从"龙场悟道"中找到内在的依据。更重要的是，"圣人之道，吾性自足"，在今天看来似乎是理学家的基本共识，但这种观念其实源自阳明真实的生命体验，有着特殊的意义，"龙场之悟所得表面看来是道学常识，但这些'常识'却不再是口耳之学意义上的'熟知'，而是从悟者生命深处透出、带着鲜活的体验、具有震慑性力量的'觉知'。这种体验确实与日常体验有别，它是异质性的、自成一类的生命体验。这是一种在思不通、想不开的人生困窘之际，柳暗花明、豁然开朗之体验。这既是一种焦虑之释放，长期思维的纠结、情绪的紧张被解开，心灵从此敞开，自由而活泼；又是一种内在精神的充实，一种像海潮般的力量不知从何处溢出，生动而有力"②。

由上可知，阳明的"龙场悟道"不啻为一种神秘经验，而后诸观念的形成可以说是对这一经验的归纳和总结。我们很难断定那一场"中夜大悟"究竟是通过长期有意识的自我修养而导致的必然结果，还是心智乍明的偶然收获。但是，可以确定的是：（1）阳明在谪赴龙场之前，曾有过大量的修道经历并经验到某种神异状态（如修导引术之"前知"），这使他的心灵变得极其敏锐；（2）阳明抵达龙场后，经常反诸自心，这或许使阳明更重视对内部精神气质的涵养，这一过程使心灵得到了净化，比较容易获得神秘经验；（3）从正德元年初逢甘泉到正德三年的龙场大悟这段时间里，阳明苦心思索的正是如何超越"心""理"分齐的程朱之学，因此他一定会上溯孔孟，旁及佛老，尝试构建一种新学说来调和朱陆思想。张祥龙认为，阳明在龙场的开悟经验有七个特性：一是它的生死边缘性。阳明的开悟是一个典型的在生死边缘情境中发生的边缘经验。二是

① ［日］冈田武彦：《王阳明与明末儒学》，第42页。
② 陈立胜：《王阳明龙场悟道新诠》，《中山大学学报》（社会科学版）2014年第4期。

它的忽然性，或时发性。阳明的开悟是在一个特定的时刻发生的，其中也有机缘的成分。三是它的超我性。这是说开悟的不是日常经验中的"我"，不是阳明自己能控制的。阳明固然是追求真理的，但他在开悟之前绝无可能知道会发生这次开悟，而且开悟时呈现的境界也是阳明始料未及的。这里的"若有人语之者"，就是"超我"在对自己说话。这个"超我"的言说是潜意识的涌入，它超越了显意识，在主体中形成非对象化的意识结构。四是它的语言性。一般来说，开悟本身是不带有语言的。但是，阳明的这次开悟或多或少和语言有关系。五是它的自足性。这是说开悟的内容是超越观念的。日常讨论"心"或"性"，只是从理论观念上讲，但距离真正的"心""性"总有一段距离。这次开悟所呈现的"性"是自足的，已经无需通过观念来论证了。对于阳明而言，心性的自足性穿透了所有观念化的东西，达到了纯直观的显现和明见，也就是达到了绝对的被给予性。六是它的"格致"性，也就是儒家性。阳明的这次开悟经验和很多禅师的经验有类似之处，但它是经过长期的"格致"工夫而形成的，这说明阳明多年的追求和体会终于彻底打通了。七是它事后的儒经印证性。在开悟之后，阳明通过儒家的经典对这次经验进行了印证。① 无论如何，我们必须承认，阳明确实从个人的颖悟中获得了某种特殊的启发——尽管这种证悟经验来去无踪、难以把捉。阳明于此证悟之际，领会到"本心"是超越一切经验存在和理性思虑的精神。心体乃是无知之知，其本无形象可见，亦无理智可得，故为一种神秘精神。有学者指出，王阳明心学的基本纲领即"以道德理性为统领，以知识理性为辅翼"②。阳明心学确乎包含理性的一面，比如良知可以被视为无限的道德心，而其又为一切具体知识的本原。但仅以理性面去理解阳明心学，实在是不全面的，我们还应当注意良知对理性与现实性的超越品格。良知虽为道德立法，

---

① 张祥龙：《儒家心学及其意识依据》，第 281—284 页。
② 张学智：《明代哲学史》，第 81 页。

并展开为伦理规范与行动准则，然其自身终究将发展为"无思无虑""无善无恶"的神秘精神。不确认这一点，就无法理解"龙场悟道"的根本意旨，也无从把握心学神秘主义的思想内涵。

经悟道之事后，阳明的思想皆围绕此心而展开，心学的工夫论亦由此而立。嘉靖三十年诸弟子为阳明建祠时，罗念庵撰写了一篇碑记讲述阳明心态及思想的巨变：

> 先生以豪杰之才，振迅雄伟，脱屣于故常，于是一变而为文章，再变而为气节。当其倡言于逆谨盅政之时，挞之朝而不悔，其忧思恳款，意气激烈，议论铿訇，真足以凌驾一时而诒名后世，岂不快哉！及其摈斥流离，而于万里绝域，荒烟深箐，狸鼯豺虎之区，形影孑立，朝夕惴惴，既无一可骋者；而且疾病之与居，瘴疠之与亲，情迫于中，忘之有不能，势限于外，去之有不可，辗转烦瞀，以需动忍之益，盖吾之一身已非吾有，而又何有于吾身之外。至于是，而后如大梦之醒，强者柔，浮者实，凡平日所挟以自快者，不惟不可以常恃，而实足以增吾之机械，盗吾之聪明。其块然而生，块然而死，与我独存而未始加损者，则固有之良知也。（《年谱附录一》，《全集》卷三十六）

阳明于龙场恍惚之间，悟得一切工夫不过是面向此心的工夫，故一反程朱格物穷理之说，主张反诸人所固有之本心、良知，体验于身心日用践履之间，而冥契于幽明隐微之境。这是一种"吾性自足"的神秘体验，"'吾性自足'的体验使王阳明确信一己之心体不仅是最本然的真实存在，而且是自我完满的内在本然之善，是超越性的内在道德进路的性体呈露，他的'忽大悟'和'踊跃若狂'更是神秘体验的基本特征"①。在反思朱学格物之弊后，阳明指出：

---

① 朱晓鹏：《儒道融合视域中的阳明心学建构》，第231页。

"乃知天下之物本无可格者。其格物之功，只在身心上做，决然以圣人为人人可到，便自有担当了。"(《传习录》下，《全集》卷三) 心学的全部工夫，皆可以"格心"二字论之。此心为人所固有，故虽凡夫亦有成圣之资质也。至此，阳明"益委圣贤有分"之惑迎刃而解。在此意义上，"寤寐中若有人语之者"亦可视为阳明内心深处的良知的呼声，它也是自由的呼声。这是自由呼唤本己的精神突破经验现实的层层帐幕，使自身得到真实的呈现。"中夜"的静谧时分，阳明被这种呼声所震慑，领悟到良知的终极意义，故有踊跃若狂之举。徐爱论述阳明心学工夫要旨甚明，其云：

> 爱因旧说汩没，始闻先生之教，实是骇愕不定，无入头处。其后闻之既久，渐知反身实践，然后始信先生之学为孔门嫡传，舍是皆傍蹊小径、断港绝河矣！如说格物是诚意的工夫，明善是诚身的工夫，穷理是尽性的工夫，道问学是尊德性的工夫，博文是约礼的工夫，惟精是惟一的工夫：诸如此类，始皆落落难合，其后思之既久，不觉手舞足蹈。(《传习录》上，《全集》卷一)

凡此种种工夫，皆不离面向"本心"的直觉反思，而必以反身而诚为要。在此过程中，体道者需通过反己躬行、直觉体验领会作为神秘精神的心体。一切虚妄知解都在此过程中被剥除、被超越，最终使精神本体呈露无余。这一工夫进路超越言语名相，因而心学学者多强调在日用常行间切实用功，不可落于言诠之窠臼。阳明诗云："台名何事只宜春？山色无时不可人。不用烟花费妆点，尽教刊落尽嶙峋。"[《袁州府宜春台四绝（其二）》，《全集》卷十九] 这首诗描绘的是江西宜春台之景，但也可从中见得阳明心学的工夫进路。山色有三春妆点，固然美好，然纵无此妆点，又何时不可人？唯刊落一切浮华，乃见得山势之嶙峋。心学的工夫论亦强调刊除世间声色浮华乃至言辞绘饰，使心体真实、不容已地如如呈现。

二　言说与体知

在上一章中，我们介绍了阳明以种种譬喻言说本体的情况，可知本体精微幽奥，非言辞、概念所能澄清。在这里，我们有必要从另一个角度讨论不可言说的本体如何凭藉修养工夫而获得亲证。实际上，很多民族文化传统中都有重体验而轻言说的思想理路。以基督教神秘主义为例。中世纪的经院哲学虽有逻辑论辩、名实相訾之传统，但上帝毕竟为无形无相之绝对精神，为语言、概念所不及，所以神学家又主张潜修默会的宗教实践。埃克哈特大师（Meister Eckhart）认为，上帝是超理性和超现实性的存在，也是不可思议的精神实体，所以人们应该抛弃理智、思辨来体验上帝的"虚无的神圣性"（the sanctity of nothingness）。埃克哈特大师说："我们在此必须回到人的'基本处境'的概念。不可说的可能与人相关，相关的方式是它在人的基本处境里即在人的在的深层涉及人；而人的在的深层为人的一切价值标准和人与可以确定的存在物的一切恼人的交往构成了首要基础……不可说的是人在其真实的、其在的深层里所遭遇的那种真实。那么，我们究竟怎么可能言及基本处境或深层？……在此有必要再次审视对象征的经验。因为只要这种经验是一种临界经验，它就为我们证明了下述层次模式：我们在对象征的体验中，实际经验了人的存在的两个层次——即可以说的层次，我们碰到它的界限；和不可说（基本处境）的层次，它在冲破象征中的这种界限时被体验。"① 埃克哈特大师在可说与不可说之间划定了一条界限。这条界限的一边是由概念组成的日常语言，另一边是生命深层的真实经验，而它的临界点即为上文讨论过的譬喻。

中国文化传统向来重视身心体验，无论是儒家还是佛老，都认为宇宙的终极存在非言辞所能及。日本学者铃木大拙这样介绍中国

① 转引自〔瑞士〕奥特《不可言说的言说》，林克、赵勇译，生活·读书·新知三联书店1994年版，第43—44页。

人的思维方式："中国人完全讲求实际。当用于日常生活中时，中国人自有其解释悟道说的方式，他们不得不产生'禅'以表示其最深的精神体验。"① 杜维明将这种精神体验称为"体知"（embodied knowing）。在他看来，"体知"与儒家身体力行的工夫相关，具有体之于身的实践意义。"体知"是主体的自知、自证，"因此是一种不凭借客观对象而自然涌现的真知"②。横渠说过："见闻之知，乃物交而知，非德性所知；德性所知，不萌于见闻。"（《正蒙·大心》）杜先生所谓"体知"与横渠的"德性之知"有着内在关联。"体知"之所以言"体"，是因为它超越了经验知识和概念界定，它强调的是主体通过相关的工夫修习，从而获得超乎言外的精神性领会，"从身体到心知、到灵觉，都是一气贯穿而不是单线的否定和提升。心知不离身体，而灵觉又和心知及身体紧密联系，其中的辩证关系是在层层限定而且层层破除限定的过程中建立的"③。从根本上讲，"体知"就是一种神秘的直觉体证，它超越认知理性，并诉诸内在的生命体验。

宋明新儒学的一个典型特征，就是重视精神觉悟而轻忽理智思辨。从这一点来看，宋以后儒者的工夫进路皆可纳入"体知"的范围。这一点与佛教心性论的渗透密切相关。佛教入华以来，即以如来藏思想为大宗，其要旨则在潜修密证，不以义解论辩为高，故种种譬喻论说不过是方便法门。宋明儒者与释氏相近，唯重直觉体证而自得其真，不看重对本体的界定和论说。如明道说："'人生而静'以上不容说，才说性，便已不是性也。"（《河南程氏遗书》卷一）朱子也认为，"性"是超越语言层面的形上本体，不能被概念界定，故多用"无定形""浑然""不分明"等语来描述。凡可说

---

① D. T. Suzuki, *Easays in Zen Buddhism* (*First Series*), London: Luzac and Co., 1927, p. 90.

② 杜维明：《论儒家的"体知"——德性之知的涵义》，载《杜维明文集》（第五卷），第 349 页。

③ 杜维明：《从"体知"看人的尊严》，载《杜维明文集》（第五卷），第 363 页。

者，皆是后天堕于形气之中的人性，而非"性之本体"："言才谓之性，便是人生以后，此理已堕在形气之中，不全是性之本体矣……大抵人有此形气，则是此理始具于形气之中，而谓之性。才说是性，便已涉乎有生而兼乎气质，不得为性之本体也。"（《朱子语类》卷九十五）明代以后，儒者更重视体道而自得之，体现出否定名言文字的思想倾向。在阳明之前，最能突出这一思想特征的儒者是陈白沙，其云："学者苟不但求之书而求诸吾心，察于动静有无之机，致养其在我者，而勿以闻见乱之，去耳目支离之用，全虚圆不测之神，一开卷尽得之矣。非得之书也，得自我者也。"（《道学传序》，《陈献章集》卷一）张诩作《白沙先生行状》亦称白沙之为学进路在于"自得"："夫学贵乎自得也。自得之然后博之以典籍，则典籍之言我之言也。否则，典籍自典籍，而我自我也。"（《陈献章集》附录二）盖"自得"之说，本自孟子。孟子说："君子深造之以道，欲其自得之也。自得之，则居之安；居之安，则资之深；资之深，则取之左右逢其原，故君子欲其自得之也。"（《孟子·离娄下》）朱子注曰："言君子务于深造而必以其道者，欲其有所持循，以俟夫默识心通，自然而得之于己也。"（《孟子集注》卷八）朱子以"默识心通"一语注解"自得"，可谓得当。故唐宋以来之儒学，皆重直觉体证，至白沙而造其极，明证涵养心性为本而闻见知识为末也。

阳明首唱"知行合一"之说，其要旨即为通过个人体证来明悟心性，而非诉诸言辞章句，故"知行合一"就是一种"体知"。龙场大悟之后，阳明一反前儒之说，以"心之本体"为"成圣"之根据。"心"既为本体，则必然是超越的，而非概念辨析与名言论说之对象，"心之精微，口莫能述"（《答王天宇》，《全集》卷四）。按照阳明的认识，宋儒格物之学在于析"心"与"理"为二，故使此心堕于形下气质之层。学者不识此心之精微，辗转论说而未得其旨，多有"知而不行"和"行而不知"之弊。未能切实在心上用功，难免使心体流为言说之对象，以至执于名言知解。这一点正是朱学末流的普遍症结，阳明批评道：

　　今为吾所谓格物之学者，尚多流于口耳。况为口耳之学者，能反于此乎？天理人欲，其精微必时时用力省察克治，方日渐有见。如今一说话之间，虽只讲天理，不知心中倏忽之间已有多少私欲。盖有窃发而不知者，虽用力察之，尚不易见，况徒口讲而可得尽知乎？今只管讲天理来顿放着不循；讲人欲来顿放着不去；岂格物致知之学？后世之学，其极至，只做得个义袭而取的工夫。（《传习录》上，《全集》卷一）

　　所谓"义袭而取"，即致力于外在讲说，疏于工夫层面的体认，故天理、人欲皆落于言辞之间。依此进路，人皆徒劳于口耳言辩，不识内在之心体。所以阳明强调"知行合一"，使一切工夫直指"本心"。阳明将身心体悟之学作为文辞章句之学的基础："今之学者须先有笃实为己之心，然后可以论学。不然，则纷纭口耳讲说，徒足以为为人之资而已。"（《与汪节夫书》，《全集》卷二十七）根据"知行合一"的规定，学者的力行实践所指向的目标是本心之证悟，而本心之证悟必基于种种力行实践。就体用关系而言，则良知、本心为体，"发明本心"之工夫为用，二者是统一的关系。因此，"知行合一"即为"体用不二"之学，既不离用而求体，亦不失体而执用。

　　阳明在讲授"知行合一"之旨的过程中，发现学者极易在概念、文句上争辩，而忽视了对"心之本体"的体贴、证悟。阳明这样回忆谪居龙场之经历："吾始居龙场，乡民言语不通，所可与言者乃中土亡命之流耳；与之言知行之说，莫不忻忻有入。久之，并夷人亦翕然相向。及出与士夫言，则纷纷同异，反多扞格不入。何也？意见先入也。"（《刻文录叙说》，《全集》卷四十一）在阳明看来，士大夫的心中多有成见，对本体的领会反不如文化层次较低的中土流亡之士和土著夷人。这是因为，心中有成见，就容易将本体视为对象性的存在，于不自觉中设定一种与"本心"相对的外境，进而以种种观念、言辞辩说之。这种理性化的认知进路反而容易成为体认良知的障碍，故学者多偏于一曲之见，"扞格不入"而遗其大全。阳明又说："盖古人之言，惟示人以所向往而已。若于所示之向往，尚有未明，只归在良知上体会方得。"（《传习录拾遗》，《全集》卷三十二）由此可知，古人流传下来的各种语录、文章不过是为人指示"成圣"的大致方向，而真正的觉悟有赖于个体的生命体验。

作为"体知"的工夫，"知行合一"同样可被视为一种面向"本心"的神秘直觉。无论是言说、论辩还是理性思考，都将本体视为一种对象性存在，无法洞察到本体的超现实性。这些认知方式有着不可避免的局限性，东西方神秘主义者都对这种认知方式持排斥的态度，而更侧重非言说性的体认、直觉。在他们看来，唯有通过体认、直觉，才能超越个体在认知上的局限性，领悟整体性的、无差别的绝对存在。如阳明说："某今说知行合一，使学者自求本体，庶无支离决裂之病。"（《年谱一》，《全集》卷三十三）所谓"自求本体"，即为切实在"本心"上做工夫，而以直觉体认为要。当此体认之际，一切想象、思辨、推度皆弃若敝屣，惟使本己真性赫然现前，默然自喻，领会无能所、内外、主客分别之超绝境界。庄子云"尸居而龙见，渊默而雷声"（《庄子·在宥》），即谓此寂然无对之神秘境界。有学者指出，要了解"知行合一"，"这实在要来自与本体有冥契的经验，才能知道本体如何能给人与生命相应的理解与实践，尤其是理解层面，这其实是种'灵知'（Gnosis），意即本体会启发人，让他拥有充满灵性的洞见"①。因此，"知行合一"观念的背后是冥证"本心"的神秘经验，而这些经验又能够帮助求道者更完整、更全面地领会精神本体。

阳明晚年在《大学问》中提出："天命之性，粹然至善，其灵昭不昧者，此其至善之发见，是乃明德之本体，而即所谓良知也。至善之发见，是而是焉，非而非焉，轻重厚薄，随感随应，变动不居，而亦莫不自有天然之中，是乃民彝物则之极，而不容少有议拟

---

① 陈复：《阳明子的冥契主义》，载张新民主编《阳明学刊》（第四辑），第82页。

增损于其间也。"（《全集》卷二十六）作为至善本体的良知不能通过日常语言来进行整体性的阐明，而只能诉诸以感应和直觉为基础的神秘体验。这一观念贯彻于阳明的平生之学。嘉靖七年，阳明病重返乡，舟过梅岭，弟子周积入船请安，更问阳明遗言。阳明微笑道："此心光明，亦复何言？"（《年谱三》，《全集》卷三十五）詹姆士认为，神往状态的不可言传性，是一切神秘主义的精髓。① 阳明对良知的体认，是超越概念、文字的。当人处于神秘状态之际，内心或有一点光明灵动，而言语自然无法穷诘本体自身的光明与澄净。

　　庄子尝言："可以言论者，物之粗也；可以意致者，物之精也；言之所不能论，意之所不能致者，不期精粗焉。"（《庄子·秋水》）此语乃就道体而发，道体弥纶六合，遍赅天地，故为言、意所不到。此番议论同样适用于阳明所谓"心之本体"。阳明于龙场困厄之际，悟得"心"为存在之大本、万化之大原，故一切工夫不离乎此心，"区区格、致、诚、正之说，是就学者本心日用事为间，体究践履，实地用功，是多少次第、多少积累在"（《传习录》中，《全集》卷二）。这里的"体究践履"既指道德上的实践，也指直透心性的超道德的证悟，其本质是超越名言和概念的。

　　阳明用"知行合一"概括这样一种非名言的工夫进路。在他看来，求"知"的要义在于"行"，即切实在"心"上做工夫，这一过程也包含了"知"。"行"的重点在于通过直觉来体认"本心"，而非诉诸名言辩说和理智思索，故"知行合一"实为一种非言说性的"体知"。杨国荣先生指出，"一般而言，名言具有敞开存在的作用，在认识之光尚未照射之前，对象往往处于自在状态，而认识的过程总包含着名言的规定与表达作用：在这一意义上，确乎可以说，名言将对象敞开于主体之前。但从另一角度看，名

———————

① ［美］威廉·詹姆士：《宗教经验之种种——人性之研究》，第396页。

言往往又有遮蔽对象的一面"，"在经验知识的领域，名言所达的，常常是对象的某一方面或某一层面，及于此往往蔽于彼"。① 经验世界的存在之所以能够被概念界定、指称，是因为它们是有分别的，而非整体性的存在。与之相对，心体是整体性的存在，作为超越经验世界的精神实体，它必然无法被名言文字把握，而只能通过直觉反思来领悟。从这一点来看，阳明心学的修养工夫皆围绕无差别、非对象性的精神本体而展开，它的工夫论在实质上是神秘主义的。

　　我们应该从两个方面来看待阳明心学的工夫，一是道德的层面，二是超道德的层面，而第二个层面实为道德层面之进阶。② 以往学界的研究，多着眼于道德层面，将阳明心学的修养工夫理解为一种道德实践。这固然是不错的，我们可以从阳明的大量论述中找到这方面的依据。不过，正如我们不断强调的那样，良知本质上是超道德与超现实性的，如果仅仅将其理解为一种道德原理，则不免失之狭隘。阳明说："知来本无知，觉来本无觉。"（《传习录》下，《全集》卷三）又说："所谓动静无端，阴阳无始，在知道者默而识之，非可以言语穷也。"（《传习录》中，《全集》卷二）良知具有超道德的一面，是一种"无知之知""纯知"，而不能通过言语穷竭其意。道德原理与道德实践，在很大程度上是可以通过语言来阐明的；而超道德的本体及其相关工夫，一定是超概念的。所以在阳明心学那里，道德实践虽然是重要的，但要呈现良知的超越性，就必然要借助超道德的直觉反思。从精神哲学的角度讲，这种工夫的进阶也契合于

---

　　① 杨国荣：《心学之思：王阳明哲学的阐释》，第 159 页。

　　② 陈来从境界论的角度指出，道德境界之上仍有一超道德的境界，其或为宗教境界（如终极关怀与实在），或为宗教性的境界（如冯友兰先生所谓"天地境界"）。这些超道德的境界可以概括为"无"的境界，"'无'虽具有超道德性，但不是宗教式的外在超越，毋宁是面对人的生存的基本情态提出的超然自由之境"。参见陈来《有无之境——王阳明哲学的精神》，第 275 页。境界必须经由一系列的工夫而达到，它就是工夫的效验。所以超道德境界的实现，依赖于某些冥契悟入的工夫。

伦理精神向神秘精神的过渡，后者在实践层面即表现为神秘体验。此亦为个体境界的"向上一机"，非契于生命灵觉之开显者不足与言也。

第二节　静的追求及其效验

"静"是中国哲学史上一个非常重要的观念。"静"与"动"相对，最初指的是事物未经变化、纷扰的原初状态。段玉裁《说文解字注》释"静"曰："采色详审得其宜谓之静，《考工记》言画绘之事是也。分布五色，疏密有章，则虽绚烂之极，而无涴涊不鲜，是曰静。人心審度得宜，一言一事必求理义之必然，则虽繁劳之极而无纷乱，亦曰静。"可知"静"亦与处事合宜相关。实际上，各民族文化中有着大量关于"静"的思考。在印度思想中，"静虑"（Dhyāna）表示精神安定、思维专注，故多与禅定修行相关。《唱赞奥义书》甚至认为"静虑"是世界的本然状态："'静虑'，诚大于'心'者也。地如静虑，空如静虑，天如静虑，水如静虑，山如静虑，诸天凡夫如静虑。故斯世凡人之得臻伟大也，似得'静虑'一分之赐焉。"① 印度教与佛教都围绕"静"展开了大量讨论，而静坐实践在古代印度也颇为盛行。西方思想中也有对"静"的关注。一些现代学者认为，"静"多指以非言说形式呈现出的世界的本真性，如海德格尔声称："良知只在而且总在沉默的样式中言谈。它非但不因此丧失其可觉知的性质，而且逼迫那被召唤、被唤起的此在进入其本身的缄默之中。"② 可见，东西方的思想家对"静"这一观念都有深入的审视，他们普遍将"静"与原初、本真等精神特质联系在

---

① 　徐梵澄译：《五十奥义书》，第 147 页。
② 　［德］海德格尔：《存在与时间》，陈嘉映、王庆节译，熊伟校，生活·读书·新知三联书店 1987 年版，第 327 页。

一起。

中晚明时期的儒学有一个格外突出的特征，那就是大量的心学学者投身于静坐实践之中。从陈白沙到王阳明，再到王门后学中的一些学者，都倾向于通过静坐的方式获得某种内在的证悟。他们相信静坐这种修养工夫不仅能够促进身体与精神的转化，更能使个体于冥冥中得到偶发式的启悟。黄绾为阳明作《行状》云：

> 公于一切得失荣辱皆能超脱，惟生死一念，尚不能遣于心，乃为石廓，自誓曰："吾今惟俟死而已，他复何计？"日夜端居默坐，澄心精虑，以求诸静一之中。一夕，忽大悟，踊跃若狂者。（《阳明先生行状》，《全集》卷三十八）

按照黄绾的描述，阳明的龙场之悟与"端居默坐"而求诸静的实践经历有着密不可分的关系。通过静坐，阳明将内心中的种种思虑、意识遣除，获得一种对先验本体的证悟。有鉴于此，阳明之后的心学学者纷起而效之。如王龙溪的弟子万思默自述其静坐经验云：

> 始学静坐，混混嘿嘿，不着寂、不守中、不数息，一味收摄此心，所苦者此念纷飞，变幻奔突，降服不下，转转打叠。久之，忽觉此心推移不动，两三日内如痴一般，念忽停息，若有一物胸中隐隐呈露，渐发光明。自喜此处可是白沙所谓"静中养出端倪"？此处作得主定，便是把握虚空，觉得光明在内，虚空在外，以内合外，似有区宇，四面虚空，都是含育这些子，一般所谓"以至德凝至道"似有印证。（《浙中王门学案二》，《明儒学案》卷十二）

万思默的静坐实践全在"收摄此心"。他意外地获得了某种神秘经验：心体光明朗现，内外打并为一。盖明儒之静坐工夫，虽得之佛老者甚多，然归究其旨，不在调息养生或禅定入寂，乃在体证此心，悟得"本心"为宇宙的根本原理和超越精神。此番进路，从宋至明，渐为显著。我们首先将对先秦儒家思想中"静"的观念做一番分疏，继而探讨阳明在静坐工夫上的个人体验以及阳明对待静坐和动静关系的前后不同态度。

一　儒家的"静"与"主静"

"静"的观念很早就出现在中国思想史中。"静"多与"动"一起使用，表示某物在时空中未经变化的状态。随后，该意涵被延伸为政治实践中的宁静无为。这一点在老子的思想中得到了充分发挥。面对战乱频仍、民不聊生的时局，老子希望人们能够致虚守静，"致虚极，守静笃"（《老子》第16章）。世界的本原是"道"，它的本真状态就是虚静的状态，所以"静为躁君"（《老子》第26章）。万物蓬勃地生长发育，最终仍要复归虚静的状态，而此状态即为生存世界的本根、本原，"夫物芸芸，各归复其根。归根曰静，静曰复命"（《老子》第16章）。老子又由天道推及人事，提倡百姓过一种清静无欲的生活，"清静为天下正"（《老子》第45章），"我好静，而民自正……我无欲，而民自朴"（《老子》第57章）。老子多以"静"言"道"，其中颇具政治意味。值得注意的是，"静为躁君"规定了"静"在本质上相对于"（躁）动"的优先性，所以"静"被道家视为一种美德。老子之后，庄子亦云"万物无足以铙心者，故静也"（《庄子·天道》），并提出了"心斋""坐忘"等修养方法来实现心灵之"静"。《齐物论》篇记载了南郭子綦"隐几而坐"之事，其嗒焉丧我，形如槁木，心如死灰，是为静坐忘我之始。

在先秦儒家那里，"静"同样是一种美德。盖"主静"之说虽首唱于老氏，但儒家同样重视"静"这一观念，"儒家与墨家的思想，虽然倾向于动，但都没有关于动的理论，也没有反对静的话"①。实际上，儒家不仅不反对"静"，反而言"静"之语甚多。

---

① 张岱年：《中国哲学大纲》，第638页。

《诗》云:"宜言饮酒,与子偕老。琴瑟在御,莫不静好。"(《郑风·女曰鸡鸣》)"静""好"连用,足见当时"静"观念已经有了褒义的色彩。《国语·晋语七》载:"栾伯谓公族大夫,公曰:'荀家惇惠,荀会文敏,黡也果敢,无忌镇静,使兹四人者为之。夫膏粱之性难正也,故使惇惠者教之,使文明者导之,使果敢者谂之,使镇静者修之。惇惠者教之,则遍而不倦;文敏者导之,则婉而入;果敢者谂之,则过不隐;镇静者修之,则壹。'""壹"指的是专注、专一,此处之"镇静",特指贞一、安宁之德。在孔子那里,"静"还与"仁"相关,"知者乐水,仁者乐山;知者动,仁者静;知者乐,仁者寿"(《论语·雍也》)。孔子虽"动""静"并举,然就仁智关系而论,仁高于智,所以"静"具有实践上的优先意义。"静"非颓废、无作为,乃特指稳重、宁静之德性。不过在孔子的时代,"静"仅仅被视为主体的德性或德行,尚未有学者以"静"论说个体内在之精神。

在孔子后学及孟荀二子那里,"静"的精神性内涵表现得更为明显。如《大学》云:"知止而后有定,定而后能静,静而后能安,安而后能虑,虑而后能得。"朱子释曰:"静,谓心不妄动。"(《大学章句》)在这里,"静"的观念和心性论联系在一起。孟子虽较少言"静",但明确提出了"不动心"。孟子说:"志壹则动气,气壹则动志也。今夫蹶者趋者,是气也,而反动其心。"(《孟子·公孙丑上》)志与气皆作用于"心",故需立志、养气以使"心"不妄动,不妄动则静也。较之孟子,荀子更重视在道德实践中实现"静"。荀子提出"虚壹而静",认为尽管人的欲求之心始终在动,理性的认知之心却能够在"静"中认识万物。荀子还说:"君子之学也,入乎耳,箸乎心,布乎四体,形乎动静。"(《荀子·劝学》)所以,"静"在荀子那里不仅是一种心理状态,更是道德实践的标准。

总的来看,"静"是一个不断发展的观念,且颇为儒家所看重。不过,与道家相比,这一阶段的儒者还没有将"静"作为一个基础性的观念。①"静"在先秦儒家思想中不是价值根源或行为目标之所在，"静或者依附于礼，或者依附于心，或者依附于天，它只是第二性的观念。也就是说，儒家不会为了求静而静，他们的重视静、求静，是为了进一步的实现礼、求本心、察天道"②。比如曾子说："岂贵其能静哉？贵其能守也。"（《大戴礼记·曾子制言中》）这里的"守"是一种对古代礼制的守成。先秦儒家讲"静"，大多看重这一品德对于守成古礼的意义：惟静能不妄动，故专一于先王之制。从精神涵养的层面看，思孟学派揭示了"静"的工夫意义。子思、孟子的思想表现出一种以"静"实现精神超越的趋向。如孟子讲中夜静思以养气，有着明显的神秘主义色彩。然而，孟子的心性论虽然与"静"相关，却未尝提及静坐，更没有发展出宋明理学那种系统化的修养工夫。

到了宋初，儒家逐渐形成了"主静"观念，并围绕动静关系与"静""敬"关系展开了大量讨论。周敦颐在《太极图说》中讲"圣人定之以中正仁义而主静，立人极焉"。这是说，圣人以"中正仁义"为最高道德原则，又以"主静"的方式进行修养。而后，二程开始对动静关系进行思考和辨析。传至罗从彦、李延平，每教人于静坐中"看喜怒哀乐未发以前气象"，学者遂多静坐观心。朱熹有见于程门弟子多流入禅，反对以空寂杳冥为"静"，并以"敬"解"静"，认为"静"中常存操持之义，"濂溪言'主静'，'静'字只好作'敬'字看"（《朱子语类》卷九十四），"伊川教人只说敬，

---

①　尽管在孟荀那里，"静"已经有了一种精神性内涵，但它在很大程度上仍是心理学意义上的，而不是形上学意义上的。反观庄子思想中的"静"，则包含更多的形上学意蕴。庄子对虚静的重视与老子颇似，只是较之老子，更偏向论精神之虚静，如"水静犹明，而况精神！圣人之心静乎！天地之鉴也，万物之镜也"（《庄子·天道》），"正则静，静则明，明则虚，虚则无为而无不为也"（《庄子·庚桑楚》）。在庄子那里，"静"是天地万物的根本状态，也就是自然。在此基础上，庄子将体认虚静作为精神涵养之枢要："无视无听，抱神以静，形将自正。必静必清，无劳汝形，无摇汝精，乃可以长生。"（《庄子·在宥》）

②　王正：《先秦哲学中的"静"观念》，《云南社会科学》2012年第4期。

敬则便自见得一个是非"（《朱子语类》卷十八）。宋元之后，学者
对"静"的解释更为复杂。一方面，他们不否认"静"在心性涵养
方面是一种好的状态；另一方面，他们又恐学者耽于虚静，遁入佛
老，故多以"动"说"静"，或直接将"静"规定为超越一般
"动""静"的状态。第一种看法是以"静"为"动"中之"静"，
即寓"静"于"动"。比如吴澄说："能静者，虽应接万变，而此心
常如止水，周子所谓动而无动是也。"（《草庐学案》，《宋元学案》
卷九十二）在相近的意义上，刘蕺山也说："天理无动无静，而人心
惟以静为主。以静为主，则时静而静，时动而动，即静即动，无静
无动，君子尽性至命之极则也。"（《蕺山学案》，《明儒学案》卷六
十二）这是发挥明道"动亦定，静亦定""廓然而大公，物来而顺
应"的道理，主张应感无心，随时动静，无入而不自得。第二种看
法是"静"兼"动""静"。王龙溪说："静者，心之本体……主静
之静，实兼动静之义。"（《浙中王门学案一》，《明儒学案》卷十一）
这是以"主"为"主宰"义，"静"既能"主"，则其应为一般
"动""静"现象之统体，既包含"动"，也包含"静"。第三种看
法是真"静"无"动""静"。邹东廓说："主静之静，乃吾心之真，
本不对动而言也，即周子所谓'一'，程子所谓'定'。时有动静，
而心无动静，乃真静也。"（《江右王门学案一》，《明儒学案》卷十
六）"心"无"动""静"，实为超越现象世界中的"动""静"，所
以"心"是绝对的"静"。第四种看法是"静"即"无欲"。王一
庵说："周子主静之说，只指无欲而言，非静坐也。今人谬以静坐养
心，失之远矣。"（《泰州学案一》，《明儒学案》卷三十二）此以
"无欲"言"静"，反对泛滥的静坐工夫，遂使学者转向平实一途。

　　一般来说，程朱理学一派学者不大赞同"主静"，倾向以"敬"
代"静"；陆王心学一派学者则不大认同"主敬"。心学反对"主
敬"，主要有以下两个理由。一是认为"主敬"或"持敬"的说法
不太准确。陆象山说："'持敬'字乃后来杜撰。"（《与曾宅之》，
《陆九渊集》卷一）刘蕺山也说："主静，敬也。若言主敬，则赘此

主字。"（《蕺山学案》，《明儒学案》卷六十二）二是认为"主敬"或"持敬"容易使人走向非自然的境地，是一种勉然为之的"死工夫"。阳明认为"主敬"不是儒门最重要的工夫："若须用添个敬字，缘何孔门倒将一个最紧要的字落了，直待千余年后要人来补出？正谓以诚意为主，即不须添敬字，所以提出个诚意来说，正是学问的大头脑处。于此不察，真所谓毫厘之差，千里之谬。"（《传习录》上，《全集》卷一）刘蕺山也说："伊、洛拈出敬字，本《中庸》戒慎恐惧来，然敬字只是死工夫，不若《中庸》说得有着落。"（《蕺山学案》，《明儒学案》卷六十二）这里所谓"死工夫"是说"主敬"工夫把捉、执取某种义理作为心之主宰，用来应事便极易发生滞碍。"主静"则胸无成见，用来应事则洒脱活泛，故蕺山云"练心之法，大要只是胸中无一事而已。无一事乃能事事，便是主静工夫得力处"（《蕺山学案》，《明儒学案》卷六十二）。

在宋明理学史上，"主静"与"主敬"之说相争数百年，种种门户之见，形同水火。不过，仅从观念形态上看，"静""敬"之间，亦非截然对立，而是异中有同，同中有异。先言"静""敬"之同。首先，无论"主静"还是"主敬"都是为了实现心性的平和安宁，即"无欲"或"寡欲"。有人问聂双江："周子言静，而程子多言敬，有以异乎？"双江对曰："均之为寡欲也。周曰'无欲故静'，程曰'主一之谓敬'。一者，无欲也。然由无欲入者，有所持循，久则内外齐庄，自无不静。若入头便主静，惟上根者能之。"（《江右王门学案二》，《明儒学案》卷十七）其次，无论是"主静"还是"主敬"，其实都偏于虚静。"敬"则精神收敛，无有放驰，所以一些学者认为"敬"包含"静"的意思，如伊川说："敬则自虚静，不可把虚静唤作敬。"（《河南程氏遗书》卷十五）真西山也认为"主静"与"主敬"皆通于"心"之虚静："人之一心，亦是如此。须是平居湛然虚静，如秋冬之闭藏，皆不发露，浑然一理，无所偏倚。然后应事之时，方不差错，如春夏之发生，物物得所。若静时先已纷扰，则动时岂能中节？故周子以'主静'为本，程子以

'主敬'为本，皆此理也。"（《问体用二字》，《真文忠公文集》卷三十）再言"静""敬"之异。朱子说："屏思虑，绝纷扰，静也。正衣冠，尊瞻视，敬也。致静以虚，致敬以实。"（《沧州诸儒学案上》，《宋元学案》卷六十九）这是用"虚"与"实"来讲"静"与"敬"。真西山认为，"虚"或"静"为人心"只是个空荡荡底物事"，"实"或"敬"则是心中有"许多义理以为之主"（《问学问思辨乃穷理工夫》，《真文忠公文集》卷三十）。前者说的是"主静"的心态，后者说的是"主敬"的心态。程朱学者多认为，"静"隔绝动态的生活世界，以及能够引发念虑的一切事物，故"主静"与事物不相涉，"主敬"则应之于事——"敬"本身就是对"事"之"敬"。如朱子说："'圣人定之以中正仁义而主静'，正是要人静定其心，自作主宰。程子又恐只管静去，遂与事物不相交涉，却说个'敬'。"（《朱子语类》卷九十四）

到了明代，"主静"一派的学者往往将"静"与"敬"联系在一起，而更多朱子学者不遗余力地批评"主静"的观念。在阳明之前，喜言"主静"的学者是陈白沙。白沙打破明初以来"此亦一述朱，彼亦一述朱"的思想僵化局面，直溯濂溪之学，主张"静坐养出端倪"，遂启明代"主静"思潮。而后阳明居官滁阳，多教学者静坐。当"主静"说在明代思想界渐成气候时，罗整庵提出了尖锐的批评："今乃欲于静中养出端倪，既一味静坐，事物不交，善端何缘发见？遏伏之久，或者忽然有见，不过虚灵之光景耳。"（《诸儒学案中一》，《明儒学案》卷四十七）清初的颜李学派则同时对理学的"主静""主敬"两种观念提出了批评。李恕谷说："自周濂溪以主静立教，程朱陆王因之，用白昼静坐以为存心立本。考之古经，无是也……《易》曰：'终日乾乾，行事也。'是古经自天子以至庶人，无白昼静坐者。宰予昼寝，孔子责之；子贡求息，孔子斥以惟死乃息。古鸡鸣夙兴，不惟君子孳孳为善也，即小人孳孳于利，亦终日无暇焉。"（《论宋人白昼静坐之非经》，《恕谷后集》卷十三）恕谷还认为，"主敬"与"主静"并无本质区别："宋儒讲主敬，皆主静也。'主一无适'，乃静之训，非敬之训也。盖自《太极图说》以'主静立人极'标此岔路，其后不惟杨龟山、李延平静坐体验'喜怒哀乐未发气象'，朱子议其似坐禅入定也，即程子与游、杨等讲学，忽然闭目端坐，门人候之雪深尺余乃醒，试思从古圣贤有此否耶？"（《论语传注问》卷二）其实，从工夫层面讲，"主静"与"主敬"都来自禅宗对宋明儒学的影响。两种观念的内涵和修养方式虽有异，然究其旨趣，都是通过收敛身心使人的精神达到宁静平和的状态。就工夫路径而言，"主敬"近于北宗禅，"主静"近于南宗禅，所以二者毋宁说是儒家化的禅宗修行法门。总之，秦汉时期的儒家学者虽然也讨论过"静"，但他们没有将"静"和精神修养相联系；直到唐宋之后，儒者才普遍以静坐的实践方式涵养心性，并对此形成了深刻的精神自觉。

二　宋明儒者的静坐实践

从上面的内容可以看到，先秦儒学虽重视"静"之观念，也建立了一整套系统的修身理论，但尚未形成一套以静坐为心性修养方式的工夫体系。① 庄子力阐"坐忘"之说，但影响甚微。逮佛法东传，包括儒道在内的中土思想吸纳了佛教的静坐经验，形成了一套完整的工夫论。确切地说，以静坐为心性修养方式的工夫体系正是源自佛教。印度自古即有静观、冥思的传统。在印度教中，洞察"大梵"并达到"梵我一如"的不二法门就是保持一种"静定"的

---

① 也有部分学者认为，静坐作为一种"自我操纵的，用来达到内心转变的心理技巧"，早在公元前 500 年业已在中国出现，如《老子》中的"抱一""守静"、《孟子》中的"养浩然之气"，以及《庄子》中的"心斋""坐忘""导引""吐纳""听气""踵息"等，都属于广义的"静坐"。参见［挪威］艾皓德《东亚静坐传统的特点》，载杨儒宾、马渊昌也、艾皓德编《东亚的静坐传统》，台北：台湾大学出版中心2012 年版，第3—4 页。不过，在严格意义上讲，尽管老子、孟子、庄子可能有关于"静"的某种体验，而且庄子的"坐忘"很容易引发人们关于静坐的联想，却不能说他们已经采用了"静坐"的方法。以"坐"的方式来实现"静"，是印度宗教特有的实践进路，所以儒家的静坐工夫应为沿袭佛教的静坐实践而来。

精神状态。奥义书中多见"静定"之语，而时人亦相信"静定"相较经验认知的殊胜作用。比如《唱赞奥义书》说："凡此，皆大梵也。人当静定止观，此为群有从之而生，往焉而灭，依之而呼吸者。"①《蒙查羯奥义书》也说："不可以眼见，亦非语言摄，不由余诸天，苦行或事业；唯由智清净，心地化纯洁，静定乃见彼，无分是太一。"② 古印度的修行者普遍认为，通过静坐修习，精神可以专注于对象而不散乱，达到寂静凝然的状态，并直观到理性所不能及的事实。佛教自诞生伊始，即以"定"（亦称"三摩地""三昧"等）为"三学"之一。对古代印度文化颇有研究的学者查尔斯·埃利奥特（Charles Eliot）指出，很多主观性的后果（例如看见幻象和空中飞行的感觉）都可以通过个人修炼而产生，"在各种静坐方法之中可能还有具有更大价值的要素"③。可以看到，在印度文化传统中，人们相信通过静坐修习能够获得某些神秘经验。

　　佛教传入中国之后，静坐修习开始在士大夫群体中流行开来。佛教徒认为，禅定或止观能生智慧，如《大智度论》云："实智慧从一心禅定生。譬如然灯，灯虽能照，在大风中不能为用。若置之密室，其用乃全。散心中智慧亦如是。若无禅定静室，虽有智慧，其用不全，得禅定则实智慧生。"在中国佛教中，禅宗尤倡静坐，其根本法门即在于通过坐禅而断除妄念、明心见性。这种观念对道教的发展也产生了较大的影响。道教的理论基础为老庄"主静"之学，隋唐以来更辅之以内视、守静之实修，后者在很大程度上源自佛教的渗透。较之禅宗及其他佛教宗派，道教更注重在静坐的过程中养气炼神。此为佛道二教对待静坐之不同。陈来则认为，静坐实践可以为三教所共有，它本身没有特别的"佛"或"道"的属性，"任

----

① 徐梵澄译：《五十奥义书》，第95页。
② 徐梵澄译：《五十奥义书》，第497页。
③ ［英］查尔斯·埃利奥特：《印度教与佛教史纲》（第一卷），李荣熙译，商务印书馆1985年版，第175页。

何精神传统中都可以容纳静坐（sitting meditation）为一种修养方法"①。宋代以后，大量儒者开始从事静坐修习，在工夫实践中采用了"坐"的形式。彭国翔说："至少从宋代开始，佛教和道教传统中修习的静坐方法，作为身心修炼的功夫实践，已被儒家学者采取。静坐不仅在宋明理学的传统中被许多儒家人物实践，在理学似乎衰落的清代，也并未断绝。"② 儒家静坐的传统通常被认为始于二程兄弟。不过，也有学者将其追溯到较早于二程的"道学宗主"周濂溪那里。《宋元学案》引《性学指要》云濂溪从僧人东林常总习静坐事："元公初与东林总游，久之无所入，总教之静坐，月余忽有得，以诗呈曰：'书堂兀坐万机休，日暖风和草自幽。谁道二千年远事，而今只在眼睛头。'总肯之，即与结青松社。"（《濂溪学案下》，《宋元学案》卷十二）这是关于濂溪修习静坐工夫的唯一证据。在濂溪本人的文献中，并无关于静坐的叙述。濂溪论"静"，有"主静立人极"之说，"主静"虽不同于静坐，但不可谓其毫无关联。"静"既有所"主"，便需要借助特殊的工夫路径以实现之。对于"静"的含义，濂溪自注的解释是"无欲"。人生而有"欲"，达到"无欲"的境界亦需一番精神磨炼。达到"无欲"的方法，虽未必只有静坐一种，但静坐不失为最切实可行的方法。至少在濂溪那里，已经确立了心性之"静"与"为学""成圣"的内在关联。后来白沙在肯定二程教人静坐的时候，就认为宋代静坐的传统来自濂溪："性静者可以为学，二程之得于周子也。"（《白沙先生至言》卷三）濂溪或许未尝教授弟子静坐，但他提出"主静"说自有其意义所在。"主静"是为了"立人极"，也就是确立人之为人的根本。这就是濂溪开"主静"风气之先的特殊意义。

濂溪之后，道南一系学者尤重静坐，他们以静坐为工夫入手处和洞见本体之必要途径。从明道、龟山、豫章到延平，都以静坐观

---

① 陈来：《有无之境——王阳明哲学的精神》，第 295 页。
② 彭国翔：《儒家传统的静坐功夫论》，《学术月刊》2021 年第 5 期。

"喜怒哀乐未发前气象"作为工夫指诀。"静"的观念与静坐实践，在二程兄弟那里得到了提倡。如明道言"静而后能照"（《河南程氏遗书》卷十八），"静则自明"（《河南程氏遗书》卷十二），伊川见人静坐便叹其善学。明道平日多静坐，弟子谓其闲时"坐如泥塑人"（《近思录》卷十四）。明道亦喜以静坐接引弟子，他对前来受学的谢上蔡说："尔辈在此相从，只是学某言语，故其学心口不相应。盍若行之？"上蔡请问行之方。明道曰："且静坐。"（《河南程氏外书》卷十二）明道静坐识仁的工夫被门人杨龟山发扬光大。龟山说："夫至道之归，固非笔舌能尽也。要以身体之，心验之，雍容自尽，于燕闲静一之中，默而识之，兼忘于书言意象之表，则庶乎其至矣。"（《寄翁好德其一》，《龟山集》卷十七）龟山以《中庸》为"圣学之渊源，入道之大方"，故每以观未发前气象接人："学者当于喜怒哀乐未发之际，以心体之，则中之义自见。执而勿失，无人欲之私焉，发必中节矣。发而中节，中固未尝忘也。"（《龟山学案》，《宋元学案》卷二十五）而后龟山弟子罗豫章亦深参此话头，一度筑室罗浮山中静坐。豫章以后，李延平接过此话头，终日静坐观未发前气象。延平尝言："学问之道不在多言，但默坐澄心体认，天理若见，虽一毫私欲之发，亦退听矣。久久用力于此，庶几渐明，讲学始有力耳。"（《延平先生李公行状》，《朱文公文集》卷九十七）可见延平之教法，在于以静坐遣除私欲，体认天理，故其较之言说更重直觉。不过延平亦强调"静"不离"动"、"理"不废"事"，他的目标是"静复以见体"，在静坐中证见天理本体之后，还需"冰解冻释"，如冰化水以润物，使"理"融于"事"。① 黄宗羲对道南学者观未发前气象之工夫颇为赞许："罗豫章静坐看未发气象，此是明道以来下及延平一条血路也。"（《豫章学案》，《宋元学案》卷三十九）有学者指出，道南学者的工夫论在一定程度上受到了禅学的

---

① 牟宗三：《心体与性体》（下），吉林出版集团有限责任公司 2013 年版，第9—11 页。

影响，他们的静坐工夫在形式上类似禅宗之参话头。他们以"观未发前气象"为话头，其工夫旨趣在于默坐澄心、体认天理、默识仁体，静以养之。① 牟宗三先生将道南学人的工夫进路称为"本体论的体证"，并认为这种体证乃是一种"隔离的、超越的体证"，即"暂时隔离一下（默坐、危坐）去作超越的体证"，而其所体、所悟的对象即是"中体""性体""天命流行之体"，"在默坐危坐之隔离的、超越的体证中，此体从私欲、气质、喜怒哀乐情变之激发（感性）之混杂中澄然凸现以自持其自己，成为其纯粹自己之自存自在，此即是其'莫见乎隐，莫显乎微'之澄然、森然之气象"，这种默坐、危坐，不只是泛泛的静坐，"乃根本是一种本体论的体证，藉此以见体或立体（'立'是体证的立），以期澄澈吾人之生命"②。体道者通过"坐"这一特殊姿势，使心神宁静、心志专一，暂隔世界纷扰；一旦突破生命之临界点，精神遂得到自我更新，而这一过程常伴有光明乍现、内心莹澈等神秘体验。

朱子亦重视静坐，但静坐在朱子思想中的作用与地位，不同于道南一系。朱子早岁问学于延平，曾有"半日读书，半日静坐"的说法。③ 然而，朱子对"静"的观念始终有所提防，而对静坐工夫

---

① 陈立胜：《静坐在儒家修身学中的意义》，《广西大学学报》（哲学社会科学版）2014 年第 4 期。

② 牟宗三：《心体与性体》（下），第 8—9 页。

③ 这一公案的原文是："郭得元告行，先生曰：'人若于日间闲言语省得一两句，闲人客省见得一两人，也济事。若浑身都在闹场中，如何读得书！人若逐日无事，有见成饭吃，用半日静坐，半日读书，如此一二年，何患不进！'"（《朱子语类》卷一一六）刘蕺山也引用过朱子此论，只是改"一二年"为"三五年"："朱夫子常言'学者半日读书，半日静坐。如是三五年，必有进步可观'。"（《读书说》，《刘蕺山集》卷十一）彭国翔认为，朱子的这一说法只是针对门人的一时之词，而非普遍教法，若由此认为朱子将静坐视为儒学的根本工夫，则既是断章取义，也是无视朱子文献中大量对于静坐的不以为然和批评。参见彭国翔《儒家传统的静坐功夫论》，《学术月刊》2021 年第 5 期。不过，读书与静坐确实构成了朱子日常生活的主要内容。朱子读书甚勤，朝乾夕惕，以致视力受损，其本人修习静坐，是因为身体出现病患而无法坚持读书："熹以目昏，不敢着力读书，闲中静坐，收敛身心，颇觉得力。"（《答潘叔昌》，《朱文公文集》卷四十六）所以"半日读书，半日静坐"未必全然是朱子对门人弟子的一时教语，其背后蕴含了朱子读书与静坐相参相助的生活经验。

更是持小心谨慎的态度。首先，朱子对周濂溪之"主静"、游定夫之
"守静"等说法保持高度警惕，甚至直斥其说近于佛老。如朱子说：
"濂溪言'主静'，'静'字只好作'敬'字看，故又言'无欲故
静'。若以为虚静，则恐入释、老去。"（《朱子语类》卷九十四）又
说："游氏'守静以复其本'此语有病，守静之说近于佛、老，吾
圣人却无此说。"（《朱子语类》卷六十）其次，朱子虽曾师事延平，
却难契道南一系"静中观未发前气象"的工夫进路，晚年更是对其
进行公开批评。在朱子文献中，记载了大量对于延平静坐工夫的
微词：

> 或问："延平先生何故验于喜怒哀乐未发之前而求所谓中？"
> 曰："只是要见气象。"陈后之曰："持守良久，亦可见未发气
> 象。"曰："延平即是此意。若一向这里，又差从释氏去。"
> （《朱子语类》卷一〇三）
> 或问："近见廖子晦言，今年见先生，问延平先生'静坐'
> 之说，先生颇不以为然，不知如何？"曰："这事难说。静坐理
> 会道理，自不妨。只是讨要静坐，则不可。理会得道理明透，
> 自然是静。今人都是讨静坐以省事，则不可。"（《朱子语类》
> 卷一〇三）

在朱子看来，静坐观"未发前气象"虽非究竟工夫，亦无不可，
但专去静处求，以致隔绝人伦事物，则有流入佛老之嫌。朱子对静
坐之弊的认识也在于此：

> 门人问："初学精神易散，静坐如何？"朱子答曰："此亦
> 好，但不专在静处做工夫，动作亦当体验。圣贤教人，岂专在
> 打坐上？要是随处着力，如读书，如待人处事，若动若静，若
> 语若默，皆当存此。"（《朱子语类》卷一一五）

其实，在朱子那里，静坐主要包括两方面的作用。一是收敛身心，凝聚精神。《语类》载："或问：'不拘静坐与应事，皆要专一否？'曰：'静坐非是要坐禅入定，断绝思虑。只收敛此心，莫令走作闲思虑，则此心湛然无事，自然专一。及其有事，则随事而应；事已，则复湛然矣。'"（《朱子语类》卷十二）所以朱子之静坐，既不同于道南学人之静观未发，也不同于禅师之坐禅入定。二是养生治疴，祛病疗疾。朱子尝因读书之勤而伤及双目，他在无法继续读书的间隙，以静坐补此一段工夫："近觉读书损耗心目，不如静坐省察自己为有功。幸试为之，当觉其效也。"（《答蔡季通》，《朱文公续集》卷二）朱子甚至认为，一些药物难以治愈的病痛可以通过静坐来治疗："某今年顿觉衰惫异于常时，百病交攻，支吾不暇，服药更不见效。只得一两日静坐不读书。"（《与林井伯》，《朱文公别集》卷四）"病中不宜思虑，凡百可且一切放下，专以存心养气为务。但加跏静坐，目视鼻端，注心脐腹之下。久自温暖，即渐见功效矣。"（《答黄子耕》，《朱文公文集》卷五十一）所以朱子之静坐往往指向身体的疗疾。伊川有涵养用敬、进学致知之进路，此为朱子所继承，而静坐在朱子那里的地位约略在涵养与致知之间。对于心思不定、杂念纷扰的初学者，静坐不失为安顿身心的一种修炼方式："始学工夫，须是静坐。静坐则本原定，虽不免逐物，及收归来，也有个安顿处。"又说："须是静坐，方能收敛。"（《朱子语类》卷十二）有学者问："程子常教人静坐，如何？"朱子答曰："亦是他见人要多虑，且教人收拾此心耳，初学亦当如此。"（《朱子语类》卷一一五）作为初学工夫以及格物致知的辅助手段，静坐可以起到收敛身心的作用，使人平心静气，观书穷理无不得当，"读书闲暇，且静坐，教他心平气定，见得道理渐次分晓"（《朱子语类》卷十一），"学者读书，须要敛身正坐，缓视微吟，虚心涵泳，切己省察"（《朱子语类》卷十一），"当静坐涵养时，正要体察思绎道理，只此便是涵养。不是说唤醒提撕，将道理去却那邪思妄念。只自家思量道理时，自然邪念不作"（《朱子语类》卷十二）。

然而静坐对于朱子学人而言止为"权法",未可执定。如上所述,朱子刻意避免用"静"来标榜工夫宗旨。以下这段材料能够说明朱子以"敬"统"静"的立场:

> 一之问:"存养多用静否?"曰:"不必然。孔子却都就用处教人做工夫。今虽说主静,然亦非弃事物以求静。既为人,自然用事君亲,交朋友,抚妻子,御僮仆。不成捐弃了,只闭门静坐,事物之来,且曰:'候我存养。'又不可只茫茫随它事物中走。二者须有个思量倒断始得。"顷之,复曰:"动时,静便在这里。动时也有静,顺理而应,则虽动亦静也。故曰'知止,而后有定;定,而后能静。'事物之来,若不顺理而应,则虽块然不交于物以求静,心亦不能得静。惟动时能顺理,则无事时能静;静时能存,则动时得力。须是动时也做工夫,静时也做工夫,两莫相靠,使工夫无间断始得。若无间断,静时固静,动时心亦不动,动亦静也。若无工夫,则动时固动,静时虽欲求静,亦不可得而静,静亦动也。动、静如船之在水,潮至则动,潮退则止;有事则动,无事则静。虽然'动静无端',亦无截然为动为静之理。如人之气,吸则静,嘘则动。又问答之际,答则动也,止则静矣。凡事皆然。且如涵养、致知,亦何所始?但学者须自截从一处做去。程子谓:'学莫先于致知。'是知在先。又曰:'未有致知而不在敬者。'则敬也在先。从此推去,只管恁地。"(《朱子语类》卷十二)

这里的"动时""静时"之"动""静"乃就"有事""无事"而言,而"能静"之"静"则指"顺理而应"、心思专一、精神凝定。朱子最后说"敬也在先",实际上是以"敬"命名这种超越现象"动""静"的精神之"静"。易言之,"敬"则"能静""主静","敬"贯"动""静"。究其原因,一是"主静"之"静"容易与"动静无端"之对待意义上的"静"混同,二是"主静"一说容易让人误解为"弃事物以求静"而与禅宗的静坐混同。在朱子那里，静坐只是其"主敬"工夫的一个环节，而不是全部。① 所以朱子常言"敬"乃"圣门第一义""真圣门之纲领"，又说："某旧见李先生，尝教令静坐。后来看得不然。只是一个'敬'字好。"（《朱子语类》卷一二〇）朱子认为，如以"敬"贯通"动""静"，则既能收敛身心，又不至于流入禅学："今若无事，固是只得静坐，若特地将静坐做一件功夫，则却是释子坐禅矣。但只着一敬字，通贯动静，则于二者之间自无间断处，不须如此分别也。"（《答张元德》，《朱文公文集》卷六十二）钱穆在《朱子新学案》中考察了朱子对"主静"和"静坐"的态度，并指出朱子"深不喜偏重主静，故于李延平默坐澄心之教颇未相契"②。陈白沙曾回顾朱子以"敬"说"静"以及对道南宗旨的反动：

> 伊川先生每见人静坐，便叹其善学。此一"静"字，自濂溪先生主静发源，后来程门诸公，递相传授，至于豫章、延平，尤专提此教人，学者亦以此得力。晦翁恐人差入禅去，故少说静，只说敬，如伊川晚年之训，此是防微虑远之道。然在学者，须自度量如何，若不至为禅所诱，仍多着静，方有入处。若平生忙者，此尤为对症之药。（《白沙学案上》，《明儒学案》卷五）

总之，静坐对朱子来说并非普遍教法和积极提倡的工夫，所以他说："既为人，亦须着事君亲，交朋友，绥妻子，御僮仆。不成捐弃了，闭门静坐，事物来时也不去应接。"（《朱子语类》卷四十五）

相比朱子对静坐采取的慎之又慎的态度，心学一派学者无疑赋

---

① 陈立胜：《静坐在儒家修身学中的意义》，《广西大学学报》（哲学社会科学版）2014 年第 4 期。

② 钱穆：《朱子新学案》（第二册），九州出版社 2011 年版，第 377 页。

予了静坐更多的意义。我们在前面提到了象山引导弟子静坐使其获得神秘经验的事例，现再简要说明一二。象山不再依托道南学派"观未发前气象"那样的话头，而是直接以静坐开悟"本心"。他指示弟子朱济道云："即今自立，正坐拱手，收拾精神，自作主宰。"（《语录下》，《陆九渊集》卷三十五）这里的"正坐"就是静坐，其为涵养精神、呈露本心的一条重要途径。象山的其余两位弟子詹阜民、杨慈湖亦多从事静坐实践。詹阜民因静坐而"忽觉此心已复，澄莹中立"（《语录下》，《陆九渊集》卷三十五），杨慈湖素喜夜坐，更有通宵不寐而突然得悟之经历。尊宗朱子的陈北溪据此批评象山及其门人的工夫近于禅学：

　　　　象山学全用禅家宗旨，本自佛照传来，教人惟终日静坐，以求本心。而其所以为本心者，却错认形体之灵明者以为天理之妙。谓此物光辉灿烂，万善皆吾固有，都只是此一物。只名号不同，但静坐求得之，便为悟道，便安然行将去，更不复作格物一段工夫，去穷究其理。恐辨说愈纷而愈惑，此正告子生之谓性，佛氏作用是性、蠢动含灵皆有佛性之说。（《答黄先之》，《北溪大全集》卷二十四）

在北溪看来，象山一系学人的静坐是为了"求本心"，而他们将"形体之灵明"意义上的"心"等同于"天理"，这相当于静坐求得的仅仅是个光景。北溪的认识固然有偏颇之处，但毋庸讳言的是：宋儒确乎在很大程度上借鉴吸收了佛教与道教的静坐实践，并使其成为明心见性的一条重要的工夫进路。

到了明代，儒者更充分地汲取了佛道的思想资源，而他们对待静坐的态度也显得更为开放。明代心学一系的儒者几乎都有静坐的修道历程。白沙早年师从吴康斋，虽用功至勤，然尚觉有未入处，遂归返江门故里，筑春阳台，静坐其中数年，"坐小庐山十余年间，履迹不蹿于户阈"（《龙岗书院记》，《陈献章集》卷一），"有学于仆者，辄教之静坐"（《复赵提学金宪》，《陈献章集》卷二）。在白沙看来，经验知识的积累难以契入道体，而欲达到这一目标，必须通过静坐。白沙明举"性静专一"，以之为儒门心传："入者，门也；归者，其本也……《遗书》云：'不专一，则不能直遂；不翕聚，则不能发散。见静坐而叹其善学曰：性静者，可以为学。'二程之得于周子也，朱子不言有象山也。此予之狂言也。"（《书莲塘书册页后》，《陈献章集》卷一）对于白沙而言，静坐有三重功能。一是使精神超脱世俗。如白沙诗云："坐来白日心能静，看到浮云世亦轻。"（《游心楼，为丁县尹作》，《陈献章集》卷五）二是使人领悟到自己与天地万物为一体，诗云："窗外竹青青，窗间人独坐。究竟竹与人，原来无两个。"（《对竹》，《陈献章集》卷五）三是直接呈现"心之本体"。白沙描述静坐所得神秘体验云："舍彼之繁，求吾之约，惟在静坐。久之，然后见吾此心之体，隐然呈露，常若有物，日用间种种应酬，随吾所欲，如马之御衔勒也；体认物理，稽诸圣训，各有头绪来历，如水之有源委也。于是涣然自信曰：'作圣之功，其在兹乎！'"（《白沙学案上》，《明儒学案》卷五）可见，白沙以静坐实践开启了明代心学"主静"一路。

继承白沙这一路向的，不是其弟子湛甘泉，而正是王阳明。[1] 自"龙场悟道"之后，阳明以静坐为涵养心性之重要工夫："自此以后，尽去枝叶，一意本原，以默坐澄心为学的。"（《姚江学案》，《明儒学案》卷十）"尽去枝叶""一意本原"表明阳明通过静坐实践扫净心中的妄念，使精神变得专注。白沙和阳明的静坐经验对中

---

[1] 甘泉虽师从白沙，却对后者的静坐工夫并不契入，甚至明确提出批评。甘泉说："静坐久，隐然见吾心之体者，盖先生为初学言之，其实何有动静之间！心熟后，虽终日酬酢万变，朝廷百官万象，金革百万之众，造次颠沛，而吾心之本体，澄然无一物，何往而不呈露耶？盖不待静坐而后见也。颜子之瞻前忽后，乃是窥见景象，虚见也；至于博约之功，既竭其才之后，其卓尔者，乃实见也。随处体认天理，自初学以上皆然，不分先后。居处恭、执事敬、与人忠，即随处体认之功，连静坐亦在内矣。"（《新泉问辩录》，《泉翁大全集》卷六十九）

晚明心学学者产生了极大影响。明中期之后，大量儒者都曾有修习静坐并由此获得神秘体验的经历。楚中王门学者冀元亨说过："赣中诸子，颇能静坐。"（《楚中王门学案》，《明儒学案》卷二十八）诚如斯言，江右学者几乎无不修习静坐，聂双江、罗念庵以静坐实现收摄保聚、归寂立体之功。双江在南中"以默坐澄心为学的，收敛为主"（《江右王门学案二》，《明儒学案》卷十七），念庵也曾"辟石莲洞居之，默坐半榻间，不出户者三年"（《江右王门学案三》，《明儒学案》卷十八）。此外，江右学人刘两峰年逾八十，"犹陟三峰之颠，静坐百余日"（《江右王门学案四》，《明儒学案》卷十九）。在某种意义上讲，江右学者的静坐工夫是对道南一系"观未发前气象"的继承，他们认为"必待闭关静坐，养成无欲之体，始为了手"（《浙中王门学案二》，《明儒学案》卷十二）。王龙溪虽对江右学者的主静、归寂工夫多有批评，其本人却亲身修习静坐调息之法，并著有《调息法》详述工夫效验。泰州学者颜山农独举"七日闭关"法，使静坐实践的仪式化有所增强。通过以上梳理可以看出，明代的心学学者几乎有修习静坐的经历，他们相信通过静坐能够体认到经典、文字难以表达的真知，静坐不仅仅是一种养生疗疾的手段，更是成就圣贤人格的重要工夫。

对于阳明而言，静坐实践贯穿于他的讲学、悟道经历之中，且对其个人生命境界的提升确有裨益。阳明少时即好老释，也接触过二氏的静坐、养生之说。弘治元年，阳明在江西完婚，是日闲行入铁柱宫，遇一道士，"遂相与对坐忘归"（《年谱一》，《全集》卷三十三）。阳明之"忘"或许正暗合于庄子所谓"坐忘"，即剥落一切尘俗（包括成婚之事）而契入大道。弘治十五年，阳明修习导引术，渐获"前知"之能，"养病归越，辟阳明书院，究极仙经秘旨，静坐，为长生久视之道，久能预知"（《阳明先生行状》，《全集》卷三十八）。正德三年，阳明谪居龙场，经日夜端居默坐而悟道："时瑾憾未已，自计得失荣辱皆能超脱，惟生死一念尚觉未化，乃为石墩自誓曰：'吾惟俟命而已！'日夜端居澄默，以求静一；久之，胸中洒洒……忽中夜大悟格物致知之旨，寤寐中若有人语之者，不觉呼跃，从者皆惊。"（《年谱一》，《全集》卷三十三）自此，阳明始以静坐接人。正德五年，阳明在辰州与诸生静坐僧寺，使学者自悟性体，而收益颇著，"顾恍恍若有可即者"（《年谱一》，《全集》卷三十三）。正德八九年间，阳明在滁阳讲学时，见诸生流于口耳知解之弊，仍教之以静坐，"一时窥见光景，颇收近效"（《传习录》下，《全集》卷三）。可见，阳明在体道与讲学的过程中尤重静坐，更将其视为工夫之入手处，"教人为学，不可执一偏。初学时心猿意马，拴缚不定，其所思虑多是人欲一边，故且教之静坐、息思虑"（《传习录》上，《全集》卷一）。按照钱绪山的回忆，阳明离开龙场后，从赴任庐陵知县到巡抚南赣汀漳这段时间，其思想都可归之于静坐收敛、涵养未发。直到阳明提出"致良知"的说法后，才渐渐以致知代替静坐，而学者喜静厌动、悬空守静之弊亦因此得免。

　　阳明早年对静坐的重视，与他的体弱多病有关。弘治十五年，阳明上皇帝疏云："臣自去岁三月，忽患虚弱咳嗽之疾，剂灸交攻，入秋稍愈。遽欲谢去药石，医师不可，以为病根既植，当复萌芽，勉强服饮，颇亦臻效。"（《乞养病疏》，《全集》卷九）是年阳明归越修习导引术以疗疾。嘉靖六年，阳明复上疏："臣病患欠积，潮热痰嗽，日甚月深，每一发咳，必至顿绝，久始渐苏。"（《辞免重任乞恩养病疏》，《全集》卷十四）阳明一直有着较为严重的肺病，虽间或平复，然病根难除。阳明青年时即重视养生，"二十七岁，寓京师，是年先生谈养生"，"偶闻道士谈养生，遂有遗世入山之意"（《年谱一》，《全集》卷三十三）。陆原静以多病之故，欲从事养生，阳明对他说："大抵养德养身，只是一事。原静所云'真我'者，果能戒慎不睹，恐惧不闻，而专志于是，则神住气住精住，而仙家所谓长生久视之说，亦在其中矣。"（《与陆原静》，《全集》卷五）可见，阳明虽对陆原静的想法持保留意见，但并未否定通过养生涵养神、气、精的重要性，也没有否认获得"长生久视"神通的可能性。在上文中，我们介绍了朱子以静坐疗疾的经历。应该说，以静坐疗疾是宋以后士人群体中常见的现象。至于阳明所修习的导引术，亦是流传已久。《庄子·刻意》云："吹呴呼吸，吐故纳新，熊经鸟申，为寿而已矣。此导引之士，养形之人，彭寿考者之所好也。"可知"导引"之术确有延年益寿之功。李零指出："导引是一种'导气令和，引体令柔'（《庄子·刻意》，李颐注）类似健身操的运动。它是以形体的屈伸俯仰（即'引体'）为特点，但也伴随有呼吸吐纳（即'导气'），所以常常与行气相提并论。"[①] 古代医术不甚发达，故患者常用这种呼吸吐纳的导引术进行自我治疗。不过在庄子的时代，仅有导气引体之术，直到宋明时期，儒者才将静坐与调息两种工夫结合为一。阳明之后，王龙溪提出了"真息"概念，并强调"调息"工夫对于"成圣"的重要作用：

> 人之有息，刚柔相摩、乾坤阖辟之象也。子欲静坐，且从调息起手。调息与数息不同：数息有意，调息无意。绵绵密密，若存若亡，息之出入，心亦随之。息调则神自返，神返则息自定，心息相依，水火自交，谓之息息归根，入道之初机也。然非致知之外另有此一段工夫，只于静中指出机窍，令可行持。此机非脏腑身心见成所有之物，亦非外此别有他求。栖心无寄，自然玄会，恍惚之中，可以默识。要之，无中生有一言尽之。愚昧得之，可以立跻圣地，非止卫生之经，圣道亦不外此。（《天柱山房会语》，《王龙溪先生全集》卷五）

这是说，如欲静坐，应从调息做起。"调息"指的是不用意识、无思无虑，将"息"调至"绵绵密密""若存若亡"的境地，如此则愚夫亦可"立跻圣地"。在龙溪看来，调息为静坐之入手处，而静坐修炼也自然会导致气息的调和，由此达到身心的和谐一致，"故以调息之法，渐次导之，从静中收摄精神，心息相依，以渐而入，亦

---

① 李零：《古代方术考》，东方出版社 2001 年版，第 356 页。

以补小学一段工夫也"（《答楚侗耿子问》，《王龙溪先生全集》卷四）。阳明之前的很多儒者，虽然也认同静坐的作用和意义，却没能给出明确的修持方法。这一点至阳明修习导引之术而始明，王门后学中的龙溪、山农等人标举"调息法""七日闭关法"，则使静坐工夫不断趋于仪式化、可操作化。

　　如果我们将阳明修习静坐的目的仅仅视为养生健体，则不免失之狭隘。在阳明看来，静坐的真正目的在于澄明心性。学者于见闻酬酢之间，本心难免被私欲、意见所蔽，故需修习静坐使此心不妄动，而私欲、意见亦渐消除。在此过程中，"克己"构成了静坐工夫的核心内涵。阳明说："君子之学，为己之学也。为己故必克己，克己则无己。"（《书王嘉秀请益卷》，《全集》卷八）这里的"克己"指克服导致自我与他者疏离的私欲、意见。"克己"最终指向"无己"。唯有"无己"，方能实现人我、物我之间的豁然贯通。阳明又说："人须有为己之心，方能克己；能克己，方能为己。"（《传习录》上，《全集》卷一）唯有将私欲、意见全部扫净，"本心"才能如如呈现，"所以在王阳明看来，静坐的目的主要是'觉'，'随他多少邪思妄念，这里一觉都消融了'。在成见扫除，障蔽化解的静一境域中，人当下就能对心灵的完美有一清楚自觉，当下就能契入生命的真实存在或存在的真实"[①]。这一工夫进路影响尤著。明清之际的大儒李二曲认为："新建之盛德大业，亦得力于龙场之三载静坐。"（《学髓》，《二曲集》卷二）在此基础上，二曲又提出以"一日三坐"来澄明心性："吾人自少至长，全服精神俱用于外，每日动多于静。今欲追复元始，须且矫偏救弊，静多于动，庶有入机。三度之坐，盖为有事不得坐，及无坐性者立"，如此，"水澄则珠自现，心澄则心自朗。故必以静坐为基，三炷为程，斋戒为功夫，虚明寂定为本面。静而虚明寂定，是谓'未发之中'；动而虚明寂定，是谓'中节之和'。时时返观，时时体验。一时如此，

---

　　① 张新民：《探寻真实的存在与存在的真实——王阳明心学视域下的静定、立诚与格心》，《贵州大学学报》（社会科学版）2003 年第 5 期。

便是一时的圣人；一日如此，便是一日的圣人；一月如此，便是一月的圣人；终其身常常如此，缉熙不断，则全是圣人，与天为一矣"。（《学髓》，《二曲集》卷二）陈来先生指出，阳明在弘治十五年静坐阳明洞而获得的"前知"能力以及后来的"龙场悟道"，都可视为静坐中的神秘体验（mystical experience）。在嘉靖之后的心学中，通过静坐而"有见""窥见光景"等现象更为显著，这已经成为明代儒学精神性的一个重要特点。① 因此，静坐的根本目的在于使心性清净无瑕，精神专注镇定。这势必导致内心对外部世界的感受异乎以往，在这一过程中主体获得某些神秘的颖悟能力，也就不足为奇了。

　　除了澄明心性，静坐在阳明心学中还有一个作用，那就是通过观天地生物气象，实现人与天地万物为一体。儒家传统的"万物一体"的观念，经过阳明的发挥，已经从境界论的意义上升为本体论的意义。② 不过，对于实现"万物一体"的实践方法，在明代儒者中仍有不同的认识。阳明后学中的一些学者提出静坐观天地生物气象的工夫进路。这一说法其实源于阳明。阳明诗云："闲观物态皆生意，静悟天机入窈冥。"（《睡起写怀》，《全集》卷十九）阳明弟子周道通曾云："闲居中静观，时物生息流行之意，以融会吾志趣，最有益于良知。"阳明对曰："静观物理，莫非良知发见流行处，不可又作两事看。"③ 盖"静观"的对象虽为"物""物理"，却不是向外格物，而仍是在心上做工夫。究其原因，其一，"观物"是在"静"中观，自不同于心思纷扰之际对外界事物的观察和认识，其中包含了收敛身心的一段工夫；其二，"观物"指的是透过"物"而直观"天地生物之心"，此心为人物所同具，故"观物"既是观"物"之"心"，也是观"人"之"心"，"说到底，观未发前气象

---

　　① 陈来：《有无之境——王阳明哲学的精神》，第 298 页。

　　② 单虹泽：《"万物一体"视域下的阳明心学主体交往理论》，《贵州师范大学学报》（社会科学版）2018 年第 2 期。

　　③ 束景南、查明昊辑编：《王阳明全集补编》，上海古籍出版社 2016 年版，第 235—236 页。

是观心，观天地生物气象亦是观心，皆是要观'天心''天地之心'"①。故"观心""观物"，其致一也。"观物"侧重的是观天地生物气象，"观心"则是观此气象在"本心"中的真实呈现。邹东廓也说："当其心志和平，怡然自适，则天高地下，山峙水流，鸟飞鱼泳，草蕃菊茂，无往而不可观。及夫情意所郁，则宇宙若隘，山川若囚，花若以溅泪，而鸟若以惊心。是岂物之变哉？静不静之间也。"（《静观说》，《邹守益集》卷九）可见"观心"与"观物"实为"静观"之一体两面，如能做到"心志和平""怡然自适"，则天地万物之生意"无往而不可观"。在王门后学中，最能发挥静观天地生物之意的学者是罗近溪。他以"赤子之心"指点天地生意：

> 诸君知红紫之皆春，则知赤子之皆知能矣。盖天之春，见于花草之间，而人之性，见于视听之际。今试抱赤子而弄之，人从左呼则目即盼左，人从右呼则目即盼右；其耳盖无时无处而不听；其目盖无时无处而不盼。其听其盼，盖无时无处而不展转，则岂非无时无处，而无所不知能也哉！（《近溪子集·御编》）

天地万物之生机乃是通过人身之视听言动而呈现，此为阳明"心外无物"之旨。而在近溪看来，赤子之心是纯粹的，赤子之生机即为"天机"，赤子之形体即为"天体"：

> 生人之初，如赤子时，与天甚是相近。奈何天生而静后，却感物而动，动则欲已随之，少为欲间，则天不能不变而为人，久为欲引，则人不能不化而为物，甚而为欲所迷且蔽焉，则物不能不终而为鬼魅妖孽矣。此等田地，其喜怒哀乐，岂徒先天之则？亦且拂人之性；岂惟拂人之性，亦且造物之殃……吾人与天，原初是一体，天则与我的性情，原初亦相贯通；验之，赤子乍生之

---

① 陈立胜：《静坐在儒家修身学中的意义》，《广西大学学报》（哲学社会科学版）2014年第4期。

时，一念知觉未萌，然爱好骨肉，熙熙恬恬，无有感而不应，无有应而不妙，是何等景象，何等快活！

　　凡所思维，凡所作用，凡所视听言动，无昼无夜，无少无老，看着虽是个人身，其实都是天体；看着虽是个寻常，其实都是神化。（《近溪子集·御编》）

这是说，"静观"实为观"赤子之身（心）"，若以赤子之心观之，则自我与天地万物是浑融一体的存在。

可以看到，宋明理学尤其是心学一系的学者普遍采用静坐的修习实践来确认自我的主体性，提升自我的精神境界。他们多以"默坐澄心"等方式摒除心中的思虑欲念，体悟心灵的终极本体，以期达到超凡入圣之境。作为内在性的精神体验，静坐会产生一系列工夫效验，比如电光石火之间的突发性顿悟、心体廓然无际的洞彻通明、自我与万物为一体的奇特感受等。

阳明虽以静坐接人，却也注意到静坐形成的"喜静厌动""耽空守寂""玩弄光景"等诸多弊病。陈九川这样描述自己的静坐经验："静坐用功，颇觉此心收敛，遇事又断了。旋起个念头，去事上省察。事过又寻旧功，还觉有内外，打不作一片。"阳明对曰："此格物之说未透。心何尝有内外？……人须在事上磨炼做功夫乃有益，若只好静，遇事便乱，终无长进。那静时功夫亦差，似收敛而实放溺也。"（《传习录》下，《全集》卷三）依阳明，九川之惑源自他以心为内，以事物为外，如此则动、静割裂，内外工夫不得统一。盖心学之教法，以心无内外、主客之别，而工夫亦无动静之分。静坐虽能起到收敛身心、澄明心性的作用，但也容易让人执着于那一片遗世独立的寂静，由此形成耽空守寂、捐弃事物之弊。阳明与刘元道书云："且专欲绝世故，屏思虑，偏于虚静，则恐既已养成空寂之性，虽欲勿流于空寂，不可得矣。"（《与刘元道》，《全集》卷五）所以在阳明那里，静坐工夫仍只是一权法，未可执定。正如彭国翔所言，如果静坐工夫既不能使修习者获得对心性本体的自觉，也不能保证这种自觉能够在

"人情事变"中发挥"头脑"与"主宰"的作用，那么静坐便丧失了以圣贤人格为追求的儒家工夫实践的意义。因此，静坐虽有洞见本源、澄明心性之功，却无法完全体现儒家工夫实践的特点。① 阳明在其工夫修炼的过程中，也逐渐认识到了这一点。正德八年，阳明在滁阳时，虽仍教人静坐，却渐悟静坐之弊，他说："纷杂思虑，亦强禁绝不得，只就思虑萌动处省察克治，到天理精明后，有个物各付物的意思，自然精专，无纷杂之念。"（《与滁阳诸生书并问答语》，《全集》卷二十六）"物各付物"即明道所谓"廓然而大公，物来而顺应"之义，此为克己精察的自然结果，非强禁意念而可致也。正德九年后，阳明始以"致良知"教对治静坐之弊，而动静合一之旨自是愈明。对阳明来说，心学根本的工夫实践不是别的，正是统合了"静处体悟"和"事上磨炼"的"致良知"。

三　动静合一：从静坐到致良知

正德八九年间，阳明在滁阳教静坐时，观诸生"喜静厌动"而流于枯槁，乃渐悟其弊。阳明初立静坐教法，是为了对治心念之妄动、纷扰，至于偶得的灵光、明觉，虽亦是一种工夫效验，然不可沉耽其中，迷乱自性，故阳明云："盖因吾辈平日为事物纷挐，未知为己，欲以此补小学收放心一段功夫耳。"（《与辰中诸生》，《全集》卷四）这是说静坐是补小学的入门之功，而非"定法"。阳明自述其居滁教法之变：

> 吾昔居滁时，见诸生多务知解，口耳异同，无益于得，姑教之静坐。一时窥见光景，颇收近效。久之，渐有喜静厌动，流入枯槁之病，或务为玄解妙觉，动人听闻，故迩来只说致良知。良知明白，随你去静处体悟也好，随你去事上磨炼也好，良知本体原是无动无静的，此便是学问头脑。（《传习录》下，《全集》卷三）

---

①　彭国翔：《儒家传统的静坐功夫论》，《学术月刊》2021 年第 5 期。

　　钱穆在评述阳明的教法之变时也指出，静坐虽让人"发明本心"，却也有流于寂灭之弊，"一则此中夹杂渣滓，全从外面俗习陷溺而来，静坐可以澄心，收敛精神，让此心从陷溺中拔出。二则可让心内各种活动，好的坏的自然发露，由你自己体认，乃可以有下手用力处。但稍后阳明又觉默坐澄心之学，易使学者喜静厌动，流入枯槁，不免有恶事厌俗的倾向，于是遂专提致良知一语，作为教人宗旨"①。所谓"致良知"，就是"事上磨炼"的工夫。通过静坐获得的明悟心性的工夫效验，在致良知的工夫修习中亦能获得，而后者较之静坐，更无耽空守寂之失。

　　在阳明的体道经历中，"致良知"教的形成是较为明显的突破。正德四年，阳明在贵阳书院讲习，后被任命为庐陵知县。从这个时候直到正德十四年的十年时间里，阳明致力于为政与讲学，再未遭遇龙场贬谪那样的挫折。至正德十四五年间，宁王发动叛变，阳明赴江西平乱。阳明虽立下卓著功勋，却遭致诸多非议与中伤。② 这其中的种种磨难，直至正德十五年武宗还驾回宫方告结束。阳明的父亲王华对他说："宁濠之变，皆以汝为死矣而不死，皆以事难平矣而卒平。谗构朋兴，祸机四年，前后二年，岌乎知不免

----

　　① 钱穆：《中国学术思想史论丛》（七），第 81 页。

　　② 当时朝中大臣各揣心事，纷纷中伤阳明。第一类官员因和宁王有交往，惧怕被阳明抓住把柄，比如时号"三张"的太监张忠、张健、张锐，"三人并交通宸濠，受臧贤、钱宁等贿，以助成其叛。宁王反，忠劝帝亲征。其遮王守仁捷，并纵宸濠鄱阳，待帝自战，皆忠之谋也"（《明史·宦官传一》）。其中，张忠和许泰不断在正德皇帝面前说阳明有叛变的野心，鼓动朝廷中的舆论，并积极查找阳明"谋反"的证据。他们逮捕、拷问了阳明平定叛乱的得力助手伍文定以及阳明的亲信伍汝珍、龙光等人，"张忠、许泰至南昌，欲冒其功，而守仁已俘宸濠赴浙江。忠等失望，大恨。文定出谒，遂缚之。文定骂曰：'吾不恤九族为国家平大贼，何罪？汝天子腹心，屈辱忠义，为逆臣报仇，法当斩。'忠益怒，锥文定仆地"（《明史·伍文定传》）。第二类官员妒忌阳明以文人的身份立此功勋，他们指责阳明凭着"滥杀"等手段才达到目的。第三类官员疑心阳明原本就与宁王有关系，甚至说阳明是在迫不得已的情况下才反对宁王的。参见李庆《王阳明传：十五、十六世纪中国政治史、思想史的聚焦点》，上海古籍出版社 2021 年版，第 392 页。

矣。"(《年谱二》,《全集》卷三十四)然而,前乱方平,后难又起。巡按御史唐龙、督学佥事邵锐皆守旧学,质疑阳明所传新教,一时"人多畏避,见同门方巾衣而来者,俱指为异物"(《年谱二》,《全集》卷三十四)。在艰难的境遇下,阳明深切地体会到人生的不易,这可以说是他在远谪龙场之后的第二次开悟。在经历了种种磨难之后,阳明提出"致良知",他将这种教法视为个人对生命本质的明见。阳明说:"吾'良知'二字,自龙场已后,便已不出此意,只是点此二字不出,与学者言,费却多少辞说。今幸见出此意,一语之下,洞见全体,真是痛快,不觉手舞足蹈。"(《刻文录叙说》,《全集》卷四十一)阳明弟子钱绪山亦云:"先师始学,求之宋儒不得入,因学养生,而沉酣于二氏,恍若得所入焉。至龙场,再经忧患,而始豁然大悟'良知'之旨。自是出与学者言,皆发'诚意''格物'之教……辛巳以后,经宁藩之变,则独信'良知',单头直入,虽百家异术,无不具足。"(《答论年谱书》,《全集》卷三十七)可以说,"致良知"说的提出,是阳明在龙场顿悟后再经患难,反复验证本心的结果。①

————————

①　关于"致良知"说提出的具体时间,学界历来存在较大争议。黄绾作《阳明先生行状》云:"甲戌,升南京鸿胪寺卿,始专以良知之旨训学者。"此说以正德九年为阳明提出"致良知"的时间,然考诸《年谱》,阳明在当时仅仅对静坐工夫作出反思,自谓"吾年来欲惩末俗之卑污,引接学者多就高明一路,以救时弊。今见学者渐有流入空虚,为脱落新奇之论,吾已悔之矣"(《年谱一》,《全集》卷三十三),未见及阳明论'良知'之语,故黄绾的说法难以使人信服。相较之下,颇具代表性的说法是钱绪山在《年谱》中称正德十六年时,"先生始揭致良知之教"(《年谱二》,《全集》卷三十四)。这一年明武宗还驾回宫,而阳明经宸濠、忠、泰之变,对于人生有了更深刻的理解,故阳明云"某于此良知之说,从百死千难中得来,不得已与人一口说尽"(《年谱二》,《全集》卷三十四)。另外,陈来认为,"致良知"说的提出应在正德十五年,从这一年起,"阳明的谈话和文字中,充满了他对良知的赞叹,以及把'致良知'看作巨大发现的那种喜悦"。陈多旭则认为,与龙场之悟不同,致良知教的提出是阳明在龙场贬谪之后长期积累而再经患难的反复验证的结果,应将之定为经宸濠、忠、泰之变的这个时间段,而非某一具体时刻。本书即采取陈说。参见陈来《有无之境——王阳明哲学的精神》,第164页;陈多旭《教化与工夫——工夫论视域中的阳明心学系统》,第50页。

平定宁濠之乱后，阳明以"良知"为本体之名，而围绕该本体展开的工夫则是"致良知"。阳明说："心之良知是谓圣。圣人之学，惟是致此良知而已……自孔孟既没，此学失传几千百年。赖天之灵，偶复有见，诚千古之一快，百世以俟圣人而不惑者也。"（《书魏师孟卷》，《全集》卷八）良知是先验的精神本体，"盖良知之在人心，亘万古，塞宇宙，而无不同。'不虑而知'，'恒易以知险'，'不学而能'，'恒简以知阻'"（《传习录》中，《全集》卷二）。"良知"不仅是"不虑""不学"所得之"知"，更是万物存在的根据和本原。天地万物的存在，皆赖"良知"的自我呈现，"天地万物，俱在我良知的发用流行中，何尝又有一物超于良知之外"（《传习录》下，《全集》卷三），"位天地，育万物，未有出于吾心之外也"（《紫阳书院集序》，《全集》卷七）。同时，良知本体还具有自我反思的性质。上文已经提到，阳明以"明镜"喻良知，表明良知具备自我省察、自我反思的特质。阳明说："尔那一点良知，是尔自家底准则。尔意念着处，他是便知是，非便知非，更瞒他一些不得。"（《传习录》下，《全集》卷三）这是说，良知昭昭明明地在"本心"中充分呈现。所以，致良知的工夫，乃是基于良知本体而展开的具体实践。陈来先生指出，"致良知"包含了两种意蕴：（1）至极义，即将良知充扩至极；（2）实行义，即依良知进行道德实践。[①] 实际上，致良知还应该包括"复性义"，即去除心体上私欲的遮蔽。陈先生将这种含义纳入"至极义"中，作为"致良知"消极的一面。[②] 但若仔细分析，"至极义"与"复性义"实有极大的区别：前者强调继续扩充呈现端倪且未被物欲遮蔽的良知，最终全体呈露；后者强调依靠反思克己的工夫使已被染污的良知复归清净。牟宗三讲"逆觉体证"，正是对"致良知"第三种含义的昭示。按照牟先生的看法，"人人有此良知，然为私欲蒙蔽，则虽有而

---

① 陈来：《有无之境——王阳明哲学的精神》，第178—182页。
② 陈来：《有无之境——王阳明哲学的精神》，第180页。

不露。即或随时可有不自觉的呈露，所谓透露一点端倪，然为私欲，气质，以及内外种种主观感性条件所阻隔，亦不能使其必然有呈露而又可以缩回去。要想自觉地使其必然有呈露，则必须通过逆觉体证而肯认之"①。综合陈、牟二位先生的说法，可以使"致良知"获得一个相对完整的含义。

"致良知"说的形成标志着阳明心学将象山以来的心学传统提升到了一个新的高度。"致良知"的根本意涵，是主体以直觉反思的工夫转化、超越有限的个体存在，使精神朝向无限的境界不断迈进。通过这种直觉反思的工夫，人就会认识到良知是宇宙万物的绝对主宰和世界的先验本质。"心"与"事"在致良知的展开中得到了实质的统一性。在致良知的工夫实践中，精神不断对自身进行省察和否定，最终扬弃经验性的自我，呈现为一种超理智的纯粹自我。这种工夫进路不是依靠概念分析与逻辑思辨，而是通过以直觉反思为工夫内涵的致良知消除私我，实现本体的通透澄澈。因此，"致良知"是阳明平生种种学说与工夫的集大成。阳明本人也对"致良知"给予了极高的评价："致知二字，是千古圣学之秘……此是孔门正法眼藏，从前儒者多不曾悟到。"（《寄薛尚谦》，《全集》卷五）"致知之说，鄙见恐不可易……此是圣学传心之要，于此既明，其余皆洞然矣。"（《答甘泉》，《全集》卷五）

自"致良知"说成立，阳明虽未放弃静坐修习，然指示学者的话语中乃多言"致良知"，而静坐工夫亦渐合于"致良知"。如上所述，静坐极易使静定状态中的主体析动静为二，继而使此心若有内外，由是动静乖分，滞于一边，学者耽守空寂之境而失去与外部世界的沟通，"但见得此意，不加实践以入于精微，则渐有轻灭世故，阔略伦物之病。虽比世之庸庸琐琐者不同，其为未得于道一也"（《年谱三》，《全集》卷三十五）。大多数理学家在动静观上都反对因静废动，并推崇动中有静、静中有动、即动即静、即静即动的精

---

① 牟宗三：《从陆象山到刘蕺山》，台北：学生书局 1979 年版，第 230 页。

神境界。比如在朱子那里，就认为静坐只是一种"权法"，而非究竟工夫。朱子以应事接物为动静合一之旨："人须通达万变，心常湛然在这里。亦不是闭门静坐，块然自守。事物来，也须去应。应了，依然是静。看事物来，应接去也不难，便是'安而后能虑'。动了静，静了动，动静相生，循环无端。"（《朱子语类》卷一一五）阳明提出"致良知"教，亦是注重工夫体证中的动静合一，其既不耽空守寂而遗却事物，亦非执于外境而疏略自心。就体用关系而言，"致良知"是体用不二的工夫结构，其不以静为体、以动为用，故无割裂动静、体用之弊。阳明说："心不可以动静为体用。动静，时也。即体而言，用在体，即用而言，体在用。"（《传习录》上，《全集》卷一）可知"致良知"是彻上彻下的工夫，学者苟能在良知本体上切实用功，庶几无静坐所致喜静厌动之患也。刘蕺山尝赞"致良知"曰：

> 先生承绝学于词章训诂之后，一反求诸心，而得其所性之觉，曰"良知"。因示人以求端用力之要，曰"致良知"。良知为知，见知不囿于闻见；致良知为行，见行不滞于方隅。即知即行，即心即物，即动即静，即体即用，即工夫即本体，即下即上，无之不一，以救学者支离眩骛，务华而绝根之病，可谓震霆启寐，烈耀破迷，自孔、孟以来，未有若此之深切著明者也。（《明儒学案·师说》）

"致良知"就是在"本心"、良知上的切实用功，这是一个循序渐进、逐渐深入的实践过程。

"致良知"属于心学工夫论的神秘主义，它表现为面向良知本体的直觉体证。"致良知"是超越理性、概念的工夫实践。阳明心学真正领会到实践主体是全部伦理法则的根源，因而主体自身是超伦理、超现实的。这样一个绝对超越的主体，同时也是否定全部经验表象的神秘精神。作为体认这种神秘精神的工夫，"致良知"为动静、体用、知行、内外之统一。正因为"致良知"的工夫超越名言文字，又取消种种分别，所以它是一种神秘的直觉反思。这种直觉反思体现在精神从现实、理性领域向着超现实、超理性领域的持续运动。良知对全部现实存在的超越，是一种直觉的超越。所以阳明以"致良知"为平生终教，其余工夫都可被"致良知"涵摄。钱绪山尝对阳明工夫论的演变作出评述："始教学者悟从静入，恐其或病于枯也，揭'明德''亲民'之旨，使加'诚意''格物'之功，至是而特揭'致良知'三字，一语之下，洞见全体，使人人各得其中。由是以昧入者以明出，以塞入者以通出，以忧愤入者以自得出。"（《阳明先生年谱序》，《全集》卷三十七）所谓"洞见全体"，是指"致良知"作为一种直觉反思的明见性。"致良知"是超理性的工夫实践，它能认识到理性无法揭示的心性的本真状态。一言以蔽之，致良知的工夫"绝不是在知识层面去寻觅，因为良知这个自性本体不能藉由知识的拆解来认识，这就是在支离本体"，而真正领会本体的路径，在于"打开冥契经验，来悟得本体"。①

嘉靖二十九年，钱绪山送阳明之子王正亿入南京国子监读书，后与吏部文选司郎中何迁等人登报恩寺塔，讨论静坐工夫。何迁问绪山："闻师门禁学者静坐，虑学者偏静沦枯槁也，似也。今学者初入门，此心久濡俗习，沦浃肤髓，若不使求密室，耳目与物无所睹闻，澄思绝虑，深入玄漠，何时得见真面目乎？师门亦尝言之，假此一段以补小学之功。又云：'心罹疾痼，如镜面斑垢，必先磨去，明体乃见，然后可使一尘不容。'今禁此一法，恐令人终无所入。"绪山对曰："师门未尝禁学者静坐，亦未尝立静坐法以入人。"（《年谱附录一》，《全集》卷三十六）据何迁所言，阳明以静坐为学者之入门工夫，藉此荡涤心体之俗习妄见，若依阳明晚年终教，则少言静坐，而澄心之功恐废。绪山的应答，则为阳明终教之要旨：阳明

---

① 陈复：《阳明子的冥契主义》，载张新民主编《阳明学刊》（第四辑），第89页。

以致良知的工夫统摄静坐，凡静坐所得效验，皆可由致良知而得也。

在世界各大宗教和精神传统中，我们都能见到一些修道者记载自己在冥想、祈祷等宗教实践中获得强烈愉悦感或灵光乍现的经验。过去的学者常把这样一种经验称为出神体验（trance experience）。所谓"出神"，就是对原初的自我意识的消泯，使有限的自我融入一种无限的神性之中。这一过程包括主体不断否定原初自我的理性和现实性，其本质是主体对自身的虚无化。"虚无"表明主体将自身从自然经验形成的传统之下释放出来。唯有使存在脱离当下的重负，内心才能感受到某种前所未有的空灵和喜悦。静坐的目的即在于此。佛教将禅定作为"三学"之一，正在于人们能够通过禅定的修习呈现绝对、真实的自我。佛教又有"四禅八定"之说，自"初禅"至"四禅"，个体的心理意识在禅定修习中渐次发展，形成不同层次的精神世界。这也是主体不断扬弃经验自我与纯化精神本质的过程。通过有次第的修习，主体的经验意识逐渐泯除，最终达到一种泯然寂绝、清净无为的境界。此即为佛氏所言三法印之"涅槃寂静"。伴随这种精神寂灭而来的是一种愉悦感，其不同于一般世俗意义上的快乐，而是来自精神的自我否定和自我更新。

自宋代道学兴起后，儒者开始重视静定层面上的修养工夫。周濂溪认为，成圣之指诀在于"静虚"，更言"无欲"，"一者无欲也，无欲则静虚、动直，静虚则明，明则通；动直则公，公则溥。明通公溥，庶矣乎"（《通书·圣学》）。后来的二程、康节、朱子、象山也多重静定之功，不过他们所注重的"静"，不是要达到佛教那种"涅槃寂静"的境界，更多是要以"静"制"欲"，且在荡涤私欲、意见的同时不废日用伦常。如朱子说："当动而动，当静而静，动静不失其时，则其道光明矣。"（《答许顺之》，《朱文公文集》卷三十九）阳明经龙场大悟后，虽亦尝以静坐教人，不过对他来说静坐只是克治私欲、意见之"权法"，至于生出种种喜静厌动、耽守枯寂之病，亦是在所难免。而后，阳明渐悟良知为万物造化之本原，"动"

与"静"、"体"与"用"在良知的精神结构中是绝对统一的。"致良知"之工夫重心，乃是"事上磨炼"，于种种生活情境之中省察"心之本体"，故云"人须在事上磨，方立得住，方能动亦定，静亦定"（《传习录》上，《全集》卷一）。

作为一个有着多层次内涵的整体性概念，良知既是蕴含了道德理性、道德法则的伦理精神，也是一种超理性、超道德性的神秘精神。"致良知"的工夫兼摄体用、动静、能所，虽以彻上彻下的教法克服了静坐的偏弊，但也潜藏着某种隐患。这是因为，良知是不断发展的精神本原，当其发展到神秘精神的阶段，必然是超越理性和现实性的。然而，当阳明欲在"事"上呈现此"心"，"本心"仍是受现实存在影响的，未能展开为一种神秘的精神。所以在阳明心学中，良知包含了两个相互关联的层面。第一个层面是现实意义上的良知，第二个层面是本然意义上的良知。前者是现实性的存在，它以道德情感和道德理性为基础；后者是超现实的纯粹精神，阳明多以"无""无善无恶""虚无"论之。前者是"有"的精神，后者是"无"的精神。到了"无"的层面，精神便直接呈现本体的虚无性，使自身成为"本无"。阳明尝云"良知自知，原是容易的"（《传习录》下，《全集》卷三），就是说良知以直觉反思（"自知"）的工夫呈现自身的过程。阳明之后，龙溪在很多时候，直言"良知"而少提"致"字。"致"的对象是现实意义上的良知，不提"致"字，则以良知为现成自明之本体：良知既为"无善无恶"之"本无"，则工夫、本体涵融为一，再无额外工夫可做。关于这一点，我们将在后面给予更详尽的阐述。

第三节　心学的气论与"养气"工夫

世界上各民族精神的发展，无不以自然意识为基础，后者的内容就是最直接的、外在性的现实存在。早期先民尚不具备抽象与反思的能力，他们对世界的思考，大都围绕自然的主体、性质而展开。这种肇始于自然意识的思考就是自然省思，其特点是尚未自觉将外在的自然存在与精神区分开来。举例来说，很多民族的早期思想都倾向于将"气"作为宇宙的自然基础和发生原理。在米利都学派的阿那克西米尼的思想中，"气"是事物的第一原则或基本实体。这种宇宙之气是有活力的、能动的原理，它使世界万物得到生成和发展。奥义书的某些思想也把"元气"（prāṇa）视为存有之本质，是认识、支配其他存在的绝对主体。总之，当此自然省思阶段，人们通过经验观察，从云气、水气、寒暑之气等诸多自然现象中抽象出"气"的概念，并将宇宙的发展变化归结为"气"的作用。

在中国古代思想中，"气"是最重要的范畴之一，常被用来概括世界的结构和功能。"气"这个字很早就出现了，在甲骨文中主要指云气。① 《说文》："气，云气也，象形。"早期中国思想认为"气"构成了人与万物共在的宇宙图景，自然物候的变化都是"气"的作用。周幽王二年，周太史以"气失其序"为三川地震之缘由："夫天地之气，不失其序，若过其序，民乱之也。阳伏而不能出，阴迫而不能烝，于是有地震。今三川实震，是阳失其所而镇阴也。"（《国语·周语上》）不过，中国古代思想中的"气"，不全是一种自然物质，更兼有精神生命的含义——到了公元前4世纪左右，后一种含义更为突出。陈荣捷先生将"气"翻译为"物质力量"（material force），但他同时又指出，在新儒家传统的"理"这个概念得到发展之前，"气"指的是与血气相连的精神力量（psychophysiological power），因此对于这个概念，更恰当的翻译是"生命力"（vital force/vital power）。② 可以说，作为构成宇宙万物的最基本材料的

---

① ［日］前川捷三：《甲骨文、金文中所见的气》，载小野泽精一、福永光司、山井涌编《气的思想：中国自然观与人的观念的发展》，李庆译，上海人民出版社 2007 年版，第 17 页。

② Wing-Tsit Chan, *A Source Book in Chinese Philosophy*, Princeton：Princeton University Press, 1963, p. 784.

"气"，既不是单纯的物质，也不是单纯的精神，而是由二者构成的以自身运动推动世界发展、变化的生命力量。

"养气"也一向为中国人所重视。早在孟子那里，就明确提出存养"浩然之气"。同时代的庄子也声称"真人之息以踵，众人之息以喉"（《庄子·大宗师》）。"踵息"即为道家炼气养生之术。可见，在先秦时期，便已经发展出了相对成熟的养气工夫。养气的意义在于，通过掌握"气"这种精神力量并将其融入个体的身心结构，使"小我"（个人）参与到"大我"（宇宙）的转化过程之中。在这一过程中，修习养气之人体会到"气"在自我与天地万物之间的流行，获得"小我"与"大我"相统一的"一体感"。从本质上讲，"养气"这种工夫是神秘的。无论是道教的"炼气"修行，还是宋明新儒家所谓"变化气质"，包括古代书画家讲求的"气韵生动"，都强调个人对"气"这种精神力量的体验。这种体验是超越言说的，所以它是神秘的。

养气的一个最重要的目的，就是通过遣除欲念、收视反听，使"本心"保持澄明莹彻的状态。阳明心学十分注重对"气"的讨论，而养气与存心、养心的工夫更是密不可分的。从工夫论的神秘主义来讲，阳明与王门后学较之先儒，更关注养气在转化身心结构中的作用，而种种神秘经验也在养气的过程中展现出来。在本节中，我们将对传统儒学中的气论与阳明心学的气论进行比较研究，探究阳明在何种程度上继承和发展了传统的气论思想，并深入讨论神秘主义视域下心学的养气工夫。

一　气即良知：气的本体论转向

在儒家思想中，"气"的概念内涵是不断发展变化的。先秦儒家大多就道德修养方面论"气"。在孟子那里，"气"被规定为"体之充也"，而养气的方法在于"持其志，勿暴其气"（《孟子·公孙丑上》）。孟子又有"浩然之气"之说，并指出："其为气也，配义与道；无是，馁也。是集义所生者，非义袭而取之也。行有不慊于心，则馁矣。"（《孟子·公孙丑上》）"气"的形成在于长期对道义的体认，故养气必配以道义，否则"气"就会萎缩。这种修养工夫虽以道德直觉为基础，却多有超道德的、神秘的效验。冯友兰指出，孟子的"浩然之气"不同于武士的气概，它是神秘主义的，具有超越道德的价值，所以通过养气能够实现人与宇宙的融合。① 两汉之际，儒家的气论得到了更充分的发展。董仲舒提出"元气"的概念，将其作为宇宙的基本质料。"元气"分为阴阳二气，其性质亦各有别，"阳气暖而阴气寒，阳气予而阴气夺，阳气仁而阴气戾，阳气宽而阴气急，阳气爱而阴气恶，阳气生而阴气杀"（《春秋繁露·阳尊阴卑》）。董仲舒又以此二气协同天人，故天人感应之说实基于气之感应，"阴阳之气，在上天，亦在人。在人者为好恶喜怒，在天者为暖清寒暑"（《春秋繁露·如天之为》），"天亦有喜怒之气、哀乐之心，与人相副"（《春秋繁露·阴阳义》）。到了东汉的何休那里，仍以"元气"为宇宙万物的本根："元者，气也。无形以起，有形以分，造起天地，天地之始也。"（《春秋公羊传解诂·隐公元年》）东汉大儒如王充、郑玄、马融等人的思想，皆类此说。

宋代理学对"气"的探讨，就理论深度与广度而言，远非前代学者可比。北宋张横渠首创气本论，以"气"为宇宙之最高范畴。在横渠看来，宇宙无非一气流行，万物都是由"气"构成的。"气"的聚散影响着万物的生灭变化，"太虚无形，气之本体，其聚其散，变化之客形尔"（《正蒙·太和》）。横渠又以太虚为气，万物因气而聚结，气散则复归太虚，"太虚不能无气，气不能不聚而为万物，万物不能不散而为太虚。循是出入，是皆不得已而然也"（《正蒙·太和》）。横渠之后，程朱学者的理气论影响颇著，成为宋明儒学的一项重要论题。在伊川看来，形而上者是理，形而下者是气，前者是后者存在和变化的根据，"离了阴阳更无道，所以阴阳者是道也。阴阳，气也。气是形而下者，道是形而上者"（《河南程氏遗书》卷十

_____

① 冯友兰：《中国哲学简史》，第94—95页。

五)。朱子论理气关系甚详。在朱子看来，气有清浊、昏明之不同，人性之圣贤愚不肖皆因气禀之不同，"气之为物，有清浊昏明之不同。禀其清明之气，而无物欲之累，则为圣；禀其清明而未纯全，则未免微有物欲之累，而能克以去之，则为贤；禀其昏浊之气，又为物欲之所蔽，而不能去，则为愚，为不肖"（《玉山讲义》，《朱文公文集》卷七十四）。与二程一样，朱子也认为"气"是形下的经验存在，又因"心"为"气之精爽"，所以"理"与"气"的二元结构其实是"心""理"二分结构的另一种表现形式。

以上，我们大致勾勒出了阳明心学兴起之前"气"观念的发展脉络。可以看到，"气"的内涵大致包括如下几个方面：（1）自然物质性的气，如云气、暑气等；（2）道德性或超道德性的精神力量；（3）构成人、物之形体以及存有之连续性的物质基础；（4）宇宙的创造性本原或本体。这几个方面并非毫无关联，有的时候在概念内涵上存在着交集。不过，值得注意的是，"气"在大多数情况下都是形下的存在，很少作为本体性的存在。即便横渠以"气"为基础建立了本体论（气本论），这种聚散变化的"气"也不是精神性的本体。

上述情形，至阳明心学兴起始有改变。日本学者上田弘毅指出，虽然"气"没有如"良知"和"天理"那样被当作中心问题来对待，"但这并不意味在王守仁那里气不受重视。虽没有重视气的直接的表现，但从思想整体中导出重视气的倾向是可能的"①。诚如斯言，阳明虽较少直接论"气"，但不可谓阳明心学的思想体系中没有"气"的位置。实际上，在阳明这里，"气"实现了自身的本体论转向，成为一种精神本体。阳明早年论"气"，亦近于朱子，其云："无善无恶者理之静；有善有恶者气之动。不动于气，即无善无恶，是谓至善。"（《传习录》上，《全集》卷一）然而阳明心学的气论，

———————

① ［日］上田弘毅：《明代哲学中的气——王守仁和左派王学》，载小野泽精一、福永光司、山井涌编《气的思想：中国自然观与人的观念的发展》，第 433 页。

又与程朱学者有很大的不同，这在于阳明有时将"气"直接等同于心性本体：

> 良知亦只是这口说，这身行，岂能外得气，别有个去行去说？故曰："论性不论气，不备；论气不论性，不明。"气亦性也。性亦气也，但须认得头脑是当。（《传习录》下，《全集》卷三）

阳明认为"气"即"性"，"性"为本体，故"气"也相应地具有本体地位。"性"不运作，其功能必赖"气"而实现。性体气用，体用不二，故"性""气"二者相即不离，而"气"亦为"性"也。不同于程朱理学，阳明较少以"性"说本体，而多代之以"良知"。在阳明看来，"良知"与"气"非为二物，而是同一的存在，"夫良知，一也。以其妙用而言谓之神，以其流行而言谓之气，以其凝聚而言谓之精，安可以形象方所求哉"（《传习录》中，《全集》卷二）。有人请教阳明如何看待道教的"元精""元气""元神"等概念，阳明答曰："只是一件：流行为气，凝聚为精，妙用为神。"（《传习录》上，《全集》卷一）这就是说，一气之妙用为元神，流行为元气，凝聚为元精，三者皆为良知之变相。朱学以"心""气"为形而下者，"性""理"为形而上者，故"理"主宰"气"，"心""理"分齐。阳明则以"心"为超绝本体，打并"心""理""情""性""道""器"为一，使后天的一切活动都成为良知本体的自然流行。阳明所谓"气"虽为心体造作之相，但其又与朱子所谓"理静气动"之"气"不同。"心"作为最高的精神本体，无间于动静，故"气"之动静亦为"心"之动静，"气"成为一种超越的精神本体。

阳明的"万物一体"思想，也与气论相关。盖"万物一体"之说，源自庄子。庄子说："自其同者视之，万物皆一也。"（《庄子·德充符》）又说："通天下一气耳。"（《庄子·知北游》）按照庄子的说法，气为万物存在、发育、感通之基质，一切生命都是气之聚散的结果，"伟哉造化！又将奚以汝为，将奚以汝适？以汝为鼠肝乎？以汝为虫臂乎"（《庄子·大宗师》）。万物之生灭变化，皆为一气之流行，"万物一体"的学说就是从这种气化流行的理论中发展出来的。万物通过气的作用而衔接起来，成为一个以气之流行、遍漫、贯通为中心的生命共同体。庄子的气论思想，为宋明儒学的"万物一体"说奠定了基础。从"气"的角度讨论"一体"，是宋明儒学中的一个重要论题。在阳明心学中，无论从"良知"来说，还是从"气"来说，人与自然、天道都享有一个共同的本体论基础。"万物一体"的本体论根据，在于人和天地万物是由"气"构成的。阳明说："风、雨、露、雷、日、月、星、辰，禽、兽、草、木、山、川、土、石，与人原是一体。故五谷禽兽之类，皆可以养人；药石之类，皆可以疗疾；只为同此一气，故能相通耳。"（《传习录》下，《全集》卷三）这是说，一切自然存在都与自我的生命相感通，日月星辰、飞禽走兽、草木瓦石是和人一样的价值存在，它们共同构成一个动态的、有机的宇宙整体，其根据就是人和万物"同此一气"。阳明又说：

> 可知充天塞地中间，只有这个灵明，人只为形体自间隔了。我的灵明，便是天地鬼神的主宰。天没有我的灵明，谁去仰他高？地没有我的灵明，谁去俯他深？鬼神没有我的灵明，谁去辩他吉凶灾祥？天地鬼神万物离却我的灵明，便没有天地鬼神万物了。我的灵明离却天地鬼神万物，亦没有我的灵明。如此，便是一气流通的，如何与他间隔得？（《传习录》下，《全集》卷三）

人与天地、鬼神、万物都是"一气流通"的，所以能相互感通，形成一个整体性的生存论架构。从神秘主义的角度看，很多精神传统中都有对自我与绝对、大全合而为一的经验描述，这种心理感受被称为"一体感"。比如在苏菲派的神秘主义那里，就强调打破世界的幻相，并使个体的"小我"融入神的本体之中。这种打破存在的二元对立，否定物我差别并体验自我与万物为一的思想无疑与阳明心学有着很大的相似性。阳明以"同此一气""一气流通"论"万物一体"，强调主体对万物之同构性的直觉体认，是一种神秘主义的思想。

阳明将"气"等同于良知本体的说法，对王门后学也形成了较为深远的影响。这其中又以王龙溪的气论较为突出。龙溪将道教"息"的概念与"良知"融为一体，提出"真息"之说：

> 夫儒者之学，以尽性为宗。性者，万劫无漏之真体。只缘形生以后，假合为身，而凡心乘之，未免有漏，故假修命之术亦摄炼之，使涤除凡心，复还无漏之体，所谓借假修真，修命正所以复性也。即以养生家言之，性以心言，命以身言，心属于乾，身属于坤。身心两字，即火即药，一切斤两法度、老嫩浅深，皆取则于真息。真息者，性命之玄机，非有待于外也。是故尽性以至命者，圣人之学也；修命以复性者，学者之事也。（《寿史玉阳年兄七十序》，《王龙溪先生全集》卷十四）

龙溪在这里提到的"真息"，不同于口鼻呼出的"气"，而是无待于外的"性命之玄机"。在另一处地方，龙溪更是直接指出"真息"就是良知：

> 千古圣学，存乎真息，良知便是真息灵机。知得致良知，则真息自调，性命自复，原非两事。若只以调息为事，未免着在气上理会，与圣学戒慎不睹、恐惧不闻，致中和工夫终隔一层。邵子弄丸，亦只是邵子从入路头。若信得良知过时，方是未发先天宗旨，方是一了百当，默而存之可也。（《留都会纪》，《王龙溪先生全集》卷四）

在龙溪看来，养德与养生虽为一事，但学者不可耽于养气、调息，而忽视了致良知的工夫。这与阳明以"气"为本体，同时强调"但须认得头脑是当"的看法是一致的。历史地看，将养德与养生（养气）结合起来的趋向到了明代中后期愈发明显，大多数心学学者在工夫修炼的过程中，也将通过养生（养气）而获得的神秘经验归结为良知的发用和呈现。

二　阳明的"养气"论及工夫效验

宋明儒者普遍重视养气的工夫，这既是对孟子"养浩然之气"的继承，也是在实践层面充分吸收佛老思想的必然结果。在上文中，我们对宋明儒者的静坐工夫进行了一番介绍，而养气实际上也和静坐相关。这是因为，在静坐的过程中，人需要调整呼吸节奏和力度，使心境趋于平和。关于这一点，很多宋明儒者都有阐发。比如胡瑗说："人当先养其气，气完则精神全。"（《安定学案》，《宋元学案》卷一）朱子也说："读书闲暇，且静坐，教他心平气定，见得道理渐次分晓。这个却是一身总会处。"（《朱子语类》卷十一）到了明代，儒者更强调静坐与养气对于收敛身心、变化气质的重要性，"静坐是养气工夫，可以变化气质"（《蕺山学案》，《明儒学案》卷六十二）。我们在前面指出，阳明心学将"气"提升到本体论的高度，使"气"成为一种精神性的要素。所以在阳明那里，"养气"就是"养心"。

阳明早年曾修习导引之术，熟谙道教的凝神养气之功。"龙场悟道"之后，阳明虽较少回顾自己修习导引的经历，但养气的工夫进路一直贯穿于他的教法之中。尽管阳明早年的养气是为了养生、疗疾，而且在他后来的教法中也未尝否定养生，但他更强调养生与养德、养气与养心的合一——或者说，他的工夫重心在于通过养生来养德，以及通过养气来养心。在阳明看来，养气的目的与静坐相近，也是为了遣除物欲对"本心"的遮蔽。欧阳崇一请教阳明："寻常意思多忙，有事固忙。无事亦忙，何也？"阳明答曰："天地气机，元无一息之停。然有个主宰，故不先不后，不急不缓，虽千变万化，而主宰常定，人得此而生。若主宰定时，与天运一般不息，虽酬酢万变，常是从容自在，所谓'天君泰然，百体从令'。若无主宰，便只是这气奔放，如何不忙?"（《传习录》上，《全集》卷一）天地之气虽变化不息，但主宰常定，就能把握自然变化的规律。这个"主宰"就是良知。若主于良知，循良知而行，气必不乱，可以"从容自在"。黄勉之也问阳明"过思亦是暴气"之事，阳明说："'过思亦是暴气'，此语说得亦是。若遂欲截然不思，却是因噎而废食者也。"（《与黄勉之》，《全集》卷五）心中的意念纷扰不停，就是体内气息杂乱的表现，"过思"表明心神不能专注而暴泄精气。所以，真正意义上的"养气"，应该是持志、主一于良知，并排除闲思杂虑。

"养气"与"持志"也是相辅相成的。阳明说："'持其志'则养气在其中，'无暴其气'则亦持其志矣。"（《传习录》上，《全集》卷一）通过养气，主体达到精神专注、身心协调、动静常定的状态。阳明将这种状态称为"精一"，其云：

> "精一"之"精"以理言，"精神"之"精"以气言。理者气之条理，气者理之运用；无条理则不能运用，无运用则亦无以见其所谓条理者矣。精则精，精则明，精则一，精则神，精则诚；一则精，一则明，一则神，一则诚：原非有二事也。后世儒者之说与养生之说各滞于一偏，是以不相为用。（《传习录》中，《全集》卷二）

在阳明看来，"精一"的状态是"养生"与"养德"的共同结果。养气固然能带来身体上的变化，也能治愈一些疾病，但更重要的目的是使心境达到宁静、平和的状态。

当人能够以"心"制"气"，使"气"稳定地在体内运行时，往往获得一种超越的自由感。这种自由感就是一种神秘经验。宋末元初的全阳子俞琰也谈到，当真气运行时，就会获得某种"与道冥合"的神秘经验：

> 穿两肾，导夹脊，过心经，入髓海，冲肺腧，度肝历脾，复还守丹田。当其升时，瀚瀚然如云雾之四塞，飒然如风雨之暴至，恍惚如昼夜之初觉，涣然如沉疴之脱体。精神冥合，如夫妇之交接；骨肉融合，如澡浴之方起。（《周易参同契发挥》卷上）

这种"精神冥合""骨肉融合"的感觉正是通过养气而形成的神秘经验。俞琰又说：

> 其和气周匝一身，溶溶然如山云之腾太虚，霏霏然似膏雨之遍原，淫淫然若春水之满四泽，液液然如河水之将欲解释。往来上下，百脉通融，被于谷中，畅于四肢，拍拍满怀都是春，而其象如微醉也。
>
> 神凝气聚，混融为一，内不觉其一身，外不知其宇宙，与道冥一，万虑俱遗，溟溟涬涬。（《周易参同契发挥》卷中）

根据俞琰的描述，养气的最终目的应该是超越主客、内外、形神，使精神获得极大的合一感与超越感。很多明代儒者都在不同程度上接纳了道教的"养生""养气"学说并加以实践，他们在工夫修习上，也经常获得俞琰所描述的那种神秘体验。阳明曾通过修习导引术获得"前知"能力，随后又悟得良知之旨，领会到"本心"为万事万物所从出的绝对原理。阳明之后，龙溪又有"调息"之说，其作《调息法》云：

> 息有四种相：一风，二喘，三气，四息。前三为不调相，后一为调相。坐时鼻息出入觉有声，是风相也。息虽无声，而

出入结滞不通，是喘相也。息虽无声，亦无结滞，而出入不细，是气相也。坐时无声，不结不粗，出入绵绵，若存若亡，神资冲融，情抱悦豫，是息相也。守风则散，守喘则戾，守气则劳，守息则密。前为假息，后为真息。欲习静坐，以调息为入门，使心有所寄，神气相守，亦权法也。调息与数息不同，数为有意，调为无意。委心虚无，不沉不乱，息调则心定，心定则息愈调。真息往来，而呼吸之机自能夺天地之造化，含煦停育，心息相依，是谓息息归根，命之蒂也。一念微明，常惺常寂，范围三教之宗。吾儒谓之"燕息"，佛氏谓之"反息"，老氏谓之"踵息"，造化合辟之玄枢也。以此征学，亦以此卫生，了此便是彻上彻下之道。（《调息法》，《王龙溪先生全集》卷十五）

在龙溪看来，儒释道三家皆可容纳"调息"的工夫，而此工夫之枢要在于"心息相依"，这就要求合"养德"与"养生"为一。调息可以起到收摄身心、涵养精神的作用，与静坐、致良知等工夫互为表里，故曰"一念微明，常惺常寂"。龙溪自述燕息修养之法：

　　古人有息无睡，故曰："向晦入燕息。"世人终日扰扰，全赖后天渣滓厚味培养，方够一日之用。夜间全赖一觉熟睡，方能休息。不如此一觉熟睡，阳光尽为阴浊所陷，如死人一般。若知燕息之法，当向晦时，耳无闻，目无见，口无吐纳，鼻无呼吸，手足无动静，心无私累，一点元神，与先天清气相依相息，如炉中种火相似，比之后天昏气所养，奚啻什百。是谓通乎昼夜之道而知。（《三山丽泽录》，《王龙溪先生全集》卷一）

宋儒虽然重视静坐与养气的工夫，但较少谈论这些工夫的实操方法。到了阳明和龙溪这里，便指点出更为详尽的工夫路径。这一现象背后的原因在于，宋儒在大多时候仍将养生、养气视为道教的异端之学，明儒则以更开放的态度对待养生、养气，将其与养德、养心等量齐观。总而言之，无论是炼气养神还是涵养心性，都是一种对深层精神的修养，这对于个体身心系统的协调与心灵境界的提升大有裨益。在道教和阳明心学这里，我们都能看到修习者在养气过程中获得的种种工夫效验。可以说，养气既是对道德人格的塑造，可以起到"变化气质"的功效，又能使人超越一般道德而实现冥然神悟。

阳明尝言："今人存心，只定得气。"（《传习录》上，《全集》卷一）可见，阳明将养气视为心学工夫中的一项重要内容。在阳明心学中，"气"既是构造万物并实现万物同体的基质、元素，也是精神性的存在。这一点和宋代理学的气论有很大差别。理气论形成于北宋时期，"理"与"气"的二元对峙构成了理学的形上学区分。宋人对"气"的理解，基本是自然性的。比如司马光称："凡人之所赖以生者，天地中和之气也。若不节饮食衣服，直以极热极寒疏利之药循环攻之，使中和之气何以自存乎？"（《与王乐道书》，《全宋文》卷一二一二）这是把"气"作为人赖以生存的物质存在。两宋时期，儒者很少在本体论的层面探讨"气"，即便在宣扬气本论的横渠那里，也没有将"气"与"心"直接等同起来。直到阳明心学兴起，才首次将"气"等同于"性""心""良知"。从体用关系上讲，"气"的活动就是"心"的活动，因而"心""气"之间表现为即体即用、体用不二的关系。朱子尝论"理""气"二者之中，"理"为主宰，"气"为其次，"理未尝离乎气。然理形而上者，气形而下者。自形而上下言，岂无先后"（《朱子语类》卷一）。阳明虽以"心""气"为一物，但若细辨之，"本心""良知"则为气之运行的主宰。不过，良知不在"气"之外，"气"的运作、流行本然地合乎良知的规定。可以说，"气"是自我规定的精神性存在。

心学的养气工夫，虽有卫生、疗疾之功效，但其主要目的还是在于遣除物欲、澄明心性。阳明说："良知在'夜气'发的，方是本体，以其无物欲之杂也。学者要使事物纷扰之时，常如'夜气'一般，就是'通乎昼夜之道而知'。"（《传习录》下，《全集》卷三）"夜气"就是孟子所谓"浩然之气"。人是一种社会动物，不能不和外界的人、事、物接触，然而其在接触外部世界的时候难免生出种种私欲、杂念，致良知和养气的共同目的即在于消除这些欲念对"本心"的遮蔽。心学的养气工夫重在涵养精神，学者在修习过程中又往往获得一些神秘经验。这与修习者通过静坐而获得的工夫效验基本是一致的。养气要求个体直觉到"气"的运行状态，并对其作出相应调整，使身心关系趋于和谐。在此状态中，个体就能获得精神自足的超越感以及万物一体的合一感。中晚明时期，儒者以更开放的态度对待养气工夫形成的神秘经验，并作出了更详尽的说明。至少在心态上，他们不再将养气视为佛教与道教的专属工夫，也不再讳言种种神秘经验。这一现象与阳明合"养气""养心"为一的做法是密不可分的。

第四节　心学神秘主义的局限性

存在的现实性涵盖了伦理、习俗、法则、观念等内容。在自由与现实的本体论对话中，一方面，现实形成了绝对的力量使精神安住、凝固于当下的状态，后者滞于现状而难以进入自由的超绝之域；另一方面，精神的内在自由又会推动自身努力克服对现实性的执着（包括对伦理、习俗、法则、观念乃至自我的执着），实现精神的突破和迈进。一旦精神将自身领会为超绝的本体自由，便意味着它实现了对全部现实存在的绝对超越。这种自由的精神就是神秘的精神。从王阳明到王门后学的思想中，都能看到他们将"本无"作为超绝的自由本体，并在更高明的精神境界中获得超脱全部现实重负的自由感。总之，阳明心学的发展历程体现为精神自"有"入"无"的内在演进。心学学者最终认识到，真正的超绝存在就是本体自由，对自由的直接体验揭示出自我与虚无的同一性，这同时也意味着神秘精神对现实存在的绝对超越。在阳明心学那里，这种超现实的神秘精神也就是"本无"的精神。

事实上，各民族的精神传统都包含了对"本无"精神的思考。在印度晚期吠檀多的幻化论和大乘佛教的"性空如幻"思想那里，就把超现实的"空性"或"本无"作为终极本体，进而彻底否定现实世界的存在意义。基督教的否定神学也认为，上帝的本质就是虚无，唯有通过不断否定、排除现实性的直觉体认，才能从根本上获得关于上帝的神秘经验。阳明心学也包含了对"本无"精神的反思和实践。阳明说："圣人无善无恶，只是'无有作好'，'无有作恶'。"（《传习录》上，《全集》卷一）"本心"超越世俗的善恶观念，所以在现实行动上不落于善恶的任何一边，不产生对善与恶的执念。在工夫方面，阳明更是主张直接悟入"本心"，"无善无不善，性原是如此，悟得及时，只此一句便尽了，更无有内外之间"（《传习录》下，《全集》卷三）。通过精神的直觉反思，主体领悟到"心之本体"是超越理性和现实性的真实自我，也是超越本末、内外、动静、能所的神秘精神。然而这样的一个神秘精神，内在地潜藏着拒斥伦理法则的趋向。这表现在心学学者的工夫修习一味追求"本心"的证悟、顿觉、呈现，反而忽视了具体的道德践履。比如东林学者顾宪成就认为，心学"无善无恶"之说的流传产生了很多社会弊端。概而言之，一曰"空"，二曰"混"：

> 见以为心之本体，原是无善无恶也，合下便成一个空。见以为无善无恶，只是心不著于有也，究竟且成一个混。空则一切解脱，无复挂碍，高明者入而悦之，于是将有如所云：以仁义为桎梏，以礼法为土苴，以日用为缘尘，以操持为把捉，以随事省察为逐境，以讼悔迁改为轮回，以下学上达为落阶级，以砥节厉行，独立不惧，为意气用事者矣。混则一切含糊，无复拣择，圆融者便而趋之，于是将有如所云：以任情为率性，

以随俗袭非为中庸，以阉然媚世为万物一体，以枉寻直尺为舍其身济天下，以委曲迁就为无可无不可，以猖狂无忌为不好名，以临难苟安为圣人无死地，以顽钝无耻为不动心者矣。由前之说，何善非恶？由后之说，何恶非善？是故欲就而诘之，彼其所占之地步甚高，上之可以附君子之大道。欲置而不问，彼其所握之机械甚活，下之可以投小人之私心。即孔、孟复作，亦奈之何哉！（《东林学案》，《明儒学案》卷五十八）

依顾子之见，"无善无恶"之说流传已久，其蔽滋甚，终将导致社会道德的沦丧。他所谓"空"指的是"本心"对现实伦理的否定，"混"指的是混淆善恶的分别。这两个弊端是心学对儒家传统伦理观念的公然挑战，也包含了疏略为善和纵容作恶的实践趋向。顾宪成不无担忧地指出，"无善无恶"这一说法的弊端甚于传统的性恶论，"阳明将这善压倒，与恶平等看，其流毒乃更甚于言性恶者"（《顾端文公遗书·还经录》）。这是因为，性恶论者以人之天性为邪恶，故尚有努力为善之可能，"无善无恶"之说则泯除、否定了个体为善的全部意义。高攀龙认为，顾宪成对阳明心学的批评切中要害，"今日邪说横流，根株只此四字（引按即'无善无恶'）。先生捉着病源，真是擒贼擒王也"（《答泾阳论佛儒善字不同》，《高子遗书》卷八上）。晚明时期，很多儒者将造成社会伦常失序的根源归结为心学"无善无恶"说，由此展开了对心学的批判。冯从吾也认为，在阳明的"四句教"中，"有善有恶"与"知善知恶""为善去恶"可以相互发明，而"无善无恶"是一种不恰当的表述，"'为善去恶'一句虽非《大学》本旨，然亦不至误人，惟'无善无恶'一句关系学脉不小，此不可不辨"（《别李子高言》，《冯少墟集》卷十六）。在这里，冯从吾表达了对"无善无恶心之体"这一说法的疑惑和担忧。冯氏进一步批判道："近世学者病支离者什一，病猖狂者什九，皆起于为'无善无恶'之说所误，良可浩叹。"（《答杨原忠运长》，《冯少墟集》卷十五）船山不无痛心地指出中晚明士风堕落的倾向："淫坊酒肆，佛皆在焉，恶已贯盈，一念消之而无余愧。儒之驳者，窃附之以奔走天下，曰无善无恶良知也。善恶本皆无，而耽酒渔色、网利逐名者，皆逍遥淌瀁，自命为圣人之徒。"（《读通鉴论·梁武帝》）在船山看来，晚明儒者这些离经叛道的纵欲行径的理论根据就是"无善无恶"的良知，这就将矛头直接对准了阳明心学。可以说，阳明对"无"或"本无"的推举在突破当时僵化的伦理教条方面固然有着积极的意义，然而其对于中晚明之后的世风衰颓也是难辞其咎。

如果我们将良知视为一种自由的精神，就会看到它与伦理法则之间的内在张力。对于任何一个民族的神秘主义而言，在一个超越理性的本体与现实的伦理法则之间，必然存在着巨大张力，"内与外的紧张事实上存在于每一宗教精神传统中"①。这是因为，过于强调精神的内在自由，就会将本体视为一种超绝的精神，并将其置于全部现实存在之上，而这势必会导致精神对于现实的伦理法则的疏离。在个人的工夫修习中，主体往往断除一切意识与欲念，使生命进入绝对寂灭的境界。惟生命归于寂灭或虚无，乃能超越现实及一切得失荣辱，获得精神的绝对自由。这一境界固然高明，却在生存论层面将自由本体与现实存在割裂为二。阳明心学同样存在着这样的问题。刘蕺山云："自文成而后，学者盛谈玄虚，遍天下皆禅学。"（《蕺山刘子年谱》卷上）中晚明以来，很多学者对"狂禅"现象作出反思和批判，但少有人追究这一现象的理论根源。我们将要阐明的是，良知概念的展开赋予其超越理性和现实性的维度，它就是一种自由的精神。对良知的直觉体认，很容易造成追求精神超越而忽略道德实践的结果。心学学者在其生命中获得的诸多神秘经验和他们对于伦理纲常的"遗忘"存在着不可分割的关系。心学神秘主义的局限性即在于，一个"无善无恶""清净寂寥"的神秘精神本质上是超越理性和现实性的，它无法在经验领域安立一个伦理基础，

---

① 陈来：《有无之境——王阳明哲学的精神》，第281页。

而心学学者在体认良知的过程中也愈发注重精神超越、良知呈现而忽视实际践履，终使晚明士风陷入"狂禅"而覆水难收。

一　神秘精神与现实伦理之间的张力

自阳明心学肇兴以来，明代士人的个体意识即得到显著的深化。很多心学学者在追求心性超越的同时，常常对道德规范表现出抵触乃至蔑视的态度。据此，清代学者陆陇其对阳明后学疏略礼法之事提出了批评：

> 自阳明王氏倡为良知之说，以禅之实而托儒之名，且辑《朱子晚年定论》一书，以明己之学与朱子未尝异。龙溪、心斋、近溪、海门之徒从而衍之……其弊也至于荡轶礼法，蔑视伦常，天下之人恣睢横肆，不复自安于规矩绳墨之内而百病交作。（《学术辨》上，《三鱼堂文集》卷二）

按照陆氏的看法，阳明"阳儒阴释"的为学进路造成了心学"荡轶礼法""蔑视伦常"等一系列问题。这种说法似乎将社会道德沦丧的罪魁祸首归结为深受禅宗影响的阳明心学。此说不为无据。实际上，无论在禅宗还是在阳明心学那里，都表现出明显的反伦理倾向。禅宗将一种超理性、超现实的精神境界带入哲学思考与修道过程之中，这就导致个体很难在精神层面为自己安立伦理法则。一方面，个体认识到自我、存在的本质是绝对自由，即超越全部现实存在的本体；另一方面，个体在强调精神的本真自由的同时，又把现实存在虚无化，使精神疏离现实伦理与社会实践，忽视对经验事实的关注。易言之，这样一个神秘的精神是高于伦理层面的，作为绝对的"无"，它无法为道德实践的"有"奠定基础。阳明心学也存在着这样的问题。有学者指出："王阳明将其学说最终归结为良知的虚与灵二大特性，这固然有利于超越现实的利害得失与自我良知知善知恶的识别功用。但强烈的自我体悟色彩又使其不可能有统一的标准，从而缺乏具体的可操作性。"① 我们将表明，作为神秘精神的良知本体与现实伦理之间存在着内在的张力，这种张力引发了晚明心学对道德实践的疏略和弃绝。

神秘精神就是超越一切经验现实的"本无"。"本无"与现实存在构成了一种本体论的对话关系。所谓"现实"，就是精神在经验世界展开的必然形式。现实在构造自身的基础上又展开为理性、概念、观念以至于法则、习俗等。这些现实性的内容凝固为民族、社会、国家的特定传统，它们是有限、相对的存在。自由的精神则与现实存在截然相反。自由超越理性、思维、伦理等经验内容，通过本己反思将自身领会为绝对的、普遍的精神原理。因此，自由的特点是非对象性和无规定性。如果我们将现实存在称为"有"，那么自由的精神就是与之相对的"无"，二者构成精神内在的辩证关系。

精神的历史就是其自身在自由的推动下无限展开的历史。自由的本质是绝对与无限，它是精神、生命的全部内容。本体的自由既囊括了全部现实存在，又是超越现实存在的普遍原理和绝对意志，因而它不属于现实领域。然而，自由必须依靠现实来实现自身的绝对与无限，赋予自身必然性和规定性。唯有通过现实，自由才能作用于现实，后者表现为精神生命在现实领域的不断深化。

在自由与现实的关系中，一方面，自由是超越对象性和规定性的存在，因而是一种绝对的虚无，它必须在现实领域使自身得到内在的必然性，以此推动精神的无限展开。但是，现实作为一种凝固化的力量、势能，又会反过来约束、支配自由，使后者安住于必然性中，这种约束和支配成为自由进一步将自身展开为绝对和无限的障碍。另一方面，自由既然是超越理性与现实性的存在，就表明它绝无被现实真正限制的可能。自由总是将自身向无限敞开，当它意识到现实的力量成为精神绝对化进路上的障碍，就会努力克服现实

---

① 左东岭：《王学与中晚明士人心态》，商务印书馆 2014 年版，第 203 页。

的约束和支配，推动精神进一步深化和提升本体的力量，否定现实的局限性并构成新的现实。这种辩证关系表现了自由与现实之间的内在紧张。实际上，自由总是朝向自身展开精神的先验运动，因为它既是这一运动的推动力量，又是其本质和目标，这就要求它不断否定现实性乃至否定这种"否定的力量"。惟其如此，才能实现真正意义上的自由，领悟到精神消除一切外在现实之后的虚无与空灵。

对于任何一种宗教文化而言，它的神秘主义都体现在终极本原和信仰对象的彼岸性或超现实性。比如大乘佛教否定了一切外在性的东西乃至思维本身，将世界的终极本体视为"空亦复空"的超绝精神。基督教神学也强调上帝的本质是不能被理性认知和思考的，其本质上是一种否定理性与全部现实存在的纯粹精神。对于这些文化传统来说，唯有将存在的究竟本质领会为一种超现实性的绝对原理（包括空性、虚无等），才能真正觉悟到自由本身的绝对性和无限性，认识到神秘精神的内在价值。然而，自由与现实的张力在这些思想传统中表现得也很明显。修道者往往过于追求心灵的绝对自由，反而忽略了精神生命在现实领域的构建。举例而言，汉魏六朝之际，崇佛之风大行于世，士人皆喜谈玄论道而不务实业，乃至抛家舍爵，皈依伽蓝。北魏杨衒之有见于此，乃撰《洛阳伽蓝记》责斥僧尼不恤众庶，李场亦上书灵太后云："一身亲老，弃家绝养，既非人理，尤乖礼情。埋灭大伦，且阙王贯。交缺当世之礼，而求将来之益。"① 由此可见时人对佛教绝弃伦常之深切忧思。

在阳明心学兴起前，儒学尚未实现对伦理精神的自觉超越，往往将精神直接等同于道德法则的内容。唐宋时期的绝大部分儒者即便谈到"无"或"虚"，也普遍将其作为一种经验层面的否定，而不会以"无"或"虚"论"心"。比如陆象山虽然认识到世界的存在是精神性的，但尚未将"心"领会为一种超越伦理法则的"本

---

① 转引自汤用彤《汉魏两晋南北朝佛教史》，商务印书馆 2015 年版，第 434 页。

无"，也没有实现对现实伦理经验的超绝还原。到了阳明及王门后学那里，"虚""无"等概念获得了新的意义。心学学者觉悟到精神的本质是超越现实存在的"太虚"或"本无"。值得注意的是，即便这些人基于儒者立场不会彻底否定伦理经验的价值及合法性，在他们的思想中也经常隐隐透露出弱化伦理精神的趋向。

中晚明的很多心学学者都有意将神秘的"本心"置于全部现实存在之上，因而往往过于关注个人的潜修效验而遗绝伦常。阳明之后，这种神秘精神与现实伦理之间的张力更为显著，以致明代士风中出现了种种"狂禅"流弊。"狂禅"表现为一种为追求本体自由而否定伦理法则的倾向，"把良知转化为无任何规范意义上的当下冲动，把阳明不滞不留的心体变成非伦理化的自然人性，把阳明的'狂者胸次'变为冲决一切罗网的异端和抗议"①。可以看到，宋明理学的精神发展表现为从伦理精神向神秘精神的过渡。到了阳明这里，就自觉意识到现实超越的根据就是自由，这种超越性使伦理法则成为本体自由的附庸。正如学者所言："如果一种学说，既视道德为虚无，且以通过神秘的出离手段达到与绝对者的合一为人生归趣，那么将不可避免地导致为达到这种神秘境界而采取非道德的手段。"②在中晚明的很多儒者（尤其是心学学者）那里，都能看到遗弃人伦的思想倾向。比如周海门认为，仁义道德无非"真己"的现实展开，所以他强调撇开仁义道德，直悟真我，"悟得真己，则纵横卷放，应用无穷，千差万别不外此也"（《养中字说序》，《东越证学录》卷六）。晚明的"狂人"李卓吾更是直言"酒色财气，一切不碍菩提路"（《江右王门学案一》，《明儒学案》卷十六）。除了这些言论，明儒在工夫修习过程中获得的大量神秘经验也表明，一个专注自心的神秘精神只能在私人领域呈现它的超越性，难以在客观层面为伦

---

① 陈来：《有无之境——王阳明哲学的精神》，第 335—336 页。

② Arthur B. Keith, *The Religion and Philosophy of Veda and Upaniṣads II*, Cambridge：Harvard University，1925，p. 598.

理法则奠基。①

　　人类精神在其历史发展中不断否定和提升自身，这表明现实的理性、概念是有限、相对的，只有自由是无限、绝对的精神存在。在本体层面，自由不断否定现实并通过构造新的现实以展开自身的超越性，它始终对更高的精神境界保持无限的开放性。在此过程中，一旦自由构造的现实存在外化为各种法则、规范，就很容易变成对自由形成管束的强制、僵化的东西。这时候自由将赋予自身充分的动力和条件来冲破现实的外在制约，使伦理成为内在的道德实体，即自由意志。这一点我们仍要结合阳明心学来说明。阳明自觉认识到程朱理学的"天理"在其所处时代已经成为约束乃至压迫人性的纲常、教条，所以他强调学者应挺立、发明"本心"，不能使外在的伦理教条成为道德实践的绝对标准。这种学说对于打破朱学末流的僵化的天理观是非常有意义的。阳明提出"无善无恶"论，就试图以一个超越的精神实体否定日常伦理层面的善恶观念。因此，良知发展到神秘精神的阶段，不是反道德的，而是超道德的，它对伦理道德的否定和超越是为了使人达到更高的精神境界。周海门尝论"无善无恶"之要旨："无善者，无执善之心，善则非虚。"（《立命文序》，《东越证学录》卷七）在他看来，"恶能害心，善亦能害心"（《南都会语》，《东越证学录》卷一）。唯有否定现实经验层面的善恶观念，才能摆脱成见、习气，去追求更高层次的"善"。不过，"无善无恶"的超越精神仍潜藏了某种危险：当它试图在超现实的层次规定现实的道德法则，就极易产生某种非伦理的实践倾向。阳明之后，很多心学学者一味追求"本心"超越的神秘经验而轻视道德践履，就是对这一危险的呈现——而这一时期来自其他学派的很多

----

　　①　侯外庐先生也指出，根据阳明的理论逻辑，"既然'良知'即'人心'，为'人人皆有'，那么，所谓在'良知'上下功夫……不是向客观世界去探求事物及其规律的知识，而是一种放弃任何对自然与社会的斗争的方术，即神秘的、顿悟式的'不假外求'与'向内用力'的安眠剂"。参见侯外庐《中国思想通史》（第四卷下），第892页。

批评的声音也不是毫无根据的。

一个完整的精神概念，应包含自由与现实两个方面。一方面，自由需要依靠现实来规定自身，赋予自身内在的必然性；另一方面，自由又不断否定和超越现实，保证精神不会窒息于外在的强制力量。精神的自我发展即建立在这样一种本体论对话之上。在这种对话中，自由的绝对性与无限性使精神推动自身迈向更高的阶段。自由既是自我生存、发展的唯一基础和终极目标，又是实现该目标的内在动力。这就要求自由不断否定一切外在于它的现实存在，推动自身进入虚无之域。所以自由的精神既是神秘的，又是绝对的，它的自我实现依赖于这种辩证的否定运动。结合心学来看，阳明将良知规定为一种"无善无恶"的"本无"精神，就使其成为否定伦理法则乃至全部经验现实的超验存在，并领悟到这种"本无"是本体绝对的自由。禅宗讲"第一义不可说"，对于心学学者而言，"第一义"不仅不可思议，而且是绝对的、超越的"无"。当一个人领悟到自己的"心"是"无"，他就不再关注现实层面的"有"了，他会将全副精神投入那个"无"。在心学学者那里，"本无"的精神是"第一义"，而后天的道德实践却往往沦为"成圣"进路中的"第二义"。获得"第一义"后，"第二义"也就不再重要了；再进一步说，当"第二义"成为获得"第一义"的阻碍时，应该毫不留情地抛弃"第二义"，直取"第一义"。儒家讲"成圣"，佛教讲"成佛"，当人以最直接的上乘工夫领悟到自己先天地为"圣"、为"佛"，"成圣""成佛"之"成"就多少显得有些多余了。

二　中晚明的"狂禅"现象

西方传统重"罪"，印度传统重"苦"，相比于二者，儒学更强调"乐"。"乐"是一种自足、愉悦的生命体验。很多学者都将儒学视为追求现实满足、快乐的文化传统。早在 20 世纪末，李泽厚就指出，中国思想中的实用理性形成的是一种"乐感文化"，其渗透于国人的心理结构和民族性格中，使绝大多数人认为人生的最终目的是

"在现实的世俗生活中取得精神的平宁和幸福"①。李先生在这里所讲的是一种现实性的快乐。实际上，儒家还存在一种超现实的"乐"，它得之于精神的自我超越，本质上是神秘的。

这种"乐"在阳明心学中多有体现。在王阳明的诗句、文章中，我们经常能够看到他对远离仕途并超然世外的渴求，"与三子就云霞，依泉石，追濂、洛之遗风，求孔、颜之真趣，洒然而乐，超然而游，忽焉而忘吾之老也"，"曾点志于咏歌浴沂，而夫子喟然与之，斯予与三子之冥然而契，不言而得之者欤"（《别三子序》，《全集》卷七）。我们认为，阳明思想中的"乐"包含了一种超越思维，并充分体现在他对"狂者胸次"的推崇上。在中晚明的士人群体中，弥漫着一股"狂禅"氛围。这种氛围的形成离不开阳明心学的影响。可以说，对"狂"的追求和体认，是阳明心学中的一个特殊现象。心学中的这种"狂禅"，本质上是主体在神秘体验中获得的超现实的愉悦感和自由感，它是一种真正的精神超越。不过，尽管对"狂禅"的追求意味着个体心灵境界的提升，很多儒者却过于重视"光景"的获得，过分关注私人领域的精神成就，反而忽视了人伦价值的建构，以致在晚明时期出现诸多反道德的现象。

在很多民族的宗教传统中，都存在着关于"出神经验"的讨论。人在祈祷、冥想、禅定等修习过程中，有时能够获得某种强烈的愉悦感，其表现为瞬时性的出神或狂喜。出神体验就是一种神秘经验。实际上，这种愉悦感可以被视为一种普遍性的宗教经验，而它正是使宗教的神圣性得到延续的原因之一。形成这种愉悦感的根源在于主体对自身有限性、特殊性的排除。通过自我反思，主体认识到自身与普遍、绝对精神的差距，故内心常有焦虑、烦闷之感。这种差距来自经验现实的规定性与超现实的无规定性之间的张力。欲消解这种张力，有赖于精神通过反思与超越的运动，领会到自身是不断否定直接的、自然的经验现实的存在，由此将有限的自我上升为无

---

① 李泽厚：《中国古代思想史论》，第 310 页。

限的超绝本体。这一运动过程实现了精神对理性与现实性的消解，因而是超理性、超现实的。唯有超越理性与现实性，精神才能体验到无差别性的"一"或"大全"，达到言语道断、无思无虑、寂寥无为的神秘境界。在这种神秘经验中，人脱离了原先的自我，克服了自身的有限性，从而进入一个全新的国度，体会到自由的无限性，因此内心常生起一种强烈的愉悦感，是为神秘的狂喜。这种强烈的愉悦感在东西方很多神秘主义的思想中都有阐明。基督教的早期教父神学倡导通过沉思、默祷等精神实践不断接近上帝的本质，修道者在这一过程中经常进入神秘的狂喜境界。在这个时候，灵魂便超越经验现实，融入无限而绝对的神性之中。印度教和佛教则认为，人在禅定修习中可以持续地专注自性，渐绝诸缘，在此进路中精神不断否定外境、情绪、思维、意识，最终获得一种无滞无碍的、非功利的愉悦感。① 这种愉悦感其实就是一种自由感。自由感是对自由精神的直观呈现，它意味着主体在主观上对原先的自我和世界的虚无化。最高的精神愉悦在于主体打破了自然经验的概念必然性，否定了外在现实本身以及人对于各种现实存在的执念，从而意识到主体自身的无限和自由。所以这种自由感或愉悦感包含了一种存在意义的消亡。现实存在、观念、自我都是重负，而神秘经验则使人在某种意义上消解了这种重负。只有这种存在负担的消解，才使人感到幸福和自由。

在阳明心学那里，我们同样能够看到这样一种狂喜的神秘经验。"心之本体"无滞无碍、无善无恶、空虚寂寥、湛然灵明，是一个平等的、无差别的灵明，这表明"本心"是超绝的精神本体。阳明认为，"乐"是"心之本体"的本质显现：

---

① 佛教有"禅悦"之说，意谓精神入于"四禅八定"所获得的愉悦自适。佛教徒认为，在个体修习禅定的时候，就能体会到一种心理上的愉悦，这是因为精神排除了外境的种种苦乐分别之相，从而进入更高的无相、不二、无分别的自由境界。在禅定中，精神卸下了生存的重负，并体验到一种强烈的自由感。

乐是心之本体，虽不同于七情之乐，而亦不外于七情之乐。虽则圣贤别有真乐，而亦常人之所同有。但常人有之而不自知，反自求许多忧苦，自加迷弃。虽在忧苦迷弃之中，而此乐又未尝不存。（《传习录》中，《全集》卷二）

在这里，阳明将"乐"提高到了本体论的高度，这意味着"乐"成为某种超验的存在。"心之本体"所呈现的"乐"是"真乐"，不同于一般世俗的"七情之乐"。不过"真乐"虽与一般世俗的快乐有别，却又往往寓于后者之中。常人未经工夫修习，只能体验"七情之乐"，未能体验更内在的"真乐"，故常为世情所转，患于得失。主体如悟得良知的超越性，则自然能够体验到更高层次的快乐，也能体验到消解一切世俗成见和欲念之后的自由感。阳明说："乐者心之本体也。得所乐则喜，反所乐则怒，失所乐则哀，不喜不怒不哀时，此真乐也。"[①] 这说明"真乐"是超越喜怒哀乐等一般情绪的，后者是相对的情感感受，"真乐"则是绝对的、无待的精神体验。阳明又赋诗云："讲习有真乐，谈笑无流俗。缅怀风沂兴，千载相与谋。"（《诸生夜坐》，《全集》卷十九）由此可知，阳明所提倡的"真乐"与良知同处一个层面，具有对现实存在的超越性。

阳明心学时常展现出一种狂者气象，这也从一个侧面说明良知作为自由精神对现实性的绝对超越。在阳明之前，陈白沙亦有"自得之乐"的说法，其云："自然之乐，乃真乐也。"[《与湛民泽（其九）》，《陈献章集》卷二] 白沙认为，个体通过道德修养就能得到心理上的极大愉悦，并与宇宙大道相谐，此为一种"自得"的境界：

宇宙间更有何事，天自信天，地自信地，吾自信吾；自动自静，自阖自辟，自舒自卷；甲不问乙供，乙不待甲赐；牛自为牛，马自为马；感于此，应于彼，发乎迩，见乎远。故得之

---

① 转引自陈来《中国近世思想史研究》，第 629 页。

者，天地与顺，日月与明，鬼神与福，万民与诚，百世与名，而无一物奸于其间。（《与林时矩》，《陈献章集》卷三）

　　白沙所体认的境界体现了道德主体在伦理实践中获得的自得、自适之感。这种境界从本质上讲是道德性的。相较白沙，阳明更推崇超越伦理经验的"狂者胸次"，鼓励学者在精神层面达到超道德的境界。从道德境界向超道德境界的过渡，是一个精神的飞跃。道德境界只关注和理解个人与社会整体的关系，超道德的境界则在此基础上，更关注和理解个人和宇宙、大全的关系。在道德境界中，人自觉地行义，实现其道德价值，便能够得到一种快乐。这种快乐是因"事"而生的，"事"过则不存。在超道德境界中，人不再执着于善事恶事、善念恶念，精神得到最高程度的解脱和自由，了解到宇宙、大全的本质，于是得到一种超越现实经验的快乐。这种快乐不系于"事"，"事"虽过而长存。中国哲学中的"无入而不自得""上下与天地同流""情顺万物而无情"等语，说的就是这种快乐。阳明所谓"狂者胸次"也有这个意思。阳明自述生平云："吾自南京已前，尚有乡愿意思。在今只信良知真是真非处，更无掩藏回护，才做得狂者。使天下尽说我行不掩言，吾亦只依良知行。"（《年谱三》，《全集》卷三十五）依阳明，只需在良知上做工夫，不必顾及凡俗情见，便可否定"乡愿意思"，证入超绝之境，"阳明一生特色，即是好高骛远，狂士表现"①。基于"狂者"情态的乐是超现实的心性之乐。现存的大量史料都记载，阳明在"龙场悟道"的当晚曾经"不觉呼跃"，这种强烈的愉悦感可视为悟道过程中的神秘经验，即精神排除了全部意见、观念、概念之后的"狂喜"。这种"狂喜"的状态，实为一种精神卸下现实重负的自由感，它表明精神对存在的理性与现实性的绝对否定。有学者据此指出，心学学者梦中悟道、体道所带来的喜悦，颇似基督宗教之"荣福直观"（Beatif-

① ［加］秦家懿：《王阳明》，生活·读书·新知三联书店 2011 年版，第 26 页。

ic Vision)。① 阳明在诗中也多次表达了自己对礼教的蔑视以及对超然物外之境的向往，如"世人闻予言，不笑即呼怪；吾亦不强语，惟复笑相待"（《登泰山》其五，《全集》卷十九），"病夫已久逃方外，不受人间礼数嗔"（《山中懒睡四首》其一，《全集》卷三十）。这些诗句反映出的"狂者胸次"与儒家传统的"孔颜之乐"有着很大的差异性。②

　　阳明对"狂者胸次"的推崇，实际上也与他的个人性格及时代风气有关。阳明自述"平生性野多违俗"（《游雪窦》，《全集》卷三十二），可见其性格有不拘流俗的一面。阳明自少年时便展现出豪迈不羁的人格气象。他曾经在十五岁时出游居庸三关，"慨然有经略四方之志"（《年谱一》，《全集》卷三十三），他的父亲龙山公斥之为"狂"。正德八年，阳明在滁时，也表现出内心的自由洒脱，"日与门人遨游琅琊、瀼泉间。月夕则环龙潭而坐者数百人，歌声振山谷。诸生随地请正，踊跃歌舞"（《年谱一》，《全集》卷三十三）。这种教法在程朱学人看来显然有违师道尊严，但在阳明那里却是合乎情理的，故曰"只如狂者便从狂处成就他，狷者便从狷处成就他"（《传习录》下，《全集》卷三）。在经历了宸濠之变、张许之难后，阳明愈发显得不拘格套，常有狂肆超拔之语，他呼吁豪杰之士挽救日渐衰颓的世风：

　　　今天下波颓风靡，为日已久，何异于病革临觉之时，然又人是己见，莫肯相下求正。故居今之世，非有豪杰独立之士的见性分之不容已，毅然以圣贤之道自任者，莫之从而求师也。（《答储柴墟》，《全集》卷二十一）

---

　　① 陈立胜：《王阳明龙场悟道新诠》，《中山大学学报》（社会科学版）2014 年第 4 期。

　　② 单虹泽：《从"任运自然"到"狂者胸次"：论儒家哲学中的两种"乐"》，《科学·经济·社会》2018 年第 2 期。

　　面对大量的曲学阿世之儒，阳明认为需要以一种新的教法打开局面，故心学应时而起。心学的这种狂侠之风在当时形成了极大影响。一方面，心学学者在工夫修习的过程中往往抛开世俗成见对"本心"的羁绊，顺任此心而直悟本原，由此获得某种神秘经验；另一方面，较之程朱道学相对拘谨的气象，这种狂肆之教有利于接引底层民众，中晚明以来"觉民行道"的政治实践即依此展开。

　　阳明心学中的这种"狂者"气象以及对"狂者胸次"的追求对后世形成了深远影响。在阳明身后的一段时间里，王门后学普遍表现出一种疏离现实伦理的"狂禅"倾向。比如王龙溪极力辨别"狂狷"与"乡愿"，对"狂者"大为赞扬：

　　　　孔子不得中行而思及于狂，又思及于狷。若乡愿则恶绝之甚，则以为德之贼……狂者之意，只是要做圣人，其行有不掩，虽是受病处，然其心事光明超脱，不作些子盖藏回护，亦便是得力处。若能克念，时时严密得来，即为中行矣。狷者虽能谨守，未办得必做圣人之志，以其知耻不苟，可使激发开展，以入于道，故圣人思之。若夫乡愿，不狂不狷，初间亦是要学圣人，只管学成壳套：居之行之，象了圣人忠信廉洁；同流合污、不与世间立异，象了圣人混俗包荒。圣人则善者好之，不善者恶之，尚有可非可刺。乡愿之善，既足以媚君子，好合同处，又足以媚小人。比之圣人，更觉完全无破绽。譬如紫色之夺朱，郑声之乱雅，更觉光彩艳丽。苟非心灵开霁、天聪明之尽者，无以发其神奸之所由伏也……自圣学不明，世鲜中行，不狂不狷之习，沦浃人之心髓。吾人学圣人者，不从精神命脉寻讨根究，只管学取皮毛支节，趋避形迹，免于非刺，以求媚于世，方且傲然自以为是，陷于乡愿之似而不知，其亦可哀也已。（《与梅纯甫问答》，《王龙溪先生全集》卷一）

　　龙溪有见于世儒比附圣贤、曲学阿世，专去逢迎旁人，故提倡狂者一路以矫其弊。龙溪还说：

> 以世界论之，是千百年习染，以人身论之，是半生依靠。见在种种行持点检，只在世情上寻得一件极好事业来做，终是看人口眼。若是超出世情汉子，必须从混沌里立定根基，将一种要好心肠洗涤干净。枝叶愈活，灵根愈固，从此生天生地生人生物，方是大生。故学问须识真性，独往独来，使真性常显，始能不落陪奉。（《江右王门学案三》，《明儒学案》卷十八）

可以看到，龙溪这种超越世俗乡愿以获得良知"真性常显"之乐的精神与阳明是一致的。王心斋以"乐"为"心之本体"，强调学者在求道过程中应遵从"吾心之乐"，不必以纲常名教自缚。心斋还提出"乐即学"的观念，其作《乐学歌》云：

> 人心本自乐，自将私欲缚。私欲一萌时，良知还自觉。一觉便消除，人心依旧乐。乐是乐此学，学是学此乐。不乐不是学，不学不是乐。乐便然后学，学便然后乐。乐是学，学是乐。呜呼！天下之乐，何如此学；天下之学，何如此乐。（《王心斋先生遗集》卷二）

以"乐"为"学"，即纯任此心之流行，不必刻意做道德实践的工夫，"此乐多言无处寻，原来还在自家心"（《和王寻乐韵》，《王心斋先生遗集》卷二）。这极易使人疏略外在事功，甚至有蔑视道德之倾向。王东崖绍述其父心斋之旨，兼以龙溪不犯手之法，以直下承当的真性之乐为要，"故言学不至于乐，不可谓之学"（《泰州学案一》，《明儒学案》卷三十二）。东崖对道德实践亦持排斥态度，虽在精神境界上每有所得，然终不免流入狂荡一路。其后又有邓豁渠、李卓吾等人以任诞猖狂自居，使"狂者胸次"的境界朝着极端化的方向发展。可以说，王门后学（尤其是泰州诸儒）的"狂禅"正是对阳明所谓"狂者胸次"的继承和发展，然终因其过分追求个性、故弄玄虚而致使明学陷于不可收拾之局。对此，清初的朱子学者吕晚村指责道："阳明之学，传至龙溪而得发露，传至李贽而愈加猖狂，一点无忌惮之心传，乃至呵佛骂祖。然其所指之天理，乃子静之黑腰子也。"（《四书讲义》卷二十）这是对"狂禅"所致流弊的确切概括。

不过，积极地看，这种对"狂禅"的追求和体认也使明代的个体意识得到了明显的深化。黄绾曾这样评价阳明之品性资质：

> 公生而天资绝伦，读书过目成诵。少喜任侠，长好词章、仙、释，既而以斯道为己任，以圣人为必可学而至。实心改过，以去己之疵；奋不顾身，以当天下之难。上欲以其学辅吾君，下欲以其学淑吾民，惓惓人同归于善，欲以仁覆天下苍生。人有宿怨恩仇，皆置不较。虽处富贵，常有烟霞物表之思，视弃千金，犹如土芥，藜羹珍鼎，绵衣缊袍，大厦穷庐，视之如一。真所谓天生豪杰，挺然特立于世，求之近古，诚所未有者也。（《阳明先生行状》，《全集》卷三十八）

阳明的"豪杰"气质在当时已为世所公认。这种卓然于世的精神品质虽在禅门中不为少见，但在儒家那里还是较为缺乏的。自阳明以狂肆之风扫荡陋儒习气，士风为之一变，虽朱学犹尊于庙堂之上，而士人皆称快于心学之简易直截。对"狂者胸次"的追求与体认使明代士人更关注个人内心的自由，这无疑使儒家的主体性得到了空前的深化。正如黄宗羲所言："泰州之后，其人多能以赤手搏龙蛇，传至颜山农、何心隐一派，遂复非名教之所能羁络矣……诸公掀翻天地，前不见有古人，后不见有来者。释氏一棒一喝，当机横行，放下拄杖，便如愚人一般。诸公赤身担当，无有放下时节，故其害如是。"（《泰州学案一》，《明儒学案》卷三十二）这番话无疑是对泰州学者之狂肆的深刻批评，但"复非名教之所能羁络"同样表明个体意识对于纲常名教的突破，其中包含了个体对纯粹、内在人格的追求。宋元以来，个体的主体性在很大程度上湮没于对天理的穷索之中，士人阶层不仅皆好言"天理"，更经常以"天理"苛责他人，而性情多流于伪善。自阳明单提一"狂"字，儒者乃渐悟己非，以直心而动为要。龙溪殁后，其内弟张元益评价道："宁为阔略不掩之狂士，毋宁为完全无毁之好人；宁为一世之嚣嚣，毋宁为一时之翕翕。"（《龙溪王先生墓志铭》，《王龙溪先生全集》附录四）这些话虽然是评价龙溪，却也可以说是对以狂者自居而锐意进取的王门诸儒的生动写照了。

三　阳明心学中"无"的意义

在精神的自我运动中，自由既是精神发展的唯一基础和最终目标，又是实现该目标的根本动力。精神的先验本质就是自由。作为推动精神无限发展的内在动因，自由要求精神在现实存在中实现自身的无限性和绝对性。在这一进程中，自由与现实呈现出某种内在张力。一方面，自由必须依托于现实存在展开自身的绝对与无限，它需要在现实经验中呈现本质的存在层面；另一方面，作为超绝的本体存在，自由又绝无可能安住于现实领域之中，它必须超越并规定着现实。所以，真正的自由精神应该是超现实性的。这种超现实的本质即为超绝的自由，它是精神全部存在的绝对本质。自由对现实的绝对超越在于它将精神本体领会为空无的存在，即"本无"。依此逻辑，存在的本体便与全部的经验现实区分开来，在理论上就体现为一种严格意义上的存在论区分。相对于现实存在的"有"，自由是超绝的"无"，而后者的精神运动就是"无化"的过程。在自由不断超越、构成现实的本体运动中，精神的发展表现为合理且必然的历史进程。

在阳明那里，"本心"正是这样一种自由的精神。我们称其为"自由"，是因为它实现了对一切伦理现实的超越并在更深沉的层面规定着后者。"本心"是"无善无恶"的先验存在。所谓"无善无恶"，就是指精神不执着于伦理观念的现实性，并将超绝的"本无"确定为存在的绝对真理。"本无"是消除了主客、内外的无差别的精神，所以它是神秘的精神。然而这种精神与伦理法则之间存在着巨大张力。这是因为，一个超理性、超现实的自由精神被置于全部现实存在之上，势必很难为现实的伦理法则奠基。对于阳明心学而言，全部修养工夫的重心即在于个体对良知的直觉反思。唯有专注于对"本心"的修持，才能领会到它是万事万物所从出的精神本原。然而，这将导致个体在追求精神自由的过程中忽视现实存在的意义。阳明言"心外无物""心外无事"，其初衷虽以"心""事""物"为一体，但"物"由"心"显，"事"以"心"成，在很大程度上就会将"心"作为先于"事""物"的存在。此外，阳明提出"知行合一"，破朱子后学"知而不行"之弊，但这一学说最后亦难免沦为"销行入知"（王船山语）。阳明之后，很多心学学者对伦理实践日渐疏离，而务以见道入境为要，这注定造成伦理底线的失守。事实上，天泉之夜，阳明已对"无善无恶"之教略表隐忧，他对王龙溪与钱绪山说：

> 我这里接人原有此二种：利根之人，直从本源上悟入。人心本体原是明莹无滞的，原是个未发之中。利根之人一悟本体，即是功夫，人己内外，一齐俱透了。其次不免有习心在，本体受蔽，故且教在意念上实落为善去恶。功夫熟后，渣滓去得尽时，本体亦明尽了。汝中之见，是我这里接利根人的；德洪之见，是我这里为其次立法的。二君相取为用，则中人上下皆可引入于道。若各执一边，眼前便有失人，便于道体各有未尽。（《传习录》下，《全集》卷二）

阳明试图统一顿悟、渐修两种工夫，以免学者偏于直悟而疏略实修，或执于修证而不悟本原。不过，阳明又明确指出，侧重实修的"德洪之见"是"权法"，而非"定见"。学者即便以绪山的工夫进路为入手处，也必将以龙溪之说为依归。刘蕺山尝疑"四句教"出自龙溪，其云：

> 四句教法，考之阳明集中，并不经见。其说乃出于龙溪。则阳明未定之见，平日间尝有是言，而未敢笔之于书，以滋学者之惑。至龙溪先生始云四有之说，猥犯支离。势必进之四无而后快。既无善恶，又何有心意知物？终必进之无心、无意、无知、无物而后元。如此，则"致良知"三字，著在何处？（《明儒学案·师说》）

蕺山之惑，不为无据。盖阳明一生虽多言"无"，但几乎没有直接以"无善无恶"论"心"。然而，阳明论"四句教"时，已至晚年，其工夫、境界相较前期业已熟化，故阳明早年多言良知之致，后期则直举良知本体。此为阳明思想自"有"入"无"之一变。所以龙溪直悟本体之"无"的教法，应为心学发展的必然趋势。质言之，从阳明"一悟本体""本体功夫，一悟尽透"的表述来看，尽管他始终强调本体与工夫的合一，然而按照心学的发展逻辑，以本体合工夫、以"悟"代"修"有着内在的必然性，"汝中所见，我久欲发，恐人信不及，徒增躐等之病，故含蓄到今。此是传心秘藏，颜子、明道所不敢言者。今既已说破，亦是天机该发泄时，岂容复秘"（《天泉证道记》，《王龙溪先生全集》卷一）。彭国翔也指出："龙溪的四无论，不仅不与阳明的思想相悖，反而是阳明四句教必要和可能的展开。"[①] 尽管阳明担忧这一说法容易使后人疏略伦理实践，特以"四有"之说调和之，然而后儒终为躐等，乃至说玄说妙、体无蹈空，在伦理实践层面不免有所废置。明儒许敬庵批评道："窃以为，今日此风使先辈见之，必将忧惧无措；虽良知话头，且钳口结舌而不敢道，而况于无善无恶空旷不情之谈乎？"（《答周海门司

---

① 彭国翔：《良知学的展开：王龙溪与中晚明的阳明学》，第210页。

封谛解》，《敬和堂集》卷五）在敬庵看来，"无善无恶"说最大的弊端，在于以"无"遮"有"，即过于追求对"本无"的悟入，而放弃了在人伦日用方面做工夫的努力。

中晚明时期，很多心学学者都推崇一种"狂禅"的生命体验。这里的"狂禅"，指的是伴随工夫修炼而来的圆满、喜乐，实为一种精神的超越感和自由感。儒家多言"乐"，有"颜子之乐""曾点之乐"，而直到阳明心学那里才真正意识到超道德的精神愉悦与道德实践之"乐"的本质差别。阳明将这种超越性的"乐"直接等同于"心之本体"，并从这种自由感中领悟到精神本体的实质内容。这对于个体意识的深化无疑有着重要意义。不过，阳明之后，很多心学学者都专注于追求这种超现实的愉悦感或自由感，使此心任运而行，最终造成了对伦理规范的疏离。实际上，这是将"本心"领会为一种神秘精神的必然结果。这是因为，一个超理性、超现实的精神很难成为现实伦理法则的基础，而对自由的追求往往意味着对道德的忽视乃至否定。明清之际，很多学者批评心学"空疏""近禅"，更将其视为"误国"的根本因素，其依据即在于此。

本章结语

从工夫论上讲，阳明心学的一个重要特征，就是"简易直截"。黄宗羲这样评价阳明的学术贡献："自姚江指点出'良知人人现在，一反观而自得'，便人人有个作圣之路。故无姚江，则古来之学脉绝矣。"（《姚江学案》，《明儒学案》卷十）阳明心学的工夫实践注重个人体验，直取本原，尽去枝蔓，而学者易入。宋代的道南学人虽然同样重直觉体验，但他们并未以"心"为本体，直指心性。程朱理学涵养、致知并举，致使学者偏于向外求理而不悟自心，甚至流于名物典册考索之弊。在阳明这里，无论是静坐、养气还是致良知，所有修养工夫无不基于此心而展开。"心之本体"被阳明称为"学问的大头脑"，他说："大抵学问功夫只要主意头脑是当，若主意头脑专以致良知为事，则凡多闻多见，莫非致良知之功。盖日用之间，见闻酬酢，虽千头万绪，莫非良知之发用流行，除却见闻酬酢，亦无良知可致矣。"（《传习录》中，《全集》卷二）总的来说，心学工夫论的神秘主义具有如下两个特征。首先，这些修养工夫是反思性的。心学的工夫本质上是面向"本心"的直觉体验，也就是精神无限内向化的本己反思。通过这种反思实践，主体领会到"本心"或良知是超越理性的精神本体。在这一过程中，精神不断否定外在的经验表象，无限地朝向自身形成构造事物意义的先验运动，最终实现了本真的自由。较之宋元以来的朱子学传统，阳明心学的最大特征即在于将外在的天理转化为内在的良知，使儒家的修养工夫成为面向心体的直觉反思运动。其次，这些修养工夫是神秘的。修养工夫的神秘性表现在三个方面。第一，内容是神秘的。心学工夫的内容或对象，就是良知本体。作为神秘的精神，良知不执着于任何一种经验现存，不断突破原有的观念和意识，并使精神在内向化运动的过程中实现对主体性的规定。这一运动的推动力就是自由。在它的推动下，良知不断否定自身的自然意识，扬弃感性的个别的、外在的存在，使神秘精神得以呈现。当良知呈现为神秘的精神时，它就是一种绝对的"无"。因为它是对现实经验的绝对否定，所以是一种"本无"。阳明尝论心学工夫云："功夫不是透得这个真机，如何得他充实光辉？若能透得时，不由你聪明知解接得来。须胸中渣滓浑化，不使有毫发沾滞，始得。"（《传习录》下，《全集》卷三）这番话表明心学工夫要化去心中所存、所住的一切滞碍，否定所有现实性的东西，实现"本心"的无滞无碍、来去自由。第二，方法是神秘的。在阳明看来，良知的超理性、超现实性的特征决定了对它的认识不能依赖于理性思辨或概念分析，而只能诉诸神秘的直觉反思。本章所论之修养工夫，无论是静坐、养气还是致良知，都以直觉体认为要旨，不落言诠之窠臼。理性的认识方式总是使主体停留于认识对象的外围，而不能进入事物之中。直觉反思则取消了主客二元对立，使人直接体验到纯粹意识本身，达到"心体呈露"的效果。第三，教法是神秘的。神秘主义的教法始于禅宗。禅师以机锋指点人，目的是让人破除文字名相之执。机锋之语，重在迅捷锐利，含蓄微妙，不落迹象，激人证悟。禅师多取日常生活中的切身情境为譬喻，所谓"青青翠竹""郁郁黄花"，尽是教示之机。举例而言，宋代禅宗多有"如何是祖师西来意""如何是佛法大意"等话头，禅师一般答曰"庭前柏树子""山河大地""一寸龟毛重九斤""破草鞋"，或反问"只今是什么意"。心学的教法近乎禅宗机锋，多有神秘主义的色彩。这一点早在象山心学那里即有所表现。有学者问象山："如何是穷理尽性以至于命？"象山答曰："吾友是泛然问，老夫却不是泛然答。老夫凡今所与吾友说，皆是理也。穷理是这个理。尽性是尽这个性。至命是至这个命。"（《语录上》，《陆九渊集》卷三十四）"如何是穷理尽性以至于命"这个问题可以从两个层面来回答。一是立足于经典本身，回答何为"穷理""尽性""至命"，以及三者之间的逻辑关系；二是立足个体的生命境界或存在境遇来回答。象山所谓"吾友是泛然问，老夫却不是泛然答"，"泛然问"就是关注经典的普遍义或文本义，不作"泛然答"就是针对提问者的当下生命境界，阐明人如何在生命中实践"穷理尽性以至于命"这个过程。[1] 阳明运用机锋指点弟子，也是立足于生命境界这个层面：

> 一友侍坐，眉间若有忧思。先生觉之，顾语他友曰："人一身不得爽快，不消多大事。只一根头发钓着，满身便不快活了。"是友闻之，矍然省惕。[2]

观阳明之语录，可见其言教中屡发机锋、险语，直指门人心性，

---

[1]　何俊：《陆象山的"六经注我"与"我注六经"》，《中国哲学史》2021 年第 5 期。

[2]　束景南、查明昊辑编：《王阳明全集补编》，第 330 页。

这一点显然受到了禅宗的影响。冈田武彦指出，王阳明在创立心学体系之后，经常运用禅机来教化门人，"阳明学重视体验，有一些神秘主义的特性，所以王阳明才会在不知不觉中摆弄禅机"①。阳明身后的心学学者也认为，日常语言在描述良知本体的作用上存在着局限性，故多以机锋、譬喻发明此心，终成"说玄说妙"之局面。总之，心学工夫论的神秘主义使精神扬弃了自然意识的经验性、现实性，进入超越和反思的层面，最终呈现超理性、超现实的自由精神，这种神秘主义不仅是心学工夫论的逻辑的归宿，也是其历史的归宿。

　　在前文中，我们介绍了心学直觉体认的工夫，其所长在是，而短亦伏焉。惟此直觉体认之功，能使私欲尽净而杂念不起，并使心体当下呈露。然而直觉体认的工夫偏重内证而疏于言辩，易使学者耽于自悟，缺乏与他者在现实层面的交流。盖社会伦理关系的形成，全赖主体间的沟通、交往。阳明之后，儒者尤重澄心静虑，以求自悟良知，反而疏离了伦理规范与伦理实践，遂有中晚明"狂禅"现象之发生。

　　形成"狂禅"现象的根本原因在于心学将良知理解为一个无善无恶、无思无虑的本体。良知本质上是超理性、超现实的神秘精神。这样的一个本体也就是"本无"的精神。本体的"无"无法为经验世界中的"有"安立一个伦理的基础。所以，心学的工夫实践只是体认良知的虚无性，结果心学学者往往越强调内向反思，越不重视公共社会的伦理实践。阳明说：

　　　　道不可言也，强为之言而益晦；道无可见也，妄为之见而益远。夫有而未尝有，是真有也；无而未尝无，是真无也；见而未尝见，是真见也……夫有无之间，见与不见之妙，非可以言求也。（《见斋说》，《全集》卷七）

_____

① ［日］冈田武彦：《王阳明大传：知行合一的心学智慧》，第188—189页。

　　"道"即"心"也。善恶等伦理观念不足以对心体作出有效的规定，所以后者是超越善恶观念的"本无"。易言之，心体的存在本质不能通过认知活动和概念界定来把握，唯有通过对"无"的整体性体验才能领会。在"体无"的工夫实践中，主体认识到真正的觉悟应该是一种"无我"的状态。阳明说："诸君常要体此人心本是天然之理，精精明明，无纤介染著，只是一无我而已。"（《传习录》下，《全集》卷三）又说："圣人之学，以无我为本，而勇以成之。"（《别方叔贤序》，《全集》卷七）对此，阳明特别提出"克己"的工夫，必将遮蔽、束缚此心的欲念遣除殆尽，而后心体方可实现自身的澄明，"君子之学，为己之学也。为己故必克己，克己则无己。无己者，无我也"（《书王嘉秀请益卷》，《全集》卷八）。经过这样的工夫修习，主体得以昭明自身，进入自由之境。在此境界中，心体卸下现实的重负，获得轻盈与灵动的感觉，而后者正是精神从现实世界中绽出的自由感。①

　　阳明之后，很多王门儒者也将"体无"作为心学工夫之枢要，而他们的学说也表现出某种反道德的特征。王龙溪强调以顿悟为学，并排除了一切渐修的工夫。他将先天、后天的全部存在视为虚无的东西，故曰"无中生有，一言尽之"（《天山答问》，《龙溪会语》卷六）。在龙溪看来，对"本无"的体认、悟入是真正的为学进路，若能通达这一虚无之境，就不再有物欲之隔或成见之障。而在罗近溪那里，对"本无"的体认也成为其全部工夫的核心宗旨。在他看来，心体是虚明圆通的存在，"心如空谷，呼之则响"（《明道录》

---

　　① 有学者指出，现实性的重力与自由的高度都是人类精神之深层隐喻，"重力是限制自由的东西。而在人类精神体验中，一切重量大的东西，也能起到这样的作用，因为当精神与这样的东西结合，后者就会将它的重力转移到精神之上，使精神不能再自由飞翔"，"精神在其历史中，不断否定低处的东西，飞向更高的东西：否定感性个别性而趋向普遍，否定感性表象而趋向抽象本质，否定物质趋向意识，否定自然、经验趋向超验实体，最后否定超验实在趋向空无……这一精神历程表明，精神不断飞向高处的过程就是愈益接近空无的过程；而逐渐升华的失重状态，显然就是愈益脱离存在重负的漂浮状态"。参见吴学国《奥义书思想研究》（第二卷），第403页。

卷七）。心体本无，故言无之时已含有，论虚之际已藏实。若执着于经验现实的存有，则不能从本质上把握良知本体。近溪这样描述"体无"的工夫进路：

> 此道炳然宇宙，原不隔乎分尘。故人己相通，形神相入，不待言说，古今自直达也。后来见之不到，往往执诸言诠。善求者，一切放下、放下，胸目中更有何物可有耶？（《明德夫子临行别言》，《罗汝芳集》卷一）

"一切放下"即近溪所谓"直下承当"。近溪主张直悟本体之无，而未可执于意见、闻见。可见，承续阳明"以无为本"思想的王门诸儒同样将体悟"本无"视为成圣之基。不过，尽管他们和阳明一样以"虚""无"为"心"，却较后者走得更远。阳明虽然说过"本心"是"无善无恶"的存在，但没有彻底否定工夫，还是主张以切己之工夫遣除私欲、习气的障蔽。到了龙溪、近溪等人那里，则标举直悟本体、不由工夫诸说。以喻言之，阳明之工夫进路在于扫尽浮云而瞥见天日，而王门后学（特别是现成一路）则强调天日一出而魍魉自消。所以，王门后学的心学思想在疏离伦理实践方面更为明显，很多人就这样忘我地沉浸在神秘经验带来的怡乐之中。

第 五 章

王门后学的宗教意识与神秘主义

引 言

唐宋以来，中国思想的发展主要表现为儒、释、道三家的互动与融合。隋唐之际，佛道二教之盛远过以往。相比之下，儒家自魏晋以来，始终未能重振秦汉时代的盛况。安史之乱后，佛教与道教在价值观上给传统儒学带来了极大的冲击。有见于此，韩愈撰《原道》一文陈说儒门统绪："斯吾所谓道也，非向所谓老与佛之道也。尧以是传之舜，舜以是传之禹，禹以是传之汤，汤以是传之文武周公，文武周公传之孔子，孔子传之孟轲，轲之死，不得其传焉。荀与扬也，择焉而不精，语焉而不详。"（《韩昌黎文集》卷一）由此，韩愈确立了儒家的正统地位，反观佛道二教，虽亦有各自的历史传统，然终究为教外异端。在韩愈看来，发源于域外的佛教及僧众尤其可鄙，"本夷狄之人，与中国言语不通，衣服殊制，口不言先王之法言，身不服先王之法服，不知君臣之义，父子之情"（《论佛骨表》，《韩昌黎文集》卷八）。韩愈的"辟佛"说奠定了北宋以来理学的"道统"意识与排斥佛老的基本立场。然而，随着北宋中期道学思想的兴起，尽管很多以"正统"自居的士大夫频频发出抨击佛老、捍卫道统的声音，他们却又暗自吸收了很多佛道思想来构建新的儒学系统。实际上，儒家对佛老的批判主要集中在背弃人伦事物这一点上，而对于后者的心性学说以及一套相当成熟的修养工夫，却往往持包容的态度——甚至直接拿来为己所用。关于这一段历史，陈寅恪先生较早给予了揭示：

> 宋儒若程若朱，皆深通佛教者。既喜其义理之高明详尽，足以救中国之缺失，而又忧其用夷变夏也。乃求得两全之法，避其名而居其实，取其珠而还其椟。采佛理之精粹，以之注解四书五经，名为阐明古学，实则吸收异教，声言尊孔辟佛，实则佛之义理，已浸渍濡染，与儒教之宗传，合而为一。此先儒爱国济世之苦心，至可尊敬而曲谅之者也。故佛教实有功于中国甚大。①

这是说，中国本来在心性方面缺少精粹学说，而佛教于性理之学独有深造。深通佛教的程朱诸儒，一方面看到佛教义理的高明详尽，欲以其补救、深化中国本土的心性学说，另一方面又担心"援佛释儒"会导致"用夷变夏"。所以宋儒汲取精粹的佛教义理注解四书五经，以阐明古学为名，以吸收异教为实，将佛教的义理与儒家教义浸染混合。从思想史上看，从濂溪、横渠至南宋诸儒的很多观念都脱胎于佛道思想。不过，几乎所有的宋儒在官方立场上仍自觉与佛道划清界限，并时常以"近禅"等说辞批评一些佛道气息较为浓厚的儒者。这种"正统"与"异端"之辨贯穿于整个宋明理学的发展脉络之中。理学家一方面严防佛老"外人伦""遗事物"等价值观对社会各阶层的渗透，另一方面又在私人生活中广泛结交僧人和道士，直到17世纪末，很多儒者士大夫的生活方式与教学方式仍颇具禅风。

进入明代，儒者对佛老的态度显得更为开放。大多数明儒并不

---

① 转引自吴宓著，吴学昭整理《吴宓日记》（第2册），第102页。

避讳使用佛道术语或公案来接引学人，他们甚至认为，在求道或成圣的终极意义上，儒释道三教是殊途同归的。此外，较之宋时，很多明代儒者对"正统"与"异端"的关系有了全新的认识。比如阳明说："与愚夫愚妇同的，是谓同德。与愚夫愚妇异的，是谓异端。"（《传习录》下，《全集》卷三）可见，从韩愈那里传下来的"异端"观念发生了转变："正统"与"异端"不再专指儒家与佛老的区分，而更多用来区分安顿精神生命的成圣之学（或良知学）与脱离身心践履的俗学。这充分说明，在中晚明时期，以"正统"自居的儒家和见斥为"异端"的佛道之间的紧张已经有所消解。阳明与王门后学都尝试从更广阔的视域来看待儒家与佛道的关系。他们在接触佛道思想的时候，往往并不刻意强调自己的儒家立场，反而更愿意看到三教在义理层面的融摄与会通。

　　彭国翔指出，无论就思想主张还是就社会现实而言，中国历史上三教融合的高峰即出现在中晚明时期，"而作为这一时期儒学主要思想形式的阳明学，正体现了儒家思想在三教关系问题上最为成熟的形态"①。阳明自少年时便与佛道二教结下了不解之缘，而在"龙场悟道"之后，他开始借用佛道思想对传统儒学作出新的诠释。在现存的文献中，我们不仅可以看到阳明在教学中屡发禅宗式的机锋险语，更能透过"心即理""致良知"等核心观念窥见心学中的佛道烙印。在阳明看来，儒学不是一门固步自封的学问，它应以开放的姿态将佛老思想中的精粹吸纳到自身系统中来。阳明将良知视为融会佛老的本体概念，并认为在后者那里也有对良知的阐发，只不过异于儒家传统的话语而已。应该说，在阳明心学的影响下，明代三教合一的趋势不仅比宋代更强烈，而且更为普遍化、公开化甚至主流化。无论是学者士大夫，还是一般民众，都把三教融合视为合理的现象。这说明三教合一成为中晚明时期的重要思想基调。

　　此外，在阳明及众多王门学者的思想中，良知是精神信仰的对

---

① 彭国翔：《儒家传统：宗教与人文主义之间》，第 172 页。

象，心学的宗教化进路即依此而展开。如果说传统儒学因缺少超越的信仰对象而不能被称为严格意义上的宗教，那么对于阳明心学而言，即便不能称其为宗教，它的宗教性也因儒者对良知的崇信而愈为显著。在这样一种信仰的支持下，很多心学学者都把信仰良知当作"成圣"的工夫，体现出明显的神秘主义倾向。王龙溪继承了阳明"信得良知"的教法，他将良知视为内在超越的信仰对象，并强调对良知本体的当下悟入。王心斋也推崇"直下承当""当下即是"的现成教法，在他看来，良知是自然现成的本体，顺此良知发用流行，则一切工夫莫不成立。而在聂双江与罗念庵那里，则力破"致良知"的支离安排之弊，主张直溯本原，在良知本体之虚寂处用功，致思性命之根柢，体悟虚无之生化。撇开"现成派"与"归寂派"的分歧，可以看到这些阳明身后的心学学者都认同良知是神秘的精神，以及通过良知的自我呈现来挺立主体性的价值关怀。总之，王门后学思想所表现出的神秘主义不是偶然的，而是良知学发展到一定阶段的产物，其顺应了个体意识与自由精神无限深化的时代要求。

第一节　中晚明的阳明学与佛老的互动

早在阳明在世的时候，就有很多学者诋其"近禅"。更有甚者，直接将心学视为禅学。如陈清澜评价道："阳明于禅学卷舒运用熟矣，朱子尝谓陆子静却成一部禅，愚谓阳明亦成一部禅矣。"（《学蔀通辨》续编卷下六）在他看来，阳明教法多用禅学，已臻熟练之境地。朝鲜大儒李退溪也认为儒学发展至白沙，尚不纯为禅学，至阳明则纯为禅学：

陈白沙、王阳明之学，皆出于象山，而以本心为宗，盖皆禅学也。然白沙犹未纯为禅，而有近于吾学。故自"言其为学之初，圣贤之书，无所不讲，杜门累年，而吾此心与此理，未

凑泊吻合。于是舍繁求约，静坐久之，然后见心体呈露，日用
应酬，随吾所欲，体认物理，稽诸圣训，各有头绪来历，始焕
然自信"云。此其不尽废书训，不尽铄物理……至如阳明者，
学术颇忒，其心强狠自用，其辩张皇震耀，使人眩惑而表其
所守。①

　　依退溪之见，白沙与阳明皆宗"本心"而为禅学，然白沙不尽
废置经籍物理，犹有收敛，至阳明则全然为禅矣。明中期之后，指
摘阳明"为禅"或"近禅"者无非两种人：一是尊朱之儒，他们认
为阳明将天理收摄内心的思想与禅学无异；二是释经之儒，他们不
满于阳明以"本心"为宗而疏略经典文本的教法。我们认为，说阳
明"近禅"则可，而以之为"纯然之禅"则不可。阳明一生之中，
虽曾出入佛老，亦多吸收佛道的教法，但他并未放弃个人的儒家立
场。更进一步讲，阳明没有将儒学改造为禅学，而是始终在努力地
融合三教，使儒学的精神内涵得到空前的深化。
　　这种融合三教的努力，在阳明一生中表现为从非自觉到自觉的
过程。阳明与佛道二教因缘甚深，其出入佛老的经历对后来心学思
想的形成有着深刻的影响。然而，阳明早年虽亦尝试从佛道思想中
找到"成圣"的基石，却对后者保持着距离。这一点与很多宋儒是
一致的：他们既承认佛道的一些思想观念不同于甚至高妙于俗儒之
见，又站在儒者的身份立场上强调佛道与儒家不可同日而语。所以，
阳明早年对三教的融合仍是保守且不自觉的。这种情况至阳明晚年
始有转变。经宁濠之变，阳明对个体的生存境遇有了更深的认识，
他开始以更开放的态度对待佛道二教。在阳明晚年的教法中，一些
佛道术语被精熟地用来开示门人，而他的思想本身也更明显地体现
出佛道的影响。在这一阶段，阳明更自觉、主动地将儒学与佛道进

---

　　① 李滉：《传习录论辩》，《定本退溪全书》（第12册），安东：退溪学研究院
2006年版，第74—75页。

行对比，并认为后者虽然在人伦日用方面有所不足，却在心性修养方面具有较大的启发性。与绝大多数宋儒不同，阳明开始从良知概念出发来衡评三教得失，而没有陷入"正统""异端"之辨所带来的一曲之偏或门户之见。

与此同时，儒学的宗教化转向也成为心学发展过程中的一个特殊现象。在儒家传统中，"天"有宗教的意味。然而，儒家却并未将"天"视为宗教意义上的超越者。易言之，古代的儒者虽然对"天"有着一般的信念，却没有形成精神性的信仰。随着阳明心学的兴起，良知逐渐成为一种宗教意义上的信仰对象。在本体论层面，良知虽然也是"天""诚""道""天理"，却具有更为内在的意义。心学学者将良知视为信仰对象，并不意味着将良知推至主体之外而为一客观的、外在的超越者，而是将超越者应有的全部精神意义内化于主体之中。一个人信仰良知，实际上就是信仰自我的内在精神力量，亦即信仰自由。信仰自由也就是追求自由，其表现为精神推动自身的发展而使自我的无限性和超越性得到本真的呈现。这一进路必然是神秘的。信仰良知还意味着自我专注追求无限而超越的精神本体，而全部现实的物质存在在此过程中不断被否定。信仰良知就是对"本无"的追求，所以这种信仰是绝对纯粹的，是立足于自我意志的精神自由。

一　三教合一的历史现象

陈寅恪先生说，自魏晋以来，中国古代思想可以用儒释道三教的关系来说明：

> 南北朝时，即有儒释道三教之目（北周卫元嵩撰《齐三教论》七卷。见《旧唐书》四七《经籍志下》）。至李唐之世，遂成固定之制度。如国家有庆典，则召集三教之学士，讲论于殿廷，是其一例。故自晋至今，言中国之思想，可以儒释道三教代表之。此虽通俗之谈，然稽之旧史之事实，验以今世之人情，

则三教之说，要为不易之论。①

陈先生认为，只有将秦汉尤其六朝以下的"一大事因缘"梳理清楚，揭示新儒学、新道教和中国佛教产生的种种未发之覆，对中国思想史的认识才能更上层楼。所以，研究隋唐以后三教关系的历史衍变，实有其必要性。从思想史上看，阳明以前的很多学者都有过对三教关系的探讨乃至融合三教的尝试。早在汉魏时期，即有《牟子理惑论》提出三教在思想本质上的一致性，开南北朝佛教玄学化之先河。隋末大儒王通又从儒家立场提出"三教可一"之说，欲使三教统一并服务于政治实践：

> 程元曰："三教何如？"子曰："政出多门矣！"曰："废之如何？"子曰："非尔所及也。真君、建德之事，适足推波助澜、纵风止燎耳。"子读《洪范》谠议曰："三教于是可一矣。"程远、魏征进曰："何谓也？"子曰："使民不倦。"（《中说·问易》）

王通的统合三教之说，出于他对南北朝历史经验的反思和总结。在他看来，三教之间的排挤攻讦，无益于社会稳定，故与其以此攻彼，不若互相补充，合而用之。由此可见，王通提出"三教可一"，乃是欲合三教以服务于政事，与后来宋明儒者吸收佛老思想来充实、改造儒家学术的目的大为不同。到了两宋儒者那里，始有汲取、转化佛道思想的理论自觉。目前学界的一个基本共识，就是三教合流对宋明儒学的形成和发展产生了重要影响。宋代理学中的理气论、心性论及一系列修养工夫都多少带有佛道思想的影子。冯友兰认为："新儒家是儒家、佛家、道家（通过禅宗）、道教的综合。从中国哲

---

① 陈寅恪：《冯友兰中国哲学史下册审查报告》，载《金明馆丛稿二编》，上海古籍出版社 1980 年版，第 250—251 页。

学史的观点看来，这样的综合代表着发展，因此是好事，不是坏事。"① 正是通过三教的融合，宋明理学实现了理论的创新发展，使儒家学说达到了佛道思想未曾达到的高度："我们可以说，新儒家比道家、佛家更为一贯地坚持道家、佛家的基本观念。他们比道家还要道家，比佛家还要佛家。"② 不过，很多宋儒还是会刻意回避自己与佛道的关系，并严厉批评一些思想或言论明显接近佛道的儒者。最为关键的是，即便一些宋儒对佛道思想持开放、温和的态度，也未能找到一个切实的本体论基础来支撑三教的理论共性。

直至阳明心学兴起，这种情况才有所转变。在阳明所处的时代，科举制度与宋代道学支配着士大夫的精神世界。大多数明代士人都通过这两种文化遗存取得社会政治地位的升迁。尤其是作为官方意识形态的朱子学，当它成为举业系统中不可分割的一部分时，原有的理性思辨、道德活力及求知精神便全部变成了僵化的伦理教条。在这种情形下，朱子学以及相关经典都成为加官晋爵的工具。对于阳明而言，他显然不会满足将读书登第作为"第一等事"，然而业已沦为俗儒谋取官禄的朱学又非其所期。阳明不得不尝试从佛道思想资源与个人的生命感悟中找寻对抗朱学末流的突破口。

阳明真正反对的对象，未必是朱子本人，而更多是在明中期沦为"俗学"的朱学末流思想。比如我们看这样的一段对话：

> 士德问曰："格物之说，如先生所教，明白简易，人人见得。文公聪明绝世，于此反有未审，何也？"先生曰："文公精神气魄大，是他早年合下便要继往开来，故一向只就考索著述上用功。若先切己自修，自然不暇及此。到得德盛后，果忧道之不明，如孔子退修六籍，删繁就简，开示来学，亦大段不费甚考索。文公早岁便著许多书，晚年方悔是倒做了。"士德曰：

---

① 冯友兰：《中国哲学简史》，第367页。
② 冯友兰：《中国哲学简史》，第364页。

"晚年之悔，如谓：'向来定本之误。'又谓：'虽读得书，何益于吾事？'又谓：'此与守书籍，泥言语，全无交涉。'是他到此方悔从前用功之错，方去切己自修矣。"曰："然。此是文公不可及处。他力量大，一悔便转。可惜不久即去世。平日许多错处皆不及改正。"（《传习录》上，《全集》卷一）

　　能够看到，阳明在根本上是服膺朱子的，谓其"精神气魄大""力量大"。阳明认为，朱子学中的很多问题，是朱门后学在编撰语录时掺杂己意所致："而其诸《语类》之属，及其门人挟胜心以附己见，固于朱子平日之说犹有大相谬戾者……"（《朱子晚年定论序》，《全集》卷七）阳明的矛头真正对准的对象是明代的朱子学者。或许，在阳明看来，较之当时醉心举业功名或盲从说教的俗儒、陋儒，自宋以来即不断实现"入世转向"的僧道反而更具服务社会的热情及思想上的创造力。[①] 阳明融合三教并不单纯是为了论证儒学的正统性，而是试图从佛道思想中找到转化古典儒学的有利资源。

　　关于阳明与道家、道教的关系，历来学界已有相当丰厚而成熟的研究。柳存仁认为，道家的精神修炼对阳明心学的发生形成了深刻的影响。[②] 通过考察阳明的家族史，朱晓鹏指出，阳明的先祖就对道教神秘主义有着浓厚的信仰，这种信仰"不仅使家族中很多人都精于筮法之术，而且对王阳明的思想气质不能不有莫大的影响"[③]。张永堂更是指出，早在元朝末年，王氏家族就已经通过卜筮预言到后世将出现"名于世者"（按：即王阳明），而这种预言是贯穿于

　　① 关于唐宋之后佛道二教尤其是"新禅宗"的"入世转向"问题，可参见余英时《唐宋转型中的思想突破》，载氏著《人文与理性的中国》，上海古籍出版社2007年版，第50—64页。

　　② 杜维明：《青年王阳明1472—1509：行动中的儒家思想》，第42页。

　　③ 朱晓鹏：《王阳明与道家道教》，第12页。

《阳明全书》第三十八卷《世德纪》的主轴。① 对于阳明个人而言，
道教作为一股潜在的力量不断地转化自己的精神气质。阳明曾在
《答人问神仙》一文中自述"八岁而即好其说（引按即神仙之学）"。
不过，这一说法不可考，阳明与道教的最早接触仅可追溯到他十一
岁时（成化十八年）随祖父竹轩公入京师，在长安街上遇一相士
（或为尹真人），后者对阳明说出了某种谶语："吾为尔相，后须忆
吾言：须拂领，其时入圣境；须至上丹田，其时结圣胎；须至下丹
田，其时圣果圆。"（《年谱一》，《全集》卷三十三）这些话在少年
阳明的心里留下了深深的印记，乃至"自后每对书辄静坐凝思"②。
耿宁也认为："'圣人'的理想可能在王阳明的童年便已出现，在他
看来，一个圣人的生活要比被大多数儒者所竭力追求的官职重要得
多。"③ 后来，阳明的人生中又发生了许多与道教有关的奇特遭遇，
包括他在新婚之夜与铁柱宫道士对坐忘归，以及弘治十四年在九华
山问蔡蓬头神仙之事。阳明创作的一些诗赋同样能够表明他对神仙
境界的向往。如《九华山赋》云："吾其鞭风霆而骑日月，被九霞
之翠袍。抟鹏翼于北溟，钓三山之巨鳌。道昆仑而息驾，听王母之
云璈。呼浮丘于子晋，招句曲之三茅。长遨游于碧落，共太虚而道

---

① 张永堂：《王守仁与术数》，载刘泽华、罗宗强编《中国思想与社会研究》
（第一辑），中国社会科学出版社 2007 年版，第 509 页。

② 从"入圣境"到"圣果圆"，指的是道教内丹学的修炼过程。唐宋道教的内
丹心性学，不同于以炼丹术为宗旨的道教外丹派，可谓道教文化体系中最为神秘的部
分。概而言之，内丹学是以"天人合一"思想为指导，以人体为"鼎炉"，以人身
"三宝"即精、气、神为"药物"，经过"炼精化气""炼气化神""炼神还虚"等步
骤，最终在体内结成长生不老药（"内丹"）的修行方式。内丹学的终极目标就是长生
久视、得道成仙。阳明后来修习导引术，得"前知"之能，或许就是受到了道教内丹
学的影响。通过阳明遇相士这个典故，至少可以看出，在那位相士眼中，阳明具备成
为一名道士的资质。此外，有学者在研究中表明，阳明心学与道教的内丹心性学有着
内在的亲缘性，它们共同的思想渊源甚至可以追溯到印度的奥义书传统那里。参见吴
学国、徐长波《梵道之间：从印度吠檀多思想到全真道的心性学》，《中国高校社会科
学》2015 年第 3 期；吴学国、秦琰《从印度吠檀多到中国阳明心学》，《学术月刊》
2007 年第 2 期。

③ ［瑞士］耿宁：《人生第一等事：王阳明及其后学论"致良知"》，第 91 页。

遥。"（《全集》卷三十九）此赋多用道家、道教之典，足见阳明对它们的熟悉。再如"夜深忽起蓬莱兴，飞上青天十二楼"［《化城寺六首（其二）》，《全集》卷十九］，"寒根固生意，息灰抱阳精。冲漠际无极，列宿罗青冥"［《杂诗三首（其三）》，《全集》卷十九］。这些诗句都表明阳明对道教文化有着非常特殊的情感。可以说，尽管阳明在弘治十五年"渐悟仙、释二氏之非"，却并非放弃对佛道思想的关注与借鉴，甚至在很多年后他以更开放的态度看待三教关系，并试图调和它们之间的矛盾。据阳明弟子董谷记载，正德十二年阳明任赣州知府，一夜忽梦纯阳真人吕洞宾来访。梦中的对话反映了阳明对道教的真实态度：

> 吾问："如何谓之仙？"彼曰："非儒之至者，不足以称真仙。"吾又问："如何谓之儒？"曰："非仙之至者，不足以言真儒。"①

这些言论反映出阳明晚年尝试打通儒道之隔的思想态度。阳明又撰《寿汤云谷序》一文曰："夫精藏则太和流，神守则天光发，累释则怡愉而静，机忘则心纯而一：四者道之证也。"（《全集》卷二十二）在阳明看来，道教的炼神化气与儒家的修养工夫并不矛盾。正德六年，阳明回忆其早年从学生涯云："某幼不问学，陷溺于邪僻者二十年，而始究心于老、释。赖天之灵，因有所觉，始乃沿周、程之说求之，而若有得焉。"（《年谱一》，《全集》卷三十三）阳明将佛道之学称为"邪僻"，似有悔过之意，其实此语完全出自个人的儒者立场，他必须这样说才能让身边的儒者士大夫相信自己没有"变节"。

阳明一生固然与很多道士有过交往，他也亲身修习过导引呼吸

---

① （明）董谷：《虔台梦》，载《碧里杂存》（卷下），台北：艺文印书馆 1966 年版，第 16 页。

之术，但实际上他的教法及晚年化境更近于佛教。阳明早年对佛教无甚好感，甚至经常挖苦、讥讽僧人。有一位法号净觉的禅僧为自己的居所起名"性天"，并延请阳明为之作序，阳明虽应约作了篇序文，但文中不乏讥讽之辞：

> 吾闻浮屠氏以寂灭为宗，其教务抵于木槁灰死，影绝迹灭之境，以为空幻。则净觉所谓"性天"云者，意如此乎……人之生，入而父子、夫妇、兄弟，出而君臣、长幼、朋友，岂非顺其性以全其天而已耶？圣人立之以纪纲，行之以礼乐，使天下之过弗及焉者，皆于是乎取中，曰"此天之所以与我，我之所以为性"云耳。不如是，不足以为人，是谓丧其性而失其天。（《性天卷诗序》，《全集》卷二十九）

由此可见，这一时期的阳明仍对佛教徒持批评态度，认为后者弃绝伦常、宗于寂灭。弘治十五年时，阳明在虎跑寺偶遇一位坐关三年、不语不视的禅僧，大喝道："这和尚终日口巴巴说甚么！终日眼睁睁看甚么！"（《年谱一》，《全集》卷三十三）阳明的这一做法颇似禅宗棒喝，直指人心，乃令此僧惊起并与自己对谈。阳明晓之以爱亲本性，僧人涕泣拜谢，终还俗返家。可知直到阳明三十岁左右，仍认为禅法是违背人之本性的，其辟佛立场尤为鲜明。这一立场到阳明中年发生了变化。正德七年，日本高僧了庵桂悟以八十七岁高龄远使中国，得明武宗器重，就任宁波阿育王山广利寺方丈。其间，阳明多次向了庵桂悟请教佛法，亦颇有得。了庵归国时，阳明撰文赠云：

> 予尝过焉，见其法容洁修、律行坚巩，坐一室，左右经书，铅朱自陶，皆楚楚可观，爱非清然乎！与之辨空，则出所谓预修诸殿院之文，论教异同，以并吾圣人，遂性闲情安，不哗以肆，非净然乎！且来得名山水而游，贤士大夫而从，靡曼之色

不接于目，淫哇之声不入于耳，而奇邪之行不作于身，故其心日益清，志日益净，偶不期离而自异，尘不待浣而已绝矣。（《送日本正使了庵和尚归国序》，《全集》卷三十二）

在这篇序文中，阳明对了庵赞颂备至，这和此前以断灭种性批评禅僧的态度大为不同。实际上，龙场谪居之后，阳明与僧人的交往便日益密切，乃至可以一起深入讨论佛法，这意味着他对佛教有了更内在的认同。在阳明晚年的教法中，禅风更盛。有学者向阳明请教致良知的工夫，阳明即以禅机启发众人：

先生曰："此亦须你自家求，我亦无别法可道。昔有禅师，人来问法，只把麈尾提起。一日，其徒将麈尾藏过，试他如何设法。禅师寻麈尾不见，又只空手提起。我这个良知就是设法的麈尾，舍了这个，有何可提得？"少间，又一友请问功夫切要。先生旁顾曰："我麈尾安在？"一时在坐者皆跃然。（《传习录》下，《全集》卷三）

阳明一句"我麈尾安在"尽显禅机：良知譬如那空手提起的麈尾，若执于麈尾之形相，则良知无复可得也。此番教法近于禅宗"指月"之喻。《楞严经》云："如人以手指月示人，彼人因指，当应看月。若复观指，以为月体，此人岂唯亡失月轮，亦亡其指。""指"喻名言教法，"月"喻真如佛性，仅可以"指"示"月"，不可以"指"为"月"，此为本性自用智慧观照而不假文字之意也。阳明又说："手指有见有不见，尔之见性常在。人之心神只在有睹有闻上驰骛，不在不睹不闻上着实用功。盖不睹不闻是良知本体。戒慎恐惧是致良知的工夫。学者时时刻刻常睹其所不睹，常闻其所不闻，工夫方有个实落处。久久成熟后，则不须着力，不待防检，而真性自不息矣。岂以在外者之闻见为累哉？"（《传习录》下，《全集》卷三）此说亦同上文之义。无论是佛教的真如，还是阳明的良知，都是无住无得、无善无恶的超绝本体，苟以名相求之，则不免有所偏失。至于"一棒一条痕，一掴一掌血""正法眼藏""无知无不知"等口头禅，更是在阳明后期的语录中俯拾皆是。用阳明自己的话说，教法不必执一，故禅机亦为方便法门，"圣贤教人如医用药，皆因病立方，酌其虚实温凉阴阳内外而时时加减之，要在去病，初无定说。若拘执一方，鲜不杀人矣"（《传习录序》，《全集》卷四十一）。阳明诗云："莫道先生学禅语，此言端的为君陈。"［《示诸生三首（其一）》，《全集》卷二十］即明其旨。

可见，阳明与佛道二教的因缘贯穿于其毕生的讲学实践之中，尤其是他对佛教的态度，更表现出明显的转变。一言以蔽之，阳明对佛道思想的吸收经历了一个从非自觉到自觉的过程。他自述早年出入佛老之经历云："守仁蚤岁业举，溺志辞章之习，既乃稍知从事正学，而苦于众说之纷挠疲痾，茫无可入。因求诸老、释，欣然有会于心，以为圣人之学在此矣。"（《朱子晚年定论序》，《全集》卷七）这说明，阳明早年因无所得于诸家之学才求诸佛老，因而对佛道思想的学习吸收是不自觉的。大约在中年之后，阳明与佛道（特别是佛教）的关系日趋和缓，乃以更开放、主动的态度吸纳佛道思想来重新诠释儒学。阳明几乎完全搁置了唐宋以来的"正统""异端"之辨，他认为佛道学说虽不同于儒学，然亦有其独到之处："吾何以杨、墨、老、释之思哉？彼于圣人之道异，然犹有自得也。"（《年谱一》，《全集》卷三十三）单就佛教对阳明心学的影响来说，也是十分明显的。"心之本体"颇似改造后的自性清净心，而阳明晚年尚言"虚无""无知"，又以"本心"之"无善无恶"为终教，足见他已经自觉借用佛教的思想资源来阐明儒学。毋庸讳言，在佛教这种异质文化的影响下，阳明完成了对朱学末流的突破，将明代儒学引入更新的经验领域。

阳明统合儒释道的出发点是三教皆有对道体的生命追求，因此这一进路被称为"道合三教"。嘉靖二年十一月，阳明渡钱塘江至萧山，张元冲在舟中问二氏学说，认为它们与儒学差之毫厘，且"有得于性命""有功于吾身"，或可兼取为用。这种说法，在严守"正统"与"异端"之辨的朱子学者看来，已是"大逆不道"。但是，阳明却认为"兼取"尚不足以说明三教关系，三教实为一源：

> 说兼取，便不是。圣人尽性至命，何物不具，何待兼取？二氏之用，皆我之用：即吾尽性至命中完养此身谓之仙；即吾尽性至命中不染世累谓之佛。但后世儒者不见圣学之全，故与二氏成二见耳。譬之厅堂三间共为一厅，儒者不知皆吾所用，见佛氏，则割左边一间与之；见老氏，则割右边一间与之；而己则自处中间，皆举一而废百也。圣人与天地民物同体，儒、佛、老、庄皆吾之用，是之谓大道。（《年谱三》，《全集》卷三十五）

这里的意思是说，"道"本为一，无论儒家还是佛老皆循此"道"，惟后人意见先入，以"正统"与"异端"分判三教，遂有高下偏正之别。"道"亦为"心"或"良知"。儒释道三教都肯定宇宙中存在着一个超越的精神本体，虽各教对其称谓不同，但从根本上讲它就是良知。良知是超越名相、观念的根本原理，可以作为三教平等的本体论基础。阳明之后，王龙溪进一步阐发了这种以良知统合三教的思想观念：

> 二氏之学与吾儒异，然与吾儒并传而不废，盖亦有道在焉。均是心也，佛氏从父母交媾时提出，故曰"父母未生前"，曰"一丝不挂"，而其事曰"明心见性"。道家从出胎时提出，故曰"力地一声，泰山失足"，"一灵真性既立，而胎息已忘"，而其事曰"修心炼性"。吾儒却从孩提时提出，故曰"孩提知爱知敬"，"不学不虑"，曰"大人不失其赤子之心"，而其事曰"存心养性"。夫以未生时看心，是佛氏顿超还虚之学；以出胎时看心，是道家炼精气神，以求还虚之学。良知两字，范围三

教之宗。良知之凝聚为精，流行为气，妙用为神，无三可住，良知即虚，无一可还。此所以为圣人之学。（《南游会纪》，《王龙溪先生全集》卷七）

在龙溪看来，良知贯通虚实、有无，是"范围三教之宗"。在对待三教的态度上，龙溪比阳明更为激进。他认为良知是老之玄、佛之觉，唯立意各有侧重，故三教形态、作用各异。据此，龙溪直接将佛教的"空性"等同于良知，以其为超现实性的精神本体：

　　楚侗子送先生至新安江，舟中更求一言之要为别。先生曰："子常教人须识当下本体，更无要于此者。虽然，这些子如空中鸟迹，如水中月影，若有若无，若沉若浮，拟议即乖。趋向转背，神机妙应，当体本空，从何处去识他？于此得个悟入，方是无形象中真面目，不着纤毫力中大着力处也。"（《留都会纪》，《王龙溪先生全集》卷四）

龙溪的"当体本空"之说，实与般若学的"性空"思想如出一辙。盖阳明晚年多以"无"论"心"，而龙溪将良知视为无生无灭、无分别对待的超绝本体，实为对阳明晚年终教的继承和发展。由此，王龙溪提出儒释道三教的立言宗旨本来相同，学不必有门户，"人受天地之中以生，均有恒性，初未尝以某为儒、某为老、某为佛，而分授之也"（《三教堂记》，《王龙溪先生全集》卷十七），欲推明学术，绝不能封闭一隅，"如此方是享用大世界，方不落小家相"（《龙南山居会语》，《王龙溪先生全集》卷七）。除龙溪外，焦澹园、陶石篑、杨复所等泰州学人也直接将禅学纳入儒学思想之中。泰州诸儒的学术观点更近于自然现成、不假安排的晚期禅宗，主张顺任良知之发用，当下即是，"当下者，学之捷法，无前无后，无善无不善，而天地之大，万物之富，古往今来之久，道德功业之崇广，人情世态之变幻，皆是矣"（《泰州学案三》，《明儒学案》卷三十四）。

可以看到，从阳明到王门后学，愈发重视借鉴、吸收禅法中的"体无"与"妙悟"，这一做法最终使心学朝着"禅化"的道路发展下去。刘蕺山甚至将阳明心学纳入禅宗的传灯谱系："古之为儒者，孔孟而已矣，一传而为程朱，再传而为阳明子，人或以为近于禅；即古之为佛者，释迦而已矣，一变而为五宗禅，再变而为阳明禅。"（《刘蕺山先生遗集》卷十四）"阳明禅"的说法或许失之偏颇，但却精准把握到阳明心学广纳禅法的思想特征。

明代心学的工夫实践多有神秘经验的现象其实也与三教融合有着密切的关系。如前所述，阳明心学之发生虽或出于朱学末流之刺激，然究其思想渊源却不是自宋学一路下来，而是吸收了佛道思想并对传统儒学加以改造的结果。儒学向来重视直觉体验，而在心学汲取了同样重视身心体验的佛道思想后，这一趋向则更为明显。应该说，心学神秘主义的形成，离不开佛道思想的渗透。至于阳明、龙溪等人以良知范围三教的说辞，绝非偶发之论。以精神哲学观之，作为自由本体的良知在精神运动的过程中，必将推动自身实现内在精神的无限化和绝对化。自由的精神就是本体在精神运动中的最终目标。自由的精神也是神秘的精神，它表明精神对一切理性和现实性的绝对超越，因而是一种"空性"或"本无"。对于佛道二教而言，"无"是它们一以贯之的精神基础，这就为它们与心学的会通提供了本体论的支撑。精神对"本无"的追求势必伴随着对伦理法则的疏略，这一点在佛道思想传统中已有充分体现。阳明心学在伦理实践方面，也体现了类似的特征。这一现象的出现，固然来自心学对神秘精神的内在领会，而三教融合过程中佛道精神对心学的影响也是不可忽视的重要因素。

二　心学宗教化的历史现象

从 17 世纪耶稣会教士入华以至今日，"儒学是否宗教"一直是个争论不休的问题。如果以西方的一神教信仰模式来审视儒家传统，就会觉得在后者那里不存在任何宗教信仰。尽管在殷周之际，中国已经有了对"天"或"天命"的崇拜及相关祭仪，但并未形成对"天"或"天命"的精神信仰。正如黑格尔所说："中国的宗教，不是我们所谓的宗教。因为我们所谓宗教，是指'精神'退回到了自身之内，专事想象它自己的主要的性质，它自己的最内在的'存在'……真正的信仰，只有潜退自修的个人、能够独立生存而不依赖任何外界的强迫权力的个人，才能具有。在中国，个人并没有这一种独立性，所以在宗教方面，他也是依赖的，是依赖自然界的各种对象，其中最崇高的便是物质的上天。"① 黑格尔认为，中国人多为无神论者，而儒学就是一种无神论的宗教。国人自古以来就有敬畏天命的心态，但他们关注的更多在于"天"所降下的福祸，而不在于"天"或"天命"本身。我们认为，传统儒家所具有的是信念，而不是信仰。信念与信仰的区别，在于前者有客观的事实基础，有内在的规定性，而后者则意味着对超越事物的追求，是无规定性的，也是精神性的。邓晓芒也指出，古代中国人所拥有的是一种相信某事有意义且一定能够实现的信念，而没有真正的信仰，后者应该是精神性的，"就是能够超越世俗生活，超越世俗的政治、利益、经济等等各种具体的支配人们社会生活的条件，能不能有一个永恒的东西让我们去追求"②。信仰是精神对自由的开放，这种开放同时也是精神的反思与超越。自由本身是无限的，所以精神对自由的开放意味着对无限的追求，其本质上是超现实的。因此，信仰又是精神对虚无的领会。唯有精神能够透过一切现实存在并契入虚无之中，真正意识到自我的纯粹意识才是本真、绝对的存在；而外在、经验的现实存在都是服务于纯粹意识、精神的相对存在。真正的信仰就是对精神的内在性本身的信仰，亦即对真实的精神自由的本己反思。基督教、犹太教的神就是这样一种本质的虚无和自由的精神，对神

---

① ［德］黑格尔：《历史哲学》，王造时译，上海书店出版社 2006 年版，第122—123 页。

② 邓晓芒主编：《中西文化比较十一讲》，湖南教育出版社 2007 年版，第 7 页。

的信仰要求人领会到内在生命的绝对自由，进而摆脱现实存在对人的支配和束缚。对于传统儒家而言，这样一种信仰是十分陌生的，秦汉以来的儒家从未形成对于某种永恒、无限、超越的精神实体的信仰。

这种情况到阳明心学那里发生了改变，其表现为人们将良知作为一种精神性的信仰对象。实际上，阳明以前的宋明儒者论"信"，仍是将其作为一般意义上的信念，而非对于超越者的精神信仰。如朱子说："近看《孟子》见人即道性善，称尧、舜，此是第一义。若于此看得透，信得及，直下便是圣贤，更无一毫人欲之私做得病痛。"（《答梁文叔》，《朱文公文集》卷四十四）对"性善"的"信得及"即为一种道德信念，表明朱子在根本上相信人性本善。阳明论"信"，却和前人有了较大的差异。阳明说："若信得良知，只在良知上用功，虽千经万典，无不吻合，异端曲学，一勘尽破矣。"（《传习录》中，《全集》卷二）又说："良知本无知，今却要有知；本无不知，今却疑有不知，只是信不及耳！"（《传习录》下，《全集》卷三）良知是超越经验知识、概念、法则的存在，阳明将良知当作"信"的对象，就表明以其为全部价值、理性的基础。因此这里的"信得"，就是面向超验存在的精神信仰。在中晚明时期，良知学的一个重要特点就是"作为道德实践先天根据以及宇宙万物本体的良知，已经被视为终极实在，从而成为信仰的对象"[①]。信仰良知是一种精神运动，其意味着一种精神的本己反思，即精神对自我的先验性和独立性的反思。阳明在嘉靖四年致邹东廓的信中写道："近时四方来游之士颇众，其间虽甚鲁钝，但以良知之说略加点掇，无不即有开悟。"（《与邹谦之》，《全集》卷五）良知为人所俱有，即便是愚钝的人，若能信仰良知、追求良知，也能获得某种程度上的了悟。在诗中，阳明自信地指出："肯信良知原不昧，从他外物岂能撄。"［《月夜二首（其一）》，《全集》卷二十］良知是心学之"正

---

① 彭国翔：《儒家传统：宗教与人文主义之间》，第 106 页。

法眼藏"，所以信得良知也就是对此精神本体的悟入。

阳明将良知作为信仰的对象，并不意味着把良知推出主体之外而成为一个客观意义上的超越者，而是以其为内在的超越存在。这与西方一神论模式的宗教信仰有所不同。在西方宗教传统中，对上帝的信仰要求人不懈地追求真理与自由，然而这样一种追求是外向性的。而在心学这里，信仰良知实为主体对自我之精神品格、能力、潜质的信仰，使自我在有限性的生命领域展开内在的无限性。正如学者所言，对良知的信仰是一门观念的工夫，"有别于实践工夫，意即只要怀想良知，这怀想本身就是工夫，不再有任何其他技术的仰赖，直接就能与本体合一，这件事情能获得操作的要领就是'信得'，只要把良知强烈相信进去，这相信本身就会产生能量，使得良知就出现在你的怀想里"①。所以，对良知的信仰本质上是精神的自我觉悟。通过这种本己的反思、觉悟，精神实现了对现实性的绝对超越。

在阳明之后的心学学者中，最重视信仰良知的人是王龙溪。"信得良知"的说法在阳明那里只是偶尔提及，龙溪则明确将良知视为超越性的信仰对象。龙溪的这一做法，直接推动了中晚明儒学的宗教化转型。龙溪在临终之际，表明了自己对良知"信得及"的态度：

> 师门致良知三字，人孰不闻？惟我信得及。致良知功夫，彻首彻尾，更无假借，更无包藏掩护，本诸身、根于心也，征诸庶民，不待安排也。真是千圣相传秘藏，舍此皆曲学小说矣。明道云："吾学虽有所受，天理二字是吾体贴出来。"吾于良知亦然。（《遗言付应斌应吉儿》，《王龙溪先生全集》卷十五）

龙溪此意，与阳明近似。致良知的工夫包含了对良知的绝对信仰。在龙溪看来，良知是先于天地、诸圣乃至一切现实存在的创造

---

① 陈复：《阳明子的冥契主义》，载张新民主编《阳明学刊》（第四辑），第87页。

性根源，惟良知为最可信者，"夫天积气耳，地积形耳，千圣过影耳，气有时而散，形有时而消，影有时而灭，皆若未究其义。予所信者，此心一念之灵明耳"（《龙南山居会语》，《王龙溪先生全集》卷七）。龙溪所强调的信仰良知，全然是对精神本体的直觉证悟。若能真切地信仰良知，则可当下悟入本体，精神即获得无限的超越感和自由感：

> 良知便是做人舵柄，境界虽未免有顺有逆、有得有失，若信得良知过时，纵横操纵，无不由我。如舟之有舵，一提便醒，纵至极忙迫纷绪时，意思自然安闲，不至手忙脚乱，此便是吾人定命安身所在。古人造次颠沛必于是，亦只是信得此件事过，非意气所能及也。（《留都会纪》，《王龙溪先生全集》卷四）

龙溪又说：

> 若果信得良知及时，不论在此在彼、在好在病、在顺在逆，只从一念灵明自作主宰，自去自来，不从境上生心，时时彻头彻尾，便是无包裹，从一念生生不息，直达流行，常见天则，便是真为性命。从一念真机绵密凝翕，不以习染、情识参次掺和其间，便是混沌立根。良知本无起灭，一念万年，恒久而已。"（《答周居安》，《王龙溪先生全集》卷十二）

以"无"论"心"，良知即为超越一切现实存在的精神本体，也就是自由。这种自由精神就是"本无"或"空性"。唯有通过对自由的本真领会，精神才能觉悟到本体的超越性，进入真正的自由之境。从龙溪的言论中可以看到，通过信仰良知，自我获得了一种真正的超越。信仰良知就是对"本无"的觉悟。这意味着精神在反思中领会到本体自由与自我的同一性。总之，精神唯有经过自"有"入"无"的辩证运动，打破对经验现实的执着，并将自身推入

"无"的境界，才能获得本真的自由。

很多精神传统都将某种超越的人格神作为宗教信仰的对象。比如蒂里希就认为，一种真实的宗教信仰，必须具备超越的指向性，即指向一种以位格和神格为中心的象征系统。[①] 黑格尔也认为："自在或潜在的神是精神，这是我们关于神的概念。"[②] 这里的"精神"是超越自然并返回到自身的"神"，黑格尔认为只有以精神或神为内容的宗教才是真正的宗教，"宗教是精神对精神的关系，是精神对在其真理性中的精神的认识，而不是对在其直接性或自然性中的认识"[③]。然而，这样一种对"神"的认识，在阳明心学那里是不存在的。应该说，阳明提出"信得及"的说法是对宋明儒学的重要发展。在程朱理学中，天理以"月印万川"的形式落实于万物之中，无论是物还是人皆以天理为最高标准。人的气禀清浊不同，决定了不是每个人都能轻而易举地实现心灵与天理的贯通，这就要求大多数人不断通过"格物致知"的工夫来体认天理。在此过程中，天理难免从超验本体沦为外在的伦理教条，而人的个性也消泯于天理所规定的框架之中。如果我们将这样一套工夫视为成己之学，那么最终所成之"己"即便不同于原初自我，乃至在道德修养方面达到了很高的境界，也不免以牺牲某些个性为代价。阳明提出信仰良知，则将程朱理学中那种客观的最高原则移至内心，而该原则一旦在本心立足，就成为一种超现实的精神原理。如此一来，超越理性和现实性的良知便成为精神信仰意义上的超绝存在。对良知的信仰是超越理性的，非言诠所能尽，所以对它的信仰也是一种直觉体验。总之，

---

① Paul Tillich, *Dynamics of Faith*, New York: Harper & Brothers, 1958, p. 91.

② Hegel, *Lectures on the Philosophy of Religion. Vol I*. Translated by E. B. Speris and J. Burdon Sanderson, London: Kegan Paul, Trench, Trübner, & Co. Ltd., 1895, p. 81.

③ Hegel, *Lectures on the Philosophy of Religion. Vol I*. Translated by E. B. Speris and J. Burdon Sanderson, London: Kegan Paul, Trench, Trübner, & Co. Ltd., 1895, p. 263.

真实的信仰对象，未必是彼岸世界中的人格神，毋宁说是一切具有超现实意义的精神存在。

从思想史上看，信仰良知不仅实现了儒学的宗教化转向，更推动了心学的世俗化发展和神秘主义的盛行。正如詹姆士所言："信仰状态（faith-state）与神秘状态是实际上可以交换的名词。"① 一个人信仰某种超验存在，实际上便拥有了直觉、体验、描述这一超验存在的权利。这个权利并不以信仰状态的不同为转移。质言之，每个人都能基于个人信仰给出一条无限接近超越者的路径，这往往表现为私人领域内的神秘经验。在西方思想界，马丁·路德（Martin Luther）的"因信称义"（Justification by Faith）的宗教改革即表现出上述特征。中世纪晚期，天主教会经常举办赎罪券集市，通过售卖赎罪券促使信徒忏悔内心的罪恶。在很长一段时间内，人们都相信金钱能够买到罪恶的赦免，却忽略了发自良知的悔罪。基于此，路德发布了《九十五条论纲》（Ninety-five Theses），提出靠购买赎罪券来获得拯救的行为是徒劳的，而救赎的真正路径应该是也只能是人的信仰。唯有信仰才能获得上帝的救恩和宽恕，它是人的一切功德的根本来源。因为基督徒皆有对上帝的信仰，所以每个人都具有阐释《圣经》与灵修的权利。这样，福音精神就从上层教会贯彻到世俗社会的方方面面。马克思对此指出，路德破除了对权威的信仰，却建立了信仰的权威，"他把僧侣变成了俗人，是因为他把世俗人变成了僧侣。他把人从外在的宗教笃诚解放出来，是因为他把宗教笃诚变成了人的内在世界"②。比较地看，阳明心学对信仰的规定近于路德之"因信称义"。通过阳明、龙溪及诸多心学学者的努力，儒学不再专属于精英知识分子，即便是社会最底层的愚夫愚妇也拥有了信仰和体悟良知的权利。心学也不再是束之高阁的学问，而是维系、沟通中晚明士人阶层与民间的重要纽带。这种心学的世俗化引发了

① ［美］威廉·詹姆士：《宗教经验之种种——人性之研究》，第 412 页。
② 《马克思恩格斯选集》（第一卷），人民出版社 2012 年版，第 10 页。

工夫修习中神秘经验的频繁出现，世人皆从己意论说良知，甚至"说玄说妙，几同射覆"。这正是因为心学以良知为信仰对象，所有人都能凭借个人的悟性来直觉"本心"，体验的内容亦因人而异。这种心学世俗化的倾向，一方面使人们能够不受拘束地体认、追求内心自由，另一方面也导致人们愈发关注个人的内心世界，却忽视了伦理实践的客观意义。

　　在本节中，我们介绍了中晚明时期的三教融合和儒学宗教化等历史现象。可以看到，阳明心学在其发展过程中不断地吸收佛道的思想资源，并把良知本体视为一种精神信仰的对象。尽管心学与佛道二教在宗教形态的层面仍有较大差距，但毫无疑问的是，实现宗教化转向的心学为明代的士人与民间阶层提供了一种终极的转化之道。心学开启了儒学的一个新面向，它虽然不是严格意义上的宗教，却具有宗教性和宗教功能。

　　按照白诗朗（John Berthrong）等人的说法，在当今全球化的过程中，由于不同宗教传统之间的交往互动日益密切，多元宗教参与（multiple religions participation）甚至多元宗教认同（multiple religions identity）的问题也愈为突出。① 同其他宗教传统相比，儒家有着更强的包容性以及多元主义（pluralism）的立场。尽管唐宋之后的儒家经常以拒斥的态度对待佛道二教，但是宋明新儒学的理论形态无疑又是传统儒家吸纳佛道思想并加以改造的结果。到了明代，阳明心学又以更主动和开放的态度接受佛道的渗透，这种做法推动了心学的宗教化转向。我们甚至可以说，能否以主动和开放的态度对待三教合一，是朱子学与阳明学的一个重要区别。彭国翔也指出："从总体来看，是否对佛道两家持较为开放的态度并肯定三教融合的发展方向，在一定程度上可以说是中晚明区分阳明学与朱子学的一个

---

　　① John Berthrong, "Syncretism Revisited: Multiple Religious Participation", *Pacific Theological Review*, Vol. 25 – 26（1992 – 1993）, pp. 57 – 59.

指标。"① 这种区别既是从宋至明三教互动与融会所形成的客观结果，又是阳明主动汲取佛道思想资源来转化自身的一个确证。

阳明及更多王门学者不仅揭示了儒家与佛道二教的共性，更尝试通过融会三教来实现自我的终极转化。阳明曾回忆道：

> 某十五、六岁时，便有志圣人之道，但于先儒格致之说若无所入，一向姑放下了。一日寓书斋，对数筳竹，要去格他理之所以然。茫然无可得，遂深思数日，卒遇危疾，几至不起，乃疑圣人之道恐非吾分所及，且随时去学科举之业。既后心不自已，略要起思，旧病又发。于是又放情去学二氏，觉得二氏之学比之吾儒反觉径捷，遂欣然去究竟其说。②

阳明早年便已知觉"二氏之学比之吾儒反觉径捷"，所以他能够以更主动的心态去接纳并融合佛道二教。在阳明及其他心学学者看来，虽然儒释道三教在形上层面超越的方式有所不同，但它们共同追求的目标都是精神的绝对自由。

心学的宗教化还表现在阳明等人将良知作为宗教信仰的对象。自秦汉以来，中国始终未能在宗教层面确立一种精神信仰的对象，即便历代君臣都掌握着一套繁琐的祭天仪礼，但"天"并不是超越的精神实体。阳明与龙溪等人提出"信得良知"之说，在某种程度上弥补了上述缺失。作为一种超绝的精神实体，良知展开为否定现实存在的自由精神，所以主体对良知的信仰也就是对自由精神的追求。龙溪尝论"信得良知"云：

> 有诸己谓信，良知是天然之灵窍，时时从天机运转，变化云为，自见天则。不须防检，不待穷索，何尝照管得？又何尝

---

① 彭国翔：《良知学的展开》，第 441 页。
② 转引自陈来《中国近世思想史研究》，第 625—626 页。

不照管得……若真信得良知过时，自生道义，自存名节，独往独来，如珠之走盘，不待拘营，而自不过其则也。（《过丰城答问》，《王龙溪先生全集》卷四）

"信得良知"也就是致良知的工夫，它表现在主体通过直觉反思领会到良知是超绝的精神本体，即超越理性和现实性的"本无"。信仰良知就是对自由精神的契入，这表明精神逐渐克服存在的现实性，推动自身进入虚无之域。良知本体不可思议，而信仰良知也是超越思维和语言的。信仰良知就是对神秘精神的证悟。因此，将良知领会为一种精神信仰的对象，也是心学神秘主义的重要表现。

第二节　现成良知，直下悟入

在思想史上，学术大师的门下往往是"学焉各得其性之所近，源远而末益分"，于是"儒分为八，墨分为三"，形成许多小的派别，向各方面分途发展。孔子门下如此，阳明门下亦是如此。[1] 阳明殁后，门下诸弟子虽自谓接续心学正脉，然终究展现出不同的理论面向。形成这一现象的原因有很多，但其中一个重要原因，就是阳明晚年教法偏于直觉体悟，不重言说。阳明所述种种化境，虽有极高成就，但毕竟属于私人经验，难以向门人弟子全盘授出。诚如刘蕺山所言：

先生命世人豪，龙场一悟，得之天启，亦自谓从《五经》印证过来，其为廓然圣路无疑。特其急于明道，往往将向上一几，轻于指点，启后学躐等之弊有之。天假之年，尽融其高明卓绝之见而底于实地，安知不更有晚年定论出于其间？而先生

---

① 嵇文甫：《晚明思想史论》，第 15 页。

且遂以优入圣域，则范围朱、陆而进退之，又不待言矣。先生属纩时，尝自言曰："我平生学问，才做得数分，惜不得与吾党共成之。"（《明儒学案·师说》）

"向上一几"是阳明揭示的大方向，即"本心"的超绝之域。欲达到这一目标，需要个人切实用功，使"本心"全然呈现。这一经验是很难用语言讲明的。依此观之，蕺山批评阳明"轻于指点"犹为苛求，盖因如是高妙之见，只可觉悟于自心，而难遣于见闻也。

在王门后学中，有一派学者侧重悟解心性、现成自足，更视后天的工夫实践为证悟本体的障碍。冈田武彦称之为"现成派"。这一派儒者普遍轻视后天的道德实践，"动辄随任纯朴的自然性情，或者随任知解情识，从而陷入任情悬空之弊，以至于产生蔑视人伦道德和世之纲纪的风潮"①。这些学者继承了阳明"满街都是圣人"的观念，认为良知是自然现成、不假外求的存在。在他们看来，良知即"无"，悟得良知就是对"无"之境界的契入。他们沿着心学宗教化、世俗化的进路继续发挥，强调个体"直下承当""一了百当"的顿悟，所以尤其重视神秘经验的获得和自由意志的表达，却往往对后天的伦理实践有所忽视。这些观念在晚明士人群体中颇为盛行，最终造成了明末伦常崩坏的局面。

关于这一派，本书将选取王龙溪与王心斋为例进行研究，并深入阐明他们思想中的神秘主义。王龙溪是阳明的大弟子，其人资性明敏，为同门诸儒所不及。龙溪为学，专就高明一路，着眼于先天本正之心体，故其学说被称为"先天正心之学"。依龙溪之见，人有利钝，教有定权，学有顿渐。利根之人，心体莹彻，本来具足，故为学之旨在于反诸此心，保任良知之自然流行，悟得良知是无执无住之本体。学者若从后天意念上立根，则精神专注于省察克治之功，难免支离繁重，故龙溪以之为"第二义"。比较而言，阳明虽强调心

---

① ［日］冈田武彦：《王阳明与明末儒学》，第99页。

体之"无善无恶"，但并未完全否定后天的道德实践；龙溪则更强调"无"的精神，以良知之"本无"贯穿于本体与工夫之间，在一定程度上消解了后天道德实践的意义。对龙溪来说，后天生起的各种道德意念在先天心体的觉照下只是"无念"：

> 吾人终日酬酢，不离见在，千绪万端，皆此一念为之主宰。念归于一，精神自不会流散……圣狂之分无他，只在一念克与妄之间而已。一念明定，便是缉熙之学。一念者无念也，即念而离念也。故君子之学，以无念为宗。（《趋庭漫语付应斌儿》，《王龙溪先生全集》卷十五）

"无念为宗"之说本于南宗禅，龙溪明确截断意念的发生路径，呈现心体本来之虚无。在此基础上，龙溪以"本无"之精神贯穿"心""意""知""物"，使内外、主客、心物、动静打并为一。蕺山认为，龙溪的心学思想吸收了很多禅宗的内容，使阳明学趋于"禅化"："学阳明之学者，意不止阳明也。读龙溪、近溪之书，时时不满其师说而益启瞿昙之秘，举而归之师，渐跻阳明而禅矣。"（《答王金如》，《刘蕺山先生遗集》卷七）龙溪力主范围三教，将佛道思想融入心学之中，使心学神秘主义得到了进一步的深化。就学脉传承来看，阳明承认龙溪领悟了心学精髓，龙溪也认为自己独得阳明晚年不传之秘而"尽契师旨"。质言之，龙溪的思想本质上是神秘的，这既是对阳明教法的继承，也是对后者心学思想的有力发挥。

王心斋是泰州学派的代表人物，被顾宪成称作"阳明之慈湖"。同龙溪一样，心斋也强调良知现成自在。较之龙溪，心斋的教法甚至更为简易直截，时常就当下的生活情境直指本心，使人一时省觉。心斋常以禅机接人，种种机锋虽有提撕警觉之功，然动辄簸弄光景，置道德修养于不顾。心斋以乐论心、以乐为学，提倡学者追求超越世俗的精神愉悦，这使他不重视读书穷理，也不看重伦理实践。心斋在很大程度上推动了心学的世俗化转向，他提出"百姓日用即道"，认为人的动静语默之间无非良知之自然流行。这种观念让一般民众更容易接触和理解心学思想。在心斋那里，不仅思想上偏向以直觉冥悟为特征的神秘主义，而且平日言行亦多怪诞，他曾"按《礼经》制五常冠、深衣、绅经、笏板。行则规圆矩方，坐则焚香默识"（《王心斋先生遗集》卷一）。总之，心斋的心学思想反映了对世俗情见的超越及个体意识的深化，"这种神秘主义与复古主义的结合，构成了王艮的宗教式狂想曲"①。

一　王龙溪的先天正心之学

在本书中，我们多次指出，精神的自我运动表现为它对经验现实的超绝否定。在这一过程中，精神领会到自身的本质是超绝、内在的自由。自由是推动精神不断实现对现实性之绝对否定的根本动力。我们将现实存在归结为"有"，那么存在的本质就是超越一切"有"的本体自由，即"无"。这种"无"属于本体层面的存在，所以是"本无"。自由就是"本无"的精神，它通过自身的否定性力量超越了精神的现实性。所谓精神的现实性，就是概念、理性、意识、观念等内容。当这些现实存在凝结为一种绝对的力量，便意味着自由难以超越当下的现实性而陷于停滞，无法进入无限而超越的境界。这就要求精神不断克服现实存在对自由的遮蔽和桎梏，推动自身进入本体自由，最终领会到存在的真理、本体是纯粹的虚无。这就是人们渴望自由、追求自由的终极意义。

王龙溪心学思想的宗旨，就是以"无"为本。阳明自中年之后即多言"无"，晚年更以"无善无恶"论"心"为平生终教。阳明虽然经常用"无"这一概念来定义"心"，却未尝放弃后天的道德实践，更以"事上磨炼"的工夫对治学者的耽空守寂之弊。龙溪则悬崖撒手，以良知为虚寂、虚无，将本体以至于工夫都视作"无善

---

① 侯外庐、邱汉生、张岂之主编：《宋明理学史》（下卷），第422—423页。

无恶"的存在。在龙溪看来，"寂"是心学的核心观念，"寂之一字，千古圣学之宗"（《致知议辨》，《王龙溪先生全集》卷六）。良知不是别的什么东西，正是虚寂之体。在这个意义上，龙溪指出：

> 人心本来虚寂，原是入圣真路头。虚寂之旨，羲黄姬孔，相传之学脉，儒得之以为儒，禅得之以为禅，固非有所借而慕，亦非有所托而逃也。（《南游会纪》，《王龙溪先生全集》卷七）

良知本来虚寂，超越一切习俗、教条、制度等现实存在，是绝对的本体自由，即"本无"。良知是"无"，故能主宰、涵摄一切"有"，"良知是性之灵窍，本虚本寂。虚以适变，寂以通感，一毫无所假于外……此学未尝废见闻，但属第二义"（《与莫中江》，《王龙溪先生全集》卷十一）。可见，良知是先天的本体存在，属于"第一义"；理性、意识、概念、伦理等精神内容是后天的现实存在，属于"第二义"，故龙溪心学被称为"先天正心之学"。龙溪又说：

> 良知原是未发之中，无知而无不知，若良知之前复求未发，即为沉空之见矣。古人立教，原为有欲设，销欲，正所以复还无欲之体，非有所加也。主宰即流行之体，流行即主宰之用，体用一原，不可得而分，分则离矣。（《浙中王门学案二》，《明儒学案》卷十二）

良知"无知而无不知"，因而是一种纯知，即超越主客、内外、动静、能所的绝对本体，亦为神秘的精神。之所以称其为神秘的，是因为良知不系于任何现实存在，在超验的层面被理解为排除了自然表象、观念的精神实体。

作为神秘的精神，良知在原则上不能被理性认识，只能诉诸神秘的直觉反思。首先，良知是不可思议的，对它的理解和把握要通过默识体认的工夫实践。龙溪说：

　　道必待言而传，夫子尝以无言为警矣。言者，所由以入道之诠，凡待言而传者，皆下学也。学者之于言也，犹之暗者之于烛，跛者之于杖也。有触发之义焉，有印证之义焉，有栽培之义焉，而其机则存乎心悟。不得于心而泥于言，非善于学者也。

　　我阳明先师倡明圣学，以良知之说觉天下，天下靡然从之。是虽入道之玄诠，亦下学事，载诸录者详矣。吾党之从事于师说也，其未得之也，果能有所触发否乎？其得之也，果能有所栽培否乎？其得而玩之也，果能有所印证否乎？得也者，非得之于言，得之于心也。契之于心，忘乎言者也，犹之烛之资乎明，杖之辅乎行，其机则存乎目与足，非外物所得而与也。若夫玩而忘之，从容默识，无所待而自中乎道。（《重刻阳明先生文录后语》，《王龙溪先生全集》卷十三）

　　依龙溪之见，良知虽然有时也通过语言来讲述，但一方面，这是不得已而为之的"下学事"；另一方面，言诠终究无法呈现良知的全部面目，常有未得之处。所以龙溪强调"从容默识无所待"，超越名言概念而直证本心。这种离言绝相的默识体认，乃是从孔子的"默而识之"一路下来，并融合了佛道二教冥定静坐的工夫而形成的。阳明尤重默识心通，龙溪同样凭借直觉体认的工夫契入心体而"忘乎言者"。至此境界，则良知本体自然呈现，而一切后天的伦理实践都成为"第二义"的内容。

　　其次，龙溪认为"成圣"之功有修有悟，学者应以悟为主，以修为次。龙溪说：

　　良知是彻上下真种子，智虽顿悟，行则渐修。譬如善才在文殊会下得根本知，所谓顿也；在普贤行门参德云五十三善知识，尽差别智，以表所悟之实际，所谓渐也。此学全在悟，悟门不开，无以征学。然悟不可以言思期必而得。悟有顿渐，修亦有顿渐。著一渐字，固是放宽；著一顿字，亦是期必。放宽便近于忘，期必又近于助。要之，皆任识神作用，有作有止，有任有灭，未离生死窠臼。若真信良知，从一念入微承当，不落拣择商量。一念万年，方是变识为智，方是师门真血脉。（《答程方峰》，《王龙溪先生全集》卷十二）

悟是自信良知而无所待，故能任运心体之流行而勿忘勿助。若以修为工夫，则犹有修习之努力与目标，此心必为繁累。学者从悟入手，就能反观、觉照"本心"，当下呈露真体，"譬之明镜照物，鉴而不纳，妍媸在彼而镜体未尝有所动也。敛而不滞，纵而不溢，此千古经纶无倚之实学，了此便是达天德"（《赵麟阳赠言》，《王龙溪先生全集》卷十六）。在此基础上，龙溪又区分了三种悟，它们分别为解悟、证悟和彻悟：

> 君子之学，贵于得悟，悟门不开，无以征学。入悟者三：有从言而入者，有从静坐而入者，有从人情事变练习而入者。得于言者，谓之解悟，触发印正，未离言诠，譬之门外之宝，非己家珍；得于静坐者，谓之证悟，收摄保聚，犹有待于境，譬之浊水初澄，浊根尚在，才遇风波，易于淆动；得于练习者，谓之彻悟，摩磐锻炼，左右逢源，譬之湛体冷然，本来晶莹，愈震荡愈凝寂，不可得而澄淆也。（《悟说》，《王龙溪先生全集》卷十七）

在龙溪看来，基于言诠的解悟和基于静坐的证悟都不是究竟法门，因而特别主张基于事上磨炼的彻悟。若遵从解悟，就会随言而转，不能使真理成为得之于己的东西。若依止证悟，则犹有残存浊根，一遇外缘心神便起波澜。唯有通过彻悟，精神才能左右逢源，澄淆如一，无入而不自得。

最后，龙溪甚至认为，学者若执着于默识、彻悟、正心等工夫，其实也落在"第二义"上。良知当下即是，任何工夫都是多余的，"至善是心之本体。心体本正，才正心便有正心之病，才要正心，便已属于意"（《致知议辨》，《王龙溪先生全集》卷六）。因此，龙溪虽强调默识、彻悟，却将它们视为本体自然现成的状态，而非专门拣择出任何一段工夫。更进一步讲，龙溪所强调的是当下证悟的先验直觉，所谓"一悟本体即见工夫"，此为"不犯手"之法，"无工夫中真工夫"（《与存斋徐子问答》，《王龙溪先生全集》卷六）。龙溪认为象山所谓"涓流积至沧溟水，拳石崇成泰华岑"的工夫进路犹非上乘，故云："须知涓流即是沧海，拳石即是泰山。此是最上一机，所谓无翼而飞，无足而至，不由积累而成者也。"（《抚州拟岘台会语》，《王龙溪先生全集》卷一）罗念庵尝言，龙溪虽在教学中多以工夫指点，"却是无工夫可用，故谓之'以良知致良知'"（《与双江公》，《罗洪先集》卷六）。

总的来说，龙溪有见于学者陷于本体、工夫截断为二或工夫支离之现状，欲以简易直截之功一挽时弊。他严厉批评了那些专注后天工夫修习的学者：

> 若能在先天心体上立根，则意所动自无不善，一切世情嗜欲自无所容，致知功夫自然易简省力，所谓后天而奉天时也。若在后天动意上立根，未免有世情嗜欲之杂，才落牵缠，便费斩截，致知工夫转觉繁难，欲复先天心体，便有许多费力处。（《三山丽泽录》，《王龙溪先生全集》卷一）

这段话表明，道德判断所形成的意见、成见、念虑足以导致心体的昏蔽、牵扰，更使此心困累于世俗情态。龙溪强调工夫须从"先天心体上立根"，排除一切后天的意念干扰，使"本心"保持无念、无住的本然状态，"不以意识掺和其间"（《三山丽泽录》，《王龙溪先生全集》卷一），"彻底扫荡、彻底超脱"（《答季彭山龙镜书》，《王龙溪先生全集》卷九）。所以，龙溪所标榜的"工夫"实为本体的工夫，而无涉后天的道德实践。龙溪曾说：

> 千古圣学只从一念灵明识取，只此便是入圣真脉络。当下
> 保此一念灵明，便是学；以此触发感通，便是教。随事不昧此
> 一念灵明，谓之格物；不欺此一念灵明，谓之诚意；一念廓然，
> 无有一毫固必之私，谓之正心。直造先天羲皇，更无别路，此
> 是易简直截根源，知此谓之知道，见此谓之见《易》。千圣之秘
> 藏也。（《水西别言》，《王龙溪先生全集》卷十六）

"一念灵明识取"表示直从先天良知处呈现真体，领会到虚
无、虚寂才是宇宙存在的终极真理，故一切现实经验皆落于后天
的"第二义"。天泉之夜，龙溪与绪山皆以"无"论"心"，将此
心视为无善无恶、昭明灵觉的本体，强调了心体自灵自明、自作
主宰的精神特质。龙溪与绪山的不同处，在于前者直造本体之源，
以"无心"下贯于"无意""无念"乃至"无所作为"，至此一切
后天的工夫实践皆消解于先天本体的虚无之中；后者则强调切实
在人伦日用中做工夫，故不免将心体从超道德的层面拉回到道德
层面。黄宗羲评价道："两先生之'良知'，俱以见在知觉而言，
于圣贤凝聚处，尽与扫除，在师门之旨，不能无毫厘之差。龙溪
从见在悟其变动不居之体，先生（引按：即绪山）只于事物上实
心磨炼，故先生之彻悟不如龙溪，龙溪之修持不如先生。"（《浙中
王门学案一》，《明儒学案》卷十一）绪山曾就后天工夫之疏略，
批评龙溪等人未能恪守师说：

> 吾师既殁，吾党病学者善恶之机生灭不已，乃于本体提揭
> 过重，闻者遂谓诚意不足以尽道，必先有悟而意自不生，格物
> 非所以言功，必先归寂而物自化。遂相与虚忆以求悟，而不切
> 乎民彝物则之常；执体以求寂，而无有乎圆神活泼之机。希高
> 凌节，影响谬戾，而吾师平易切实之旨，壅而弗宣。（《浙中王

门学案一》,《明儒学案》卷十一)

在绪山看来,龙溪之过失即在于对良知本体"提揭过重",由此导致后天的道德实践有所荒废。即便在阳明那里,也认为世上的利根之人寥寥无几,如果所有人都相信自己生而为圣,难免生出希高凌节、不切实际之弊。不过,龙溪的学说是心学发展的必然趋势。人若能搁置外缘、专注本心,追求心灵的绝对自由,必将超越一切外在的束缚与限定。绪山虽对龙溪批评甚多,然其晚年入狱亲临生死之境,竟成心法之变,乃至对待后天工夫的态度更近龙溪。绪山几乎以一种悔过的语气讲述了个人心境的变化:"平时一种姑容因循之念,常自以为不足害道,由今观之,一尘可以蒙目,一指可以障天,诚可惧也。噫! 古人处动忍而获增益,吾不知增益者何物,减削则已尽矣。"(《浙中王门学案一》,《明儒学案》卷十一)对于绪山的思想变化,龙溪的喜悦之情溢于言表:"绪山兄已回,见在感应,尽见确实,亦切切以从前意见为戒,乃知忧患困穷有益于人也。"(《答赵尚莘》,《王龙溪先生全集》卷九)晚明时期的很多儒者认为,龙溪的先天正心之说根本没有逸出阳明的教法,反而正是对阳明心学合乎逻辑的发展。即便像刘蕺山指责龙溪有很多改造阳明学说的地方,也承认他的本体、工夫合一的进路是合理的,"学者只有工夫可说,其本体处直是著不得一语。才著一语,便是工夫边事。然言工夫,本体便在其中矣"(《答思履二》,《刘蕺山先生遗集》卷十九)。

综上所述,龙溪在先天心体上"立根",以良知之"无"贯通"意""知""物"等经验内容。这一做法固然保证了良知本体的超验性格,却也将现实存在的意义消泯在"本无"之中,使精神本体与现实事物都成为"无善无恶"的存在。超理性、超现实的"本无"精神展现为纯粹的自由,而对它的追求又内在地包含了漠视乃至遗弃人心中各种现实价值的向度。龙溪尝言:"良知是天然之灵窍,时时从天机运转。变化云为,自见天则,不须防检,不须穷索。"（《浙中王门学案二》，《明儒学案》卷十二）应该说，学者对心体之"虚""无"提揭过重，势必导致他们对伦理法则的忽视、疏略。龙溪的"四无"之说在当时的思想界产生了极大影响，众多儒者信奉其说，皆以直悟本原、不念世情为要旨，不再关注后天的伦理实践对于"成圣"的意义。对此，以顾宪成为代表的东林学人认为，当时出现的各种社会危机的根源就是"无善无恶"之说：

> 夫既无善无恶矣，且得为善去恶乎？夫既为善去恶矣，且得无善无恶乎？然则本体工夫，一乎二乎？将无自相矛盾耶？是故无善无恶之说伸，则为善去恶之说必屈；为善去恶之说屈，则其以亲养序别信为土苴，以学问思辨行为桎梏，一切藐而不事者必伸。虽圣人复起，亦无如之何矣，尚可得为救正耶？（《顾端文公遗书·东林会约》）

　　顾宪成的这一批评，可谓似是而非。盖龙溪所谓"无善无恶"之本体，本身就是超经验、超伦理的存在，因而是真正自由的精神存在，它是客观性与主观性的共同基础。顾宪成似乎没有认识到，良知作为自由的精神是否定了全部现实性的"本无"，他仍将良知视为伦理的精神，而在龙溪那里，良知却是神秘的精神。因此，顾宪成对龙溪的批评虽然有一定的合理性，却终究隔了一层。不过，龙溪对"本无"的强调，确实反映了内在自由与现实伦理之间的紧张，所以对于明末伦常失序之局面，虽不必尽责龙溪，其说亦难辞其咎。

　　龙溪以良知为超绝本体的思想，既是对阳明心学的进一步发展，也是他主动融合三教的必然结果。很多学者的研究表明，龙溪具有极高的佛学素养，他十分熟悉《起信论》《圆觉经》《法华经》等佛教经典，并尝试将这些经典中的思想融入心学之中。我们认为，龙溪把良知解释为"无善无恶"的空寂之体，就与如来藏佛学对自性清净心的描述有着一致之处，而与传统儒家的性善论有所不同。一些学者也指出，尽管奉持"四无论"的龙溪心学一度被视为"亲承阳明末命"的学说，但这些思想却使龙溪比晚年阳明更接近佛教。① 此外，龙溪十分推崇"无中生有"的工夫，这能够看出道教对他的深刻影响。有人向龙溪请教大丹之要，他说：

> 此事全是无中生有，一毫渣滓之物用不着。譬之螳螂转丸，丸中空处一点虚白，乃是螳螂精神会聚而成，但假粪丸为之地耳，虚白成形而螳螂化去，心死神活，所谓脱胎也。此是无中生有之玄机，先天心法也。养生家不达机窍，只去后天渣滓上造化，可谓愚矣。（《南游会纪》，《王龙溪先生全集》卷七）

由此可见，龙溪颇重道教养生之说。不过，龙溪仅从先天心法入手，对后天求造化的道教养生家提出了批评，称其"不达机窍"。除此之外，龙溪的静坐调息之说更是源于道教的养气法门。龙溪认为，儒道二家可以在养气工夫上达成会通。从孟子到宋明儒者所提倡的养气工夫，被龙溪解释为"调息"：

> 息之一字，范围三教之宗。老氏谓之"谷神""玄牝"，其息深深。蒙庄氏谓之"六月息"。释氏谓之"反息还虚"。吾儒则谓之"向晦入宴息"。邵子谓之"复姤之几，天地之呼吸也"。是息先天地而生，后天地而存。人能明此一息，是谓天地氤氲，万物化生。一息通于今古，平旦之气有不足言者矣。（《答王龙溪》，《双江集》卷十一）

从这段文本可以看到，龙溪以"真息"为古今万物的造化根源，也就是良知本体。道教向多言"息"，而传统儒者以异端视之。至龙

---

① 刘聪：《阳明学与佛道关系研究》，巴蜀书社 2009 年版，第 137 页。

溪始以"息"言"心"，并指出不能因"调息"是养生家的工夫便予以拒斥，由此可见他在融合三教方面的努力。然而，龙溪虽有"范围三教"之意，却并未因此放弃个人的儒者立场，他对信仰佛教的居士陆光祖表明了自己对儒佛异同的看法：

> 先师谓"吾儒与佛学不同只毫发间，不可相混"，子亦谓儒佛之学不同，不可相混。其言虽似，其旨则别。盖师门归重在儒，子意归重在佛。儒佛如太虚，太虚中岂容说轻说重、自生分别？子既为儒，还须祖述虞周，效法孔颜，共究良知宗旨，以笃父子，以严君臣，以亲万民，普济天下，绍隆千圣之正传。儒学明，佛学益有所证，将此身心报佛恩，道固并行不相悖也。（《答五台陆子问》，《王龙溪先生全集》卷六）

能够看到，龙溪仍以良知为父子、君臣等伦理关系的根基。甚至可以说，龙溪虽高举"范围三教"之帜，却不是含混地消解三教的差异，而是以良知之说贯穿于三教之中，通过"共究良知宗旨"来实现"道并行而不相悖"。另外，他虽然多谈"虚""无"，却有满腔的救世热情，年逾八十犹周流不倦，以师说鼓动天下。龙溪这样评价自己的讲学实践：

> 区区入山既深，无复世虑，而求友一念，若根于心，不容自已。春夏往赴水西、白山之会，秋杪赴江右之会，岁暮始返越。知我者谓我心忧，不知我者谓我何求。人生惟此一事，六阳从地起，师道立则善人多。挽回世教，叙正人伦，无急于此。惟可与知己道也。（《与萧来凤》，《王龙溪先生全集》卷十二）
>
> 眼前后辈，真发心为性命者少。去年往江右吊念庵兄，双江、东廓、鲁江、明水相继沦谢，吾党益孤，老师一脉，仅仅如线。自分年衰时迈，须得真发心者二三辈，传此微言，庶免断灭宗传。不知相接中，亦得几人否？年来海内风声虽觉鼓动，

针针见血者亦不多得。科中敬吾、纬川颇信此件事，部中鲁源、思默皆有超卓之见，可时时觅会，以尽究竟之谈。所谓不有益于彼，必有益于此也。(《与贡玄略》，《王龙溪先生全集》卷十二)

可见，龙溪虽强调自悟本心的重要性，却不做自了汉，专去自己受用。他认为人己之间，实为一体，故以不容已之情，讲学四方，启发后学。王敬所称赞龙溪既能自悟，又有启发他人的赤诚："终先生之身，无一日不讲学、不会友，反复谆切，感孚鼓舞，期于必信而后已。而凡嫌似之迹，或冒而居之不辞。"(《龙溪先生文集序》，《王龙溪先生全集》前附)不过，龙溪对自己的儒者身份虽有强烈的认同感，其学说却同传统儒学有了相当大的区别，这一点我们已经讲得很清楚了。

黄宗羲认为，王龙溪在推动心学的发展方面做出了重要的贡献，他的思想学说是对阳明心学的继承和发展：

先生亲承阳明末命，其微言往往而在。象山之后不能无慈湖，文成之后不能无龙溪。以为学术盛衰因之，慈湖决象山之澜，而先生疏河导源，于文成之学，固多所发明也。(《浙中王门学案二》，《明儒学案》卷十二)

这段话一针见血地指出，龙溪虽"亲承阳明末命"，却同样对后者的思想有所发明。阳明固然说了很多关于"无""无我"之类的话，也强调通过直觉反思悟入良知本体，但是他没有让人放弃道德实践，也没有用虚无的本体彻底消解伦常秩序与道德实践，"吾儒养心，未尝离却事物。只顺其天则自然，就是工夫"(《传习录》下，《全集》卷三)。龙溪却认为，本体既然是纯粹的虚无，工夫自然无所可用，因而需要撤去一切伦理矩矱、规矩藩篱。应该说，龙溪的思想即使王学因翻新而加固，又使阳明心学固有的藩篱因突破而崩溃。① 这种以体认本体之"无"为宗旨的学说，无须繁琐的修证，直截明了，受到下层民众的强烈认同，一些士人也因此降低了对自己的道德要求，最终导致当时的思想界狂徒辈出，肆无忌惮。

龙溪说过："若要做个千古真豪杰，会须掀翻箩笼，扫空窠臼，彻内彻外，彻骨彻髓，洁洁净净，无些覆藏，无些陪奉，方有个宇泰收功之期。"（《答李克斋》，《王龙溪先生全集》卷九）这种掀翻天地、冲破牢笼的豪杰气概，是良知赋予的。龙溪以良知为"本无"，其内在动力能够打破一切限制精神超越的外在因素。良知是绝对、无限的自由精神，对它的追求要求不断超越传统和现实，使精神不断接近"本无"，从而获得真实的自由。这种自由在现实层面展开为个体意识的无限深化，遂使中晚明成为中国历史上的个性张扬之时代。

二　王心斋的现成自在之学

在明代思想史上，泰州学派是阳明殁后才形成的一个学派。尽管黄宗羲在《明儒学案》中将阳明诸弟子按地域分列"王门"，另立"泰州学案"，以显示后者的"异端"色彩，但我们不应将泰州学派视为一个完全独立于阳明心学的思想系统。尽管从王心斋到后来的何心隐、罗近溪、李卓吾等人的思想越发偏离阳明立教本旨，但是如果将阳明心学视为一种自我发展、自我完善的学说，就会发现阳明晚年的思想已臻高妙熟化之境，而泰州诸儒的学说正是对这一阶段思想的发展。泰州学派的创始人王心斋从学于归越后的阳明，其接触最多的便是阳明晚年的教法。所以在一定意义上讲，泰州学派就是"泰州王学"。

王心斋出身灶户世家，平日接触最多的是社会底层民众，因而与那些谨守传统儒风的精英知识分子有所不同，他的思想带有神秘

---

① 侯外庐、邱汉生、张岂之主编：《宋明理学史》（下卷），第 274 页。

主义和平民主义的色彩。心斋之颖悟虽不及龙溪，但他资性豪放、意气高远，故得狂士之名。阳明在会见心斋后，对其他弟子说："吾擒宸濠，一无所动，今却为斯人动。"又说："此真学圣人者，疑即疑，信即信，一毫不苟，诸君莫及也。"（《年谱》，《王心斋先生遗集》卷三）可见，心斋的真性情深得阳明心意。

王心斋的生平和思想充满了神秘的色彩。正德六年，心斋在梦中获得某种神秘经验："一夕梦天坠压身，万人奔号求救，先生举臂起之，视其日月星辰失次，复手整之。觉而汗溢如雨，心体洞彻。记曰：'正德六年间，居仁三月半。'自此行住语默皆在觉中。"（《泰州学案一》，《明儒学案》卷三十二）所谓"心体洞彻"就是一种神秘的证悟。概而言之，心斋以良知自然现成为宗旨，强调心体当下的灵光乍现。所以心斋的思想学说是神秘的，在这方面相较龙溪实有过之而无不及。

心斋的核心思想，一言以蔽之，即为"良知现成"。这一说法在阳明那里已显端倪。阳明这样表达了"现成"的观念："良知只是一个，随他发见流行处，当下具足，更无去来，不须假借。"（《传习录》中，《全集》卷二）这是说良知本体完满具足，而一切后天活动皆为良知的自然流行。从工夫论上讲，人只要顺应良知的自然本性去做便合乎天理，而无须另做其他外在的工夫。不过，在阳明那里，良知虽在先验层面是本然具足的，却往往蔽于后天的物欲、习气，因而还需要做致良知的工夫。心斋对阳明的这一说法做出了改造。他认为，良知不仅在本然层面是先天、既成的存在，更自然地展开于现实之域，这就使良知的现成性贯穿于本体与工夫之间。心斋论良知云：

> 只心有所向，便是欲；有所见，便是妄。既无所向，又无所见，便是无极而太极。良知一点，分分明明，停停当当，不用安排思索。圣神之所以经纶变化而位育参赞者，皆本诸此也。（《语录》，《王心斋先生遗集》卷一）

"本心"既是虚灵明觉之体，便没有"欲"与"妄"的掺和，能够在"事"上自然显现，不用刻意地"安排思索"。正如学者所言："在王艮这里，良知有体有用，其体即性、道、中，其用是思，是觉。良知本体在内容上是天理，在表现形式上是自然、自在。良知是这两个方面的统一。"① 在心斋看来，体与用、存有与活动之间无有丝毫隔阂：良知既是本体的自然，也是活动的自然。

逻辑地看，先天本体与后天活动若是自然完满的，就无需另做持敬涵养等工夫了。心斋说："道一而已矣。中也，良知也，性也，一也。识得此理，则现现成成，自自在在。即此不失，便是庄敬；即此常存，便是持养，不须防。不识此理，庄敬未免着意，才着意便是私心。"（《语录》，《王心斋先生遗集》卷一）这相当于消解了全部的修养工夫，纯任良知之自然流行。同龙溪一样，心斋也走上了一条直觉主义和神秘主义的道路。在他看来，后天的道德实践是非必要的，对"本心"的言说更是多余的。心斋在答复弟子徐波石的信中写道："我心久欲授吾子直大成之学，更切切也。但此学将绝二千年，不得吾子直面会口传心传，未可以笔舌谆谆也。"［《再与徐子直（其二）》，《王心斋先生遗集》卷二］这种不依赖"笔舌谆谆"的"心传"教法颇似禅宗的"以心传心"。不惟如此，心斋还继承了阳明默坐澄心的工夫进路，强调以直觉反思印证"本心"，"默坐体道，有所未悟则闭关静思，夜以继日，寒暑无间，务期于有得。自是必有为圣贤之志"（《年谱》，《王心斋先生遗集》卷三）。这也是一种工夫论的神秘主义。

此外，心斋继承了阳明"心即乐"的说法，将"本心"的呈现视为超越经验现实的快乐。与阳明一样，心斋也将"乐"等同于"心之本体"，"良知之体，与鸢飞鱼跃同一活泼泼地"（《语录》，《王心斋先生遗集》卷一）。此"乐"不同于世俗的快乐，而是一种超现实的精神愉悦。这种愉悦感得自内心的直觉体悟，所以又是一

①　张学智：《明代哲学史》，第237页。

种自得感或自由感。心斋说："天下之学，惟有圣人之学好学，不费些子气力，有无边快乐。若费些子气力，便不是圣人之学，便不乐。"（《语录》，《王心斋先生遗集》卷一）顺应良知之自然流行即是工夫，即得此乐，故心斋之学尤得阳明简易之风，而其学说的狂肆气质亦从此出。人的一切后天行为，纯任良知之自然流行，无所收敛顾忌，遂以人性之张狂为最高境界。

良知现成的学说与晚期禅宗"作用是性"的说法颇为相似。我们认为，心斋的思想也受到了禅宗心学的一些影响，这种影响在一定程度上推动了晚明儒学的宗教化转向。从禅宗史上看，早期禅宗多言世间诸法实相是空，并通过双遮双遣否定了世俗生活的意义，宋以后的晚期禅宗却更多强调佛法在经验世界的现成自足。[①] 五代之后，一些禅师提出了"平常心是道""好事不如无"等说法，主张佛性自然成就、随缘而足，这就将修道实践与现实生活混为一谈。唐代高僧马祖道一经常从具体的生活情境中指点成佛之旨："起心动念、弹指声咳、扬眉瞬目，所作所为，皆是佛性全体之用，更无第二主宰。"（《圆觉经大疏钞》卷三下）在他看来，人的一切活动皆是佛性的作用，而无须另求修道法门。这一说法到了宋以后更为流行，据《景德传灯录》载，达摩弟子波罗提在为南天竺国王说法的时候提出了"作用是性"的观念：

> 王曰："性在何处？"答曰："性在作用。"王曰："是何作用我今不见？"答曰："今见作用王自不见。"王曰："于我有否？"答曰："王若作用无有不是，王若不用体亦难见。"王曰："若当用时几处出现？"……波罗提即说偈曰："在胎为身，处世名人。在眼曰见，在耳曰闻，在鼻辨香，在口谈论，在手执捉，在足运奔。遍现俱该沙界，收摄在一微尘。识者知是佛性，

---

① 吴学国、金鑫：《从"无住"到"圆融"：论中国禅宗对般若思想的误读》，《学术月刊》2015 年第 1 期。

不识唤作精魂。"（《景德传灯录》卷三）

此番对话虽写达摩弟子说法之事，却代表了宋代禅宗的一般看法。晚期禅宗以视听言动等知觉活动为佛性之现成，体现出禅法生活化的倾向。五家禅门都认同生命在当下情境的圆满自足，诸如"随缘自在""不用修道""不求佛果"等禅语在祖师的语录中随处可见。这种观点在宋代思想界有相当大的势力，以致渗透到了儒门内部。朱子敏锐地认识到，"作用是性"的说法可能导致学者以知觉活动为天理流行，由此荒废道德实践：

> 便只是这性，他说得也是。孟子曰："形色，天性也。惟圣人然后可以践形。"便是此性。如口会说话，说话底是谁？目能视，视底是谁？耳能听，听底是谁？便是这个。其言曰："在眼曰见，在耳曰闻，在鼻嗅香，在口谈论，在手执捉，在足运奔。……"他个本自说得是，所养者也是，只是差处便在这里，吾儒所养者是仁义礼智，他所养者只是视听言动。儒者则全体中自有许多道理，各自有分别，有是非，降衷秉彝，无不各具此理。他只见得个浑沦底物事，无分别，无是非。（《朱子语类》卷一百二十六）

朱子严判儒佛之别，认为儒家严守以天理为性的底线，而佛教的缺陷在于以感官知觉为性。从"作用是性"这一观念来看，象山及阳明的心学思想确实体现出与晚期禅宗颇为相似的特征。比如阳明曾道："心不是一块血肉，凡知觉处便是心，如耳目之知视听，手足之知痛痒，此知觉便是心也。"（《传习录》下，《全集》卷三）阳明认为，"心"不是一个死物，而是具有"昭明灵觉"的活动性，但这种本体的活动性并不与生活世界疏离，而正是借助知觉活动呈现自身。有弟子向阳明请教孟子为何反对告子"生之谓性"之说，阳明讲："固是性，但告子认得一边去了，不晓得头脑，若晓得头脑，如此说亦是。孟子亦曰：'形色天性也'，这也是指气说。"（《传习录》下，《全集》卷三）阳明表示自己在一定程度上认同"生之谓性"的讲法，但更重要的是，"生之谓性"须有"头脑"（良知）来引导，若能为此，才不会陷入告子之偏。对此，杨儒宾指出："在一种工夫证成的境地上说，陆、王等人都可以接受类似'作用是性'、'生之谓性'的命题。但他们所以这样主张，并不是建立在经验层的、顺俗的自然主义之上，而是从体验的、转化后的心境来说。"① 到了心斋那里，则将良知完全贯彻于经验活动层面，强调顺适自然、当下现成甚至以"欲"为"性"。这一方面是因为随着庶民社会的扩张、个体意识的提升以及民间讲学运动的开展，心学逐渐深入一般民众之中。尤其是"满街都是圣人"之说，最能契合底层民众的心理。如此一来，心学便实现了"去精英化"，而士人也逐渐降低了对自己的道德要求，于是以自然情欲为"本心"、以顺适当下为工夫便成为当时的主流思潮。另一方面，在中晚明三教互动的历史环境中，晚期禅宗那种"触境是道""举目皆真"的思想对阳明及其后学产生了较大影响。心斋之教法颇似禅宗机锋。明儒赵贞吉为心斋所撰墓铭云："先生接引人，无间隶仆，皆令有省。虽显贵至悍戾不悦者，闻先生言，皆对众悔谢不及。往往见人眉睫，即知其心。别及他事，以破本疑。机应响疾，精蕴毕露。廓彼圣途，使人速进。"（《王艮墓铭》，《王心斋先生全集》卷五）黄宗羲也指出，心斋的教法直指人心，有扬眉瞬目之禅风："阳明而下，以辩才推龙溪，然有信有不信，惟先生于眉睫之间，省察人最多，谓'百姓日用即道'，虽僮仆往来动作处，指其不假安排者以示之，闻者爽然。"（《泰州学案一》，《明儒学案》卷三十二）

康德曾经指出，人与神的区别在于人的本质是有限的，其表现

---

① 杨儒宾：《儒家身体观》，台北："中研院"中国文哲研究所1996年版，第331页。

在人的主体意志永远无法完全符合道德法则。人类通过道德实践来追求个体意志与道德法则相契合的过程是永恒的。如果没有认识到这个真相，"道德法则要么就完全被贬值而失去其神圣性，因为人们把它矫饰为宽纵的（宽容的），从而适合我们的惬意的，要么就把自己的天职，同时也把自己的期待张大，使之成为一种无法达到的规定，即成为所期冀的意志的神圣性的完全获得，并且迷失在狂热的、与自知之明完全相矛盾的通神论的梦幻中，而这两者都只会妨碍对准确而且完全地遵循一种严格的、不宽纵的、尽管如此也并非理想的、而是真正的理性诫命的不懈追求"①。唯有如此，人才不会自认为实现了意志的神圣性，在实践中产生道德的狂热，以至于"自以为自己的心灵有一种自愿的驯顺，这心灵既不需要鞭策也不需要管束，对它来说甚至一个命令也是没有必要的，而且在这方面忘掉了他们本应先于功德予以考虑的职责"②。心斋的现成良知之说，极易产生康德所谓"道德的狂热"。陈来也指出，如果以良知为不虑而知的现成本体，便有可能混入其他一些同属不虑而知的情欲和本能，使心学朝着非道德主义的方向发展。③

面对泰州学派的种种狂肆行径，管东溟批评道："姚江以千载绝学标良知，泰州以兼善万世树孔帜，不无张皇之过焉。"（《惕见二龙辨义》，《惕若斋集》卷一）阳明殁后，心斋等泰州学者进一步推动了心学的宗教化和世俗化转型。他们打通了本体与现象、神圣与世俗之间的隔阂，把本体的完美状态贯注于现实的自然状态之中，同时也承认了民众成为圣贤的可能。这一进路固然能够充分肯定人的存在价值，对于人性的解放也有积极的意义，但却容易使人过度关注个性的张扬，养成"张皇"的个性，反而忽视了道德实践在公共社会中的价值。

---

① ［德］康德：《实践理性批判》，李秋零译，中国人民大学出版社2010年版，第115页。

② ［德］康德：《实践理性批判》，第80页。

③ 陈来：《有无之境——王阳明哲学的精神》，第335页。

明儒汪石潭曾对陆王心学的"简易"教法提出批评。他认为，心学有简易直截的特点，虽至愚而可入，却很容易使人率性而为，乃至废置道德修养：

> 道一本而万殊，夫子之一贯是矣。以学言之，则必有事于万殊，而后一者可几也。曾子之随事力行，子贡之多学而识，皆亲受业于夫子之门者也。颜子之博文约礼，而后如有所立，《易》之知崇礼卑，而后成性存存，皆一说也。程子论学，曰："涵养须用敬，进学则在致知。"朱子伸明之，曰："主敬以立其本，穷理以致其知，本立而知益明，知进而本益固。"可谓尽矣。陆氏之学，盖略有见于道体，虽欲单刀直入，以径造夫所谓一者，又自以为至简至易，立跻圣域，故世之好异者靡然趋之，而不知其相率而陷于异端之说也。张子曰："儒者穷理，故率性可以谓之道，释氏不知穷理，而自谓之性，故其说不可推而行。"程子有言："自格物而充之，然后可以至圣人，不知物格而先欲意诚心正者，未有能中于理者。"据此可以断陆氏之学。（《诸儒学案中二》，《明儒学案》卷四十八）

这番话的主要批评对象虽然是象山心学，却也影射了当时王学的非实践性、非道德性特征。尤其在心斋之后的泰州学人那里，直觉主义和神秘主义得到了极大的发展。王东崖是心斋次子，亦曾从学于龙溪，他的思想兼有现成良知与良知自然流行的特点。在工夫方面，东崖主张直悟、随顺良知，不做后天的道德实践。他说：

> 性之灵明曰良知。良知自能应感，自能约心思，而酬酢万变。知之为知之，不知为不知，一毫不劳勉强扭捏，而用智者自多事也。（《语录遗略》，《王东崖先生遗集》卷一）

在东崖看来，良知随感随应，能够面对各种复杂情境而自然应对，所以无需在顺适良知之外别有用智或另做工夫。据此，东崖严厉地批评了主张切实做后天修养工夫的学者：

> 将议论讲说之间，规矩戒严之际，工焉而心日劳，勤焉而动日拙，忍欲饰名而夸好善，持念藏机而谓改过，正是颜子之所谓己而必克之者。而学者据此为学，何其汗漫也哉？必率性而后心安，心安而后气顺，否则百虑交铟，杂念叠兴，心神惊动，血气靡宁，有不并其形而俱灭者，几希矣。（《语录遗略》，《王东崖先生遗集》卷一）

东崖认为，若不能悟入良知而顺适自然，便会有自私用智之弊，而诸多勤修把捉之功亦是徒劳。东崖之后，同属泰州学者的罗近溪主张顺适当下直觉，依此证悟良知，不作别求：

> 若果然有大襟期，有大气力，又有大大识见，就此安心乐意而居天下之广居，明目张胆而行天下之达道。工夫难得凑泊，即以不屑凑泊为工夫，胸次茫无畔岸，便以不依畔岸为胸次。解缆放船，顺风张棹，则巨浸汪洋，纵横任我，岂不一大快事也耶？（《近溪子集·乐编》）

可见，到了近溪这里，心学的神秘主义更为突出：既然"纵横任我"，道德规范、伦理纲常等现实内容便不再重要了。由此，宋代理学所主张的"主敬""穷理"等工夫成为体悟良知的阻碍，而不学不虑、纯任直觉的神秘经验逐渐占据了上风。总的来讲，泰州诸儒大多强调认取当下、直心而行之法，乃至"掀翻天地""赤手搏龙蛇"之辈频出，传统儒学中的道德礼法再也约束不住他们，这使得本已恶化的士风与世风更是江河日下。他们的理想虽然高远，但终究无法超越自己的时代。①

　　在自由与现实的本体论对话中，自由是超绝的本体，它超越并规定着现实。自由推动精神不断否定和深化自身，最终扬弃自然、现实的存在，使自身呈现为绝对、超越的精神。这一过程表现为精神从自然精神发展为伦理精神和神秘精神。精神的神秘性体现为它对现实性的绝对否定，因而是对自由的超绝本质的直接规定，它也是"本无"的精神。"本无"就是一种本体的自由，它将超绝本体领会为一种无差别、无规定的本质。在阳明心学中，良知就是这样一种神秘的精神。主体对良知的领会不能通过概念或理性，而只能通过直觉反思的工夫。这种本体的超验性使自身朝着两个方向发展：一是完全否定经验存在的必然性，将后天的"有"收摄于先天的"无"中；二是消泯先天与后天之隔以保证本体的现成性。这两个方向也就是王龙溪与王心斋的为学进路。阳明曾说："合着本体的，是工夫；做得工夫的，方识本体。"（《传习录拾遗》，《全集》卷三十二）由此可知，在阳明那里已经有合本体、工夫为一的意思。不过，阳明并没有否定工夫自身的意义，而是要在工夫中体认本体的超越性。到了龙溪那里，则将"不犯手"之法发挥到了极致，欲以本体之"无"贯穿于后天工夫之中。本体既是"无"，而工夫自不必"有"，所以龙溪特别重视对"本无"的证悟。而以心斋、近溪为

――――――――――

　　① 明世宗死后，大儒赵贞吉给刚刚即位的穆宗上了一道万余言的《三几九弊三势疏》，其中谈到了士风的败坏。他认为，当时"士气卑弱之甚"，"今士气委靡成风，譬则越绵不团而软，由往时辅臣议礼争胜，假峻刑以箝众口，一二贪婪固宠者继起，阴惧公议，袭用旧法，遂俾士大夫礼义廉耻之维不立。驯至此时，以言不出口为淳厚，推奸避事为老成，员巧委曲为善处，迁就苟容为行志，柔媚卑逊为谦谨，虚默高谈为清流，论及时事为沽名，忧及民隐为越分。居上位以矫亢刻削为风裁，官下位以逢迎希合为称职，趋爵位以奔竞辨诪为才能，纵货贿以侈大延纳为豪俊。世变江河，愈趋愈下"。这一总结确实形象而具体。在多重因素的作用下，大量明儒变节改操，随波逐流，或趋炎附势、助纣为虐；或欺君害国、败政残民。参见谢景芳《理论的崩溃与理想的幻灭――明代中后期的仕风与士风》，《理论与探索》1998 年第 1 期。

代表的泰州学者则以一切后天活动为良知之自然现成。在他们看来，先天、后天本来无有隔阂，良知圆满现成，则后天活动无一不是本体之自然流行。心斋等人毫不避讳将禅宗的神秘主义引入自己的学说中，他们嘲笑传统儒者的迂腐和固执，强调结合生活情境的随机指点，并认为神秘体验的重要性要远远大于"四书""五经"所记载的文字内容。

龙溪与心斋的学说虽然有很大的不同，但他们都把良知理解为一种内在、无住的神秘精神，并视全部后天工夫为良知本体之外缘。这样一来，道德实践在"成圣"进路中的地位便大大降低了。龙溪的"四无"之说，对于利根之人确为迅捷之法，但是却容易滋长人的惰性，使人刚愎自用。东林学人顾宪成认为，"无善无恶"的说法严重败坏了社会的伦理道德："谓无善无恶……是故一则可以抬高地步，为谈玄说妙者树标榜；一则可以放松地步，为恣情肆欲者决堤防。宜乎君子小人咸乐其便，而相与靡然趋之也。"（《小心斋札记》卷四）我们在前面说过，阳明晚年更倾向于将良知领会为一种"本无"的精神。这种本体的"无化"是对经验现实的超越，很容易使人萌生毁弃伦常的意识。龙溪与心斋的思想学说，乃是沿袭阳明晚年教法一路下来。他们愈发关注精神的内在、超越层面，使主体完全沉浸在对超绝精神的追求之中。他们在个人的神秘经验中不断捕捉"光景"，在写给友人的书信中反复炫耀自己的"洞见"，反而失去了对现实中经验知识、伦理实践的兴趣。良知为这些人提供了冲决现实枷锁的力量，也为他们提供了前所未有的自信，但是这样一个扑朔迷离的"光景"无法让他们安身立命，反而让他们的身份游离于儒家与佛道两边。带着这种深深的撕裂感和耽迷玄谈的兴味，他们与江河日下的明王朝一并走向了历史的终局。

第三节　归寂通感，主静混一

在王门后学中，又有江右一派学者，认为阳明的"致良知"工夫容易产生支离安排之弊。这些人主张归本寂体，以静养动。黄宗羲认为，这一派学者的思想深得阳明亲传：

> 姚江之学，惟江右为得其传，东廓、念庵、两峰、双江其选也。再传而为塘南、思默，皆能推原阳明未尽之旨。是时越中流弊错出，挟师说以杜学者之口，而江右独能破之，阳明之道赖以不坠。盖阳明一生精神，俱在江右，亦其感应之理宜也。（《江右王门学案一》，《明儒学案》卷十六）

黄宗羲说阳明一生精神"俱在江右"，似乎否定了龙溪作为阳明嫡传的事实。实际上，江右诸儒的思想颇具神秘主义色彩，确有阳明遗风。我们将以聂双江、罗念庵二人的学说为例予以说明。欧阳南野的弟子尹台认为，聂双江的为学宗旨就是"归寂"，"先生之学，以归寂为宗，以入虚守寂为入德不易之极"（《双江先生文集序》，《双江集》附录）。在双江看来，他所主张的"归寂"说并非个人发明，而正是源自阳明。阳明确实说过："良知即是未发之中，即是廓然大公、寂然不动之本体，人人之所同具者也。"（《传习录》中，《全集》卷三）可见阳明也讲"寂体"，而双江之学正是对前者的继承和发展。双江将当时论良知者的观念区分为两种，在他看来：

> 今之讲良知之学者，其说有二。一曰良知者知觉而已，除却知觉，别无良知。学者因共知之所及而致之，则知致矣。是谓无寂感，无内外，无先后，而浑然一体者也。一曰良知者虚灵之寂体，感于物而后有知，知其发也。致知者，惟归寂以通

感，执体以应用，是谓知远之近，知风之自，知微之显，而知
无不良也。夫二说之不相入，若柄凿然。主前说者，则以后说
为禅定，为偏内；主后说者，又以前说为义袭，为逐物。(《赠
王学正云野之宿迁序》,《双江集》卷四)

以"知觉"为良知，就是龙溪、心斋等现成派学者的主张。双
江认为，这种见解容易导致精神终日随物流转，不复凝聚纯一。所
以双江力主涵养"寂体"，破除格物说的支离之弊，以确保本体之纯
正。"寂体"就是良知，其根本特征是即寂即感、即体即用，"虚寂
是源泉之体，感应是流行之用。所以感应由虚寂而生，虚寂不是与
感应相对的状态，而是感应之元，感应则是虚寂之迹，在虚寂之外
别无感应"①。"寂体"是未发之中，本质上是超越动静的。

罗念庵认为，自己与双江的思想"不谋而诺"(《祭聂双江公入
殓文》,《罗洪先集》卷二十三)。念庵全面阐发了双江的归寂之学，
使之更为精微。高攀龙这样评价念庵的学说："其学大要以收摄保聚
为主，而及其至也，盖见夫离寂之感非真感，离感之寂非真寂，已
合寂感而一之。"(《三时记》,《高子遗书》卷十) 念庵十分推崇濂
溪的"主静"说，他认为"静"是宇宙的根本法则：

> 周子所谓主静者，乃无极以来真脉络。其自注云"无欲故
> 静"，是一切染不得，一切动不得，无然歆羡，无然畔援，庄生
> 所言混沌者近之。故能为立极种子，非就识情中认得个幽闲暇
> 逸者，便可代替为此物也。(《答门人》,《罗洪先集》卷九)

根据念庵的看法，"静"既是宇宙的准则，也是工夫修养的最高
境界。"静"不是与"动"相对的东西，而是超越动静的寂体，因
而是超现实的神秘精神。基于此，念庵力主守静以制动，无欲而入

---

① ［日］冈田武彦：《王阳明与明末儒学》，第 117 页。

微，"本虚明静定，以虚明静定求，即非良知；本变化无方，以变化无方求，即非良知。然则良知者，其犹止水乎？其犹太虚乎？其真所谓无意、必、固、我，即其本体乎？其真静无而动有乎？其真无动无静者乎？"（《寄欧阳南野》，《罗洪先集》卷六）总之，念庵将"寂体"领会为一种贯穿于动静之间的超绝本体，在工夫上特别强调"收摄保聚"，而这一活动本质上是神秘的。

一　聂双江的归寂之学

聂双江名豹，字文蔚，生于成化二十三年（1487），卒于嘉靖四十二年（1563），寿至七十七岁。阳明在越时，双江以御史按闽，过武林，渡江前见。既见，复上书问疑，阳明答之。今《传习录》有《答聂文蔚》两书。阳明既殁，双江时官苏州，其云："昔之未称门生者，冀再见耳，今不可得矣。"（《江右王门学案二》，《明儒学案》卷十七）于是设位，向北而拜，始称门生，为私淑弟子。钱绪山为之证，刻两书于石以识之。双江所立为静坐法，主张归寂以通感，执体以应用。以"归寂"为宗，则专向未发一路，认已发无工夫可用，这和当时一些心学学者以未发之功在已发上用、先天之功在后天上用的工夫进路有很大的区别。对于致良知的"致"字，双江不取其"实行"之义，而将其单纯地理解为一种收摄保聚的工夫。

大略来看，聂双江的学说可称为归寂之学。双江在嘉靖二十五年被捕入狱，在此期间他提出了"归寂"说。他提出"归寂"说的方式与阳明的"龙场悟道"颇为相似。阳明是"忽中夜大悟格物致知之旨"，双江则是"狱中闲久静极，忽见此心真体"而悟出"归寂"之旨。"良知本寂"是双江"归寂"说的理论根据，"良知本寂，感于物而后知；知其发也，不可遂以知发为良知而忘其发之所自也"（《江右王门学案二》，《明儒学案》卷十七）。所谓"其发之所自"，就是指"本原之地，要不外乎不睹不闻之寂体也"（《江右王门学案二》，《明儒学案》卷十七）。在双江看来，"寂"是本体，"归寂"是工夫。他这样说：

夫无时不寂、无时不感者，心之体也；感惟其时，而主之以寂者，学问之功也。故谓寂感有二时者，非也；谓功夫无分于寂感，而不知归寂以主夫感者，又岂得为是哉？（《答东廓邹司成四首》，《双江集》卷八）

"寂"是形上的本体，"感"是形下的作用，二者不是截然分隔的，"归寂"正是为了"通感"。惟其如此，方不至偏于本体与工夫一边，而必能执体以应用。龙溪尝述双江归寂之旨云："虚寂原是性体，归是归藏之义。"（《致知议辨》，《王龙溪先生全集》卷六）盖以虚寂为本体的说法，在阳明那里已显端倪，其云"心之虚灵明觉，即所谓本然之良知也"（《传习录》中，《全集》卷二）。佛教也多言"寂"字，以"涅槃寂静"为"三法印"之一，又以"归寂""圆寂"为舍离有漏杂染境界、归入无漏涅槃境界之谓。双江的"归寂"之说，当为杂糅阳明心学与佛教思想而成。双江认为，心体的本然状态，就是未与外界接触的绝对虚寂状态（"不睹不闻"），这一状态排除了全部的理性和现实性。所以，"寂体"就是超理性、超现实的存在，也就是一种纯粹意识。

"寂"是双江心学思想中的核心概念。"虚""寂"是良知的根本属性，也就是"未发之中"：

寂者，性命之源，神应之枢，原无一物，而无物不备；一无所知，而无所不知。譬之鉴空衡平，而妍媸轻重若其中之所素具者，可类而推也。（《答唐荆川太史二首》，《双江集》卷八）

可见，良知本来虚寂而无一物，却又无物不在良知之中。在前面，我们讨论过阳明以"镜"喻"心"的说法，双江也认为虚寂之心如"鉴空衡平"，后天经验层面的一切感应、存在皆因此心之寂而显明。双江又说：

知者，心之体。虚灵不昧，即明德也。致者，充满其虚灵之本体，江汉濯之，秋阳暴之，可以合德天地，并明日月，而斯谓之致。致知即致中也。寂然不动，先天而天弗违者也。格物者，致知之功用，物各付物，感而遂通天下之故，何思何虑，后天而奉天时也。（《答亢子益问学》，《双江集》卷八）

良知是先天寂静而虚灵不昧的超绝本体，致知则是使良知保持"寂然不动"的本然状态。双江认为，尽管良知兼摄体与用、已发与未发，但很多学者仍未悟得虚寂才是良知的根本性质，反而从后天知觉处做工夫，甚至把知觉看作良知，遂将先天的良知本体混杂于后天工夫之中。

双江批评的对象主要是以龙溪、心斋等人为代表的现成派学者。双江认为，龙溪等人标举现成良知，打并先天、后天为一，虽有利于学者悟入本体，但一方面容易使人误以知觉为本体，另一方面也没有为一般资质的人安排出路。他对龙溪说道：

尊兄高明过人，自来论学，只从混沌初生、无所污坏者而言，而以见在为具足，不犯做手为妙悟。以此自娱可也，恐非中人以下之所能及也。（《答王龙溪》，《双江集》卷十一）

上文提到，现成派学者普遍认为"心之本体"寂感、内外浑然一体，他们即便没有直接将知觉等同于良知，也承认良知应在知觉上显现。如龙溪以本体之"无"贯彻后天工夫，强调一切现实存在皆是"本无"之呈现；心斋从当下生活情境处指点学者悟入良知。在双江看来，这些观念很容易混良知于知觉之中，进而导致"任情肆意"局面的出现，"今人不知养良知，但知用良知，故以见在为具足，无怪也，半路修行，卒成鬼仙"（《答戴伯常》，《双江集》卷十）。双江认为自己的说法来自阳明，后者晚年"致良知"宗旨即为涵养虚寂之体，而无涉良知的已发状态："致良知者，只养这个纯一未发的本体。本体复则万物备，所谓立天下之大本。先师云：'良知是未发之中、廓然大公的本体，便自能感而遂通，便自能物来顺应。'"（《江右王门学案二》，《明儒学案》卷十七）在阳明那里，良知是一个虚灵明觉之体，而又具备随物应感的知觉功能。质言之，知觉虽不能涵赅良知，亦不能脱离良知而存在。双江则从体用关系来定义良知与知觉，认为二者是体用一源的关系：

> 心之虚灵知觉，均之为良知也。然虚灵言其体，知觉言其用，体用一原，体立而用自生。致知之功，亦惟立体以达其用，而乃以知觉为良知而致之，牵己以从，逐物而转，虽极高手，只成得一个野狐外道，可痛也。（《答松江吴节推》，《双江集》卷八）

双江指出"立体以达其用""体立而用自生"，说明应以"寂体"为本。若"寂体"立得住，则知觉之发用自然能够实现。如果像现成派学者那样倒用为体，以知觉为良知，则不免支离牵扰、以物役心。

双江虽确认"寂体"与知觉是体用一源的关系，却又在某种程度上将虚寂之体视为后天知觉活动的基础，使二者成为从属或派生的关系。双江将"寂体"和知觉感应区分为超越意念发生和停止的形上存在与意念发动并引发具体言行的形下活动，这其中蕴含了动静之别。易言之，双江虽称"寂体"是超越动静的，却又倾向于将它理解为一种隔绝于后天经验活动的寂静之体，这种绝对寂静之本体是贯穿于天道和人事之间的普遍原理：

> 至静之时，虽无所知所觉之事，而能知能觉者自在，是即纯坤不为无阳之象。星家以五行绝处便是胎元，亦此意。若论复卦，则宜以有所知觉者当之，盖已涉于事矣。邵子之诗曰："冬至子之半，天心无改移。一阳初动处，万物未生时。"夫天

心无改移，未发者未尝发也。一阳初动，乃平旦之好恶，大羹玄酒，淡而和也，未发气象，犹可想见。静中养出端倪，冷灰中迸出火焰，非坤之静翕归藏，役而养之，则不食之果，可复种而生哉？知复之由于坤，则知善端之萌，未有不由于静养也。程子曰："静后见万物皆有春意。"阳明先生之诗曰："静后始知群动妄。"（《困辨录》，《双江集》卷十四）

双江认为，天道与人事的动静皆应以虚静为本。这是因为，若不以动静、寂感分别先天、后天，就会形成"务外遗内""逐动失静"等弊病，甚至听任此心之流行，不辨理欲而沦为"狂禅"。所以双江在工夫层面主张"守静以制动""归寂以通感"，在动静之间还是偏于"主静"："学惟主静，而自能该乎动也。"（《答成井居》，《双江集》卷九）。可见，在双江那里，"主静"与"主寂"并无明显区别。如此一来，双江关注的焦点就更多在虚寂之体而不在后天的工夫层面了，这使得工夫变成了本体自我展开的手段。在这一点上，双江与龙溪是殊途同归的。

这种一味追求"未发之中"的做法，势必导致精神专注自身，而疏略于后天的道德实践。双江虽认为，体认"未发之中"不是遗弃人伦的理由，若以寂体为天地万物之根源，则万事万物的感通应化无不合乎天地之则，但是这种观念却很容易使人专注于内心世界而忽略公共世界的现实意义。双江又持阳明以"无善无恶"论"心"之旨，将善恶观念的区分视为心体已发之后的状态。他说：

夫善与不善，皆由于动而后有，则知未动之前，即来谕"浑浑噩噩之体"也，尚何善恶之可言哉？故心也、意也、知也、物也，自其本体而言之，皆无善无恶也。感于物而动也，而后善恶形焉。（《答董明建》，《双江集》卷十一）

这种立足于超绝本体，将"心""意""知""物"视为"无善无恶"之存在的论调，几乎与龙溪别无二致。在某种程度上讲，双江的"寂体"与龙溪的"无心"是同一性质的存在，它们都是超越理性和现实性的神秘精神。"归寂"不同于"事上磨炼"这样的伦理实践，毋宁说是一种直觉反思。在这里，作为超绝本体的"寂体"被理解为超越理智、思虑的神秘本体，而"善"与"恶"这样的伦理观念自然而然就被它否定掉了。由此，双江提出"善恶属气"的见解，在他看来：

> 知止者，知至善而止之。知至善而止之，正是无动无静境界，岂待虑而后察善恶乎？虑而后察善恶，则前此已是无善无恶矣，何故虑时又有善恶出来待察耶？只从一路做去，久当冰解冻释。善恶属气，止无善恶。（《答戴伯常》，《双江集》卷十）

自理学兴起以来，学者皆以形上本体为最高的道德原理。这一看法到了阳明那里始有改变。阳明在"四句教"中以"心"为"无善无恶"的存在，其本质是超道德的。双江则更进一步，在形下之"气"的层面把握善恶，并强调学者突破这一层面，直入"无动无静境界"。从这里可以看出双江思想的非伦理性。双江指出，工夫落于"寂体"已发之后，便极易随顺世俗习气流转，唯有归本"寂体"、豫养"未发"才能实现精神的绝对超越。

概而言之，双江的立言初衷在于破除朱学的"支离外驰"、王门现成派的"逐块袭影"及佛老的"遗弃简旷"，最终却沉沦于对静寂的枯守之中。他强调"归寂"，是出于对学者重视知觉作用而忽略体认本体的担忧。但是，正如我们反复提到的，一旦精神实现了对现实存在的绝对超越，就会在一定程度上疏离后天的伦理实践。双江一开始还保有对"通感"的兴趣，到后来就完全走向了"归寂"：

> 昔者闻良知之说悦之，以为是非之心，人皆有之，吾惟即

所感以求自然之则，其亦庶乎有据矣。已而察之，执感以为据，即不免于为感所役。吾之心无时可息，则于是非者，亦将有时而淆也。又尝凝精而待之以虚，无计其为感与否也。吾之心暂息矣，而是非之则，似亦不可得而欺。因自省曰："昔之役者，其逐于已发，而今之息者，其近于未发矣乎！"（《江右王门学案三》，《明儒学案》卷十八）

由此观之，双江的"归寂"之说有偏主于静的倾向，最终难免走向致虚守静的道路。他极力推崇道南学者的"静中体认未发"之功，并认为直指本原的学问无非主于虚静。双江经常能够使精神达到某种心无一物而不偏不倚的神秘境界。此外，还有学者指出，双江在与龙溪等人论学的过程中，"讨论到了'调息'、'气定'等问题，从中可以窥见双江对道教思想有着某种程度的关心"①。这说明他在构建个人思想体系的过程中，汲取了很多道教的思想资源。双江将致虚守静作为返归"寂体"的根本方法，这一点与道教的"主静"工夫是极为相似的。

二　罗念庵的主静之学

除双江之外，王门归寂派的另一位代表人物是以"主静混一"为宗旨的江右学者罗念庵。罗念庵名洪先，字达夫，生于弘治十七年（1504），卒于嘉靖四十三年（1564），寿至六十一岁。念庵从未见过阳明，但包括龙溪、绪山在内的王门学者都认同他是阳明传人。念庵与双江是同时代人，且颇为推崇后者的学说。在念庵看来，双江的"归寂"说才是阳明心学之正传："双江所言，真是霹雳手段，许多英雄瞒昧，被他一口道着，如康庄大道，更无可疑。"（《江右王门学案二》，《明儒学案》卷十七）在当时，双江的论调不为王门诸子所容，惟念庵极力褒扬其说。不过，聂、罗二子的学说也有很

———————

①　吴震：《聂豹、罗洪先评传》，南京大学出版社 2005 年版，第 168 页。

大区别：双江将良知领会为一种虚寂本体，念庵则更多以"静"论
"心"，即强调心体的虚静状态。念庵还将濂溪的"无欲故静"之旨
视为圣学嫡传，可见"静"在其思想体系中有着重要的地位。

同双江一样，念庵的很多论断出于对当时现成派学者的批评。
在念庵看来，很多心学学者的思想存在着认知觉为良知的问题，而
不悟本体是超越动静、主客的存在："譬之于水，良知，源泉也；知
觉，其流也。流不能不杂于物，故须静以澄汰之，与出于源泉者，
其旨不能以不殊，此双江公所为辨也。"（《读困辨录抄序》，《罗洪
先集》卷十一）念庵认为，不能将一般的感官知觉和道德直觉等同
于良知，唯有虚寂才是良知的本来面目，它是感之前后、念之有无
的根基，本质上超越善恶观念的对立：

> 未感之前，寂未尝增，非因无念无知而后有寂也。既感之
> 后，寂未尝减，非因有念有知而遂无寂也。此虚灵不昧之体，
> 所谓至善，善恶对待者，不足以名之。知者，触于感者也。念
> 者，妙于应者也。知与念有断续，而此寂无断续，所谓感有万
> 殊，而寂者惟一是也。（《江右王门学案三》，《明儒学案》卷
> 十八）

这种"感有万殊而寂者惟一"的说法与双江的学说几乎如出一
辙。同双江一样，念庵也认为龙溪的学说中有以知觉为良知的弊病。
在龙溪那里，良知当下朗现，时时鉴照，以先天本体直贯后天活动，
因此主张良知之自然流行，使超理性的精神本体涵摄道德理性与道
德情感。这样一来，良知即在后天知觉上呈现自身。龙溪虽不至将
知觉直接等同于良知，但当时的思想界不免有此风气，而且大都以
龙溪之说为理论渊源。据此，念庵以良知为不睹不闻、"隐而未形，
微而未著"的精神本体，他与双江一致认为"感"生于"寂"，
"动"出于"静"，"静中隐然有物，此即是心体不昧处"，"此非静
极，何以入悟"（《江右王门学案三》，《明儒学案》卷十八）。

念庵和双江的不同处，在于双江以"寂"为"体"只是用来说明心体，念庵则不局限于说明心体，而是立足更广的视域，用"寂"来说明一切现象的本原或根据："凡天地之交错变易，日用之酬应作止，皆易也，皆动也。而其根则本静，本于无极，此即所谓根原也。"（《答董蓉山》，《罗洪先集》卷八）这就是说，无论是天地万物的错综变化，还是人伦日用的酬酢应对，"其根"无不"本静"。这种以天地万物之"根原"为"本静"的静本论，是对以"吾心"为宇宙本原的心本论的贯彻和深化。念庵更赋诗云："天地即吾心，吾心天地似。万物生其中，扩然无彼此。"（《闲述》其十三，《罗洪先集》卷二十六）这是说"吾心"为万物之本原，由"心体"本"寂"能够推出万物本"静"。在这个意义上讲，念庵的"主静"说相比双江的"归寂"说，显然要彻底得多。

除此之外，念庵比双江更强调静坐的工夫，用以体认心体的虚静状态。在明代中后期，很多学者都自觉将对"静"的追求纳入修养工夫中来。比如吕心吾说："学者万病，只一个静字治得定，静中境界，与六合一般大，里面空空寂寂，无一个事物，才向他索时，般般足，样样有。"（《诸儒学案下二》，《明儒学案》卷五十四）在当时的思想界，这种说法是比较常见的。念庵公开宣扬"静"的境界，并以静坐作为识得"本心"的不二法门：

> 静坐收拾此心，此千古圣学成始成终句，但此中有辨。在静坐识得本心后，根底作用俱不作疑，即动静出入，咸有着落，分寸不迷，始为知方。然须从静中安贴得下，气机敛寂后，方有所识。不然，即属浮妄中去矣。念之有无多寡，识心后，应不作如此见解也。（《答王有训》，《罗洪先集》卷六）

这段话是说，静坐能够使人的精神得到收敛，并悟得此心本来虚寂。在静坐中，一切世情俗念皆得脱落。据文献记载，念庵曾有过多次静坐修行的经历，并获得了一些神秘经验。嘉靖三十四年，念庵入楚山静坐，且"静久大觉"，这可以看作他对"主静"观念的亲身实践。嘉靖三十八年，念庵闭关静坐于石莲洞，体认到了"本心"的明莹无滞：

> 往年泛滥于各家，深奇老氏之玄，以为握阴阳之枢纽，可夺造化。反覆参同，究其指归，而辞隐义微，旁解杂见，不能悬忆，方外庸鄙，口传尤谬，遂不复留意。二年室中默坐，将收拾散亡，专精息念，以庶几良知明莹，了数十年心愿……夫玄学近亦有能言矣，易简且见效者，大约须绝家室、去应酬、枯槁深山，然后可成；及其成也，又须密意保养，不令涉事，才劳顿便散失，惟与木石为伍则可。（《与凌洋山》，《罗洪先集》卷八）

所谓"良知明莹""玄学近亦有能言"可视为念庵通过修炼静坐而获得的神秘经验。念庵在其一生中多次进行静坐修习，且每每有所证悟，这表明他在工夫上获得了极高成就。念庵这样描述自己在静坐中获得的神秘经验：

> 当极静时，恍然觉吾此心虚寂无物，贯通无穷，如气之行空，无有止极，无内外可指、动静可分，上下四方，往古来今，浑成一片，所谓无在而无不在。吾之一身，乃其发窍，固非形质所能限也。是故纵吾之目，而天地不满于吾视；倾吾之耳，而天地不出于吾听；冥吾之心，而天地不逃于吾思。古人往矣，其精神所极，即吾之精神未尝往矣。（《答蒋道林》，《罗洪先集》卷八）

这种超越内外、动静、时空的混融为一的境界显然是神秘的。在此境界中，精神"无在而无不在"，是绝对自由的本体存在，而天地万物皆在此心之中呈露无碍。念庵强调通过静坐收心，"须从自心静中寻求"（《答王有孚》，《罗洪先集》卷七）。学者若能为此，则应事处物等一切外在实践皆能得到落实。胡庐山从学罗念庵，念庵教其静坐。庐山静坐六月，"一日，心思忽开悟，自无杂念，洞见天地万物，皆吾心体。喟然叹曰：'予乃知天地万物非外也。'"（《江右王门学案七》，《明儒学案》卷二十二）

前文已指出，双江的"归寂"之说虽言本体超越动静，却仍有以静废动的思想倾向。为匡救双江之偏，念庵提出了"收摄保聚"的工夫进路。所谓"收摄保聚"，就是收敛精神而使其常凝常聚，摒除一切现实性对精神本体的桎梏和遮蔽。念庵这样论述"收摄保聚"的工夫：

> 阳明先生苦心犯难，提出良知为传授口诀，盖合内外前后一齐包括，稍有帮补，犹有遗漏，即失当时本旨矣。往年见谈学者，皆曰"知善知恶，即是良知，依此行之，即是致知"。予尝从此用力，竟无所入，盖久而后悔之。夫良知者，言乎不学不虑自然之明觉，盖即至善之谓也。吾心之善吾知之，吾心之恶吾知之，不可谓非知也。善恶交杂，岂有为主于中者乎？中无所主，而谓知本常明，恐未可也；知有未明，依此行之，而谓无乖戾于既发之后，能顺应于事物之来，恐未可也。故知善知恶之知，随出随泯，特一时之发见焉耳。一时之发见，未可尽指为本体，则自然之明觉，固当反求其根源。盖人生而静，未有不善，不善者，动之妄也。主静以复之，道斯凝而不流矣。神发为知，良知者，静而明也。妄动以杂之，几始失而难复矣。故必有收摄保聚之功，以为充、达、长、养之地，而后定、静、安、虑由此以出。（《甲寅夏游记》，《罗洪先集》卷三）

"收摄保聚"并不偏于动静任意一边，毋宁说是即动即静而超越动静的工夫。念庵又说：

使于真寂端倪果能察识，随动随静，无有出入，不与世界
物事成对待，不倚自己知见作主宰，不著道理名目生证解，不
藉言语发挥添精神，即此渐能自信，果能自信，则收摄保聚之
功，自有准则。（《甲寅夏游记》，《罗洪先集》卷三）

通过"收摄保聚"的工夫，精神自然能够超越动静、寂感而无
所依傍。念庵既证得此心为超越之精神，又辅之以静坐修炼，故晚
年多有"前知"能事。虽其自述"是偶然，不足道"（《江右王门学
案三》，《明儒学案》卷十八），但这是出于他的儒家立场，而不能
说"前知"之事不是神秘经验。刘蕺山曾经盛赞这种"收摄保聚"
的工夫：

王门惟心斋氏盛传其说，从不学不虑之旨，转而标之曰
"自然"，曰"学乐"，末流衍蔓，浸为小人之无忌惮。罗先生
后起，有忧之，特拈"收摄保聚"四字，为"致良知"符诀，
故其学专求之未发一机，以主静无欲为宗旨，可为卫道苦心矣。
（《明儒学案·师说》）

蕺山将"收摄保聚"的工夫看作阳明致良知教之"符诀"，是
因为念庵的学说确有功于扫清当时混知觉于良知的流弊。盖双江、
念庵皆主于虚静，而念庵犹倡静坐实功，这可以视为他们对阳明早
期静坐教法的传承和延续。诚如黄宗羲所言：

《中庸》以大本归之未发者，盖心体即天体也。周天三百六
十五度四分度之一，而其中为天枢，天无一息不运，至其枢纽
处，实万古常止，要不可不归于静。故心之主宰，虽不可以动
静言，而惟静乃能存之。（《江右王门学案二》，《明儒学案》卷
十七）

又说：

> 阳明以致良知为宗旨，门人渐失其传，总以未发之中，认作已发之和，故工夫只在致知上，甚之而轻浮浅露，待其善恶之形而为克治之事，已不胜其艰难杂糅矣。故双江、念庵以归寂救之，自是延平一路上人。（《江右王门学案四》，《明儒学案》卷十九）

可见，黄宗羲对双江、念庵的"主静"观念颇为认同，并认为"心之本体"虽不可以动静言之，而体认之功必基于本体的静寂状态。

念庵的思想是神秘的，这充分体现在他以静坐和"收摄保聚"的工夫涵养精神，克服现实性对精神本体的桎梏和遮蔽。双江对念庵的学说也十分赞赏，他评价说："静功皆精神经历磨勘所到，抢刀上阵，杀人见血，此中一毫容情不得。"（《寄罗念庵太史十六首》，《双江集》卷九）精神在超现实层面的绝对性，表现为超验实体对概念、观念、伦理的排除。这种神秘性的本质是超现实性。然而，同其他心学学者一样，念庵的学说也过于强调对内在神秘精神的追求，忽视了经验知识或伦理实践的作用和意义。关于这一点，钱绪山早有批评：

> 未发之中，竟从何处觅耶？离已发而求未发，必不可得，久之则养成一种枯寂之病，认虚景为实得，拟知觉为性真，诚可慨也。（《浙中王门学案一》，《明儒学案》卷十一）

绪山的批评是十分中肯的。念庵的心学虽然强调以"主静"工夫超越动静、内外，但却更关注精神的内在和超越领域，而以外在的经验现实为前者之附庸。这种对静寂境界的执意追求，终将形成严重的非道德倾向。正因如此，念庵与双江的思想学说一并遭到了邹东廓、陈九川等人的质疑，被认为背离了师说而沉溺于禅。

中晚明心学思想展开的过程中，弥漫着一股"主静"的风气。聂双江、罗念庵二人的思想学说无疑反映了这样一种时代特征。双江的归寂说所要解决的，就是如何收敛精神并保持心体之本然状态的问题。在他看来，"寂"是阳明心学递相授受的"第一义"，万物的根本状态就是虚寂：

> 承不鄙，谬有取于寂体之说，谓是为师门第一义。窃谓虚寂乃大《易》提出感应之体以示人，使学者知所从事。盖尧舜相传以来，只有此义。即此义而精之，则天下之用备于我矣，尚何以思虑为哉？[《寄王龙溪（其二）》，《双江集》卷八]

双江直指人心未发之虚寂状态，以此扫净后天知觉对良知的窒碍。他认为，若归本"寂体"则自能通感，不必在后天的知觉感应上另做工夫。通过"归寂""静养未发"等主张，双江致力于矫正现成派学者的思想流弊。这些工夫虽颇有成效，也能让人悟得本体静寂之高明境界，但最终还是形成了空守虚寂等若干问题。双江虽然对龙溪的学说颇有微词，但他与龙溪的教法其实是殊途同归的。二者之区别在于，龙溪以"本无"精神贯彻于先天后天之间，故一切工夫皆是本体之工夫，若当下悟得"本心"，则不必转求后天的道德实践；双江则把虚寂当作良知存在与展开的前提，这固然保证了良知本体相对于后天知觉的独立性，却也因过分强调对未发之"炯然之体"的体认，反而忽视了心体已发后的状态及相应实践。所以双江将阳明的"致良知"理解为"致吾心之虚静而寂焉，以出吾之是非"（《双江公七十序》，《罗洪先集》卷十四）。总之，双江的思想学说虽然是对阳明心学的继承，却也在一定程度上窄化了致良知等工夫的内涵。

同双江相比，念庵不仅明确提出"主静"的观念，更多次亲身践履静定之功。在他的著述中，常见闭关默坐一室的经历，而这些工夫修持也确实使他获得了某些神秘经验。在念庵看来，静坐的神秘体验为言语所未到，其纯为私人经验，"静中自悟，向此自进自求，非人言可及，亦朋友所不能尽也"（《与王少方》，《罗洪先集》卷八）。此外，念庵还通过静坐修习领悟到阳明的"万物一体"之旨，"默默一室中，亦是了天下万物；了天下万物，亦与默默室中无加损"（《答董生》，《罗洪先集》卷九）。嘉靖四十一年冬，念庵闭关三年，人或疑其陷于耽空守寂之病，念庵则自辩"虽甚纷纷，不觉身倦，一切杂念不入，亦不见动静二境"（《松原志晤》，《罗洪先集》卷十六）。这种动静合一之境实为万物一体的神秘境界。

实际上，阳明亦曾批评学者的枯守虚寂之病，对"虚""寂"严加防范。他说："人有习心，不教他在良知上实用为善去恶功夫，只去悬空想个本体，一切事为俱不着实，不过养成一个虚寂。此个病痛不是小小，不可不早说破。"（《传习录》下，《全集》卷二）可见，阳明对后来双江、念庵以"虚""寂"言"心"可能导致的流弊早有提防。总之，双江、念庵的思想学说虽然在本体论上保证了心体的超验性格，却没有从根本上化解神秘精神与伦理法则之间的张力，无法遏止晚明人伦衰颓局面的发生。

本章结语

在本章中，我们看到，明代中后期的中国社会和学术思潮趋于开放和活跃，在此背景下阳明心学的神秘主义也得到了显著的发展。首先，不同于两宋理学家将佛老视为异端的做法，中晚明时期的儒者（尤其是心学学者）以更开放、直接的理念对待三教关系，自觉吸纳佛道思想融会己说。柳存仁指出，对于陈白沙、王阳明等明代思想家而言，"他们实在比程、朱更加积极地接受了传统的圣贤经典之外的影响。此影响甚至于不完全是思想方面的，而是修持和实践方面的工夫"①。这些明儒敏锐地看到，儒释道三教在义理层面是可以融通的，他们尝试做"援佛入儒""以道释儒"的工作，甚至并不忌讳别人批评他们"近禅""似道"。阳明及其门人不仅在他们的著述、书信、笔记中大胆地使用佛道术语，而且为唐宋以来的三教融会找到了本体论的基础。在阳明和龙溪那里，"无"是一个相当重要的概念，而良知本质上就是一种"本无"的精神。龙溪进一步指出，三教共通之处便是本体之虚无：

> 楚侗子问："老佛虚无之旨与吾儒之学同异何如？"先生曰："先师有言：'老氏说到虚，圣人岂能于虚上加得一毫实？佛氏说到无，圣人岂能于无上加得一毫有？老氏从养生上来，佛氏从出离生死上来，却在本体上加了些子意思，便不是他虚无的本色。'吾人今日未用屑屑在二氏身分上辨别同异，先须理会吾儒本宗明白，二氏毫厘始可得而辨耳。圣人微言，见于《大易》。学者多从阴阳造化上抹过，未之深究。'夫乾，其静也专，其动也直，是以大生焉。夫坤，其静也翕，其动也辟，是以广生焉'，便是吾儒说虚的精髓。'无思也，无为也，寂然不动，感而遂通天下之故'，便是吾儒说无的精髓。"（《东游会语》，《王龙溪先生全集》卷四）

这种含蕴"虚的精髓"与"无的精髓"的"本无"精神亦是神秘的精神。可以说，三教的融合使心学学者更充分地吸收佛道思想来丰富、转化传统儒学，而心学的神秘主义也在这一过程中得到了发展。佛教与道教的神秘主义以不同方式渗透到心学之中，使后者意识到本体应属虚无的领域，而对本体的认识和把握只能通过一种超越言说的神秘直觉。

其次，随着阳明、龙溪等人将良知作为精神信仰的对象，儒学

---

① 柳存仁：《明儒与道教》，载《和风堂文集》（中册），第830页。

在晚明的宗教化愈为显著。正如彭国翔所言："如果说这种宗教化的趋势以良知信仰论为核心，强调对自我良知心体的高度自觉自信，由此获得成就圣贤人格的终极根据，与天地万物建立一种彼此感通的亲和一体关系，那么，中晚明许多阳明学者都在不同程度上表现出这种良知信仰论的特征。"① 这种对良知的高度自信使个体更加关注自己的内心世界。大量心学学者投入对良知的信仰中，反而不再看重对经验知识的学习。他们视良知为终极实在，努力寻求自我与终极实在在超验层面的联系。信仰良知实际上也是一种私人经验，这意味着每个人都能根据自己的信仰状态来阐明良知概念的内涵。这样一来，一万个人的心目中便有一万种良知。如周海门说："人人本同，人人本圣。而信是此人人本同、人人本圣之本体。故信，则人人同，而为圣人；不信，则人人异，而为凡人。"（《重刻心斋王先生语录序》，《东越证学录》卷六）阳明身后心学的流衍与分化也和这一点不无关系。致良知不再是学者士大夫的专属权利，一般民众也可以致良知，而且可以根据自己信仰良知的具体情形来解释何为良知、如何致良知。这一进路固然使心学得到了广泛传播，甚至动摇了朱学的地位，却也让晚明时期的心学变得光怪陆离，变得更加"神秘"化。

按照黄宗羲的说法，阳明至晚年始揭致良知教，然而生前未能与门下弟子深究良知本旨，导致王门后学对良知的阐释展开为多个向度。龙溪介绍了王门诸生对致良知解释的差异性：

　　凡在同门，得于见闻之所及者，虽良知宗说不敢有违，未免各以其性之所近，拟议搀和，纷成异见。有谓良知非觉照，须本于归寂而始得。如镜之照物，明体寂然，而妍媸自辨。滞于照，则明反眩矣。有谓良知无见成，由于修证而始全，如金之在矿，非火符锻炼，则金不可得而成也。有谓良知是从已发

---

① 彭国翔：《儒家传统：宗教与人文主义之间》，第116页。

立教，非未发无知之本旨。有谓良知本来无欲，直心以动，无不是道，不待复加销欲之功。有谓学有主宰，有流行，主宰所以立性，流行所以立命，而以良知分体用。有谓学贵循序，求之有本末，得之无内外，而以致知别始终。此皆论学同异之见，差若毫厘，而其缪乃至千里，不容以不辨者也。（《抚州拟岘台会语》，《王龙溪先生全集》卷一）

根据王门后学对致良知的不同解释，可以把他们的神秘主义思想分成许多派别。在本章中，我们列举了王龙溪、王心斋、聂双江、罗念庵等王门后学的思想，并简要说明了他们在何种意义上继承和发展了阳明心学的神秘主义。这些学者或以"本无"打并先天、后天之隔，或强调良知在生活情境下的朗现，或主张良知是虚寂的神秘原理。这些观念有一个共同点，即认为良知是超越善恶观念的神秘精神。对于这一点，即便是在很长一段时间内与龙溪意见相左的钱绪山也不例外，如其言：

> 人之心体一也，指名曰善可也，曰至善无恶亦可也，曰无善无恶亦可也。曰善、曰至善，人皆信而无疑矣，又为无善无恶之说者，何也？至善之体，恶固非其所有，善亦不得而有也。至善之体，虚灵也，犹目之明、耳之聪也。虚灵之体不可先有乎善，犹明之不可先有乎色，聪之不可先有乎声也。目无一色，故能尽万物之色；耳无一声，故能尽万物之声；心无一善，故能尽天下万事之善。今之论至善者，乃索之于事事物物之中，先求其所谓定理者，以为应事宰物之则，是虚灵之内先有乎善也。虚灵之内先有乎善，是耳未听而先有乎声，目未视而先有乎色也。塞其聪明之用，而窒其虚灵之体，非至善之谓也……虚灵之蔽，不但邪思恶念，虽至美之念，先横于中，积而不化，已落将迎意必之私，而非时止、时行之用矣。（《浙中王门学案一》，《明儒学案》卷十一）

可见，绪山也认同良知是"无善无恶"的虚灵明觉之体。以龙溪、心斋为代表的现成派学者与以双江、念庵为代表的归寂派学者的根本区别，在于前者将良知作为一种主动呈现的精神本体，而这一呈现离不开后天的知觉作用；后者则批评了这种容易使知觉混入良知的观念，提出良知无涉于经验内容，欲实现精神本体与生活世界的感通，只能归本"寂体"。总的来讲，他们都把良知当作一种超现实性的神秘精神，并强调通过直觉体悟的方法来悟入良知。

然而，阳明的学说中存在的神秘精神与伦理法则之间的张力在王门后学这里非但没有得到解决，反而进一步强化了。事实上，阳明尚且承认民彝物则的意义以及个人在公共领域的道德责任，但是随着非伦理化的"无善无恶"之说逐渐流行开来，大量心学学者更有意使心学朝着神秘主义的方向发展。他们沉浸在对超绝本体的体悟之中，在精神层面上否定了对象性和差别性，进而忽视了经验知识和伦理规范。顾宪成认为，当时社会上的道德沦丧、士风衰败等现象皆可归咎于"无善无恶"之说：

> 无善无恶，凡为释氏者皆能言之，阳明却又搭个为善去恶来说。盖曰：做得如此工夫，然后我之无善无恶，与释氏无善无恶，似同而实异，虽儒者不能疑其堕于无耳。为善去恶，凡为儒者皆能言之，阳明却又搭个无善无恶来说。透得如此本体，然后我之为善去恶，与世儒之为善去恶，似相同而实异。虽释氏不得疑其滞于有矣，此是阳明最苦心处。（《证性篇·罪言上》，《顾端文公遗书》卷六）

顾宪成批评道，如果将本体作为"无善无恶"的存在，则一切"为善去恶"的伦理实践即便不是多余的，也属于"第二义"的，自然会被学者轻视和废置。总之，作为最高的存在本质，良知是否定了全部现实性的本体自由和超越理性、思维的纯粹意识。通过自我的直觉反思，精神在自由的层面实现了对现实性的绝对超越，而这样一种专注内心世界的做法势必形成对外在伦理法则的漠视。从这个角度讲，晚明社会道德的衰颓与心学神秘主义的发展多少是有些关系的。

结　　论

　　学界的一些观点认为，阳明虽然对宋元之后渐生流弊的程朱理学实现了彻底的变革，但其学说大体上仍是基于朱学的问题意识，"当时是朱子学的时代，他也是从朱子学出发的"①。然而，从神秘主义的视角看，阳明心学与朱子学乃至传统儒学的话语又有很大的不同。中国思想虽然向来重视个人的直觉体悟，却并没有将这种直觉体悟和本体论思想结合起来。阳明心学以本心、良知为直觉体悟的对象，形成了独具特色的本体论神秘主义和工夫论神秘主义。在这一阶段，心学学者的神秘经验也颇为丰富。从思想史上看，这是一个有意思的现象。关于心学学者的种种神秘经验，我们固然可以将其理解为儒学宗教化转向的一个重要面向——但这是远远不够的。如果我们从精神哲学的角度重新审视阳明心学的神秘主义，就会发现心学形成、发展与分化的过程实际上暗含了精神的自我运动，而神秘主义在中晚明的兴盛是精神推动自身发展、转化的必然趋势。那些神秘经验不单纯是宗教实践中的心理现象，更是作为精神本体的超验实在在个体生存境域下的本真呈现。因此，本书所要解决的一个重要课题，就是揭示阳明心学与神秘主义的内在关联，以及各种神秘经验在中晚明儒学转型过程中的理论意义和历史意义。

---

　　① ［日］岛田虔次：《朱子学与阳明学》，蒋国保译，陕西师范大学出版社 1986年版，第 82 页。

一

　　本书所谓神秘主义，不是以鬼神巫术为核心内容的神秘主义，而是致力于阐明精神本体的超理性、超现实性的神秘主义。换句话说，我们关注的不是无法被解释的经验现象，而是无法被解释的精神本体。这种神秘主义将本体领会为一种完全超越（或排除）了理性的、无差别的、无关联的纯粹意识，后者在原则上不能被理性认识。这里所说的"理性"，指的是主体在概念作用下的认识与思辨能力。理性总是用概念、形式来把握存在真理，并推动自身的内在化和绝对化进程。在这一过程中，理性不断否定以经验现实为形式真理的自然思维，并认识到自身才是存在的真理。这个过程就是理性的反思。通过自我反思，理性将存在的原理不断内向化，最终归属于主体自身，即理性自我。在此阶段，自我领会到一切实在的本质都是自己，并且认识到世界的存在和发展正是自我的真理性和现实性的反映，因而自我成为理性的绝对自由。不过，一旦理性成为某种绝对的、现实的力量，它就会成为制约精神内在运动的阻力，使精神无法推动自身进一步发展。然而，精神总是能够通过对自身的否定，使自身超越理性和现实性的规定，进入超绝的精神领域。这种无法通过理性的概念、范畴来认识的超绝本体，就是神秘的精神。

　　精神在自我演进的过程中总是从低级阶段向高级阶段发展，推动这一进程的根本动力就是自由。自由既是精神自我否定、自我更新的推动力量，又是精神所要发展成为的最终目标。精神的内在演进表现为一个自"有"入"无"的过程。自由的精神就是本体在超越一切理性和现实性后的虚无，它是本体之"无"，所以是"本无"。"本无"就是神秘的精神。要而言之，理性所能认识的，只是概念和范畴所给予的现象世界，而不是现象世界背后的本体。人们无法运用理性来认识超验的形上存在，后者本质上是不可思议的，只能通过神秘直觉来把握，"总之，智识底知识与神秘主义，乃在两个绝不相干底世界之中"①。我们认为，各民族文化中神秘主义的基本内容就是精神对理性和现实性的绝对超越。

在本书中，我们曾经介绍了内向型与外向型两种神秘体验，并指出包括印度教、苏菲派及儒释道三家在内的神秘主义基本都属于内向型的。这是东方神秘主义的基本特征。实际上，阳明心学的神秘主义与某些西方思想中的神秘主义也具有相似性。在这里，我们将以普罗提诺和叔本华的思想为例说明这一问题。

普罗提诺是新柏拉图主义的代表人物，他的思想有显著的东方宗教色彩。有学者认为，普罗提诺的思想不同于希腊传统和犹太——基督教传统，而与"印度思想尤其奥义书的哲学表现出本质的亲缘性"②。事实上，普罗提诺的思想学说虽以柏拉图的哲学为基础，却吸收了大量东方神秘主义的元素。有别于古希腊的理性主义传统，普罗提诺认为存在的本质不是理性的，而是一种排除了全部思维、念虑的无差别的神秘本体，即"太一"。"太一"是超越理性、观念的本体存在，它规定着一切现实存在。普罗提诺这样描述"太一"：

> 没有什么可以称谓它，它不是"是"，不是实体，不是生命，不是以上所说到的任何事物，但是如果你通过剥离"是"来领会它，你就会充满惊奇。如果你倾身于它，栖居于它，就会越来越理解它，通过直观了解它，通过它所产生并以它为基础的事物了解它的伟大。③

"太一"是超越逻各斯、思想和语言的最高存在，因而是自由的精神。"太一"不是任何存在者，而是一切存在者的原因，所以它超越全部现实存在，是最单纯、最清净的本体。普罗提诺还认为，人

---

① 冯友兰：《中国哲学中之神秘主义》，《三松堂全集》（第 11 卷），第 121 页。

② 吴学国：《奥义书思想研究》（第一卷），第 134 页。

③ ［古罗马］普罗提诺：《九章集》（上册），石敏敏译，中国社会科学出版社 2009 年版，第 361 页。

们无法通过理性来认识"太一"，而只能通过直觉、冥思等神秘体验。普罗提诺提出净化和沉思两种修炼方法，它们的最终目的是实现精神的向内深化和向上提升。通过对本体的直觉反思，精神逐渐否定生产的灵魂，进而上升到感觉的灵魂和经验的理智。反思接着还要否定经验的理智，实现精神与绝对理智的同一。在灵修的最后阶段，理智也要被自我舍弃，最终使自我融入"太一"之中，达到神秘的境界。这一过程表现为灵魂在反思的实践下逐渐从最外在、直接的物质世界逐渐进入内在的精神世界。当自我回归到"太一"之中，就能获得一种有别于世俗快乐的、神秘的精神愉悦：

　　当灵魂有幸与它（引按即神圣者）同在，它来到灵魂面前，或者毋宁说，出现在它面前——因为它原本就在那里——当灵魂抛弃一切已有的，尽其所能变得更美，与它相似（我想，那些要自我装备的人应当清楚地知道准备和装饰是指什么），突然在自身里面看见它显现出来（因为两者之间没有间隔，也不再有两者，两者已经合而为一；只要有它存在，你就不可能作出任何区分；下界的情人与他们所爱的人也像这样渴望合而为一），此时灵魂已经意识不到身体，不知道它在身体里面，也不说自己是任何别的事物，是人，是有生命的事物，是是，是全（因为对这些事物的凝思多少还是烦人的），它既没有时间也没有兴趣向往它们，它一直在追寻这个，这个一出现就相遇了，灵魂看着它，而不看自己，其实灵魂甚至没有时间搞清楚看的灵魂是谁……在这样的快乐中它确定无误地知道自己是快乐的；当身体刺激它时它没有说快乐，当它变成自己原来的所是，恢复早先的快乐时，它才说自己快乐。它对所有其他曾经喜好的一切，职位、权力、财富、美貌、学识，统统视为粪土，它若没有见到比这些更好的，就不会有这样的转变；它不再担心会有什么不测，因为它根本看不见不测；如果它的所有其他事物都毁灭了，它反倒会感到高兴，因为这样它就可以单独与至善同在，它所获得的是多么大的幸福。①

　　灵魂与本体合一的快乐本质上是超现实的，这种愉悦感也就是精神实现自我超越的自由感。从历史上看，古希腊的逻各斯中心主义并未确立一种超理性、超现实性的存在本体，而在普罗提诺的思想中，则更多展现出精神对超理性本体的直觉反思。这一进路与古希腊的理性主义传统形成了鲜明对比，反而更接近东方宗教的神秘主义。事实上，普罗提诺的思想与印度哲学有着特殊的关联。在当时，印度文化广泛渗透于希腊化时期的哲学之中，这使得普罗提诺对印度文化有所接触并在一定程度上受到它的影响。比如他把"太一"理解为一种超理性的、无差别的神秘精神，并提出通过直觉反思等精神修炼来认识该本体，就完全不同于希腊哲学传统，反而更接近《蛙氏奥义书》的神秘主义。

　　叔本华的哲学也展现出明显的东方神秘主义色彩。与普罗提诺相比，学界有充足的材料可以证实叔本华大量借鉴和吸收过印度文化。② 叔本华年轻时阅读过法国学者杜帕农（Anquetil Duperron）的奥义书拉丁译本，他认为奥义书中的思想体现了人类精神的最高成就。他的学生杜伊森（Paul Deussen）也指出，奥义书哲学是叔本华思想的先驱。③ 在《作为意志和表象的世界》的第一版序言中，叔本华说："由于《邬波尼煞昙》Upanishad 给我们敞开了获致这种恩惠的入口，我认为这是当前这个年轻的世纪对以前各世纪所以占有优势的最重要的一点，因为我揣测梵文典籍影响的深刻将不亚于十五世纪希腊文艺的复兴；所以我说读者如已接受了远古印度智慧的洗礼，并已消化了这种智慧；那么，他也就有了最最好的准备来倾

---

① ［古罗马］普罗提诺：《九章集》（下册），第 878—880 页。

② 单虹泽：《从印度吠檀多的"摩耶"观念到叔本华的生命哲学》，《世界哲学》2021 年第 1 期。

③ Paul Deussen, *Philosophy of the Upaniṣads*, tr. A. S. Geden, Edinburgh：T. & T. Clark Ltd., 1906, p. 350.

听我要对他讲述的东西了。"① 从这些言论中，可以看出叔本华对奥义书的重视程度，他毫不避讳地承认自己的思想正是源自后者。

叔本华认为，世界的绝对本体就是意志，而意志本质上是一个超理性的神秘精神。意志是"有"，也是"无"，并且最终会发展为绝对的"无"，表现为"意志的自我取消"。② 意志本来是推动世界万有生成、发展的绝对冲动，即无尽、盲目的追求，这就使人生来便具有无限的欲望。③ 一旦这些欲望得不到满足，就会使个体陷入痛苦之中，无法实现全面的自由，"原来一切痛苦始终不是别的什么，而是未曾满足的和被阻挠了的欲求"④。所以，只有最终否定作为世界绝对真理和痛苦、欲求根源的意志，才有可能达到一种更高程度的没有意志、没有表象的虚空、自由之境。一旦真正否定了自我的生存意志，"我们所看到的就不是无休止的冲动和营求，不是不断地从愿望过渡到恐惧，从欢愉过渡到痛苦，不是永不满足永不死心的希望，那构成贪得无厌的人生平大梦的希望；而是那高于一切理性的心境和平，那古井无波的情绪，而是那深深的宁静，不可动摇的自得和怡悦"，"我们这个如此非常真实的世界，包括所有的恒星和银河系在内，也就是——无"。⑤ 这是一种精神自我否定的绝对运动，在此过程中人们获得了最高的自由。这种意志的自我取消是精神的直觉反思运动，表现为精神逐渐超越自然表象、观念、理性乃至意志自身，最终达到某种虚无的境界，"意志的放弃，则所有那些现象，在客体性一切级别上无目标无休止的，这世界由之而存在并

① ［德］叔本华：《作为意志和表象的世界》，石冲白译，杨一之校，商务印书馆 1982 年版，第 6 页。
② ［德］叔本华：《作为意志和表象的世界》，第 554 页。
③ 在德语中，"意志"（wille）来自本义为"愿意""欲求"的情态助动词 wollen。叔本华认为，康德所谓"自在之物"（Ding an sich）就是意志。意志是自在的世界本身，它独立于表象世界，却又是后者存在的基础。人们可以通过理性能力来认识表象世界，而对意志的把握则必须突破理性的界限，借助于神秘的直觉体验。
④ ［德］叔本华：《作为意志和表象的世界》，第 498 页。
⑤ ［德］叔本华：《作为意志和表象的世界》，第 563—564 页。

存在于其中的那种不停的熙熙攘攘和蝇营狗苟都取消了；……末了，这些现象的普遍形式时间和空间，最后的基本形式主体和客体也都取消了。没有意志，没有表象，没有世界"①。奥义书也强调通过直觉反思不断破除经验表象，呈现无形无相、不可见、无对待、不可思议的神秘精神。可以看出，叔本华的意志哲学与西方的理性主义哲学传统也有较大的距离，反而更接近东方的神秘主义。

这两个例子说明，在西方思想中，也能找到内向型的神秘体验。这种东方式的神秘体验得自古代印度思想在欧洲的传播。普罗提诺和叔本华都倾向于把存在的真理、本质领会为一种超理性的神秘精神，并强调通过直觉反思把握存在本质。这种思想与奥义书哲学的神秘主义如出一辙。在印度文化的影响下，西方近代思想也逐渐意识到理性的局限性，形成了神秘主义和浪漫主义的思潮。在阳明心学这里，也能看到上述理论特征。在本书的第二章中，我们指出，阳明学虽然没有直接受到奥义书哲学的影响，却通过如来藏佛学和禅宗的中介，间接地吸收了古代印度的神秘主义，并将其与传统儒学相结合，形成了新的思想形态。因此，阳明心学与普罗提诺、叔本华二人的思想不是"风马牛不相及"，它们在神秘主义层面有着内在的亲缘性。关于东方神秘主义对西方思想界的影响，还有很多值得深入探讨的地方，限于本书篇幅，我们就不一一展开讨论了。

儒家思想具有浓厚的直觉主义和神秘主义色彩，尤以阳明心学最为突出。陈来将儒家思想中的神秘经验归纳为六个方面：（一）自我与万物为一体；（二）宇宙与心灵合一，或宇宙万物都在心中；（三）"心体"（即纯粹意识）的呈现；（四）一切差别的消失，时间空间的超越；（五）突发的顿悟；（六）高度的兴奋、愉悦，以及强烈的心灵震撼与生理反应（通体汗流）。② 这些神秘经验都体现在阳明心学的神秘主义之中。除了上述特征，本书还指出，阳明的良

---

① ［德］叔本华：《作为意志和表象的世界》，第 562 页。
② 陈来：《有无之境——王阳明哲学的精神》，第 410 页。

知不是一个僵死、不变的本体，它始终通过自我否定的直觉反思运动来实现自身的发展。这一点我们已经结合阳明的生平经历和为学历程作出了说明。阳明早年将"本心"理解为一种伦理的精神，他要通过这样一个本体来为道德法则奠定基础。到了晚年，阳明更多将"本心"视为无善无恶、清净一味的神秘精神。这种以"无"为存在本质的形上学构成了心学本体论的神秘主义。与之相应，心学的工夫论侧重直觉反思等内向体验，依此证悟"本心"的绝对自由，"只有这一实践才将伦理行为建立在良心对心灵的自然性的审判、及对其超越的自由之确信的基础上，因而在儒家思想中，只有心学的道德才是真正的道德"①。心学的神秘主义揭示了精神的本真超越就是本体的"无化"，它以种种神秘经验确认了精神的内在超越，并将"本心"领会为一种纯粹意识。

阳明将"心"领会为存在的超绝本体，既是对传统儒学的丰富和拓展，也是明代儒学最具特色之处。在阳明之前，绝大多数儒者都将"心"视为认知主体和实践主体，没有把它当作独立于自然经验的存在。到了阳明那里，才明确将"本心"作为一种无滞无碍、无善无恶、清净澄澈的超绝本体。从这一点来看，阳明心学的理论形态和传统儒学有很大的不同。这种思想观念在王门后学那里得到了深化。比如王龙溪就认为，良知是超理性、超现实性的本体之"无"：

> 人心虚明湛然，其体原是活泼，岂容执得定。惟随时练习，变动周流，或顺或逆，或纵或横，随其所为，还他活泼之体，不为诸境所碍，斯谓之存。（《浙中王门学案二》，《明儒学案》卷十二）

可见，从阳明到王门诸子，都把"心之本体"理解为一种纯知、

---

① 吴学国：《奥义书思想研究》（第二卷），第 636 页。

澄明，亦即神秘的精神。这样一个空净寂寥、无善无恶的"心"，是超越理性和现实性的存在。总之，精神通过自我反思领会到超验本体与内在心灵的同一性，将内在的超验实在作为存在的究竟真理，后者在呈现自身的过程中展现为自"有"入"无"的辩证运动。陈来认为："整个宋明理学发展的一个基本主题就是：如何在儒家有我之境的立场上消化吸收佛教（也包括道家文化）的无我之境。全部宋明理学的心性论与工夫论，大半讨论的无非就是这个问题，只是具体表现各异而已。"① 本书所做的工作，就是对这个问题的总结和回应。

二

在心学那里，良知的超越性被理解为超理性和超现实性，其本质是神秘的。在精神的自我运动中，心体使自身逐渐虚无化，最终呈现为一种本体的自由，即"本无"。由于否定了存在的现实性，所以对神秘精神的认识和把握不能通过理性，而只能通过直觉反思。在这一活动中，精神排除了概念、思维、知觉，使心体的超越性得到呈现。由此，精神获得了一种超现实的本真自由，并领悟到自身是绝对的、自为的存在。

阳明心学在吸收佛道思想资源的同时，也全面引入了静坐、调息等体验工夫。宋代以后的儒学侧重个人了悟而轻忽理智思辨，重"身心之学"轻"口耳之学"，这一特征在阳明心学那里更为突出。心学学者反复强调心体的特征为"虚""无""寂""静""无善无恶""无思无虑"，意在表明"本心"是一个超理性的神秘精神。在本书中，我们介绍了心学的多种修养工夫，它们都是面向"本心"而展开的精神实践，并且展开为一种内向型神秘经验。这些工夫进路实际上包含了精神的两种运动：一是精神的自否定运动，二是精神的持续内向化运动。前者表明精神在直觉反思的工夫中，逐渐否

---

① 陈来：《有无之境——王阳明哲学的精神》，第 236 页。

定自然的外在性原理、心灵的感性表象、理智自我与经验意识，最终将一个纯粹的、绝对的"无"确立为自我的本质。后者表明精神透过外在的、经验的、理智的表象，追求自我的更内在的真理。通过这种直觉反思的实践，精神领悟到那种超越一切现实存在的"本无"就是本体最内在的存在。

较之宋明理学的其他流派，阳明心学更重视身心体验，所以我们将它视为一种"体验的形上学"。心学专注于深刻的直觉反思和超越的精神觉悟，反而对经验知识有所忽略。冯友兰先生将直觉体验的方法称为"负的方法"，并认为通过这种方法能够达到哲学的最高顶点。神秘经验不同于理智的知识，它是最直观的、具体的，无关乎逻辑的分析与演绎。冯先生又说：

> 但不可思议者，仍须以思议得之；不可了解者，仍须以了解了解之。以思议得之，然后知其是不可思议底；以了解了解之，然后知其是不可了解底。不可思议底，亦是不可言说底。然欲告人，亦必用言语言说之。不过言说以后，须又说其是不可言说底。有许多哲学底著作，皆是对于不可思议者底思议，对于不可言说者底言说。学者必须经过思议，然后可至不可思议底；经过了解，然后可至不可了解底。不可思议底，不可了解底，是思议了解的最高得获。哲学的神秘主义是思议了解的最后底成就，不是与思议了解对立底。①

直觉是建立在理性认知（思议、了解）之上的，它在更高的层面规定着理性，所以它不是反理性的，而是超理性的。但是，这样一种认识方法却有着明显的反理性色彩。这是因为，直觉往往诉诸私人体验，反而疏离了公共领域的经验交流，故明儒称其为"自得"。比如阳明说："自家痛痒，自家须会知得，自家须会搔摩得，

---

① 冯友兰：《新原人》，《三松堂全集》（第 4 卷），第 572 页。

既自知得痛痒，自家须不能不搔摩得。佛家谓之'方便法门'，须是自家调停斟酌，他人总难与力，亦更无别法可设也。"（《传习录》中，《全集》卷二）阳明又以"哑子吃苦瓜"譬喻私人经验，强调直觉工夫重在个人体验而不待言说。较之前代儒者，明代心学学者更重视对"本心"的觉悟，反而不那么看重"格物穷理"等外在实践了。质言之，如果把良知当作一个既定的结构，那么读书求知的重要性必然所有减损。这种反智识的气氛几乎笼罩了全部的明代思想史。① 主体一旦领会到本体是超现实的"本无"，就会通过直觉反思的精神实践不断扬弃现实的绝对性，将本体从"有"推入"无"的领域，实现对自由的本真觉悟。这种精神的辩证运动必然包含着对经验知识的否定。

最后我们要阐明的是，心学重视的神秘经验与普通人偶然得到的神秘经验是不同的。很多学者在研究中指出：即便是没有宗教信仰或精神修炼的普通人，也会在日常生活中获得某种神秘经验，但是这样一种经验是被动获得的，且持续时间相对短暂。陈来指出："严格地说，神秘经验是瞬间获得的、短暂的，而境界是代表相对持久和稳定的觉悟水平，因此，体验与境界是有所不同的。"② 心学学者所追求的是更高层次的神秘境界。欲达到这一境界时，需要个体通过工夫修炼来转化自身：首先领悟某种超世俗的观念，进而使自我的生命内容与超验本体融合为一。在工夫修习的过程中，个人超越了理性的局限性，并在更高层次的范畴内构造新的精神概念。自我在先验层面领悟到的这种新的精神概念，是对前一环节的反思和超越，由此形成自觉的反思活动。正因为个体形成了对精神本体的自觉，所以一些偶发性的神秘经验能够凝化为神秘的境界。神秘经验大多是瞬时性的，神秘境界则相对持久。在中国哲学研究中，对

---

① 余英时：《从宋明儒学的发展论清代思想史——宋明儒学中智识主义的传统》，载《中国思想传统的现代诠释》，第 137—147 页。

② 陈来：《现代中国哲学的追寻——新理学与新心学》，人民出版社 2001 年版，第 289 页。

于什么是"境界"，学者似乎并无统一的看法，甚至没有明确的规定。这是因为"境界"关乎工夫，关乎神秘经验，它本来就不是一个能用概念讲清楚的问题，"因为它不是概念的问题，也不是单纯的认识问题，而是心灵问题，精神生活的问题"①。中国哲学所讲的"境界"，一般指的是修养工夫的效验，它也是一种心灵的主观感受。举例来说，甲和乙一同静坐，二人所感受到的"静"往往不同，亦可谓其境界有高低的不同。冯友兰认为，境界与"觉解"相关。甲对宇宙人生的觉悟和理解深一些，他的境界就高一些；乙对宇宙人生的觉悟和理解浅一些，他的境界就低一些。从境界论来看，神秘主义大多是主观的。"万物一体"是儒家神秘主义的一个重要命题。关于"万物一体"，我们就可以从本体论和境界论两方面来理解。本体论的"万物一体"与境界论的"万物一体"有所不同：在前者那里，"一体"的万物是对称的，而在后者那里，"一体"的万物是非对称的。在本体论的意义上，如果甲以乙为一体，那么乙也一定以甲为一体，人与禽兽草木本然地构成生命共同体；在境界论的意义上，甲能以乙为一体，未必表明乙也能以甲为一体，人能以禽兽草木为一体，反之则不然。易言之，即便甲达到了"万物一体"的境界，感受到乙和自己"同体"，但他向乙描述这一境界时，乙未必尽信其言，除非乙也达到这一境界，感受到甲和自己"同体"。此外，神秘境界中的愉悦感也不同于普通人偶得的、突发的精神愉悦。普通人欣赏自然景色或艺术作品之时，偶尔会获得超功利、超现实的愉悦感。不过，这种感觉是转瞬即逝的。心学学者则通过主动的工夫修炼获得了一种长足的精神愉悦。这种强烈的愉悦感得自个体悟得"本心"的完满和超越，在这一时刻，精神排除了现实存在带来的压力和束缚，使自身达到某种消解了全部经验意识的境界。这种愉悦感就是一种自由感，它以神秘的直觉为基础，因而是直觉的愉悦。

---

① 蒙培元：《心灵超越与境界》，人民出版社 1998 年版，第 456 页。

三

我们屡次指出，对于一个超越理性和现实性的精神来说，它的自由与道德法则必然是相互矛盾的。这是因为，伦理、道德属于理性的范畴，是精神的现实性存在，而神秘的精神既然是绝对自由的，便属于超现实的存在。精神对内在自由的追求往往意味着对道德法则的否定。一个获得了神秘经验的人很可能沉浸在内心的绝对自由之中，从而忽视甚至消除了道德意识。比如在印度教和佛教那里，本体的内在性和超越性得到确认的同时，经验的、现实的存在不断被虚幻化或虚无化，以至于产生漠视世俗伦理的态度，甚至有时表现出明显的反道德倾向。

在中国哲学中，这个困境自理学肇兴之际便有所体现。邓广铭认为，"宋学"的精神包含两个方面，即"致广大"和"尽精微"。"致广大"就是强调经世致用，施展治国平天下的抱负。"尽精微"就是涵养心性，实现个体精神的内在超越。从二程到程门后学，则专从"尽精微"的方向，"把儒家学说向着抽象的方向和玄妙精深的方向以及专从事于个人身心修养的方向推进"[①]。在这一时期，理学家所关注的对象是"道"，还不是"心"。理学家凭借自身修养和对"道"的体悟，将"道"一再抽象化，使之成为玄妙精微的本体。在佛道二教的持续渗透下，理学一味向着"尽精微"的方向发展，渐渐出现疏略"致广大"的弊端：士人论"道"之时口若悬河，却对经世致用及相关知识不免有所漠视。至南宋高、孝二朝，思想界竟掀起一股狂怪浮诞之风。这一时期理学家的政敌皆以"狂怪之语，浮诞之说"来攻击理学。比如绍兴六年，陈公辅上书攻击伊川学说：

---

① 邓广铭：《略谈宋学——附说当前国内宋史研究情况》，载邓广铭、徐规等主编《宋史研究论文集》，浙江人民出版社 1987 年版，第 12 页。

朝廷之臣不能上体圣明，又复辄以私意取程颐之说，谓之伊川学。相率而从之，是以趋时竞进、饰诈沽名之徒翕然胥效，倡为大言。谓：尧舜文武之道传之仲尼，仲尼传之孟轲，轲传颐，颐死无传焉。狂言怪语，淫说鄙喻，曰：此伊川之文也。幅巾大袖，高视阔步，曰：此伊川之行也。能师伊川之文，行伊川之行，则为贤士大夫，舍此皆非也。臣谓使颐尚在，能了国家事乎？（《建炎以来系年要录》卷一○七）

在陈公辅看来，"伊川学"的一大罪责就是不能使人"了国家事"。朱子也对当时玄虚的士风有所警觉，他认为二程的思想学说固然有功于圣学，但也容易使人希高慕外，不切实际：

汉儒一向寻求训诂，更不看圣贤意思，所以二程先生不得不发明道理，开示学者，使激昂向上，求圣人用心处，故放得稍高。不期今日学者乃舍近求远，处下窥高，一向悬空说了，扛得两脚都不着地！其为害，反甚于向者之未知寻求道理，依旧在大路上行。今之学者却求捷径，遂至钻山入水。（《朱子语类》卷一一三）

由此，朱子提出了应对这种玄虚风气的补偏救弊之方，其云：

今之学者，本是困知、勉行底资质，却要学他生知、安行底工夫。便是生知、安行底资质，亦用下困知、勉行工夫，况是困知、勉行底资质！

大抵为学虽有聪明之资，必须做迟钝工夫，始得。既是迟钝之资，却做聪明底样工夫，如何得！（《朱子语类》卷八）

所谓"困知""勉行"的工夫，或者"迟钝"的工夫，都是教人在"格物穷理"上切实用功。循"物"以求"理"，固然可以避免空谈性理的很多问题，却不免使人将心思贯注在"物"上，所以在朱子后学那里又出现了所谓"名物考索之弊"。

阳明心学在实践层面也存在上述问题。在中晚明时期，专注内心自由而对道德实践不屑一顾的心学学者，不在少数。"良知"出现的时代，精英士大夫和一般民众阶层开始涌起一股反抗不合理制度和纲常名教的潮流，所以良知作为一种时代精神，体现了人们对自我实现和心灵自由的内在要求。"无善无恶"的良知本质上是一种自由的精神。这种自由精神是不断推动自身发展并超越现实存在的"本无"。精神自身的发展取决于本体自由与现实精神的永恒对话。一方面，自由通过现实将自身转化为具体的思想观念、伦理法则等内容，从而获得现实的必然性；另一方面，自由在自身展开的过程中又会被固化的现实束缚，这要求它在实现自身的自主设定的同时不断超越现实，将自身领会为一种纯粹意识，即"本无"的精神。这种"本无"的精神是超现实、超道德的，它不能作为伦理实践的基础。所以，良知本体与现实伦理之间的内在张力是不可避免的。阳明在其晚年所阐发的思想中愈发强调良知对公共伦理的超越性，在工夫上则主张本体的任运而行、现成自在。这些观念后来被他的弟子们进一步发挥了。在他们看来，作为一种排除了全部思虑和道德理性的纯粹意识，良知是不包含任何现实性的虚无、澄明。这样一种超理性、超现实的精神很难为道德法则奠定基础，所以明中期之后的很多心学学者都只关注安顿身心的切己之事，而对经世济民等外在实践漠不关心。明代朱子学者对心学学者的批评也在于，后者过度追求心灵自由及所谓"光景"，遂致"狂禅"之病，屡生伦常乖舛之事。直至清季，江藩等学者犹云："道学起而儒林衰，性理兴而曲台绝。"（《国朝汉学师承记》卷六）

阳明虽以"无善无恶"论"心"，把"本心"视为超理性、超现实的纯粹意识，却没有像禅宗的神秘主义那样彻底否定现实存在的价值和意义。尽管阳明十分熟悉佛道思想与实践，其在教学中更是屡发禅语，但他没有也不可能放弃自己的儒者身份。所以，阳明不可能彻底把世俗的伦理纲常视作虚幻不实之物。出于这种强烈的道德意识，阳明将属于德性之"有"的"理"安顿于本体之"无"中。他说："理也者，心之条理也。是理也，发之于亲则为孝，发之于君则为忠，发之于朋友则为信。千变万化，至不可穷竭，而莫非发于吾之一心。"（《书诸阳伯卷》，《全集》卷八）可见，阳明在"本心"超越现实伦理的层面犹有收敛，或者说，他尝以一种圆融的形式弥合"有"与"无"之间的破裂。相比之下，王门后学则更加肆无忌惮地将良知当作无滞无碍、全无着落的"本无"或"寂体"。他们认为，良知先天地圆满具足，无需另做后天的修证工夫。这种观念既为平民阶层提供了成圣的依据，也使精英阶层降低了对自身的道德要求，最终形成了中晚明之后伦理纲常崩坏的局面。对此，高攀龙批评道：

> 今天下佛、老、杨、墨、乡愿、鄙夫混杂，或加瞿昙于尼圣之上，或以冯道为奇而蔑《春秋》之义，或删传注而成断港绝汉之鄙见，或塞长江大海之道津，遂至大乱不止矣。（《射部·小题影珠序》，《高子未刻稿》卷三）

吕思勉也认为，以龙溪、心斋等人为代表的王门后学既发扬了心学精神，也致使"狂禅"发生而陷入"不可收拾"之局：

> 论者谓阳明之学，得龙溪、心斋而风行天下，亦以龙溪、心斋故，决裂不可收拾焉。盖浙中之弊：纯在应迹上安排凑泊，则失之浅俗。玩弄本体，以为别有一物，可以把持，则堕入魔障。而纯任流行，尤易致解缆放船，绝无收束。更益以泰州之猖狂机变，遂无所不至矣。[1]

---

[1]　吕思勉：《理学纲要》，商务印书馆 2015 年版，第 171 页。

　　本书之所以另辟一章专阐王门后学的神秘主义，正是要表明心学的神秘主义始终处在发展之中。心学是一个发展中的思想系统。阳明和王门后学对道德实践的态度有很大的不同。他们虽然都将精神本体领会为一种超现实的"无"，阳明却并未因"无"废"有"，而在龙溪、双江等人那里却往往以后天的道德实践为"第二义"而予以废置。这是本书所要阐明的一个新的观点。

四

　　近代以降，中国哲学研究领域的学者逐渐意识到，古代的儒家思想长于直觉体悟而疏于逻辑分析，其在很大程度上讲是神秘主义的。在心性论得到高度发展的宋明时期，大量儒者通过个人的身体力行、操持涵养来追求某种神秘经验，并根据自己体悟到的内容来接引后学。到了中晚明时期，这一现象变得更为普遍。在本书的写作过程中，笔者参考了当时心学学者的文论、书札、笔记，发现他们频繁地描述自己冥悟心性的经验。20世纪以来，学者在研究宋明儒学的时候，大都未能重视这一时期的神秘经验，乃至选择性地忽视了超验领域的内容。他们在著作和文章中不厌其烦地谈论着"本体论""工夫论""境界论"，然而一旦深入追问什么是"工夫"，什么是"境界"，理学和心学的工夫效验有何不同，很多人就不知所云了。这是因为，宋明理学的很多问题，不是哲学领域的问题，而是关乎神秘体验或身心修炼的问题。换句话讲，神秘体验是宋明理学中的重要内容，如果不能正视它们，将它们作为宋明儒者思想世界中的关键成分，那么所谓的理学研究也不过是在玩一套观念的游戏，无法还原思想与历史的真实情境。

　　值得注意的是，关于阳明心学的神秘主义，却有不少学者研究过，至少在他们的著作中提到过。冯友兰、钱穆、徐梵澄、杜维明、陈来、朱晓鹏等学者的研究给笔者提供了很大启示。不过，这些前辈大师们的研究似乎缺乏方法论的支撑。他们在研究中普遍指出：（1）明代心学偏重神秘主义；（2）王阳明及其后学注重了悟；（3）阳明学的发展受到了禅宗和道教的很大影响。这些说法都是准确无误的，本书也对它们给予了重点阐明。但是，只在现象层面指出"阳明心学有神秘主义色彩"是远远不够的。我们需要进一步考察的是，为什么中国思想发展至明代出现了心学这样一种理论形态，以及为什么心学较之其他理学流派更重视神秘经验。我们所关注的，不仅在于明代心学中频繁出现的神秘经验，更在于心学神秘主义的精神意义。

我们选取的研究方法，是一种精神哲学的方法。精神是普遍的概念。人类真正的历史是一部思想史，更是一部精神史。整个世界的历史都可以纳入精神史的框架之内。对于任何一种传统，理解了它的精神，就理解了它的本质和历史。所以，我们必须立足精神史来阐释哲学史、思想史和文化史。近代以来，很多学者注意到，和自然规律一样，历史规律同样是"放之四海而皆准，行之百世而不惑"。任何地域的社会或文明都在普遍的历史规律的支配之下。雅斯贝斯提出"轴心突破"，就是要说明中国与印度之所以能够在今日占据着与西方比肩的位置，不是因为它们年代久远，而且因为它们在同一历史时期完成了文明的突破。易言之，东西方哲学对某些形上学问题给予相同的重视不是偶然的，而是历史的必然规律。这种历史的必然性决定了东西方哲学在本体论内容上的相似性。对于那个最高的形上本体，中国名之曰"道"，印度名之曰"梵"，希腊名之曰"存在"，其实指的是一个东西。《庄子·天下》篇表达了类似的看法：

> 天下大乱，圣贤不明，道德不一，天下多得一察焉以自好。譬如耳目鼻口，皆有所明，不能相通。犹百家众技也，皆有所长，时有所用。虽然，不该不遍，一曲之士也……悲夫！百家往而不反，必不合矣。后世之学者，不幸不见天地之纯，古人之大体，道术将为天下裂。

这是说，上古时代有一个浑然一体的"道"，它是自然世界和人文世界的最高存在。后来，由于"天下大乱，圣贤不明，道德不一"之故，世界失去了它的本体统一性。于是百家竞起，都想掌握、发明"道"，但他们所掌握、发明的也不过是"道"的一部分，遂陷入"盲人摸象"的困境，各家所得止于"一曲"，而且互不相通。至此，"道"破裂为具体的观念，散落在历史世界之中，成为地方性知识，再无复合的可能。人们仅知道在这些观念、知识之上有一个更高的"道"，至于"道"是什么，以及如何把握"道"或修复"道"，就不得而知了。《庄子》中还有一篇寓言，也与"道术将为天下裂"的主旨相近：

> 南海之帝为儵，北海之帝为忽，中央之帝为浑沌。儵与忽时相与遇于浑沌之地，浑沌待之甚善。儵与忽谋报浑沌之德，曰："人皆有七窍以视、听、食、息，此独无有，尝试凿之。"日凿一窍，七日而浑沌死。（《庄子·应帝王》）

这里的"浑沌"比喻的就是那个浑然未分的"道"。"儵"与"忽"的"日凿一窍"行为比喻战国诸子之学的兴起。"浑沌"之死与"道"之分裂本质上是一致的，都表明普遍精神在现实世界中的分化。关于这个问题，余英时还援引了《淮南子》和《荀子》中的材料予以说明。如《淮南子·俶真训》："周室衰而王道废，儒、墨乃始列道而议，分徒而讼。"《荀子·解蔽》："凡人之患，蔽于一曲，而暗于大理。""列道"即"裂道"，与"道术将为天下裂"同义。"大理"亦即"道"，故荀子评墨子以下八家之"蔽"曰："皆道之一隅。"可见，荀子对于诸子学兴起的认识与庄子几乎是一致的。对此，余英时指出，"轴心突破"似与"道术将为天下裂"相关，而"breakthrough"和"裂"也好像是"天造地设的两个相对应的字"。[1] 历史以"道"为导向，"道"又是普遍的本体，所以各民

---

① 余英时：《论天人之际：中国古代思想起源试探》，第14—15页。

族有着相同的历史规律。无论是黑格尔，还是马克思主义历史学家，都认为在绝对、普遍的历史规律的支配下，任何社会或文明都只能遵循一条共同的历史演进道路。精神哲学就是将精神作为各民族或文明都具备的一种本体存在。在精神哲学看来，人类虽有形态各异的文化传统，但这些文化传统却表现出一个唯一的进路：精神总是在否定其直接的、当前的存在，达到更内在的、更本质的存在。这一进路展开为精神自我否定、自我发展的辩证运动。自由是这一运动的内在动力和终极目标。自由推动自身不断迈向更宽广的、更高深的境界，从而推动了精神历史的进程。在这个意义上讲，精神的历史就是自由的历史。思想史的目标不是用历史线索将思想串联起来，而是要透过思想、观念无限地逼近人类自由的真相。人类文明史上的全部思想、观念都是自由的产物，它们是自由藉以实现自身的中介。精神的自我发展展开为本体自由与现实存在的永恒对话。在这一过程中，一方面，自由将自己转化为现实精神，以及作为精神的具体现实性的思想、观念，以此使自己得到规定，获得现实的必然性。另一方面，自由在根本上是绝对和无限的精神，它不允许现实存在为自己设定任何禁区，于是以自身为终极目的，展开对自然经验、理性和现实性的否定运动。本书通过对阳明心学中的神秘经验的历史阐释，揭示其思想、观念的演进过程，最终以此为基础，阐明自由的精神推动人类思想、观念展开的普遍逻辑。

　　黑格尔指出，精神必须在产生自己的过程中重新发现自己。在他看来："惟有当思想不去追寻别的东西而只是以它自己——也就是最高尚的东西——为思考的对象时，即当它寻求并发现它自身时，那才是它的最优秀的活动。"① 我们认为，阳明心学中的"心"不是一般意义上的知觉或情绪，毋宁说正是超越自己、发展自己、实现自己的精神本体。"心"是能动的、绝对的、普遍的精神本体。阳明尝言："吾平生讲学，只是'致良知'三字。"（《寄正宪男手墨》，

---

① ［德］黑格尔：《哲学史讲演录》，第10页。

《全集》卷二十五）所谓致良知，就是面向精神本体的直觉反思。在此过程中，精神觉悟到超越理性和现实性的"无"才是存在的本质。欲实现精神的绝对自由，就必须从现实存在的负重之下彻底解脱出来，将自身领会为"本无"的精神，实现心灵的净化与升华。

我们认为，阳明心学中的良知概念就是绝对和无限的本体自由。良知以自身的超越性和无限性构成精神的先验结构。通过直觉反思的工夫实践，精神领悟到良知本体的普遍、超验意义。在本书中，我们将良知与人格自由结合起来，不断强调自由的绝对价值并促使精神守护良知的本真存在。唯有在本体层面将良知确立为一种普遍的、超绝的精神，才能保证它对理性和现实的超越性。自由在现实中可以展开为多个层面，比如言论自由、行动自由，等等。这些"自由"的一个共同特点就是否定性。它们打破了对言论、行动等活动的限制，使自身成为生命活动的目的。所以在这些"自由"之上，一个本体的自由是绝对的"无"，即"本无"。它是非对象性和无规定性的本真存在，因而超越全部自然经验和现实性。追求自由从来都是一个艰辛的过程，这一过程就像破茧成蝶，虽然有自我否定的痛苦，但在经历了最深刻的痛苦之后，就会迎来精神生命的更新。只有领悟到"本无"对全部现实存在的超越意义，才能真正把人的内在自由作为衡量一切精神现象的最高标准，以自由为最锋利的武器，打破自身生存的枷锁，唤醒精神的良知。对于一个人而言，自由是最本质的存在属性，它指引生活的方向，确立生命的全部意义。人必须认识到，自由是精神存在唯一的意义、价值和真理。一个人放弃了自己的自由，就相当于放弃了生命的全部——他就不再是一个有良知的人。不知道追求自由，就会将自己的"心"系于外物之上，找不到生存的意义。对于一个民族而言，也必须领悟到它存在的根本原则就是自由。惟其如此，这个民族才能将思想的自由和精神的独立视为生命的本质和最高目的，才能避免物化和异化，防范极权社会的出现。

心学在明代灭亡之后失去了学术的话语权。这种面向"本心"

的精神反思最终湮没于以考据、注疏为要的清代朴学传统之中。直至晚清民国时期，一些学者才重新拾起心学，开始挖掘心学对于个体精神超越的意义。值得注意的是，在现代新儒家学者的很多思想中，都能看到心学神秘主义的影子。比如熊十力以"体用不二"论打通本体界与现象界，并以如下三个特征规定实体：（1）实体不是超越万有之上（如上帝）；（2）实体不是与现象并存、而在现象之外的另一世界（如柏拉图的理念世界）；（3）实体不是潜隐于现象背后。① 熊十力批评了当时一些学者"以实体超越万物之上"的思想，并将"本心"确立为超绝的精神本体。熊十力说："哲学家将本体当做外界独存的物事来推度者是极大错误"，"其根本谬误即在其恃理智以向外推求而不曾反诸自心"。② 可见，他不把实体当作外在的东西，而是将内在的"本心"视为个人与万物同具的形上本体。此说深契阳明心学本旨。熊十力还认为，这样一个本体不能通过理智思辨来把握，而必须征之以神秘直觉，"哲学当于向外求知之余，更有凝神息虑，默然自识之一境"③。牟宗三也指出，中国哲学特别重视主体性，而主体性的挺立在于"本心"之觉悟。在他看来，人的心灵表现为"自由的无限心"，它是康德哲学意义上的"物自身"。人对"本心"的认识是超越理性经验的，因而是神秘的。这种"自由的无限心"是万物的价值根源和道德实践的基础，通过"智的直觉"活动，主体能够领悟到"天道性命相贯通"的真理。这些学者重提阳明心学的神秘主义，不是发思古之幽情，而是欲以良知的主体性衔接、会通西方哲学中的"意志自由"问题，最终开出"民主"与"自由"等现代观念。我们曾经提到，心学的现代性意义就是使自我意识和个体尊严得到本质的深化。如果说，个体精神自由的观念是启蒙的基础，那么现代新儒家学者的工作不仅可以

---

① 陈来：《熊十力哲学的体用论》，《哲学研究》1986 年第 1 期。
② 熊十力：《新唯识论（删定本）》，载《熊十力全集》（第六卷），第 27 页。
③ 熊十力：《原儒》，载《熊十力全集》（第六卷），第 326 页。

视为对阳明心学的创造性诠释，更可以视为一次近代化启蒙的尝试。

　　通过阐明阳明心学中的神秘经验，我们从历史中抽象出人类的普遍精神，揭示了精神推动其自身展开的运动机制，确立了自由作为本体存在的终极意义。易言之，我们以阐释阳明心学的神秘主义为契机，创造了一种以人类自由精神为关怀对象的"新心学"。用冯友兰先生的话说，本书所做的是"接着讲"的工作。心学以自由为最高本体，所以它的本体论是一种自由本体论。这种本体论通过揭示自由本有的绝对性和无限性，促使精神守护自由的本真存在。它以自由为生命的最终目的，使精神逐渐否定外在现实对心灵的约束和压迫，实现对内在存在的自主规定，从而打破自身此在的枷锁，开辟精神生命应有的存在无限性。所以心学的永恒精神价值，就在于通过对自我的绝对性和超越性的反思，确立并守护人类精神的自由。心学应以守护个人的良知和自由为意义，除此之外它不再有其他意义。任何假"心学"之名，以行悖逆自由之事的人，都是对人类良知的公然背叛。总之，本书的最终结论在于，心学的神秘主义不同于宗教祭祀的神秘主义，它在神秘经验层面领会到存在真理就是超越全部现实性的纯粹自我，这样的一个自我是自由的精神。当然，个体的精神超越未必一定要通过神秘经验来完成，不过既然哲学史上的"反身而诚""宇宙便是吾心""万物一体""心外无物"等命题都与神秘经验有关，我们就必须将心学神秘主义的传统重视起来，并通过现象学的阐释使之具有充分的明证性。神秘经验固然是不可说的，我们讲了这么多话，不是鼓动今人去做工夫，或是让古人的神秘经验渗入现代生活中来，而是要让人看到这些经验背后更为深沉的精神境界。好学深思之士，心知其意，不必依傍言语，转成"知解宗徒"。人们读了这本小书，觉悟到个人生命在世俗物欲之外尚有更高的意义，并以自由为导向，不断提升自己的精神境界，是为吾之所期也。

附 录 一

关于神秘经验的要素和层次

在这篇文章中，我们要讨论一下什么是神秘经验，如何获得神秘经验，以及神秘经验的层次结构的问题。一种经验之所以是"神秘"的，不仅在于它是不可思议的，更在于它是异于日常经验的。神秘经验是神秘主义的核心和基础，舍弃神秘经验，就不能理解神秘主义。一切神秘主义的知识和观念都是对神秘经验的概括。威廉·詹姆士认为，神秘经验是指当事人能够体验到与神或超越者相遇或合一的那种经验。这相当于将神秘经验归为宗教经验的一种，"私人的宗教经验的根底和中心是在于神秘的意识状态"①。不过，必须看到，很多没有宗教信仰的人在日常生活中也会产生所谓"高峰体验"，甚至一些酗酒的人经常出现与本原、实在合一的"一体感"。这表明神秘经验并不限定在宗教领域，尽管在人类发展史上，它和宗教的联系非常密切。总之，神秘经验既发生在宗教信徒身上，也发生在不信仰宗教的普通人身上。

引发神秘经验的要素有很多种。对于宗教信徒而言，祈祷上帝、默诵真言能够引发神秘经验；对于不信仰宗教的普通人而言，望月赏花、朗诵诗歌、男女性爱也能引发神秘经验。就"解脱感"而言，一位母亲诞下幼子、解决一道高难度数学题和高僧坐禅入定的感受

---

① ［美］威廉·詹姆士：《宗教经验之种种——人性之研究》，唐钺译，商务印书馆 2004 年版，第 376 页。

可能是相近的。就"一体感"而言，教士渴求与上帝相拥、男女欢爱和醉汉酩酊不知所以的感受也可能是相近的。所以，不能将神秘经验窄化为宗教经验，它可以与神或超越者有关，也可以由生活中的一件小事引发。宗教经验只是神秘经验的一种——与神相遇、合一不过是神秘经验中的一种类型而已。不过，神秘经验一定是超现实的，或者说是偏离现实经验的。

　　尽管思想史上不乏对于神秘经验的记录，比如埃克哈特大师的著作，以及印度文献中关于"三昧"体验的描述，但对于神秘经验的客观研究仍较为少见。此外，由于受种族、文化、宗教、地域、习俗、语言、文字和个体差异等影响，不同精神传统中的神秘经验呈现出异常复杂的情况。在这里，我们有必要对人类生活中引发神秘经验的要素和层次作出梳理和说明。

一　酒精、药物与性爱

　　一般说来，世界上的绝大多数人都在生命中或多或少地经历过神秘状态。人的资质不同，对神秘状态的感受也各不相同。感受力较低的人，面对强烈的神秘经验，也很难将它们与日常生活状态区分开来。心灵敏感的人，对于生活中的一些异常情形，能够有所自觉，甚至将其如实记录下来。世界上的宗教徒占少数，非宗教徒占多数，对于后者而言，神秘经验并不是通过严格的宗教修行而获得的。一些资质明敏的人能够在日常生活的细枝末节处受到感染，获得与宗教经验相似的生命感受。按照詹姆士的说法，神秘经验的最简单形式，就是某人对一个格言或公式偶然一瞥所得的更深入、更新奇的感受。这种情形在生活中是较为常见的。比如一个人在一生中都听闻过某个格言警句，但从未领会它的全部意义，一直到年老的某一刻才恍然大悟。再如一个从未接触过佛教的人，初闻"灵隐寺"或"布达拉宫"等名字后内心升起一种神圣感。这种感受大多是与想象相关的。想象力丰富的人，在这方面的经历也比较丰富。对此，詹姆士指出：

假如心境调节得对，单字，字的组合，光线对大陆和沧海所引起的光景，香气和乐音，通通会激发这种感想。我们中大多数会记得我们小时候念的某些诗内的语句有非常感荡心灵的能力，好像是一条非理性的而可让事实的神秘与生命的朴野和沉痛潜入我们心里而激荡它的门道。①

此外，这种因某个字词而引发的神秘经验，在孩童时期更为常见。儿童的心灵大多是敏感的，他们很容易在学习某个单词或读到某篇诗歌的时候有所感动。随着年龄的增长，这种易于感动的能力也会大幅退化。

对于成年人或者心灵较为迟钝的人而言，酒精具有引发神秘经验的力量。很多人酗酒，不是因为酒的味道多么诱人，也不是纯粹借酒浇愁，而是确实能在微醺或酩酊大醉的时候获得某种超现实的愉悦感。人在喝酒前的状态，当然是理性的。这种理性状态有时被当作人类面对现实处境的"伪装"，醉酒的人能够在顷刻间撕下这层面纱，面对真实的世界和自我。詹姆士也说：

> 酒对于人类的势力，无疑是由于它能激发人性的神秘官能，这些官能通常是被清醒时期的冷酷事实和干燥批评所打得粉碎的。清醒状态减少，辨别，并且说"不"；但酗酒状态扩大，统合，并且说"是"。醉实际是强有力的激发人的"是"的功能的状态。它使酒徒从事物的冷冷的外围移到射热的中心。它使他在那顷刻与真理合一。②

尼采认为，通过"酒神精神"，人能够把握世界的本质：

---

① ［美］威廉·詹姆士：《宗教经验之种种——人性之研究》，第 379 页。
② ［美］威廉·詹姆士：《宗教经验之种种——人性之研究》，第 383 页。

在狄俄尼索斯的酒神颂歌（Dithyrambus）中，人受到刺激，把自己的象征能力提高到极致；某种从未有过的感受急于发泄出来，那就是摩耶面纱的消灭，作为种类之神、甚至自然之神的一元性（das Einssein）。①

在古希腊的酒神节上，为致敬酒神的受难与复活，人们狂饮、狂歌、狂舞。参与酒神仪式的人相信，酒神拥有强大的力量来对抗某种正统性。在他们看来，狂饮正是对酒神力量的汲取，也是对世界的一种反叛。酒神最终成为人们内心反叛现实的一种映射。对现实的反叛意味着精神弥合了主客体之间的张力。在那一瞬间，每个人都是最真实的存在，他们抛弃了种种社会名分和阶级属性，他们可以是酒神或其他神明，也可以什么都不是，由此体验到一种消泯全部现实存在的"无"。人在醉酒后，偶有恍若隔世、物我混一之感，这与宗教神秘主义的"一体感"是极为相似的。庄子最早提出"醉者神全"的观点："夫醉者之坠车，虽疾不死。骨节与人同而犯害与人异，其神全也。乘亦不知也，坠亦不知也，死生惊惧不入乎其胸中，是故遻物而不慑。"（《庄子·达生》）这是说，醉酒之人的精神无限集中，他们全然忘却世俗烦扰，达到一种心物合一的精神状态。庄子敏锐地注意到，醉酒之人与得道之人在这方面具有某种一致性，"彼得全于酒而犹若是，而况全于天乎？圣人藏于天，故莫之能伤也"（《庄子·达生》）。柳宗元详细描述了由饮酒而感受到"万物一体"的过程：

到则披草而坐，倾壶而醉。醉则更相枕以卧，卧而梦。意有所极，梦亦同趣。觉而起，起而归；以为凡是州之山水有异态者，皆我有也，而未始知西山之怪特……悠悠乎与颢气俱，而莫得其涯；洋洋乎与造物者游，而不知其所穷。引觞满酌，

---

① ［德］尼采：《悲剧的诞生》，孙周兴译，商务印书馆2012年版，第30页。

颓然就醉，不知日之入。苍然暮色，自远而至，至无所见，而
犹不欲归。心凝形释，与万化冥合。然后知吾向之未始游，游
于是乎始。（《始得西山宴游记》，《柳宗元集》卷二十九）

"心凝形释，与万化冥合"等经验不是通过工夫修习而得到的，
恰恰是通过"倾壶而醉"。在物我融通的神秘境界中，主体与"颢
气"相融，游心于天地之间，得到了一种超现实的自由感和精神愉
悦。可以看到，酒在推动主客融合、天人合一的过程中，起到了至
关重要的作用。当然，也有一些人因过量饮酒而导致神经末梢受损，
他们在酩酊大醉后也会产生幻视、幻听和种种妄想。这种情况不在
我们的讨论范围之内。

除饮酒外，还有很多人通过服药感受到终极实在与自我的合一。
詹姆士提到过，"一氧化二氮和醚（Nitrous oxide and ether），特别是
前者，假如将空气与它混合得够淡薄，非常会引起神秘意识"①。一
些接受麻醉的人在苏醒之际，似乎很难以理性意识（rational con-
sciousness）去把握这个世界。他们的潜意识和其他一些潜在能力被
麻醉剂激发出来，在理性意识与现实世界之间拉下了一道帷幕。还
有很多例子可以作为药物引发神秘经验的实证。美国人类学家卡洛
斯·卡斯塔尼达（Carlos Castaneda）主要研究印第安人使用的药用
植物。1960 年夏天，在搜集论文资料的过程中，卡斯塔尼达在亚利
桑那州边界一个沙漠小镇的巴士站，经朋友介绍认识了一位年近七
十的亚奎族（Yaqui）老印第安人望·马图斯（Juan Matus）。为表尊
敬，卡斯塔尼达称他为唐望（Don Juan）。随后，卡斯塔尼达努力说
服唐望把有关药草的知识传授给他。唐望起初并不愿意，但在卡斯
塔尼达的坚持下，终于将其收为门徒，逐步教他服食仙人掌科乌羽
玉属植物（Peyote）和白花曼陀罗（Jimson Weed）。在服用了这些草
药后，卡斯塔尼达获得了各种奇妙的经验。例如，有一次他觉得自

---

① ［美］威廉·詹姆士：《宗教经验之种种——人性之研究》，第 383 页。

已变成了乌鸦，能够在空中飞翔。卡斯塔尼达认为这些经验不过是服用药物产生的幻觉，但唐望表示它们和日常生活中的各种经验相同，是真实的。在唐望看来，宇宙间的万物无非能量的聚集，经过长时间的修炼，人就能获得直观的能力，看到宇宙中能量的流动，而非只看到能量流动时的各种表象。唐望进一步指出，整个宇宙中的能量又可以分为两种相辅相成的能量：有机能量和无机能量。包括人类在内的地球上的全部有机生命都是有机能量的聚合，而人类的最高目标应该是突破有机能量的限制，成为不受任何具体形态限制的无机生命，从而得到绝对的自由。卡斯塔尼达虽然不信巫术，但他以理性的态度详细记录下了唐望教授巫术的过程。1968 年，卡斯塔尼达将自己的学习经历整理出版，名为《巫士唐望的教诲——亚奎文化的知识系统》（*The Teaching of Don Juan：A Yaqui Way of Knowledge*）。实际上，早在卡斯塔尼达撰写这部作品的十余年前，《美丽新世界》（*Brave New World*）的作者——赫胥黎家族的杰出成员阿道司·赫胥黎（Aldous Leonard Huxley）就写了一部名为《知觉之门》（*The Doors of Perception*）的类似作品。赫胥黎在其晚年时亲自尝试了从一种仙人掌中提取出的活性成分——麦司卡林（Mescaline），导致了诸多幻觉的出现。赫胥黎的妻子在旁边录下了整个过程。事后，经历过种种幻象的赫胥黎内心无法平静，便根据脑海中的种种回忆，以及重听录音中自己的喃喃细语，再加上自己对幻觉的深入思考，写下了《知觉之门》一书。凭借对幻觉的解读，赫胥黎探讨了人类生命的终极问题：人脑究竟有没有极限？当利用药物等外部因素打开大脑紧锁的神秘之门，人会不会成为无限的存在？赫胥黎声称："现象并非真的重要。真正重要的是，空间关系已然不再有多大的影响力，我的心智在感知世界时，已超越空间关系的维度。若在日常生活中，视力所及，会使人聚焦于如下的问题，比如：哪里？多远？彼此位置如何？而置身于麦司卡林的经验之下，视力所见，因而使人念及的问题，则在另一种维度：位置、距离不再使人感兴趣，心智从存在的强度、意义的深度（这是一种新模式之下万物的联系）来关照此世界。"① "对于一个曾经穿越过'墙上之门'又返回的人来说，此时的他与旧日的自我，永远都不再是同一个人了。他将变得更智慧，却少了许多独断；他将变得更快乐，却少了许多自满；他将变得更谦卑，承认自己的无知，却也会准备得更充分，然后去理解词语与万物之间的关系，去理解系统性的推断与深不可测的'神秘之境'之间的关系"② 这两部书在20世纪五六十年代的美国引发了巨大反响，引导了无数的嬉皮士吸食毒品和药物。卡洛斯·卡斯塔尼达不仅证实了一些药物有助于摆脱惯常的知觉束缚，还进一步强调，服用它们之后看到的世界，和日常生活的世界相比具有同等的重要性，甚至比后者更重要。据笔者所见，目前最强力的致幻性药物为 LSD，即麦角酸二乙基酰胺（lysergic acid diethylamide）。一些长期摄入 LSD 的人认为，在摄入量较低时，会产生莫名的幸福感，觉得生活中的烦恼不再属于自己；稍微提高摄入量后，情绪开始出现波动，感官能力增强，甚至产生"联感"，如读一首诗时能看到诗歌的颜色，听音乐时能闻到音乐的味道，这种状态能够维持近半天时间；当摄入到人体所能承受的最大量时，能够感觉到自己的灵魂出窍，甚至会感觉到自己与整个宇宙合为一体。

性爱也是引发神秘经验的关键因素。很多人表示，自己在性行为中会出现不受主观控制的超越经验。大多数有过这种经验的人，从未设想过这种经验会在这样一种情境下发生。这听起来有些荒谬，但却是真实发生的事情。在走向高潮的一瞬间，两个人突然失去时间感和空间感，接着内心感到突发的狂喜，自己似乎与宇宙整体合而为一。性爱活动虽然是通过身体完成的，但此时参与者却走向超越身体乃至全部现实性的纯粹虚无。他们通过性爱找到了比肉体欢愉更重要的东西，即一种灵性力量或终极实在。总之，这些人在性

---

①　［英］阿道司·赫胥黎：《知觉之门》，庄蝶庵译，北京时代华文书局2017年版，第17页。

②　［英］阿道司·赫胥黎：《知觉之门》，第17页。

高潮或濒临高潮的一瞬间就踏入了修行者孜孜以求的"顿悟"境界，这是普通人能体会到的与宗教经验最接近的经验之一。事实上，很多宗教也将"性"的观念纳入修习过程之中。比如印度的性力派、藏密的无上瑜伽部和道教的双修派都认为，人在日常生活中的创造力和性能量有密切的关系。他们还认为，人的生命能量是精液，在性爱活动中过度地流失精液是一项损耗生命的行为，所以修习者主张运用某些方法使之不泄并贮存脑中，由此提升个体的生命创造力。古今中外的神秘论者，还把宗教经验中的精神愉悦感比拟为男女性爱所产生的"高峰体验"。印度的《爱经》《奥义书》以及道教关于"房中术"的文献记载都有大量这方面的说明。毕竟，神秘经验之所以令人心醉神迷、无法忘怀，一个重要原因是它给当事人带来的难以名状的、突发的快感。神秘主义的文献普遍将这种愉悦感描述为"无法用言语表达的舒适、宁静和幸福"，并把产生这种狂喜的原因归结为灵魂的升华。比如《薄伽梵歌》就认为，这种愉悦感或幸福感来自大梵与自我的同一："思想平静，激情止息，纯洁无邪，与梵同一，至高无上的幸福就会走向这样的瑜伽行者。"① 至于为什么性爱也会产生类似"梵我一如""万物一体"的宗教神秘经验，目前还有待进一步研究。一些研究者认为，只有满足某些特定条件，性经验才会转化为神秘经验。获得这种经验的人，大多采用了某些特别的方式，甚至有些人在遭遇性侵的痛苦时刻突然获得狂喜的感受。无论如何，任何人都有可能在性生活中获得神秘经验，并通过这些经验形成对人生的深刻反思。一些学者由此指出："性爱的全体即其真理，它深入人体中最深刻、最古老的部分，甚至触及人类存在的生物性根基。亲密行为深潜到万物的根基，甚至神圣的东西，此即为什么我们如此重视性爱，并赞颂性爱为人类最深刻的情感。"② 性

---

① ［古印度］毗耶娑：《薄伽梵歌》，黄宝生译，商务印书馆 2010 年版，第 66 页。

② ［德］哈洛德·科依瑟尔、欧依根·马力亚·舒亚克：《当爱冲昏头》，张存华译，华东师范大学出版社 2013 年版，第 47 页。

爱引发的神秘经验是一种纯粹主观的经验，完全不受外在条件的影响。只有少数人有过与性伴侣一同体验到神秘经验的经历，对于大多数体验者而言，他们的伴侣并不知道到底发生了什么，甚至有时以为对方因为兴奋过度或劳累过度而昏了过去。福柯说过这样的话：

> 数世纪以来，性变得比我们的精神和生命还重要；而且一切世界之谜与这一秘密相比都微不足道，这一秘密在我们每个人身上是极其微小的，但是其密度却使得它比其他任何东西都要严重。性经验的机制让我们接受的浮士德契约的诱惑现在成了如下这种东西：用整个生命来换取性本身，换取性的真相和性的统治权。①

性是爱的基础，也是引发神秘经验的重要因素。爱意味着和谐，性使这种统一性达到了极致，实现自我意识与宇宙意识的融合。古代中国人将"性"与"生"理解为一个东西。性是生命的本质，也是宇宙生生化育的基础。性爱本身是一件神圣的事，也是一件神秘的事。人们或许对性行为感到羞耻，但这种羞耻感更多来自肉体，在高于肉体的层面，人们应该看到精神超越的无限可能。

二 诗歌、音乐与图像

在这里，我们要讨论一些艺术作品引发神秘经验的可能性。艺术作品本身就是艺术家在创作灵感爆发状态下的自我表现。很多艺术家都将创作灵感的爆发状态视为本真自我的呈现。在日常创作中，艺术家更多倚重的是关于艺术创作的知识和技巧，但是灵感来临之时，艺术创作的知识和技巧变得不再重要，取而代之的是一种神秘经验。很多画家、音乐家、雕塑家都有这样的体验：一种来自内心

---

① ［法］福柯：《性经验史》，佘碧平译，上海人民出版社 2005 年版，第 101—102 页。

的声音忽然在耳边响起，告诉自己应该如何创作，甚至在这一时刻手也不受自己控制，冥冥中有某种力量在借助自己的手进行创作。经过这种体验创作出的作品，似乎被赋予了某种神秘的力量，人们在欣赏它们的时候会惊叹"宛如天成"或"巧夺天工"，更有甚者，欣赏者也在这一刻获得了神秘经验。如此，创作者、艺术作品和欣赏者便获得了某种统一性。一些美学的研究者将这一现象称为"共情"，即创作者的情感通过艺术作品的表现转达给欣赏者，使欣赏者产生了情感的共鸣。这一说法有其合理性，但很难解释清楚创作者灵感忽现的原因，以及观赏者突然产生的时空错置或身临其境的感觉。我们认为，诗歌、音乐和部分图像是引发神秘经验的重要因素，而这些经验绝非"共情"等艺术理论能够解释清楚的。

首先，我们看一下引发神秘经验的一些诗歌。威廉·布莱克（William Blake）是早期英国神秘主义诗人的代表之一。布莱克少时富于幻想，自称可以看见很多异象。比如他的弟弟罗伯特·布莱克离世后，他亲眼见到弟弟的灵魂离开身体，缓缓上升进入天界。布莱克认为，这是一种天赋的能力，而自己的首要任务就是将自己所见的奇幻现象传递给读者。因此，他的诗歌充满奇幻、神秘的意象。此外，布莱克受到《圣经》的很大影响，诸如"上帝""天使""福音"等词语在他的诗中随处可见。在《永恒的福音》中，布莱克写道："当灵魂正在沉沉入睡，天使之门都对着他落泪，——这样的人怎能以深夜的体质，对着光明投去，怎能对其幽暗的'虚构'探索，充满了自我矛盾的疑惑？"① 这首诗初读没什么特别之处，但一些人读后闭上眼睛，会看到钻石般的天使之泪闪耀在黑色的夜空，内心顿生忧戚之感。在中国，具有神秘力量的诗歌也有很多。李白的《梦游天姥吟留别》较为典型。这首诗写道："千岩万转路不定，迷花倚石忽已暝。熊咆龙吟殷岩泉，慄深林兮惊层巅。云青青兮欲雨，

---

① 查良铮译：《布莱克诗选》，《穆旦（查良铮）译文集》（第 4 卷），人民文学出版社 2005 年版，第 323 页。

水澹澹兮生烟。列缺霹雳，丘峦崩摧。洞天石扉，訇然中开。青冥浩荡不见底，日月照耀金银台。"① 我们现在无从考证李白如何想象出这些奇异的场景，但可以确定的是，如果没有神秘经验为基础，任何一位想象力丰富的诗人都很难构思出这些内容。在现代诗人中，海子永远是一个谜。他的诗作充满存在主义与神秘主义的色彩，部分词句虽晦涩难懂，却也引人入胜。比如《打钟》写道："打钟的声音里皇帝在恋爱，一枝火焰里，皇帝在恋爱，恋爱，印满了红铜兵器的神秘山谷，又有大鸟扑钟，三丈三尺翅膀，三丈三尺火焰……'我是你爱人，我是你敌人的女儿，我是义军的女首领，对着铜镜，反复梦见火焰'，钟声就是这枝火焰，在众人的包围中，苦心的皇帝在恋爱。"② 在这首诗中，海子运用了多重隐喻的创作手法，恋爱的"皇帝"其实正是他自己，"翅膀""火焰""铜镜"皆为作者本人在爱情中感受到的神秘意象。此外，有很多人读到海子所写"面朝大海，春暖花开"一诗时，或看到粉红色与深蓝色的交融，或感受到希望与绝望并存，这是这首诗经久不衰的一个重要原因。

在引发神秘经验方面，音乐显然比诗歌更具效力。在古代，音乐以宗教和神话为土壤和养料。《吕氏春秋·仲夏纪·古乐》载："昔黄帝令伶伦作为律。伶伦自大夏之西，乃之阮隃之阴，取竹于嶰溪之谷……听凤皇之鸣，以别十二律。"古人将音乐与至高无上的神性及宇宙万物的灵性紧密结合，使其具有神圣性和神秘性。在这个意义上讲，音乐是衔接经验世界与神性世界的中介和桥梁。中世纪教堂的音乐具有空灵、神秘的特点，意在表达人类对上帝和天国的渴求。音乐是非功利性的，它产生于人类灵感爆发的瞬间，将语言、文字不能表达的东西表达出来，故《毛诗序》云："情动于中而形于言，言之不足，故嗟叹之，嗟叹之不足，故永歌之。"音乐创作需

---

① （唐）李白著、（清）王琦注：《李太白全集》，中华书局 1977 年版，第 706—707 页。

② 海子著、西川编：《海子诗全集》，作家出版社 2009 年版，第 92—93 页。

要某种超理性的直觉，在所有艺术创作中最能体现"有如神助"。有人评价贝多芬晚期的作品风格尤为神秘，在《欢乐颂》中，作者使神性的光辉照耀世界，带给欣赏者一种非同寻常的幸福和宁静。这种神秘性归根结底来自创作者对信仰的执着与虔诚，它在很大程度上升华了音乐艺术本身。还有很多经典作品让人听后达到一种恍惚如梦的状态。比如德彪西的《月光》，人们称其"曲中有画，画中有曲"，这是因为一些人在听这首音乐时能够看到清朗的月光映照在泛着波涛的海面上。还有理查德·施特劳斯创作的《查拉图斯特拉如是说》序曲《日出》，一些人从中听到来自天外的神圣、庄严的声音，还有人觉得内心得到充盈，在光芒万丈的红日初升中实现了精神的更新。此外，近年来还有人创作了不少让人听后感到失落、绝望乃至惊悚的音乐，有很多人声称在《卡农D小调》中看到死去的亲人和葬礼的场景。

一些神秘的图像也能引发神秘经验。藏传佛教中的很多图像、画作具有这样的功能，比如唐卡、皈依境、坛城、曼荼罗等，佛教徒在对它们的观想中感受到自身融入虚空或诸佛、菩萨的亲临。这些图像一般与宗教仪轨相关。藏传佛教认为，要实现微观社会中的"小我"和宏观宇宙中的"大我"的统一，就必须先用眼睛观看这些图像，然后进行观想，再配合相应的咒语、手印进行修习。我们以曼荼罗为例来说明。曼荼罗分为大曼荼罗、三昧耶曼荼罗和种子曼荼罗三种。大曼荼罗是以青、黄、赤、白、黑五种颜色，绘制出诸佛、菩萨的形象，表示他们前来聚集。这五种颜色分别代表地、火、水、风、空（五大），象征它们的聚集。三昧耶曼荼罗则不画诸佛、菩萨的具体形象，只描绘象征佛或菩萨的法器，如摩尼宝珠、金刚杵、莲花座等，用这些法器构成图案。种子曼荼罗以种子表示诸尊，只写出代表诸佛、菩萨各自名称前的第一个梵文字母。这些曼荼罗常出现在寺院的大殿墙壁上和天花板上，僧侣们坚信当人们经过它们时，福报自然就会落到身上。一些僧人或居士说，他们在观想曼荼罗时，有时会痛哭流涕，有时会看到观世音菩萨，还会有身心焕然一新的感觉。还有一些画作也会令人产生奇异的感受。德国画家似乎热衷于描绘古怪的幽灵、可怕的鬼怪以及种种怪诞的情境。他们笔下的画作在总体面貌上表现出幽邃神秘的特点，甚至画面中的一片森林、一块草地和一洼水塘都具有神秘性，似乎总有某些怪异莫测的精灵游荡其中。这一点和欧洲北方民族的泛神论倾向有关。泛神论是一种自然崇拜，人们认为自然界中存在不可思议的神灵，每一棵树、每一朵花中都有神灵在活动。相比于欧洲南方热衷于描绘健硕、美丽的希腊诸神和《圣经》人物，德国画家笔下的神灵是神秘而阴郁的。从中世纪开始，德意志的民间艺术家就不断描绘着怪异的面孔、带刺的荆冠和各种古怪的精灵，文艺复兴时期的作品也显示了同样的风貌：丢勒描绘了伴随着骑士的死神和魔鬼，巴尔东描绘了狂歌乱舞的魔女、累累白骨和哀鸣的猫。到了 19 世纪，这一倾向似乎更为明显。阿诺德·勃克林在《自画像与拉琴的死神》中描绘了自己与面目狰狞的死神在一起的场面，克林格尔笔下的人物则拥有亡魂般的表情与动态。这些画作的主题是神秘的，它们很自然地引发神秘经验。很多人站在这些画前，感到"如梦如幻"，还有一些人觉得压抑，甚至说自己见到了死神。

　　艺术作品所引发的神秘经验大多体现为"联觉"。很多人在年幼时已经具备这种能力，比如看到红色觉得温暖，听到国家的名字脑中浮现对应的颜色。一些孩子经常在日记本中写下带颜色的味道，比如"金黄的月亮是甜的"，等等。这种能力在他们成人后可能会消失。一些长期保持这种能力的人，具有成为艺术家的潜质，他们很容易从某个艺术作品中得到异乎寻常的体验。除了艺术感知能力较强的人，一些处于冥想或濒死状态的人也会产生"联觉"，他们会看到鬼神、天使和地狱的场景。自古以来，"联觉"就和神秘经验密切相关，许多诗人、画家在描述鬼神时经常坦白自己的"联觉"感受。"联觉"甚至成为一些艺术家或鉴赏家的生活常态。至于这种神秘经验的病理学成因，还有待脑神经科学和心理学的进一步研究。

三 咒语、祷词与符箓

咒语是一种以某种特别的顺序或特殊音节念出，使人与鬼神、精灵或其他自然存在发生感应的神秘语言。自古至今，东西方宗教产生了无数咒语。目前所知的咒语大致分为三类。第一类是诸佛、菩萨、鬼神之名。念这样的咒语，表示以某佛、菩萨、鬼神之名义行使某事。比如密宗的"金刚萨埵心咒"读为"嗡班匝萨埵吽"，其中"嗡"表皈依，"吽"表祈愿成就，"班匝萨埵"为金刚总持之名。第二类好比军中号令，以此咒语号令某种神秘势力助己遂愿。比如起源于道教、后传入东密的"九字真言"，即"临兵斗者，皆阵列前行"。还有道教咒语中的"如律令"，意谓按法令执行。第三类是一种能够改变物质状态或引发异变的秘语，人们凭借这种咒语能够得到飞升或凭空变出火焰。咒语起源于古代巫师在祭祀活动中所使用的祈祷文。《尚书·无逸》："厥口诅祝"，疏云："祝音咒，为上告神明令加殃咎也。"这表明先民已经开始使用咒语请求神明协助惩罚恶人。在中国古代，使用咒语较多的宗教是道教和佛教。东汉时期的道教大量使用咒语，他们所用的"如律令"一语就是袭自汉代的诏书和檄文。东汉末年，佛教传入中国，道教咒语又吸取了佛教咒语的一些形式。道教咒语一般直接说出尊神的名号来召唤神将，除妖伏魔，直呼其名表示自己有控制它们的能力。从持咒的语气上看，道教咒语都直言不讳地说明自己的目的，具有很强的功利性。佛教咒语的功利性不那么明显，甚至原则上并不重视咒语的使用。在中国佛教中，唯有密宗较为重视持咒，其俗始于崇尚巫咒的古印度教。蒋维乔说："诵咒祈神降魔等，婆罗门教，用之颇古。祈祷所用之曼荼罗，多有灵验。由祈祷文一变而信其言句文句有大不可思议之力，渐成神秘，终成陀罗尼。"[1] 密宗认为，持咒愈久，效验愈强，故修习者于某一心咒，动辄诵读数十万遍。他们还认为，

---

[1]　蒋维乔：《中国佛教史》，商务印书馆2015年版，第179页。

如能以心应咒，心口如一，就能感通诸佛、菩萨的本誓愿力，达到从有念至无念的禅定效果。很多修行者刚开始诵读咒语的时候，觉得心思杂乱，无法安定，一段时间之后，他们会经验到自己身体融入虚空之中，世界中的物质存在转变为一个个能量聚集体。还有不少人通过持咒，使身体迅速变热，乃至在冬天的室外只着单衣活动。一些科研人员表明，咒语不是别的，而是各种特殊的声波。通过持咒，人的身体和周遭世界发生共振，使心念、意识和宇宙能量接轨。如此说来，很多僧人念咒时所见发光的诸佛、菩萨形象，很可能是宇宙能量的显现。

咒语之外，祷文也经常能够引发神秘经验。这里所谓祷文，特指基督教的耶稣祷文。耶稣祷文的全文是："主耶稣基督，上帝之子，怜悯我罪人。"为了使心灵更加专注于经文，这个祷文也经常被简化为"主耶稣基督，怜悯我"。基督徒认为，人们应该经常念诵这个祷文，使自己与耶稣基督之间建立起亲密共在的关系。考古学发现，早在 3 世纪末期，念诵耶稣祷文的行为就在埃及旷野的苦修士群体中兴盛起来。考古学家在埃及某处修道院的遗址中，出土了一块刻有耶稣祷文的石板。经考证，它是 3 世纪末至 4 世纪初的遗物。这表明从很早开始，念诵耶稣祷文就成为基督徒的灵修实践中的一项重要内容。一些人将诵读耶稣祷文的行为与印度的瑜伽行联系起来讨论。实际上，二者是不同的，瑜伽行更多主张放空自我，使身心完全放松，诵读祷文则需要专注于耶稣基督，想象耶稣降临并赦免自己的罪。很多神父认为，耶稣祷文是耶稣基督在受难前不久亲自传授的，因为《圣经》中记载了这样的话："你们奉我的名无论求什么，我必成就，叫父因儿子得荣耀。你们若奉我的名求什么，我必成就。""向来你们没有奉我的名求什么，如今你们求就必得着，叫你们的喜乐可以满足。"（《约翰福音》14：13—14；16：24）他们还认为，当一个人念诵耶稣祷文时，不应该仅仅念诵经文的字句，更应该从内心深处以这些字句祈祷耶稣基督。这种从心中读出祷文的方法，称为"心祷"。这种祈祷方式也是符合《圣经》教理的，如"心里所充满的，口里就说出来"，"惟独出口的，是从心里发出来的"（《马太福音》12：34；15：18）。很多信仰者表示，他们在诵读这句祷文时，会有圣灵进入内心的充盈感，获得一种圣洁而坚定的力量。他们还会看到无可名状的"圣光"，感受到来自耶稣基督的爱意。

当这种经验来临时，人们不会觉得惶恐不安，而是欣喜万分地感受自我和超越者在爱中的相融。

在道教文化中，和咒语有密切关联的是符箓。《道法会元》有云："符者，信也。以我之神，合彼之神。以我之气，合彼之气。神气无形，而形于符。"又云："符者，上天之合契也，群真随符摄召下降。"在道教看来，符箓代表的是天神的指令，具有祈福禳灾、驱邪避祸的神秘力量。据说，张道陵在蜀地修行时，就曾使用符箓为当地百姓医病："书写病人姓名，说服罪之意，作三通，其一上于天，著山上；其一埋于地；其一沉于水，谓之三官手书。"（《三国志·张鲁传》）张道陵认为，自己所作的符箓象征着三官大帝的神威。符箓分为"符"和"箓"两部分。符的内容主要是禳词、咒语、鬼像、神像和其他图形等，箓的内容主要是鬼神的名讳、服饰、职能等。符箓一般被书写、涂画在纸、绢、竹、木等物体上，也有的被镌刻、铸造在碑石、金属制品上。很多道士声称，人若佩戴符箓，就可以祛邪避鬼、虎狼远遁、刀兵不侵。符箓还具有沟通神明的作用，一般人是不能随便画的。《云笈七签》卷四十三《老君存思图》曰：

> 修身济物，要在存思。存思不精，漫烂无感。感应由精，精必有见。见妙如图，识解超进。神气坚明，并行无倦。兼济可期，期于有证。证之显验，逆知吉凶，以善消恶。一切所观，观其妙色。色相为光，都境山林，城宫台殿，尊卑君臣，神仙次第，得道圣众，自然玉姿，英伟奇特，与我为俦；圆光如日，有炎如烟，周绕我体，如同金刚。

这里的"存思"就是想象神灵形象，并将其捕捉住，存于意念之中。在这种修习中，符箓起到的是辅助作用，它上面的图案和神灵具有密切的联系。《太玄金锁流珠引》卷二八《考召法师说巡游图法》云：

> 夫行步躁之道，要须常行考召之法，救人物，著功于天下人物世界之中，即名修求真人之行也。夫以为考召法师之法，先须存五德者，三元，而更有六甲六纪十二神官之属，六戍八蛮，皆一一如法存，使如经文，出巡人世，禁止凶顽祟妖邪精之害。害于人物者，依科法责之发遣。如不肯者，按法而诀禁。诀禁不肯伏，步斗奏章而诛之。

这是说道教法师要存思"五德将军"（青龙、白虎、朱雀、玄武和黄庭）、"三元将军"（唐、葛、周）、六甲、六纪十二神官（值年、月、日、时神将）等，召唤他们巡视边境，阻止各种妖精鬼魅祸害民众。在对付这些精灵鬼怪时，要"依科法责之""按法而诀禁""奏章而诛之"。此时，符箓既是有威慑力的兵器，也是调动这些"将军"的令牌。在发动意念降服鬼怪时，法师会有各种情绪化的反应。《神仙传·壶公》讲述费长房得到可以"主诸鬼神"的符后，"乃行符收鬼，治病无不愈者，每与人同坐共语，常呵责嗔怒。问之，曰：'嗔鬼耳！'"这种"呵责嗔怒"正是被自己所收的鬼亦即存思的形象所调动的情绪。这种情绪会通过法师的动作、表情表达出来，感染到参观法事的其他人。一些人声称自己在法事中看到了鬼，或相信法师捉住了鬼，就是受到了这种情绪的感染。

四　静坐、吐纳与观心

在东方宗教中，静坐几乎是能够最直接获得神秘经验的途径。很多没有静坐经历的人，并不理解静坐究竟有何意义。很多禅师和理学大儒表示，静坐的核心在"静"而不在"坐"，但这种"坐"

无疑是比较容易引发神秘经验的姿势。至于为什么这种跏趺坐能让人迅速"入定"或看到"明光"，还需要在心理学或病理学方面展开进一步的研究。关于静坐的传统，以及理学大儒在静坐中获得的种种工夫效验，笔者在本书的正文中已经谈了很多，这里就不再多讲了。钱穆曾经在晚年回忆起自己年少时的一段静坐经历，颇具代表性，兹引录如下：

> 余时正学静坐，已两三年矣。忆某一年之冬，七房桥二房一叔父辞世，声一先兄与余自梅村返家送殓。尸体停堂上，诸僧围坐颂经，至深夜，送殓者皆环侍，余独一人去寝室卧床上静坐。忽闻堂上一火铳声，一时受惊，乃若全身失其所在，即外界天地亦尽归消失，惟觉有一气直上直下，不待呼吸，亦不知有鼻端与下腹丹田，一时茫然爽然，不知过几何时，乃渐恢复知觉。又知堂外铳声即当入殓，始披衣起，出至堂上。余之知有静坐佳境，实始此夕。念此后学坐，傥时得此境，岂不大佳。回至学校后，乃习坐更勤。杂治理学家及道家佛家言。尤喜天台宗《小止观》，其书亦自怀天桌上得之。先用止法，一念起即加禁止。然余性躁，愈禁愈起，终不可止。乃改用观法，一念起，即返观自问，我从何忽来此念。如此作念，则前念不禁自止。但后念又生，我又即返观自问，我顷方作何念，乃忽又来此念。如此念之，前念又止。初如浓云密蔽天日，后觉云渐淡渐薄，又似得轻风微吹，云在移动中，忽露天日。所谓前念已去，后念未来，瞬息间云开日朗，满心一片大光明呈现。纵不片刻，此景即逝，然即此片刻，全身得大解放，快乐无比。如此每坐能得此片刻即佳。又渐能每坐得一片刻过后又来一片刻，则其佳无比。若能坐下全成此一片刻，则较之催眠只如入睡境中者，其佳更无比矣。余遂益坚静坐之功，而怀天亦习其自我催眠不倦。一日，余站梅村桥上守候自城至荡口之航船，唤其停靠。余上船，坐一老人旁。老人顾余曰，君必静坐有功。

余问何以知之，老人曰，观汝在桥上呼唤时，双目炯然，故知之。余闻言大慰。①

可以看到，人静坐到一定境界时，会产生这样几种神秘经验。一是自我和外界融为一体，即主客相融的"一体感"。二是呼吸通畅，自鼻息、喘息至下腹丹田之气交融为一，感到宇宙能量在体内的充盈。三是时空感的消失，既不知身在何处，亦不知今夕何夕。四是杂念消泯，达到"无念"即内心一片空寂的状态。五是光明朗现，心中忽然浮现一片灵光。六是出现身心解脱之后的愉悦感或自由感。七是精神得到极大的满足，很多欲念顿时烟消云散。八是身体发生某些改变，如"双目炯然"。一般说来，人静坐到一定阶段，身体和精神都会产生一些变化。很多人会通过半睁半闭的眼睛看到一些光线或光斑。这种光不是从窗外照进来的，也不是电灯发出来的（因为很多人喜欢在夜间熄灯静坐），而是从人的身体内部发出来的。在东西方记载神秘经验的文献中，我们经常看到先哲将人体描述为一种发光体。人体所发出的光，不同于物理学意义上的光。这种光不是由粒子或波构成的，它是均匀、纯净的，是对人体能量的如实反映。它在东方被称为"慧光""性光"，在西方则称为"灵光"。在密教和苏菲派—照明学派的思想中，这种光都具有非同寻常的意义。密宗的高僧在观想中，发现世界上有身外明点与身内明点。身外明点是发出巨大光明的本尊、护法、明王，身内明点是分布在人体内部的光明之源。如要通达法界，就要在持咒、结印互相配合的同时，通过静坐观想内外明点融合为一。在瑜伽修行中，明点的颜色差异和明亮程度被看作修为高低的标志。当代的一些科学家认为，这种光的产生，是人体能量积聚到一定程度后的反映。不同颜色的光源于人体的不同部位。拥有健康体魄和修为深厚的人发出的

---

① 钱穆：《八十忆双亲·师友杂忆》，生活·读书·新知三联书店2005年版，第97—98页。

光比较明亮，且很容易在静坐中察觉这种光的存在。一些病重或濒死之人的身体发出的光比较晦暗，甚至有些部位不再有发光的功能。很多宗教家表明，这种光积聚最多的地方是两眉之间，即人脑内部松果体的位置。笛卡尔早就指出，松果体是人的灵魂停留的地方。一方面，松果体传达了灵魂的行动旨意，推动精气的运行，使身体的肌肉可以产生相应的意向行动；另一方面，松果体接收了感觉的神经运动信号，使灵魂对感觉有清醒的把握。因此，松果体是人体中最重要的位置，"通过松果体这一中介，在心灵和身体之间产生了某种相互作用"①。明清之际的著名丹家伍冲虚在《仙佛合宗》中也说："两眉间号曰明堂，阳光发现之处也，阳光发现之时，恍如掣电，虚室生白是也。"很多人发现，静坐时出现的光明经常伴随其他神秘经验的发生，这一点可以从东林大儒高攀龙的静坐经验中窥得一二。高攀龙这样说：

> 一念缠绵，斩然断绝。忽如百斤担子，顿尔落地。又如电光一闪，透体通明，遂与大化融合无际，更无天人内外之隔。至此见六合皆心，腔子是其区宇，方寸亦其本位，神而明之，总无方所可言也。（《东林学案一》，《明儒学案》卷五十八）

在此经验中，"电光一闪"与"顿尔落地"的"自由感"和"六合皆心"的"一体感"是同时出现的。此外，还有一个有意思的现象，那就是这种光明会映现在修行者的眼中。与少年钱穆同舟的那位老人看出了这一点，说明他可能也有类似的经验。由此，我们想到另一个典故。陆象山曾教弟子詹阜民静坐，阜民坚持半月，一日下楼忽觉此心"澄莹中立"，象山云"此理已显矣"，并指出自己是从"占之眸子"的方式了解的。总之，静坐中顿现的光是十分

---

① ［美］弗兰克·梯利：《西方哲学史》，贾辰阳、解本远译，光明日报出版社2014年版，第287页。

重要的，它在一定意义上反映了修行者取得的成就。当然，也有一些人在静坐中看到的不是光明，而是鬼影或其他恐怖的景象。这不是什么大问题，只不过是能量在人体内外聚合过程中的另一种反映。《金刚经》中说："若见诸相非相，即见如来。"无须理会静坐中出现的一些幻象，也不必刻意追求光明的顿现，否则难免陷入魔障。最后我们要说明的是，在钱穆的回忆中，还有一个现象值得注意。神秘经验出现之前，有一个前奏，即"忽闻堂上一火铳声"，这个声响可谓以"动"破"静"，使钱穆的潜意识突破理性的限制，感受到种种异乎寻常的现象。虚云法师在顿悟的那一晚，也经历了侍者打破茶杯的事，于是在杯子的一声破碎中，顿断疑根，如梦初醒。

　　静坐还有所谓"数息法"，即观察自己的呼吸，使气息均匀、通畅。在东方宗教中，这种观气、养气、炼气的方法颇为流行，遂形成专注"吐纳"的修习传统。很多宗教家认为，人体是一个管道密布的网状结构，这些管道使气息得到流通。中国的道教气功称其为"经络系统"，印度瑜伽部和藏传佛教称其为"气脉系统"。这种经络系统遍布全身，是人体内部潜在能量的通道。在普通的人体上，它们处于萎缩或封闭不通的状态。只有通过吐纳工夫的修习，人体的脉道得到疏通，体内的浊气才能排出来，宇宙的能量也才能进入，由此祛病健身、延年益寿。道教一般认为，人的上丹田、中丹田和下丹田是贮存气的地方，它们也由气贯通起来。通过吐纳的修习，这几处的能量得到了极大的提升。吐纳的核心在于吐出浊气，吸入清气。这其实是同一过程的两个方面，浊气既出，清气自入。嵇康撰《养生论》云："又呼吸吐纳，服食养身，使形神相亲，表里俱济也。"《云笈七签》卷三十二《服气疗病》给出了更详尽的修炼方法："凡行气以鼻内气，以口吐气。微而引之，名曰长息。内气有一，吐气有六。内气一者吸也。吐气六者，谓吹、呼、唏、呵、嘘、呬，皆出气也。凡人之息，一呼一吸，无有此数，欲为长息。吐气之法，时寒可吹，温可呼，委曲治病。吹以去热，呼以去风，唏以去烦，呵以下气，嘘以散气，呬以解极。"道教认为人的呼吸分为外呼吸和内呼吸。外呼吸也称肺呼吸，指的是在肺部进行的外界空气与血液的气体交换。内呼吸则是血液与组织细胞的气体交换。吐纳主要是对肺呼吸的修炼，使人的日常呼吸达到均匀、细缓、深长的程度，进而对内呼吸形成良好的影响。当通过吐纳将气息修炼到高层次时，便再无息可调。那时呼吸细微绵长，进入"胎息"境界。到了这一境界，人会时常觉得气流在周身滚动，乃至不食五谷亦不觉饥，冬着单衣亦不觉寒。印度的瑜伽师也认为，在脊柱下端至骨盆中间的地方有一巨大的能量储备库。这些能量沿着人的脉道通往大脑、四肢、生殖器官等部位。如果通过瑜伽或炼气的方法激活这个储备库，精气或能量就会更通畅地到达上述人体部位，使人的体能、智能、精神发生巨大变化。总之，这些炼气、养气、调息的修养方法，都是为了激活人体潜在的机能，或者增强某些人体官能。通过训练呼吸的出入，体内能量的流动得到了控制。将吐纳练到高深境界的人，可能觉得肉身已消失，世界上只有元气、精气或能量的流动，由此人身内外打成一片，宇宙能量源源不断地进入身体之中。

最后，我们要讨论一下观心与神秘经验之间的联系。观心不同于前述种种因素，其不依赖药物、酒精、音乐、图画等，也无需端拱默坐或吐纳调息，只需专注于内心的一点"灵明"，便可能产生神秘经验。道教、禅宗以及宋明理学中的心学一派，都非常重视观心法门。观心是为了扫净杂念，呈现真心。这种工夫的要旨，在于使精神专注于空境，即宋儒所谓"主一无适"。在此凝思之中，人心就会生出无上大定和超绝妙智。《太上老君定观经》云："道以心得，心以道明。心明则道降，道降则心通。""内观之道，静神定心。乱想不起，邪妄不侵。固身及物，闭目思寻。表里虚寂，神道微深。外藏万境，内察一心。了然明静，静乱俱息。念念相系，深根宁极。湛然常住，杳冥难测。忧患永消，是非莫识。"达摩的《破相论》亦云："观心一法，总摄诸法，最为省要。"禅宗认为，观心分两个阶段。第一阶段的观心，观的不是真心，而是从心中生起的念头或想法。在日常生活中，念头或想法是源源不断生出的，如同海水的波浪一样，前波未平，后浪又起。不过，前念与后念不是连接为一体的，它们之间有不易察觉的空隙。第一阶段的观心就是要发觉这些空隙。第二阶段的观心就是使此心安住于这些空隙，并在"空"中呈现真心，所以这一阶段的观心就是观空。人心变得空了，也就达到了"无我"的境界。"无我"是东西方神秘主义者所追求的共同目标。"无我"并不一定是将灵魂从肉体中解脱出来，而更多是消除自我意识对现实存在的执着，甚至消除自我意识对其自身的执着，最终实现精神的绝对超越。

我们现在对神秘经验的特质做一个总结。首先，各种宗教对于超越者的认识，基本上都是来自神秘经验，因为常识与理性认知在这一领域是无能为力的。东西方各大文明都有这样的超绝存在，人们称其为"道""上帝""梵"或者"本心"。对这种超绝存在的确认，决定了人们需要区分经验领域的知识和超验领域的知识。人类在文明的发展中逐渐形成共识：关于超验领域，现有的经验知识是无用的，而需要寻求某种特殊的经验来证成。在东西方思想的发展史上，先哲不断强调回归自我本真存在的经验事实之中，由此确立和把握超验领域之内的多元知识。因此，离开了异乎寻常的经验，很多超验领域的知识是无法有效理解的。这就需要确定人类生活中的神秘经验是普遍存在的必然事实。如果不能确定这一点，那么神秘经验就会被视为无稽之谈，而哲学的普遍知识就永远不会得到确认。其次，神秘经验可以是被动获得的，也可以是主动寻求的。绝大多数人都会在日常生活中达到某种"如梦状态"（dreamy states），即恍惚地觉得眼前某人或某事曾经在某一时刻发生过。一些人在山中观看日出或在海上欣赏月光之时，也会出现心醉神迷的感动。不过，他们一般将这种状态当作某种错觉，未能重视它们的意义。只有少数的宗教家能够有意识地、自觉地追求神秘经验，他们从精神实践中寻求宇宙原理，从人自身发现宇宙的本质，由此洞察终极真理，享受精神乐趣。最后，神秘经验未必是权威的。一种特殊的经验之所以是神秘的，就在于未曾从事宗教修习的人以及神经较为迟钝的人很少能够体验到它，就算体验到它，也很难确认它，就算能够确认它，也无法通过语言文字形成普遍的知识。詹姆士指出，神秘经验的这种不可言传性，是一切神秘主义的精髓，"神秘的真理，对于有神往状态的人是存在的；但对于任何别人都是没有的"①。很多有宗教信仰的人或从事艺术创作的人认为，神秘经验能够指导生活的方向，将人从生存的物质束缚中解脱出来，收获自由和幸福。但是，未曾经历神秘经验的人会觉得这些说法是不具有说服力的。这表明神秘经验未必是权威的，或者说语言文字无法证成神秘经验的权威性。正是在这个意义上，王阳明说："哑子吃苦瓜，与你说不得。你要知此苦，还须你自吃。"（《传习录》上，《全集》卷一）在哲学研究中，神秘经验应当被重视起来，因为人们在这种经验中能够实现思维的飞跃，并确认一种精神的超越性。

---

① ［美］威廉·詹姆士：《宗教经验之种种——人性之研究》，第 396 页。

附 录 二

论奥义书与中国禅宗的神秘主义

自古希腊以迄于现代，西方学界对印度思想特质的认识基本上没有改变，他们认为后者是"非世俗的、悲观的、神秘主义的"①。印度文化普遍具有一种神秘主义的特征，而尤以奥义书思想为著。这里所讲的"神秘"的最初含义是"未被人的思维认识过，或是人的思维不能理解的；超出了理智或一般知识认识的范围"②。神秘性的本质就是超理性与超现实性。一般来说，神秘主义包含本体论的神秘主义与认识论的神秘主义两个方面。③ 前者在于把一个超理性、超现实的原理当作存在之绝对本体，后者在于通过直觉、体验来把握永恒的、本原性的实体。奥义书就是这样一种典型的神秘主义哲学。而在中国禅宗那里，也呈现出一种与奥义书类似的神秘主义倾向，二者在表述与义理方面有诸多相似之处。因此，从它们共有的神秘主义方面进行比较研究，可能会加深对二者的理解。我们试图表明，这两种思想的相似性不是偶然的，事实上中国禅宗的神秘主义是奥义书思想长期渗透的结果，二者有着理论的亲缘性。

一　奥义书的神秘主义思想

奥义书又名吠檀多（Vedānta），即"吠陀的终结"之意。虽然

---

① K. S. Murty, *The Indian Spirit*, Waltair：Andhra University Press, 1965, p. 117.

② ［美］米尔希·埃利亚德：《神秘主义、巫术与文化风尚》，宋立道、鲁奇译，光明日报出版社 1990 年版，第 62 页。

③ 吴学国：《奥义书思想研究》（第一卷），人民出版社 2017 年版，第 10 页。

奥义书由吠陀文化发展而来，并且经常被视为婆罗门—印度教的经典，但它其实并不都是由婆罗门阶层的祭司所写。准确地说，奥义书思想是婆罗门传统与达罗毗荼传统交融的结果。吠陀为婆罗门—印度教最根本的经典，有着极为崇高的地位。这些经典又被称为吠陀本集，共计四部：《梨俱吠陀》《娑摩吠陀》《夜珠吠陀》以及《阿闼婆吠陀》。玄奘大师在《大唐西域记》中这样解释吠陀本集："婆罗门学四吠陀论，一曰寿，谓养生缮性；二曰祠，谓享祭祈祷；三曰平，谓礼仪、占卜、兵法、军阵；四曰术，谓异能、伎数、禁咒、医方。"① 可知，吠陀经典中蕴含了深厚的祭祀文化，其宗旨在于通过原始巫术、祭神、苦行等实践活动，获得神通、冥合等神秘经验。另外，在达罗毗荼传统中，也存在着大量献祭、魔法、巫术等宗教实践，它们多与苦行、瑜伽相结合，旨在使人获得对宇宙本原的觉悟。婆罗门与达罗毗荼两种传统在彼此的交融中逐渐形成了奥义书的神秘主义。奥义书保留并发展了上述两种文化传统中的神秘主义，并克服了粗鄙、野蛮的原始祭仪和原始思维，将神秘经验进一步形上化，展开为自我对永恒、超越之绝对本体的追求和体验。

首先，奥义书的神秘主义表明，世界的本原是一种超越理性的纯粹精神。在奥义书中，"我"和"梵"是最重要的两个概念。奥义书采用各种神秘的譬喻来说明，梵就是一切，也就是最高存在；人类的"小我"（个体灵魂）来自宇宙的"大我"，即梵（宇宙灵魂）。总之，宇宙就是梵，梵就是我。奥义书的基本思想就是通过持续不断的直观反思，最终实现"梵我一如"或"心性一如"。这种观念体现了绝对自我的超理性特征。梵是创造万物的生命根源，也是万物存在的真实本性。《爱多列雅奥义书》云："太初，此世界唯独'自我'也。无有任何其他眴眼者。彼自思惟：'我其创造世界

---

①　（唐）玄奘、辩机原著，季羡林等校注：《大唐西域记校注》，中华书局 1985年版，第 188 页。

夫。'"① 奥义书认为，万物也存在于"自我"之中。"自我"趋于无限，与作为超越精神实体的"梵"具有一致性。《大林间奥义书》称："太初，此世界唯大梵也。彼唯知其自我：'我为大梵！'——故彼化为大全。"② 梵我一如展现为自我和天地万物进入一种无差别的、超言说的、极度平静的神秘合一状态，其本质上是超理性和超认知性的。奥义书思想中的神秘原理可以从三个层面来领会。一是自然的层面。这是将作为存在本原的无差别的"一"理解为一种混沌黑暗的原始物质。二是反思的层面。这是将无差别的存在本质理解为均匀的、单一的纯粹意识。三是超越的层面。这是将存在本质理解为排除了全部自然意识、思想和观念的超验实体。③ 综合来看，之所以将这个神秘原理视为超理性的存在本原，是因为它与理性不处于同一层面，而是在一个更高的层面规定着理性。

其次，奥义书神秘主义的另一个特征是将存在本质领会为一种超现实性的原理。所谓现实性，指的是包含内在根据的、合乎必然性的存在。奥义书思想强调精神本体对现实性的超越。《白净识者奥义书》提出了一种"幻化论"，在其看来，现象世界只是非真实的幻象，称为"摩耶"（Māyā）。奥义书以神话的方式说明了世界的虚幻性，在其看来，现象世界是大神因陀罗以幻力造成，所以它的本质虚妄不真："自性即摩耶。当知摩耶主，即是大自在。其分为万有，遍漫此世界。"④ 幻化论将现实存在彻底否定，使绝对真理成为空洞化、虚无化的超绝存在。在这里，大梵以一种无生命的清净寂灭为归宿："所谓此大梵者，此即凡人身外之空。而此身外之空者，即此身内之空。而此身内之空者，即此心内之空。——是圆满者，是无转变者。"⑤ 这是一种既否定现实世界的真理性，又否定超验实

① 徐梵澄译：《五十奥义书》，中国社会科学出版社 2007 年版，第 16 页。
② 徐梵澄译：《五十奥义书》，第 368 页。
③ 吴学国：《奥义书思想研究》（第一卷），第 10 页。
④ 徐梵澄译：《五十奥义书》，第 277 页。
⑤ 徐梵澄译：《五十奥义书》，第 93 页。

体的活动，因此是一种超绝的否定。这种否定性将本体看作超越有无、渊玄寂静的虚空，其具有超越概念、理性、时空和精神现象的特征。

最后，在奥义书思想中，个体对梵的认识主要通过一种超越理性的直觉反思。印度教的很多修行大师认为，通过持续不断的直觉反思，人就能领会大梵的终极价值。这里的直觉反思，指的是超越理性、概念和论证，凭藉内心体验洞察或领悟世界本质。奥义书的修证路径，并不以理性或概念为基础，而诉诸一种非理性的神秘直觉或生命经验。奥义书将自我由外向内分为五身：名色身、气息身、意身、识身、阿难陀身（妙乐身），此五身层层包裹于自我本质之外。① 奥义书所强调的直觉反思，就是自外向内——破除的内向性反思，如破名色身得气息身，破气息身得意身，依此最终得阿难陀身，呈现无形无相、无苦无乐、不可见、无对待、不可思议的本真自我。这一进路本质上是超越名言文字的。比如《大林间奥义书》说："唯悟彼为一，不变，而恒贞，不垢，超空间，性灵，大，无生。坚定婆罗门，知彼成智慧，毋想多文字，语言自为累。"② 因此，奥义书的神秘主义所阐明的是一种神秘的精神，后者是一切存在的绝对本体。

在印度哲学中，这种以"梵我一如"的本体论观念为基础的精神反思是奥义书特有的。早期奥义书（如《大林间奥义书》的耶若婆伕之学）将自我视为超越名言、思维、概念的精神本体，而在后来的《蛙氏奥义书》及商羯罗的思想中，则进一步发展了这种观念，明确将自我理解为一种清净湛然的纯粹意识。奥义书并不在根本上反对理性认知，它只是反对用理性来认识大梵。所以在奥义书的思想系统中，神秘经验先于理性认知。不过，奥义书又认为梵我一如的神秘经验不是随便获得的，而是要深刻研究和理解《吠陀》《梵

---

① 徐梵澄译：《五十奥义书》，第 161—165 页。
② 徐梵澄译：《五十奥义书》，第 435 页。

书》等文献，还要进行冥想和瑜伽这样的禁欲活动。古印度的苦修大师认为，人如果经验到梵我一如，就会获得自我的提升，使自身领悟到更深层的实在并从中获得高度的愉悦感。这种愉悦感也是自由感，后来的佛教徒称之为"涅槃"（Nirvana）或"解脱"（mukti）。佛教从这里发展出了"三学"中的"定学"。通过入定，人第一次体认到宇宙实在的真相，并体会到自身从生活世界的层层负担中解脱出来的感觉。宇宙实在有很多层面和深度，从根本上讲，它是梵，是唯一的真理。与梵相比，世间的财富、权力、美色都不值一提，所以这种"涅槃"或"解脱"就是使人摆脱生命限于其中的轮回。这种神秘经验有时也被描述为"无我"感。奥义书认为，人们通常所谓的自我是不真实的幻象。早期奥义书把真实的自我描述为摆脱了生死、情绪、感觉、欲望的存在，晚期奥义书则更强调将自我从这个被生死、情绪、感觉、欲望纠缠的世界中解脱出来。这种解脱就是对现实自我的否定，而其追求的是本真的自我。所以"无我"最终指向的既是"无"，也是真实的"我"。我们将看到，奥义书的这些观念后来影响到禅学，使后者具有了独具特色的神秘主义思想。

二 中国禅宗的神秘主义

佛教与印度教虽属不同文化传统的宗教①，但它们诞生于同一片文化土壤，二者不仅有密切的联系，而且在理论的发展中表现出互相渗透的特征。一些研究表明，大乘佛教的世界观、价值观以及认识论在很大程度上源于奥义书思想。② 神秘主义是奥义书中最有价值的部分，它试图"通过持续的自我净化发现内在于心中的神"③。所

---

① 印度教属于占据印度社会主流地位的婆罗门文化传统，佛教属于非主流的沙门文化传统。

② 吴学国：《奥义书与佛教的发生》，《宗教学研究》2013 年第 1 期。

③ Arthur B. Keith, *The Religion and Philosophy of Veda and Upaniṣads II*, Cambridge：Harvard University Press，1925，p. 599.

以奥义书的神秘主义必然也对大乘佛教有一定影响。中国禅宗是大乘佛教的重要一支，其以不着名相、不立文字、以心传心、见性成佛为宗旨，具有显著的神秘主义特征。我们将要阐明的是，禅宗的神秘主义在很大程度上来自奥义书思想的渗透，二者具有理论的亲缘性。

奥义书与中国禅宗没有直接的联系，而是通过如来藏佛教的中介达成了间接的联系。如来藏佛教的思想是中国佛学的主流，它的诸多观念对中国佛教、道教乃至宋明理学产生了重要的影响。在古代印度，随着奥义书思想的发展，"心性一如"观念逐渐影响到当时的佛教。如来藏佛教认为世界的本体是自性清净心，这一观念实则来自奥义书的空论。如来藏佛教发展了奥义书的空论，将自性清净心作为众生内在的佛性。在《楞伽经》《大乘起信论》等如来藏经典中，可以看到奥义书的神秘主义对如来藏佛学的深刻影响。这些著作创作于奥义书对大乘佛教严重渗透的时期，它们所阐明的如来藏思想，后来成为中国佛教的理论基础。这些如来藏经典对禅宗思想体系的构建影响甚深。无论是弘扬达摩学说的慧可、僧璨，还是后来的道信、弘忍，都十分熟悉如来藏经典。从道信开始，禅师开始融合《楞伽》与《般若》的精神。这一点到了慧能那里更为明显。慧能以《金刚般若经》接引来学，但他非常重视心的力量，要求信徒"从自心顿见真如本性"，足见如来藏佛学的影响。因此，禅宗的神秘主义不是凭空出现的，而是来自深度汲取了奥义书思想的如来藏佛学。

心性一如是禅宗的本体论观念，它代表了一种本体论的神秘主义。历代禅宗祖师都认为，人心是超越、清净、无碍的精神本质。人心能含万法，又不执于万法。所以"心"是超现实的存在，它在更高的层面规定着现实事物，它就是宇宙的最高精神。易言之，人心就是宇宙的心，二者具有本体的同一性。这种观念显然来自《起信》所昭示的"清净本心"概念，同时也非常接近《大林间奥义书》的"梵我一如"说和商羯罗的"不二论"。历史地看，原始佛教对超验存在多持缄默的态度，直至奥义书影响下的如来藏佛教兴起，才将真如、法性等概念纳入讨论的主题之内，并将其等同于众生的清净本心。尽管很多禅师承认人心是无限的、无规定的宇宙本体，但他们又将其作为不可说的"第一义"。禅宗的经典中有一个著名的比喻，那就是人在大彻大悟的时候"如桶底子脱"。在禅宗看来，人总是安立一个"我"，由这个"我"而形成二元对立、物我差别，并对世界做孤立、片面的观察。这其实是一种自我隔绝、自我缠缚的状态。这种状态就是无明。无明之下，人的见闻觉知是不真实的。这是因为，有了"我"，自然就有"我自己"和"我以外"，前者是能观之我，后者是我之所观。于是就有了能观之根，所观之尘，而对一切外境（尘）的知觉，必经感知器官（根）的扭曲、加工与变形，所以没有证悟的人永远不可能认识到真实的世界。只有通过不断的修行，打破假立之"我"，人才能悟到根本就不存在什么主观世界、客观世界。悟者摒弃对立、根尘脱落，对世界作出全面、真实的观察，此时才能够领悟到本心的寂然、清净、圆满。这一刻，烦恼、无明如脱落之桶底，本心与无念真空融合为一，这一境界极其高明，不可思议。

禅宗的神秘主义不断强调"无相""无我""无念"等观念。很多禅师认为，日月星辰、山河大地、名利美色、善恶观念本来就是虚妄的存在。凡俗之人不明所以，将它们视为真实的东西，进而执着于它们，遂产生种种烦恼。据此，禅宗特别强调否定名相，更要否定安立、执着名相之"我"。自我的否定，常被禅师称为"虚空粉碎""大地平沉"。憨山大师一日粥罢经行，忽立定，及从定起，光明湛然，觅身与心，了不可得。憨山乃说偈曰："瞥然一念狂心歇，内外根尘俱洞彻，翻身触破太虚空，万象森罗从起灭。"这种对经验表象和理性主体的否定，和奥义书的神秘主义也有相似之处。奥义书通过否定现实世界的真理性，呈现出一种无差别、清净无染、寂静不动的纯粹明觉，所以这是一种超绝的否定。慧能大师也将一切经验事物视为虚妄不真的存在，而以真心为超绝、无住的神秘本体，比如他说："心量广大，犹如虚空，无有边畔，亦无方圆大小，亦非青黄赤白，亦无上下长短，亦无嗔无喜，无是无非，无善无恶，无有头尾。诸佛刹土，尽同虚空。世人妙性本空，无有一法可得。自性真空，亦复如是。"（《坛经·般若品》）又说："心如虚空，亦无虚空之量。"（《坛经·机缘品》）这表明中国禅宗与奥义书的神秘主义一脉相承，它们都强调通过否定全部现实存在，领会到真心是无滞无碍、清净寂然的神秘精神。

禅宗最重证悟本心。证悟不同于一般理性认知，而是一种反观觉照。古代印度宗教多以镜喻说此进路。如《白净识者奥义书》说："如镜蒙埃尘，拂拭生光辉。有身见灵性，得一忧自违。"① 此处"镜"喻本心，"埃尘"喻世俗烦恼，修道的目标就是通过反观自省来祛除烦恼染污，最终呈现澄明之本体。这种工夫进路本质上是神秘的。通过如来藏佛学的中介，中国禅宗吸收了这种观念，其同样认为真心是不可思议的，必须用证悟的方式来把握。比如慧能说："迷人渐修，悟人顿契，自识本心。自见本性，即无差别。"（《坛经·定慧品》）对于这种"悟"，冯友兰指出："悟与普通所谓知识不同。普通所谓知识，有能知与所知的对立。悟无能悟与所悟的对立。因其无对象，可以说是无知。但悟亦并不是普通所谓无知。悟是非有知，非无知，是所谓无知之知。"② 这里的"无知之知"，指的是证悟超绝的真常本心，达到超言绝相的精神境界。"无知"就是否定理性、概念阐明神秘本原之可能，"知"就是通过证悟揭示神秘精神之本质。为了使人了悟心性，禅师采用灵活多变的教学方法，如棒喝、拳打、答非所问，乃至呵佛骂祖，重在通过当下言语、声音、动作的刺激，使人反躬自察，默证不可思议的本心。在禅宗看来，一切世间善恶、美丑、冤亲等之所以生起，是由于不了此心本来无住而念念执着，自加系缚。如能自悟本原、发明本心，则当下

---

① 徐梵澄译：《五十奥义书》，第 266 页。

② 冯友兰：《中国哲学史新编》（中卷），人民出版社 2001 年版，第 666 页。

得道，取消内外、主客、人我之分别。《景德传灯录》卷十五载德山宣鉴悟道因缘：一天晚上，德山在室外默坐，龙潭问："为什么不回来？"德山答曰："天太黑。"龙潭便点了一根蜡烛给他，德山才要接时，龙潭马上吹灭，德山于此大悟，礼拜谢恩。烛火的熄灭使德山在刹那间大悟，其原因在于外境的"明"与"暗"是一种理智的分别作用，这种分别本就虚妄不实，故烛火方灭，明暗相融，德山突然领悟到本心是超越明暗及其他分别相的超绝存在。

禅宗的神秘主义，是一种重视寂静与沉默的神秘主义。这种寂静与沉默，并不是枯坐一室，使自己身如槁木、心如死灰，而是在否定理智、情绪、语言、文字的进路中取消一切对立和相依相待，领悟到世界的本质是"一即一切"。这种神秘主义影响到中国文化的方方面面。自唐宋以来，中国禅宗便与儒家、道教一直处于互动与融合的过程中，它的神秘主义对象山、阳明的心学与道教的内丹心性学产生了潜移默化的影响。

总的来说，奥义书对中国禅宗的神秘主义的形成，起到了至关重要的作用。禅宗汲取了奥义书的很多观念，包括"心性一如""心性本觉"，等等。相比奥义书，中国禅宗的神秘性更为突出。奥义书并未彻底断灭生命本体，强调大梵、自我的终极意义。禅宗则将奥义书的"如幻"观念发展为"性空"，在实践层面实现了一种绝对否定：其不仅否定虚妄不实的现象世界，也否定本体的绝对性，将"本心"领会为无思无虑、无住无得、无分别、无取舍的纯粹精神。禅宗不认为宇宙是被什么东西（无论是人格化的，还是非人格化的）创造出来的，也不认为存在一个称为"梵"或"大我"的本体，它要实现的是"人无我"与"法无我"。比如慧能说："心如虚空，不著空见，应用无碍，动静无心，凡圣情忘，能所俱泯"，"若能于相离相，于空离空，即是内外不迷"（《坛经·机缘品》），"于一切法，不取不舍，即是见性成佛道"（《坛经·般若品》）。这种对凡与圣、妄与真、烦恼与菩提、世间与涅槃的双重否定，显然是一种以证悟本心之空性为宗旨的神秘主义。

三　不思善恶与呵佛骂祖

可以看到，中国禅宗在一定程度上继承并发展了奥义书思想的神秘性，将本体论与工夫论的神秘主义带入自身的哲学思考与修证过程中。然而，对于任何一种神秘主义来说，在一个超现实的精神本体与现实的伦理法则之间，必然存在着巨大张力。这样一个神秘本体如何为伦理法则奠基，东西方神秘主义者大都没能给出很好的解决方案。奥义书的神秘主义就具有明显的反道德倾向。一方面，奥义书认识到自我、存在的本质是超越理性与现实性的精神本体，这能有效地推动精神打破外在现实的桎梏；另一方面，奥义书在强调本体超越性的同时，又把经验的现实存在虚无化，导致其疏离伦理规范与社会实践。凯思就指出，奥义书的神秘主义导致其缺乏社会、伦理的关怀："奥义书的缺陷是使道德在终极意义上变成无价值、无意义的。"① "如果一种学说，既视道德为虚无，且以通过神秘的出离手段达到与绝对者的合一为人生归趣，那么将不可避免地导致为达到这种神秘境界而采取非道德的手段：比如印度教和佛教的密教倾向。"② 这种困境的本体论根源在于没有把握自我超绝性的实质，将自我对理性的超越理解为一种无差别、无对待的纯粹意识对任何理性、观念的排除。这种纯粹意识没有立法的功能，所以一切伦理规范对它而言都是外在的（甚至是矛盾的），所以自我对精神超越的追求很自然会导致它与世俗的伦理法则的冲突。

在中国禅宗那里，也同样存在这样的问题。禅宗对世界的看法，以般若学即色即空的教义为基础。在般若思想中，色指的是一切经验事相，空指的是真如、法性本体。般若学的究竟理趣，在于破相

---

①　Arthur B. Keith, *The Religion and Philosophy of Veda and Upaniṣads II*, Cambridge：Harvard University Press, 1925, p. 596.

②　Arthur B. Keith, *The Religion and Philosophy of Veda and Upaniṣads II*, Cambridge：Harvard University Press, 1925, p. 598.

显性，展现出双遮双遣、不住二边的立场。比如《大智度论》说：
"不以是空相强令空，故色即是空，是色从本已来常自空。色相空
故，空即是色。"又说："有佛无佛诸法常住性空相，性空相即是涅
槃……深入般若波罗蜜中涅槃亦空。"从般若学这里展现了一种对色
相和空相的双重否定，因而是一种超绝否定。禅宗深受般若学的影
响，也将超现实的、无差别的空性作为神秘本体，后者就是一种遣
除了理性、思虑的纯粹意识。这种意识无住无得、无滞无碍、清净
一味，尽管是超越的存在，却不具备任何立法功能，因此一切伦理
规范对它而言都是外在的，比如慧能以不思善恶时体认心体之"本
来面目"。可见，"本心"是超越善恶的存在，其修道目标是获得生
命的解脱和精神的自由，而非在世间建立一种伦理规范。这一观念
也可以追溯到奥义书那里。比如《大林间奥义书》里面写道："（有
如是知者），以为'我已为罪恶矣！我已为福德矣'！——是两不能
撄。彼度出二端矣。凡所已为或未为者，无由使彼焦灼。"[①] "度出
二端"就是对善恶伦理范畴的超越。可以看到，无论是印度奥义书
还是中国禅宗，它们的思想旨趣都在于把握一种超绝的精神本体，
而过度追求本体的超越性，不仅失去了对外在伦理规范的兴趣，更
是直接消除了主体的道德意识。所以禅宗的这种反道德倾向，很大
程度上可以经由般若学追溯到奥义书思想传统那里。六祖之后的五
家禅时期，众多僧人开始兴起"呵佛骂祖"的风气，强调遇魔杀魔、
遇佛杀佛，呈现一种"无佛、无法、无修、无果"的极端狂禅特征。
德山宣鉴禅师说："我这里佛也无，法也无，达摩是个老臊胡，十地
菩萨是担粪汉，等妙二觉是破戒凡夫，菩提涅盘是系驴橛，十二分
教是点鬼簿、拭疮纸，佛是老胡屎橛……仁者莫求佛，佛是大杀人
贼，赚多少人入淫魔坑。莫求文殊普贤，是田舍奴。"（《景德传灯
录》卷十五）临济义玄禅师也说："欲得如法见解，但莫受人惑。
向里向外逢着便杀，逢佛杀佛，逢祖杀祖，逢罗汉杀罗汉，逢父母

---

① 徐梵澄译：《五十奥义书》，第436页。

杀父母……始得解脱。"(《古尊宿语录》卷四）这些言论充分表明，晚期禅宗强调打破外在束缚、规矩，这固然有助于使人证悟本心、发扬自性，但也容易使人轻视伦理实践的意义。

黑格尔曾经深刻地指出印度哲学所理解的精神实体与道德活动、道德意志之间的张力。在他看来，这种精神实体只是一种泯灭了理性、形式的抽象、空洞的"纯粹统一"："要知道这个抽象的观念、这个纯粹的统一，实在是'全体'的基础，———一切实际生存的根芽。认识了这个统一，一切客观性便都消失了；因为纯粹的'抽象'便是空而又空的认识。要在有生命的时候，达到这种'生命的死亡'———来造成这一种抽象———必须消灭一切道德的活动和一切道德的意志，而且一切的认识也得消灭。"①这是说，印度哲学在大多情况下将本体领会为一种无生命、无意志、清净寂灭的神秘精神。这种神秘精神虽然通过超绝否定实现了本体的自由，但这种自由只是一种否定伦理规范的消极自由，而不是从本性出发确定伦理规范的积极自由。对于这一问题，奥义书与中国禅宗都没有找到合适的解决途径，印度社会自古至今的法制与道德建设都不够完善，中国禅宗也因其对纲常伦理的忽视而长期被儒家学者诟病。

由上可见，奥义书与中国禅宗都发展出一种神秘主义思想，它们通过反观自省领悟到一种超越理性并否定全部经验表象的绝对原理，是自我的本体或根据。他们在观念上的这种相似性不是偶然的，奥义书的神秘主义正是通过如来藏佛学和般若学的中介渗透到中国禅宗之中。通过汲取奥义书的神秘主义，禅宗有了对自性、本心的深刻理解以及对解脱、自由的不懈追求。不过，这种神秘性既为禅宗带来一种精神自由，也使他们将精神的超现实性理解为一种无分别、清净、寂灭的纯粹意识对理性、规范性的排除，遂形成神秘精神与现实伦理之间的张力。

---

① ［德］黑格尔：《历史哲学》，王造时译，上海书店出版社 2006 年版，第 144 页。

参考文献

典籍

（东晋）僧肇：《肇论校释》，张春波校释，中华书局 2010 年版。

（汉）班固：《汉书》，中华书局 1962 年版。

（汉）司马迁撰，（宋）裴骃集解，（唐）司马贞索隐，（唐）张守节正义：《史记》，中华书局 2013 年版。

（汉）扬雄：《扬雄集校注》，张震泽校注，上海古籍出版社 1993 年版。

（梁）真谛译：《大乘起信论校释》，高振农校，中华书局 2016 年版。

（明）陈建：《学蔀通辨》，四库全书存目丛书本。

（明）陈献章：《陈献章集》，孙通海点校，中华书局 1987 年版。

（明）董谷：《碧里杂存》（卷下），台北：艺文印书馆 1966 年版。

（明）顾宪成：《顾端文公遗书》，四库全书存目丛书本。

（明）刘宗周：《刘宗周全集》，吴光主编，浙江古籍出版社 2012 年版。

（明）罗洪先：《罗洪先集》，徐儒宗编校整理，凤凰出版社 2007 年版。

（明）罗钦顺：《困知记》，阎韬点校，中华书局 1990 年版。

（明）罗汝芳：《罗汝芳集》，方祖猷等编校整理，凤凰出版社 2007 年版。

（明）墨憨斋编：《王阳明出身靖乱录》，台北：广文书局 1968 年版。

（明）聂豹：《聂豹集》，吴可为编校整理，凤凰出版社 2007 年版。

（明）蕅益智旭：《灵峰宗论》，江北刻经处本。

（明）王艮：《王心斋全集》，陈祝生等校点，江苏教育出版社 2001 年版。

（明）王畿：《王畿集》，吴震编校整理，凤凰出版社 2007 年版。

（明）王阳明：《王阳明全集》，吴光等编校，上海古籍出版社 2011
　　年版。

（明）王阳明：《王阳明全集补编》，束景南等辑编，上海古籍出版
　　社 2016 年版。

（明）湛若水：《湛甘泉先生文集三十二卷》，四库全书存目丛书·
　　集部第 56 册，齐鲁书社 1997 年版。

（明）邹守益：《邹守益集》，董平编校整理，凤凰出版社 2007 年版。

（南朝宋）范晔撰，（唐）李贤等注：《后汉书》，中华书局 1965 年版。

（清）陈立：《白虎通疏证》，吴则虞点校，中华书局 1994 年版。

（清）戴震：《孟子字义疏证》，何文光整理，中华书局 1961 年版。

（清）郭庆藩撰：《庄子集释》，王孝鱼点校，中华书局 1961 年版。

（清）黄宗羲：《明儒学案》，沈芝盈点校，中华书局 1985 年版。

（清）黄宗羲：《宋元学案》，陈金生、梁运华点校，中华书局 1986
　　年版。

（清）李颙：《二曲集》，中华书局 1996 年版。

（清）刘宝楠：《论语正义》，高流水点校，中华书局 1990 年版。

（清）阮元校刻：《十三经注疏》，中华书局 1980 年版。

（清）苏舆撰：《春秋繁露义证》，钟哲点校，中华书局 1992 年版。

（清）孙奇逢撰：《理学宗传》，万红点校，凤凰出版社 2015 年版。

（清）王夫之：《船山全书》，岳麓书社 2011 年版。

（清）王先谦撰：《荀子集解》，沈啸寰、王星贤点校，中华书局
　　1988 年版。

（清）张廷玉等撰：《明史》，中华书局 1974 年版。

（宋）陈淳：《北溪字义》，熊国祯、高流水点校，中华书局 1983 年版。

（宋）程颢、程颐：《二程集》，王孝鱼点校，中华书局 1981 年版。

（宋）道原：《景德传灯录》，顾宏义译注，上海书店出版社 2009 年版。

（宋）黎靖德编：《朱子语类》，王星贤点校，中华书局 1986 年版。

（宋）陆九渊：《陆九渊集》，钟哲点校，中华书局 1980 年版。

（宋）普济：《五灯会元》，苏渊雷点校，中华书局1984年版。

（宋）杨简：《杨简全集》，董平校点，浙江大学出版社2016年版。

（宋）叶适：《叶适集》，刘公纯等点校，中华书局1961年版。

（宋）赜藏主编集：《古尊宿语录》，萧萐父、吕有祥点校，中华书局1994年版。

（宋）张载：《张载集》，章锡琛点校，中华书局1978年版。

（宋）周敦颐：《周敦颐集》，陈克明点校，中华书局1990年版。

（宋）朱熹：《朱子全书》，朱杰人、严佐之、刘永翔主编，上海古籍出版社、安徽教育出版社2002年版。

（宋）朱熹撰：《四书章句集注》，中华书局2011年版。

（唐）慧能：《坛经校释》，郭朋校释，中华书局1983年版。

（唐）李延寿编：《北史》，中华书局2013年版。

（魏）王弼：《王弼集校释》，楼宇烈校释，中华书局1980年版。

（元）脱脱等撰：《宋史》，中华书局1977年版。

学术论著类

中文著作：（姓氏拼音排序）

鲍永玲：《"种子"与"灵光"：王阳明心学喻象体系通论》，上海书店出版社2012年版。

蔡仁厚：《宋明理学》，台北：台湾学生书局1980年版。

蔡仁厚：《王阳明哲学》，九州出版社2013年版。

常乃惪：《中国思想小史》，上海古籍出版社2009年版。

陈宝良：《明代士大夫的精神世界》，北京师范大学出版社2017年版。

陈多旭：《教化与工夫——工夫论视域中的阳明心学系统》，巴蜀书社2010年版。

陈鼓应：《老子注译及评介》，中华书局2009年版。

陈鼓应：《庄子今注今译》，中华书局2009年版。

陈来：《古代宗教与伦理：儒家思想的根源》，生活·读书·新知三联书店1996年版。

陈来：《仁学本体论》，生活·读书·新知三联书店2014年版。

陈来：《宋明理学》，北京大学出版社2020年版。

陈来：《现代中国哲学的追寻——新理学与新心学》，人民出版社2001年版。

陈来：《有无之境——王阳明哲学的精神》，人民出版社1991年版。

陈来：《中国近世思想史研究》，商务印书馆2003年版。

陈来：《朱子哲学研究》，华东师范大学出版社2000年版。

陈来编：《冯友兰语萃》，华夏出版社1993年版。

陈立胜：《王阳明"万物一体"论——从"身—体"的立场看》，华东师范大学出版社2008年版。

陈梦家：《殷墟卜辞综述》，中华书局1988年版。

陈荣捷：《王阳明传习录详注集评》，台北：台湾学生书局1983年版。

陈荣捷：《王阳明与禅》，台北：台湾学生书局1984年版。

陈荣捷：《朱熹》，生活·读书·新知三联书店2012年版。

陈寅恪：《金明馆丛稿二编》，上海古籍出版社1980年版。

陈永革：《阳明学派与晚明佛教》，中国人民大学出版社2009年版。

程宜山：《中国古代元气学说》，湖北人民出版社1986年版。

崔大华：《儒学引论》，人民出版社2006年版。

邓艾民：《朱熹王守仁哲学研究》，华东师范大学出版社1989年版。

邓广铭、徐规等主编：《宋史研究论文集》，浙江人民出版社1987年版。

邓晓芒主编：《中西文化比较十一讲》，湖南教育出版社2007年版。

丁为祥：《实践与超越——王阳明哲学的诠释、解析与评价》，陕西人民出版社1994年版。

丁文江、赵丰田：《梁启超年谱长编》，上海人民出版社1983年版。

杜维明：《二十一世纪的儒学》，中华书局2014年版。

杜维明：《青年王阳明1472—1509：行动中的儒家思想》，朱志方译，生活·读书·新知三联书店2013年版。

杜维明著，郭齐勇、郑文龙编：《杜维明文集》（第四卷），武汉出版社2002年版。

杜维明著，郭齐勇、郑文龙编：《杜维明文集》（第五卷），武汉出版社 2002 年版。

方尔加：《王阳明心学研究》，湖南教育出版社 1989 年版。

方立天：《佛教哲学》，长春出版社 2006 年版。

冯友兰：《冯友兰学术论著自选集》，北京师范大学出版社 1992 年版。

冯友兰：《三松堂全集》（第 11 卷），河南人民出版社 2001 年版。

冯友兰：《三松堂全集》（第 4 卷），河南人民出版社 2001 年版。

冯友兰：《三松堂全集》（第 5 卷），河南人民出版社 2001 年版。

冯友兰：《三松堂学术文集》，北京大学出版社 1984 年版。

冯友兰：《中国哲学简史》，涂又光译，北京大学出版社 1985 年版。

冯友兰：《中国哲学史》，中华书局 1961 年版。

冯友兰：《中国哲学史新编》，人民出版社 2001 年版。

葛兆光：《中国思想史》，复旦大学出版社 2013 年版。

顾颉刚：《汉代学术史略》，人民出版社 2008 年版。

郭沫若：《十批判书》，科学出版社 1959 年版。

韩星主编：《国学论衡》（第五辑），人民日报出版社 2009 年版。

何宁撰：《淮南子集释》，中华书局 1998 年版。

侯外庐、邱汉生、张岂之主编：《宋明理学史》，人民出版社 1987 年版。

侯外庐主编：《中国思想通史》（第四卷下），人民出版社 1960 年版。

黄晖撰：《论衡校释》，中华书局 1990 年版。

黄玉顺、杨永明、任文利主编：《蒙培元全集》（第十五卷），四川人民出版社 2021 年版。

嵇文甫：《晚明思想史论》，中华书局 2017 年版。

嵇文甫：《左派王学》，开明书店 1934 年版。

景海峰：《中国哲学的现代诠释》，人民出版社 2004 年版。

劳思光：《新编中国哲学史》，广西师范大学出版社 2005 年版。

黎翔凤：《管子校注》，梁运华整理，中华书局 2004 年版。

李零：《古代方术考》，东方出版社 2001 年版。

李庆：《王阳明传：十五、十六世纪中国政治史、思想史的聚焦点》，上海古籍出版社 2021 年版。

李申：《儒学与儒教》，四川大学出版社 2005 年版。

李泽厚：《己卯五说》，生活·读书·新知三联书店 2005 年版。

李泽厚：《论语今读》，安徽文艺出版社 1998 年版。

李泽厚：《中国古代思想史论》，人民出版社 1985 年版。

梁启超：《中国近三百年学术史》，东方出版社 2004 年版。

梁漱溟：《人心与人生》，上海人民出版社 2018 年版。

刘聪：《阳明学与佛道关系研究》，巴蜀书社 2009 年版。

刘师培：《国学发微：外五种》，万仕国点校，广陵书社 2015 年版。

刘师培：《中国民约精义》，岳麓书社 2013 年版。

刘泽华、罗宗强编：《中国思想与社会研究》（第一辑），中国社会
　科学出版社 2007 年版。

刘宗贤：《陆王心学研究》，山东人民出版社 1997 年版。

柳存仁：《和风堂文集》，上海古籍出版社 1991 年版。

吕澂：《中国佛学源流略讲》，中华书局 1979 年版。

吕大吉：《宗教学通论》，中国社会科学出版社 1989 年版。

吕妙芬：《阳明学士人社群——历史、思想与实践》，台北："中研
　院"近代史研究所 2003 年版。

吕思勉：《理学纲要》，商务印书馆 2015 年版。

蒙培元：《理学范畴系统》，人民出版社 1998 年版。

蒙培元：《情感与理性》，中国社会科学出版社 2002 年版。

蒙培元：《心灵超越与境界》，人民出版社 1998 年版。

孟森：《明清史讲义》，中华书局 1981 年版。

牟宗三：《才性与玄理》，广西师范大学出版社 2006 年版。

牟宗三：《从陆象山到刘蕺山》，台北：台湾学生书局 1979 年版。

牟宗三：《现象与物自身》，吉林出版集团有限责任公司 2010 年版。

牟宗三：《心体与性体》，吉林出版集团有限责任公司 2013 年版。

牟宗三：《中国哲学的特质》，吉林出版集团有限责任公司 2010 年版。

牟宗三：《中国哲学十九讲》，吉林出版集团有限责任公司 2010 年版。

牟宗三：《中西哲学之会通十四讲》，上海古籍出版社 2008 年版。

彭国翔：《良知学的展开：王龙溪与中晚明的阳明学》，生活·读书·新知三联书店 2015 年版。

彭国翔：《儒家传统：宗教与人文主义之间》，北京大学出版社 2007 年版。

皮锡瑞：《经学历史》，中华书局 1959 年版。

钱明：《阳明学的形成与发展》，江苏古籍出版社 2002 年版。

钱穆：《宋明理学概述》，台北：台湾学生书局 1977 年版。

钱穆：《阳明学述要》，九州出版社 2010 年版。

钱穆：《中国历史研究法》，九州出版社 2012 年版。

钱穆：《中国思想史》，九州出版社 2012 年版。

钱穆：《中国学术思想史论丛》，生活·读书·新知三联书店 2009 年版。

秦家懿：《王阳明》，生活·读书·新知三联书店 2011 年版。

卿文光：《论黑格尔的中国文化观》，社会科学文献出版社 2005 年。

卿希泰主编：《中国道教史》，四川人民出版社 1996 年版。

任蜜林：《纬书的思想世界》，中国社会科学出版社 2022 年版。

容肇祖：《明代思想史》，河南人民出版社 2016 年版。

沈善洪、王凤贤：《王阳明哲学研究》，浙江人民出版社 1981 年版。

束景南：《阳明大传："心"的救赎之路》，复旦大学出版社 2020 年版。

汤用彤：《汉魏两晋南北朝佛教史》，商务印书馆 2015 年版。

唐君毅：《生命存在与心灵境界》，中国社会科学出版社 2006 年版。

唐君毅：《中国哲学原论·原道篇》，中国社会科学出版社 2006 年版。

唐君毅：《中国哲学原论·原教篇》，中国社会科学出版社 2005 年版。

王国维：《观堂集林》，中华书局 1984 年版。

王国维著，谢维扬、房鑫亮主编：《王国维全集》，浙江教育出版社、广东教育出版社 2010 年版。

王利器撰：《新语校注》，中华书局 2012 年版。

王明：《道家和道教思想研究》，中国社会科学出版社1984年版。

韦政通：《中国思想史》，台北：水牛出版社1980年版。

吴光主编：《阳明学综论》，中国人民大学出版社2009年版。

吴学国：《奥义书思想研究》，人民出版社2017年版。

吴学昭：《吴宓与陈寅恪》，清华大学出版社1997年版。

吴震：《聂豹、罗洪先评传》，南京大学出版社2005年版。

吴震：《泰州学派研究》，中国人民大学出版社2009年版。

吴震：《阳明后学研究》，上海人民出版社2003年版。

夏曾佑：《中国古代史》，河北教育出版社2000年版。

萧公权：《中国政治思想史》，商务印书馆2011年版。

熊十力：《读经示要》，上海古籍出版社2019年版。

熊十力：《十力语要》，上海书店出版社2007年版。

熊十力著，萧萐父主编：《熊十力全集》（第六卷），湖北教育出版社2001年版。

熊十力著，萧萐父主编：《熊十力全集》（第五卷），湖北教育出版社2001年版。

熊十力著，萧萐父主编：《熊十力全集》（第一卷），湖北教育出版社2001年版。

徐梵澄：《孔学古微》，李文彬译，孙波校，华东师范大学出版社2015年版。

徐梵澄：《陆王学述——一系精神哲学》，上海远东出版社1994年版。

徐梵澄译：《五十奥义书》，中国社会科学出版社2007年版。

徐复观：《两汉思想史》，华东师范大学出版社2001年版。

徐复观：《中国人性论史·先秦篇》，九州出版社2013年版。

徐复观：《中国思想史论集》，九州出版社2014年版。

杨国荣：《存在之维——后形而上学时代的形上学》，人民出版社2005年版。

杨国荣：《心学之思——王阳明哲学的阐释》，中国人民大学出版社2009年版。

杨儒宾：《儒家身体观》，台北："中研院"中国文哲研究所 1996
　　年版。

杨儒宾、马渊昌也、艾皓德编：《东亚的静坐传统》，台北：台湾大
　　学出版中心 2012 年版。

杨天石：《泰州学派》，中华书局 1980 年版。

杨向奎：《中国古代社会与古代思想研究》，上海人民出版社 1962
　　年版。

印顺：《大乘起信论讲记》，中华书局 2010 年版。

印顺：《印顺法师佛学著作全集》（第十八卷），中华书局 2009 年版。

印顺：《中国禅宗史》，中华书局 2010 年版。

余英时：《论天人之际：中国古代思想起源试探》，台北：联经出版
　　事业股份有限公司 2014 年版。

余英时：《人文与理性的中国》，上海古籍出版社 2007 年版。

余英时：《士与中国文化》，上海人民出版社 2003 年版。

余英时：《中国思想传统的现代诠释》，江苏人民出版社 2006 年版。

余英时：《中国文化史通释》，生活·读书·新知三联书店 2012 年版。

余英时：《朱熹的历史世界：宋代士大夫政治文化的研究》，生活·
　　读书·新知三联书店 2004 年版。

张岱年：《中国哲学大纲》，商务印书馆 2015 年版。

张光直：《美术、神话与祭祀》，辽宁教育出版社 1988 年版。

张君劢：《新儒家思想史》，中国人民大学出版社 2006 年版

张立文：《宋明理学研究》，中国人民大学出版社 1985 年版。

张荣明：《从老庄哲学至晚清方术——中国神秘主义研究》，华东师
　　范大学出版社 2006 年版。

张世英：《天人之际：中西哲学的困惑与选择》，人民出版社 1995
　　年版。

张祥浩：《王守仁评传》，南京大学出版社 1997 年版。

张祥龙：《儒家心学及其意识依据》，商务印书馆 2019 年版。

张新民主编：《阳明学刊》（第四辑），四川出版集团、巴蜀书社

2009 年版。

张学智：《明代哲学史》，中国人民大学出版社 2012 年版。

张学智：《心学论集》，中国社会科学出版社 2006 年版。

章太炎：《国故论衡》，商务印书馆 2010 年版。

赵广明主编：《宗教与哲学》（第七辑），社会科学文献出版社 2017
　年版。

朱谦之：《日本的古学及阳明学》，上海人民出版社 1962 年版。

朱维铮编：《周予同经学史论著选集》，上海人民出版社 1996 年版。

朱晓鹏：《儒道融合视域中的阳明心学建构》，商务印书馆 2019 年版。

朱晓鹏：《王阳明与道家道教》，中国人民大学出版社 2009 年版。

左东岭：《王学与中晚明士人心态》，商务印书馆 2014 年版。

　　中译著作

［奥］维特根斯坦：《逻辑哲学论》，贺绍甲译，商务印书馆 1996
　年版。

［德］蒂里希著，何光沪编：《蒂里希选集》，上海三联书店 1999
　年版。

［德］伽达默尔：《真理与方法》，洪汉鼎译，上海译文出版社 1999
　年版。

［德］海德格尔：《存在与时间》，陈嘉映、王庆节译，熊伟校，生
　活·读书·新知三联书店 1987 年版。

［德］海德格尔：《路标》，孙周兴译，商务印书馆 2000 年版。

［德］海德格尔：《形而上学导论》，熊伟、王庆节译，商务印书馆
　1996 年版。

［德］海德格尔著，孙周兴选编：《海德格尔选集》，上海三联书店
　1996 年版。

［德］黑格尔：《精神现象学》，贺麟、王玖兴译，上海人民出版社
　2013 年版。

［德］黑格尔：《历史哲学》，王造时译，上海书店出版社 2006 年版。

［德］黑格尔：《哲学史讲演录》，贺麟、王太庆译，商务印书馆

　　1959 年版。

〔德〕康德:《纯粹理性批判》,李秋零译注,中国人民大学出版社
　　2011 年版

〔德〕康德:《道德形而上学的奠基》,李秋零译,中国人民大学出
　　版社 2013 年版。

〔德〕康德:《实践理性批判》,李秋零译,中国人民大学出版社
　　2011 年版。

〔德〕鲁道夫·奥托:《论"神圣"》,成穷、周邦宪译,四川人民出
　　版社 1995 年版。

〔德〕马丁·布伯:《我与你》,陈维钢译,生活·读书·新知三联
　　书店 1986 年版。

〔德〕马克斯·韦伯:《儒教与道教》,洪天富译,江苏人民出版社
　　2003 年版。

〔德〕尼古拉·库萨:《论隐秘的上帝》,李秋零译,生活·读书·
　　新知三联书店 1996 年版。

〔德〕叔本华:《作为意志和表象的世界》,石冲白译,杨一之校,
　　商务印书馆 1982 年版。

〔德〕图根德哈特:《自我中心性与神秘主义:一项人类学研究》,
　　郑辟瑞译,上海译文出版社 2007 年版。

〔德〕雅斯贝斯:《历史的起源与目标》,魏楚雄、俞新天译,华夏
　　出版社 1989 年版。

〔法〕薇依:《重负与神恩》,顾嘉琛、杜小真译,中国人民大学出
　　版社 2003 年版。

〔古罗马〕奥古斯丁:《忏悔录》,周士良译,商务印书馆,2011 年版。

〔古罗马〕普罗提诺:《九章集》,石敏敏译,中国社会科学出版社
　　2009 年版。

〔古希腊〕(托名) 狄奥尼修斯:《神秘神学》,包利民译,生活·读
　　书·新知三联书店 1998 年版。

〔古希腊〕柏拉图:《柏拉图文艺对话集》,朱光潜译,人民文学出

版社 1963 年版。

［古希腊］柏拉图：《理想国》，郭斌和、张竹明译，商务印书馆
　　1986 年版。

［古希腊］亚里士多德：《形而上学》，吴寿彭译，商务印书馆 1959
　　年版。

［荷］许里和：《佛教征服中国》，李四龙、裴勇等译，江苏人民出
　　版社 1998 年版。

［美］狄百瑞：《中国的自由传统》，中文大学出版社 1983 年版。

［美］杜普瑞：《人的宗教向度》，傅佩荣译，台北：立绪出版公司
　　2006 年版。

［美］弗兰克·梯利：《西方哲学史》，贾辰阳、解本远译，光明日
　　报出版社 2014 年版。

［美］郝大维、安乐哲：《透过孔子而思》，何金俐译，北京大学出
　　版社 2005 年版。

［美］何复平：《宋代文人的精神生活：960—1279》，叶树勋、单虹
　　泽译，江苏人民出版社 2021 年版，第 266 页。

［美］赫伯特·芬格莱特：《孔子：即凡而圣》，彭国翔、张华译，
　　江苏人民出版社 2002 年版。

［美］列文森：《儒教中国及其现代命运》，郑大华等译，中国社会
　　科学出版社 2000 年版。

［美］玛丽·艾维琳·塔克尔、约翰·白诗朗主编：《儒学与生态》，
　　彭国翔、张容南译，江苏教育出版社 2008 年版。

［美］米尔希·埃利亚德：《神秘主义、巫术与文化风尚》，宋立道、
　　鲁奇译，光明日报出版社 1990 年版。

［美］史华兹：《古代中国的思想世界》，程钢译，江苏人民出版社
　　2008 年版。

［美］威廉·詹姆士：《宗教经验之种种——人性之研究》，唐钺译，
　　商务印书馆 2004 年版。

［日］岛田虔次：《中国近代思维的挫折》，甘万萍译，江苏人民出

版社 2008 年版。

［日］岛田虔次：《中国思想史研究》，邓红译，上海古籍出版社
　　2009 年版。

［日］岛田虔次：《朱子学与阳明学》，蒋国保译，陕西师范大学出
　　版社 1986 年版。

［日］冈田武彦：《王阳明大传：知行合一的心学智慧》，杨田、冯
　　莹莹等译，钱明审校，重庆出版社 2018 年版。

［日］冈田武彦：《王阳明与明末儒学》，吴光、钱明、屠承先译，
　　钱明校译，重庆出版社 2016 年版。

［日］沟口雄三：《中国的思维世界》，刁榴、牟坚等译，生活·读
　　书·新知三联书店 2014 年版。

［日］沟口雄三：《中国前近代思想的演变》，索介然、龚颖译，生
　　活·读书·新知三联书店 1997 年版。

［日］忽滑谷快天：《中国禅学思想史》，朱谦之译，上海古籍出版
　　社 1994 年版。

［日］铃木大拙等：《禅宗与精神分析》，王雷泉、冯川译，贵州人
　　民出版社 1998 年版。

［日］小野泽精一、福永光司、山井涌编：《气的思想：中国自然观
　　与人的观念的发展》，李庆译，上海人民出版社 2007 年版。

［瑞士］奥特：《不可言说的言说》，林克、赵勇译，生活·读书·
　　新知三联书店 1994 年版。

［瑞士］耿宁：《人生第一等事：王阳明及其后学论“致良知”》，倪
　　梁康译，商务印书馆 2014 年版。

［英］查尔斯·埃利奥特：《印度教与佛教史纲》，李荣熙译，商务
　　印书馆 1985 年版。

［英］弗雷泽：《金枝》，徐育新等译，中国民间文艺出版社 1987
　　年版。

［英］杰弗里·帕林德尔：《世界宗教中的神秘主义》，舒晓炜、徐
　　钧尧译，今日中国出版社 1992 年版。

［英］柯林武德：《自然的观念》，吴国盛等译，商务印书馆 2018 年版。

［英］麦克斯·缪勒：《宗教学导论》，陈观胜、李培荣译，上海人民出版社 1989 年版。

［英］史泰司：《冥契主义与哲学》，杨儒宾译，台北：正中书局 1998 年版。

［英］约翰·希克：《宗教之解释：人类对超越者的回应》，王志成译，四川人民出版社 1998 年版。

外文著作

荒木見悟：《佛教と儒教》，東京：研文社 1993 年版。

吉田公平：《陸象山と王陽明》，東京：研文社 1990 年版。

楠本正継：《宋明時代儒學思想の研究》，千叶：广池学园出版社 1962 年版。

藤田正道、卞崇道、高坂史郎编：《東ァジァと哲学》，东京：中西屋出版公司 2003 年版。

Arthur B. Keith, *The Religion and Philosophy of Veda and Upaniṣads II*, Harvard University Press Cambridge, 1925.

Benjamin I. Schwartz, *The World of Thought in Ancient China*, The Belknap Press of Harvard University press, 1985.

Ben-Ami Scharfstein, *Mystical Experience*, Blackwell, 1973.

David S. Nivison, *The Ways of Confucianism*, Peru：Open Court Publishing Company, 1996.

D. T. Suzuki, *Easays in Zen Buddhism*（*First Series*）, Luzac and Co., London, 1927.

Evelyn Underhill, *Mysticism*, London：Methuen & Co, 1922.

Fichte, Gottlieb, *The Popular Works of Johann Gottlieb Fichte*, Bristol：Thoemmes Press, 1999.

F. C. Happold, *Mysticism：A Study and an Anthology*, Penguin Books, 1963.

G. W. F. Hegel, *Lectures on the Philosophy of Religion*, *vol. I*, London, 1895.

G. W. F. Hegel, *Lectures on the Philosophy of Religion. Vol.* I , Translated by E. B. Speris and J. Burdon Sanderson. KEGAN PAUL, TRENCH, TRÜBNER, & CO. LTD. London. 1895.

Hajime Nakamura, *India Buddhism*, Motilal Banarsidass, 1987.

M. Eliade, *The Quest*, *History and Meaning in Religion*, University of Chicago Press, 1969.

Marghanita Lasky, Ecstasy: *A Study of Some Secular and Religious Experiences*, London: The Cresset Press, 1961.

Paul Deussen, *Philosophy of the Upanisads*, tr. A. S. Geden, T. & T. Clark Ltd. , Edinburgh, 1906.

Paul Tillich, *Dynamics of Faith*, Harper & Brothers, New York, First Harper Torch book edition Published, 1958.

Robert Neville, *Boston Confucianism*. Albany, New York: State University of New York Press, 2000.

Rufus Jones, *Studies in Mystical Religion*, London, Macmillan& Co, 1929.

Steven T. Katz, eds, *Mysticism and Language*, Oxford University Press, New York and Oxford, 1992.

S. V. Ketkar, *Hinduism*, Caxton Publications, Delhi, 1998.

Tu Wei-ming, *Humanity and Self-Cultivation*. Boston: Cheng and Tsui Company, 1998.

Wing-Tsit Chan, *A Source Book in Chinese Philosophy*, Princeton University Press, 1963.

W. T. Stace, *Mysticism and Philosophy*, Macmillan and Company Limited, 1961.

期刊论文（姓氏拼音排序）

陈畅：《阳明学自然思想及其开展——从王阳明到刘宗周》，《王学研究》2017 年第 1 期。

陈来：《论冯友兰哲学中的神秘主义》，《中国文化》1996 年第 1 期。

陈来：《熊十力哲学的体用论》，《哲学研究》1986 年第 1 期。

陈来：《中国宋明儒学研究的方法、视点和趋向》，《浙江学刊》2001 年第 3 期。

陈立胜：《静坐在儒家修身学中的意义》，《广西大学学报》（哲学社会科学版）2014 年第 4 期。

陈立胜：《王阳明龙场悟道新诠》，《中山大学学报》（社会科学版）2014 年第 4 期。

陈荣捷、石川梅次郎等：《欧美的阳明学》，《外国问题研究》1981 年第 3 期。

单虹泽：《"万物一体"视域下的阳明心学主体交往理论》，《贵州师范大学学报》（社会科学版）2018 年第 2 期。

单虹泽：《从"任运自然"到"狂者胸次"：论儒家哲学中的两种"乐"》，《科学·经济·社会》2018 年第 2 期。

单虹泽：《从印度吠檀多的"摩耶"观念到叔本华的生命哲学》，《世界哲学》2021 年第 1 期。

单虹泽：《陆象山的"主民"思想及其对晚明"觉民行道"的开启》，《学术探索》2020 年第 3 期。

单虹泽：《以友辅仁：论儒家的友伦与政治传统》，《理论与现代化》2018 年第 6 期。

邓晓芒：《关于道家哲学改造的临时纲要》，《哲学动态》1995 年第 4 期。

丁为祥：《从"得君行道"到"觉民行道"——阳明"良知学"对道德理性的落实与推进》，《学术月刊》2017 年第 5 期。

杜赞奇：《中国世俗主义的历史起源及特点》，《开放时代》2011 年第 6 期。

方旭东:《同情的限度——王阳明万物一体说的哲学诠释》,《浙江
　　社会科学》2007 年第 2 期。

冯友兰:《中国哲学与世界未来哲学》,《哲学研究》1987 年第 6 期。

郭齐勇:《形式抽象的哲学与人生意义的哲学——论冯友兰哲学及其
　　方法论的内在张力》,《中州学刊》1998 年第 3 期。

何宝申:《神秘主义的哲学问题与方法:批判与反思》,《世界哲学》
　　2016 年第 3 期。

何俊:《陆象山的"六经注我"与"我注六经"》,《中国哲学史》
　　2021 年第 5 期。

何俊:《庆元党禁的性质与晚宋儒学的派系整合》,《中国史研究》
　　2004 年第 1 期。

黄文红:《论王阳明本体之乐》,《湖北大学学报》(哲学社会科学
　　版)2014 年第 4 期。

金克木:《〈蛙氏奥义书〉的神秘主义试析》,《哲学研究》1981 年
　　第 6 期。

李景林:《论孟子的道统与学统意识》,《湖南大学学报》(社会科学
　　版)2019 年第 2 期。

李景林:《王阳明"心外无物"说的内涵及其理论意义》,《吉林大
　　学社会科学学报》1992 年第 3 期。

李巍:《早期中国的感应思维——四种模式及其理性诉求》,《哲学
　　研究》2017 年第 11 期。

刘建立:《南宋后期的陆学》,《孔子研究》2012 年第 2 期。

刘宗贤:《陆九渊心学源流辨析》,《孔子研究》2005 年第 3 期。

卢风:《一论神秘主义与自然主义》,《科学技术哲学研究》1998 年
　　第 2 期。

罗高强:《神秘主义视域下的阳明学研究》,《贵阳学院学报》(社会
　　科学版)2019 年第 4 期。

欧阳谦:《"心即理"的意向性诠释——从现象学看阳明心学》,《孔

学堂》2015 年第 4 期。

彭国翔：《儒家传统的静坐功夫论》，《学术月刊》2021 年第 5 期。

钱明：《王学流派的演变及其异同》，《孔子研究》1987 年第 4 期。

钱穆：《中国文化对人类未来可有的贡献》，《中国文化》1991 年第 1 期。

乔清举：《中国哲学研究反思：超越"以西释中"》，《中国社会科学》2014 年第 11 期。

桑兵：《理学与经学的关联及分别》，《史学月刊》2020 年第 5 期。

谭佛佑：《黔中王门主要思想及书院活动述略》，《贵州文史丛刊》1991 年第 4 期。

王国良：《王阳明的良知学说与自由解放精神》，《孔子研究》2002 年第 5 期。

王锟：《从思想到学术：20 世纪阳明学研究的流变与走向》，《贵州师范大学学报》（社会科学版）2016 年第 2 期。

王六二：《近现代神秘主义研究状况》，《世界宗教研究》2001 年第 3 期。

王六二：《宗教神秘主义的性质》，《世界宗教研究》1996 年第 1 期。

王正：《先秦哲学中的"静"观念》，《云南社会科学》2012 年第 4 期。

文碧方：《建国六十年来大陆的陆王心学研究》，《现代哲学》2010 年第 2 期。

吴学国：《奥义书与佛教的发生》，《宗教学研究》2013 年第 1 期。

吴学国：《佛教唯识思想与儒家心学本体论》，《北京社会科学》2002 年第 2 期。

吴学国：《关于中国哲学的生命性》，《哲学研究》2007 年第 1 期。

吴学国：《内外之辨：略论中国哲学的自我概念》，《哲学研究》2004 年第 9 期。

吴学国、金鑫：《从"无住"到"圆融"：论中国禅宗对般若思想的误读》，《学术月刊》2015 年第 1 期。

吴学国、秦琰：《从印度吠檀多到中国阳明心学》，《学术月刊》2007 年第 2 期。

吴学国、徐长波：《梵道之间：从印度吠檀多思想到全真道的心性学》，《中国高校社会科学》2015 年第 3 期。

先刚：《谢林论“神秘学”》，《云南大学学报》（社会科学版），2014 年第 3 期。

向世陵：《王阳明仁说的博爱理念》，《哲学研究》2016 年第 9 期。

谢景芳：《理论的崩溃与理想的幻灭——明代中后期的仕风与士风》，《理论与探索》1998 年第 1 期。

徐洪兴：《唐宋间的孟子升格运动》，《中国社会科学》1993 年第 5 期。

许珠武：《明觉与思维——论二程认识路线的分殊》，《中州学刊》2001 年第 5 期。

杨国荣：《本体与工夫：从王阳明到黄宗羲》，《浙江学刊》2000 年第 5 期。

杨国荣：《以事行道——基于泰州学派的考察》，《文史哲》2021 年第 6 期。

杨庆杰：《王阳明之前儒家“良知”心性学说的历史考察——从孟子到陆象山》，《太平洋学报》2009 年第 1 期。

杨儒宾：《恍惚的伦理：儒家观想工夫论之源》，《中国文化》2016 年第 1 期。

余英时：《钱穆与新儒家》，《中国文化》1992 年第 1 期。

张崑将：《近代中日阳明学的发展及其形象比较》，《台湾东亚文明研究学刊》2008 年第 2 期。

张汝伦：《绝地天通与天人合一》，《河北学刊》2019 年第 6 期。

张新民：《回顾与前瞻：阳明学研究的百年经验总结》，《贵州大学学报》（社会科学版）2014 年第 6 期。

张新民：《探寻真实的存在与存在的真实——王阳明心学视域下的静定、立诚与格心》，《贵州大学学报》（社会科学版）2003 年第 9 期。

张学智：《论王阳明思想的逻辑展开》，《北京大学学报》（哲学社会
科学版）1989 年第 4 期。

张志强：《"良知"的发现是具有文明史意义的事件——"晚明"时
代、中国的"近代"与阳明学的文化理想》，《文化纵横》2017 年
第 4 期。

赵广明：《论"无"的先验性》，《哲学研究》2016 年第 11 期。

赵士林：《从陆九渊到王守仁——论"心学"的彻底确立》，《孔子
研究》1989 年第 4 期。

郑开：《中国古代哲学中的神秘主义》，《中国社会科学报》2018 年
3 月 27 日。

朱维铮：《〈论语〉结集脞说》，《孔子研究》1986 年第 1 期。

朱晓鹏：《论王阳明的"身心之学"》，《哲学研究》2013 年第 1 期。

John Berthrong, "Syncretism Revisited：Multiple Religious Participation",
Pacific Theological Review, Vol. 25 – 26（1992 – 1993）：57 – 59.

Shu-Hisen Liu, How Idealistic is Wang Yang-ming, *Journal of Chinese
Philosophy*, 10（1983）：147 – 168.

索　引

X

后　记

　　本书从神秘主义的视域出发，深入、系统地考察了阳明心学理论建构的基本路径、内容和特征，进一步揭示了中国思想文化中的神秘主义的真实面貌和重要意义，力求藉此对阳明心学、宋明理学乃至整个中国哲学史、思想史形成一些新的认识。

　　有关王阳明思想研究的论著极多，本书只是在前人研究成果的基础上，运用现有材料，表达了自己的一些浅见，期以自勉。阳明心学本不是在名相中打转、在章句中求索的精神传统。我讲了这么多话，只是想澄清一些过去研究中的遗留问题，正所谓"予岂好辩哉？予不得已也"。本书的写作基本做到以文献材料为基础，尽量在可信的史料基础上，作出详尽、合理的说明。各章所讨论的几个主题，也未必涵赅了阳明心学的全部内容。这些主题，也可以运用历史学、社会学、人类学、心理学等方法作出较为切实的理论阐释和分析论证，但因笔者学力有限，以及近一年来身体多有抱恙之时，以致无暇再作更深入的说明，唯待来日努力。另外，本书如有遣词行文方面的不妥，自然应由笔者负责，并以读者谅解为盼。

　　这部书和我的博士论文原稿有一些不同。在南开大学哲学院任教的三年里，于繁忙的教学、科研之际，我重新修订了一些观点，补充了一些材料。我以原稿中未能充分展开讨论的一些重要论题为核心，遍考先秦儒学和宋明理学文献，作出了一些发挥。原稿关于明代三教互动的论述，更偏重禅宗对阳明心学的影响，本书则进一步丰富了宋元以后道教对心学传统形成和发展的影响。我希望这些修订和增补可以增强本书论证的说服力。

　　人类的历史，本质上是一部思想史。思想之间的碰撞，引领文明的走向。真正的思想关乎人类的自由。我们应该透过思想史，看到思想的这一价值，否则任何学术研究都不过是盛世的点缀，于精神的成长毫无助益。克服民族精神的困境，实现精神自我的成长，最根本的途径只有唤醒人对自由的觉知，使人意识到他的本质是自由的，从而将自由作为人生的终极价值，并把守护和展开自由的无限性作为自己的终身使命。自由是绝对和无限的，人类的思想也是绝对和无限的。千百年来，思想始终守护着人类的自由和人自身的本质。这是思想的终极价值，也是思想史研究最崇高的意义。真正有意义的思想史、哲学史研究，就是要阐明人本有的自由的超越性和无限性，使人对精神生命的价值以及人生的真正使命有更深刻的了解，由此呼唤人类守护精神的本真存在。回望数千年的历史长河，总有一些思想火花闪烁其中，如暗夜里的点点星光，指引人类不断前行。阳明心学便是人类思想史上的一颗璀璨明星。阳明心学的发展，反映了精神的不断自我深化和提升，最终使自身迈向自由、超越的境界。阳明心学的永恒精神价值，就在于它通过对良知的绝对性和超越性的反思，守护了精神存在的自由。以阳明心学为出发点，我们或许可以更充分、深入地将自由推动人类精神发展的历史进程揭示出来。我所做的工作，就是将阳明心学中的真心、良知作为自由的本真存在，并通过一种精神哲学研究阐明精神自我否定、自我发展的内在逻辑，由此证明自由的终极意义。我始终认为，思想是有力量的，它的力量足以对抗一切现实中的压迫和桎梏。一个有思想并且懂得尊重思想的民族，会拥有不断前行的力量。我希望更多的人能够领悟到思想的力量，意识到自身内在的价值和尊严，成为一个有健全的良知和人格的人。

　　总之，以我辈绵薄之力，愿文明无问西东。

　　本项研究得以顺利完成，首先应当感谢国家社科基金和南开大学哲学院的资助。本书的写作得到了我的老师吴学国先生、乔清举先生、严正先生和卢兴先生的鼓励、帮助和建议。李明书先生、冯骏豪先生和刘培功先生对本书部分内容的修订提出了宝贵意见。请允许我一并致以诚挚的谢意！

　　本书的责任编辑韩国茹老师为拙著出版付出了诸多烦劳，除了感激，我亦深感歉疚。

　　我还应当感谢承担了繁重的校对工作的南开硕博同学。他们是宋华锦、乔帅钘、王庶人、尹淳、马珊珊，经过他们的帮助，本书文句上的很多错讹与脱漏之处得到了修订。

　　最后，我要感谢我的家人，他们的理解与支持使我有了更大的动力从事学术研究，在这条崎岖却充满光明的路上继续奋勇前行。

单虹泽

壬寅岁春夏之际于南开园